KB124607

손자병법의 탄생

孫子兵法

손자병법의 탄생

웨난 지음 ― 심규호 · 유소영 옮김

일빛

손자병법의 탄생

2011년 7월 13일 초판 인쇄
2011년 7월 20일 초판 발행

지은이 | 웨난
옮긴이 | 심규호 · 유소영

펴낸이 | 이성우
편집주간 | 손일수
편집 | 이수경 · 김정현
마케팅 | 황혜영

펴낸곳 | 도서출판 일빛
등록번호 | 제10-1424호(1990년 4월 6일)
주소 | 121-837 서울시 마포구 서교동 339-4 가나빌딩 2층
전화 | 02) 3142-1703~5
팩스 | 02) 3142-1706
이메일 | ilbit@naver.com

값 25,000원
ISBN 978-89-5645-156-5 (03910)

옛일은 연기처럼 사라지는 것이 아니다

은작산(銀雀山) 한묘(漢墓)가 발견된 장소는 필자의 고향과 매우 가깝다. 춘추전국 시대의 제(齊)나라, 현재는 산동성(山東省) 임기현(臨沂縣)인데, 산동성은 예로부터 병가(兵家)의 인물을 다수 배출한 명성에 걸맞게 병학(兵學)의 보고(寶庫)다. 현재까지도 중국 전체를 아울러 이러한 위상에 버금가는 곳은 없다고 해도 과언이 아니다. '강남은 재자(才子), 산동은 병장(兵將), 섬서(陝西)의 황토 지대는 황제(皇帝)의 고향'이라고 이야기하지 않던가.

이렇게 문화의 훈도(薰陶 : 교화·훈육)를 받은 산동의 촌로들이 고향 선배인 손무(孫武), 손빈(孫賓), 강태공(姜太公) 등에 얽힌 일과 이야기를 생생하게 들려주었다. 그 인상은 필자의 유년 시절, 그 어린 가슴에 깊이 각인되었다. 물론 그 무렵 은작산 한묘는 이미 발굴되었고, 중국 고고학의 쾌거인 은작산 『손자병법(孫子兵法)』의 존재 여부가 이미 보도되어 있기는 했지만 당시 아직 꼬마에 불과했던 필자는 '은작산 손자병법'에 얽힌 이야기를 전혀 알지 못한 상태였다.

1981년 겨울, 학업을 마친 뒤 무경부대(武警部隊)에 배치를 받아 곧바로 임기시(臨沂市)에 배속되었다. 필자는 그때서야 은작산 한묘가 발견되어 『손자병법』과 『손빈병법』이 2천여 년만에 그 전모를 여실히 보여 주었다는 것을 알게 되었다. 그래서 '백문이 불여일견'이라는 심정으로 발굴 현장을 방문했지만, 그 결과는 매우 실망스러웠다.

한묘가 발굴되고 출토한 『손자병법』 등의 문물들은 산동성 성도(省都)인 제남(濟南)과 북경으로 운반되고, 고고학자들이 1, 2호라는 이름을 붙인 묘갱은 다시 파묻어 버렸다. 그리고 풍수가 아주 멋진 그곳에 이상한 건축물이 출현했다. 그 일대 주변에는 1, 2호 묘 외에 백기(百基) 근처에 한나라 시대의 묘가 있기는 했지만, 그것들 역시 함부로 발굴되어 애잔한 모습을 드러내고 있었다. 당시 나는 그 흉물스러운 광경을 도저히 납득할 수가 없었다. 분노와 불만, 실망감을 감추지 못한 채 부대로 돌아왔다. 그 뒤로 필자는 마구잡이로 발굴된 은작산 한묘가 계속 마음에 걸려 조용히 사태의 진전을 지켜보았다.

20년이 지난 뒤, 마침내 은작산 한묘를 취재할 기회를 얻어 관계자들과 연락을 취하고 당시 이야기를 들을 수 있었는데, 그제야 발굴의 전말을 이해할 수 있었다.

은작산 한묘가 발견, 발굴된 때는 문화대혁명이 일어난 지 얼마 지나지 않아서였다. 당시 중국 전역에서 수백 만 명의 지식인이 체포·구금되거나 농가의 외양간에 유폐되었고, 혹은 변경(邊境)의 황량한 농장에서 강제로 노동 개조를 받아야만 했다. 오래된 건축물, 무덤, 기물과 문물들은 모두 새로운 시대와 어울리지 않는 봉건주의, 자본가 계급의 독소로 간주되어 깡그리 파괴해 버렸다. 1966년부터 1969년에 걸쳐 국가문물국 간부나 소속연구소의 연구원 등 이른바 지식분자들은 모조리 하남성(河南省) 황하(黃河) 강가의 황량하기 그지없는 함녕 농장(咸寧農場)으로 쫓겨나 노동 개조와 세뇌교육을 받았다. 북경 문물국에는 사람의 그림자가 사라졌고, 오직 쥐들만이 제 세상을 만난 듯 돌아다녔다. 유구한 역사와 장려한 문화를 자랑하는 곳은 모두 피해를 입었다.

당시 전국의 문물관리기구는 활동을 정상적으로 할 수 없었기 때문에 건설 공사 현장의 인부가 은작산 한묘를 발견한 뒤, 임기현의 문화담당 부서가 제멋대로 발굴을 진행했다. 한묘는 마을에서 멀리 떨어져 있지 않았지만 태기산맥(泰沂山脈)에 둘러싸인 임기 지역은 경제, 문화, 교통 등 여러 면에서 소외된 곳이었다. 그래서 그곳 주민들의 생활은 고달프기 그지없었다. 일찍이 한당(漢唐) 시대부터 조정과 중앙정부에서 특별한 생계 지원을 받는 지역이기도 했다.

이 같은 지리적 조건과 정치적 조건을 감안해 볼 때, 임기의 문화담당 부서는 고고학 전문가나 설비가 전무해 학문적인 수순에 따른 발굴은 애초부터 기대할 수 없었다. 임시로 파견된 사람들도 발굴용 공구나 전문지식 없이 그곳의 건설공사 인부들과 똑같이 스콥(schop : 자루가 짧은 삽)으로 구멍을 파 외관(外棺)을 찾아야만 했다. 물이 엄청나게 괴어 있는 묘갱(墓坑) 내의 관은 진흙탕 물에 흠뻑 빠져 있었는데, 그들은 아주 오랜 세월 자신들이 익혀온 방식 그대로 우선 대량의 진흙탕 물을 퍼 올린 다음 도끼와 곡괭이로 관(棺)을 부숴버렸다.

곡괭이질과 도끼질이 한동안 계속되더니, 이윽고 3미터 이상의 지하에 파묻혀 있던 중후한 관 뚜껑이 열렸다. 비전문 발굴꾼들은 관 속으로 옷소매를 집어넣기 위해 허리를 구부렸고, 그러고는 손을 뻗어 냇가나 연못에서 '물고기를 잡듯이' 관 속의 진흙탕 물을 더듬었다. 문화 '노획물'을 건져 올리자 그들은 일련번호도 매기지 않고 사진도 찍지 않은 채 진흙과 물이 뒤범벅된 유물들을 밖으로 옮겨 목제 이륜차에 짐짝처럼 쌓았다. 이렇게 은작산 한묘는 '손으로 고기를 잡는' 마구잡이 방식으로 발굴되었기 때문에 천년의 진흙탕 물에서 빠져나오기도 전에 이미 귀중한 유물은 대부분 파괴·파손되었고, 분분히 떨어져나간 진흙처럼 훼손되고 말았다. 게다가 그 한심한 방법으로 잡은 '물고기'가 묘갱의 어디에 위치해 있었는지 기록하지 않아 그 기물들을 어디에다 놓을지, 어떻게 다시 배치해야 할지도 몰랐다. 고대 매장법 연구자에 따르면, 그러한 무개념 발굴 방식은 상식을 크게 벗어나 도무지 말로는 해명할 수 없을 정도라고 했다.

그나마 다행스러운 일은 그 고장 사람들이 진흙탕에서 유물들을 건져 올릴 때 산동성 박물관의 고고학자 두 명이 때마침 임기시에 조사차 나와 있었다는 점이다. 그들은 발굴 현장의 진행 과정을 살피면서 짐수레 위에 쌓인 '썩은 나뭇조각들'에 눈길을 돌렸다. 완전히 쪼개져 있는 그것들을 신중하게 조사한 결과, 2천 년 전의 한대 죽간 병서임이 드러났다. 이 뉴스를 접한 산동성과 중앙정부 관계자들은 깜짝 놀랐다. 그제서야 중앙정부와 성(省)의 고위급 간부들이 관여해 산동성 박물관의 두 사람, 즉 오구룡(吳九龍)과 필보계(畢寶啓)를 중심으로 발굴이 시작되었고, 『손자병법』과 『손빈병법』 등 한나라 시대의 병서와 전략서가 대량으로 출토, 정리되어 우리 앞에 펼쳐질 수 있었다.

중국 전역을 들끓게 한 문화대혁명의 파도가 아직 가라앉지는 않았지만, 국가문물국 관계자와 학자들은 노동 개조를 마치고 하나둘씩 북경의 원래 근무지로 복귀했다. 외국, 특히 서구의 여러 나라들은 중국 정치권력의 상층부가 발동한 문화대혁명을 강력하게 비난했다. 문화대혁명은 수사학적으로 '문혁(文革)'이라고 하지만, 실상은 문화를 훼손하고 인류 문명을 파괴하는 문화 반달리즘(vandalism)에 다름 아니라는 압박을 가했다. 중국 공산당 지도부는 이처럼 난처한 상황을 타개하고자 했고, 주은래 총리의 영민한 판단에 따라 출토 문물을 보호하기에 이르렀다. 최고 지도자였던 모택동의 동의를 얻어 국무원은 '도박구영도 소조(圖博口領導小組 : 도박구는 문화대혁명 이전의 국가문물국이다)'를 구성한 다음, 고궁박물원(古宮博物園)에서 '문화대혁명 시기 출토 문물 전람(文化大革命時期出土文物展覽)'을 개최할 것을 기획했다. 그리하여 폐쇄되었던 고궁의 문이 다시 열리고, 세계의 유명 인사들은 박물관 수장고 속에 깊이 간직되어 있던 진귀한 보물을 관람할 수 있게 되었다. 이와 동시에 문화대혁명 초기에 정간되었던 3대 고고학 잡지인 『문물(文物)』, 『고고(考古)』, 『고고학보(考古學報)』의 복간을 결정했다.

이러한 일련의 조치는 문화대혁명을 비판한 국외의 사람들에게 수천 년을 이어온 중국의 문화유산은 파괴되지 않았고, 잘 보존되어 있다는 것을 증명하기에 충분했다. 또한 국내외에서 쏟아지는 정치적인 질책과 경제적인 압력을 해결하고자 하는 목적도 있었는데, 그러한 노력은 곧바로 효력을 발휘해 중국의 정치적 운명에 새로운 전환점을 마련해 주었다. 1972년 2월, 닉슨 대통령이 중국을 방문해 양국의 우호 관계가 해빙기를 맞이하게 된 것이다. 닉슨 대통령이 고궁박물원에 수장되어 있던 진귀한 문물들을 관람하고 난 뒤, 한국전쟁 이래 악화일로를 걷고 있던 중국과 미국의 적대 관계는 봄눈 녹듯이 사라졌다. 더불어 닉슨의 중국 방문은 국제 정치 질서를 크게 변화시켰다. 그 영향을 가장 크게 받은 나라는 물론 일본이었다. 미국의 중국에 대한 정책이 급속하게 변화하자 일본은 그에 적합한 선택을 신속하게 결정해야만 했다. 1972년 6월 17일 중국 정부도 전혀 예상하지 못했던 일이 벌어졌다. 사토(佐藤) 일본 수상이 은퇴를 표명한 뒤 곧바로 퇴진한 것이다. 이어 등장한 다나카(田中) 수상은 내각을 구성한 당일, "일본은 큰 변화가 일어나고 있는 국제 정세를 감안해 중화인민공화국과 국교 정상화를 서둘러야 하며, 평화 외교를 강력하게 추진해야 한다."라고 발표했다.

1972년 9월 25일 중국 방문 길에 오른 다나카 수상은 일본 대표단을 이끌고 북경에 도착, 9월 29일에 마침내 중국과 일본 양국 정부는 '중일공동성명(中日共同聲明)'에 조인하고 양국의 국교 정상화를 선포했다. 모택동 주석은 자신이 살고 있는 중남해(中南海)의 서재에서 다나카 수상 일행과 만났다. 정상회담이 끝난 뒤 모택동은 작은 소리로 "다나카 선생, 나는 늙고 신경도 쇠약해져 이제 곧 가야할 때가 온 것 같소."라고 말했다. 그리고 다나카 수상과 헤어질 때 서가에서 선장본(線裝本)『초서(楚書)』한 질을 선물했다.

이러한 정치적 배경 아래, 중국 정부가 시도한 '핑퐁 외교'는 성공을 거두었다. 핑퐁 외교란 1971년 일본의 나고야에서 열린 제31회 세계탁구선수권대회를 계기로, 중국이 그 대회에 참가한 미국 선수단과 기자들을 북경에 공식 초청함으로써 미국과 중국 사이에 형성되어 있던 견고한 냉전의 얼음덩이를 부숴버린 것을 말한다. 작은 탁구공이 크나큰 공인 '지구(地球)'를 움직인 셈이다. 그 후 핑퐁 외교에 이어 '문물 외교'라는 새로운 외교 방안이 해빙의 물결을 더욱 거세게 불러 일으켰다.

일련의 해빙의 물결에 새로운 힘을 얻은 고고학계 또한 발을 맞추기 위해 1973년 6월 8일 '중화인민공화국 출토 문물 전람회(中華人民共和國出土文物展覽會)'를 도쿄에서 열었다. 국가문물국의 왕야추(王冶秋) 국장은 이러한 정치적 기회를 이용해 1974년 10월에 '은작산 한묘의 죽간 정리 소조'를 성립시켰다. 학자와 전문가들을 전국 각지에서 끌어 모아 출토된 죽간의 정리 및 연구를 진행시킨 것이다. 1976년 모택동 주석이 서거하자 10년에 걸친 잔인한 문화대혁명도 종

말을 고했고, 중국 인민들 역시 2천여 년간 지하의 어둠 속에 갇혀 있다 세상 밖으로 뛰쳐나온 『손자병법』의 운명처럼 새로운 시대를 맞이했다.

1990년대가 되자 산동성 지방정부는 임기시 은작산에 '한묘 죽간 박물관(漢墓竹簡博物館)'을 세웠다. 출토 문물의 일부도 박물관으로 되돌아왔다. 그러자 전국 각지에서 여행객들이 몰려와 『손자병법』 등을 흥미롭게 관람하기 시작했다. 세월이 강물처럼 도도하게 흐르면 모든 것이 변하는 것처럼 춘추전국 시대에는 칼과 창으로 영토를 넓혀 주던 『손자병법』이 이제는 그 쓰임새가 변해 은작산에 화폐라는 부가가치를 선물해 주고 있다.

『마왕퇴의 귀부인』을 비롯한 필자의 여러 책자가 이미 한국의 '도서출판 일빛'을 통해 출간되었는데, 이 책 『손자병법의 탄생』(원서 『조우병성(遭遇兵聖 : 병가의 성인을 만나다)』)도 출간된다는 소식을 들으니 더욱 기쁘다. 아울러 역자이자 오랜 지기인 심규호·유소영 부부에게 감사의 뜻을 전한다.

북경에서 웨난

뭇별처럼 빛나는 은작산 이야기

1

웨난이 자신의 신작 『조우병성(遭遇兵聖)』에 대한 글을 부탁했다. 지난 사실을 추억하고 문화를 전파한다는 시각에서 볼 때 이것은 대단히 의미 있는 일이다. 그러나 선뜻 펜을 들어 서발(序跋 : 서문序文과 발문跋文)을 쓸 만큼 즐거운 마음이 아니었다. 왜냐하면 은작산 한간이 세상에 알려진 이후 정리와 연구 작업이 세간의 이목을 끌면서 겪은 우여곡절이 그다지 유쾌하지 않았기 때문이다. 물론 하고 싶은 말이 없는 것은 아니다. 다만 말하기 곤란하고 불편한 데다 어떤 일이나 사람에 대해서는 아예 말을 하지 않는 것이 좋을 것이라는 생각이 들기 때문이다. 그럼에도 불구하고 웨난이 재차 글을 요청하고 부탁을 해, 더 이상 사양하지 못하고 몇 마디 적어보고자 한다.

나는 은작산 1, 2호 한묘 발굴 작업을 직접 담당하여 수천 매에 달하는 죽간을 발굴했다. 아울러 죽간을 보호 정리해 순서대로 연결하고, 일련의 주해 작업과 연구 활동을 지속적으로 해온 거의 유일한 사람이다. 은작산 한묘가 발굴된 지도 어언 30년이라는 세월이 흘렀다. 당시 발굴에 참여한 고고학자들도 이제는 환갑을 넘긴 노인네가 되었다. 백구과극(白駒過隙 : 흰 망아지가 재빨리 달리는 것을 문틈으로 본다는 것으로 세월의 덧없음을 뜻한다)이라더니 세월이 참으로 빨리 지나가 아득한 옛일이 되고 말았다. 그러나 지금도 30년 전 발굴 당시를 생각하면 바로 어제 일처럼 생생하기만 하다. 죽간이 출토되자 산동성 임기에 사는 많은 사람들이 서로 다투어 그 사실을 전하는 바람에 순식간에 많은 인파가 몰려들기 시작했다. 그렇게 발굴 현장은 구경꾼들로 인산인해를 이루었다. 사람들은 너나할 것 없이 출토된 유물들과 발굴 진행 상황을 알고 싶어 했다. 봄날, 생기발랄한 기운이 용솟음치는 것처럼……

아무튼 사람들은 임기현의 지하에 숨어 있던 진귀한 문물이 세상에 그 얼굴을 내밀었다는 것을 알게 되었다. 당시 발굴에 참여한 고고학자들은 지금까지 느껴보지 못한 기쁨과 흥분에 사로잡혔으며, 한시라도 빨리 발굴된 유물의 의의와 가치를 밝혀내고 싶어 했다. 그때 우리는 이 고고발굴이 상당히 중요한 새로운 발견이라는 점을 인식하면서, 보기 드문 한간(漢簡)을 어떻게 보호하고 정리할 것인지에 대해서만 고민하고 있었다. 그러나 은작산 한간에 대한 정리와 연구가 깊어지면서 비로소 그것이 중국의 역사와 고고학사, 군사사(軍事史) 그리고 철학사에 매우 중요한 의미를 지니고 있으며, 중국 문물사와 인류 문화사에 중요한 공헌을 하고 있다는 사실을 확인할 수 있었다. 역사가 증명하듯 30년 전 우연한 기회에 이루어진 고고발굴은 산동성과 임기현 사람들이 중국과 세계 문화에 커다란 공헌을 한 것이었고, 이는 임기현의 주민 모두에게 큰 영광이 아닐 수 없다. 이후 국내외 고고학자나 군사학, 문헌학 관련 학자들의 연구 성과를 통해 은작산 한간의 주요 내용, 즉 병학(兵學) 문화가 세계 학술계에 급격히 파급되어 이채를 띠게 되었다. 아울러 이러한 공동의 노력 덕분에 은작산 병학 문화에 대한 연구 또한 진일보할 수 있었다.

30여 년에 걸친 은작산 한간의 발굴과 정리, 연구 작업은 이미 학술계에 한 획을 그었다고 말할 수 있다. 중국 고대 사람들은 대나무나 나무를 깎아 서사(書寫)의 도구로 삼았다. 이때 나무나 대나무의 한 조각을 간(簡)이라고 불렀고, 이를 연결시킨 것은 책(冊)이라고 했다. 비교적 넓은 나무나 대나무에 몇 줄의 글자를 쓸 수 있는 경우는 독(牘)이라고 불렀다. 그 위에 간책에 적힌 각 편의 편목(編木)을 써넣기도 했는데, 이는 마치 지금의 목록과 같은 역할을 했다. 간책과 독이 합쳐져 완전한 형태의 간서(簡書)를 간독(簡牘)이라고 부르기도 한다. 간독의 내용은 공문, 법률 문서, 장부(帳簿), 무기부(武器簿), 유책(遺册), 서적(書籍) 등이다. 이러한 문자 자료는 그것이 어떤 것이든지 간에 모두 중요하다. 그러나 그중에서도 특히 중요한 것은 서적이다. 왜냐하면 서적에는 때로 일가(一家)를 이룬 사람이나 여러 사람들의 글이 기록되어 있어 당시 사람들의 견해나 사상을 직접적으로 이해할 수 있기 때문이다. 고대 간책 서적은 출토된 경우가 흔치 않으며, 더욱이 다종의 서적이 출토되는 일은 극히 드물기 때문에 그 무엇보다 귀한 것이라고 할 수 있다.

은작산 죽간이 출토되기 전에도 여러 가지 간책 서적이 출토된 적이 있기는 하지만 엄격하게 따지고 보면 이번이 처음이다. 진(晉)나라 태강(太康) 2년(281년) 급군(汲郡) 위총(魏塚)에서 전국 시대 죽간 서적 75종이 출토되었는데, 그중 『죽서기년(竹書紀年)』과 『목천자전(穆天子傳)』이 현재까지 남아 있을 뿐 나머지는 모두 산실되고 말았다. 이후 1600여 년간 수많은 간독이 출토되었지만 은작산의 경우처럼 여러 종류의 간책 서적이 동시에 출토된 적은 거의 없었다. 그렇게 은작산 1, 2호 한묘에서 다양한 서적이 출토되면서 마침내 오랜 역사의 적막이 깨졌다. 이후 호남성(湖北省) 장사(長沙) 마왕퇴(馬王堆)의 백서(帛書)와 『노자(老子)』, 하북성(河北省) 정현(定縣)의 한간(漢簡) 『유가자언(儒家者言)』, 호북성 형주(荊州) 문곽점(門郭店)의 초간(楚簡) 『노자』와 『예기(禮記)』, 호북성 강릉(江陵) 장가산(張家山) 247호 한묘의 죽간 『개려(蓋廬)』 등이 잇달아 출토되었다. 그러나 서적의 종류로 볼 때 은작산의 한간에 비할 수 없다. 역시 은작산의 한간은 중국 문화사에서 보기 드문 한 떨기 아름답고 진귀한 꽃이다.

2

죽간 병서가 한꺼번에 출토되자 역사적으로 의론이 분분했던 여러 가지 문제에 대해 결정적인 해답을 찾을 수 있었다. 이 역시 은작산 한간의 중요한 공헌이라 할 수 있는데, 그것은 다음의 몇 가지로 나누어 볼 수 있다.

첫째, 지금까지 전해지는 『손자병법』은 13편으로 알려져 있었다. 그래서 『손자 13편(孫子十三篇)』으로 부르기도 한다. 그러나 반고(班固)의 『한서(漢書)』「예문지(藝文志)」 '병서략(兵書略)'에 보면 '오(吳)나라 손자병법 82편, 도(圖 : 도표) 9권'이라고 적혀 있다. 이처럼 『손자병법』과 『한서』「예문지」의 편수가 달랐기 때문에 당송(唐宋) 시대에 이르러 이를 의심하는 사람들이 생겼다. 사실 사마천의 『사기』「손오열전(孫吳列傳)」에 보면 오나라 왕이 보았던 『손자병법』이 모두 13편이라는 기록이 있고, 조조(曹操)의 「손자 서(孫子序)」에도 "손자는 제(齊)나라 사람이며, 이름은 무(武)다. 오나라 왕 합려(闔閭)를 위해 병법 13편을 지었다."라고 적혀 있다. 이렇듯 명명백백한 기록이 있음에도 불구하고 회의론자들은 이러한 증거조차 부정했다. 그러나 은작산 한간 『손자병법』은 전체 13편이고, 죽간에도 '13편(十三肩[篇])'이라고 적혀 있다. 그것만이 아니다. 멀리 청해성(靑海省) 대통(大通) 상손가채(上孫家寨)에서 출토된 한간에도 '13편'이라는 기록이 남아 있다. 따라서 기존의 『손자병법』은 13편이라는 것이 실증된 셈이다.

둘째, 이미 실전된 『손빈병법(孫臏[髕]兵法)』이 출토되었다는 점이다. 이는 단지 병서 한 권이 늘어났다는 정도가 아니라 문화사적으로 큰 의미가 있는 일이다. 『사기』「태사공 자서(太史公自序)」에 보면 '손자는 종지뼈를 도려내는 형벌을 받고, 병법을 논찬했다(孫子髕脚而論兵法)'고 적혀 있고, 『한서』「사마천전」에 보면 '손자는 종지뼈를 도려내는 형벌을 받고, 병법을 정리했다(孫子髕脚兵法修列)'고 적혀 있다. 또한 『한서』「예문지」에 보면 '제나라 손자 89편, 도표 4권(齊孫子八十九編圖四圈)'이라는 기록이 남아 있다. 이렇게 보건대 손빈(孫臏[髕])에게 병법서가 있다는 것은 더 이상 논쟁할 필요조차 없는 사실이다. 위서론자(僞書論者)들은 『손빈병법』이 실전되자 남몰래 교묘한 수단을 강구하여 『손자병법』은 손빈이 저술한 것이며, 손무(孫武)라는 인물은 아예 존재조차 하지 않았다고 주장하기도 했다. 이런 상황에서 간본(簡本) 『손빈병법』이 출토됨으로써 기존의 위서론자들의 주장이 거짓임이 밝혀졌다.

셋째, 『손자병법』과 『손빈병법』이 동일한 분묘에서 출토되었다는 것 자체가 상당히 중요한 의미를 갖는다. 이는 역사적으로 손무와 손빈이 다른 사람이며, 각자 자신의 병법을 후세에 남겼다는 뜻이다. 학술계의 의고사조(擬古思潮 : 옛것을 본 뜬 일반적인 경향)의 영향으로 근 천 년을 끌어온 논쟁이 은작산의 죽간을 통해 하루아침에 해결된 셈이다.

넷째, 지금까지 전해지고 있는 강태공의 『육도(六韜)』와 위료(尉繚)의 『위료자(尉繚子)』는 위서론자들에게 위서로 지목받아 그 가치가 과소평가되고 있었다. 그러나 한간본(漢簡本)『육도』와 『위료자』의 내용이 기존의 판본과 대동소이한 것으로 판명되면서 위서라는 혐의를 벗을 수 있었다. 이렇듯 은작산 한간이 출토됨으로써 오랜 세월 의고사조의 영향으로 제대로 평가받지 못한 고대 병서와 기타 고적들을 새롭게 연구하여 본래 면모를 되찾게 되었다.

은작산 한간은 고대사 연구에서 의고사조에 대한 일종의 반성을 불러일으켰다. 은작산에서 발견된 한간의 내용은 대부분 자서(子書 : 제자백가의 기록)들이다. 청나라 시대의 학자들은 특히 자서의 교각(校刻 : 교정·판각), 편집, 연구에 심혈을 기울였다. 그러나 의고사조의 영향을 받아 수많은 고적(古籍)들이 응당 받아야 할 대우를 받지 못했다. 풍우란(馮友蘭) 선생은 "'신고(信古 : 고대 전승 믿음)', '의고(疑古 : 옛것을 본뜸)', '석고(釋古 : 고대 문헌 외에 고고학·민속학 자료로 고대사를 재구축하자는 입장)', 이 세 가지가 근래 역사를 연구하는 학자들의 유파다. 그 가운데 석고가 추세(趨勢)다."라고 이야기한 적이 있다. 여기서 석고의 추세란, 곧 의고의 퇴세(退勢)를 뜻한다.

그런데 『손자병법』의 한간본과 기존의 판본을 비교 연구하면서 우리는 양자 간에 문맥이 어긋나거나 구성이 다른 점, 또는 다른 누군가가 의도적으로 가필한 흔적을 찾을 수 없었다. 따라서 전한(前漢)의 유향(劉向), 유흠(劉歆) 등이 의도적으로 고친 것이라고 할 수 없다. 또한 『육도』나 『위료자』 등 옛 병서들은 "사의(詞意 : 말의 의미)가 깊지 않아 고서(古書)와 같지 않다."라거나 "문기(文氣)가 예스럽지 않다."라는 등의 근거 없는 비난을 통해 부정되고 위서로 간주되어 왔다.

그러나 은작산 한간을 통해 선진(先秦) 시대의 옛 병서들은 본래의 이름과 명예를 되찾았다. 학술계 역시 선진 시대의 고적들에 대한 전통적인 논법에 대해 새롭게 심사숙고하는 계기를 마련했다. 고적의 창작 연대나 작가, 내용 등에 대해 회의하거나 부정하는 태도를 바꾸게 된 것도 은작산 한간 덕분이라고 할 수 있다. 이렇듯 은작산 한간은 의고 시대를 벗어나는 데 선도적인 역할을 했으며, 현대 인류에게 고적에 대한 시야를 넓혀 주었다.

3

작가 웨난은 중국의 중대한 고고발굴에 관한 작업과 사람들에 대해 기실문학(紀實文學 : 르포, 논픽션 문학)의 형식으로 작품을 발표하여 많은 독자들에게 큰 호응을 받고 있으며, 이를 통해 고고학자들의 업적을 널리 알리는 데 큰 공헌을 하고 있다. 내가 알기로 그는 이미 이러한 유형의 책을 10여 권 출간한 바 있으며, 국내외에 문명(文名)을 날려 대가의 반열에 올라 있다.

일반 사람들은 과학적인 기록이나 분석, 논증의 고고학적 보고서를 읽는 데 익숙하지 않다. 어휘도 낯설고 이해하기 어려운 부분도 적지 않기 때문이다. 그렇지만 사람들은 고고발굴을 통해 출토된 각종 문물을 진귀하게 여기고, 특히 부장품이나 고대 문물과 관련된 이야기를 아주 좋아한다. 나 같은 경우는 고고학을 전공했지만 고고발굴과 관련된 이야기를 잘 하지 못한다. 하지만 웨난은 발굴 관련 이야기를 하는 데 전문가다. 그는 관찰력이 뛰어난 데다 상상력이 풍부하며, 유려한 필체의 소유자이기도 하다. 아기자기한 이야기 구성이며, 기복을 이루는 이야기 전개는 그야말로 독자들을 흥미진진하게 만들고, 더욱 깊이 빠져들게 한다. 그의 작품은 독자들의 공명을 불러일으키고, 그의 활력과 격정은 독자들이 함께 타오를 수 있도록 만든다. 그가 하는 이야기는 대부분 논픽션이다. 물론 그중에는 인위적인 부분도 있겠지만 그것 역시 실생활에 기반한 것이다. 자세히 살펴보면 그 어떤 것도 근거 없이 하는 말이 없는데, 그저 길거리에서 들은 가담항설(街談巷說) 류의 이야기 따위는 보이지 않는다. 이는 그가 진정으로 사람과 사건의 깊숙한 곳으로 직접 들어가 자료를 수집하고, 수많은 보고서나 관련 서적을 부지런히 읽고 연구했기 때문이다. 그는 위로 고대 전적들의 내용을 살피고 인용했으며, 아래로 근현대 여러 전문가의 성과물들을 두루 탐독해 최대한 많은 자료를 확보하기 위해 노력했다.

나는 그가 이처럼 수많은 시간과 비용, 그리고 자신의 모든 것을 바쳐 창작에 임한다는 사실을 잘 몰랐다. 과문한 때문인지는 몰라도 지금까지 이러한 작가를 본 적이 없다. 특히 칭송할 점은 웨난으로 인해 고고학 관련 기실문학이 새롭게 개척되고 큰 성과를 얻었다는 것인데, 그가 보여 준 개척과 법고창신(法古創新)의 업적은 결코 마멸되지 않을 것이다.

북경에서 오구룡

오구룡(吳九龍)

중국 현대 고고학자이자 역사문헌학자다. 1941년 4월 10일 사천성 성도 출신으로 1966년 북경대학 역사학과에서 고고학을 전공했다. 중국과학원 고고연구소, 산동성 박물관, 산동성 고고연구소, 국무원 도박구 고문헌연구실, 국가문물국 중국문물연구소 등에서 연구원으로 일했고, 문화대혁명 시절에는 2~3년 동안 부대 농장에서 농사를 짓기도 했으며, 공장에서 일하기도 했다.

현재 중국문물연구소 연구원이자 중국손자병법연구회 이사로 있다. 1972년 산동성 임기현 은작산 1, 2호 서한 분묘에서 『손자병법』, 『손빈병법』을 포함한 병서와 일서(佚書), 역보(曆譜) 및 수천 매에 달하는 죽간 등을 발굴하는 데 큰 공을 세웠다. 아울러 발굴 유물을 유형학(類型學)의 방식을 통해 정리하고 연구하여 『은작산 한묘의 죽간』(1), 『손자교석』(1, 2권) 등을 출간하였다. 주요 학술논저로 『전본(傳本)과 간본(簡本) 「손자병법」의 비교 연구』, 「안자춘추고변(晏子春秋考辨)』, 『은작산한간제국법률고석(銀雀山漢簡齊國法律考析)』, 『손무병법 82편 고위(考僞 : 진위고찰)』, 『은작산 한간의 고문(古文), 가차(假借), 속성자(俗省字)』, 『은작산 한간 석문(釋文)』 등이 있다.

차례

프롤로그

연기(緣起)

세월이 한참 흐른 뒤, 나는 국가문물국 고문헌연구실의 저명한 학자인 오구룡(吳九龍)을 방문했다. 그는 난마처럼 얽힌 지난 세월 속에서 서서히 실마리를 풀어 나가기 시작했다. 그에 따르면, 그해 중국에서는 미국 대통령 닉슨의 중국 방문을 비롯한 여러 가지 큰일이 있었지만, 기몽(沂蒙)의 산간 지대에 위치하고 있는 은작산(銀雀山)에서 발굴된 한묘(漢墓 : 한나라 시대 분묘) 두 기와 그곳에서 출토된 『손자병법(孫子兵法)』과 『손빈병법(孫臏兵法)』을 비롯한 한나라 시대의 죽간(竹簡)들이야말로 신중국 '고고학 중흥'에서 지극히 중대한 사건이었다.

1972년 4월 산동성(山東省) 임기현(臨沂縣) 성(城) 남쪽에서 1킬로미터쯤 떨어진 은작산은 이제 막 한적하고 쓸쓸했던 추운 겨울에서 벗어나 따스한 햇살과 부드러운 봄바람에 메마른 산등성이가 제법 푸릇푸릇 녹색으로 물들기 시작하고 있었다. 산 아래 기하(沂河)의 시냇물 역시 밝고 찬란한 햇살을 받아 반짝반짝 빛나며 소리 없이 북쪽으로 흘러가고 있었다. 그렇게 산과 물이 서로 어우러지고 초목이 푸르게 생동하는 봄이 다가오는 중이었다. 그때 한 무리의 인부들이 성의 관문을 짓는 건설공사의 책임자 주가암(朱家庵)의 감독 아래 은작산 위에서 온몸으로 곡괭이를 휘두르며 땅을 파고 있었다. 인부들의 이마에서 굵은 땀방울이 뚝뚝 떨어졌지만 그렇다고 편안하게 쉴 수 있는 형편이 아니었다. 몇몇은 아예 웃옷을 벗은 채 까무잡잡한 구릿빛 상체를 드러내고 어기여차 소리를 지르며 열심히 일을 하고 있었다.

그중 '당나귀(驢)'라고 불리는 사람이 있었는데, 문득 지금 파고 있는 땅이 무언가 다르다는 느낌이 들었다. 그는 곡괭이질을 멈춘 뒤 호기심 어린 눈으로 주변을 살피다가 이내 삽을 들고 이상한 느낌이 들었던 바로 그 땅을 조심스럽게 파내기 시작했다. 그의 눈이 잠시 반짝거리는가 싶더니 어느새 눈앞에 그다지 깊지 않은 장방형 수혈(竪穴)의 언저리가 드러났다. 그 수혈은 잡석과 진흙으로 메워져 있었기 때문에 그 안에 무엇이 들어있는지는 정확히 알 수 없었다. 다만 바깥의 흔적으로 볼 때 자연적으로 이루어진 것이 아니라 누군가 의도적으로 파놓은 것만은 분명했다. 우연한 발견에 잠시 '당나귀'의 눈이 반짝였으나 어느새 제자리로 돌아가 아무 일도 아닌 양 별 다른 표정이 없었다. 그가 볼 때 이는 그다지 대수롭지 않은 것으로, 약간 의외의 일일 뿐이었다. 그 일대는 하늘의 뭇별처럼 크고 작은 분묘가 지천으로 깔려 있었기 때문이었다. 그 가운데 상당수는 아주 오래된 분묘로 누군가 도굴을 했거나 아니면 우연히 발굴된 채 곳곳에 그대로 남아 있어 흔히 볼 수 있을 뿐더러 쉽게 만져볼 수 있는 것들이었다. 다만 땅 위에 표시가 없어 제대로 알아보기 힘들 뿐이었다. 이런 정도의 수혈은 현지 사람들이 구덩이를 팔 때 흔히 발견하는 것이었기에 그저 '썩은 무덤 구덩이'로 칭해지고 있었다.

　　10여 년을 넘게 건축 일을 하면서 나름대로 이골이 난 '당나귀'는 하루 종일 성의 남북 도처를 돌아다니며 땅을 파고 집을 짓는 일을 해왔기 때문에 이 일대 지형이라면 다른 누구보다 훨씬 잘 알고 있었다. 그는 나름의 판단에 따라 그 수혈이 옛 분묘의 묘광(墓壙 : 분묘 구덩이)으로 통상 말하는 '썩은 무덤구덩이' 가운데 하나라고 생각했을 뿐, 그 분묘의 형태나 연대, 가치는 물론이고 도굴되었는지 여부 또한 관심이 없었다. 그에게 중요한 것은 무엇보다 그에게 주어진 일, 즉 딱딱한 흙덩이를 열심히 파서 돈을 벌어 입에 풀칠을 하고 다시 몇 푼 더 벌어다가 참한 색시를 구하면 되었다. 이 외에 세상의 모든 일은 그저 쓸데없고 귀찮은 것에 불과했다. 얼마 되지 않아 '당나귀'는 물끄러미 쳐다보는 일을 멈추고 삽을 내던진 뒤 거친 새끼줄로 동여맨 허리띠를 조금 느슨하게 한 다음, 다

갈라진 손바닥에 침을 '퉤~' 뱉고는 다시 곡괭이를 집어 들고 어깨를 쭉 폈다. 그런 다음 자기가 맡은 구역을 쿵쾅거리며 파내기 시작했다.

어느새 오전 시간이 다 지나가고 '당나귀'가 파던 구덩이도 거의 1.5미터 깊이가 되었다. 그런데 곡괭이로 땅을 칠 때마다 구덩이 밑바닥에서 이상한 소리가 들리는가 싶더니 고운 회백색 점토가 나오기 시작했다. 분명 기이한 현상이었지만 '당나귀'의 관심을 끌지는 못했다. 흰색이든 검은색이든 그저 썩은 무덤구덩이의 흙이려니 생각했을 뿐 오로지 자신에게 맡겨진 일을 끝내는 데 열심일 뿐이었다. 그러다가 오후 세 시경 건축대(建築隊)에서 설계사로 일하던 맹계화(孟季華)가 우연히 그가 있는 쪽으로 왔다. 그리고 그 오래된 분묘의 운명이 완전히 뒤바뀌었다.

맹계화는 작업 때문에 누군가와 말다툼을 하다가 왔는지 씩씩거리며 무언가 중얼대면서 '당나귀' 옆을 지나갔다. '당나귀'는 평소와 달리 화가 잔뜩 나있는 그의 모습을 보고는 행여 자신에게 불똥이 튈지도 모른다는 생각에 아무 소리 없이 구부정한 모습 그대로 일에 열중했다. 그저 빨리 지나가기만 바랄 뿐이었다. 맹계화 역시 인부들 가운데 고집이 세기로 유명한 홀아비인 '당나귀'와 노닥거릴 마음이 없었기 때문에 구덩이 근처까지 왔다가 길을 돌아갈 생각이었다. 막 몸을 돌리려는 순간, 무언가에 발이 걸려 하마터면 넘어질 뻔했다. 놀란 그가 주변을 살펴보는데, 온통 흰색 흙 찌꺼기가 있었다.

"에이, 이건 또 뭐야?"

맹계화가 혼잣소리로 이렇게 말하며 물끄러미 흙을 쳐다보았다. 그러더니 돌연 무언가 생각났다는 듯이 급히 구덩이 쪽으로 달려갔다. 이어서 반짝거리는 눈빛으로 참을 수 없다는 듯 소리쳤다.

"아니, 이거 옛날 무덤이잖아! 어이, 당나귀. 더 이상 파지마! 문물조 사람들에게 알려야겠어. 그 사람들이 뭐라고 하는지 보자고!"

'당나귀'는 늙은 맹계화를 그저 있어도 좋고 없어도 좋은, 기몽산의 특산품인 오래 절인 짠 김칫쪽 정도로 여겼기 때문에 천천히 고개를 들고는 아무 대꾸도 하지 않고 그저 흰자위가 다 보이도록 눈을 부릅뜰 뿐이었다. 그런 다음 거친 새끼줄로 만든 바지 허리띠를 풀고는 등을 돌려 시원하게 오줌을 싸기 시작했다. 맹계화는 그 모습에 기가 막혀 작은 소리로 욕을 했다.

"에이, 더러운 놈!"

그러고는 더 이상 상관하지 않고 서둘러 산 아래쪽으로 달려가기 시작했다.

이미 예순 살이 훌쩍 넘은 맹계화는 신중국 성립 이전에 자못 유명했던 사숙(私塾 : 서당) 선생님이었다. 들리는 말에 따르면 경사자집(經史子集)을 두루 꿰고, 특히 공맹(孔孟)의 도에 식견이 있었다고 하는데, 항시 맹자가 자신의 조상이라는 것을 영광으로 여겼다. 때로 누군가 치켜 올리는 날이면 마치 살아 있는 대유(大儒)인 양 맹자로 자처하기도 했다. 건국 후 사숙이 모두 사라지자 그는 풍채와 재능이 한창인 중년의 나이에 마을에서 저명한 학자로 행세하다가 이후 인민정부의 직업 분배에 따라 임기의 마을 건설공사에서 설계사로 일하게 되었다. 그러나 집을 짓거나 다리를 세우는 일에 거의 문외한이나 다름없었고, 수리(數理) 방면에도 아는 것이 전혀 없었기 때문에 설계도를 제대로 보지 못해 그저 쓸데없는 질문이나 하기 일쑤였다. 이런 이유로 그는 임기현 성관진(城關鎭) 건축대에 들어가 두들기고 쪼개는 일을 맡게 되었다. 그때 문화대혁명 이전까지 임기 지구의 문화 관련부서에서는 대규모 문물 조사를 실시했는데, 당시 해당 인원이 크게 부족했기 때문에 정부의 행정 명령에 따라 다른 부서에서 인원을 조달받도록 했다. 성관진 건축대 지도자는 그가 매일 시나 읊조리고 공자왈 맹자왈 하면서 뭔가 좀 있는 듯 보여 혹시라도 옛 문물과 어떤 연관이 있을지도 모른다는 생각에 적극적으로 추천했다. 그래서 거의 지천명에 가까웠던 노맹(老孟 : 연장자의 경우 성에 노老를 붙여 존중의 뜻을 나타낸다)이 얼떨결에 문물 조사 및 옛 기물 정리 등의 작업을 맡게 된 것이다.

일을 맡은 지 얼마 되지 않아 그는 자신의 사숙 시절의 지식을 바탕으로 대충이나마 문물에 대한 지식과 이와 관련된 법률이나 법규를 이해하게 되었다. 원래 옛 문화를 좋아하는 데다가 조금씩 문물에 대한 감각이 생기자 자칫 내쫓길 뻔한 액운에서 벗어나 건축대에서 계속 일할 수 있었고, 옛 분묘가 발견될 때마다 열심히 현지 문물 관련부서에 연락을 취하면서 나름대로 최선을 다했다. 결과적으로 그의 노력 덕분에 임기 주변의 문물 역시 어느 정도 보호를 받을 수 있게 되었다.

옛 분묘를 발견한 맹계화는 예전과 마찬가지로 부지런히 산을 내려가 잡초더미 위에 놔두었던 자전거에 올라타고 열심히 페달을 밟았다. 임기현 문화국 문물조에 도착한 그는 문물조 간부인 유심건(劉心健)에게 정황을 설명했다. 자초지종을 들은 유심건은 흥미롭다는 생각을 하면서 다른 간부인 장명설(張鳴雪)과 함께 맹계화를 따라 은작산으로 향했다.

은작산은 이름에 자못 시의(詩意)가 풍부하여 현지에서도 유명한 곳인데, 실제로 그다지 높은 산은 아니고 그저 언덕 정도의 작은 산에 불과했다. 은작산 동남쪽 멀지 않은 곳에는 비슷한 형태의 작은 산이 하나 더 있었는데 이름이 금작산(金雀山)이었다. 현지 「성구약도(城區略圖)」의 기록에 따르면, "성 남쪽으로 2리 떨어진 곳에 두 개의 언덕이 있는데, 동쪽에 있는 것은 금작환(金雀環)이고 서쪽에 있는 것은 은작환이다. 두 언덕이 서로 대치하고 있어 마치 현을 껴안아 호위하고 있는 듯하다.", "양명하(陽明河)는 비현(費縣)에서 발원한다. ……현재 이름은 양명계(陽明溪)인데 금작산 아래쪽을 지난다."(권2, 산천山川). "풍운뇌우산천단(風雲雷雨山川壇)은 성 남쪽 적석부(赤石埠)에 자리하고 금작산과 은작산 사이에 끼어 있다."(권4, 질사秩祀). 이 밖에도 나중에 현지에 부임하여 한묘 발굴에 참여한 고고학자 오구룡에 따르면, 인용문에서 산 대신 환(環)이란 말을 쓴 것은 두 산의 형태가 활처럼 반달 모양으로 서로 바라보고 있기 때문이라고 한다. 실제로 금작산과 은작산이 임기현 옛 성의 남쪽에 서로 대치하는 모습으로 서 있는 것을 보면 마치 초병이 마을을 지키고 있는 듯한 형상이기도 하고, 때로는 연인이 애틋한 정을 나누는 듯한 느낌이기도 하다. 또한 청룡과 백호, 주작과 현무를 상상하게 만들거나 양산박(梁山泊)과 축영대(祝英臺)의 기이한 전설을 생각나게 하기도 한다. 실제로 금작산과 은작산을 둘러싸고 적지 않은 전설이 전해지는데, 사람의 심금을 울리며 상상의 나래를 활짝 펼치게 하는 이야기도 적지 않다. 그중에서 비장하면서도 처염(悽艶)한 사랑이야기가 전해지는데, 그 대강은 다음과 같다.

대송(大宋) 연간, 정확하게 말해서 소설 「수호전」에 나오는 양산박의 호걸들이 의기투합하여 반란의 깃발을 높이 올렸던 바로 그 시절에 임기 성내에 서문(西門)이라는 복성을 지닌 재력가 한 사람이 살았다. 족보를 따져보면, 그는 「수호전」에 나오는 유명한 호색한 서문경의 형뻘로 촌수도 그다지 멀지 않았다. 그는 슬하에 비설(飛雪)이라는 이름을 가진 열여섯 살의 아리따운 딸을 두었다. 그녀는 천성적으로 선녀 같은 미색과 더불어 금기서화(琴棋書畵)에 고루 능한 재능을 지녀 산촌인 기몽 일대에서 제일가는 미녀이자 재녀로 이름이 높았다. 뭇 여인들의 선망과 질투를 한 몸에 받았고, 남자들은 보기만 해도 끌려 높은 관직과 뛰어난 가문의 숱한 남자들이 그녀를 취하고자 했다. 그러나 그녀는 은근한 재물의 유혹이나 막강한 권세의 호령에 눈 한번 돌리지 않았다. 어려서부터 남들과 달리 개명한 생각을 하고 있는 데다가 낭만적인 생각에 사로잡혀 있었던 그녀는 예상 외로 별명이 마책(螞蚱 : 메뚜기)인 청년을 사모하고 있었다. '마책'은 성씨가 황(黃)가로 임기성 남문 밖 5리 정도 떨어진 황가보(黃家堡)에서 삼대에 걸쳐 농사일을 하는 집안의 아들이었다. 왜소한 몸에 팔다리가 일반 사람들보다 길어서 평상시 걸음을 걸을 때면 껑충껑충 뛰는 듯해 마치 들판에서 하루 종일 이곳저곳 뛰어다니며 먹어대는 황충(蝗蟲 : 메뚜깃과에 속하는 곤충으로 '누리'라고도 부른다) 같았다. 게다가 성인 황(黃)과 '황(蝗)'의 음이 비슷한 탓에 '황충'이라고 부르기도 했다. 황충이란 말에는 약간 이방인의 뜻이 담겨 있기 때문에 마을 사람들은 기몽산의 사투리인 '마책'으로 바꾸어 불렀다. 시간이 흐를수록 그의 본명은 점점 잊히고 별명이 오히려 두루 사용되면서 꽤 유명해졌다. 당시 그는 마침 서문씨 집안에서 일을 하고 있었는데, 서문 아가씨보다 네 살 많은 스무 살의 청년으로 한창 젊은 시절이었다. 그렇게 그는 천시(天時)와 지리(地利)의 특별한 조건과 기회를 통해 점차 서문 아가씨와 얽히게 되었다.

두 사람의 애정은 춘풍에 진눈깨비 휘날리듯 처음에는 그저 그러려니 했지만 어느 순간 「수호전」에서 임충이 마초장(馬草場)을 불태우듯 활활 타오르더니 눈과 진흙, 타다 남은 재까지 온통 뒤엉켜 거의 수습이 불가능한 지경에 이르렀다. 사정이 이렇게 되자 근엄하고 신중하기 이를 데 없는 서문씨 부부는 더 이상 멍하니 바라보고만 있을 수 없었다. 우선 좋은 말로 달래는 것이 상책이라 여기고, 딸을 불러 어리석은 짓은 이제 그만두라고 구슬렸다. 그러나 뜻밖에도 비설은 아버지의 말에 복종하기는커녕 오히려 그럴 수 없다고 단언하는 것이었다. 지금까지 한 번도 자신의 말을 거역한 적이 없었던 딸이 자신의 권위를 짓밟자 서문씨는 화를 주체하지 못하고 앞에 있던 팔선탁(八仙卓 : 탁자)을 손으로 힘껏 내리치면서 고함을 질렀다.

"네가 권하는 술을 마다하고 벌주를 마시겠다는 말이로구나! 오냐, 알겠다. 이제는 더 이상 아무 곳에도 못 나가느니라."

그의 말이 떨어지기 무섭게 장정 몇 사람이 비설을 '규방'으로 데리고 갔다. 동시에 그녀와 사통하고 있던 마책 역시 늦가을 메뚜기 꼴이 되어 사방으로 튀어 다니기는커녕 얼굴이 퉁퉁 붓고 코가 휠 정도로 두들겨 맞은 뒤 내쫓기고 말았다.

겨울 우레가 우르르 쾅쾅 울리고 여름에 때 아닌 진눈깨비가 내리는 것만큼이 돌발적인 애정 사건은 세간의 상식에서 크게 벗어나는 일이었다. 외부 사람이 보기에 남녀 간의 일이 이쯤 되면 그냥 서로 잊고 각기 새로운 짝을 찾기 마련이었으나 그들 두 사람 일은 그렇게 흐르지 않았다. 우선 메뚜기 황가는 집으로 돌아온 뒤 방 안에 누워 하루 종일 슬픔에 잠긴 채 아무 일도 못했다. 오로지 서문 아가씨의 아리따운 얼굴만 눈앞에 아른거려 도무지 참을 수 없었던 것이다. 아무리 눈물, 콧물을 흘리며 통곡을 해도 그녀를 향한 마음은 진정되지 않았다. 그렇게 10여 일이 흘렀다. 몸의 상처는 점차 아물었지만 그녀에 대한 생각은 좀처럼 가시지 않았다. 그는 이렇게 가만히 있을 수 없다는 생각이 들었다. 여러 가지 생각 끝에 결단을 내리고 칠흑처럼 어두운 어느 날 밤 집을 나섰다. 별빛이 반짝이는 어둠 속에서 어디선가 도둑고양이 울음소리가 들렸다. 그의 발걸음이 멈춘 곳은 바로 서문씨네 집 앞이었다. 사방을 둘러보던 그는 어느새 담장을 뛰어넘어 처마 밑에 몸을 숨겼다. 잠시 후 검은 그림자가 서문 아씨의 규방에 어른 거렸다. 그때 서문 아씨는 막 잠이 들었는데, 비몽사몽간에 누군가 문을 두드리는 소리를 듣고 깜짝 놀라 자리에서 일어났다. 이어서 꿈에도 그리던 마책의 목소리가 가느다랗게 들려왔다. 그 순간 한 치의 주저함도 없이 달려 나가 마책을 끌어안았다. 잠시 후 뜨거운 숨소리를 주고받으며 운우(雲雨)의 정을 나누려는 순간 어디서 달려왔는지 커다란 장정들이 두 사람을 덮쳤고, 누군가 마책의 두 다리를 번쩍 들어 곤두박질치게 만들었다. 연이어 그들은 더운 여름날 메뚜기를 잡아 봉지 안에 넣듯이 그를 마대자루 안에 넣어 등에 둘러맨 뒤 어딘가를 향해 달려갔다. 마대자루 안에서 가련한 마책은 마디마디 뼈가 부러진 채로 혼절하고 말았다. 인적 드문 낯선 곳에서 그가 겨우 정신을 차린 것은 이튿날 오후였다. 이후 마책은 뛰어다니기는커녕 제대로 걷지도 못하는 신세가 되고 말았다.

반년이 흐르고, 비설은 근심과 고통으로 병석에서 끝내 일어나지 못하고 성 남쪽 작은 산등성이에 묻히고 말았다. 이미 중풍에 걸려 사지가 뒤틀린 마책도 이웃 사람에게 그녀가 죽었다는 소식을 듣고 비통에 젖어 삼일 밤낮을 통곡하더니 결국 오장육부가 모두 파열되어 피를 쏟으며 죽고 말았다. 그의 유언대로 시신은 성 남동쪽 작은 산등성이에 묻혔다.

마책은 이미 숨이 끊어져 비설과 마찬가지로 자갈밭 뒤섞인 황토에 묻혔으니 인간 세상의 칠정육욕(七情六欲)도 따라 사라지는 것이 당연했다. 그러나 사정은 그렇지 않았다. 임기 성 내외에 살던 사람들의 뇌리 속에서 그들의 처절하고 비참한 사랑이 점차 잊힐 무렵 기이한 일이 벌어졌다. 누군가가 우연히 발견했는데, 성 남동쪽 마책이 묻혀 있는 작은 산등성이에 언제부터인지 알 수 없지만 황금빛 꽃이 가득 핀 관목이 우거지기 시작했다. 매번 새벽안개가 자욱할 무렵이면 어디선가 황금빛 운작(雲雀)이 날아와 그곳에서 울기 시작했다. 그뿐만 아니라 서쪽 작은 산등성이 비설이 묻힌 무덤가에도 은백색의 관목이 자라더니 역시 은백색 운작이 몰려들어 마치 황금빛 운작과 호응이라도 하듯 울어대기 시작했다. 서서히 관목은 동서 양쪽 산등성이에 가득 자리하여 어느 틈엔가 산 전체를 뒤덮었고, 운작 역시 점점 불어났다. 매년 봄에서 여름으로 넘어가는 시 절이 되면 동서 산등성이는 황금빛과 은백색 꽃이 어울려 피어나 산들바람에 흔들리면서 고운 향내를 천지에 퍼뜨렸다. 또한 금빛, 은빛 운작이 꽃무더기를 오가며 울어대는데, 그 소리가 때로는 흐느끼는 듯 때로는 즐겁게 노래하는 듯 혹은 읍소하는 듯한 느낌이 들기도 해 듣는 이의 애간장을 녹였다. 이런 광경을 바라보면서 사람들은 이룰 수 없는 사랑을 하다가 끝내 목숨을 잃은 두 젊은 남 녀를 떠올리지 않을 수 없었다. 사람들은 그 연인들을 위로하기 위해 마책이 묻 힌 산은 금작산, 비설이 묻힌 산은 은작산이라고 부르기 시작했다. 이후 금작산, 은작산이라는 이름은 계속 이어졌고, 비극적인 두 청춘 남녀에 대한 뭇 사람들 의 연민과 축원을 기념하게 되었다.

맹계화는 유심건을 데리고 은작산 정상 가까운 곳에 이르렀다. 이미 은작산 은 예전의 모습이 아니었다. 1958년 임기성 도처에서 광석을 캐는 일이 유행처 럼 번졌는데, 금작산과 은작산은 그 첫 번째 대상이었다. 그 결과 몇 년이 흐른 뒤 두 산은 온통 사방에 구멍이 뚫리고 만신창이가 되어 더 이상 꽃이 만발하거 나 운작이 지저귀는 모습을 볼 수 없었다. 1971년에는 임기 위생국에서 관계 부 서의 동의를 얻어 은작산 위쪽에 사무실용 건물을 짓기로 했다. 그 가운데 부속 건물 한 채가 완공될 무렵인 1972년 봄, 암석 위주인 지반에 건물터를 고르기 위 한 정리 작업이 한창이었는데, 바로 그 작업을 하던 중 성관진 건축대 인부인 '당나귀'가 4월 10일 뜻밖에도 묘혈을 발견한 것이다.

유심건과 장명설이 살펴보니 과연 옛 분묘가 틀림없었다. 크기로 볼 때 임기 성 주변의 분묘 가운데 중상급(中上級)에 해당하는 것이었고, 묘장의 연대는 진한 (秦漢) 아니면 당송(唐宋)에 속하는 듯했으며, 도굴 여부나 가치 수준은 아직 단언 하기 어려운 상태였다. 앞서 발굴한 경험으로 볼 때, 주변에 한묘가 비교적 산재하고 있기 때문에 한묘일 가능성이 컸다. 그러나 한묘든 아니든 간에 이미 발견 되었으니 이에 상응하는 세심한 발굴 작업이 급선무였다. 유심건은 맹계화에게 공사 책임자인 주가암을 불러오도록 하는 한편, 이 분묘는 비교적 중요한 것이 니 주의하여 보호하도록 했다. 잠시 후 주가암이 달려왔다. 유심건은 그에게 오 늘은 날씨가 좋지 않으니 일단 철수하고, 현 문물조에서 자금을 내어 '당나귀'를 포함한 세 사람에게 하루에 인민폐 1.4위안씩 지불해 분묘 주변을 깨끗하게 정 리시킨 뒤 3일 후 정식으로 사람들을 파견하여 발굴하겠다고 이야기했다.

당시 현장에 있던 사람들은 얼핏 보기에 다른 분묘와 다를 바 없는 그 고묘 (古墓)가 며칠 뒤 세상을 크게 놀라게 한 엄청난 고고 대발견이라는 사실을 전혀 알지 못했다.

1장
지하에서 솟아오른 병가의 전설

상서롭지 못한 분쟁과 산만한 발굴 때문에 출토된 문물의 훼손이라는 비극적 복선이 깔린 채, 오래되고 신비한 은작산에서 고고대원들이 발굴 준비를 하고 있었다. 성 박물관에서 사람들이 파견되었고, 세상을 놀라게 한 병서가 바로 그곳에서 발견되었다. 연이어 보고가 올라가고 신속하게 지원 인원이 발굴 현장에 속속 도착하는 가운데, 마침내 진귀한 보물들이 모두 출토되었다. 북경北京에 올린 구원의 소리에 문물 국장 왕야추王冶秋는 양난兩難의 어려움 속에서 최후의 선택을 하는데……

죽간 손자병법의 비극

　문물조로 돌아온 유심건과 장명설은 은작산 고묘의 발굴 상황에 대해 신속하게 현(縣) 문화국(문화대혁명 시절에는 문화국을 문화조로 개칭했으나 본문에서는 습관에 따라 문화국으로 칭했다) 국장 윤송약(尹松若)에게 보고하면서 3일 뒤부터 발굴 작업을 시작하겠다고 말했다. 당시 발견된 묘는 규모가 그다지 크지 않았기 때문에 유심건과 장명설이 볼 때 그저 일반적인 업무일 뿐이어서 약간은 경시하는 듯한 분위기마저 감돌았다. 국장은 그들의 계획에 동의는 했지만 불만에 찬 표정이었다. 그런 윤 국장의 지시 내용은 처음에는 빈틈없이 주제에서 한 치도 어긋남이 없는 듯했지만 점차 주제를 벗어나더니 도무지 무엇을 말하는지 알 수 없는 지경에 이르렀다. 손가락을 태울 정도로 바싹 타들어간 담배꽁초에서 흰 연기가 모락모락 피어올라 사방으로 흩어지고 있었다. 그는 담배꽁초를 손가락에 낀 채 방 안을 한 바퀴 돌더니 자못 격분한 얼굴로 다시 한 번 유심건 등에게 말을 하기 시작했다.

　"현재 무산계급 문화운동이 순리대로 진행되면서 당 내에 마구 끼어든 반동 간부들이 이미 모두 타도되었고, 대다수 지식분자들도 노동 개조를 위해 하방(下放)*되었소. 사실 당신들은 몇 가지 문제가 있기는 하지만 현재의 정황으로 볼 때 조국과 당과 인민, 또한 임기의 문화 공작 역시 당신들이 필요하기 때문에 그냥 남겨 놓고 있는 것이오. 물론 당신들이 업무에 종사할 수 있도록 놔둔 것은 자신의 위치에서 본연의 임무를 충실하게 수행하고 더욱 훌륭하게 개조되기를 바라기 때문이고, 당과 인민이 당신들을 중시하고 신임한다는 뜻이자 사상과 행동을 시험하겠다는 말이기도 하오. 당신들처럼 먹물깨나 먹은 더러운 지식분

---

* 하방 운동(下放運動)이라고도 한다. 중국에서 당원이나 공무원의 관료화를 방지하기 위해 이들을 일정 기간 농촌이나 공장에 보내서 노동에 종사하게 한 운동이다. 1957년 정풍 운동 때 시작되어 문화대혁명 시기에도 시행되었다.

자들은 결코 꼬리를 곧추세워 잘난 체를 해서도 안 되며, 그렇다고 자기 마음대로 죽어서도 안 되오. 이번에 당신들이 은작산을 발굴하는 데 반드시 이전의 교훈을 바탕삼아 제멋대로 행동하는 일이 없길 바라겠소. 우리는 국가에서 조직한 발굴대이자 혁명 대오로서 인민의 이익을 위해 복무하는 것일 뿐 구사회(舊社會)의 도굴범들과 다르다는 말이오. 이번 분묘는 덤벙거리다가 실수를 범하는 짓은 절대로 하지 마시오. 제대로 발굴하고 제대로 정리하며, 설사 작은 풀 한 포기라도 반드시 나에게 곱게 가져와야 할 것이오. 만약 누구라도 또다시 잘못을 저지를 경우, 나는 그 즉시 개차반을 만들어버릴 것이니 괜히 그때 나를 원망하지 말기 바라오."

윤 국장은 이렇듯 밑도 끝도 없이 노골적으로 면전에서 비난을 퍼부었다. 외부 사람이 들으면 분명 무슨 소리인지 몰랐겠지만 유심건은 그의 말이 뜻하는 바를 분명히 알아들었다. 한 달 전 어떤 단위(單位 : 단체나 기관의 부서나 부문)에서 금작산에 건축 공사를 하면서 한나라 시대 묘장 두 기를 발견했다. 그 규모는 은작산에서 발굴한 고묘와 거의 비슷한 수준인 데다 도굴된 흔적이 없었기 때문에 정상적인 고고학적 발굴을 거친다면 의심할 바 없이 상당한 양의 기물이 발견될 것으로 판단되었다. 어쩌면 학술적으로 상당한 가치가 있는 물건이 발견될 가능성도 있었다. 실제로 몇 년 뒤 금작산 한묘에서 세상을 놀라게 한 한나라 시대의 백화(帛畵)가 출토되기도 했다. 그러나 애석하게도 참담한 일이 벌어지고 말았다. 당시 날씨가 몹시 춥고 묘갱에 물이 많아서 유심건을 대표로 한 발굴대원들은 그저 서둘러야 한다는 생각만 했을 뿐 고고발굴의 기본인 측량, 스케치, 사진 등의 엄격하고 과학적인 방법을 도외시하는 우를 범하고 말았다. 대원들은 장화를 신은 채 손에 삽과 호미 등을 들고 묘갱 안으로 들어갔다. 텀벙텀벙 묘갱에 가득 찬 물을 헤치고 들어간 그들은 관곽을 열어젖혔다. 그다음 유심건을 비롯한 발굴대원들은 관곽 안으로 들어가 소매를 걷어 올린 뒤 마치 강가나 연못에서 물고기를 잡아 올리듯이 진흙탕으로 변한 관곽 안에서 '물고기'를 잡아 올리기 시작했다. 물론 잡아 올린 '물고기'는 일련번호도 적지 않았고, 사진도 찍지 않았으며, 그저 진흙이 묻은 그대로 묘갱 밖 차 안에 둔 광주리에 실어담기 바빴다. 이렇게 새로 발명한 '물고기 잡기' 방식 때문에 두 기의 한묘에 있던 상당수 기물들은 채 수면에 떠오르기도 전에 밟혀서 깨지고 눌린 것은 물론, 아예 진흙과 엉켜 문드러지기도 했다. 마지막 '물고기'를 잡아 올렸으나 원래 기물이 있던 장소를 제대로 기록하지 않았기 때문에 도대체 그 기물이 어디에 놓여 있었고, 왜 놓여 있었는지 알 수 있는 방법이 없었다. 그리하여 고고발굴의 과학성은 차치하고 학술적 가치 또한 전무한 상태가 되고 말았다. 결국 이 세상에 다 찌그러지고 깨진 접시 몇 개와 항아리만 남겨 두었을 뿐, 이후 학술적 연구에 보탬이 될 만한 것은 거의 없었다.

이처럼 비정상적인 고고발굴에 대해 임기현 문화국 내부에서도 양심 있는 몇몇 사람이 문제를 제기했고, 결국 성 문화국에 편지가 전해져 성 박물관에서도 이 문제를 심도 있게 다루었다. 그래서 해당 부서에서 유심건을 비롯한 문화국 지도자들과 문물조 내부 대원들에게 엄격한 비판이 가해졌고, 그들은 성토의 대상이 되었다. 유심건은 내부 검토회의에서 자신의 부적절한 행위에 대한 자아비판을 하는 한편, 날씨가 좋아지는 대로 다시 금작산으로 돌아가 묘장을 깨끗이 정리하는 것으로 과오를 조금이나마 씻어보기로 했다. 그런데 뜻밖에도 그 계획을 시작하기도 전에 금작산 근처 은작산에서 또다시 고묘가 발견된 것이다. 늙은 국장의 날 세운 훈시를 들으며 유심건은 마음이 편치 않았다. 그저 연신 고개를 조아리고 끄덕였던 것은 어떻게든 제대로 발굴 작업을 실시하고 더 이상 꼬리를 치켜들고 잘난 체하지 않겠다는 표시이기도 했다.

4월 14일 이른 아침, 유심건은 장명설, 양전욱(楊佃旭), 왕문기(王文起), 소수년(蘇壽年), 당사문(唐土文) 등과 함께 바퀴가 두 개 달린 짐수레에 발굴 도구를 챙기고 봄바람을 맞으며 은작산 발굴 현장으로 떠났다. 그들 가운데 고고발굴을 경험한 이는 유심건과 장명설 두 사람뿐이었다. 당시 유심건은 마흔이 조금 넘었는데 현지 고고발굴 대원 중에서 중견에 속했다. 한편 장명설은 이미 일흔세 살의 고령이었는데, 임기에서 태어나 민국 시기에 북경사범대학 생물학과를 졸업하고 다시 임기로 돌아와 생물교사로 일하고 있었다. 그러던 중 1957년 '반우파 투쟁'이 한창이던 시절 함께 일하던 동료가 "항시 왜곡된 사설(邪說)만 논하여 당과 사회주의 제도를 비판했다."라고 고발한 탓에 조직에서 우파분자로 지목되어 졸지에 당과 인민의 적이 되고 말았다. 그래서 매번 비판과 투쟁의 대상이 되어 고초를 겪었다. 몇 년 뒤 정치 형세가 바뀌고 임기지구 문화국에 문물조가 생기면서 당시 교육계의 고위 지도자가 그를 동정하여 적극적으로 변호한 덕에 지구 문물조로 옮겨가 일하게 되었다. 풍파가 몰아치는 고난의 바다에서 겨우 해안으로 기어오른 셈이었다.

일단 해안에 올라 선 장명설은 비록 문물 사업에 대한 지식은 없었지만 일을 하다 보면 절로 흥취를 지니게 되는 것처럼 점차 견식이 쌓였고, 또한 당에 은혜를 갚는 심정으로 열심히 맡은 바 소임을 다했다. 세월이 한참 흐른 뒤 그와 함께 일했던 양전욱의 회고에 따르면, 장명설은 자신이 맡은 고고발굴 작업 외에도 언제나 낡은 자전거를 타고 사오십 리를 왕복하면서 문물 조사를 했다고 한다. 이렇게 세월이 지나면서 문외한이나 다름없었던 장명설은 점차 현지 문물대 내에서 원로로 대접받기에 이르렀다. 수십 년에 걸친 각고의 노력으로 그는 장군(君)에서 장선생으로 호칭이 달라졌으며, 장선생에서 다시 장씨 어르신으로 격상되기에 이르렀다. 비록 예전의 검은 머리는 간데없고 온통 백발이 성성했지만 오랜 세월 퇴직도 마다하고 낡아서 삐거덕거리지만 그에게는 여전히 매력적인 문물조 사무실 의자에 앉아 마지막 정열을 불태우고 있었다.

한편 서른여덟 살의 양전욱은 이번에 새로 조직된 단체에서 파견근무를 한 경우였다. 그는 사범학교를 졸업한 뒤 교사로 있다가 이직해 무장부(武裝部) 정공과(政工科)에서 간부로 일했으며, 다시 현 도서관에서 일했다. 도서관과 문물조는 모두 문화국에서 관리하는 곳이었고, 사무실이 같은 건물에 있었기 때문에 자연스럽게 서로 왕래하는 일이 잦았다. 양전욱은 이전에도 여러 차례 문물조에서 주관하는 고고발굴에 파견근무를 한 적이 있기 때문에 고고학적 지식과 경험을 갖추고 있었다. 그런 상황에서 은작산 고묘 발굴에 참여한 것은 문물조에 인원이 부족해 예전과 마찬가지로 파견근무를 지시받았기 때문이었다.

윤송약 국장은 이번 발굴에 대해 요구사항을 명확하게 전달했다. 특히 발굴 과정을 촬영하여 사진으로 남기도록 했는데, 이는 고고발굴 과정에서 무엇보다 중요한 일이 아닐 수 없었다. 그러나 경제적으로 여전히 낙후를 면치 못하고 있던 기몽(沂蒙) 산구(山區)에 있는 유일한 문물조에 그럴듯한 사진기가 있을 리 없었다. 그렇다고 사진을 찍지 않을 수도 없는 상황이었기 때문에 유심건은 어쩔 수 없이 체면을 무릅쓰고 현 영화관리소에 협조를 요청했다. 당시 한 대뿐인 외제 사진기를 관리하고 있는 선전 간부 종구(鍾球)를 초빙해 이번 발굴대의 사진을 맡아줄 것을 청했다. 그러자 종구는 대뜸 가슴을 치며 응답하면서 "형님, 절대 문제없습니다."라고 몇 번이나 장담했다. 그러나 발굴대원들이 은작산에 도착해 한참을 기다려도 종구는 나타나지 않았다. 초조감과 함께 모든 대원들의 마음속에는 서서히 불만이 일기 시작했다. 상해시(上海市) 문화 부분에서 우파분자로 지목되어 임기현 문물조로 내쫓긴 왕문기는 원래 유심건과 사이가 좋지 않았는데, 종구가 나타나지 않자 혹시 유심건과 종구가 서로 짜고 고의로 자신들을 골탕 먹이고 있는 것인지도 모른다는 생각이 들었다. 조급한 마음에 울컥 화가 치민 그는 큰 소리를 내질렀다.

"그만 기다리고 빨리 파기나 합시다."

그는 말을 마치기가 무섭게 삽을 들고 갱 안으로 들어갔다. 유심건은 급작스러운 그의 행동에 놀라며 말했다.

"왕형, 사진기가 없으면 절대로 움직이면 안 돼요. 종구를 기다려야 한다고요."

그리고는 갱 안으로 따라 들어가 그의 행동을 가로막았다. 그러나 왕문기는 전혀 개의치 않겠다는 듯이 벌겋게 달아오른 얼굴로 소리쳤다.

"짬밥은 그저 생긴 줄 알아? 나도 알만큼 알아!"

그는 이렇게 말한 뒤 온힘을 다해 삽질을 해대기 시작했다. 상대방이 전혀 말을 듣지 않자 유심건 역시 화가 나 왕문기가 들고 있던 삽을 빼앗아 갱 밖으로 내던졌다.

"너 죽고 싶어?"

왕문기가 놀란 얼굴로 유심건을 바라보며 외쳤다. 그 순간 '착' 하는 소리와 함께 채찍이 공중을 나는 소리가 났고, 유심건이 '아이쿠' 하면서 두 뺨을 붙잡고 땅에 쓰러졌다.

갱 밖에 있던 이들이 행여 사람이 다칠까 무서워 모두들 갱 안으로 뛰어들었다. 화가 식지 않아 여전히 씩씩대고 있던 왕문기를 강제로 떼놓은 다음 몇 사람이 유심건을 부축해 갱 밖으로 나왔다. 이렇게 혼란스럽고 경황이 없는 중에 멀리서 종구가 사진기를 들고 콧노래를 부르며 유유자적 걸어오고 있었다. 사람들이 그를 발견하고는 유심건과 왕문기를 제쳐놓고 달려가 그에게 욕을 퍼부어댔다. 영문을 모르고 있던 종구는 자초지종을 들은 뒤 비로소 자신이 일을 그르칠 뻔했다는 자책감에 서둘러 사람들에게 용서를 빌고 재빨리 사진기를 꺼내 준비하기 시작했다. 그러자 사람들도 노기가 다소 풀렸는지 더는 타박하지 않았다. 왕문기도 종구가 서둘러 움직이는 모습을 보면서 점차 흥분이 가라앉아 아무 말도 하지 않았고, 유심건은 가벼운 쇼크 상태에서 돌아와 제정신을 차렸다. 다만 왼쪽 뺨에 네 줄짜리 붉은 홍당무가 생겨 영 보기가 흉할 따름이었다.

종구가 갱 안팎에서 대략 한 시간가량 분주하게 움직이더니 비로소 준비가 모두 끝났다고 말했다. 이에 본격적인 발굴을 시작했다. 그런데 임시 발굴대였던 탓에 발굴을 총괄할 책임자가 없는 상태였다. 근 반 시간에 걸친 논의 끝에 나름대로 역할 분담을 정했고, 그 결과 유심건과 양전욱이 갱 안의 발굴을 구체적으로 책임지고, 왕문기를 비롯한 다른 사람들은 지면과 묘갱 사이에서 출토된 문물의 운반을 책임지기로 했다. 장명설은 갱 입구에서 짐수레에 옮긴 기물을 보호하기로 했다. 주변에서 일하던 인부들이나 아무 관련이 없는 사람들이 구경을 하기 위해 몰려들었기 때문에 특별히 소수년은 건축대의 맹계화와 함께 갱 주변 질서를 유지하는 일을 맡고, 그 외 사람들은 수시로 임무를 교대하기로 했다. 이상 결의된 내용에 따라 마침내 은작산 한묘의 고고발굴이 정식으로 시작

은작산 1호 묘 목관 발굴 모습

되었다.

'당나귀'와 건축대의 여러 사람들은 맹계화가 문물조에 보고한 뒤 계속해서 3일을 기한으로 삼아 발굴을 하기로 되어 있었다. 고묘의 형태는 이미 기본적으로 알려져 있었기 때문에 유심건 등은 간단한 정리 작업을 통해 가장 밑바닥에 있는 관곽까지 모두 드러나게 할 수 있었다. 전체적으로 볼 때 장방형의 수혈식 묘장이었는데, 묘갱은 산의 암석을 파고 만든 것이었다. 묘갱을 곧바로 직선으로 팠기 때문에 다른 묘장의 경우처럼 경사진 묘도(墓道)는 없었다. 이후 측량한 수치로 볼 때 묘실은 남북 길이가 3.14미터, 동서 너비가 2.26미터, 지표에서 묘실 바닥까지가 3미터였다. 연대가 오래된 때문인지 아니면 그 외 다른 원인이 있었기 때문인지는 알 수 없지만 묘실 위쪽으로 비교적 넓게 손상된 부분이 있었다. 바로 그 때문에 묘실 내부에 50센티미터 정도 깊이의 진흙탕이 생긴 상태였다. 묘갱과 관실 사이에는 대량의 미세한 회백색 진흙이 채워져 있었는데, 그 진흙은 속칭 백고니(白膏泥 : 백색 점토질의 흙, 백고토라고도 한다)라고 부르는 것이었다. 백고니는 주로 묘실과 외부의 공기를 차단하고 방습·방부제로 활용되어 묘실, 특히 관곽 내부의 시신과 기물들을 오랫동안 썩지 않게 하는 데 도움을 주었다. 이와 같은 방부 기술은 중국의 오래된 발명 가운데 하나로, 한당(漢唐) 시대 이후

2천여 년에 걸쳐 광범위하게 활용되어 능묘 건축사에 매우 중요한 위치에 있다. 후대에 이 기술이 적용된 가장 전형적이고도 성공적인 예는 아마도 호남성 장사(長沙) 마왕퇴(馬王堆) 1호 한묘일 것이다. 은작산 한묘와 거의 동시에 발견, 발굴된 방대한 규모의 마왕퇴 1호 분묘는 한나라 시대 초기의 것으로서, 출토된 기물들은 예전과 다를 바 없었다. 그중 거의 완전한 형태로 발견된 여성 시신은 전 세계를 놀라게 했다. 마왕퇴 한묘의 방부 기술이 이처럼 성공적이었던 것은 무엇보다 백고니를 제대로 활용했기 때문이다. 물론 당시 은작산에서 발굴 작업을 하고 있던 사람들은 마왕퇴의 일을 모르는 상태였다.

묘실이 약간 파손되고 물이 차 있었기 때문에 내부의 기물도 분명 손상된 것이 적지 않을 것이 분명했다. 그러나 다행히 묘 주인의 관곽은 그다지 영향을 받은 것 같지 않았다. 조심스럽게 곡괭이로 관곽을 두들겨 보았을 때 '통통' 하는 소리를 들을 수 있었기 때문인데, 아쉬운 것은 그 소리가 그다지 맑지 않고 좀 무른 듯해 예전의 좋은 목재 그대로가 아니라는 것을 알 수 있었다. 유심건을 비롯한 발굴대원들은 주변의 잡석과 흙덩이를 모두 깨끗하게 치운 뒤 마지막으로 목관의 뚜껑을 여는 순서만을 남겨 두었다. 목관의 뚜껑, 즉 개판(蓋板)은 길이 1.76미터, 두께 20센티미터, 너비 38센티미터인 나무를 동서로 길게 놓고 남북으로 연결시킨 형태였는데, 몇 사람이 달려들어 쇠로 만든 정과 괭이를 들고 오전 내내 씨름을 했지만 좀처럼 열리지 않았다. 유심건은 연신 흐르는 땀을 손으로 닦아내며 꼼짝도 하지 않는 거대한 상대를 쳐다보며 말했다.

"별 것도 아닌 것이 이렇게 힘들게 할 줄은 정말 몰랐네. 아예 양쪽에 구멍을 내서 안에 뭐가 있는지 살펴보면 어떨까? 만약 좋은 물건이 있다면 힘을 내서 관 뚜껑을 열고, 그렇지 않다면 그냥 그 구멍으로 물건들을 빼내지 뭐!"

그러자 다른 사람들도 동조했다. 그래서 유심건은 다시 한 번 열의를 보이며 힘차게 곡괭이를 휘두르기 시작했다. 쿵쿵 소리와 함께 관곽에 큰 구멍이 몇 군데 뚫렸고, 구멍을 통해 관 내부를 얼추 살필 수 있었다. 분묘 주인의 관목은 동쪽에 위치했는데, 서쪽에 변상(邊箱 : 피장자의 좌우측에 유물을 넣기 위해 마련한 공간)

이 있었고 관목과 변상 사이에 관이 놓여 양
쪽을 갈라놓은 상태였다. 이는 고대 묘장에
서 흔히 보이는 배치 방식이었다. 분묘가 도
굴된 적이 없기 때문에 각종 부장품들이 진
흙탕 안에 차곡차곡 쌓여 있었다. 유심건은
구멍을 통해 몇 가지 부장품을 꺼냈다. 질그
릇과 항아리 등은 보존이 양호한 상태로 제
법 가치가 있어 보였다. 그래서 구멍으로 물
건을 빼낼 것이 아니라 아예 관 뚜껑을 열기
로 마음을 먹고 여러 사람들이 달려들어 뚜
껑을 열었다. 진흙탕에 이리저리 뒤섞인 유

은작산 죽간 출토 현장. 발굴대원들이 출토 기물들을 운
반하고 있다.

물을 바라보며 유심건이 '당나귀'와 몇 명의 인부를 소리쳐 불렀다. 그들이 쇠
통을 가져다가 갱 안에 있는 흙탕물을 어느 정도 퍼내자 유심건과 양전욱이 관
을 따라 남쪽인 위쪽에서 시작해 아래쪽으로 물건들을 꺼내기 시작했다. 시간
이 흐르면서 정(鼎 : 발이 셋 달리고 귀가 둘 달린 음식을 끓이던 기구, 즉 솥), 분(盆 : 위는 벌
어지고 아래는 좀 좁은 원형 그릇, 즉 물동이나 술동이), 호(壺 : 음료를 담는 배가 불룩한 그릇,
즉 병이나 항아리), 관(罐 : 항아리, 단지), 반(盤 : 고대의 목욕·세면 용구의 일종 또는 큰 접시),
용(俑 : 옛날에 순장殉葬할 때 사용된 나무나 흙으로 만든 인형) 등의 도기와 이배(耳杯 : 좌우
에 귀와 같은 손잡이가 달린 타원형 잔), 염(奩 : 옛날 부녀자의 화장 상자 또는 함), 목합(木盒 :
합은 음식을 담는 그릇의 한 가지로, 둥글넓적하며 뚜껑이 있음), 육박반(六博盤 : 육박 놀이를
하는 판), 목작(木勺 : 술 같은 것을 뜰 때 쓰는 기구) 등의 칠목기(漆木器)가 출토되었다.
그러던 중 오후 4시 30분쯤 되었을 때 양전욱이 변상 동북쪽 모서리 진흙탕 속
에서 질그릇 하나를 발견했는데, 조금 멀리 있어 잡기가 어려웠다. 그래서 새끼
줄을 찾아다가 자신의 허리에 묶은 뒤 '당나귀'를 비롯한 나머지 인부들에게 뒤
에서 끌어당기라고 하고는 몸을 깊이 숙여 손을 뻗쳐 질그릇 양쪽 가장자리를
잡고 당겼다. 그런데 그 질그릇이 다른 기물들에 끼어 있었는지 속절없이 '뻑'

하는 소리와 함께 두 동강이 나고 말았다. 황당해진 양전욱이 "에이~" 하는 소리를 내며 그냥 내버려 두고는 다시 방향을 바꿔 다른 물건을 꺼내려고 했다. 마침 옆에서 이를 바라보던 유심건이 황급히 말했다.

"양형, 두 쪽 난 질그릇도 꺼내야 해요. 그렇지 않으면 나중에 일련번호를 매길 수가 없어요."

양전욱은 그의 말에 일리가 있다는 생각이 들어 다시 원래 자리로 와서 잘린 부분과 남은 반쪽을 모두 꺼내려고 했다. 그런데 예상외로 꺼내기가 쉽지 않았다. 질그릇 바닥이 꼼짝을 안 하는데 왜 그런지 알 수가 없었다. 하는 수 없이 나무 국자를 구해서 남은 물을 모두 퍼냈다. 그러자 저수지 밑바닥의 침전물처럼 생긴 두터운 진흙이 서서히 그 모습을 드러내면서 안에 있던 기물들도 더욱 분명하게 보이기 시작했다. 반쪽짜리 질그릇은 경사진 타원형의 나무 그릇과 대롱 형태의 채색된 이배에 깔려 있었는데, 나무 그릇과 이배는 그 아래 잡풀처럼 엉킨 물체와 서로 이어져 있었다. 흙탕물과 섞여 있어 그저 검게 보일 뿐 도무지 분간을 할 수 없었다. 양전욱은 앞서 남쪽 부근에서 과일 씨와 곡식을 담은 대나무 광주리를 발견한 적이 있었기 때문에 어쩌면 그것 역시 대나무 광주리가 아닐까 생각했다. 그런데 무슨 이유인지 알 수 없지만 대나무 광주리가 무언가에 눌렸는지 납작하게 되었고, 흙탕물에 섞여 썩은 채 남아 있었다.

상식적으로 생각해 볼 때, 만약 썩은 대나무 광주리라면 그다지 중요한 것이 아닐 수도 있다. 그러나 고고발굴인 이상 반드시 과학적인 규칙에 따라 일을 처리해야 하기 때문에 설사 특별한 가치가 없다고 생각해도 무조건 꺼내야 했다. 양전욱은 이 같은 생각을 하면서 허리를 굽혀 팔을 내민 다음 서로 엉켜 붙은 기물들을 손으로 잡아서 꺼내기 시작했다. 힘이 꽤 드는지 '에잇' 소리까지 내면서 당기자, 달라붙은 기물들이 연이어 줄줄이 물 밖으로 그 모습을 드러냈다. 때마침 옆에서 물을 퍼내던 유심건이 나무 국자를 잠시 내려놓고 몸을 돌려 그가 전하는 물건들을 받아 갱 밖으로 내보내려고 하는데 생각보다 무게가 나갔다. 그래서 잠시 머뭇거리다가 이내 서로 붙어 있는 기물 가운데 작은 나무 상자와 이배를 떼어놓으면 보다 쉽게 옮길 수 있겠다는 생각이 들었다.

유심건은 기물을 눈앞에 있는 작은 흙덩이 위에 올려놓고 왼손으로 썩은 잡초 뭉치처럼 보이는 물건을 누른 다음 오른손으로 나무 상자와 이배를 잡았다. 잠시 길게 호흡을 하면서 단전에 기를 모은 뒤 '자, 떼어낸다'라고 혼잣말을 하면서 힘을 주었다. 이어서 '픽' 하는 소리와 함께 손 안에 있던 물건이 두 쪽으로 갈라졌다. 예상대로 나무 상자와 이배가 떨어

발굴이 진행 중인 은작산 한묘

지기는 했지만, 문제는 함께 달라붙어 있던 썩은 잡초처럼 생긴 것까지 절단이 되고 말았다. 그래서 일부는 나무 상자와 이배에 붙은 상태로 남고 나머지는 산산이 흩어져 흙탕물과 다시 섞여 버렸다. 당시만 해도 유심건이나 양전욱은 물론이고 왕문기나 장명설조차 그 썩은 잡초가 엉겨 붙은 듯한 기물이 오랜 세월 일서(逸書)로 알려진 『손자병법』이 고스란히 담긴 죽간서(竹簡書)로, 전 세계를 깜짝 놀라게 할 물건이라는 것은 상상도 하지 못했다.

결국 이처럼 진귀한 보물이 유심건의 잘못된 판단과 발굴과정에서의 실수로 원래의 상태를 보존하지 못하는 결과를 낳고 말았다. 이는 나중에 정리 작업을 하는 데 거의 재앙에 가까운 복선의 시초였다. 시작에 불과한 이런 일은 발굴이 진행되면서 반복적으로 일어났기 때문이다.

유심건이 흩어진 기물들을 몇 차례 나누어 갱 밖으로 내보내면 왕문기 등이 장명설에게 건네주었고, 다시 장씨가 밖에 있는 수레에 실었다. 설상가상으로 죽간은 이렇게 운반되는 과정에서 또다시 앞뒤가 뒤섞이며 순서를 종잡을 수 없게 되었다. 그때 묘갱 변상의 가장 가까운 곳에 있었던 양전욱은 계속해서 흙탕물 속에서 칠기 몇 점과 동전 몇 개를 찾아냈다. 칠기는 조금 전에 출토된 것

과 거의 비슷한 종류였으며, 동전은 서한 문제(文帝)와 경제(京帝) 시대에 유통되던 '반량(半兩)'으로 판명되었다. '반량'은 이미 발굴된 여러 분묘에서 흔히 보던 것이고 양적으로도 적지 않았기 때문에 일반인들이 볼 때는 그다지 가치를 느끼지 못할 수도 있다. 그러나 학술적으로는 특별한 가치가 있는 것이었다. 특히 고분(古墳)의 연대를 측정하는 데 필수불가결한 것이다. 그렇기 때문에 유심건은 동전을 확인한 뒤 즉시 양전욱에게 소리쳤다.

"양형, 다시 한 번 훑어보시오. 또 있는지! 그 동전 굉장히 중요하거든."

"그래, 그래. 알았어."

양전욱은 이렇게 답하며 두 손으로 변상 아래 흙탕물을 다시 훑기 시작했다. 그러자 변상의 벽 가까운 흙탕물 위로 나뭇잎처럼 납작하고 크기가 세 치 정도인 죽편(竹片)이 둥둥 떠올라 마치 작은 배처럼 떠다녔다. 이는 그냥 스쳐 지나갈 수도 있는 사소한 일이었다. 하지만 양전욱은 주의 깊게 살펴보았고, 순간 눈이 번쩍이더니 떠다니는 죽편을 변상 안 흙탕물에 잘 씻은 다음 유심건에게 넘겼다.

유심건이 반쪽짜리 작은 죽편을 건네받고 보니, 부장품의 일종으로 곡식 알갱이를 담아놓은 광주리에서 떨어져 나온 조각이라는 느낌이 들었다. '양전욱이 쓸데없는 짓을 하는군'이라는 생각이 들었지만 순간 2~3일 전에 국장이 했던 말이 떠올랐다. "아무리 하찮은 나뭇잎일지라도 출토된 물건은 모조리 가져와야만 하오."

지금 손에 들고 있는 것이야말로 나뭇잎 같은 것 아닌가? 설사 아무런 가치가 없는 것일지라도 가져가야만 했다. 이번만큼은 지난번과 같은 실수를 하지 않고, 국장의 기대에 부응해 지시대로 세심하고 완벽하게 일을 처리하고 싶었다. 그렇지 않으면 어찌 나중 일을 감당할 수 있겠는가? 생각이 이에 미치자 그는 그냥 내버리려던 생각을 접고 반쪽짜리 죽편을 조심스럽게 받쳐 들었다. 그런데 순간 마치 전기가 통하는 것 같은 기이한 느낌이 들었다. 자세한 것은 알 수 없었지만, 자신이 받아 든 이 죽편이 분명 광주리의 파편은 아니라는 생각이 번뜩 뇌리를 스쳐 지나갔다. 그렇다면 도대체 뭐지? 도무지 종잡을 수가 없었다. 이런 생각을 하면서 휙 몸을 돌려 여전히 기물을 찾고 있는 양전욱에게 큰 소리로 외쳤다.

"양형, 다시 한 번 찾아봐요. 나뭇잎처럼 생긴 것이 또 있는지!"

"그래, 알았어."

이렇게 대답하며 양전욱은 그 근처를 또 훑었다.

"없어, 아무것도 없어! 그런데 왜 그래? 술 먹은 것처럼 얼굴이 벌개져서 말야."

그는 이렇게 말한 다음 계속해서 다른 기물들을 찾기 시작했다.

유심건은 반쪽짜리 죽편을 가지고 갱 밖으로 나와 밝은 햇살에서 자세히 살펴보았다. 도대체 이것이 무엇일까? 그때 갑자기 멀지 않은 저 편에서 두 사람이 걸어오고 있었다. 그들이 가까이 다가오자 그제야 유심건이 반갑게 소리쳤다.

"어이, 필형(畢兄). 어쩐 일이시오?"

상대방이 웃으며 다가서자 유심건은 서둘러 손을 내밀며 악수를 청했다. 그리고 갱 밖에 있는 여러 사람들에게 그들을 소개했다.

"이 쪽은 성 박물관에 계신 필형이고……."

잠시 발굴을 멈추고는 서로 인사를 하기 시작했다.

1호 묘의 관곽을 열다

그들은 이후 은작산 한묘와 깊은 인연을 맺게 될 성 박물관 문물조 공작대원인 필보계(畢寶啓)와 오구룡(吳九龍)이었다.

당시 두 사람은 이번 발굴 때문에 일부러 온 것이 아니었다. 그들이 임기에 온 가장 큰 이유는 태산(泰山) 산기슭에서 자행된 벌목과 고건축물 훼손 사건, 이른바 '타(打 : 공격), 잡(砸 : 때려 부숨), 창(搶 : 약탈)' 때문이었다. 이 사건에 이목이 집중된 것은 당시 베트남 대표단이 중국을 방문하여 태산을 여행한 것이 계기가 되었다.

아직 추위가 가시지 않은 1972년의 이른 봄, 베트남 대표단이 중국을 방문했다. 당시 모택동(毛澤東) 주석이 태산과 홍모(鴻毛 : 기러기의 털)*에 대해 말한 것에 흥미를 가지고 있던 대표단은 중국 측의 허가를 받아 태산을 유람하기를 원했다. 그런데 유람 도중 그들은 마구 벌목되어 훼손된 산림과 고건축물의 훼손을 목격하면서 내심 안타까워했다. 북경으로 돌아온 다음, 대표단은 주은래(周恩來) 총리와 접견 중 자연스럽게 태산을 보고 온 느낌을 이야기하면서 마구잡이로 시행되고 있는 벌목과 고건축물의 훼손 상태에 대해 특별히 우려를 표명했다. 주 총리는 그들의 말을 듣고 크게 분노했다. 이는 전례가 없는 '무산계급 문화대혁명' 때문이라는 것을 그 역시 잘 알고 있는 터였다.

당시 모 주석의 신임을 다시 한 번 얻어 중앙정치국을 통제할 수 있게 된 주은래는 만연하고 있는 재난을 막아야 할 시기가 도래했음을 확신하고, 제남(濟南) 군구(軍區)와 산동성 혁명위원회에 베트남 대표단이 언급한 문제에 대해 즉각 조사하여 구체적인 정황을 국무원에 보고하도록 했다. 이 지시에 따라 제남 군구사령관인 양득지(楊得志)가 직접 나서 휘하의 사단장 이하 참모, 간부 등으로 구성된 조사단을 조직했다. 조사단은 산동성 지방정부 간부들과 공무원들도 참여하여 즉시 태산 현지로 달려갔다. 그러고는 현지 주둔군과 지방정부의 도움을 받아 사건을 금세 해결했고, 사건의 주동자들은 엄격한 대가를 치러야만 했다.

사건의 발생과 이에 대한 주 총리의 즉각적인 처리 방침을 보면서 산동에 있는 고위 정치 간부들은 오랜 세월에 걸쳐 익힌 정치적 후각으로 중국의 정치 국면에 미묘한 변화가 발생하고 있다는 것을 알아차렸다. 주은래를 대표로 하는 정치 파벌이 정국을 좌우하는 한편, '문화대혁명의 기수'를 자임(自任)하고

---

* 사유중간태산 유경간홍모(死有重于泰山 有輕于紅毛) : 죽음에는 태산보다 무거운 값있는 죽음도 있고, 기러기 털보다 가벼운 값없는 죽음도 있다.

있는 강청(江靑)* 집단은 지지부진한 상태에서 서서히 세력을 잃어가고 있었다. 결코 우연으로 볼 수 없는 이러한 현상은 이제 문화대혁명이 표방하고 있는 여러 가지 관점이나 태도, 방향이 적절하게 조정되고 수정되어야 함을 의미하는 것이기도 했다. 적어도 문화대혁명 초기의 문화 유적에 대한 무차별적인 파괴는 더 이상 용인될 수 없음이 분명했다. 정치가든 정객이든, 또는 입만 열면 인의도덕을 내뱉는 관료든, 아니면 매일같이 혁명 구호를 외치는 공농(工農 : 노동자와 농민) 간부든지 간에 그 누구라도 일단 세태를 주시하면서 시대의 흐름에 맞추어 어디로 튈지 모르는 정치 기류를 따라 민감하게 반응해야 했다. 만약 그렇지 않을 경우 정치적 운명이 어떻게 될지 전혀 알 수 없었고, 심지어 생사 또한 예측하기 어려운 상황이었다. 그런 이유로 각급 지도자들의 지시에 따라 크고 작은 문화 공작회의가 계속해서 개최되었고, 관련자들은 각기 나름의 계획을 세워 마치 봄날 막 동면에서 깨어난 구렁이가 풍우가 교차하는 새벽, 굴에서 나와 산속 우거진 수풀 속으로 기어가듯 이리저리 바쁘게 뛰어다녔다.

　1972년 3월 2일 오전 아홉 시. '태산 사건'에 대한 조사를 끝낸 산동성 박물관 문물조 책임자 양자범(楊子范)은 상급 관련부서의 지시에 따라 문화대혁명 이후 처음으로 낯설기만 한 내부 공작 회의를 개최했다. 회의석상에서 참가자들은 향후 사업은 전략적인 전환이 필요하다는 데 의견을 모았다. 문물 고적, 예를 들어 산동성에 있는 공묘(孔廟), 공부(孔府), 공림(孔林)은 원래 전략적인 공격 대상이었다. 그래서 홍색의 깃발과 혁명 구호 아래 공격을 시행하여 마구 부수고 약탈하며 불태워버려야만 했다. 그러나 지금은 전략적인 방어를 해야 할 차례였다. 다시 말해, 묵묵히 파괴되고 훼손된 문화 유적을 보수하고 보호해야 할 때가 되었다는 뜻이다. 이러한 전략 방침에 따라 산동성 박물관은 문물 문제에 대해 다음 다섯 가지 사업 중점을 확정해 시대와 흐름에 발을 맞추고자 했다.

---

* 1914~1991, 모택동의 세 번째 부인이었던 강청은 문화대혁명 기간에 막강한 권력을 휘둘렀던 사인방(四人幇)의 핵심 인물이다.

1. 산동성 경내에 있는 모든 고건축물에 대한 조사를 실시한다. 보수가 필요한 경우 현지 정부는 예산에 반영하여 상급 기관에 자금을 요청한다.

2. 산동성 전역의 각급 중점 문물 보호단위에 대한 조사를 실시하여 파손 상태를 상세하게 통계 처리한다.

3. 현지 정부의 협조를 받아 문화대혁명 기간에 무시되어 왔던 문물 정책을 점차 회복하고 착실하게 진행한다.

4. 문물 문제를 이해하고 다루는 데 긍정적인 면과 부정적인 면의 전형적인 예를 조사하여 상부에 보고한다.

5. 각급 문물 사업 인원에 대한 정황을 주체적으로 이해하고, 인민들이 보낸 편지를 성실하게 접수할 것이며, 그 편지에 반영된 문제를 철저하게 조사하여 이해함으로써 각종 문물과 관련된 시비와 모순을 정확하게 처리한다.

이 회의의 결정에 따라 고고학자 필보계와 오구룡은 문물조 관련자들과 함께 소조(小組)를 만들어 치박(淄博), 유방(濰坊), 임기 세 지역에 대한 조사 사업을 펼치기로 했다. 양자범이 이렇게 인원을 안배한 이유는, 청장년을 교차 배치함으로써 사업을 원활하게 진행하는 데 도움을 주기 위해서였다. 이렇게 할 경우 최소한 의견 충돌로 일을 그르치는 경우는 없을 것이라는 판단이 섰기 때문이다. 필보계와 오구룡*은 간단한 준비를 끝내고서는 곧 출발했다.

필보계와 오구룡이 치박과 청주(靑州), 수광(壽光) 등지를 거쳐 버스를 타고

---

* 필보계는 북경시 방산구(房山區) 출신으로서, 1956년 고등학교를 졸업한 뒤 중국과학원 고고연구소에서 일했으며, 이후 중국과학원 철학훈련반과 문화부 고고건축훈련반에서 연구를 했다. 1961년 산동성 문물관리처에 근무하다가 관리처와 성 박물관이 통합되자 박물관 문물조에서 근무하게 되었다. 오구룡은 1941년 사천 성도에서 태어나 1951년 부모를 따라 북경으로 이사를 왔으며, 1966년 북경대학 역사학과에서 고고학을 전공한 뒤 중국과학원 고고연구소에서 일했다. 문화대혁명이 발발하자 하방되어 전국적으로 유명한 절강성 군구인 교사농장(喬司農場)에서 노동 개조를 당했으며, 가흥(嘉興)에 있는 농기구 공장으로 옮겨져 기계공으로 일하기도 했다. 이후 1971년말 산동성 박물관 문물조로 왔는데, 채 반 년이 되기도 전에 은작산의 대형 고고발굴과 우연치 않은 기연(奇緣)을 맺게 된다.

임기에 도착한 것은 4월 14일 오후 세 시경이었다. 두 사람은 버스에서 내리자마자 지역 혁명위원회 문화국을 찾아가 왕(王)씨 성을 가진 대표와 만나 잠시 환담을 나누게 되었다. 두 사람은 자신들이 찾아온 이유에 대해 설명하는 한편 어느 편지에 대해 이야기했다. 발신인을 모르는 그 편지에 따르면 임기현 문물조가 금작산 한묘를 발굴했는데, 고고발굴 순서를 무시하고 엉망으로 발굴을 진행했을 뿐만 아니라 보고를 하지 않은 내용도 있으니 철저하게 조사해 보라는 것이었다. 왕 대표는 그들의 이야기를 경청하고서는 사안이 심상치 않음을 느꼈다. 아무래도 자기 혼자 해결할 성질의 일이 아니라는 생각에 전화기를 들어 임기현 군분구(軍分區 : 군관구軍管區) 정치위원회의 조(曹) 부위원장에게 보고를 했다. 조 부위원장의 지시에 따라 필보계와 오구룡은 지역위원회 제3초대소에서 일단 휴식을 취한 다음, 지역 문화국의 보고를 듣고 관련 문제에 대해 구체적인 상의를 하기로 결정했다. 상대방이 이미 결정을 내린 상태라 필보계와 오구룡은 그에 따를 수밖에 없었다. 이에 두 사람이 혁명위원회 문화국에서 나와 초대소 방향으로 걸어가고 있는데, 멀지 않은 언덕배기에 수십여 명의 사람들이 모여 있었다. 그들 손에 곡괭이며 삽 등이 들려있는 것으로 보아 무엇인가를 파고 있는 것이 분명했다. 정확하게 판단할 수는 없었지만 예리한 직업적 감각으로 볼 때 분명히 고분을 발굴하고 있다는 느낌이 들었다. 고분 발굴이라면 당연히 자신들의 업무와 관련 있는 것이 아닌가. 오구룡이 필보계에게 말을 건넸다.

"필형, 저쪽에서 분묘를 파고 있는 것 같은데, 우리 한번 가보는 것이 어떨까요?"

필보계는 언덕을 처다보며 잠시 무엇인가를 생각하는 듯했다.

"아니, 됐네! 만약 정말로 지금 발굴을 하고 있는 거라면, 우리가 무턱대고 간다고 해서 뭘 하겠나? 우리가 아는 사람들도 있을 테고, 그들이 하는 일에 뭐라고 할 말도 없지 않겠나? 무슨 좋은 말을 해도 좀 그렇고, 자칫 말 한번 잘못했다가는 난처해질 뿐이야. 괜히 체면만 구긴다고. 내일 문화국에서 이야기를 들은 뒤에 가 봐도 늦지 않을 것 같네."

죽간 출토 당시의 상태

"그래도 한번 가 봐요. 별 말을 하지 않거나 아예 아무 말도 하지 않으면 되잖아요."

필보계보다 젊은 오구룡은 호기심에 견딜 수 없다는 듯이 채근했고, 결국 필보계도 더 이상 고집을 부리지 못하고 수락했다.

"좋네, 한번 가보지."

그렇게 두 사람은 몸을 돌려 은작산으로 올라갔다.

필보계는 예전부터 유심건과 업무상 아는 사이였다. 역시 아는 사람을 만나게 되자 서로 안부 인사를 나누느라 잠시 소란스러웠다. 필보계가 자신이 임기에 온 이유를 간단하게 설명하자, 유심건은 두 사람을 뜨겁게 환영했다.

"이왕 이렇게 오셨으니 아예 우리와 함께 발굴을 하시지요."

하지만 얼굴 가득 피곤기가 짙은 필보계는 눈앞에 있는 분묘에 별 관심 없는 눈치였다.

"이 지역의 지도자도 만나지 못했고, 지금 막 초대소로 돌아가서 쉴 생각이었거든요. 그저 가는 길에 한번 들른 것뿐이에요. 그러니 내일 뵙지요."

이렇게 부탁조로 이야기하면서 오구룡에게 빨리 작별 인사를 하라고 눈짓을 보내려고 했다.

그때 오구룡은 우연히 갱 밖에 나와 있던 잡풀더미, 바로 조금 전에 유심건이 내던진 그 물건을 유심히 살펴보고 있었다. 필보계가 자기를 부르는 소리를 듣고 그는 그 물건을 들고 그저 무심한 목소리로 말했다.

"필형, 이거 내가 보기에는 죽간인 것 같아요. 물에 씻어서 글자가 있는지 한번 살펴볼까요?"

이렇게 말하며 물통 안에 있는 물로 죽편에 묻은 진흙과 물때를 씻어낸 다음 손가락으로 천천히 물기를 닦아냈다. 그 순간 갑자기 감전된 듯 눈앞에 불이 번쩍였다. 기적이 나타난 것이다.

죽편에서 검은색 글자가 발견되자 오구룡은 놀라움을 금치 못해 자신도 모르게 '헉'하고 소리를 질렀다. 경악과 동시에 뛰기 시작한 가슴을 진정시키면서 눈을 크게 뜨고 혹시 다른 글자가 없는지 유심히 살펴보았다. 짧은 시간이 휙 하고 지나가고, 마침내 전서체(篆書體)를 모방한 듯한 예서체(隸書體)로 '제환공문관자왈(齊桓公問管子曰)'이란 일곱 글자가 확연하게 눈에 들어왔다. 오구룡은 나름의 역사 지식을 갖추고 있었기 때문에 그 글자를 쉽게 이해할 수 있었다. 제환공이라면 춘추 시기 오패(五霸)* 중 한 명으로 제나라의 최고 통치자이고, 관자(管子)는 '일인지하 만인지상(一人之下萬人之上)'의 재상이 아니던가. 그렇다면 이 일곱 글자는 군신지간에 대화를 나누고 있다는 소리일 테고, 그들이 나눈 대화의 내용은 나머지 죽간에 쓰여 있을 가능성이 높았다. 생각이 여기까지 미치자 그제야 정신이 돌아온 그는 근처에 있던 필보계와 유심건에게 소리쳤다.

"대단해요! 이 분묘에서 정말 보물을 발굴했어요. 죽간이에요, 죽간! 글자도 있어요. 글자가 위에 적혀 있단 말이에요."

사람들이 놀라 주위에 몰려들었다. 너나할 것 없이 오구룡이 손에 들고 있는 죽간을 보기 위해 애를 썼다. 필보계는 그것을 본 순간 조금 전까지 피곤에 찌들어 있던 얼굴이 어느새 환해지더니 격앙된 목소리로 소리를 질렀다.

"맞아! 죽간이야, 죽간!"

이렇게 소리치더니 갑자기 무언가가 생각났는지, 주위 사람들을 바라보며 말했다.

"이 분묘에서 죽간 파편이 나왔는데, 틀림없이 이것만이 아닐 것입니다. 반드시 이와 관련된 것들이 더 있을 테고, 나름의 필연적인 시대적 배경이 있을 겁

---

* 중국 춘추 시대 5인의 패자(霸者)를 일컫는 말로 오백(五伯)이라고도 한다. 『순자(荀子)』에 따르면 제(齊)나라 환공(桓公), 진(晉)나라 문공(文公), 초(楚)나라 장왕(莊王), 오(吳)나라 왕 합려(闔閭), 월(越)나라 왕 구천(勾踐)을 가리키는데, 진(秦)나라 목공(穆公), 송(宋)나라 양공(襄公)이나 오나라 왕 부차(夫差) 등을 꼽는 경우도 있다.

니다. 자, 빨리 찾아봅시다."

말이 끝나기가 무섭게 오구룡이 몇 발자국 앞에서 무더기로 있는 잡초더미를 발견했다. 처음에 사람들은 그것이 썩은 잡초더미인줄로만 알았다. 그런데 바로 죽간의 잔편들이었던 것이다. 크기가 일정하지 않은 데다가 진흙과 뒤엉켜 있었기 때문에 아주 세심하게 살펴보지 않으면 죽간서라고는 전혀 상상할 수 없는 상태였다.

"빨리 와 보세요. 이거 전부 죽간인데요."

오구룡이 다시 한 번 큰 소리를 질렀다. 그러자 여러 명의 사람들이 또다시 '와' 하고 그곳으로 달려가 이러쿵저러쿵 소란스럽게 떠들기 시작했다. 잠시 후 소란이 진정되자 오구룡이 허리를 굽혀 어지럽게 흩어져 있던 죽간을 조심스럽게 거두어 장명설이 지키고 있는 짐수레에 실었다.

죽간의 진위를 다시 확인하고 내용을 이해하기 위해 유심건은 재빨리 짐수레로 다가가 썩은 죽간 더미에서 길고 짧은 죽간 하나씩을 꺼내어 근처에 있는 물통 쪽으로 갔다. 오구룡이 조금 전에 했던 것처럼 물로 진흙을 닦아내자 과연 글자가 눈에 들어왔다. '제위왕문손자왈(齊威王問孫子曰)……', '안자왈(晏子曰)……' 등의 글자가 분명했다. 이는 무더기로 발견된 죽간 모두 또는 대부분에 글자가 적혀 있다는 뜻이자, 한 편 또는 몇 편의 고대 문헌이 기록되어 있다는 뜻이기도 했다. 더군다나 시대가 상당히 오래된 분묘이기 때문에 의심할 여지 없이 학술적 가치가 있는 중요한 문헌일 가능성이 컸다.

잠시 달아오르던 분위기 속에서 서서히 냉정을 되찾은 유심건은 어떤 예감이 들었는지 두 손 높이 죽간을 치켜세우고 미친 듯이 "제위왕, 손자, 손자가……."라고 외치며 분묘 주변을 뱅뱅 돌았다. 그러고는 갑자기 짐수레 쪽으로 달려가 진흙이 잔뜩 묻은 죽간을 보고 또 보았다. 난데없는 이상한 행동에 멍하니 쳐다보고만 있는 장명설에게 연신 고개를 끄덕이면서 또다시 몸을 돌려 묘실로 달려갔다. 그리고 여전히 기물을 모으느라 바쁜 양전욱에게 소리쳤다.

"양형! 엄청나오, 엄청나! 우리가 이번에 대어를 낚았소. 빨리 와서 한번 봐요."

"금덩이라도 나왔단 말이오?"

여전히 묘갱 안에서 작업을 하고 있던 양전욱은 태연하게 말하며, 고개조차 돌리지 않고 하던 일을 계속 했다.

"아니, 금덩이는 아니고……."

흥분이 채 가시지 않은 유심건은 이제 말까지 더듬었다.

"금덩이도 아니라면서 무슨 헛소리를 하는 거요?"

양전욱은 그제야 잠시 일을 멈추고 허리를 폈다. 계속 구부리고 있던 허리가 아팠는지 주먹으로 자신의 허리를 툭툭 치는 그의 말투는 그저 심드렁하기만 했다.

유심건은 죽간 두 개를 그의 얼굴 앞에서 흔들며 자못 엄숙한 표정으로 말했다.

"이거 말이요, 이게 바로 글자가 있는 죽간이오. 제위왕, 손자……. 이게 금덩이보다 귀한 거라고."

"난 또 뭐라고. 그까짓 게 뭐 그리 대단해서 금덩이 어쩌고저쩌고 하시오?"

양전욱은 여전히 빈정거리듯이 말하며 죽간을 받아들었다.

"자, 알았어요. 이제 쓸데없는 말 그만하고, 빨리 안에 뭔가 더 있는지 살펴보세요."

유심건은 이렇게 말하면서 조급하다는 듯이 허리를 굽혀 변상 쪽으로 기어 갔다. 그는 두 눈에 불을 켜고 먹이를 사냥하는 짐승처럼 탐욕스러운 모습으로 주위를 살폈다. 그때 죽간을 받아든 양전욱은 과연 죽간에 쓰여 있는 글자를 확인했다. 다년간 책과 벗했던 그는 그것이 얼마나 중요한 발견인지 말하지 않아도 감지할 수 있었다. 그래서 유심건과 함께 다시 샅샅이 주위를 훑기 시작했다. 잠시 후 양전욱이 변상 남쪽 모서리를 가리키며 말했다.

"유형, 저기 좀 보시오. 저쪽에 아직도 죽간이 좀 남아 있는 것 같은데."

유심건이 고개를 돌려 보면서 말했다.

"그래요? 그럼 빨리 끄집어냅시다."

두 사람은 거의 기다시피 그쪽으로 가서 있는 힘을 다해 흙탕물 속을 더듬으며 기물을 꺼내기 시작했다.

갱 밖에 서 있던 필보계와 오구룡은 유심건이 거의 미친 듯이 갱 안을 휘젓고 다니느라 자신들이 와있다는 것조차 잊은 듯해 잠시 멍하니 쳐다볼 뿐이었다. 그러다 문득 피로감이 몰려와 빨리 초대소로 가서 쉬고 싶었다. 막 자리를 떠나려고 하다가 순간, 필보계는 어쩐지 지금의 이 발굴 방식이 그다지 바람직하지 않다는 생각이 들었다. 그래서 갱 안에 쭈그리고 앉아 엉덩이를 치켜들고 '물고기'를 잡고 있는 유심건을 향해 말했다.

"유형, 무덤 안에 분명 진귀한 기물이 있을 것 같은데, 내가 보기에는 여러 분들이 취하고 있는 방법이 그다지 좋은 것 같지 않아요. 잠시 일을 멈추고 내일 여러 사람들과 상의한 다음 다시 시작하는 게 어때요? 그렇지 않으면 손실이 커질 것 같군요."

유심건은 "예, 예." 하면서 건성으로 대답할 뿐 고개조차 돌리지 않은 채 여전히 손으로 사방의 흙탕물을 휘젓고 있었다. 필보계와 오구룡은 유심건이 거의 반미치광이처럼 일에 몰두하고 있는 것을 보고는 더 이상 말릴 수가 없다고 생각했다. 그래서 내일 현지 지도자들과 연락해 나름의 방안을 강구하기로 하고 일단 언덕 아래로 내려갔다.

"우리도 이제 그만 끝내고 내일 다시 하면 어때요?"

양전욱이 필보계와 오구룡, 두 사람이 그다지 유쾌하지 않은 얼굴로 내려가는 것을 보고 유심건의 의중을 떠보았다. 그러나 이미 죽간을 발견해 혼이 나갈 지경인 유심건의 귀에 그런 말이 들릴 리가 없었다. 유심건은 고개를 저으며 양전욱에게 말했다.

"그들이 누구든지 간에 발굴을 맡은 사람은 바로 우리예요. 지금 이 시각에 작업을 멈추다니, 우리가 장님이요?"

그러고는 유심건은 한 마디 말도 없이 그저 온힘을 다해 이곳저곳을 헤매고 다녔다.

　주황빛 태양이 서서히 보랏빛 노을로 변하며 서쪽 하늘로 저물고, 밤의 장막이 내려오기 시작했다. 그 시각 유심건과 양전욱은 흙탕물 안에서 죽편을 조금 더 찾아냈다. 그것들을 물에 씻어 들여다보니 글자가 보이지 않았다. 자세히 살펴본 결과 부장품 가운데 살구와 복숭아를 넣어두었던 진짜 대나무 광주리 조각이었다. 이에 실망한 두 사람이 일을 정리하고 마무리하려는 순간, 밖에서 작업을 하고 있던 '당나귀'가 돌연 묘갱 입구에서 큰 소리로 외쳤다.

　"유형, 양형, 그 안에서 뭐하고 있어요. 장씨랑 나머지 사람들도 모두 집으로 돌아가 버렸는데."

　"뭐? 장씨가 수레를 끌고 가버렸단 말이야?"

　두 사람은 깜짝 놀라 허겁지겁 갱 밖으로 나와 주변을 살펴보았다. 과연 짐수레는 물론이고 다른 사람들도 전혀 보이지 않았다.

　"빨리 쫓아갑시다. 잘못하면 수레에 실은 죽간이 큰일 나겠어."

　유심건은 양전욱과 함께 어둠 속을 뚫고 산 아래로 달려 내려갔다. 한 5분 정도 지나서 거의 산 아래에 도착한 장명설을 만나, 유심건이 끓어오르는 화를 애써 참으며 큰소리로 물었다.

　"아니, 장형! 우리가 아직 갱 안에 있는데 몰래 짐수레를 끌고 가버리면 어떡합니까? 아무리 그래도 이건 너무 한 거 아니요. 사람이라면 이럴 수 없죠!"

　오전에 일을 나눌 때 장명설은 묘갱 안에서 발굴을 할 생각이었다. 그러나 유심건이 묘갱이 협소한 데다 일도 힘들고 어렵다는 이유로 갱 안에 들어가지 못하도록 막았다. 어쩔 수 없이 장명설은 갱 밖에서 짐수레를 지키는 역할을 맡았는데, 이 때문에 심사가 뒤틀려 유심건을 마땅치 않게 여기고 있었다. 그러던 차에 해가 서산으로 기울고 왕문기를 비롯해 갱 밖에 있던 사람들이 너나할 것 없이 공구를 챙겨 산 아래로 내려가 버리자, 자기 혼자 낡은 짐수레 옆에서 애오라지 갱 안에 있는 두 사람을 기다리는 꼴이 한심하기 그지없어 더 이상 참을 수 없게 되었다. 더군다나 앞서 필보계와 오구룡이 하던 말이 생각나 유심건이 상급 기관의 지시를 전혀 염두에 두지 않고 자기 멋대로 미친 듯이 날뛰고 있는 것 또한 문제라는 생각이 들기도 했다. 그래서 아무 말도 하지 않고 그냥 내려와 버리기로 마음먹었던 것이다. 사실 유심건이 그저 날뛰는 행태를 보면서 일종의 보복 심리가 작용하기도 했다. 그런데 유심건이 쫓아와서 다짜고짜 자신을 몰아세우자 고개를 삐딱하게 돌려 '흥' 하고 콧방귀를 낀 뒤 계속해서 수레를 끌고 가며 구시렁거렸다.

"눈은 엉덩이에 쳐 박혔나? 날이 이미 저물었다는 걸 왜 몰라? 날 어둡기 전에 떠나지 않았다가 돌아가는 길에 사고라도 나면 어쩔려고 그래. 당신이 책임질 거요, 응?"

"아직 무슨 말인지 모르시나본데, 간다면 간다고 우리한테 이야기라도 해야 할 거 아뇨!"

유심건이 화가 나서 소리치자 장명설도 지지 않고 대들었다.

"그럼, 내가 말해 주지 않았다면, 아예 오늘 저녁 그 안에서 옷 벗고 자려고 했겠수!"

"에이, 정말 말이 안 통하는군. 어쩐지 공자 말씀에 늙어 죽지 않으면 모두 도둑놈이라더니, 그 말 하나 틀린 데가 없네. 내 오늘 이 일을 가만둘 수가 없어."

유심건이 말을 하면서 한 손으로 짐수레를 붙잡고, 다른 한 손으로 장명설의 소매를 잡으며 당장이라도 죄를 묻겠다는 듯이 달려들었다.

"지 어미가 도롱이 입고 높이 뛰니, 아주 활짝 다리를 벌렸고만……."

장명설도 소리를 치면서 소매를 걷고 한판 붙을 태세였다. 그러자 옆에 있던 양전욱이 황급히 뛰어들어 두 사람 어깨를 잡고 싸움을 말리면서 정색을 하고 소리쳤다.

"모두들 입 닥치고, 더러운 욕 좀 하지 마시오. 이 칠흑 같은 밤에 도대체 뭘 한다는 말이오. 그러다가 자칫 기물이라도 잃어버리면 모두 나 몰라라 하고 나한테 책임을 돌리겠구려."

그의 말에 순간 정신이 들었는지 일단 서로 잡고 있던 손을 풀고 짐수레 쪽으로 다가섰다. 어두운 밤 희미한 별빛에 비추어 살펴보니, 그렇지 않아도 어지럽게 흩어진 죽간이 짐수레에 실려 울퉁불퉁한 길을 따라 운반되면서 더욱 엉망이 되고 말았다. 유심건이 처음 죽간을 발견했을 때, 잘 모르고 두 쪽으로 자른 후 또다시 일어난 사고였으니, 실로 아쉽기 그지없는 상황이었다.

양전욱의 중재로 다툼을 멈춘 세 사람은 출토된 기물을 함께 문물조로 옮기기로 했다. 그러나 당시 문물조에는 기물을 놓아둘 마땅한 장소가 없었다. 그래서 장명설은 비교적 완전한 모양을 갖춘 도기나 칠기 등 딱딱한 기물은 사무실 한쪽 벽에 쌓아놓기로 했다. 그리고 여전히 진흙과 한데 뭉쳐 엉켜 있는 죽간은 유심건과 양전욱이 짐수레에서 함께 묶어다가 건초 가마니 위에 늘어놓았다. 그릇이나 작은 항아리도 옮겨 놓고, 아직 잘라지지 않았거나 잘라졌더라도 비교적 긴 죽간은 그 그릇에 올려놓았으며, 나머지 짧은 죽간이나 죽간 부스러기는 항아리 안에 넣었다. 그런 다음 죽간이 급격하게 균열되거나 부패되는 것을 막기 위해 맑은 물을 그릇과 항아리 안에 넣어 간단한 보호 조치를 취했다.

모든 조치를 끝낸 다음 유심건은 이미 퇴근한 윤 국장에게 전화를 했고, 보고를 받은 윤 국장은 몹시 흥분한 목소리로 말했다.

"듣자하니 성 박물관의 필보계와 오구룡 등이 이미 임기에서 조사 작업을 벌인 뒤 지금은 위원회 초대소에서 묵고 있다고 하니, 우선 그들에게 이 기쁜 소식을 전하고 그들의 생각이 어떤지 들어보는 것이 좋지 않겠소?"

윤 국장의 말을 들은 유심건은 자신도 모르게 가슴이 쿵쾅거렸다. 오늘 분묘를 발굴한 일에 대해 그 두 사람이 이미 윤 국장에게 보고를 했단 말인가? 만일 우리가 한 일을 보고했다면 완전 끝장인데! 내가 먼저 가서 물어봐야겠군. 그는 전화를 내려놓기가 무섭게 문물조 잡역부 몇 명을 데리고 허둥지둥 초대소로 달려갔다.

그 시각 필보계와 오구룡은 막 저녁밥을 먹은 뒤 어두운 불빛 아래에서 전설에 나오는 청룡, 백호, 주작, 현무 등 네 명의 신 가운데 현무의 내력에 관해 논쟁을 벌이고 있었다. 갑자기 문을 두드리는 소리가 들리자 오구룡이 나가 문을 열어주었다. 머리며 얼굴이 온통 흙투성이인 사람 몇몇이 문 앞에 서 있는 것이 보였다. 맨 앞에 큰 머리는 바로 유심건이었다. 오구룡이 입을 열기도 전에 유심 건이 한 걸음 앞으로 나오며 크게 외쳤다.

"필형, 오형. 오늘 죽간 발굴한 일을 내가 윤 국장에게 보고했는데, 당신들 에게 다시 한 번 보고하라고 하잖소. 지금 물건들은 모두 문물조에 갖다 놓았으 니 한번 가보시는 게 어떻겠소. 제대로 보관한 것인지 확인도 할 겸……."

필보계와 오구룡은 유심건이 붉으죽죽한 얼굴에 진흙도 제대로 털지 않고 달려온 이유를 알 수 없어서 사양도 못한 채 잠시 멍하니 쳐다보고 있었다. 그러 다가 잠시 후 필보계가 입을 열었다.

"좋소, 구룡. 이곳에서 쉬는 일 말고 달리 할 것도 없으니 어디 한번 가서 봅 시다. 자, 가지요!"

두 사람은 유심건과 함께 기세 좋게 밖으로 나갔다.

현장에 도착한 필보계와 오구룡은 출토된 기물을 살피는 한편, 그릇에서 죽 간 몇 개를 꺼내 맑은 물로 가볍게 씻었다. 그러자 검은 색 글자가 드러났다. 두 사람은 썩은 짚처럼 심하게 손상된 죽간을 바라보면서 사안이 중대하다는 것을 직감했다. 유심건의 요청으로 문물조에 와서 기물을 살펴본 이상 이에 상응하는 책임이 따르기 때문에 즉각 성 박물관 책임자에게 보고할 필요를 느꼈다. 그때가 이미 저녁 여덟 시가 넘은 시간이었지만 시각을 다투는 중대한 일이었기 때문에 필보계와 오구룡은 부근 전신국으로 달려가 상황을 설명하고, 성 박물관 당직실 에 가장 빠른 방법으로 연락해 달라고 했다. 두 사람의 요청에 따라 성 박물관 당 직자는 관장인 장학(張學)과 주둔군 대대장에게 보고했다. 장 관장과 대대장은 보 고를 받고는 예삿일이 아님을 직감해 다시 산동성 혁명위원회 문화국으로 급히 연락을 취했다. 이에 문화국 책임자는 즉각 다음과 같이 지시를 내렸다.

"성 박물관은 신속히 현장에 직원을 증파하여 현지 정부 관련자와 긴밀하 게 협조 체제를 갖추고 고대 주요 묘장의 발굴, 정리, 보호 작업을 철저하게 실시하라."

성 박물관 관장인 장학은 임기 문화국의 윤송약 국장에게 전화를 걸어 인력이 증원될 때까지 발굴을 중지하라고 지시했다.

이튿날 아침 산동성 박물관에서 파견된 장영거(蔣英炬)와 백운철(白雲哲)은 제남 국면삼창(國棉三廠)에서 파견하여 박물관 공선대(工宣隊 : 문화대혁명 시기 '노동자 모택동사상 선전대'의 약칭) 대표로 있는 위(魏) 대장과 함께 버스를 타고 임기로 출발했다. 그들은 우여곡절 끝에 그날 오후 두 시쯤 임기 문물조에 도착했다. 세 사람은 먼저 이미 출토된 죽간을 살펴본 다음, 문화국 윤 국장과 문물조의 유심건, 장명설 및 성 박물관에서 파견된 필보계, 오구룡과 함께 은작산 발굴 현장을 답사했다.

이미 관 뚜껑이 열려진 데다가 기물들이 모두 진흙탕 속에 잠겨 있었기 때문에 즉각 임시 보호 조치를 해야지 더 이상 기다릴 수 없는 상태였다. 성과 현에서 나온 관련자들은 다음 날부터 연합 발굴을 시작해야 한다는 데 의견을 모았다. 동시에 출토된 죽간이 특별한 가치를 지닌 물건이기 때문에 임기 쪽에서 주둔군에게 연락해 병력을 지원받아 출토 문물에 대한 경계 및 보호 조치를 취하기로 했다.

4월 16일 오전, 성과 현에서 파견된 연합 발굴조가 현장으로 투입되고, 현지 정부의 요청에 따라 임기 주둔군 직속 독립대대에서 완전무장을 한 병력이 은작산으로 급파되었다. 갑작스럽게 군 병력이 투입되자 경각심을 가지게 된 주변 주민들 사이에 온갖 추측이 난무했다. 처음에는 은작산에서 옛날 장개석(蔣介石) 특무부대와 무전실을 발견했다는 소문이 퍼지더니, 국민당이 철수할 당시 숨겨놓은 지뢰와 황금이 발견되었다는 이야기도 떠돌았고, 심지어 성(城) 전체보다 값비싼 금으로 만든 금인(金人)과 금마(金馬)가 발견되었다는 소문이 임기성 전체에 퍼지기도 했다. 그러나 나름대로 그럴 듯하게 꾸며 말하기는 했지만 아무도 실제 발견 과정이나 경과를 이야기하는 사람은 없었다.

이 소설 같은 이야기는 마른 들판에 불씨가 일어 바람을 타고 하염없이 퍼지듯이 맹렬한 속도로 확산되기 시작했다. 온갖 풍문이 거세지자 사람들은 너나할 것 없이 호기심과 탐욕이 어른거리는 눈을 크게 뜬 채로 제각기 다른 목적을 가지고 은작산에 미친 듯이 모여들었다. 순식간에 그리 크지 않은 은작산에 사람들이 물밀듯이 몰려들어 흙먼지가 자욱한 가운데 곳곳에서 사람들이 내지르는 소리에 순간 긴장감이 감돌기도 했다.

경비 책임을 맡은 해방군 병사들은 갑작스러운 사태에 직면해 즉각 방어 태세를 갖추었다. 그들은 검을 차고 실탄을 장전하는 한편, 신속하게 나무 말뚝과 철조망을 가져다가 묘갱 주변에 이중삼중으로 방어막을 쳐 관련자 외에는 일체의 접근을 차단했다. 그러나 현장 주변으로 인산인해를 이룬 사람들은 이미 소문에 미혹된 상태에서 지하에 있다는 '금인, 금마'의 신비한 모습을 보겠다고 난리를 치고 있었다. 그들은 극도로 흥분한 상태였기 때문에 나무 말뚝이나 철조망은 물론, 총검도 두려워하지 않고 마치 황하의 제방이 터진 것처럼 몰려들었다. 불길한 조짐을 느낀 해방군 병사들은 사력을 다해 막았지만 결국 중과부적(衆寡不敵)으로 방어막이 뚫리고 말았다. 어쩔 수 없이 묘갱 주변의 좁은 공간으로 몰리게 된 병사들은 마지막 방어진을 치고 목숨을 바쳐 사수하기로 마음을 먹었다. 당장이라도 대란이 일어날 것만 같은 상황이었다. 그러나 '관련자 외에 무단으로 진지에 진입하는 자는 법에 따라 조치하라!'는 상부의 명령이 하달되면서 당장이라도 큰일을 저지를 듯 소란을 피우던 사람들이 점차 평정을 되찾았다. 이에 고고대원들은 잠깐의 평정 상태를 틈 타 다시 정상적인 발굴 작업에 들어갔다.

앞서 쌍방이 상의한 계획에 따라 묘실 발굴은 오구룡과 필보계, 장영거 등 성에서 파견한 고고학자들이 담당하고, 현에서 온 유심건 등은 배수, 기물 전달, 질서 유지 등의 후방 업무를 전담하기로 했다. 모든 작업이 순조롭게 진행되던 오후 두 시쯤, 오구룡을 비롯한 발굴대원들이 변상 서남쪽 모서리에서 죽간 꾸러미를 발견했다. 이전에 죽간을 부러뜨린 실수를 다시 범하지 않기 위해 발굴대원들은 큰 목판을 구해다가 죽간 꾸러미 아래쪽으로 밀어 넣어 죽간과 진흙을 함께 들어올렸다. 보기에는 단순한 작업인 듯해도 비극의 재연을 막는 데 상당히 유효한 방식이었다.

죽간을 들어올린 다음 그 진위를 판단하기 위해 장영거가 죽간 꾸러미 중간에서 한 매를 빼내었다. 빼낸 죽간을 물에 잘 씻자 죽간 위에 '이금방연고왈손자지소이위자(而擒龐涓故曰孫子之所以爲者)'라는 열댓 개의 예서체 글자가 선명하게 드러났다.

한묘에서 출토 중인 『손자병법』 죽간

"이 문장은 손빈과 관련이 있는 것 같은데, 우리가 『손자병법』을 발견한 거 아닐까?"

사람들은 장영거의 말을 듣고 한껏 고무되어 의론이 분분했다.

"지난 번 유심건이 살펴보았던 죽간에도 '손자'라는 두 글자가 보였는데, 이번에도 '손자'란 말이지. 게다가 '방연(龐涓)'이란 이름에 '손자'라! 그렇다면 그 '손자'가 우리가 알고 있는 '손빈(孫臏)'을 말하는 것 아닌가? 만약 이 죽간이 『손자병법』이 아니라고 해도 분명 손빈과 관련이 있을게요. 정말 그렇다면 이거야말로 학술적 가치가 엄청나게 큰 물건이지. 대단해요, 대단해!"

사람들은 이런저런 이야기를 나누며 여러 가지 추측을 했다. 일시에 분위기는 한껏 고조되어 모두들 힘이 솟는 듯했다. 그에 탄력을 받아 하루 만에 변상에 있던 기물들을 모두 정리해냈다. 변상 기물 정리가 끝난 다음 발굴대원들은 고고발굴의 순서에 따라 내관(內棺)을 정리했다. 측정 결과 내관의 길이는 2.14미터, 너비는 0.66미터, 높이는 0.62미터이며, 외부는 모두 검붉은 옻칠을 했는데 오랜 시간 침수되어 있었던 탓인지 옻칠이 대부분 벗겨진 상태였다. 발굴대원들이 쇠정 등 공구로 천천히 관 뚜껑을 열어 보니, 시신은 이미 썩을 대로 썩어 성별을 구분할 수 없을 정도였다. 이후 오구룡이 고증한 바에 따르면, 시신이 완전히 부패한 것은 묘실 사방의 백고니가 훼손된 것과 관련이 있었다. 내관 북쪽에서는 채회칠염(彩繪漆奩 : 염은 부인들의 화장용 제구를 담는 그릇)이 하나 발견되었는데, 그 안에서 목소(木梳 : 나무로 만든 빗)와 목비(木篦 : 나무로 만든 참빗), 그리고 위에 나뭇잎 문양인 팔각연호문(八角連弧紋)이 장식된 동경(銅鏡)이 나왔다. 목침(木枕)과 칠렴, 그리고 남아 있는 몇 개의 뼈로 추정하건대 묘주(墓主)의 매장 방식은 앙신직지(仰身直肢)*이며, 머리를 북쪽에 두고 있었다. 구체적으로 측량을 한 결과 정북에서 동쪽으로 20도 정도 기울어진 상태였는데 이러한 매장 방식은 고대 장묘에서 흔히 볼 수 있는 것이었다.

이 외에도 관목 중간에서 동으로 만든 대구(帶鉤 : 허리띠)가 발견되었고, 전체 관 바닥에는 3센티미터 정도의 두터운 짚이 깔려 있었던 것으로 판명되었다. 다만 짚은 이미 완전히 썩어 없어졌고 그 흔적만 남아 있었다. 관 내부의 기물은 비교적 간단한 것들이어서 그날 오후에 발굴 작업이 모두 끝났다. 발굴에 참여한 사람들 모두 이번 발굴 작업의 결과에 대해 서로 축하의 말을 주고받던 바로 그날, 멀리 호남성 장사(長沙) 마왕퇴 1호 한묘(漢墓)에서 천년이란 세월을 뚫고 세상에 모습을 드러낸 여인의 완벽한 미라가 발견되었다. 이 우연한 일치는 신중국(新中國) 성립 이래 국내외를 뒤흔든 고고학적 발견의 서막을 여는 것이었다. 이는 이제 막 부활하기 시작한 중국 문물계를 강타한 거대한 충격이었을 뿐만 아니라 20세기 중국에서 '고고학의 중흥'을 예고하는 호각소리이기도 했다.

북경으로 보낸 파발마

은작산 한묘(당시 출토된 기물에 대한 초보적인 조사 결과 한묘로 판정됨)에서 발견된 기물이 고고학적으로 중요하다고 판정이 나자, 장영거를 비롯한 여러 발굴대원

---

* 얼굴을 위로 하고 사지를 곧게 편 상태로 안장하는 것으로, 가장 보편적인 안장 방식이다.

들은 관 내부를 완전히 정리한 다음 즉시 제남으로 돌아가 발굴 정황에 대한 보고 준비를 끝냈다. 떠나기 전 임기 측의 동의를 얻어 앞서 확인을 위해 빼낸 죽간, 즉 방연(龐涓)과 손자에 관한 일이 적혀 있는 바로 그 죽간을 가지고 돌아가기로 했다. 상부에 실물을 직접 보여 주기 위해서였다. 죽간을 안전하게 호송하기 위해 그들은 인근 병원에서 유리관을 사다가 죽간을 그 안에 집어넣고 밀봉했다. 그다음 백운철, 위 대장 등과 함께 임기 측에서 주선한 차를 타고 곤주역(袞州驛)까지 가서 다시 기차를 타고 제남으로 향했다.

북경에 보고하기 위해 파견되었던 장영거

다음 날 오전 제남으로 돌아온 장영거는 은작산 한묘의 발견, 발굴 정황을 성 박물관과 성 혁명위원회 문화국의 지도자들에게 보고했다. 지도자들은 가져온 죽간을 보고 놀라움을 금치 못하며 한결같이 말했다.

"한묘에서 출토된 죽간은 산동은 물론, 전국적으로도 보기 드문 진귀한 문물이다. 게다가 그 학술적 가치는 가히 논할 수 없을 정도다."

장영거의 발굴 보고에 따라 지도자들은 '오랜 세월 진흙 속에서 침식되어 거의 썩은 풀처럼 된 죽간을 제대로 복원하고 정리하려면 여러 가지 조건이나 역량이 부족한 산동 측에서 전담할 것이 아니라 즉시 북경에 보고하여 중앙의 힘을 빌리는 것이 타당하다'는 의견을 제시했다. 의견이 모아지자 정황의 시급함에 따라 성 박물관과 문화국의 주요 지도자들은 자신들이 직접 본 죽간을 장영거에게 신속하게 북경으로 가지고가 국가문물국 국장인 왕야추(王冶秋)에게 보고하도록 했다.

장영거는 상부의 명령에 따라 즉시 북경으로 올라가 사탄(沙灘)의 홍루(紅樓)에 있는 국가문물관리국협회를 찾았다. 당시 국가문물국은 문화대혁명 이후 심하게 타격을 받아 거의 마비 상태에 빠져 있다가 이제 겨우 회복되는 중이었다.

문물국의 국장 왕야추는 문화대혁명이 시작되고 얼마 안 있어 사인방(四人幇)*의 정치적 박해를 받았다. 그래서 1970년 봄 호북성 함녕(咸寧) 문화부 소속 '57간부학교(五七幹部學校)'로 추방되어 노동 개조를 받았다. 중국의 정치적 상황이 변화를 거듭하다가 주은래 등이 다시 정국을 통제하면서, 1970년 5월 국무원에 '도박구 영도소조(圖博口領導小組)'가 성립되었다. 아울러 주은래 총리의 주선으로 왕야추는 간부학교에서 돌아와 영도소조의 부조장을 맡아 전국의 문물 관련 사업을 주관하게 되었다. 이후 겨우 살아난 중국 문물계는 왕야추의 재등장에 따라 역사적인 전환을 맞이했다.

1971년 4월 10일, 일본 나고야에서 탁구 경기에 참가했던 미국 탁구팀이 중국 정부의 초청을 받아 중국을 방문했다. 주은래 총리는 미국 대표단을 접견한 자리에서 다음과 같이 말했다.

"여러분들이 돌아가서서 미국 국민들에게 중국 국민들의 안부 인사를 전해주시기 바랍니다. 중미 양국의 국민들은 과거에 서로 빈번하게 왕래했습니다만 지금은 오랜 시간 중단되었습니다. 여러분들의 이번 방문으로 양국 국민의 우호적인 왕래가 시작되었다고 봅니다."

이른바 '핑퐁 외교'의 시작이었다. 그해 7월에는 미국의 국가안전보장회의 사무국장인 키신저가 북경에 도착해 주은래를 비롯한 중국의 고위급 지도자들과 비밀 회담을 열었다. 1972년 2월에는 닉슨 대통령이 중국을 방문했다. 그는 북경의 수도공항(首都空港)에 도착하여 비행기 트랩에서 내려온 다음 힘차게 손을 뻗었다. 그러자 마중 나간 주은래 총리가 그의 손을 맞잡으며 말했다.

"대통령 각하께서는 세계에서 가장 거대한 바다를 가로질러 손을 내미셨습니다. 지난 25년간 중미 양국은 정말로 왕래가 없었군요!"

---

* 왕홍문(王洪文), 장춘교(張春橋), 강청(江靑), 요문원(姚文元)을 말한다. 모택동의 아내 강청을 중심으로 한 문혁파(文革派)가 전면적으로 모택동의 권력을 계승하면서 강청을 중국공산당 중앙위원회 주석으로, 왕홍문을 전국인민대표대회 위원장으로, 장춘교를 국무원 총리로 임명하려고 준비하다가 기밀이 사전에 누설되었다. 이후 4인방은 체포되었고 그들의 체포와 재판으로 중국의 문화대혁명은 종결되었다고 선언했다.

두 시간 뒤에는 중남해(中南海)의 서방(書房)에서 모택동과 닉슨, 두 거인이 손을 굳게 마주 잡았다. 중국과 미국의 관계에 새로운 한 페이지가 열리는 순간이었다. 세월이 흐른 뒤 닉슨은 당시를 회고하면서 이렇게 말했다.

　　"정말 생각하지 못한 일이었다. 중국의 주도적인 움직임은 탁구팀의 방문 형식을 통해 실현되었다."

　　물론 당시 닉슨은 주은래가 중국의 정국을 다시 장악하면서 '평퐁 외교'와 더불어 '문물 외교'를 준비하고 있었다는 사실을 전혀 알지 못했다. 이후 주은래의 적극적인 지지와 비준을 거쳐 국무원 도박구 영도소조는 전국 각지의 빼어난 문물을 수집했고, 1971년 7월 새로 개장한 고궁(故宮 : 자금성)에서 정식으로 '문화대혁명 기간 출토 문물 전람회'를 개최했다. 이 전람회는 국내외에 커다란 반향을 일으켰다. 닉슨이 중국을 방문했던 기간에 왕야추는 이 특별한 손님을 모시고 고궁에서 전시 중인 출토 문물을 관람했다. 당시 몇 달에 걸쳐 진행된 전람회는 중국 문물 보호 작업에 새로운 장을 열었으며, '신비의 땅' 중국의 문호를 개방하는 역할을 함으로써 중국 외교에 독특하면서도 긍정적인 공헌을 했다. 이어 주은래의 구체적인 계획 아래 왕야추는 '중화인민공화국 출토 문물 전람회'를 준비하면서 전국 각지에서 출토된 문물을 수집했다. 이는 향후 해외 전시를 통해 중국 문화 및 중국이라는 나라를 세계에 알리기 위한 전초 작업이자, 당시 문물계(文物界)가 기사회생하는 데 결정적인 역할을 담당했다. 장영거는 바로 이러한 시기에 북경에 도착한 것이다.

　　장영거가 문물국에 왔을 때 공교롭게도 왕야추는 회의 관계로 외출 중이었다. 그래서 그는 다른 사무실을 돌아다니며 관련 직원을 찾았으나 그나마 만날 수 있는 일부 일반 직원들도 출토 문물 전람회를 준비하기 위해 이제 막 간부학교에서 돌아온 사람들이 대부분이었다. 대다수의 문물 관련 직원들은 여전히 함녕 간부학교에서 노동 개조를 받고 있었기 때문에 사무실이 있는 건물은 썰렁하고 적막감이 감돌고 있었다. 책임질 만한 관계자를 찾을 수 없어 장영거는 다시 인근에 있는 중국과학원 고고연구소로 발걸음을 돌려 안면이 있는 전문가나 관계자를 찾아보기로 했다. 당시 중국과학원 고고연구소는 국가문물국과 마찬가지로 문화대혁명이 일어난 뒤 대다수의 연구원이나 전문가들이 모두 하남(河南)의 간부학교로 하방되어 노동 개조를 받고 있었고, 남아 있는 인원은 왕중수(王仲殊) 이외에 군 대표로 남은 주사(主事) 한 명뿐이었다. 1971년 말 중국 고고학계의 원로 하내(夏鼐)를 포함한 몇 명의 고고학자가 연구소로 돌아오기는 했지만 본격적으로 업무를 담당할 수 있는 상황이 아니었고, 정치적으로 '지허노노실실 불허난설난동(只許老老實實不許亂說亂動)'*이라는 표어 아래 힘들게 지내고 있었다.

장영거는 고고연구소에 도착해 사방을 둘러보았다. 담벼락은 물론 문마다 찢긴 대자보가 어지럽게 붙어 있었고, 조각난 대자보 종이가 어지럽게 흩어져 있었다. 연구소 마당은 언뜻 보기에도 어수선하고 지저분해 겁란(劫亂 : 문화대혁명을 지칭한다) 이후의 처량함마저 감돌고 있었다. 직원에게 물어보니 왕중수 역시 외출 중이라고 했다. 연구소를 한 바퀴 돌면서 몇몇 새로운 얼굴들을 만나기는 했지만 이전에 함께 일했던 사람들은 전혀 만날 수가 없었다. 왠지 쓸쓸해지려는 찰나 어딘가 낯익은 이가 담벼락 모퉁이를 도는 모습이 눈에 들어왔다. 한눈에 그가 고고연구소의 원로인 하내 교수 밑에서 '오호상장(五虎上將)'으로 이름을 날리던 안지민(安志敏)이라는 것을 알았다. 두 사람은 업무 관계로 만난 적이 있었는데, 서로를 알아보고는 반갑게 인사말을 몇 마디 주고받은 뒤 장영거가 보따리 안에서 죽간을 꺼내 들고 말했다.

"안 선생, 임기 은작산에서 발견한 죽간이에요. 내용으로 볼 때 손빈과 관련이 있는 것 같은데……."

안지민은 그의 말에 눈을 크게 뜨고 놀랍다는 듯이 입을 열었다.

"예? 정말입니까?"

장영거가 내민 죽간을 받아든 안지민은 잠시 사방을 둘러보더니 황급히 돌

---

* 문화대혁명 당시 지주, 자본가, 반혁명분자, 우파 등에게 강요했던 표어로서, 오직 고분고분하게 조용히 있을 것이며 결코 망언, 망동은 허락하지 않는다는 뜻이다.

려주고는 당황한 듯 다시 주변을 살펴보았다.

"아마도, 어쩌면……."

그는 말도 끝내지 않은 채 그냥 몸을 돌려 내빼듯 사라지고 말았다. 안지민이 돌변하여 마치 딴 사람같이 굴자 장영거는 영문을 몰라 당황스러웠다. 잠시 멍하니 있던 그는 문득 떠오른 것이 있었다. 안지민은 '망언, 망동을 금한다'는 정치적 제재를 받고 있었던 것이다. 본래 성정은 그렇지 않았지만 정치적 협박에 어쩔 수 없었으리라.

"에이, 개 같은 세상. 사람도 사람이 아니고 귀신도 귀신이 아니구먼."

장영거는 담장에 너풀거리는 찢긴 대자보를 바라보며 혼잣말을 중얼거렸다. 그리고 길게 한숨을 쉬고는 죽간을 다시 보자기에 넣고 문물국으로 돌아가 왕야추가 돌아오기를 기다렸다.

오후 2시 30분쯤 접수처에서 기다리던 장영거에게 접수원이 다가왔다.

"왕 국장님이 돌아오셨습니다."

자그마한 그의 목소리를 들으며 창밖을 보니 왕야추가 전용차에서 내려 사무실로 들어가고 있었다. 장영거는 급히 접수처를 나와 왕야추를 뒤따랐다. 그러나 이미 사무실 안으로 들어가 보이지 않았다. 장영거가 다급하게 문을 두드리자, 문이 열리며 왕야추의 얼굴이 보였다. 순간 초면에 실례를 범했다는 생각이 들었지만 서둘러 미안하다는 말과 함께 자신을 소개했다. 왕야추는 금세 평정을 되찾고는 가볍게 고개를 끄덕이며 사무실 안으로 들어오게 했다. 장영거는 앉자마자 은작산에서 묘장과 죽간을 발굴하게 된 경위를 설명하고, 가지고 온 죽간을 왕야추 앞에 꺼내놓았다. 왕야추는 유리관 안에 들어있던 죽간을 살펴보더니 큰 소리로 외쳤다.

"이거 정말 대단한 발견이군. 좋아요, 학술적 가치가 대단하고 정말 얻기 어려운 것인데. 정말로!"

왕야추가 거듭 감탄사를 연발하자 장영거는 계속해서 발굴 과정에 대해 이야기를 했다. 이어서 출토된 죽간이 진흙과 한데 섞여 썩은 풀처럼 엉켜 있고,

자칫 잘못하면 절단될 위험이 있는데 산동에서는 적절한 보호 조치를 취할 수 없는 상태라 중앙의 지원이 필요하다고 말했다. 그러자 앉은 자리에서 벌떡 일어난 왕야추는 긴장되고 초초한 얼굴로 사무실 안을 서성거리며 중얼거렸다.

"그럼, 어떻게 하는 게 좋을까……."

잠시 후 그는 전화로 아래층에 있는 젊은 직원 두 사람을 불러 죽간에 관한 사항을 전달하고 보호 조치를 취하기 위한 좋은 방법에 대해 물었다. 그러자 두 사람 모두 미간을 찌푸리며 고개를 저었다. 뾰족한 수가 없다는 뜻이었다.

"이런 식충이들 같으니라고."

왕야추는 노기 어린 얼굴로 손을 내저으며 두 사람을 밖으로 내보냈다. 그러고는 계속 사무실 안을 서성거리며 잔뜩 찌푸린 얼굴로 고민을 했다. 잠시 후 우람한 체격의 왕야추가 장영거의 바로 앞에 서더니 다시 입을 열었다.

"이 죽간은 분명 중요한 고고 기물임에 틀림없소. 학술적으로 다른 어떤 기물과도 맞바꿀 수 없는 가치를 지니고 있단 말이오. 그러니 반드시 적절한 보호 조치를 취해야만 하오. 여하튼 조건으로 보나 역량으로 보나 이곳이 제남보다 나을 것이오. 물론 당장 대책이 마련된 건 아니지만 하늘이 무너져도 솟아날 구멍이 있다고, 반드시 방법이 있을 거요. 그러니 우선 돌아가서 관련부서의 책임자에게 보고해서 이번에 출토된 죽간을 신속하게 북경으로 올려 보내도록 하시오. 빠르면 빠를수록 좋으니 시간을 다그쳐 보시오."

장영거는 그의 말을 듣고 즉시 문물국을 빠져나와 우체국으로 달려갔다. 그리고 제남에 전보를 쳐서 박물관 관장에게 왕야추의 지시를 전하는 한편 자신도 서둘러 제남행 기차에 몸을 실었다.

이리하여 은작산 한묘에서 발견된 죽간의 운명은 장영거가 되돌아오면서 일단락되었다. 그러나 전혀 예상하지 못한 또 하나의 일이 발생했다. 장영거가 제남으로 돌아오는 중에 은작산의 또 다른 한묘에서 비할 바 없이 귀중한 죽간이 또 발견된 것이다.

2장
문화대혁명과 고고학의 겁란劫亂

또 한 차례의 우연한 기회에 2호 묘가 발견되었다. 여기서는 고고대원들의 정성과 합심으로 중국 최초의 역보曆譜가 완전한 상태로 출토되었다. 문물은 성省, 지地, 현縣 등 세 곳에서 분쟁을 일으켜 가다 멈추기를 반복하는 소란을 겪은 뒤 마침내 북경으로 보내졌다. 여러 전문가들이 문물국에 운집한 가운데 장영장張營長도 그곳에 도착했다. 죽간 연구 성과가 공포되고, 오랜 세월 일서逸書로 알려진 문서가 처음으로 세상에 나타남으로써 신비한 현기를 드러내니 메마른 역사의 장강에 다시 한 번 거대한 물줄기가 흐르기 시작했다.

2호 묘를 발견하다

장영거가 제남으로 돌아온 이튿날 건축대 '당나귀'를 포함한 몇 사람이 묘갱의 주변을 정리하다가 우연히 또 다른 묘장갱의 흔적을 발견해 땅을 파기 시작했다. 지하 2미터 정도 파고 들어가니 과연 '썩은 무덤구덩이'가 분명했다.

'당나귀' 등의 보고로 필보계, 오구룡, 유심건이 다시 은작산으로 달려와 살펴보니 고대 묘장이 틀림없었다. 은작산은 얇은 토층 아래로 거대한 암석이 자리하고 있었는데, 묘갱은 그 암석을 파서 만든 것이었다. 위에 덮인 흙은 의외로 부드럽고 연해서 수월하게 땅을 팔 수 있었고, 그만큼 천여 년간 감추어진 옛 분묘 또한 쉽게 발견할 수 있었던 것이다. 고고대원들은 그 분묘와 이미 발굴한 묘장이 겨우 수십 센티미터밖에 떨어져 있지 않았기 때문에 분명 연관이 있을 것이라는 생각을 했다. 아직 완전히 발굴하기 전이어서 부부의 합장묘라고 단정할 수는 없었지만 매장 형식을 고려해 앞서 발굴한 것은 1호 묘, 아직 발굴하지 않은 것은 2호 묘로 명명했다.

은작산에서 2호 묘가 발견되었다는 소식이 전해지자 언론사들은 1호 묘 발굴 당시 제때 보도하지 못한 잘못을 되풀이하지 않기 위해 즉시 신화통신사(新華通信社) 산동분사(山東分社) 악국방(岳國芳) 기자를 대표로 한 기자단을 현지에 파견했다. 또한 임기 군분구에서도 지난번의 실수를 교훈 삼아 훨씬 많은 병력을 파견해 현장을 봉쇄하고 출토 문물에 대한 보호에 최선을 다했다. 이렇게 되자 삽시간에 임기 고성(古城) 근처에서 새롭게 발견된 고묘 주변은 신비한 분위기에 휩싸이면서 작은 산등성이마다 온통 구경나온 사람들로 북적이기 시작했다.

한편, 필보계와 오구룡은 임기 문물조가 발굴 자격이 없다고 보았다. 이처럼 중요한 묘장이라면 반드시 상부에 보고해야 하고 상급 기관, 즉 산동성 박물관에서 발굴 책임자를 내려 보내야 했다. 게다가 임기 문물조의 고고발굴 수준이 상당히 떨어지기 때문에 설사 발굴 권한을 갖는다 하더라도 단독 발굴은 불가능했다. 따라서 반드시 성 박물관과의 협력이 필요한 상태였다. 다시 말하면 필보계와 오구룡 자신들이 발굴에 참여해야 하며 또한 묘장 발굴을 총지휘해야 한다는 뜻이었다. 이는 임기 측 사람들은 함께 참여는 하지만 보조적인 업무를 할 뿐 전체적인 주요 업무는 좌지우지할 수 없다는 뜻이기도 했다. 필보계가 임기 측 윤송약 국장에게 이런 생각을 전하자, 윤 국장은 굳은 얼굴로 아무런 말도 하지 않았다. 그러다 잠시 후 지역 조 부(副)정치위원과 상의해 결정하겠다고 말했다. 당시 조 부정치위원은 성 박물관 관장 장학(張學)과 성 혁명위원회 문화국 책임자인 노금(老金)의 연락을 받은 상태였다. 그들은 전화를 걸어 성(省), 지(地), 현(縣) 등 각급 행정기관이 협력하고, 발굴 작업은 필보계와 오구룡이 주관하도록 분명하게 의사를 전달했다. 그런 이유로 조 부정치위원은 그 의견에 동의를 표시했다. 윤 국장은 기분이 떨떠름했지만 조 위원이 동의한 일을 번복하기도 어려운 데다 여러 곳과의 관계를 생각해 꾹 참고 의견을 받아들이는 수밖에 없었다. 유심건, 장명설 등은 100년에 한번 올까 말까한 기회라는 생각을 가지고 있던 차에 성에서 파견된 두 사람이 끼어들자 버럭 화를 내며 대들었다. 밑에서 잔심부름이나 하고 있을 수는 없다고 생각한 탓인지 말이 거칠었다.

"절이 없소, 스님이 없소? 외지인을 둘이나 데려가 경을 읽을 필요가 뭐 있습니까? 당나라 승려처럼 불법이 깊다 해도 저자들을 따라 날뛰는 손오공은 될 생각이 없고, 더구나 어리석은 저팔계 노릇은 물론 사양하겠소. 여래불은 우리 몫이오. 임기에서 일어난 일이니 임기 사람이 주인이 되어야 하는 것 아니오? 꼭 외부에서 중을 데려다 경을 읽을 거라면 이 지역 사람들에게 물어봐야 하는 것 아닙니까? 우린 싫어요. 저 사람들 어서 짐 꾸려서 자기네 제남 천불산 천불동에 가서 좌선이나 하라고 하시오."

뻬딱한 이들의 언사는 금세 조 위원의 귀에 들어갔다. 지역 문화를 책임지고 있는 군인으로서 그는 즉시 반격을 가했다(문화대혁명 시기에는 군대의 장교가 지방 행정의 지휘부에 들어와 권력을 행사했다). 그는 불만이 있더라도 대세를 생각해 성실하게 맡은 바 임무에 충실하고, 경거망동을 삼가라는 명령을 임기 문물조에 내렸다. 이를 어길 경우 군법에 따라 엄하게 다스린다는 말도 덧붙였다. 조 위원

은작산 1, 2호 한묘

의 엄포에 유심건 등은 어쩔 수 없이 명령에 따를 수밖에 없었다. 그들은 억울함을 가슴에 묻어둔 채 언젠가 기회가 오면 필보계와 오구룽에게 본때를 보여 주리라 마음먹었다.

이처럼 불편한 마음, 어수선한 분위기를 뒤로 한 채 성, 지, 현 세 곳의 의견을 모아 필보계와 오구룽이 발굴 작업을 총지휘하고, 현 문물조 사람들이 이에 적극 협조하는 쪽으로 마무리를 지었다. 모두 1호 묘 발굴 경험과 그때 얻은 교훈을 바탕으로 2호 묘 발굴에서는 신중을 기하기로 했다.

4월 18일 오후, 필보계와 오구룽의 총지휘 아래 유심건 등 문물 처리반은 '당나귀' 등 인부 몇 명과 묘갱 안의 잡석과 흙을 정리하기 시작했다. 이틀이 지난 20일 오전, 묘실 안의 관곽이 모습을 드러냈다. 측량을 한 결과 2호 묘는 1호 묘의 서쪽 50센티미터 지점에 위치하고 있으며, 1호 묘보다 50센티미터가 낮고 남쪽으로 50센티미터 뻗어 있으며, 그 외의 다른 상황은 1호 묘와 같았다. 묘실 전체는 남북 길이가 2.91미터, 동서 너비가 1.96미터, 지표에서 묘 바닥까지의 깊이가 3.5~4미터였다. 묘실의 형식은, 1호 묘와 마찬가지로 암석을 뚫어 만든 장방형 수혈묘에 묘도는 발견되지 않았다. 묘갱과 목곽 사이에는 고운 회백색 점토인 백고니를 채워 넣었다. 묘 안의 관실은 완벽하며, 기본 구도 역시 1호 묘와 마찬가지로 남북 길이가 2.41미터, 동서 너비가 1.56미터, 높이가 0.88미터였다. 관곽의 네 군데 모서리는 구멍에 끼울 수 있도록 끝을 가늘고 길게 만든 장부로 접합시켰으며, 관 위에 가로로 뚜껑을 덮어 상하로 구분시켰다. 상층은 판이 여섯 조각으로 동서 방향으로 덮여 있고, 각 판의 길이는 156센티미터, 너비 27~55센티미터, 두께 17센티미터였다. 아래층은 일곱 조각으로 남북 방향으로 덮여 있고, 각 판의 길이는 218센티미터, 너비 9~37센티미터, 두께 4센티미터였다. 1호 묘와 같은 점은 곽 안에 격판이 하나 있다는 것이고, 다른 점은 서쪽에 관을 두고 동쪽이 변상이라는 점이며, 특이한 것은 2호 묘의 곽 내부 격판 중간에 작은 쪽문 두 개가 달려 있다는 것이었다. 그 문의 높이는 23센티미터, 너비는 28센티미터로 양 방향으로 모두 개폐가 가능했다.

항상 그랬던 것처럼 측량, 스케치, 사진 촬영을 끝낸 뒤, 곽을 운반하기 시작했다. 당시 중국은 물질적으로 모든 것이 궁핍한 상태였다. 특히 기몽산 산간 지역은 물자가 극도로 부족한 상태였다. 세월이 흘러 오구룡은, 그처럼 세계적인 고고발굴 작업에 참여한 발굴대원들이 얇은 장갑 한 켤레 없이 작업했을 정도였다고 당시를 회상했다. 그런 상황이니 배수, 기중기 등 기계 설비가 있을 리만무했다. 사람들은 300~400근에 달하는 곽을 오직 인력에 의존해 3미터 깊이 갱 밖으로 들어내야 했다. 당시 필보계와 오구룡 등 발굴대원들은 허리를 굽히고 팔을 쭉 뻗어 온힘을 다해 곽을 들어냈다. 묘갱이 깊고 좁은 데다 곽 바깥쪽으로 서 있어야 했던 대원들은 제대로 발을 디디고 서 있을 자리도 없을 뿐더러 백고니가 발에 착 달라붙어 있어 옴짝달싹할 수 없는 처지였다.

묘갱 안에서 젖 먹던 힘까지 짜내 육중한 곽을 갱 밖으로 밀어낸 십여 명의 대원들은 하나같이 거친 숨을 몰아쉬며 곽 안을 쳐다보았다. 마찬가지로 곽 안에 변상이 있고, 그 안에 있는 기물은 1호 묘와 거의 동일했다. 진흙탕이 스며들어 뒤죽박죽이었지만 조심해서 더러운 물을 흘려 내보내자 기물들의 윤곽이 드러났다. 1호 묘에서 죽간이 발견되었던 점을 생각해 필보계와 오구룡 등 발굴대는 2호 묘 역시 다소 양의 차이는 있을지라도 그와 유사한 죽간이 출토될 것이라 예상했다. 이를 바탕으로 곽 판을 들어내고 물을 빼낸 두 사람은 먼저 죽간이 있는지 살펴보았다. 몇 번을 둘러본 그들은 변상 동남쪽 모서리에서 뭔가 발견했다. 아마도 그들이 바라는 진귀한 유물, 바로 죽간일 가능성이 컸다. 그러나 여전히 갱 안은 진흙탕으로 덮여 있는 상태라서 기물의 실체를 그 즉시 정확하게 파악할 수 없었다. 어쨌거나 발굴대원들은 마음속으로 죽간이 나오길 간절히 기도했다. 그래서 최대한 동남쪽에 자리한 기물을 안전하게 보호하기 위해 죽간으로 보이는 그 기물을 빙 둘러싸고 필보계와 오구룡은 변상의 북쪽부터 남쪽으로 정리를 해 나갔다.

정리 작업을 시작한 후 필보계와 오구룡은 긴밀한 협조 속에 엄격한 고고발굴 절차에 따라 먼저 진흙탕에서 도정(陶鼎), 도분(陶盆), 도호(陶壺), 도용(陶俑) 등 도자 기물들을 꺼냈다. 형태가 각기 다른 두 점의 협사회도관(夾砂灰陶罐 : 모래가 섞인 회색 토기) 중 한 점은 어깨 부분에 '소씨십두(召氏十斗)'라는 네 글자가 적혀 있었다. 곧 모든 사람의 관심이 이 네 글자에 집중되었고, 이는 또한 묘의 주인을 연구하는 중요한 자료가 되었다.

묘장을 정리하던 중 필보계와 오구룡은 1호 묘와는 다른 한 가지 특이한 현상을 발견했다. 출토된 도기들이 대부분 변상에 흩어져 있었고, 전체 높이가 30센티미터도 안 되었으며, 체적이 상대적으로 작은 그 공간에서 변상의 대부분이 칠목기로 가득 채워졌다는 점이다. 변상 안으로 스며든 흙물 때문에 칠목기의 일부가 칠이 벗겨지고 형태가 변한 것도 있었지만 전반적으로 보존이 잘 되어 있었다. 남쪽 중간 정도까지 정리가 되었을 때 대원들은 서른여덟 개의 반량전(半兩錢)을 발견했는데, 화폐의 출토로 좀 더 확실한 묘장의 시대 추정을 할 수 있었다.

반량전 정리를 마무리한 뒤, 이제 사람들의 머리를 가득 채우고 있는 죽간을 정리할 차례가 되었다. 죽간 발굴은 단 한 번의 실패도 용납되지 않는 일이다. 만전을 기하기 위해 필보계와 오구룡은 정리 방법에 대해 꼼꼼하게 상의한 다음, 이에 따라 모든 준비를 마쳤다. 그러고는 본격적으로 발굴을 시작했다.

필보계와 오구룡 두 사람이 곽실에 엎드려 각기 조그만 철삽을 들고 진흙을 살살 긁어냈다. 15분쯤 뒤, 첫 번째 죽간이 모습을 드러냈다. 이어 두 번째, 세 번째 죽간이 보였다. 약 두 시간이 지나서는 모두가 기대하고 있던 서른두 개의 죽간이 완전하게 모습을 드러냈다. 완벽한 형태로 질서정연하게 곽 안에 놓여 있었다. 마치 필연적인 만남을 기대하고 있는 것 같았다. 천 년이 지난 지금 바로 이 순간, 이곳에서 그 만남이 이루어졌다. 곽실에 엎드려 있던 오구룡은 미리 준비해 둔 장방형의 얇은 목판을 유심건에게 받아 서서히 죽간 밑바닥으로 반듯하게 밀어 넣었다. 알맞게 목판을 끼워 넣은 다음 양팔에 힘을 주며 큰 소리로 말했다.

"들어올려!"

"와!" 하는 소리와 함께 사람들이 죽간을 한꺼번에 들어올렸다. 발굴대원들과 구경을 하던 사람들 모두 흥분을 가라앉히지 못하고 소리를 질렀다. 묘갱 옆에서 한참을 기다리고 있던 악국방을 비롯한 기자들은 행여 기회를 놓칠세라 셔터를 누르느라 정신이 없었다. 번쩍이는 플래시, 우레와 같은 박수 소리와 함께 중국 고고학사에 영원히 빛날 소중한 장면이 기록되는 순간이었다.

변상 부분에 대한 정리가 모두 끝난 뒤 필보계와 오구룡은 다시 다른 발굴대원들과 함께 관 뚜껑을 열었다. 예상대로 묘 주인의 시신은 완전히 부패해 성별을 구분할 수 없었다. 그러나 관 안에 남아 있는 목침, 칠렴, 동경이 모두 관의 남쪽에 놓여 있는 것으로 보아 묘 주인의 머리를 정남향에 둔 매장 방식이란 것을 알 수 있었다. 이렇게 해서 은작산 1, 2호 묘에 대한 발굴이 모두 완료되었다. 이제 출토한 기물에 대한 정리, 보호, 연구 작업과 함께 두 묘의 연대, 성격, 묘 주인의 신분과 죽간에 기록된 내용들을 밝혀야 했다. 그러나 이러한 작업에 착수하기도 전에 뜻밖의 문제가 터져버렸다. 죽간의 귀속 문제를 두고 성, 지, 현세 곳에서 격렬한 논쟁이 벌어진 것이다.

악당, 호미를 빼앗다

북경에서 제남으로 돌아온 장영거는 성 박물관 관장인 장학과 박물관 혁명위원회 주임인 학조상(郝兆祥)에게 상세한 보고를 올렸다. 장학과 학조상은 죽간을 북경으로 운송하는 문제를 성 혁명위원회 문화국 지도자에게 보고했고, 북경 운송에 대한 동의를 얻었다. 중앙과 성(省) 정부의 관련 지도자들의 태도가 명확해지자 학조상은 임기에 전화를 걸어 두 차례 상황을 설명했다. 또한 필보계와 오구룡에게 은작산 한묘에서 출토된 죽간과 다른 기물들을 제남으로 옮긴 다음, 북경으로 보낼 준비를 서두르도록 지시했다.

필보계와 오구룡은 명령을 받은 즉시 행동에 들어갔다. 그들은 임기 측의 관련 지도자, 실무자들과 협상한 뒤 출토된 기물의 수량과 구체적인 상황에 맞게 목기 공장에서 각기 다양한 크기의 나무 상자 다섯 개를 준비했다. 그 협상에서 유물을 제남으로 운송하는 비용은 모두 성 박물관에서 부담하기로 합의가 된 상태였다. 필보계가 남긴 당시 기록을 보면, 나무 상자는 크게 죽간과 보통 기물을 포장하는 두 가지 용도로 제작되었다. 죽간 상자의 크기는 80×12×10센티미터(1호 묘 출토 보관용), 50×37×30센티미터(2호 묘 출토 보관용)였다. 기물 보관용 상자의 규격은 90×60×40센티미터(대·중형 기물 보관용), 70×50×40센티미터(소형 기물 보관용)였다. 이 밖에 철못 다섯 근, 포장지 삼백 장, 톱밥 백 근, 새끼줄 오십 근 등을 준비했다.

각종 포장 운반 재료에 대한 준비를 끝내자 벌써 4월 24일이 되었다. 이튿날 필보계와 오구룡은 임기 측의 유심건 등과 1, 2호 묘 출토 기물을 점검하면서, 운반 도중 변질이 되지 않도록 대부분의 기물을 닦고 말리는 등 간단한 보호 처리도 했다.

4월 27일, 나무 상자가 임기 문물조에 도착했고 운반용 차량 배치도 준비가 끝났다. 임기 지역의 행정관서, 현의 관련 지도자가 출토 기물들을 마지막으로 둘러보았다. 모든 준비가 끝나고 이제 출발만을 남겨 두고 있었다. 산동성 박물관 관장인 장학이 전화로 상황을 물어본 뒤, 필보계와 오구룡에게 가급적 빨리 기물을 안전하게 제남으로 운반할 것을 독촉했다. 두 사람은 다음 날 운반한다는 보고를 올렸지만 뜻밖에도 며칠간 성, 지, 현 세 곳 사이에 쌓였던 갈등이 하필이면 그날 폭발하고 말았다.

4월 28일, 필보계와 오구룡은 기물들을 포장하기 위해 아침 일찍 서둘러 문물조에 도착했다. 그러나 문물조의 장명설과 유심건 등이 갑자기 현 문화국 군부 대표인 정(鄭) 지도원과 현 정치부장인 장(張) 위원의 지시에 따라 포장을 하기 전에 세 곳의 관계를 명확하게 할 필요가 있다며, 다음과 같은 의견을 내놓았다.

1. 출토 기물의 소유자는 임기 문물조이며, 성 박물관은 임차인이다. 따라서 양측 대표는 유물 인도 수속에 서명한다.
2. 인도하는 유물의 상세한 내역을 열거하고, 이에 양측이 서명한다.
3. 공동으로 포장하고, 공동으로 운송한다.

난데없는 주장에 당황한 필보계와 오구룡은 도저히 이를 받아들일 수 없었다. 두 사람은 「국가문물보호조례」 규정에 따라 지하의 모든 유물은 국가 소유이며, 성, 지, 현은 아무런 관련 없이 단지 문화재를 보호할 책임과 상급 기관의 지시와 절차를 이행하는 임무만 있다고 여겼기 때문이다. 다시 말해 이번 발굴에서 성 박물관은 주요 참가자이자 실행자였다. 현재 무엇보다 중요한 사실은 출토 기물을 중앙에서 보호 처리해야 한다는 것이다. 그렇다면 성 박물관은 당연히 기물을 북경까지 운송할 책임이 있었다. 법률 규정에 따르면, 문화재는 국가 소유이기 때문에 이를 운반하는 데 임기현과 기물 인도 수속을 밟을 필요가 없었다. 필보계와 오구룡은 임기현 문물조의 요구를 단호하게 거절했다. 그러자 그들의 태도에 발끈한 임기 문물조의 장명설 등은 문물조 부조장인 최식(崔寔)의 지시 아래 체면이나 협조 체제 따위는 모두 팽개친 채 비협조적인 자세로 돌변하고 말았다.

유심건과 장명설은 임기 측을 대표하여 두 묘의 발굴은 전적으로 임기 문물조의 공로라며 강경하게 맞대응했다. 그들의 주장에 따르면, 성 박물관 사람들은 이번 발굴의 주요 참가자가 아니라 없어도 무방한 식객에 불과했기 때문에 기물은 단 한 점도 가져갈 수 없다는 것이었다. 또한 성 박물관 사람들을 불청객으로 간주하고, 당장 기몽산 혁명 지구에서 나가줄 것을 요구했다.

이런 갑작스러운 반전과 예상치 못한 상황에 필보계와 오구룡은 어리둥절할 뿐이었다. 그러나 잠시 후 필보계와 오구룡은 임기 문물조의 행동이 발굴을 주관하지 못한 그들의 보복적 반격이자 나름의 체면을 세우겠다는 뜻이며, 지금까지 마음속에 억누르고 있던 불만의 표출이란 것을 깨닫게 되었다. 물론 이 외에도 이번 유물이 성 박물관과 임기 문화국 어느 쪽으로 귀속될 것인가도 매우 중요한 문제였다. 필보계와 오구룡은 당연히 성 박물관의 소유라고 생각했다. 그러나 임기에서는 당연히 지역의 유물로 남아야 한다는 생각이었다. 이렇게 생각이 다르니 반응도 자연히 다를 수밖에 없었다. 이처럼 강경하고 묵계적인 태도로 볼 때 임기 측이 사전에 몰래 의논한 것이 분명했다. 졸지에 그들의 적이 된 필보계와 오구룡은 입장이 매우 난처했다. 두 사람은 잠시 생각해 본 결과 이대로 문물조 사람들과 얽혀서는 상황을 수습할 방법이 없다고 판단했다. 어떻게 해서든지 돌파구를 찾아야 했다. 그래서 그들은 직접 배후에서 문물조를 조종하고 있는 정 지도원을 찾아가기로 결정했다. 그에게 국가 문화재에 관한 정책 법령을 설명하는 길이 가장 빠른 해결책인 것 같았다.

군부 대표인 정 지도원의 사무실에 도착한 필보계와 오구룡은 그에게 왜 이미 끝난 일에 다시 꼬투리를 잡고 나오는지 직접 물어보았다. 정 지도원은 두 사람이 올 것에 이미 대비라도 해놓은 듯, 매서운 눈빛으로 그들을 바라보았다. 이어 경멸스럽다는 듯 냉소를 지으며 단도직입적으로 말했다.

"문물조 동지들 말이 일리가 있소. 여러분이 성 박물관을 대표해서 은작산 한묘 발굴에 참가하긴 했지만 정식으로 발굴 수속을 거친 게 아니잖소. 이건 순전히 작업을 보조하는 수준이었소. 진정한 발굴자, 공신은 임기현 문물조란 말이오. 따라서 이 기물을 보관할 권리는 임기현에 있다고 봅니다. 인민들의 해방 사업을 위해 피나는 노력을 기울인 기몽 주민들, 영웅적인 기몽 인민들의 것이오. 지금 중앙에서 이를 보호한다거나 성에서 이를 운반하겠다고 나서는 것은 모두 잠정적인 이동이지, 이 기물이 당신네 성 박물관 소유라는 것은 아니오. 성 박물관이 이 문화재들을 소유한다는 것은 법적으로도, 이치로 보더라도, 심정적으로도 모두 용납될 수 없는 일이라는 말이오. 이는 인민의 근본적 이익에 상충하는 것이오. 기몽의 아들, 딸들은 이를 좋아하지도, 아니 받아들일 수도 없소······."

정 지도원의 말에 필보계가 더는 참을 수 없다는 듯 끼어들었다.

"말끝마다 보조라느니 식객이라느니, 어쩌고 하시는데 보조든 식객이든 상관없습니다. 우리가 이번에 얼마나 큰 노력을 기울였는지 지도원 동지는 아마 모를 겁니다. 하지만 문물조 동지들은 잘 알고 있습니다. 사실 문물조 몇몇 동지들의 업무 수준으로 볼 때 이처럼 중요한 묘장을 단독으로 발굴한다는 건 문제가 있습니다. 아니, 관련 규정에 따르면 이런 일은 허락이 되지 않습니다. 그러나 이제 묘장 발굴도 끝났고, 이번 발굴에 대해 성(省)과 중앙의 인정도 받았습니다. 이처럼 모두가 기뻐할 성과에 그쪽이나 우리나 모두 힘을 다했으니 서로 헐뜯어가며 함께 이룬 성과를 허물어뜨릴 수는 없지 않습니까? 지금 중앙에서 나서서 이 진귀한 유물을 정리, 보호하려고 하니, 이거야말로 정말 좋은 일이 아닐 수 없습니다. 그런데 지금 이게 무슨 변고랍니까? 애들 장난하는 것도 아니고, 도대체 이게 뭡니까? 어떤 인민도 당신들의 이런 행동을 받아들일 수 없을 겁니다. 중앙 이하 지방, 그 어떤 당 조직에서도 이를 좌시하고 있지만은 않을 겁니다······."

필보계의 말이 채 끝나기도 전에 정 지도원이 손을 내두르며 그의 말을 가로막았다.

"보계 동지, 지금은 누가 발굴을 했는가를 논할 때가 아니오. 내가 보기에 이는 우리 모두가 노력한 결과요. 성, 현 모두 힘을 다했고, 모두 공로가 있소. 당신들 모두 인민의 공신이니 조국은 당신들에게 감사하고 기봉 주민들도 당신들에게 감사하고 있소. 출토된 기물은 당, 나아가 전국 인민의 재산이자 전 세계 3분의 2에 해당하는 고단한 대중의 소중한 재산이오. 당과 인민의 재산이 망가지지 않도록 명부를 작성하는 것입니다. 행여 뜻밖의 변고가 생길까 하는 걱정에 대조가 가능한 증거를 남기는 것이오. 이 문제에 대해서는 당신들 의견에 따라 내가 지역 문화국의 조 부정치위원에게 다시 문의하겠소. 그가 어떤 지시를 내릴지 기다립시다."

정 지도원은 이렇게 말하며 조 부정치위원에게 전화를 걸어 필보계와 오구룡의 의견을 간단하게 설명했다. 보고를 들은 조 위원은 분명하게 지시를 내렸다.

"은작산 한묘의 성공적인 발굴은 성, 지, 현 세 행정 인원, 문화재 실무자들이 함께 노력한 결과요. 모두 노력을 했으니 모두 함께 책임을 져야 합니다. 누가 더 애를 썼는가에 대해서는 말할 필요가 없소. 모두 마음속으로 다 알고 있을 테니. 이제 출토 기물들을 중앙으로 옮겨 정리, 보호 작업을 해야 하니 모두 이를 지지해야 할 것이오. 넓게 생각하면서 쓸데없는 씨름은 하지 맙시다. 운반할 기물을 확인하고 표를 만들어 기물의 내용과 손상 정도, 기물의 이동 등을 기록하시오. 이렇게 해두면 지금이든 앞으로든 당이나 인민 모두에게 꺼림칙한 일이 없을 것이오. 모두에게 좋은 일입니다."

정 지도원은 지시를 기록한 다음, 필보계에게 전화기를 건넸다. 조 위원은 필보계에게 간략하게 자신의 의견을 말한 다음 협조를 요청했다. 조 위원의 말이 일리가 있다고 생각한 필보계는 오구룡과 함께 유물 점검에 동의하며 목록에 서명했다. 그러나 오후가 되자 현 문물조 부조장인 최식이 갑자기 절차를 따지고 들며 두 사람에게 또 다른 서명을 강요했다. 유물 점검 작업에 참여하지 않은 필보계와 오구룡은 유물의 숫자에 대해서는 아는 바가 없는 데다 이 같은 최식의 태도는 조 위원이 내린 지시와도 뜻이 다르다고 생각했다. 그래서 서명을 거부했고, 이에 따라 양측은 다시 설전에 들어갔다. 화가 난 필보계와 오구룡은 이번에는 지역 문화국에 있는 조 위원을 직접 찾아갔다.

4월 29일 오전, 조 위원은 성 문화국 책임자인 김송원(金松源)의 의견을 전달했다.

"무슨 문제가 있으면 앞으로 해결하기로 하고, 함께 운반에 참여해 절차대로 처리하시오."

오후에 들어서서 오구룡과 필보계는 현 문화국 유심건, 장명설 등과 함께 상자에 유물을 담았다. 작업은 저녁까지 계속되었는데, 7시 30분쯤 정 지도원이 갑자기 문물조에 나타나 냉랭한 목소리로 말을 시작했다.

"필보계 동지, 당신네들 할일이 있으면 그것부터 하시오. 상자는 우리가 마무리할 테니 안심하고."

필보계가 멍한 얼굴로 고개를 들며 물었다.

"지도자가 결정한 사항입니까?"

정 지도원은 귀찮다는 듯 심드렁하게 말했다.

"그런 건 알 것 없고. 정확하게 말하면, 유물 포장과 운송은 우리 소관이니 당신들은 상관할 것 없소. 당신네 사람들이나 챙기시오."

정 지도원의 말에 필보계는 화가 치밀어 올랐다.

"그러니까 굴러온 개뼈다귀는 어서 꺼지란 소리 아니요?"

"그렇게 말한 적 없소. 그건 당신 생각이지. 당신들이 개뼈다귀든 뭐든 난 관심 없소. 어쨌거나 유물 포장은 상관하지 마시오. 괜히 시빗거리나 만들 뿐이니까!"

필보계가 따지고 들었다.

"오후 유물 포장 업무에 대해 윤 국장이 전달한 지시가 있습니다. 첫째, 모두 함께 상자에 담을 것 둘째, 내일 아침 함께 운반을 시작할 것. 그런데 이제 와서 무슨 딴소리십니까? 정 그러시다면 직접 운반하시지요. 우린 지금 떠나겠습니다. 하지만 기물 구입비와 운송비는 어떻게 하실 겁니까?"

"우리가 책임지지요."

정 지도원이 단호하게 대답했다. 그러자 필보계의 목소리가 더 높아졌다.

"그럼 좋소. 며칠 전 성 박물관에서 유심건에게 지출한 돈이 있는데, 그 돈도 돌려주시는 거요?"

한참 유물을 포장하고 있던 유심건이 몸을 돌리며 대답했다.

"지금은 재무 담당들이 퇴근해서 돈을 내줄 수 없으니 내일 주리다. 안심하고 가쇼."

"그럼 돌아가겠습니다."

필보계가 말을 마치고 오구룡을 끌고 밖으로 나왔다.

4월 30일, 필보계와 오구룡은 지역위원회 제3초대소에서 유심건이 돈을 보내기를 기다리고 있었다. 그러나 오후 두 시가 다 되어도 유심건은 그림자도 보이지 않았다. 초조해진 필보계가 오구룡에게 말했다.

"녀석들 큰소리는 떵떵 치면서 돈 내놓는 건 하늘의 별따기처럼 어려운 모양이네. 보아하니 안 나타날 것 같습니다. 우리 계획대로 하지요."

두 사람은 각기 따로 행동을 하기로 했다. 오구룡은 연주(兗州)에서 기차를 타고 제남으로 돌아가 상황을 보고하고, 필보계는 임기에서 자동차로 거현(莒縣)에서 작업 중인 아내를 만나러 갔다. 필보계와 오구룡은 자기들이 유심건을 기다리고 있는 그 시간에, 은작산 한묘에서 출토된 유물을 실은 자동차가 이미 겹겹이 산봉우리로 에워싸인 기몽 산간 지역을 벗어나 제남행 도로를 달리고 있는 줄은 꿈에도 생각하지 못했다.

필보계와 오구룡을 따돌린 뒤 임기 측은 단독 행동에 나섰다. 유물 운송 차량에는 한묘 발굴에 참여했던 양전욱과 현 문화관 간부 유대전(劉大全) 및 현 선전대 도구 책임자 소황(小黃) 등 세 사람이 함께 타고 있었다. 윤송약 국장의 지시대로 운송 담당자는 임기 지역과 현, 두 문화 부서에서 작성한 소개서 외에 문화재 목록까지 휴대하고 있었다. 유물을 인도한 다음 성, 현 양측에서 목록에 서명 날인을 하는 것으로 성 혁명위원회 문화국과 성 박물관이 임기현에서 유물을 잠정 이관했다는 증거로 삼을 생각이었다. 출발 전 윤 국장은 양전욱에게 신신당부했다.

"제남에 도착하면 유물을 인계하는 것 말고는 어떤 질문에도 그저 '모른다'로 일관하게나. 무조건 아무것도 모르는 걸세. 상대방이 왜 모르냐고 물어보면 자네 세 사람은 문물조 사람이 아니라 단지 유물 운송만 담당했다고 말하게."

마치 무슨 화두 같은 말을 들은 양전욱은 정확하게는 모르겠지만 무조건 고개를 끄덕이는 수밖에 없었다.

얼떨떨한 표정의 양전욱을 바라보며 윤 국장은 양전욱이 자기 생각을 알리도 없고, 알 필요도 없다는 생각이 들었다. 그는 다시 한 번 양전욱에게 말했다.

"방금 내가 한 말은 말일세, 그러니까 아주 중대한 정치적 문제나 마찬가지네. 절대 가볍게 생각해선 안 된다고. 알겠나?"

"알겠습니다."

양전욱이 가슴을 쭉 펴더니 시원스럽게 대답했다.

다음 날 아침, 양전욱 등은 막중한 사명감과 책임감을 느끼며 제남으로 차를 몰았다. 성 혁명위원회 문화국 사무실에 도착하기 전 벌써 시계는 오후 두 시를 넘어가고 있었다. 그들의 도착을 알리는 전갈과 함께 문화국 책임자인 김송원이 직접 그들을 맞이하며 기물의 처리 상황에 대해 두 가지 주요 사항을 전달했다.

1. 이 유물들, 특히 선진 시대를 기록한 죽간은 매우 중요하다. 중앙은 이에 큰 관심을 기울이고 있다. 문화재는 모두 국가 소유이긴 하지만 유물이 임기에서 출토되었기 때문에 보관 권한은 당연히 임기에 있다. 다시 말하면 이 재산은 임기 주민이 보관해야 하며, 성과 중앙에서는 잠시 이를 정리, 보호하는 것일 뿐, 영구적으로 소유하려는 의도가 없다는 뜻이다. 현재 죽간은 중앙으로 이송하여 정리, 보호, 연구를 실시해야 한다. 다른 기물에 대해서는 원하면 가져가고, 그렇지 않으면 죽간과 함께 성 박물관에 인계하여 보존, 보호하도록 한다.

2. 성, 현에서 각각 한 사람씩 북경으로 파견해 죽간의 정리 작업에 참여시 킨다. 양전욱과 소황은 돌아가서 윤 국장에게 누구를 파견할 것인지 결정 하도록 보고한다. 될 수 있는 한 작업을 하면서 동시에 전문가로부터 학 습이 가능한 능력 있는 인물을 파견해 훌륭한 방법, 경험들을 익혀 구체 적인 혁명 실천에 응용할 수 있도록 한다. 파견된 사람은 한 알의 밀알처 럼 이 땅 위에 뿌리를 내리고 싹을 틔워 자신이 학습한 지식을 더욱 많은 사람들에게 전수하도록 한다. 그렇게 하면 이후 죽간이 임기에 돌아간 뒤, 죽간 보호에 효과적인 역할을 할 뿐만 아니라 낙후한 임기 지역의 유 물 관련 업무를 적극적으로 발전시킬 수 있을 것이다.

말을 마친 김송원은 다시 윤 국장에게 보내는 편지 한 통을 써서 양전욱에 게 주었다. 그 내용은 앞에서 말한 것과 동일한 내용이었다. 김송원의 말을 듣고 편지를 받아드니 고지식하고 순진한 양전욱은 자기도 모르게 가슴이 뭉클했다. 마치 기몽 나장진(羅庄鎭) 집무시장(集貿市場 : 정기적으로 열리는 시장)의 김이 모락모 락 피어오르는 돼지고기 전골처럼 사람의 가슴을 울렁이게 하는 구수한 고기 냄새가 스멀스멀 퍼져나가는 것 같았다. 양전욱은 가슴 속에서 땀으로 쪼글쪼 글해진 유물 목록을 꺼냈다. 목록을 들고 있는 손이 자기도 모르게 자꾸만 덜덜 거렸다. 김송원의 말이 끝나자 양전욱은 머릿속이 혼란스러웠다. 김송원에게 인수 목록에 서명을 하도록 요구해야 하는가? 사실 그렇게 해야 유물의 소유권 을 정식으로 확정할 수 있고, 임기 측은 이에 대한 걱정을 덜 수 있을 것이다. 하 지만 저렇게 상냥하고 진실한 모습으로 편지까지 써주며 상대방에게 신뢰를 주 는 사람에게 다시 서명을 부탁한다는 것이 뭔가 꺼림칙했다. 양전욱이 생각하 기에 그에게 서명을 요구하면 분명히 불쾌하게 여길 것만 같았다. 상대방이 체 면이 깎이는 일이라고 생각하면 자기도 입장이 난처해질 테고, 그럼 대인의 큰 뜻을 이해하지 못하는 속 좁은 인간이 되어버릴 것 같았다. 양전욱은 이를 악물 었다. '쩨쩨하게 굴지 말고 상대방의 체면을 살려주자. 서명은 부탁하지 말자.'

그는 떨리는 두 손으로 쪼글쪼글한 목록을 김송원의 편지와 함께 접어 땀으로 절은 상의 주머니에 넣고는 함박 웃는 모습으로 공손하게 허리를 굽혀 작별 인사를 했다. 그러고는 상대방이 닳아서 반질반질한 의자에서 몸을 일으키려 하자 바위만 한 손을 허공에 휘두르며 "갑니다."라고 소리쳤다. 그리고 나머지 두 명을 데리고 사무실을 나왔다. 아래층으로 내려 온 그들은 곧장 차에 올라 성 박물관으로 향했다. 당시 양전욱은 하늘이 임기에 내려준 소중한 기회가 이 때문에 물거품이 되어 버릴 것이라고는 상상도 하지 못했다.

성 문화국 책임자 김송원은 제남으로 운반해 온 기물 중 잠시 성 박물관에 보관할 죽간을 제외하고 다른 유물은 임기로 다시 보내 정리, 보존할 수 있도록 했다. 그러나 이렇게 자꾸 이리저리 옮길 필요가 없다고 생각한 양전욱은 아예 모든 유물을 성 박물관에 풀어놓기로 결정했다. 그렇게 하는 편이 훨씬 덜 수고로울 것 같았다. 이런 생각이 들자, 그는 일행과 함께 땀에 흠뻑 젖을 정도로 열심히 뛰어다니며 유물을 한 상자씩 차에서 모두 내린 다음, 상대방이 이를 창고에 넣는 것까지 도와주었다. 생각이 있는 사람이 보았다면 뭔가 잘못되어 가고 있다는 것을 알 만한 상황에서, 은작산의 출토 유물들은 그렇게 손쉽게 산동성 박물관 수중에 들어가고 있었다. 사태의 심각성을 깨닫지 못한 채 유물을 공손하게 가져다 바친 양전욱 덕분에 임기 측은 제대로 한번 붙어보지도 못하고 그대로 밀려난 꼴이 되었다. 군 대표나 문물조의 장명설과 유심건, 문화국장 윤송약, 최식 등이 벌인 모든 노력과 계산과 다툼은 이렇게 양전욱 한 사람 때문에 모두 수포가 되고 말았다.

다음 날 아침, 제남을 떠날 무렵 눈부신 아침 햇살과 따뜻한 바람결을 느끼면서 후끈 달아 있던 양전욱의 머릿속도 서서히 냉정을 되찾아갔다. 그 순간 어제 자신의 행동 가운데 적어도 두 가지가 잘못되었다는 생각이 문득 들었다. 하나는 상대방의 체면을 살려주느라 물품 목록에 서명을 받지 않은 것이고, 또 다른 하나는 죽간 외 다른 유물들을 아무 조건 없이 그대로 성 박물관에 남겨 둔 것이었다. 후회막급이 아닐 수 없었다. 어쩌면 그렇게 아둔할 수 있을까. 당장이라도 차를 제남으로 돌려 유물을 되찾아 와야 한다. 하지만 이미 되돌릴 수 없는 일이 아닌가. 그저 마음속으로만 갈팡질팡하고 있을 때 차는 평평한 도로를 벗어나 기몽산 내지로 들어서고 있었다. 고개를 넘고, 안개를 뚫고, 울퉁불퉁한 길을 따라 온몸이 들까불리며 덩달아 마음속 생각들도 점점 사그라졌다.

임기로 돌아온 양전욱은 성 혁명위원회 문화국 김송원의 편지를 윤송약 국장에게 전달하고 제남에서 있었던 일을 대충 보고하고 끝냈다. 비록 '두 가지 해서는 안 될 일'에 대해서는 가볍고 담담하게 이야기를 했지만, 임기 쪽에서 죽간 정리에 참여할 수 있도록 북경으로 사람을 보내 직접 연합 전선에 참가하자는 의견을 전달할 때는 자신도 모르게 목소리가 커졌다. 양전욱의 생각에 이것이야말로 자신이 저지른 어리석고 아둔한 두 가지 일을 무마시킬, 은작산 한묘 출토 유물의 운명에 관한 가장 중요한 최종 선택이자 성실하기 그지없는 기몽 주민들에게 역사가 부여한 마지막 기회라는 생각이 들었다. 만약 그렇게만 된다면 죽간의 이동, 보존, 보관을 당당하게 감독할 수 있고, 죽간에 대한 소유권을 확보할 수 있을 것이다. 오직 그 길만이 임기가 지금의 패배를 만회하고 얼떨결에 내주고 만 자산을 지킬 수 있었다. 적어도 이도 저도 다 잃고 마는 비참한 결과는 나오지 않을 것이었다. 그러나 당시 임기현 문화 부서에서 최고 기관장인 윤송약은 문제의 심각성을 제대로 인식하지 못했을 뿐만 아니라 평생을 힘들게 살아온 기몽 주민들에게 하늘이 내려준 은총이 자신의 소홀함 때문에 그대로 묻혀버리고 있다는 생각도 전혀 하지 못했다. 그는 의자 등받이에 기댄 채 눈을 게슴츠레 뜨고 잠시 생각한 뒤 말했다.

"그렇지 않아도 사람은 적고 일은 한가득한데 따로 파견할 사람이 어디 있나? 물건도 모두 가져갔으니 이제 우린 끼어들지 말지. 그 사람들더러 알아서 하라고 해."

그의 말 몇 마디에 살가운 하느님의 마음도 모두 물거품이 되었다. 임기 측이 이 역사적 기회를 놓쳤다는 것은 진귀한 보물에 대한 감독, 보호권을 상실했다는 의미였다. 또한 기몽 주민들에게 큰 슬픔과 아픔을 가져다주는 일이기도 했다. 30년 뒤 기몽의 자녀들이 당시 총리였던 주용기(朱鎔基)에게 완곡하게 이러한 아픔을 표현했지만 과거의 고통에서 벗어날 길은 없었다.

비밀리에 북경에 가다

임기 측에서 파견을 거절했기 때문에 산동성 혁명위원회 문화국의 방침에 따라 성 박물관에서는 오구룡과 복원 전문가인 양정기(楊正旗)에게 죽간을 북경으로 운송하도록 했다. 그들은 산동 측에서 파견한 전문가로서 국가문물국에서 구성한 전문가들과 함께 죽간에 대한 정리, 보호, 연구 작업을 실시하기로 했다.

시간이 촉박했기 때문에 박물관 측에서는 차표를 예약할 겨를도 없었다. 그들은 1972년 5월 8일, 죽간 두 상자를 들고 새벽 2시 51분 상하이발 북경행 14호 특급열차에 몸을 실었다. 사람들로 꽉 들어찬 기차는 좌석은 말할 것도 없고 좁은 통로에 발 디딜 틈도 없을 정도였다. 객실은 담배 냄새 등 여러 가지 악취가 코를 찔렀다. 두 사람은 하는 수 없이 상자를 객실과 객실 사이 통로에 두었다. 나무 상자라 제법 튼튼했기 때문에 상자도 지킬 겸 하나씩 두고 상자 위에 걸터앉았다.

제남에서 잠시 정차한 뒤 다시 북으로 향한 기차는 황하대교를 건너면서 속도를 내기 시작했다. 열린 창문을 통해 들어오는 바람에 몸이 으스스해지면서 졸음이 밀려왔다. 점점 어두워져 가는 기차 안에서 오구룡이 양정기에게 말했다.

"잠시 눈 좀 붙여. 상자는 내가 볼 테니."

"자네나 먼저 눈 좀 붙이게나."

양정기가 사양하며 말했다.

"오늘 밤엔 잠이 오지 않을 거야. 상자도 걱정이지만 곧 부모님을 만난다 생각하니 마음이 설레서 말이야."

나지막하게 말하는 오구룡의 두 눈이 촉촉하게 젖어들었다. 어둠이 깔린 밖을 바라보며 문득 이별과 만남으로 마음고생이 심했던 지난 일들이 떠올랐다.

　중국사회과학원 고고연구소에서 절강성 군구(軍區) 교사농장(喬司農場)으로 하방된 다음, 다시 가흥(嘉興) 농기창(農機廠)에 파견되어 선반공 생활을 할 무렵 오구룡은 '이제 한평생 그리도 좋아하는 고고학 분야의 일과는 인연이 없겠구나'라는 생각이 들었다. 당시 정치적 상황에서는 학생 때 품었던 이상을 모두 포기한 채 눈앞의 일에만 몰두해야 했다. 북경대학 시절 제도를 배운 적이 있는 그는 단시간에 공장 도면 업무를 파악했고, 공장에 들어간 지 두 달 남짓 만에 핵심 직원으로서 기술자들과 순번제로 노동을 했다. 그러다가 1971년 말 정치적 상황이 호전되고, 국가에서 '양대문물전람(兩大文物展覽)'을 기획하면서 주은래와 왕야추 등의 노력으로 도박구에서 하방되었던 일부 실무자들이 속속 복귀했다. 기회를 놓칠세라 국가문물국에서 일하고 있던 고고학자 사원로(謝元璐)는 절강성 가흥에 있는 오구룡에게 본업으로 돌아와 중국 고고 사업에 공헌하길 바란다는 편지를 보냈다. 그 편지에는 북경, 상해, 천진 등 3대 도시를 제외한 다른 성과 시의 경우는 개별적인 연계를 통해 본업으로 복귀할 수 있다는 내용도 들어 있었다. 오구룡은 북경대학 시절 스승을 따라 학우들과 산동 임치(臨淄)의 춘추 시대 고성 발굴 지역에서 야외 실습을 하던 중 사원로를 알게 되었다. 당시 사원로는 저명한 고고학자로 국가문물국을 대표하여 당시 고고발굴 지역에 대한 협조 작업의 책임자였고, 오구룡은 평범한 학생에 불과했다. 그러나 지위와 나이를 뛰어넘어 두 사람은 두터운 정을 쌓아나갔다. 이후 두 사람은 각기 흩어졌지만 서로에 대한 정은 변함없었기 때문에 편지를 계속 주고받았다. 이처럼 중요한 순간에 사원로의 편지를 받은 오구룡은 그의 말대로 준비를 하기 시작했다. 고고학은 오구룡 평생의 꿈이었다. 북경대학 역사학과에 입학한 뒤부터 오구룡은 고고학을 전공하기로 마음먹었다. 역사학과는 1년 뒤 중국사, 세계사, 고고학 세 분야로 전공이 나뉘는데, 오구룡은 중국사 전공으로 배치되었다. 그러자 그는 고고학에 대한 꿈을 실현하기 위해 자신의 학습에 많은 관심을 보여 주던 중국사회과학원 고고연구소의 고고학자 양홍(楊泓)을 찾아갔다. 양홍은 당시 북경대학 고고학 연구실 주임이자 저명한 고고학자인 소병기(蘇秉琦) 선생에게 그를 추천해 주었고, 이로써 고고학으로 전공을 바꿀 수 있었다. 또한 각 과목에서 우수한 성적을 거두어 고고학과 반장이 되었다. 이런 그가 자신의 꿈과 이상을 쉽게 포기할 수는 없는 일이었다. 그는 겨울이 지나 봄이 찾아올 무렵, 겨울잠에서 깨어나 대지를 뚫고 활기찬 세상으로 나와 기세등등하게 자신의 능력을 발휘하고자 했다.

오구룡이 떠난다는 소식이 금세 공장 전체에 퍼져나갔다. 공장 지도자부터 일반 노동자에 이르기까지 탁월한 업무 능력을 보여 주던 그를 놓치고 싶지 않았다. 그를 가르쳐주던 한 기술자는 울컥하는 마음을 추스르며 말했다.

"구룡아, 누가 뭐래도 가흥은 물산이 풍부한 곳이야. 여기서 결혼해서 가정을 꾸리는 것도 괜찮아. 여기 남지 그래……."

동료들의 만류와 세 곳의 대도시에는 들어갈 수 없다는 철칙 앞에서 오구룡도 잠시 동요하고 있었다. 바로 그때 북경에 계신 어머니가 갑자기 병으로 의식을 잃었다는 소식이 날아왔다. 외지 간부학교에서 노동 개조를 받고 있던 아버지는 자기 한 몸도 추스르지 못하는 처지이니 이 소식을 알 리가 없었다. 다행히 의식불명 직전 어머니의 고함소리를 들은 이웃이 그 즉시 병원으로 옮겨 응급조치를 취한 덕분에 겨우 목숨을 보전할 수 있었다고 했다. 이 소식을 들은 오구룡은 어머니에 대한 걱정과 함께 가흥을 떠나겠다는 결심을 굳혔다. 그는 자진해서 산동성 하방간부 파견사무실에 편지를 보내 자신의 상황을 설명하고 산동성으로 자리를 옮겨 줄 것을 요청했다. 이러한 선택을 한 까닭은, 우선 산동이 북경에서 가깝고 전에 산동 임치에서 실습을 한 경험이 있어서 성 박물관 문물조 사람들과 친숙했기 때문이다. 문물조에 간다면 일이든 생활이든 다른 성이나 시보다 훨씬 더 순조롭고 즐겁게 일할 수 있겠다는 생각이 들었다. 얼마 후 오구룡은 산동에서 답장을 받았다. 산동에서는 그의 요청을 받아들이되 '문혁' 졸업생의 경우 농촌 지역 중고등학교에서 교사로 복무하는 것이 원칙이라고 했다. 오구룽은 조금 불쾌하긴 했지만 '학교라면 방학이 있으니 그 소중한 자유 시간을 이용해 병중에 계신 어머님을 뵈러 북경에 갈 수도 있고, 마음속에 쌓인 걱정과 아쉬움이 조금은 해소되겠구나' 하는 생각이 들었다. 그는 행장을 꾸린 다음 청춘의 땀방울이 고스란히 담긴 가흥을 떠나 제남으로 향했다.

산동성 파견사무실에 도착했을 때만 해도 오구룽은 한 가닥 희망을 가지고 상담 책임자에게 고고학에 대한 자신의 생각을 이야기했다. 부대를 떠난 지 얼마 되지 않은 전업 간부인 책임자는 그의 말을 다 듣더니 쌀쌀맞게 대꾸했다.

"산동은 역사가 길지 않은 곳이라 가르칠 것은 있지만 탐구할 만한 옛것은 없는 동네일세. 자네 같은 썩을 놈의 지식인들이 하루 종일 중얼거리는 통에 정말 골치가 아파. 기꺼이 이곳에 남겠다면 농촌에 가서 착실하게 아이들이나 가르치게. 단지 그것뿐일세. 절대 학생들에게 반동사상이나 자산계급의 악을 퍼트려서는 안 되네. 그럴 생각이 없다면 원하는 곳으로 떠나게, 여긴 안 돼."

머리가 텅 빈, 무식하고 독단적인 지도자의 태도에 오구룽은 순간 심한 모멸감을 느꼈다. 가슴 속 한가득 분노와 환멸이 끓어오른 그가 잠시 후 입을 열었다.

"1965년, 북경대학을 다닐 때 선생님을 따라 산동에 실습을 온 적이 있습니다. 그래서 이곳 상황도 조금 이해할 수 있고, 애정도 가지고 있습니다. 전 그저 약간의 제 희망을 말씀드린 것뿐입니다. 사정이 그렇다면 지도자 동지 말씀대로 하겠습니다."

오구룽은 하는 수 없이 상대방의 요구를 받아들이며 대신 한 가지 조건을 덧붙였다. 시간이 나면 병중에 계신 북경의 어머님을 뵈러 가겠다는 것이었다. 뜻밖에 지도자는 그의 조건을 받아들이며 10일간 휴가를 주었다.

사무실 문을 나서는 오구룽은 희비가 엇갈렸다. 머릿속이 온통 뒤죽박죽 엉망이 되었다. 분명히 그리 썩 맘에 들지 않는 상담이었다. 그는 다시 한 번 시도해 보기로 마음먹었다. 기차역으로 가기 전 산동성 박물관에 가서 전에 알고 있던 문물조 책임자 양자범을 찾아가 도움을 요청했다. 양자범은 반갑게 그를 맞이하며 최선을 다해 도와주겠다고 했다. 또한 성 혁명위원회 문화국의 고수안

(高壽安)이란 사람을 찾아가 도움을 청해 보라며 소개해 주었다. 고수안은 간부 학교 노동 개조에서 막 풀려난 나이 많은 간부였다. 약간 뚱뚱한 체격에 머리 전체가 백발이고, 매우 상냥해 보였다. 당시 망연자실한 채 사방으로 도움을 구하던 오구룡은 그에게 깊은 인상을 받았다. 몇 년 뒤, 오구룡은 당시를 회상하며 이 노인에 대한 감격스러움을 빼놓지 않았다. 두 사람이 만난 자리에서 고수안은 오구룡에게 말했다.

"자네들 자리 배분에 대해 나는 관여할 수가 없네. 만약 박물관에서 기꺼이 자네를 위해 자리를 마련한다면 양자범 동지와 함께 성 혁명위원회 파견 업무에 직접 참여하겠네. 우리가 중재 역할을 하고, 자네 운이 따라준다면 자네의 뜻을 이룰 수도 있을 거야……."

오구룡은 한 가닥 희망을 안고 고수안과 작별해 북경으로 가는 기차에 올랐다. 9일째 되는 날, 제남으로 돌아온 그가 성 혁명위원회 파견사무실에 보고를 하러 가자 거칠고 독단적이었던 책임자는 뜻밖에도 사근사근한 목소리로 말했다.

"보아하니 젊은이가 아직도 꿈을 갖고 있는 것 같군. 특별히 성 박물관 쪽으로 발령을 내주지."

기쁘기도 하고 놀랍기도 한 이 소식에 그는 황급히 감사의 뜻을 표했다. 그러나 양자범과 고수안 두 선생이 도와주지 않았다면 분명 박물관이 아니라 외진 산간마을 중학교로 발령이 났을 것이다.

사전에 이야기해 둔 덕분에 양자범은 오구룡이 성 박물관에 오자마자 문물조에 자리를 마련했다. 이틀 동안 초대소에 머무른 다음 그는 임치 춘추 시대 고성 발굴 지역으로 가서 산동성 박물관 문물조가 실시하고 있는 고고발굴에 참여했다. 음력으로 1971년이 저물어가고 있을 때였다. 그해 겨울 산동은 날씨가 몹시 춥고 눈도 많이 내렸다. 갈수록 악화되는 날씨를 감안해 발굴 현장에서는 될 수 있는 한 범위를 축소하여 소기의 성과를 거두려고 했다. 다 낡아빠진 솜저고리에 무명 덧옷을 입은 오구룡은 사납게 몰아치는 눈보라 속에서 다른 고고대원들과 함께 천년의 비밀을 파헤치기 위해 진흙탕을 누비며 작업에 몰두했다. 하루 작업이 끝나면 옷은 완전히 흠뻑 젖었고, 갈아입을 옷이 없었기 때문에 그 젖은 덧옷과 솜저고리는 저녁에 화로에 말린 다음, 이튿날 다시 껴입고 작업장에 나가야 했다. 보름이 지날 무렵 오구룡은 성 박물관에 도면을 전달하라는 지시를 받았다. 당시 전국은 각지에서 농경지의 수리 설비를 서두르고 있었고, 이런 건설 사업은 유적지 보호와 크게 상충되는 부분이 있었다. 농민들이 마음대로 유적지를 파헤치고 다닌다면 심각하게 훼손될 것이 분명했기 때문이다. 그러나 함부로 파지 못하게 하거나 관개시설의 건설을 막고 나서면 많은 농경지가 물을 댈 수 없는 상황이었다. 임치의 제나라 고성 문화재에 대한 보호 사업은 이미 여러 해 갈등이 계속되어 왔고, 지역 주민들은 점차 정부와 문화 부서에 불만을 갖게 되었다. 따라서 갈등을 줄이기 위해서는 관개시설의 건설과 문화 유적지 보호, 발굴을 함께 고려해야 했다. 국가문물국에서는 이러한 상황을 파악한 뒤 즉시 발굴대원들에게 보호, 발굴 범위를 축소하는 한편, 지시를 내리기 쉽게 최대한 빨리 축소한 도면을 제작하여 북경에 보내도록 했다. 상황이 급박했기 때문에 발굴대는 오구룡에게 도면을 성 박물관 지도자들에게 보인 다음 북경에 올리도록 했다.

임무를 맡은 오구룡은 여유를 부릴 틈이 없었다. 그는 자전거로 눈길을 달려 임치 발굴 현장에서 장점(張店) 기차역에 도착한 뒤, 다시 기차를 타고 제남으로 갔다. 그런데 폭설이 내려 그대로 땅에 쌓인 탓에 기차는 한밤중에 멈춰서고 말았다. 역무원에게 물어보니 기차 궤도 하나가 얼어붙었는데 아무리 기를 써도 눈에 묻힌 교차 철로를 옮길 수 없는 상태라고 했다. 몇 시간 씨름 끝에 기차는 육중한 몸을 움직여 다시 망망 설원을 달리기 시작했다. 춥고 배고픈 오구룡은 창밖으로 칠흑 같은 어둠이 깔린 세상을 내다보며 어서 빨리 기차가 제남에 도착하길 기원했다. 그러나 기차는 마치 곧 쓰러질 늙은 소가 바람에 좌우로 흔들리듯 좀처럼 속력을 내지 못했다.

이렇게 비몽사몽 어렴풋이 옛일을 회상하고 있을 때 갑자기 기차가 기적 소리를 내며 북경역에 도착했다.

5월 8일, 오전 9시 15분에 기차는 북경역에 도착했다. 오구룽과 양정기 두 사람은 나무 상자를 걸머지고 간단한 손가방을 든 채 역사를 빠져나왔다. 그리고 인력거 한 대를 불러 타고 사탄(沙灘) 홍루(紅樓)에 위치한 국가문물국으로 향했다. 그들이 도착했을 때 왕야추는 외부 회의에 참석하느라 자리를 비운 상태였다. 오구룽은 문물국 문물처를 찾아가 일을 하는 동안 계속 자신의 성장을 지켜본 선배 고고학자인 사원로에게 상황을 설명했다. 사원로는 매우 기뻐하며 죽간을 살펴보더니 즉시 오구룽에게 죽간 사진을 가지고 출판사 중화서국(中華書局)에 가보도록 했다. 당시 중국사와 문화재 분야의 일류학자였던 장정랑(張政烺)과 계공(啓功) 등이 막 노동 개조에서 풀려나 주은래 총리의 지시에 따라 중화서국에 모여 『이십사사(二十四史)』 표점(標點 : 구두점) 작업을 하고 있었다. 장정랑을 만나 사원로가 간단하게 상황을 설명했고, 오구룽이 사진을 펼쳐보이자 장정랑이 말했다.

　　"계공 선생, 어서 좀 와 보시오."

　　저명한 고문헌 전문가이자 문화재 감정 전문가, 서예가인 계공이 다른 방에서 건너와 사진을 살펴보기 시작했다. 잠시 후 계공이 갑자기 고개를 들더니 장정랑에게 잔뜩 흥분한 목소리로 말했다.

　　"굉장한 물건입니다. 어서 정리하고 보호할 방법을 생각해야 합니다. 한시가 급합니다."

　　이어 그는 오구룽에게도 말했다.

　　"우선 문물국에 돌아가 왕야추를 기다리게. 우리도 조금 있다가 따라감세. 모두 함께 최선의 방법을 생각해 보도록 하세."

　　오후 네 시쯤 왕야추가 문물국에 도착했다. 오구룽과 양정기는 사원로의 소개로 왕야추의 사무실에 들어가 간단하게 보고를 마친 뒤 상자를 열어 죽간을 보여 주었다. 이를 본 왕야추는 희색이 만면하더니 다음 순간 갑자기 낯빛이 어두워졌다. 그러고는 이맛살을 찌푸리며 침울한 목소리로 말했다.

　　"이렇게 심각하게 손상되었다니. 대체 누가 발굴했소? 구룽, 왜 이 모양이

됐는지 말을 해보게. 이걸 어떻게 처리하란 말인가? 이번 발굴 책임자가 누군가?"

왕야추는 손을 부들부들 떨면서 두 사람에게 벼락같이 화를 냈다.

이처럼 걱정과 분노로 마음을 가라앉히지 못하는 왕야추를 보며 오구룡은 하고 싶은 말이 있어도 차마 입 밖으로 꺼낼 수가 없었다. 발굴의 전후 사정을 솔직하게 이야기할 수 없었던 것이다. 어쨌거나 다 끝난 일이 아닌가. 시간을 되돌릴 수는 없는 일이다. 지금 시급하게 처리할 일은 발굴자의 시시비비를 가리는 것이 아니라 가급적 빨리 죽간을 보호하고 정리해 최대한 손실을 줄이는 일이다. 왕야추 역시 이 사실을 잘 알고 있었다. 그저 순간 화가 치밀어 소리를 질렀던 것뿐이었다. '우매하고 황당하며 시끄러운 시절이니 당연히 황당하고 무지하고 도저히 이해할 수 없는 일이 생길 수밖에 없다. 이는 무지하고 비이성적인 인간에 대한 역사의 보복이자 경고다.' 이렇게 생각하며 왕야추는 서서히 마음을 풀었다. 초조했던 마음도 가라앉았다. 이어 당황스러운 기색이 역력하던 눈빛이 사라지고 어느새 온화한 모습으로 오구룡에게 말했다.

"그래, 맞아! 2층. 우선 2층에 가서 보자고!"

그는 손을 높이 들어올려 입구를 가리키더니 오구룡과 양정기를 데리고 서둘러 2층으로 갔다.

당시 왕야추는 다리 상처가 완쾌하지 않은 터라 걸을 때마다 절룩거리며 힘들어했다. 그러나 그는 부축을 거절하고 혼자 계단을 올라가 2층에 수도관이 있는 방을 찾았다. 그가 수도꼭지를 틀자 맑고 시원한 물이 흘러나왔다.

"좋아, 여기야!"

왕야추는 정신을 가다듬고 낭랑한 목소리로 말하더니, 사원로 쪽으로 몸을 돌렸다.

"사형! 여기가 어떻습니까?"

"지금은 여기밖에 없지."

당시 문물국의 사정을 잘 알고 있던 사원로는 쓴웃음을 지으며 가볍게 대답

당시 북경에서의 작업 정황을 설명하고 있는 양정기

했다.

"그럼 사무실에 어서 이 방을 정리하고, 탁자와 죽간 정리용 물건들을 준비하라고 합시다."

그리고 다시 오구룡을 향해 말했다.

"구룡! 우선 사 선생 좀 쉬시게 해. 난 전문가들을 소집하겠네. 함께 적극적으로 힘을 합치고, 무슨 문제가 있으면 나에게 직접 말하게나. 도와줄 테니."

오구룡과 양정기가 힘차게 고개를 끄덕였다.

그날 중화서국에서 일을 하던 계공과 장정량 등 사학계 거두들이 문물국으로 왕야추를 찾아왔다. 그들은 은작산 한묘에서 출토한 죽간의 보호와 앞으로의 연구 방향에 대해 토론을 벌였다. 죽간에 큰 관심을 보이는 노학자들의 모습에 왕야추는 크게 감동했다.

다음 날, 홍루 2층 방이 정리가 끝나고 일흔이 넘은 상혜(常惠)라는 전문가가 초빙되었다. 그는 북경대학을 졸업한 노신(魯迅) 연구가이자 문화재 감정·보호 전문가로, 도착 즉시 오구룡과 양정기를 데리고 작업에 들어갔다. 침착하고 조리 있게 일을 하고 있는 오구룡을 보며 물었다.

"구룡, 어느 학교 졸업했지?"

"북경대학입니다."

오구룡이 대답했다.

"우린 동문이네, 그려."

상혜가 웃으며 말했다.

"아유, 한참 선배신데요. 많이 지도해 주십시오."

자신을 존중해 주는 노 전문가의 모습에 오구룡은 겸허하게 대답했다. 두 사람은 이후 점점 더 강한 유대를 형성해 나갔다.

얼마 후 왕야추가 죽간을 정리하는 방에 들러 오구룡 등에게 말했다.

"자네들에게 말한 왕단화(王丹華) 동지가 오늘 도착했어. 서양 먹물을 먹은 사람이니 죽간 정리는 왕단화 동지의 말을 따르는 게 좋겠네."

이렇게 말하며 왕야추는 한 여성을 소개했다. 대략 마흔 정도에 중간 키, 약간 마른 듯한 몸매에 단발머리를 하고, 조금은 피곤해 보이는 전형적인 여성 지식인의 모습이었다. 왕야추가 사람들 앞에서 자기를 추켜세우자 왕단화는 쑥스러워하며 말했다.

"왕 국장님이 또 비행기를 태우시네요."

왕단화는 미소 띤 얼굴로 일일이 사람들과 악수를 나누었다. 이렇게 해서 왕단화는 특별팀에 참여하여 은작산 한묘의 죽간 정리, 보호 작업을 총괄하기 시작했다. 점차 작업이 진행되고 서로 친근해지면서 오구룡과 양정기는 왕단화의 경력을 더 많이 알 수 있었다.

당시 그리 많지 않은 여자 귀국 유학생 가운데 왕단화의 연구 방향은 왕야추와 큰 관련이 있었다. 신중국이 그 서막을 연 뒤 왕야추는 문화재 분야의 첫 세대이자 핵심 지도자 가운데 한 사람으로 문화재에 대한 보호, 복원에 큰 관심을 가지고 있었다. 그는 중국의 전통적인 문화재 보호, 복원 기술과 더불어 현대 과학기술의 운용 역시 매우 중요하다고 생각했다. 신중국 성립 이후 해결해야 할 문제가 산적한 데다가 문화재를 비롯한 박물관학 분야의 인재가 매우 부족한 상황에서, 왕야추를 비롯한 다른 문화재 관련 지도자들은 현대 과학기술을 습득하기 위해 전문 인재를 육성하는 일이 급선무라는 데 인식을 같이했다. 이를 위해서는 대학을 비롯해 각종 훈련반을 운용해야 했고, 이 외에 해외에서도 인재를 양성할 필요가 있었다. 국내뿐만 아니라 국외에서도 인재를 양성해야만 식견이 높고 기술력 있는 일류 인재를 배출할 수 있다고 본 것이다. 이 같은 취지에서 1955년부터 문화재를 비롯한 박물관학 분야에서 여러 가지 방식으로 인재를 선발해 해외 유학을 보냈다. 그때 중국 문화재 분야에서 우수한 젊은 인재로 선발된 왕단화와 호계고(胡繼高)는 크라쿠프대학으로 유학을 떠났다. 폴란드의 크라쿠프대학은 문화재 보호학과가 개설되어 있는 데다가 폴란드의 문화재 보호 기술이 당시는 물론이고 이후로도 상당히 오랫동안 세계적인 수준에 있었기 때문에 많은 나라의 유학생들이 크라쿠프대학에서 문화재 보호 관련 학위를 취득했다. 왕단화는 이렇게 해서 노란 머리에 파란 눈을 가진 사람들 속에서 유학 생활을 시작했다.

1958년 중국에 '대약진(大躍進 : 중국 정부가 추진한 경제의 고도성장 정책)' 열풍이 몰아쳤다. 많은 해외 유학생들은 조국에서 밀려오는 거센 물결에 가슴이 요동치며 어서 빨리 조국으로 돌아가 '소리 높여 돌진하여 대약진'의 물결에 뛰어들고 싶어 했다. 멀리 폴란드에 있던 왕단화와 호계고 역시 대약진의 충격 속에 흥분과 감동을 억누를 수 없었다. 이에 곧바로 국가문물국 당위원회에 연락해 교과 과정을 몇 개만 선택 이수하고 조국과 민족을 위해 충성할 수 있는 기회를 얻고 싶다는 의견을 전달했다. 그러나 왕야추를 비롯한 다른 국(局) 지도자들은 이는 결코 좋은 생각이 아니며, 절대 있을 수 없는 일이라고 보았다. 그들은 두 사람에게 분위기에 휩쓸려서는 안 된다는 답장을 보내며, 조국은 어설픈 인재가 아닌 뛰어난 인재를 필요로 한다고 강조했다. 모든 계획을 장기적인 안목에서 판단하고 폴란드 학제에 따라 체계적으로 학습해 석사학위를 취득해야 하며, 학위 증서를 받지 않고 귀국할 생각은 아예 꿈도 꾸지 말라는 말도 덧붙였다.

왕단화와 호계고, 두 사람은 지시에 따르기로 하고 귀국에 대한 생각을 접은 채 석사 과정을 이수할 때까지 계속 공부하기로 마음먹었다. 그들은 졸업논문 주제를 선정할 때도 국가문물국에 문의했다. 왕야추를 비롯한 지도자들은 이미 출토된 대량의 유물을 감안해 볼 때 칠기와 목기의 탈수 및 고대 지물(紙物)의 보호가 가장 시급하고 중요한 일이라고 생각하고 두 사람이 각기 이에 대한 주제를 선정하길 바랐다. 그에 따라 호계고는 칠기와 목기 분야, 왕단화는 고대 지물 보호에 관한 주제를 택했다. 각고의 노력 끝에 두 사람은 논문 심사를 통과하고 석사학위를 취득했다. 귀국 후 두 사람은 중국문물박물관연구소에서 일을 시작했다. 끊임없는 작업과 구체적인 업무를 통해 왕단화는 당시 체계적인 학습이 얼마나 중요했는지, 왕야추를 비롯한 지도자들의 안목이 얼마나 뛰어났는지를 깨달을 수 있었다. 만약 그때 분위기에 휩쓸려 일부 과정만 이수하고 귀국해 버렸다면 출토된 수많은 유물들을 복원, 보호하는 데 큰 어려움을 느꼈을 것이다. 바로 지금 눈앞에 놓인 죽간이 가장 좋은 증거가 될 것이다.

죽간 보존 작업을 하고 있는 왕단화와 양정기

나무 상자와 작업대 위에 놓인 죽간 앞에서, 누구보다 관련 지식이 많다는 왕단화 역시 너무 놀라 아무 말도 할 수 없었다. 출토된 죽간은 짙은 갈색을 띤 상태로 회백색 점토가 엉켜 붙어 있었다. 어떤 것은 열 개가 넘게 한데 겹쳐 있기도 했고, 대나무 조각들이 얼기설기 붙어 있는 것도 있어 분리하기가 여간 어려울 것 같지 않았다. 죽간은 수분 함유율이 높고 섬유 조직까지 파괴된 상태라서 대나무 본래의 강한 성질은 그 어디에서도 찾아볼 수 없었다. 그저 다 썩어빠진 대나무 쏘시개처럼 조금만 건드려도 금방 부스러질 것 같았다. 손가락으로 살짝 건드리기만 하면 가루가 될 것 같은 형국이었다. 게다가 출토 당시에 입은 인위적인 손상까지 겹쳐서 수습이 곤란한 지경이었다. 너무 엉망이라 보고만 있어도 절로 걱정이 되는, 그런 죽간을 앞에 두고 왕단화는 정말 입장이 난처했다. 하지만 평생 배운 것을 모조리 동원하는 수밖에 없었다. 용기를 내어 상혜, 오구룡, 양정기 등과 꼼꼼하게 계획을 세운 다음 열 가지 단계에 따라 조심스럽게 작업을 시작했다. 주요 정리 과정은 다음과 같다.

1. 진흙이 엉켜 붙은 죽간을 바닥이 평평한 도기(陶器)에 놓고, 짧은 죽간은 1~4호, 긴 죽간은 5호로 번호를 매긴 다음 증류수에 담근다.
2. 글자가 없는 죽간 조각을 골라 정리 연습을 반복한다. 실험 상황에 따라 방법과 절차, 이용 재료를 확정한다.

3. 덩어리로 뭉쳐 있는 죽간을 골라 증류수가 담긴 도기에 담근 뒤, 이에 대한 분리와 세척 작업을 한다. 일부는 얇은 쇠뿔 조각으로 조심스럽게 분리하고, 일부는 표면활성제나 침투제를 이용해 분리한다. 죽간은 매우 약하기 때문에 손을 댈 때 자칫 잘못하면 부서져 버릴 수 있으므로 반드시 조심해서 다루어야 하고, 특히 글자가 진흙에 훼손되지 않도록 한다.

4. 무색의 유기 유리판으로 증류수에 담근 죽간을 들어올린 다음 기울여서 물을 뺀다. 작은 양모 붓의 붓끝으로 대나무 결을 따라 흙을 살살 털어낸다. 죽간이 메마른 상태이기 때문에 붓을 조금만 많이 사용해도 글자는 떨어져 나가고, 죽간 조각도 부스러질 수 있다. 진흙을 세척한 뒤에는 특별히 조심하여 글자를 훼손시키지 않도록 한다.

5. 세척을 끝낸 죽간은 더 약해지므로 수면 위로 올릴 때 물의 하중을 이겨내지 못할 수도 있다. 따라서 반드시 얇은 유리판으로 들어올려 하나씩 번호를 매긴 유리관 안에 넣어 증류수에 담가야 한다. 입구를 막은 다음 스티로폼을 깔아 바닥이 평평한 도기에 반듯하게 놓는다.

6. 열 개를 한 세트로 번호를 매긴 뒤, 각기 유리관에서 꺼내 바닥이 평평한 그릇에 넣고, 2~3% 초산용액으로 탈색한다. 탈색을 거치면 글자가 선명해 질 것이다.

7. 탈색한 죽간을 순서대로 받침대에 올려놓고 사진을 찍는다. 이후 즉시 증류수에 여러 번 담가 깨끗하게 처리한다. 사진을 찍은 죽간의 경우 그 번호를 유리관의 번호와 맞추어야 한다.

8. 사진 촬영을 끝낸 죽간은 증류수가 담긴 평평한 도기에 놓고 특수 제작한 얇은 유리판으로 들어올려 위치를 조정한 다음, 정면에 다시 유리판을 올려놓고 실을 사용해 세 줄로 가볍게 묶는다. 이를 증류수가 담긴 유리관에 넣는다.

9. 유리관에 펜타클로로페놀레이트나트륨(Na-PCP) 용액을 주입해 곰팡이와 부패를 방지한다.

10. 밀랍으로 입구를 봉한다.

대부분의 작업은 국가문물국 2층에서 이루어졌다. 그러나 사진 촬영과 같은 일부 작업은 고궁박물원 사진실에서만 가능했다. 왕야추는 문물국에서 고궁까지 옮기는 도중에 각별한 주의를 기울이지 않으면 유물에 큰 손상을 입힐 수 있다고 생각했다. 그래서 왕단화와 오구룡에게 자신의 전용 자동차인 아브토바즈(Avtovaz)를 이용하도록 해 유물의 안전에 만전을 기하기로 했다.

이렇게 왕단화와 오구룡이 전력을 다해 죽간을 정리하고 있을 때 터무니없는 일이 발생했다. 산동성 박물관 군 선전대 대표 장영장(張營長)이 갑자기 북경에 나타나 오구룡과 양정기를 아무도 몰래 자기가 묵는 여관으로 불렀다. 인사가 오간 다음, 그는 작은 나무 상자에서 한 무더기의 죽간을 꺼내며 조심스럽게 말했다.

"이건 임기 사람들이 몰래 남겨 놓은 거요. 지도자의 지시를 받고 내가 오늘 특별히 가지고 왔소. 박물관 지도자께서 다른 사람, 특히 왕야추가 모르게 지금 정리하고 있는 유물 속에 집어넣어 달라고 하셨소. 만약 이 일을 왕야추 등 지도자가 알게 되어 추궁한다면 난리가 날 것이오. 정말 모두 곤란해질 것이오."

오구룡과 양정기는 장영장의 말에 그저 어리둥절해하다가 전후 사정을 들은 뒤에야 내막을 파악할 수 있었다.

양전욱이 차량으로 은작산 출토 유물을 제남으로 운반한 뒤, 임기현 문물조 장명설이 갑자기 담 아래 있던 까만 독을 들고 나왔다. 독 안에는 죽간 일부가 물에 담겨 있었다. 상자에 유물을 넣을 때 문물조 사람 몇 명이 일부러 죽간을 숨기기 위해 그 독을 사람들 눈에 띄지 않는 곳에 두었다고 한다(필보계와 오구룡은 일부러 숨겼다고 하고, 양전욱은 어쩌다 보니 빠진 것이라고 하니 진실은 알 수 없다). 그렇게 양전욱이 제남으로 떠난 다음, 장명설이 독을 가지고 나오며 잔뜩 흥분한 얼굴로 곁에 있던 유심건에게 말했다.

"이봐. 이리 좀 와 봐. 유물을 몽땅 가져가겠다고 하더니, 여기 죽간이 남아 있네. 정말 하늘이 우릴 그냥 버리진 않는군."

장명설이 호들갑을 떨며 신이 나 있는 것을 보고, 유심건은 발굴 당시 불쾌했던 일이 생각났다. 그 일 때문에 전에 필보계와 오구룡이 힘을 합쳐 만든 대외연맹이 그대로 와해되고 말았다. 그는 혐오스러운 눈빛으로 상대방을 흘겨보았다.

"좋아하긴 일러! 그게 복이 될지 화가 될지 누가 알아? 일단 주도권이 넘어가면 아무리 변명을 해도 빠져나오지 못할걸."

그는 고개를 홱 돌리며 더 이상 거들떠보지도 않았다.

그러나 장명설은 흥분을 떨쳐버리지 못했다. 그는 유심건의 반응에는 아랑곳없이 혼자 여전히 신바람이 나서 중얼거렸다.

"화는 무슨! 복이지. 화라고 해도 숨을 길이 없어. 내일 이것들을 정리해야겠어. 복인지 환지 두고 보지 뭐!"

"재수 없는 놈! 때가 돼야 알아? 화가 아니라 해도 네놈이 화를 자초하지."

유심건은 매섭게 쏘아붙이고 입을 삐죽거리더니 방을 나와 버렸다.

무안해진 장명설은 갑자기 화가 치밀어 올랐다. 그는 유심건의 등에 대고 큰 소리로 말했다.

"개자식. 꼭 말을 그렇게 모질게 해야겠냐?"

그러나 고개도 돌리지 않는 유심건의 모습에 더 체면이 구겨진 그는 화가 나서 버럭 소리를 질렀다.

"남이야 복을 받든지, 화를 당하든지. 화라고 해도 상관없어."

그는 허리를 구부려 독을 들어 철 대야에 기울였다. 이렇게 하면 독 안에 들어 있던 죽간이 나오겠지. 그러나 아무리 해도 죽간이 나오지 않았다. 그는 아예 독을 공중에 세 바퀴 쯤 돌린 뒤, 다시 바닥에 쿵쿵 내리쳤다. 당연히 독 안에 들어 있던 죽간은 엉망으로 부서져 버렸다. 이어 독에 담긴 죽간 부스러기들이 흙탕물과 함께 대야에 쏟아져 나왔다. 장명설이 남은 죽간을 정리해 보았지만 건질 만한 것이 거의 없었다.

입에 올리기도 끔찍할 만큼 엄청난 일이었지만, 임기 지도자들은 마치 아무 일도 없다는 듯 전혀 신경을 쓰지 않았다. 우습게도 그 죽간 일부는 후에 윤송약 국장의 지시로 임기현 고고발굴의 중대 성과로 탈바꿈하여 1972년 8월 임기 지역 예술관에서 거행된 전 지역 문화재전람회에 당당하게 등장했다. 대대적인 전람회에 초청을 받고 참석한 산동성 박물관 지도자는 은작산 한묘의 죽간을 보고는 도무지 이해할 수가 없었다. 그는 전시회에 등장한 죽간에 대해 물었다. 사건의 전후 상황을 알고 난 뒤, 임기 측에서 죽간을 사사로이 숨기고도 보고하지 않은 데다, 한술 더 떠 마치 아무 일도 아니라는 듯 버젓이 전시회에 내놓은 것을 보고 분개하지 않을 수 없었다. 성 박물관 지도자들의 눈에 임기 측의 이런 작태는 성과 중앙문물 부서의 권위에 대한 공공연한 도전이며, 문화재보호법을 무시하고 짓밟은 처사였다. 가능한 빨리 이 죽간들을 정리하여 학술 연구의 손실을 줄이고, 상급 부서의 존엄성을 유지하기 위해 성 박물관 지도자는 이를 성 혁명위원회와 중앙에 보고하여 전시를 중지하고, 이를 성 박물관 주도 아래 북경에 운송하도록 명령했다.

이에 장영장이 죽간을 북경으로 가지고 가서 오구룡과 양정기를 만나 쥐도 새도 모르게 정리 중인 죽간에 끼워 넣으려 했던 것이다. 물론 일을 이렇게 처리하는 이유는 군 대표 장영장이 말한 것처럼 왕야추의 비난을 피하기 위해서였다. 잘못은 임기 측에서 했지만 임기는 산동 지역에 속한 곳이기 때문에 산동성 박물관 측 역시 비난을 면하기 어려웠다. 일단 일이 터지면 그 누구도 좋을 게 없었다. 장영장의 요구나 계획은 떳떳하지 않았다. 그러나 그대로 모두 한꺼번에 비난을 받는 것보다는 낫다는 생각이 들었다. 게다가 사실 이 일이 밝혀진다 해도 훼손된 죽간을 되돌릴 수는 없는 일이었다. 이에 오구룡과 양정기는 절로 나오는 한숨을 내쉬며 장영장의 계획대로 죽간 부스러기들을 정리해서 아무도 몰래 다른 죽간과 함께 처리했다. 결국 당시 일은 산동성의 뜻대로 마무리가 되었다.

거의 2년에 걸친 힘든 작업 끝에 은작산 한묘 죽간의 일차적인 정리 작업이 마무리되었다. 1차 통계에 따르면, 1호 묘에서 출토된 죽간은 모두 4,942점이다.

완전한 죽간은 한 점 길이가 27.6센티미터, 너비 0.5~0.9센티미터, 두께 0.1~0.2센티미터였다. 손상된 죽간은 길이가 일정하지 않아 일일이 통계를 낼 수 없었다. 2호 묘에서 출토된 죽간은 모두 32점인데, 각각의 길이는 69센티미터, 너비 1센티미터, 두께 0.2센티미터였다. 2호 묘는 발굴 방식이 적절했고, 유물 보호에 신경을 썼기 때문에 출토된 죽간의 형태도 비교적 완전한 모습이었다.

전체적으로 볼 때, 은작산 한묘의 죽간은 수량이 많고 내용도 풍부했지만 유물의 손상이 심각한 상태였다. 이는 모두 매우 드문 일이었다. 그렇기 때문에 은작산 죽간에 대한 성공적인 정리 작업은 이후 학술 연구에 가장 기본적이면서도 가장 중요한 전제 조건이 되어 진귀한 유물 보호에 중대한 공헌을 했다. 획기적인 의미를 갖는 죽간 정리가 완결되자 국내외에서 뜨거운 반응을 보였다. 왕야추를 비롯한 문화, 문화재 부서 지도자 및 전문가, 학자 상승조(商承祚), 하내(夏鼐), 소병기, 나복이(羅福頤), 고철부(顧鐵符) 등이 모두 이를 높이 평가했다. 중국 매스컴 외에 일본에서도 "중국 '고고학 부흥'에 찬란한 장을 기록했다."라는 소개 기사가 연일 계속되었다. 또한 세계 각국, 특히 중동과 극동 지역에서 출토된 같은 종류 또는 유사한 죽간, 칠기, 목기 등 고대 기물 정리에 중요한 본보기가 되었다. 이 방법은 이후 정리 작업에서 소중한 경험이 된 동시에 중국의 문화재 보호 사업에 큰 영향을 주었다. 사실 은작산 한묘의 죽간을 성공적으로 정리한 이후, 안휘 부양(阜陽) 한나라 시대 죽간, 호북성 수호지(睡虎地) 진(秦)나라 시대 죽간, 호남성 장사 주마루(走馬樓) 삼국 시대 죽간 등 전국 각지에서 엄청난 가치의 죽간들이 계속 발굴되었다. 이 죽간들의 정리 작업은 하나같이 은작산 한묘의 죽간 정리 방법을 표본으로 삼아 시행되었다. 물론 왕단화, 오구룡, 양정기, 그리고 왕야추 등에게 이 모든 것들은 아직 머나먼 뒷이야기였다. 무엇보다도 죽간의 내용을 연구해 무한한 매력의 신비한 비밀을 밝혀내는 것이 급선무였기 때문이다.

묘장의 수수께끼를 풀다

왕단화의 주도 아래 죽간 정리 작업이 시작되면서 그에 따른 연구도 진행되었다. 왕야추의 주선으로 고궁박물원의 고대 문자 전문가인 나복이와 고철부가 죽간의 내용을 모사했고, 오구룡이 가담하여 기초 해독 작업을 진행했다. 이어서 정리, 연구 작업에 대한 전반적인 준비도 마쳤다.

이제 막 족쇄를 벗어던진 중국 고고학은 천운을 얻어 순식간에 건국 이래의 두 번째 황금기에 접어들었다. 은작산 한묘의 발굴을 전후한 시기에 호남성 장사에서 마왕퇴 한묘를 발굴했고, 신강(新疆) 투루판 지역에서는 당나라 시대의 문서를 발굴했다. 중요한 발견과 발굴로 '고고학의 중흥 시대'에 접어든 것이다. 이들 지역에서 출토된 유물의 가치와 국내외의 열렬한 반응을 감안하여 왕야추는 주은래 총리에게 비준을 받아 1974년 10월 북경에서 '은작산 한묘 죽간', '마왕퇴 한묘 백서(帛書)', '투루판 당대(唐代) 문서' 등 세 가지 정리 분과를 구성했다.

전국 각지의 전문가들과 학자들이 각기 다양한 단체와 지역에서 선발되어 국가문물국에 집결했다. 모두 힘을 합해 오래 전에 사라졌던 고대 문화 정보를 대대적으로 해독하고, 이에 대한 해설과 연구 작업에 들어갔다. 순식간에 국가문물국 본부는 학자와 전문가들로 가득 찼다. 문물국 내부의 초대소는 각지에서 모여든 사람들로 연일 만원이었고, 많은 학자들이 숙소를 마련하지 못해 아예 각자의 유물 정리실에서 밤을 보내야만 했다. 이처럼 열악한 조건 속에서도 전문가 및 학자들의 얼굴에는 기쁨과 행복이 가득했다. 이와 같은 모습이 어둠의 끝이자 빛과 희망의 전주곡이라는 것을 예시하고 있었기 때문이다. 그들은 모두 미래에 대한 믿음을 가지고 있었다. 너나할 것 없이 평생 연구한 내용을 모두 쏟아 부어 다가오는 찬란한 시대를 맞이해야겠다고 다짐했다.

은작산 한묘의 죽간 정리 작업에 참여한 주요 학자는 중화서국(中華書局)의 양백준(楊伯峻) · 유기우(劉起釪) · 위연과(魏連科), 중국역사박물관의 사수청(史樹青),

중산대학(中山大學)의 상승조·증헌통(曾憲通), 고궁박물원의 나복이·고철부, 중국 사회과학원 역사연구소의 장정랑, 북경대학의 주덕희(朱德熙)·손관문(孫貫文)·구석규(裘錫圭), 산동성 박물관의 오구룡 등이었다. 이들의 작업이 계속 진행되면서 은작산 한묘의 죽간을 둘러싼 신비한 베일이 하나씩 벗겨지기 시작했다.

1호 묘에서 출토된 죽간은 장기간 진흙탕 속에 묻혀 있었던 데다가 다른 수장품에 눌려 있었기 때문에 죽간을 묶었던 줄이 모두 부식된 상태였다. 그러나 조각 죽간에 남아 있는 흔적으로 봤을 때, 먼저 잘 깎은 개별 죽간을 세 줄로 연결해 만들었음을 알 수 있었다. 위아래를 묶을 때는 책장 여백으로 각기 1~2센티미터 정도의 공간을 남기고, 중간에 한 줄을 더 묶어 개별 죽간을 연결해 책으로 만든 다음, 다시 붓으로 글을 썼다. 죽간서는 죽간 하나에 글 1행, 1행당 글자 수는 대략 35~36자로 최대 40자, 최소 20여 자였다. 죽간은 모두 붓에 먹을 묻혀 예서체로 작성했다. 글자는 단정한 것도 있고, 조잡한 것도 있는 것으로 보아 한 사람의 필적이 아닌 듯했다. 그러나 무슨 자인지 알아보지 못할 정도로 희미한 몇 글자를 제외하면 대체적으로 뚜렷했다. 발굴 당시 크게 훼손되어 마디마다 글자 수의 차이가 많았다. 번호를 매긴 4,942개 가운데 3천 번 이하는 대부분 두서너 글자밖에 없는 조각이었다. 죽간서 각 편의 제목은 대부분 첫 번째 죽간 뒷부분에 쓰여 있었고, 한 편이 모두 끝난 뒤 끝 부분에 전편의 총 글자 수가 적혀 있었다. 또 어떤 편의 제목은 편 끝부분에 적혀 있거나 처음과 끝 모두 적혀 있는 것도 있었는데, 『손빈병법』의 「팔진(八陣)」이 그러했다. 한편 온전하지 않은 죽간 중에 제목이 안 보이는 것도 있었기 때문에, 정리 분과에서는 편(篇)의 내용에 따라 제목을 붙이고 이를 대괄호(〔 〕)로 구분했다. 또한 검색을 쉽게 할 수 있도록 각 편을 한 권으로 만들어 죽간 끝부분을 축으로 문자를 안을 향해 왼쪽에서 오른쪽으로 말고, 그 죽간 첫머리 뒷부분에 적힌 제목이 밖으로 보이게 했다. 이렇게 처리하니 일목요연해져 찾는 데 매우 간편했다.

정리 분과는 죽간의 내용을 해석하고 이에 대한 분류와 대조 작업을 거쳐 그 주요 내용을 다음과 같이 두 부분으로 분류했다.

제1부분 주진제자(周秦諸子)

1. 『육도(六韜)』14편

2. 『수법수령(守法守令)』 등 13편(죽간은 「묵자(墨子)」, 「관자(管子)」 등이 포함된 10편
   뿐임)

3. 『안자춘추(晏子春秋)』 16편

4. 『손자병법』 13편

5. 손자 일문(逸文) 5편

6. 『위료자(尉繚子)』 5편

제2부분 일서 총록

1. 『한 원광 원년 역보(漢元光元年曆譜)』

2. 『손빈병법』 16편

3. 『논정론병지류(論政論兵之類)』 50편

4. 『음양시령점후지류(陰陽時令占侯之類)』 12편

5. 그 외에 산서(算書), 상구(相狗 : 개 관상 보는 법)와 작장법(作醬法 : 장 만드는 법)
   등 13편

고고대원들과 정리 작업자들은 1, 2호 묘에서 출토한 도기, 화폐, 청동기, 칠
기 등의 형태, 문양, 풍격 등의 특징과 묘갱의 형태 등을 분석한 결과, 서한 시대
이전의 묘장으로 추론했다. 특히 정(鼎), 합(盒), 호(壺) 등 도기가 세트로 발견된
점이 이런 추론을 뒷받침해 주었다. 이전에 언급한 1, 2호 묘에서 출토된 '반량
전'과 1호 묘에서 출토된 '삼수전(三銖錢)'은 더더욱 이 두 묘장의 연대를 확정해
주는 유력한 증거였다. 특히 '삼수전'은 확실하고 정확한 증거자료가 되었다.
『한서』, 「무제기(武帝紀)」에 보면 건원 원년(기원전 140년)에 처음으로 '삼수전'을
주조했고, 건원 5년(기원전 136년)에 주조를 중지했다고 기록되어 있다. 그렇다면
유통된 기간이 겨우 4년에 불과하다. 이로써 1호 묘의 연대는 아무리 빨라야 건

2호 묘에서 출토된 원광 원년 역보

원 원년 이전으로 올라가지 않는다. 이 묘장에서 '반량전'이 출토된 데 비해 한나라 무제 원수(元狩) 6년(기원전 117년)에 처음 주조한 '오수전(五銖錢)'은 보이지 않았다. 이로써 묘장 연대는 아무리 늦어도 원수 5년 이후의 것은 아니라고 추론할 수 있다. 그렇다면 1호 묘의 확실한 연대는 기원전 140년에서 기원전 118년 사이라고 말할 수 있다.

2호 묘에서는 '반량전' 외에 『한 원광 원년 역보』 완본 1권을 발굴했다. 이역시 묘장 연대를 추정하는 데 중요한 근거가 되었다. 당시 오구룡이 묘장 관곽에서 꺼낸 이 역보는 길이가 69센티미터, 너비가 1센티미터였다. 죽간 위에 네줄의 철사(綴糸 : 철하는 실) 흔적이 남아 있었는데, 출토 당시 부서져 버렸다. 죽간을 북경으로 운반한 뒤 정리 분과의 오구룡은 우선 부서진 죽간을 세척해 분리한 다음, 사진 촬영을 끝내고 적힌 문자에 대한 고증과 해석을 진행했으며, 전문가 나복이가 이를 모사했다. 이후 중국과학원 자연사연구소 연구원인 진구금(陳久金), 진미동(陳美東) 두 사람을 불러 모사본에 근거하여 죽간의 첫 번째 숫자를 대조했는데, 이들 천문 역법 학자들의 연구를 통해 간지(干支) 순서가 모두 가로로 배열된 사실을 알게 되었다. 그중 한 죽간에서는 '시월지후구월(十月至後九月 : 한나라 초기에는 윤달을 9월 다음에 넣어 후9월이라고 했다)'이라는 글자가 발견됨으로써 이것이 한나라 시절 삼통력(三統曆 : 기원전 104년 중국 전한의 무제 때 제정된 달력)을 사용하기 이전의 역보라는 것을 알 수 있었다. 역보는 전반부가 약간 훼손되었지만, 다행히 '시월지후구월'이 적힌 죽간은 가운데 부분만 약간 훼손되었을 뿐 대체적으로 온전한 상태였다. 그 외의 다른 죽간 모사본의 간지에 근거해 연결하고 배열하면서 빠진 부분을 보충했다. 송나라 시대의 『자치통감(資治統監)』목록과 대조해 교정을 본 결과, 이 죽간은 원광 원년의 역보와 대체로 일치했다. 이런 사실로 보아 이 부분의 죽간이 바로 한나라 원광 원년 역보라고 1차 결론을 내렸다.

흐트러진 죽간 모사본을 연구하던 중, 진구금과 진미동은 '칠년역일(七年曆日)'이란 죽간을 발견했다. '역일(曆日)'이란 글자는 정확한 해독이 불가능했지만 두 사람은 이 글자가 역일(曆日)의 의미라고 추정했다. 『한서』「무제기」의 기록에 따르면, 건원 6년 이듬해에 원광 원년으로 연호를 바꾸었다. 그렇다면 이 죽간은 7년에 쓰인 것이니, 죽간을 쓸 때 아직 연호가 공포되지 않아 '7년'이라고 썼을 것이라는 추정이 가능하다. 따라서 이 역보의 첫 행은 다음 역서의 표지가 되는 셈이다. 또한 『한서』「오행지(五行志)」의 기록에 따르면, 원광 원년 '7월, 계미(癸未), 그믐날에 일식이 있었다'고 했다. 이 죽간 역서를 조사해 보니 7월 그믐날의 간지가 바로 '계미(癸未)'였다. 이로써 이 죽간이 바로 원광 원년의 역서라는 사실을 입증하는 데 한 발짝 더 다가갈 수 있었다. 연구자들의 추론에 따라 죽간에 쓰인 '칠년역일'은 연호를 바꾸기 전 사용한 것으로서 한나라 무제 건원 7년으로 확정지었다.

은작산 2호 묘에서 출토된 역보는 중국에서 발견된 가장 오래된 완전한 고대 역보다. 이 역보에는 농사와 관련된 절기, 시령, 징후 등이 기록되어 있었다. 이는 『유사타간(流沙墮簡)』에 기록된 한나라 원강(元康) 3년(기원전 61년) 역보와 비교할 때 70여 년이나 앞선 것이다. 한나라 태초력 이전에 사용한 역보가 있다는 것을 알고 있었지만 실제 자료가 전무한 상태였다. 그런데 은작산 한묘에서 출토된 원광 원년 역보가 건원 6년 아직 연호를 바꾸기 전에 제작한 그 이듬해(기원

죽간 보존 작업을 하고 있는 오구룽과 필보계

전 134년)의 역보였기 때문에 기존 역사 연대에 대한 오류를 바로잡을 수 있었다. 뿐만 아니라 고대 육력(六曆)*의 실제 증거가 됨으로써 고대 역법을 연구하는 데 그 어떤 자료보다 가치가 높았다.

이러한 지표에 따라 연대의 상한은 한나라 무제 원광 원년 (기원전 134년)으로 추론했다. 결론적으로 말해서 은작산 2호 묘의 연대는 기원전 134년에서 기원전 118년 사이로, 가장 빠른 연대로 추정할 경우 1호 묘보다 6년 뒤에 만들어졌다는 뜻이다.

묘장의 연대는 확정되었지만, 죽간 매장 연대의 하한선을 언제로 볼 것인가에 대해서는 학계의 의론이 분분했다. 오구룽과 필보계는 『은작산 한묘 발굴 간보』(이하 『간보』)에서 다음과 같이 말했다.

"죽간 가운데 한나라 무제 원광 원년 역보에 근거하면, 그 발생 연대의 하한은 한나라 무제가 즉위한 지 7년째 되는 해인 기원전 134년으로 보는 것이 타당하다."

그러나 일부 학자들은 시기 간격이 너무 멀기 때문에 확실한 연대가 아니라고 주장하고 있다. 발굴된 한나라 죽간 가운데 105점, 1,100여 자가 기록된 죽간이 바로 『손자병법』 죽간인데, 이를 연구한 결과 몇 가지 의문이 제기되었다.

죽간 「구지(九地)」편의 잔문(殘文)과 기존의 전본(傳本)을 비교하면 한나라 시대 죽간본에 나오는 '위연자, 항산(衛然者, 恒山)……(이하 빠짐)'이라는 구절이 전

---

* 중국 한나라의 태초력(太初曆) 이전에 사용되었다는 여섯 종류의 역법으로, 황제력(皇帝曆), 전욱력(顓頊曆), 하력(夏曆), 은력(殷曆), 주력(周曆), 노력(魯曆)을 말한다.

본에서는 '솔연자, 항산지사야(率然者, 常山之蛇也)'라고 적혀 있었다. 전자의 경우 한나라 문제(文帝)의 이름인 항(恒)을 피휘(避諱)*하지 않은 것으로 보아 그 발생 연대가 무제 원광 연간은 물론이고 한나라 경제(景帝) 재위 16년(기원전 156~기원전 141년)보다 앞서며, 그 이전인 문제 유항(劉恒) 즉위(기원전 179년), 즉 서한 왕조 개국 또는 여(呂)씨가 전권을 휘두르던 시기로 거슬러 올라간다. 이는 『간보』의 추정보다 여러 해를 앞당기는 것으로, 이 추론이 사실에 더 근접한 것으로 보인다.

이 밖에도 출토된 죽간의 서체로 볼 때 필사 연대는 진(秦)나라에서 한나라 문경(文景) 시절까지 거슬러 올라간다. 그렇다면 『간보』의 추론보다 훨씬 이른 셈이다. 한나라 시대 죽간본 『손자병법』의 필사 연대는 초기 『손자병법』을 적은 『사기』, 『서록(敍錄)』, 『한서』 「예문지」보다 수십 년에서 200여 년 빠르다. 한나라 시대 죽서(竹書) 『손자병법』은 손무(孫武)가 직접 쓴 원본일 가능성이 많기 때문에 지금 우리는 처음으로 서한 초기 『손자병법』의 생생한 상황을 엿볼 수 있게 된 것이다.

중요한 연구 가치를 지닌 1호 묘 출토 『손자병법』 죽간서는 훼손되지 않은 죽간과 조각 죽간을 합쳐 모두 300여 점, 2,600여 자에 이른다. 이는 송나라 판각본 『손자』 전문의 3분의 1을 넘는 수치다. 대조 결과 죽간서 『손자병법』과 송나라 판각본 『손자』의 내용이 거의 비슷했으나 일부 명확한 차이를 보인 것도 있었는데, 이를 정리해 보면 다음과 같다.

1. 문자가 간략하다. 송나라 판각본의 경우 「허실(虛實)」편에서 '능인적변화이취승자위지신(能因敵變化而取勝者謂之神)'이라 한데 반해, 죽간서는 이를 '능여적화지위신(能與敵化之謂神)'이라고 적고 있다.
2. 죽간서는 차자(借字), 고자(古字)를 많이 사용했다. 차자의 예로 위(胃)-위

---

* 임금이나 조상의 이름에 쓰인 글자를 사용하지 않는 관습으로서, 때에 따라서는 해당 글자뿐 아니라 음이 비슷한 글자를 모두 피하기도 했다.

(謂), 피(皮)-피(彼), 입(立)-위(位), 동(冬)-종(終) 등이 있고, 고자의 경우는 집(執)-세(勢), 현(縣)-현(懸), 용(湧)-용(勇) 등이 있다.

3. 죽간서는 황제의 휘(諱)를 피하지 않았다. 앞에서 말한 바와 같이 죽간서 「허실」편을 보면 '병무성세, 무항형(兵無成勢, 無恒形)'이라는 구절이 나오는데, 송나라 판각본에는 '항(恒)'자 대신 '상(常)'자를 썼다. 이는 한나라 사람들이 문제 유항의 이름을 피해 고쳐 적었기 때문이다.

4. 죽간서에 사용된 글자는 송나라 판각본보다 뛰어나다. 예를 들어, 송나라 판각본의 경우 「형(形)」편에 '승자지전민야(勝者之戰民也)'라는 구절이 나오는데, 죽간서는 첫 구절에 '칭(稱)'이라고 썼다. '칭'이란 '가늠하다, 겨루다'라는 뜻이다. 위아래 글의 뜻을 결합하면 죽간서가 손자의 군사 사상에 좀 더 부합한다.

은작산 분묘의 주인이 누구인가의 문제에 대해서는 설득력 있는 구체적인 자료가 없어 정확한 판단을 내릴 수 없었다. 다만 1호 묘에서 출토된 이배(耳杯 : 좌우에 귀처럼 생긴 손잡이가 달린 타원형의 잔) 밑바닥에 예서체로 '사마(司馬)'라는 글이 새겨져 있었다. 1호 묘 발굴자인 오구룡과 필보계는 '사마'가 관직이 아닌 묘 주인의 성씨라고 주장했다. 일반적으로 관직을 기물에 새기지는 않기 때문이다. 또한 묘에서 병서가 대거 출토된 것으로 보아 묘 주인은 병법에 관심이 있거나 군사와 관련이 있는 인물이라고 추정했다. 2호 묘에서 출토된 도관(陶罐) 어깨 부분에는 '소씨십두(召氏十斗)'라는 네 글자가 새겨져 있었다. 오구룡과 필보계는 아마도 소씨가 묘 주인의 성씨일 것이라고 추정했다. 그러나 1951년에 호남 장사 서한(西漢) 유교묘(劉驕墓)에서 '양주가반(楊主家般)'이라는 네 글자가 적힌 칠명(漆皿 : 옻칠을 한 그릇)이 나온 것으로 보아, 기물을 준 사람의 성씨일 가능성도 배제할 수 없다.

죽간을 정리한 저명한 고문학자 나복이는 『임기한간분류고석서(臨沂漢簡分類考釋序)』에서 다음과 같이 기술하고 있다.

"1, 2호 한묘는 부부 합장묘다. 1호는 남자, 2호는 여자 묘다. 그곳에 수장된 죽간 내용뿐만 아니라 관 안의 방위 역시 남자는 왼쪽, 여자는 오른쪽이라는 기존의 장례 방식에 부합하기 때문이다. 한나라 시대에는 합장을 할 때 반드시 한 구덩이에 매장했던 것은 아니다. 『한서』에도 기록이 나와 있다. 1호 묘에는 두 점의 옻칠을 한 이배가 수장되어 있었는데, 바닥에 모두 '사마'라는 두 글자가 새겨져 있었다. 이는 묘 주인의 성씨다. 병기는 한 점도 없었지만, 병서가 많은 것으로 보아 아마도 신분은 장군의 모사거나 막료였을 것이며, 무사는 절대 아니라고 추정할 수 있다."

그러나 오구룡은 이러한 견해에 반대했다. 그는 두 묘의 깊이가 서로 다르고, 머리의 방향 역시 일치하지 않으며, 자리도 바뀌어 있기 때문에 부부 합장묘는 아니라고 보았다. 만약 부부 합장묘라면 일반적으로 묘의 높이가 같고, 방위가 평행을 이루기 때문이다. 그러나 이런 관점에 대해서도 일부 학자들은 의문을 나타내고 있다. 두 묘의 순서로 볼 때 2호 묘는 1호 묘보다 적어도 6년 정도 늦다. 다시 말하면 1호 묘의 주인이 매장된 뒤 6년이 지나 2호 묘의 주인이 죽었다는 이야기다. 당시 1호 묘의 지면 표식이 완전히 없어졌을리 없고, 만약 이 묘와 관련이 밀접한 사람이 아니라면 그렇게 1호 묘 옆에 바짝 붙여 묘혈을 팠을 리가 없다. 설사 그렇게 하려고 해도 1호 묘의 후손들이 이를 용납했을 리가 없다는 것이다. 따라서 부부 합장묘이기 때문에 이처럼 가까이 위치할 수 있었다는 뜻이다. 1호 묘는 이미 흙을 덮은 상태라서 겉에서 볼 때 혈 자리를 정확하게 가늠하기 어렵다. 따라서 2호 묘를 팔 때 자리가 어긋나는 현상이 빚어질 수 있다고 했다. 또한 같은 이유에서 1호 묘의 깊이 역시 정확하게 알 수 없기 때문에 2호 묘의 깊이가 1호 묘보다 50센티미터 낮아지는 현상이 발생한 것이다. 이런 정황들로 봤을 때 1, 2호 묘가 부부 합장묘임을 확실하게 증명할 수는 없지만 또한 합장묘임을 부정할 만한 근거도 불충분했다. 나중에 오구룡은 이러한 관점에 대해 긍정적인 반응을 보였다. 그는 충분한 자료가 없는 상태에서 더 이상 기존의 부정적인 의견을 고수하지 않았다.

1, 2호 묘가 부부 합장묘인지의 여부에 대해서는 자료가 부족하기 때문에 확실한 결론을 내릴 수는 없다. 이후 사람들이 더 관심을 가져야 할 문제는 이 두 묘에서 출토된 기물 중 비중이 가장 크고, 또한 학술적 가치가 높은 서적에 관한 부분이다. 죽간에 새긴 서적을 보고 있자니 역사적으로 유명한『급총서(汲塚書)』에 관한 이야기가 떠오른다.

　　『진서(晉書)』「속석전(束晳傳)」에 따르면, 진(晉)나라 무제(武帝) 태강(太康) 2년 "급군(汲郡) 사람이 위양왕(魏襄王)의 묘, 혹은 안리왕(安釐王)의 묘를 도굴해 죽간서 수십 수레를 얻었다." 각종 전적으로 볼 때『급총서』는 확실히 부준(不準)이란 도굴꾼이 처음으로 발견한 것이다. 현대 역사학자인 이학근(李學勤)의 고증에 의하면, 도굴 지점은 하남 급현(汲縣) 서쪽으로 "지방지에 따르면 항전(抗戰) 이전에 발굴된 산표진(山彪鎭) 대묘 일대로, 죽간의 내용이나 출토 기물로 볼 때 전국 시대의 묘로 보인다." 야밤에 묘혈을 파헤친 도굴꾼 부준이 천지사방에 죽간이 널려 있는 것을 발견하고는 금은보화를 찾기 위해 죽간으로 횃불을 만들어 부장품을 약탈했다. 이후 정부는 도굴 사실을 알고 묘에 남은 유물들을 정리했다. 그때 불길에 훼손된 일부를 제외하고 상당한 양의 죽간을 회수했는데, 이를 당시 학자들이 정리해『죽서기년(竹書紀年)』,『주서(周書)』,『목천자전(穆天子傳)』 등의 일서(逸書) 총 75권(편)으로 편집했다. 그중『죽서기년』이 12권(혹은 13편이라고도 한다)인데, 그 주요 내용은 하나라, 상나라, 서주, 춘추 시대 진(晉)나라와 전국 시대 위(魏)나라의 역사다. 위나라 편년사는 선진 시대사에서 가장 중요하고도 학술적인 가치가 높은 고대 문헌 가운데 하나다.

　　이와 같은 사례를 통해 서적을 수장품으로 넣는 일이 은작산 한묘 주인의 특별한 취향이 아니라 역사적으로 비일비재했다는 것을 알 수 있다. 다시 말해 생평지물(生平之物), 즉 죽은 자가 살아생전에 사용하던 일상용품과 그가 아끼던 진귀한 물품을 수장품으로 넣는 것이 고대인의 기풍이었다는 뜻이다. 진(秦)나라 시황제의 능이나 한나라 무제의 지하궁에서 발굴된 엄청난 사치품들을 보면 이런 풍토가 얼마나 극에 달했는지 알 수 있다. 문헌 기록에 따르면, 서적을 수장품으로 묻는 것을 일컬어 서순필장(書殉筆葬)이라고 했는데 언제, 누가 시작했는지 고증하기 어렵다. 하지만 그 유래가 오래된 것으로 보이며, 다만 제도적인 것은 아니었던 것으로 생각된다. 서한 이전에는 기록이 보이지 않고, 이후 점차 이런 방식이 나타나고 있다. 동한 시대 사람 주반(周磐)은 죽기 이전에 그의 아들에게 2척 4촌의 죽간을 엮어 『요전(堯典)』 1편을 적어 관 앞에 놓아두도록 했다. 이 밖에 『진서』 「황보밀전(皇甫謐傳)」의 기록을 보면, 진나라 때 역사학의 대가인 황보밀이 죽기 직전에 유언으로 후손들에게 『효경(孝經)』을 한 권 수장해 달라고 부탁했다고 한다. 이처럼 서적의 수장은 제도적으로 행해진 것이 아니라 일종의 개인적인 취향이었던 것이다. 당시에는 산 사람이나 죽음을 앞둔 사람이나 서적을 매우 중요하게 생각했기 때문에 평범한 책 한 편이라도 함께 수장하는 사례가 민간에 유행했다.

서적을 불치전(不値錢), 즉 값어치 없는 물건으로 취급한 것은 인쇄술이 보급된 이후의 일이다. 인쇄술의 시작은 당나라 시대의 일이다. 그 이전의 서적은 모두 손으로 직접 필사한 것들이었다. 서적을 매매하는 것을 '서사(書肆)'라고 했는데, 은작산에서 발굴된 죽간의 정리, 고증에 참여한 역사학자 양백준에 따르면, 서사는 서한 말부터 시작되었다고 한다. 발굴 상황으로 볼 때 마왕퇴 3호 묘의 주인이 생활을 하던 서한 전기에 서적이라 함은 모두 전사(傳寫 : 전하여 베낌)한 것들이며, 이를 유통시키는 서사는 없었을 가능성이 많다. 그렇다면 서적을 구하기가 얼마나 어려웠을지 짐작할 수 있으며, 따라서 서적이 얼마나 귀하고 고상한 생평지물이었는지 상상할 수 있을 것이다.

부장품은 죽은 사람이 생전에 사용하던 용품, 즉 아끼던 물건이니 당연히 묘 주인의 사상이나 취향과 관련이 있고, 때로 당시 계급이나 계층의 사상과 풍격을 반영하고 있다. 이러한 특징은 수장품 가운데 특히 서적이 차지하는 비중이 크다. 양백준은 동한 시대 사람 주반은 유생으로서 『상서』에 통달한 학자였기 때문에 『요전』을 수장품으로 선택했을 것이며, 황보밀의 사상에는 유가와 도가가 함께 혼합되어 있기 때문에 『효경』을 수장품으로 선택했을 것이라고 말했다. 고고학자들의 추측에 따르면, 1959년에 발굴된 감숙성 무위마저자(武威磨咀子) 6호 묘는 묘 주인이 『의례(儀禮)』를 전수한 경학의 대가일 가능성이 크다. 그래서 평소 낭독하며 익히던 『의례』를 수장했던 것이다. 은작산 한묘와 거의 동시에 발굴된 장사 마왕퇴 3호 묘에서는 대량의 백서와 지도(地圖)가 출토되었다. 묘의 주인이 대후(軑侯)이자 장사국(長沙國) 재상의 아들이었기 때문에 사람들을 고용해 서적을 필사할 수 있는 능력이 있었을 것이다. 출토된 백서는 그 종류가 다양하고, 필사본 역시 제각각인데, 그중 『노자』만 해도 두 종류의 필사본이 있었다. 묘의 주인이 이런 책들을 수장했다는 것은 그가 생전에 이를 좋아했다는 증거다. 이는 역대 제왕, 장군, 재상들이 보물을 대량 수장한 것과 내용물은 다르지만, 개인적으로 아끼고 사랑했던 생평지물이란 점에서는 마찬가지다.

은작산 한묘가 발굴된 1970년대에 중국 전역은 '비유평법(批儒評法 : 유가와 법가에 대한 비판 운동)'의 물결이 휩쓸고 있었다. 고대 문헌들에 대한 학자들의 비판 가운데 가장 기본적인 것이 바로 유가와 법가에 관한 것이었다. 학자들은 마왕퇴 3호 묘에서 출토된 백서 중 『노자』와 함께 필사된 것으로 법가 사상을 담은 일서인 『경서(經書)』 등을 보고, 이것이 한나라 시대 초기의 '외황로이내법술(外黃老而內法術 : 밖으로는 황노 사상이면서 안으로는 법술)'의 정치 노선이 반영된 것이라고 생각했다. 그러나 어떤 학자는 은작산 한묘에서 출토된 서적 중에 병가(兵家)와 관련된 것들이 많은 점을 들어 이 병서들의 사상을 법가의 범주에 포함시키기도 했다. 이 같은 구분법은 시류에 영합하는 지식인이나 독단적인 서생의 기질 같은 특징을 보이는데, 이처럼 다수의 병서들이 같은 무덤에서 대량으로 출토되었다는 것은 전국 시대 이후에 병서가 유행했던 상황과 일치한다.

전국 시대는 물론이고, 진한(秦漢)이 교체하던 시절에도 전국적으로 무장 세력들이 할거해 전쟁을 일삼았다. 진나라 때는 진승(陳勝)과 오광(吳廣)을 우두머리로 삼아 유랑민이나 도적, 부랑아는 물론, 일반 백성들조차 진나라 2세와 조고(趙高) 정권에 반기를 높이 들었다. 또한 진나라로 통일되기 이전의 여섯 나라 국왕과 대신, 장군의 후예들이 망국의 한을 품고 국가 회복을 꿈꾸며 병사를 일으켜 진나라를 공격했다. 군영은 물론이고 모든 무장 집단들이 선인들이 남긴 전쟁 이론과 경험을 자신들의 세력을 확장하고 전쟁에서 승리하는 비법으로 이용하느라 정신이 없었다. 이러한 상황에서 병서가 크게 성행했고, 병서를 통해 전쟁 전략을 세우는 것이 유행처럼 번져나갔다.

예를 들면, 한신(韓信) 수하의 장수들은 대부분 병서를 인용해 작전 원리와 전략전술에 관해 이야기했다. 진한 시대에 대유학자로 자처하던 진여(陳余) 역시 병법에 관해 여러 사람들과 의논하기를 즐겼다. 소하(蕭何)는 유방(劉邦) 무리의 후방 책임자로 병사 충원과 군대의 물자 보급을 책임지고 있었지만 병법 전략에 대해서도 정통한 인물이었다. 『한서』 「예문지」 기록에 따르면, 당시 유행한 병서가 약 182가(家)에 이르렀다고 한다. 유방이 대세를 잡고 천하를 통일한 뒤 한신에게 군법을 공표하도록 하면서 한때 과하지욕(胯下之辱: 남의 가랑이 밑을 빠져나오는 치욕)을 겪었던 그는 182가 가운데 필요한 것만 골라 35가를 확정했다. 또한 한신 스스로도 병서의 유행이라는 호기를 놓치지 않고 『한신삼편(韓信三篇)』이란 병법서를 세상에 내놓았다. 유방의 수하 가운데 유명한 장수였던 한신은 유방의 권력을 등에 업고 제(齊) 지역의 부모관(父母官: 옛 지부, 지현에서 직접 백성을 다스리던 지방관)을 지낸 바 있다. 병서에 대한 애착과 군사적 소양을 가지고 있던 그는 제나라 땅, 특히 통치 계급에게 큰 영향을 주었다. 실제적인 응용 가치와 더불어 신료들의 아첨으로 병서가 대량 필사되어 퍼져나갔는데, 이것은 제나라 땅을 관할하던 한신 및 한신의 영향력과 어느 정도 관련이 있었다. 은작산 한묘의 죽간 병서의 발견을 볼 때 『손빈병법』 같은 일서가 산동 임기에서 출토된 것은 결코 우연이 아닌 것이다.

물론 은작산에서 출토된 죽간 자체의 학술적 가치 외에도 2천 년 동안 끊임없이 논쟁을 불러 일으켰던 문제가 있다. 바로 진시황제가 어떤 책들을 불살라 버리고 금지시켰는가라는 것이다. 모든 책을 불살랐는가? 아니면 정치적 목적에 따라 선별해 불살랐는가? 그렇다면 선택의 기준은 무엇이었는가? 또한 그 운용의 폭은 어느 정도였는가 등등, 이 모든 문제는 은작산에서 출토된 죽간을 통해 답을 얻을 수 있다.

『사기』「진시황 본기」에 다음과 같은 기록이 있다.

34년. 승상 이사(李斯)가 말했다. "신이 청하옵건대 사관에게 명을 내리시어 진 (秦)의 전적이 아닌 것은 모두 불태워 버리십시오. 박사관(博士官)에서 주관하는 서 적은 남겨 두시고, 천하에 유가의 『시(詩)』, 『서(書)』나 제자백가의 저작들을 감히 소장하고 있는 것이 있으면 모두 지방관에게 보내어 불태우고, 다만 태워 없애 버 리지 않을 서적은 의약, 점복, 수목 재배에 관계된 것뿐입니다. 만약 법령을 배우고 자 하는 자가 있다면 관리를 스승으로 삼게 하옵소서." 이에 진시황은 '그렇게 하 라'고 명을 내렸다.

이와 같은 기록으로 볼 때, '분서(焚書)' 계획은 진나라 승상인 이사가 제출 해 진시황이 직접 이를 승낙했음을 알 수 있다. 『사기』「이사전」에 기록된 분서 관련 내용은 「본기」의 기록과 대부분 일치한다.

이로써 이사가 분서하도록 선택한 책은 '이고비금(以古非今 : 옛것으로 지금을 부정)' 하는 유교의 경전, 『시경』과 『서경』 등 오경과 백가의 저서들이며, 진나라 이외의 각 나라 사서, 의학, 약학, 수목 재배 등 생산과 과학기술에 관한 책으로 정치적 성향이 없는 것들은 남겨 두도록 했다. 한나라 학계 거물인 왕충(王充)의 해석에 따르면, 이사의 말대로 불태워진 책 중에는 『시경』, 『서경』, 『역경』, 『예 기』, 『춘추』 등이 포함되어 있었는데, 그 가운데 일부는 태우지 않고 일군의 교 수와 박사들을 비롯해 학생들에게 연구용으로 제공되었다고 한다. 그러나 안타 깝게도 나중에 영락한 귀족인 항우(項羽)가 복수심에 불타 진나라 수도 함양을 공격한 다음 궁전을 비롯한 모든 관청을 불태우는 바람에 학자들에게 연구용으 로 제공된 서적까지 모두 잿더미가 되고 말았다.

진시황의 분서갱유(焚書坑儒) 이후 강력한 봉건 지주 계급의 전제 정치 앞에 진나라 교수들은 그저 말만 앞세울 뿐 과감하게 나서 이고비금이나 진나라의 봉건 통일 국가 제도를 반박하고 나서지 못했다. 당시 진나라의 수도 함양 외에 민간에서도 『시경』이나 『서경』을 비롯한 유가의 저서들을 은닉하거나 학습하는 이들이 있었다. 예를 들어, 『사기』 「유림전」에 보면 초나라와 한나라가 전쟁을 할 때 유방이 병사를 이끌고 노나라를 포위했는데, "노나라의 여러 유가들이 예(禮), 악(樂)을 받들고 이를 강독했다."라는 구절이 나온다. 그러나 이런 일이 그렇게 흔한 것은 아니었음이 분명하다. 은작산 분묘의 매장 시간과 지점을 고려해서 분석해 보면 더욱 명확하게 이 문제를 파악할 수 있다.

은작산 1호 묘의 매장 시기는 『간보(簡報)』에서 이야기한 것처럼 위로 거슬러 올라가도 한나라 무제 건원 원년(기원전 140년), 아무리 늦어도 한나라 무제 원수(元狩) 5년(기원전 118년)을 넘지 않는다. 다시 말하면 진시황 34년(기원전 213년)에 일어난 '분서'로부터 이미 90여 년이 지났다는 뜻이다. 이렇게 많은 시간이 흐른 뒤 수장한 수많은 죽간 가운데 왜 유독 유가의 경전이 보이지 않는 것일까? 이는 진시황이 서적을 불태운 것과 관련이 있다.

현대 사학자 종언군(宗彦群)은 임기 1호 묘의 주인이 석학이나 유학자라고 단정 지을 수는 없다 해도 당시 상황으로 볼 때 소장한 저서가 결코 적은 편이 아니라고 말했다. 전해지는 송나라 판각본 『손자병법』은 겨우 5,973자에 지나지 않는다. 그러나 은작산 한묘의 죽간에 쓰여 있는 『병법』은 300여 매나 되므로, 이를 엮으면 상당한 분량이다. 이와 함께 수장된 『관자』, 『안자』 등의 책도 분량이 꽤 되어 죽간을 엮으면 크게 열 묶음이나 되었다. 과거에 통상 '다섯 수레의 책을 읽어야 한다'고 했는데, 수장된 죽간의 편수를 합하면 비록 다섯 수레에는 못 미치더라도 절대 적은 수량이 아니다. 이렇게 볼 때 묘 주인은 분명 박학한 사람이었을 것이다. 그렇다면 이처럼 박학한 사람이 소장한 저작 가운데 왜 유독 유가의 경전만 보이지 않는 것일까? 여러 현상을 종합해 볼 때 다음과 같은 결론을 내릴 수 있다. 즉, 새롭게 일어난 봉건제가 점차 부패한 노예제를 대신하면서 진시황이 중국을 통일하기 직전 법가의 저서가 더욱 큰 영향력을 발휘하게 되었고, 그 결과 민간에 법가 저서가 널리 퍼져나가게 되었다는 것이다. 전국 말년에 동학인 이사에게 독살당한 한비자(韓非子)는 "지금 경내(境內)의 백성들은 모두 다스림(治)에 대해 이야기하면서 상앙과 관자 등 법가의 책을 소장하여 집집마다 지니고 있다."라고 했으니, 앞서 말한 상황을 뒷받침하는 이야기라고 할 수 있다. 진시황은 유가의 경전을 불사르는 한편, 한비자의 주장대로 '이법위교(以法爲敎 : 법으로 가르침을 삼는다)' 정책을 취해 법가 사상으로 노예주 계급의 유가 사상을 대치하고, 철저한 전제 정치를 실시함으로써 유가 사상이 더 이상 발을 붙이지 못하도록 했다. 서한 전기에 한나라 고조 유방부터 선제(宣帝) 유순(劉詢)에 이르기까지 통치자들은 모두 진나라의 정치를 이어 부활을 꾀하는 구시대 잔여 귀족 세력을 압박했다. 『한서』「원제기(元帝紀)」에 보면 이러한 정치적 조치를 '이왕패도잡지(以王覇道雜之 : 왕도와 패도가 섞인 것)'라고 했다. 한나라 무제는 동중서가 말한 '백가를 배척하고, 오직 유가만을 숭상한다'는 정책을 받아들였지만 이를 전면적으로 실시하지는 않았다. 한나라 선제 때도 이런 상황은 계속되었다. 서한 전기 유가는 아직 최고의 권위로 유일한 목표나 기준이 된 상태가 아니었다. 오히려 진나라 분서 사건 이후 아직 원기를 회복한 상태가 아니었기 때문에 민간에서도 유가 경전을 학습하는 사람이 극히 드물었다. 그런데 임기는 옛 노나라와 제나라의 변두리 지역으로서, 진나라 수도인 함양에서 멀리 떨어진 데다가 유가 사상의 영향이 가장 깊은 곳이다. 이처럼 유가 사상의 근거지도 90여 년이 지난 서한 전기까지 '분서' 이전 규모로 유가 경전이 널리 보급될 수 없었던 것이다. 결과적으로 진시황의 분서갱유가 당시 유학과 유가 사상에 얼마나 큰 타격을 주었는지 알 수 있다.

은작산 한묘 두 기에서 이처럼 여러 가지 종류의 선진 시대 고적이 발견된 것은 서진 태강(太康) 2년(281년) 하남 급현 도굴꾼 부준이 도굴한 고대 분묘에서 『죽서기년』 등 죽간서가 대거 출토된 이후 거의 1,700여 년간 가장 중요한 발굴 사건이었다. 사서의 기록에 따르면 급현 분묘에서 출토된 고적은 대부분 유실되었다고 한다. 그러나 은작산 한묘에서 출토된 죽간은 대부분 정리, 보존되었다. 특히 대량 출토된 병서는 매우 중요하고 특별한 의미가 있다. 송나라 이후

천 년 넘게 많은 학계 대가나 거장들이 『육도』, 『손자병법』, 『위료자』, 『관자』, 『안자』 등의 고적을 모두 후인들이 가탁(假託)한 위서나 일고의 가치가 없는 쓰레기로 생각해 진지하게 연구하지 않았다. 그러나 은작산 서한 시대 분묘에서 발견된 대량의 죽간서는 이런 고적들이 적어도 서한 초기에 존재하기 시작해 광범위하게 유행했다는 사실을 입증하는 분명한 증거가 되었다. 특히 1,700여 년 넘게 유실되었던 『손빈병법』의 등장으로, 학계에 숱한 논쟁을 불러 일으켰던 손무와 손빈이 각기 병법서를 세상에 전했는가라는 문제가 해결되었다.

1974년 5월 말, 은작산 한묘의 죽간에 대한 1차 정리 작업이 마무리되었다. 6월 7일, 신화통신사는 전 세계를 향해 은작산 한묘의 발견, 발굴 및 출토기물, 죽간서 등의 연구 성과를 대대적으로 알렸다. 중국 『인민일보』는 1면 톱기사로 원문 전체를 게재했다.

문화재, 고고작업자들이 모 주석의 혁명 노선 지도 아래
또 하나의 새로운 성과를 거두다

유명한 『손자병법』과 실전된 『손빈병법』 등 죽간이 산동 임기 은작산에서 발굴한 서한 전기 묘장에서 발견되었다. 이로써 선진 시대 유가, 법가 투쟁의 역사와 고대 군사 사상에 중요한 새 자료를 제공했다.

신화사 1974년 6월 7일 발
우리나라 문화재 고고작업자들이 산동 임기 은작산에서 발굴한 서한 시대 전기 묘장에서 유명한 『손자병법』과 실전된 지 천 년이 넘은 『손빈병법』 등 죽간 4천여 매를 발견했다. 이번 선진 시대 고적의 발견은 무산 계급 문화대혁명 이래 중국의 문화재 고고작업자들이 모 주석의 혁명 노선 지도 아래 거둔 또 하나의 새로운 성과다.

현존하는 『손자병법』의 작자는 손무다. 사마천은 『사기』 「손자오기열전」에서 손빈은 손무의 후손으로 별도의 병법을 전하고 있다고 말했다. 그러나 『손빈병법』의 실전

으로 앞서 말한 의문을 풀지 못하고 있었다. 이제『손빈병법』과『손자병법』이 동시에 발견됨으로써 오랫동안 논쟁을 일으켜 온 문제가 해결되었다.

……새로 발견된 죽간 가운데 선진 시대 전적들이 대거 포함되어 있다. 그러나 유가의 책은 보이지 않는다. 이 묘장은 진시황이 분서한 후 얼마 되지 않은 시기의 것으로, 이는 진시황이 엄격한 정치적 선택을 통해 분서를 실행했음을 증명한다. 그는 유가의 반동적 경전을 금지, 분서했다. 이는 '옛것이 옳고 지금의 것이 그르다'는 반동 복벽 세력들에게 큰 타격을 가한 것이었다. 또한 진시황의 '분서갱유'를 공격한 반동 분자, 매국노 임표(林彪 : 2007년 복권됨 - 역자주)를 강력하게 비판하고 이를 폭로하는 증거가 되었으며, 선진 시대 유가, 법가들의 투쟁의 역사, 고대 군사 사상을 연구하는 데 중요한 새 자료를 제공했다. 뿐만 아니라 고대 문자학, 예서의 변천, 서법 연구에도 많은 가치를 지니고 있다. ……문물출판사는 이 죽간의 영인 자료와 이에 대한 연구 글을 모아『손빈병법 - 임기 은작산 한묘의 죽간』등의 서적을 편집, 출판을 준비하고 있다.

이 소식이 전 세계에 전해지자 사람들은 발견된 문화 보고 가운데 상당한 양의 고적이 20세기를 살아가는 현대 인류에게 이미 오래 전에 실전된 존재일 뿐만 아니라 양한 시기 사마천, 유향, 반고(班固) 등 학술의 거장들 역시 접해 보지 못한 것이었다는 사실을 알 수 있었다. 이 죽간들은 2천 년을 넘게 조용히 숨죽여 매장되어 있다가 그 시간을 훌쩍 뛰어넘어 세상에 등장했다. 이로써 중국 고대사를 좀 더 풍성하게 만들고 사서의 수많은 오류들을 수정할 수 있었으며, 오랫동안 파묻혀 있던 신비한 고대사회에 다시 한 번 생명력을 불어넣는 기회가 되었다. 역사의 강물 속에 한때 세상을 뒤흔들었던 강자아(姜子牙), 관중(管仲), 안영(晏嬰), 오자서(伍子胥), 손무, 손빈 등 풍운의 인물들이 뚜렷한 개성과 각기 다른 자태로 역사 속 숱한 갖가지 이야기를 품고 현대 인류에게 새로운 소식을 전하기 위해 다가오고 있었다.

3장
병가의 시조

일흔두 살의 소 장수이자 재수에 옴 붙은 천덕꾸러기 강자아는 반역의 꿈을 꾸며 삶을 송두리째 바꿀 수 있는 혁명이상에 불타 냄새나는 우시(牛市 : 소시장)인 상도商都를 떠나 위수渭水 인근으로 숨어 들어갔다. 그는 그곳에서 온갖 농간을 부리며 치부의 기회를 노렸다. 주나라 문왕이 사방으로 현자를 찾아 나설 즈음 강자아는 주周로 들어가 마침내 자신의 뜻을 이루었다. 주가 상나라 탕湯왕을 물리치고 무왕이 분봉을 시행하자 강자아는 제나라로 가서 건국안민建國安民의 대업을 일으켰다.

소 장사꾼 강자아

　은작산 한간 정리 소조(小組)는 발굴된 주나라와 진나라 제자서(諸子書) 가운데 『육도(六韜)』를 우선순위로 배정했다. 그리하여 이 책의 저자, 억세게 재수 없는 소 장수에서 어느 순간 전기적 영웅으로 변신한 강자아(姜子牙)에게 특별한 영예가 돌아가게 되었다.

　강자아, 성은 강(姜), 이름은 상(尙)이고 자아는 자(字)다. 일명 강태공(姜太公)이라고 부르기도 한다. 동해상인(東海上人)이나 선조가 대우(大禹)의 치수에 공을 세워 여(呂 : 지금의 산동성 거현莒縣)에 봉해졌기 때문에 습관적으로 여자아 또는 여상(呂尙)이라고도 부른다. 사료에 따르면, 그는 상대 말년, 구체적으로 중국 제왕 가운데 악명으로 이름 높은 은나라 주왕(紂王)과 동시대 사람이다.

　중국 역사상 휘황찬란한 청동 문명을 창조한 은상 왕조는 원래 문화의 광채가 사방을 비추고 만방(萬邦)과 협력하면서 영광과 몽상을 함께 갖춘 번성한 왕조였다. 또한 천지를 날실과 씨실로 삼고 사람과 귀신이 함께 호응하면서 지자(智者)와 명군이 함께 어울렸던 동방의 대국이었다. 이처럼 인류 역사에서 5세기 넘게 번영했던 상 왕조는 주왕 시절에 이르러 더 이상 앞으로 나아가지 못하고 나날이 쇠퇴의 길을 걸었다. 일국의 군주로서 주왕은 나라의 앞날이 어떤 지경에 이를지 전혀 예감하지 못하고 제위에 등극한 이후로 문 대신 무를 숭상하고 용맹과 잔혹함을 즐겼으며, 미녀를 좋아하고 간신배를 총애하며 남의 말을 듣지 않고 외고집을 부렸다. 결국 그는 남의 피 보기를 즐기고 악독한 짓이 아니면 하지 않았다고 할 정도로 마귀와 같은 혼군(昏君)이 되고 말았다. 이처럼 아둔하고 혼미한 군주가 통치하는 가운데 상나라 조정은 위아래로 흔들리기 시작해 망부(莽夫), 혼군(昏君), 간녕(奸佞)이 공존하고 묘당(廟堂) 내외는 물론, 군신지간에도 배신과 배덕(背德)이 판치게 되었다. 그런 이유로 백성들의 고초는 이루 말할 수 없을 정도로, 죽지 못해 사는 형편이었다. 이처럼 폭풍우가 휘몰아치듯 끊임없이 불안과 고통의 세월이 지속되는 가운데 후대에 『육도(六韜)』의 저자로 명성을 날리게 된 강자아 역시 온갖 풍상을 겪으며 불우하고 위태로운 삶을 살아가고 있었다. 특히 그는 입사(入仕 : 벼슬한 뒤에 처음으로 그 벼슬자리에 나아감)한 이후에도 끊임없이 부침을 거듭하여 평생 전기적인 색채가 농후한 삶을 살았기 때문에 머리만 보일 뿐 꼬리는 보이지 않는 신룡(神龍)처럼 기이하고 신비한 인물로 간주되었다. 그가 유명한 지괴소설(志怪小說)인 『봉신연의(封神演義)』*의 남자 주인공이 된 것은 바로 이러한 이유 때문일 것이다. 소설에서 그는 서른두 살에 곤륜산에 올라 원시천존(元始天尊)에게 도를 배우고 일흔두 살에 주나라 왕실을 보좌하라는 천존의 명을 받아 하산한다. 이후 위수 강변에서 낚시질을 하다가 주나라 문왕 희창(姬昌)의 예방을 받은 그는 국가 안전사무 담당자이자 비서장의 역할을 맡았다. 문왕이 세상을 뜬 후 그는 무왕 희발(姬發)을 도와 주(紂)를 정벌하기 위해 병사를 일으키고 친히 대군과 신통하기 이를 데 없으며 법력이 뛰어난 도사들을 이끌고 진군하여 상나라 주왕을 공격했다. 한 번의 격전으로 목야(牧野)에서 상나라 군대를 대파한 그는 마침내 상조를 멸망시키고 서주 왕조를 세웠다.

사실 예사 사람과 마찬가지로 어미의 자궁에서 태어났을 강자아가 소설에서처럼 신비하고 기이한 인물은 아니었을 것이다. 그러나 주 왕조를 섬기기 전에 과연 그가 무엇을 했고, 어떤 인생역정을 거쳤는지에 대해서는 사마천 같은 위대한 역사가도 그저 대체적인 윤곽만 이야기했을 뿐이다. 게다가 그 윤곽이란 것도 말하는 사람들마다 조금씩 달랐다. 그럼에도 불구하고 분명 용이 지나가면 그림자가 남고 호랑이가 달려가면 바람이 일기 마련이니 사마천의 언급을 기본으로 해서 역대 학자들, 특히 은작산 한묘에서 출토된 한간 『육도』를 참고한다면 역사의 풍운 속에서 실낱같은 어떤 흔적이라도 찾을 수 있을 것이다.

---

* 중국 명나라 때의 장편소설로, 작자는 육서성(陸西星) 또는 허중림(許仲琳)이라고 전하지만 분명하지 않다. 은나라와 주나라 교대에 관한 전승설화(傳承說話)에 명나라 후반에 일어난 삼교합일사상(三敎合一思想), 민간의 설화와 신앙 등을 혼합해 지은 것으로 『서유기(西遊記)』, 『평요전(平妖傳)』 등과 함께 명나라 신선요괴(神仙妖怪)의 영이요술(靈異妖術)을 서술했다.

사적에 따르면, 강자아가 젊었을 당시 상조(商朝) 은도(殷都 : 상의 마지막 도읍지인 은) 조가(朝歌)에서 관리를 한 적이 있다고 한다. 관모(官帽)의 명칭이나 대소(大小)에 대해 『봉신연의』의 작가 허중림(許仲琳)은 사천감(司天監)으로 하대부에 속한다고 말한 바 있다. 이는 후세에 북경 교외에 세워진 천문대 대장 정도의 직급으로서, 부향장(우리나라의 부군수) 또는 부과장(도나 시의 부과장)에 해당한다. 강자아가 일흔두 살에 보여 준 재간을 본다면 그 정도는 능히 맡고도 남았을 것이다. 물론 이러한 이야기는 사마천과 같은 권위 있는 대가들의 인가를 받은 것은 아니기 때문에 확실한 증거 자료로 단정할 수는 없다. 하지만 사마천 역시 당시 은나라 주왕의 폭정이 점차 가혹해지자 강자아가 관직을 벗어던지고 상도를 떠났다고 말한 바 있다. 이에 대해 일부 호사가(好事家)들은 상도를 떠난 강자아가 동해 해변, 이후 일조(日照)시 동항구(東港區) 사산향(絲山鄉) 풍가구촌(馮家溝村) 이조(二組)에 속한 작은 어촌에 은거했다고 고증한 바 있다. 당시 강자아는 바다에서 고기를 낚는 법도 몰랐고, 그렇다고 농작물이나 면화를 재배하는 일도 낯설기는 마찬가지였다. 그래서 가세가 급속도로 기울었는데, 특히 함께 생활한 처자는 자신의 남편이 이처럼 쓸데없는 폐물이자 밥버러지, 술고래인 것을 보고 허구한 날 바가지를 긁기 예사였다. 부탁도 해보고 짜증도 부려보았으며, 심지어 따끔하게 경고를 주기도 했지만 여전히 요지부동 변화가 없는 남편을 보고 그녀는 끝내 아이들을 데리고 먼 곳으로 떠나고 말았다. 어느 순간 홀아비가 되어 버린 강자아는 그저 어영부영 걸인이나 다름없는 무료한 나날을 보내고 있었다.

그곳에서 그는 20여 년의 세월을 보냈다. 그러다가 이제 거의 반죽음 상태가 되어 곧 땅에 묻힐 나이에 어떤 자극을 받았는지 알 수 없지만 홀연 혈기 충천해서 그간의 빈곤과 고독, 적막을 떨쳐버리고는 파도가 몰아치는 동해 해변을 떠나 다시 꿈의 도시 중원에 되돌아가기로 마음먹었다. 그곳에서 미관말직이라도 자신의 능력에 맞는 일을 찾아 지금까지 잊고 지냈던 젊은 시절의 소망을 이루고자 했던 것이다. 그리하여 안개 자욱한 새벽 차가운 별빛에 소슬한 가을바람을 맞으며 중원의 조가(朝歌)를 향해 발걸음을 옮겼다.

그때 강자아는 조가 성내의 주왕이 여색에 빠져 참언만 믿고 충신을 잔혹하게 살해하는 등 포학무도한 짓을 저지르고 제후들을 부려먹고 백성들을 못살게 군다는 사실은 전혀 모르고 있었다. 당시 상도는 그 때문에 죽음의 그림자가 짙게 깔리고 기르던 가축들마저 산산이 흩어질 정도로 피폐한 상태였다. 온 나라 위아래 가릴 것 없이 피비린내가 진동해 사농공상(士農工商)은 물론이고 학자들 또한 불안한 마음에 사방으로 피난할 생각만 하고 있을 뿐, 혼란이 극에 달했다. 이러한 공포와 불안 속에서 관직에 올라 재부를 쌓겠다는 강자아의 꿈도 여지없이 깨지고 말았다. 그러나 일단 주린 배는 채워야 했기에 어쩔 수 없이 다른 길을 찾을 수밖에 없게 된 그는 우선 상도 조가에서 장사를 할 수 있는 일종의 영업증을 발부받은 다음 번화한 시장 골목에서 좌판을 벌여놓고 소 잡는 백정으로 자리를 잡았다. 이렇게 있는 힘을 다해 겨우 돈을 빌려 소 한 마리를 잡았지만 사겠다는 사람이 없어서 결국 고기가 그대로 썩어 본전마저 전부 잃고 말았다. 급기야 돈을 갚으라는 독촉과 위협에 견딜 수 없었던 그는 체면 차릴 겨를도 없이 야반도주해 몰래 극진(棘津) 일대 황하 강변으로 도망갔다. 그곳에서 낚시로 소일하면서 향후를 모색하던 중 돗자리를 만드는 누군가의 권유로 그도 돗자리를 만들어 팔게 되었는데, 이 또한 사는 사람이 없었다. 결국 어쩔 수 없이 황하 강변 황무지를 개간하기에 이르렀다. 가장 간단하면서도 또한 가장 힘들고 복잡한 것이 농사짓는 일이었지만 더 이상 마다할 때가 아니었다. 천신만고 끝에 겨우 조그마한 땅을 개간해 씨를 뿌렸는데, 막상 수확을 하고 보니 종자 값도 제대로 나오지 않았다. 곤궁한 생활을 이어가던 중 그는 다시 극진으로 가서 어망을 만들어 물고기를 잡았으나 아무리 노력해도 어망을 만든 값조차 건지지 못했다. 나중에 다시 마음 좋은 이의 도움으로 밀가루 한 포대를 빌려 이를 가지고 시장으로 나갔다. 그런데 어찌된 일인지 좌판을 깔고 "밀가루 사시오!"라고 소리를 치기도 전에 어디선가 군마(軍馬)가 자신에게 달려오고 있었다. 밀가루를 판다는 소리 대신 "아이고 어머니~"라고 소리조차 내기도 전에 광분한 듯한 군마가 달려들어 좌판을 깨어 부순 것은 물론이고, 그나마 겨우 마련한 접시며 대접 등도 모조리 박살이 났다. 연이은 일진광풍에 밀가루는 하늘 높이 날아올라 어디론가 사라지고 말았다. 난데없는 재앙에 강자아는 망연자실했다. 어디 하소연할 곳도 없는 상황에서 사방을 둘러보자니 기구한 자신의 운명에 그저 한탄만 나올 뿐이었다. 비통을 참지 못한 그는 결국 울음을 터뜨리며 대성통곡을 하기 시작했다. 그가 큰 소리로 "만약 하늘이 눈이 있다면 어린 백성을 재앙에서 구하소서."라고 외치고 있을 때 갑자기 거대한 갈까마귀가 날아오더니 엉덩이에서 손가락만 한 배설물을 분사했다. 그런데 크게 벌린 강자아의 입 속으로 그것이 쑥 들어가고 말았다.

여기까지는 소설이나 다를 바 없는 그의 전기 가운데 일부인데, 비록 그가 겪었던 고난과 슬픔을 주로 묘사하고 있기는 하지만 일면 재목이 될 만한 이는 고통을 겪으며 성장하기 마련이라는 인생의 깊은 이치를 담고 있기도 하다. 고통스러운 생활, 가혹한 현실, 인간세상의 멸시와 냉대, 그리고 상호 반목과 투쟁을 통해 강자아는 점차 식견을 넓히고 심지를 더욱 굳건하게 다졌으며, 재능과 학식을 배양해 마침내 온갖 경륜을 한 몸에 담고 병가의 비책을 간직한 기이한 재사(才士)로 다시 탄생하게 된 것이다.

시간이 눈 깜빡할 사이에 흘러 강자아도 이제 일흔두 살의 노인이 되었다. 당시 그는 조가의 시장에서 소를 잡는 일을 생업으로 삼고 있었다. 당시 상도인 조가는 한편으로 태평성세를 구가했으나, 다른 한편으로 피비린내 물씬 나는 살육이 비일비재한 혼란의 극치를 달리고 있었다. 은상 왕조는 이미 서산에 걸린 해처럼 마지막을 향해 치달아 언제 어느 때 천지가 무너지듯 붕괴할지 몰랐다.

이와 동시에 천리 비옥한 토지로 이루어진 황토고원에 따사로운 춘풍이 불기 시작하더니 은상 민족과 마찬가지로 오래된 역사를 자랑하는 민족이 위수 유역 황토 지대에서 서서히 일어서고 있었다. 기(棄)를 선왕으로 모시고 있는 주족(周族)은 오랜 세월 어려움과 고통을 겪으면서도 결코 굴하지 않아 마침내 나날이 그 세력을 확장하게 되었다. '경천보민(敬天保民)'의 기치 아래 중농(重農) 정책을 강력하게 밀고나가면서 옥사를 최대한 줄이는 등 군민 상하가 함께 고난을 이겨내면서 결속력을 강화시켜 왔다. 또한 약자를 돕고 빈자를 구제하며 공평한 도리를 추구하는 대외 정책으로 말미암아 주족은 주변 여러 나라의 존경을 받았다. 주족 통치 집단은 내부적으로 현자를 우대하고 재능을 지닌 사람을 발탁하는 데 힘을 기울였기 때문에 사방의 인재가 몰려들었다. 이러한 시대적 상황 속에서 강자아는 상조의 몰락과 신흥 주족의 굴기라는 새로운 천하 판세를 읽으며 돌연 젊은 시절의 광기와 지기가 용솟음치고 있음을 새삼 실감했다. 그것은 마음 한 구석에 여전히 꺼지지 않고 있던 혁명의 불씨였던 것이다. 일단 불씨가 되살아나자 그는 좌불안석 초조해져서 음식도 제대로 먹지 못하고 잠도 제대로 못 잘 지경이었다. 그러다가 결국 이러저러한 생각 끝에 일생일대의 중차대한 선택을 하게 되었다. 그것은 하루 종일 시끄럽고 냄새나는 우시장을 떠나 서쪽 봄볕 찬란한 황토고원, 모든 사람들이 주시하고 있는 주족의 대본영인 기(岐) 땅으로 가겠다는 결심이었다. 그는 일단 기 땅에 도착한 뒤 주나라 문왕의 휘하에 들어가 다시 한 번 자신의 역량을 발휘할 기회를 찾기로 마음먹었다. 당시 강자아는 이미 세상의 온갖 풍파를 다 겪은 사람으로서 그 옛날 상조(商朝)의 부관 말직으로 있던 콧수염이 보송보송한 젊은이가 아니었다. 고난과 시련을 통해 이미 노련하고 자못 도술이 깊은 고수의 풍모를 지니고 있었다. 역사적인 결단의 날은 이렇게 지나갔다. 그러나 여전히 포의(布衣 : 벼슬이 없는 선비를 비유적으로 이르는 말)의 신분으로 소장수 주제에 아무런 방책도 없이 문왕에게 접근할 수는 없는 일이었다. 무턱대고 주족의 임시 수도인 기 땅에 들어간다면 그 즉시 주인 잃은 개처럼 헤매다가 포졸들에게 붙잡히기 십상이었다. 이런 생각이 들자 강자아는 문득 세상의 도가 공평하지 않으며 세상인심 또한 옛날과 같지 않아 천하의 사람이 어찌하다 이처럼 초개(草芥)와 같은 꼴이 되고 말았는지 탄식이 절로 나왔다. 며칠 밤낮을 고민한 끝에 그는 일단 기성(岐城) 인근 교외로 잠입한 뒤 형세를 보아가며 성 안으로 들어가 자신의 이념과 강령을 서서히 주족 중심부까지 전달해 결국 실력으로 주족의 정국을 좌우하겠다는 목표를 세웠다.

거의 황혼이 닥쳐온 시각, 강자아는 타고 있던 작은 송아지의 엉덩이를 두들기며 혼잣말을 되뇌고 있었다.

"이봐, 모두들 주왕(紂王)이 소처럼 오만하다고 하지만 내가 보기엔 네가 진짜 소지. 주왕이 망하지 않는다는 건 말도 안 돼. 넌 아직 한창이잖아. 네가 정말 소라면 참고 견뎌보라고, 언젠가 분명 결과가 있을 거야."

이렇게 말하며 파리가 득실대는 우시장을 벗어나 몇몇 소를 파는 친구들과 숙소로 돌아와 행랑을 꾸린 다음 밤길을 서둘러 음침한 조가성을 빠져나와 급히 서쪽으로 향했다. 한 달 넘게 노숙을 하며 기성(岐城) 교외 위수(渭水) 강가 번계(蹯溪)에 도착한 그는 사방을 둘러보았다. 온통 가파른 암벽에 빽빽한 대나무 숲, 수려한 풍광에 인적이 드문 곳이었다. 울창한 대나무와 암벽 사이로 맑은 샘물이 하나 보였다. 샘물이 모여 만들어진 못, 그 못에 청량한 샘물이 퐁퐁 솟아나고 있었다. 샘물은 남쪽에서 북쪽을 지나 그대로 위수로 흘러갔다. 강자아는 이곳이야말로 숨어 있기에 가장 이상적인 곳이라 생각하고 잠시 머무르기로 결정했다. 그러고는 어찌하면 문왕과 아직 세상이 인정하지 않은 주족의 작은 조정 관리들에게 접근해서 그들을 감동시킬 수 있을지를 생각했다.

강자아는 그곳에서 낡은 돌집을 하나 구해 정리한 뒤, 쥐도 새도 모르게 터를 잡았다. 그 후 며칠 동안 먹고 자는 일 외에 줄곧 행랑에 꾸려온 소가죽 이불 위에 누워 생각에 잠겨 있었다. '우선 사람들을 모아 번계 지역에서 터를 닦아야 한다. 세력이 커지면 상, 주 인근 지역에 작은 나라를 하나 만들어 할거(割據)를 위한 일차적인 기지를 만든 다음 상나라를 병탄(倂呑 : 남의 재물이나 다른 나라의 영토를 한데 아울러서 제 것으로 만듦)하고, 주나라를 멸망시켜 전국을 통일하는 위대한 꿈을 이루리라.' 생각이 이쯤 이르자 마음이 후끈 달아오른 그는 소가죽 이불 위에서 밤새도록 뒤척이며 잠을 이룰 수 없었다. 이튿날 아침 찬란한 태양이 어두운 돌집 안을 비추었다. 졸린 눈을 비비고 돌집 밖 하늘과 대지를 바라보다가 비비꼬인 자신의 모습과 베개 옆 쭈글쭈글한 행랑을 보고서는 혼자 쓴웃음을 지으며 고개를 숙인 채 시름에 잠겼다.

그는 아무리 생각해 보아도 상나라를 삼키고 주나라를 멸하여 전국을 통일할 만한 힘을 얻을 수 있는 처지가 아니었다. 만약 시기나 지역을 잘못 선택해 함부로 거사를 할 경우 돌아오는 것은 죽음뿐이었다. 막무가내로 돌진해 오명을 뒤집어쓰고 억울하게 죽을 수만은 없는 일이다. 반드시 꿈을 이루어야 한다는 굳은 결심을 하며 다시 한 번 필승의 신념을 다졌다. 그는 심사숙고, 생각을 정리한 다음 방향을 바꿔 폭력 대신 사람에게 붙기로 결정했다. 갖은 방법을 동원해 서쪽 패왕인 문왕의 세력이 되어 서서히 그의 피를 빨아들이고자 했다. 골치 아플 일도 없고, 힘도 덜 수 있는 이 방법이야말로 목적을 이룰 수 있는 지름길이라고 보았다. 빌붙기에 성공하면 자신의 간교한 머리와 뛰어난 말솜씨로 서북쪽에 틀어박혀 세상사에 어두운 문왕을 감쪽같이 속일 수 있을지도 모른다. 본분에 성실할 뿐, 우둔하기 짝이 없는 노인네의 기분만 맞추면 총사령관, 아니 상서나 재상을 하사받을 가능성도 없는 것은 아니었다. 결정을 내린 그는 문왕에게 접근할 방법을 찾기 시작했다.

　　며칠 뒤, 강자아는 밖에서 죽간과 바구니 등 낚시도구를 구해 번계 옆에서 한가로이 고기를 낚기 시작했다. 서서히 땔감을 하러 오거나 약초를 캐러오는 사람, 사냥꾼들이 그에게 주의를 기울이기 시작했고, 한두 명씩 다가와 그의 처지를 물어보기도 했다. 사람들은 그의 모습을 보고 매우 기괴하다고 생각했다. 머리에 수염까지 허옇게 센 모습이 도인의 풍모를 하고 있을 뿐만 아니라 또한 그의 낚시 방법이 참으로 희한했다. 긴 장대에 땅에서 세 자도 되지 않는 짧은 실을 매달아 미끼도 끼우지 않은 채 물에 드리우고 있었다. 원하는 자는 기꺼이 걸릴 것이오, 원치 않는 자는 그만두면 그뿐이었다. 이 이상한 낚시질은 마치 멀쩡한 청바지에 여기저기 구멍을 내거나 아예 나체로 길바닥에서 춤사위를 펼치며 세상에 대한 멸시와 사회 주류에 대한 반항을 보여 주는 모습 같았다. 점차 번계에서 이상하고 신비스러운 노인이 낚시를 하고 있다는 소문이 조용히 퍼져나갔다. 그의 기괴한 모습을 보기 위해 날이 갈수록 많은 사람들이 모여들었다. 사람들이 올 때마다 그는 진지한 모습으로 그들에게 심오하기 그지없는 신비스러운 참언을 늘어놓았다. 듣고 있던 사람들은 알 듯 말 듯 오묘한 말에 정신이 나가 자신과 마주하고 있는 이 늙은이가 하루 종일 물만 마시고도 우주 만물을 꿰뚫고, 엄청난 힘을 가진 기인이란 생각을 하게 되었다. 이렇게 자신을 철저하게 위장하고 사람들을 현혹하는 바람에 순식간에 세상 사람들은 그를 기상천외한 영웅이라고 여기게 되었다. 그러나 영웅이라 해도 그를 숭배하는 다른 영웅이 있어야 비로소 진정한 영웅이라 할 수 있다. 강자아는 그렇게 3년을 기다린 끝에 마침내 풍운의 인물을 만나게 되었다.

햇살 따스한 어느 봄날, 야심만만한 주나라 문왕이 사나운 남자, 꽃 같은 여인들을 거느리고 기성 교외 위수 남쪽 언덕으로 사냥을 나왔다. 정오가 되어갈 무렵, 문왕이 나무 아래 쉬고 있을 때 산의생(散宜生)이라는 신료 한 사람이 번계에서 참으로 기괴한 노인 하나가 낚시를 하고 있다고 보고하면서, 번계가 멀지 않으니 한번 살펴볼 것을 권했다. 산의생의 말에 문왕은 수하 남녀 몇몇과 사냥개를 데리고 번계로 향했다.

당시 강자아는 나무꾼과 사냥꾼들을 친구로 삼아 두어, 그들 덕분에 문왕의 행적을 훤히 꿰뚫고 있었다. 드디어 기회가 왔다고 직감했다.

'이 날을 기다린 지 벌써 3년이란 세월이 흘렀다. 이렇게 미친 짓을 하지 않았더라면 아마도 오늘과 같은 날은 오지 않았을 것이다. 높은 관직에 엄청난 재산이야말로 내 꿈이 있는 곳 아닌가! 문왕만 홀릴 수 있다면 이 가난에서 벗어날 수 있겠지. 적어도 저 소가죽으로 만든 이불만이라도 바꿀 수 있을 거야. 기회는 다시 오지 않는 법, 절대 이 기회를 놓치면 안 돼!'

이렇게 생각하며 정성껏 준비를 한 다음, 그의 출현을 기다렸다. 얼마 안 있어 멀리 계곡 쪽에 먼지가 일더니 이어 와자지껄 시끄러운 소리가 들렸다. 강자아가 그리도 기다리던 주군이 도착한 것이다.

번계 옆에서 문왕과 강자아 두 사람의 역사적인 만남이 시작되었다.

강자아는 문왕과 만나 실속 없는 몇 마디 말로 그를 설득할 수는 없으며, 결국 그의 목적 또한 달성할 수 없음을 잘 알고 있었다. 진실한 인품과 학문, 그리고 명확한 도리만이 상대방의 환심을 사고 마음의 감복을 얻어낼 수 있다고 보았다. 그는 미리 준비해 둔 내용에 따라 문왕에게 천하대세를 모두 아우르며 서두를 장식한 뒤 다시 구체적인 치국의 요령과 대정방침, 또한 오랫동안 준비한 '삼상주의(三常主義)' 이야기를 꺼냈다. '삼상주의'란 군주는 어진 이를 세우는 것을 강령으로 삼고, 관리는 어진 이를 임명하는 것을 강령으로 삼으며, 선비는 어진 이를 존경하는 것을 강령으로 삼는다는 것이다. 개괄해 보면 나라를 세우고 정치를 하는 데 반드시 현명한 이를 근본으로, 인재를 중히 여겨 이를 발굴하고 등용하며 존중할 것이니, 그 능력에 관계없이 사돈에 팔촌을 엮어 관직에 앉힐 경우 그 화가 나라와 백성에게 미쳐 결국 나라를 망치는 비참한 최후를 맞이하게 된다는 뜻이다. 그가 말한 '삼상주의'는 강자아가 죽은 후 3천 년이 지난 다음 은작산 한묘의 발굴로 세상에 널리 알려졌다. '삼상주의'가 알려지자 역사 평론가들은 당시 상황에서 강자아가 문왕 앞에서 인재 등용을 대 전략으로 주장하면서, 통치 계급 사이에 뿌리 깊게 자리하고 있던 친족 유대 관계로 인해 사회 발전을 저해하는 고질적 병폐를 지적했다는 것은 그 자체만으로 상대방의 마음을 사로잡는 것이었다고 평가했다.

당시 사관이나 사관에 해당하는 서기들의 기록에 따르면, 아첨에 익숙한 문왕에게 강자아의 말은 커다란 충격이었다. 정치적 담략과 뛰어난 미래지향적 식견을 느낄 수 있는 발언이었던 것이다.

문왕의 표정을 살피던 강자아는 희망이 있다고 생각하고 점점 더 열과 성을 다해 마치 신들린 사람처럼 열변을 토했다. 문왕은 시간이 갈수록 이런 강자아의 열변에 현혹되어 점차 흥분하다가 나중에는 그의 손을 덥석 잡으며 외쳤다.

"일찍이 선군인 태공께서 성인이 주족(周族)을 도와야 비로소 흥성할 수 있다 하셨소. 이제 보니 그대가 바로 그 성인이 아니오? 우리 선군께서 그대를 기다리신 지 오래, 오늘 그대를 나에게 보내시니 하늘이 주나라를 돕는구려! 이제 이 이상한 낚시 따윈 집어치우고 어서 나와 함께 기(岐) 땅으로 갑시다. 내일 당장이라도 그대의 앞길을 환히 열어주겠소. 이런 너저분한 소가죽 이불은 던져 버리시오."

문왕의 말에 강자아는 속마음을 감추고 짐짓 이를 사양하는 척하더니 온몸을 부들부들 떨며 털썩 꿇어앉아 감격의 눈물을 흘리면서 성은에 감사를 올렸다. 결정이 내려지자 그는 사람들의 성화 속에 행장을 꾸려 문왕의 어가에 타고 주나라의 임시 수도 기성을 향해 신나게 내달렸다.

기성에 도착하자 문왕은 약속대로 강자아에게 지금으로 말하면 '국가안전사무처장 겸 서기장'에 해당하는 관직을 맡기고, 주족의 태공이 기다리던 성인이란 뜻에서 태공망(太公望)이란 호칭을 하사했다. 이에 감동한 강자아가 눈물을 흘리며 말했다.

"앞으로 보잘 것 없는 제 모든 것을 대왕에게 바치겠습니다. 주나라의 홍성과 발전을 위한 일이라면 견마지로(犬馬之勞)를 마다 않겠습니다."

강자아는 말을 채 마치기도 전에 그 자리에서 혼절해 버렸다.

제나라 왕 강자아

문왕의 성은에 하룻밤 사이에 권력을 얻은 강자아는 지기를 위해 죽음도 마다하지 않는다는 처세 원칙, 생활철학에 따라 혼신의 힘을 다해 문왕에게 보답했다. 이로써 상대 말년 중국 역사상 운명적인 기인 두 사람이 함께 역사의 무대에 등장하게 되었다. 강자아의 도움으로 문왕은 치국에 더욱 전념하여 상나라 토벌 작전을 시작했고, 불과 6년 만에 주족은 계속 영토를 확장해 드넓은 강역을 확보하면서 점차 상나라 수도인 조가(朝歌)를 포위해 들어갔다. 이처럼 상황이 변화되어 가면서 강자아는 책략을 구상하고, 문왕은 시세에 맞춰 임시 수도 기성을 떠나 풍하(灃河) 서안의 풍성(豊城)을 정식 수도로 정하고 상나라를 멸망시킬 마지막 준비를 마쳤다. 그러나 안타깝게도 막바지 대대적인 성공을 앞두고 문왕이 서거해 상나라 토벌의 중임은 문왕을 계승한 무왕 희발(姬發)에게 넘어갔다.

　당시 상나라 주왕은 음탕하고 포악한 성정이 날로 심해져 강역 안팎으로 전화(戰禍)가 끊이지 않았고, 제후들이 너도나도 반역을 꾀했다. 특히 상나라 동, 남 지역은 계속해서 이어지는 싸움에 한시도 편할 날이 없었다. 은상 왕조가 모진 풍운 속에 무너져 내리고 있었던 것이다.

　주왕을 공격할 조건이 무르익었음에도 강자아는 무왕에게 경거망동을 삼갈 것을 건의했다. 어찌 되었거나 상 왕조는 수백 년을 이어온 나라로 '다리 백 개 달린 벌레는 죽어도 쓰러지지 않는 것'처럼 그리 만만한 상대는 아니었기 때문이다. 무왕은 그의 건의를 받아들이는 한편 측근 신료들과 냉정하게 객관적으로 상황을 분석한 뒤 새로운 책략을 구성했다. 먼저 도성을 풍성에서 상나라 도성에 가까운 풍하 동쪽 호(鎬)로 옮김으로써 상나라를 더욱 광범위하게, 그리고 더욱 적극적으로 포위했다. 단번에 상나라를 무너뜨릴 마지막 준비라고 할 수 있었다.

　기원전 1048년 겨울, 주나라 무왕은 강자아의 협조로 본국의 군사와 부속국가에서 파병한 병사를 이끌고 상나라 주왕을 일거에 쓰러뜨리기 위해 호호탕탕하게 은상 통치 지역을 향해 달려갔다. 그러나 대군이 상나라 땅에서 그리 멀지 않은 황하 남쪽 맹진(孟津) 일대에 이르러 강을 건너려고 할 때 하늘을 살피던 점성사가 여름 들어 동쪽 주작좌(朱雀座)를 향해 순행하던 목성이 갑자기 방향을 바꾸어 역행하는 것을 발견했다. 갑작스러운 천문 변화 앞에서 천명을 철석같이 신봉하던 무왕은 대경실색하며 이는 불길한 징조라고 생각했다. 그는 황급히 전군 철수를 명령했다. 그러나 강자아 등 일부 신료 및 동맹국 장수들은 의심스러운 눈초리로 그의 결정을 반대했다. 무왕은 초조한 모습으로 반대파들을 향해 "그대들은 천명을 알지 못하니 공격할 수 없네."라고 하며 계속 철군을 고집했다. 중신들이 아무리 말려도 소용이 없었고, 결국 무왕의 명령에 따라 맹진에서 군대를 철수해 위하 곡지의 주족 경계 지역에서 대기했다.

　두 해가 흘러갔다. 그간 주왕의 잔악무도함은 더욱 심해져 직언을 하는 대신들을 살해하고 기자(箕子)와 태사 자(疵)를 구금하는 등, 조정을 쑥대밭으로 만들어 놓았다. 현명한 신하와 장수들은 모두 앞 다투어 재난을 피해 달아났고, 결국 음악의 대가인 소사강(少師疆)마저 악기를 안고 야반도주해 주족에게 투항했다. 이제 상나라는 침몰 직전의 위기를 맞이하고 있었다.

지금이야말로 상나라를 무너뜨릴 기회라고 생각한 무왕은 강자아의 동조 속에 다시 군사를 일으켰다.

출병 직전, 무왕은 점을 친 결과 '주대흉(主大凶)'이란 점괘를 얻었다. 언제나 철저하게 점괘를 따르던 무왕과 중신들은 이에 심히 근심이 되었다. 그러나 강자아는 이번에는 무슨 일이 있어도 상나라 토벌을 위한 출격을 감행해야 한다고 생각했다. 그는 소위 천명이란 것이 얼마나 우스운 것인지를 보여 주기 위해 점술사가 가지고 있던 귀갑을 빼앗아 땅에 힘껏 내동댕이친 다음 발로 부숴버렸다. 그리고 고개를 들고 조정 문무 관리들을 향해 장엄한 표정으로 손을 내두르며 이렇게 독려했다.

"이제 주나라는 매우 중요한 때를 맞이했소. 출병을 찬성하는 자는 왼쪽으로, 반대하는 자는 이 자리에서 썩 물러나시오."

강자아의 말에 기운이 솟은 장수들은 잔뜩 흥분한 모습으로 무왕에게 상나라 토벌을 위한 출병을 요구했다.

무왕은 강자아가 정색을 하고 연설을 늘어놓자 놀라움을 금할 수 없었다. 그는 마음속으로 생각했다. '맞는 말이야. 나야말로 지금 이렇게 멍청하게 서 있을 때가 아니지. 강자아처럼 장수들을 독려해야겠어!' 무왕은 힘차게 일어나 문무 대신을 향해 큰 소리로 말했다.

"주왕이란 작자가 온종일 음탕한 짓에 대신들을 죽이고, 백성들에게 갖은 만행으로 극악무도한 죄를 짓고 있도다. 이런 혼군을 제거하지 않는다면 하늘도 이를 용서하지 않을 것이다. 이제 강자아를 총지휘 겸 참모장으로 명하니 주왕을 토벌하기 위한 출병을 명하노라."

무왕의 명령에 강자아는 전차 3백 승, 용사 3천 명, 갑사(甲士) 4만 5천 명을 이끌고 주왕 토벌을 위한 진군을 시작했다. 주나라 군대는 도성 호에서 출발해 기세등등하게 동쪽을 향해 진군했다. 그런데 군대가 사수(汜水) 우두산(牛頭山)에 이르렀을 때, 갑자기 바람이 불고 번개가 치더니 군기가 부러졌다. 이어 무왕의 참승(驂乘 : 수레에 탈 때 항상 수레 오른쪽에 서서 호위를 하는 관직)이 죽어 쓰러지자 주나라 군대는 대혼란에 빠졌다. 이에 이번 출정에 계속 안절부절못하던 부 총지휘관인 무왕의 아우 주공 단(旦)이 다시 반기를 들고 나섰다. 주공이 겁먹은 모습으로 무왕과 강자아에게 말했다.

"출정 전 군사 회의에서 '태세(太歲)를 거스르고, 거북점에 흉이 나오고 복사가 불길한 데다 별이 변하면 재난이 온다'고 경고했습니다. 그런데도 제 말을 듣지 않고 고집을 부리시더니 이것 보십시오. 오늘 이 모습은 하늘이 주는 마지막 경고입니다. 절대 하늘의 뜻을 어겨서는 안 됩니다. 어서 돌아갑시다."

주공의 말에 강자아는 무왕이 입을 열기도 전에 버럭 화를 냈다.

"주왕처럼 나라를 망치고 백성을 좀먹는 왕을 타도하지 않으면 그것이야말로 천지가 용서치 않을 일입니다. 일이 이렇게 되었으니 죽고 사는 것도 운명입니다. 죽음이 두려운 자는 돌아가고, 그렇지 않은 자는 나를 따르시오!"

이렇게 말하며 강자아가 진영 한 가운데로 나아가 손에 최고 지휘권을 의미하는 영전(令箭)을 들어올렸다. 이어 수하 장령들에게 군에서 망명한 자들을 선발하도록 한 다음 강자아의 이름자로 명명한 결사대를 조직했다. 강자아는 결사대를 선봉으로 삼아 산 넘고 물 건너 적진을 향해 돌진했다. 물불 가리지 않고 돌진하는 그를 보고 무왕은 사태가 돌이킬 수 없게 되었다는 것을 깨닫고는 이를 악물고 그의 뜻을 따라주기로 했다.

"군사들이여, 태공을 따라 앞으로 전진하라!"

무왕은 이렇게 말하고 강자아와 함께 대군을 이끌고 행군을 계속했다.

주나라 군대는 상나라 교외 목야(牧野)에서 각국 연합군을 만나 중국 역사상 널리 알려진 맹세 회합을 개최해 군사들의 사기를 충천시키고, 투지를 굳건하게 다졌다. 주나라 군대가 목야에서 회합해 조가를 향하고 있다는 소식에 공포에 질린 주왕은 애첩 단기의 품에서 빠져나와 황급하게 오합지졸 70명을 모아 70만 군대라고 큰소리를 치며 목야로 주나라 군대를 영전하러 나갔다. 기원전 1046년 1월 20일, 새벽 5시 47분(2000년 중국 하상주 단대공정 최신 성과에 따른 추산을 근거로 했다)에 중국 역사상 최대 규모의 목야 전투가 우렁찬 북소리와 함께 대 서막을 열었다.

사전 배치대로 먼저 선봉 총지휘관인 강자아가 부대를 이끌고, 뒤이어 무왕이 정예 군대 호분(虎賁 : 천자를 호위하는 군사, 용사) 3천 명과 융거(戎車 : 기마 전차) 3백 량을 선두로 빗발치는 폭우처럼 상나라 군대를 향해 돌격했다. 주나라 군대의 살벌한 공격에 상나라의 오합지졸 군사들은 미처 일격을 감당하지 못하고 그대로 반란을 일으켜 버렸다. 오랫동안 상나라 도성에서 온갖 멸시와 차별과 괴로움을 당하면서, 사는 것이 죽느니만 못한 나날을 보내야 했던 그들은 너나없이 방향을 돌려 주나라 군사들과 함께 조가로 돌격하기 시작했다. 성 밖에서 전투를 지휘하던 주왕은 홍수처럼 밀려드는 주나라 군사들 앞에서 이미 대세가 기울었다고 판단해 성 안으로 달려가 평소 환락을 즐기던 녹대에 올라 옥으로 만든 값비싼 옷을 입고 분신자살을 했다. 이렇게 해서 극악무도한 상나라 주왕은 6백 년에 가까운 은상 제국을 패망의 구렁텅이로 빠뜨리고 말았다.

주나라와 그 동맹군이 목야 전투에서 승리를 거두자, 상나라 도성 조가의 백성들은 환희에 차 주나라 군대를 맞이했다. 다음 날, 즉 1월 21일 오전 열 시쯤, 주나라 무왕은 거리를 청소하도록 명령하고 강자아, 소공, 주공 등 중신들과 승리를 자축하는 연회를 열었다. 그리고 새로 만든 단상 위에 올라 정식으로 즉위를 선포했다.

"하늘의 뜻에 따라 주나라 백성의 거사가 승리를 거두고 상 왕조가 패망하니, 대 주 왕국의 성립을 정식으로 선포하는 바이다. 주족 및 우방국 백성, 나아가 지금껏 핍박 속에 살아온 백성들까지 이제 자유를 만끽하게 될 것이다."

제위식이 끝나고, 무왕은 강자아 등 중신들을 이끌고 제단 앞으로 나아가 선조와 순국 장수들에 대한 제를 올렸다. 그는 침통한 어조로 제문을 낭송했다.

"나는 이제 천하 최고의 지위를 가진 자로서, 전능하신 하늘을 향해 맹진에서 열병을 했던 이후 두 해 동안 상나라를 멸하기 위한 전투에서 희생한 영웅들의 이름이 영원하기를 기원하나이다."

모든 의식이 끝난 뒤 무왕은 모두가 인정하는 천하의 주인이 되었다. 이로써 새로운 왕조가 중원 대지에 탄생했다.

천하를 얻은 주 왕조는 처음부터 통치의 기반을 다지기 위해 토호 및 악질 패권 세력과 투쟁을 마다하지 않았고, 특혜 정책을 통해 토지를 수용했으며, 은상(殷商)의 유민을 위로하는 한편 나라의 평온을 위해 '인재를 선발하여 밝은 덕을 세우고, 번주(藩主)로써 주나라를 방어토록 한다(選建明德, 以藩屛周)'는 치국강령을 내놓았다. 이러한 일련의 방침에 따라 무왕의 일가친척 및 전쟁 공신들은 각기 토지와 작위를 받고, 하사받은 봉지에 제후국을 세워 주 왕실의 정치, 군사적 호위 세력이 되었다. 가장 먼저 분봉을 받은 사람은 이번 전쟁에서 혁혁한 전공을 세운 강자아였다. 그와 그의 가족은 자신의 봉지를 제(齊)라고 칭했다. 다음 상나라와의 전투에서 공훈을 세운 주공 단(旦)은 노(魯), 무왕의 사촌동생인 소공(召公)은 연(燕), 무왕의 두 아우인 숙선(叔鮮)과 숙도(叔度)는 관(管)과 채(蔡)를 봉지로 받았다. 이 중 인접해 있던 주공 단과 소공, 그리고 강자아의 봉지는 수 세대에 걸친 세력 다툼을 통해 결국 하나의 제후국으로 통합되었다. 이후 제와 노나라 땅은 하나가 되어 제로(齊魯)의 땅이라고 불렸다.

토지를 분봉 받은 강자아는 화창한 어느 날 일가를 거느리고 화려한 주나라 도읍 호를 떠나 제나라 땅을 향해 길을 떠났다. 긴 수염을 쓸며 높은 산, 맑은 물, 시골 들녘을 바라보자 강자아는 탄식이 절로 나왔다. 부랑자로 이리 저리 소가죽 이불을 끼고 떠돌다가 주나라에 들어온 일이 생각났다. 말단 관직이나 하나 얻어 여생을 편히 살아볼까 생각했는데, 하늘이 무심치 않았는지 고희가 넘어 현명한 군주를 만나 높은 관직에 오르지 않았는가 말이다.

강자아 가족은 제 땅에 들어온 뒤 즉시 새로운 나라를 세우고 영구(營丘 : 지금의 산동 임치 북쪽)에 도읍을 정했다.

강자아가 봉록을 받은 지 얼마 되지 않아 주 왕조의 창건자이자 최고 지도자인 무왕 희발은 불행하게도 세상과 이별했고, 나라와 민족의 중임이 열 살밖에 되지 않은 무왕의 아들 성왕 희송(姬誦)에게 맡겨졌다. 어린 성왕에게 막중한 임무가 떨어지자 주공 단은 때를 놓치지 않고 천자를 등에 업고는 지금의 국가 안전차관보의 신분으로 국가의 주요 업무를 섭정했다. 그러나 관, 채 땅에 봉해진 숙선, 숙도 등 왕공 대신은 섭정을 맡은 주공 단의 말을 따를 수 없었다. 이에 은상 왕조의 몰락 귀족과 연합해 대대적으로 '청군측(淸君側 : 황제 주변의 간신을 몰아냄)' 군사 행동에 돌입했다. 다시 말하면 주공 단을 쫓아내고 대권을 성왕이나 다른 사람에게 넘기겠다는 것이었다. 대대적인 군사 행동에서 숙선 등은 각자 자기 영역의 군대와 은상의 몰락한 귀족들을 모아 살벌한 기세로 도읍 호로 쳐들어가 주공 단을 문죄했다. 상황이 이쯤 되자 멀리 동이에 있는 연나라, 포고씨(蒲姑氏), 서이(徐夷), 회이(淮夷) 등 나라의 군주들도 여기저기 병사를 일으켜 순식간에 온 사방은 전화(戰火)의 불길이 타올랐고 천하가 혼란에 빠졌다. 천자의 명을 등에 업고 섭정을 하고 있던 주공 단은 상황이 불리하게 돌아가자 황급하게 소공과 강자아에게 구원을 요청하는 편지를 보냈다. 그리고 자신은 절대 모반을 꾸밀 생각이 없으며 지금의 섭정은 단지 일시적인 것임을 강조했다. 편지를 받은 강자아는 찬탈을 하든 말든 그거야 희씨(姬氏) 집안 일일 뿐이라는 생각이 들었다. 그래봤자 어차피 자기들 싸움 아닌가. 천자의 자리가 강자아에게 떨어질 리는 없었다. 더구나 주공 단에게 의지해서는 큰일을 이룰 수 없었다. 그렇지만 숙선, 숙도 등 왕공 대신은 천하의 난신적자(亂臣賊子)가 될 가능성이 농후했다. 게다가 그들의 봉지가 강자아로부터 너무 가깝고, 제나라를 포위하고 있는 형상이어서 이를 없애지 않으면 후환이 있을 것이 분명했다. 이에 제나라 군대를 소집해 평생의 경험을 바탕으로 주공 단을 도와 역모를 꾀할 적들을 없애버리겠다는 답장을 보냈다. 단, 일이 성사된 다음 자신에게 더 많은 지역을 하사하고, 이에 상응하는 특권을 주지 않으면 그의 명령에 복종하지 않겠다고 했다. 편지를 읽은 주공 단은 절로 욕이 나왔다.

"강자아, 네놈이 소장수 시절 근성을 버리지 못했구나."

주공 단은 욕을 내뱉으면서 소장수는 아무리 날뛰어봤자 소장수란 생각이 들었다. 소장수 근성이라는 게 작은 이익을 구하니, 그의 요구를 들어주는 것도 무방하리라고 생각했다. 어찌되었거나 천하가 이 소장수 손아귀에 들어가진 않을 테니까 말이다. 주공 단은 시원하게 강자아의 요구를 수락했다.

협상이 이루어지자 강자아는 주공 단을 문죄한 사람들을 응징하기 위해 병사를 일으켰다. 3년에 걸친 밀고 당기는 싸움 끝에 주공 단이 최후의 승리를 거두었다. 당초 합의에 따라 강자아는 그가 그토록 애타게 갈구하던 거대한 땅을 얻게 되었는데, 동으로는 바다, 서로는 황하, 남으로는 목릉(穆陵 : 산동 기수현 목릉관), 북으로는 무체(無棣 : 산동 무체현 북쪽)에 이르렀다. 이처럼 관할지역이 무려 2천여 리를 넘다 보니 모든 제후국 가운데 으뜸이었다. 막강해진 그의 권력 앞에 주나라 성왕은 하는 수 없이 특권을 하사함으로써 제나라 땅 및 주변 지역의 오등(五等) 제후, 구주(九州) 방백(方伯 : 구주의 장관) 중 강자아의 눈에 거슬리는 자는 가차 없이 처벌을 받았다. 막강한 권력을 바탕으로 소장수 출신 강자아는 마침내 진정한 실력을 과시할 수 있게 되었다.

물론 아무리 막강한 권력의 소유자가 되었다 해도 강자아는 여전히 부지런하게 국가와 백성을 위한 노고를 아끼지 않았다. 그는 넓은 땅, 풍부한 물산, 높은 생산력, 이족(異族) 세력이 상대적으로 막강한 경제, 정치적 조건을 이용해 제나라를 다스리기 위한 전략 방침을 확립했다. 그는 상업적, 직업적 기질을 발휘해 지역의 풍속을 익히고, 예의범절을 간소화하고, 각종 상공업을 개방해 상인, 어부, 소금 제조업에 편의를 제공함으로써 제나라 백성들이 이러한 자원을 풍부하게 누릴 수 있도록 했다. 또한 주공 단의 '친속(親屬)을 친근하게 대해 많은 은덕을 베푼다(親親上恩)'는 정책을 거부하고, '어진 이를 높이고 공적을 숭상한다(尊賢上功)'와 같이 어진 인재 등용과 공적 위주의 정책을 확립했다. 종실 귀족의 특권을 제한해 재능에 따라 승진시키고 공적에 따라 상을 내리며, 청렴을 주창하고 부패를 척결해 새로운 세상을 열고자 했다. 줄줄이 이어지는 새로운 정책의 출범은 제나라 정치, 경제, 문화 발전에 든든한 기초를 형성했다. 불과 1년 남짓, 제나라는 동쪽의 군사대국이 되었고, '대국적 기풍'을 키우며 경제적, 문화적으로 화려한 성과를 이루어 나갔다. 이후 제나라는 오랫동안 급속한 발전으로 주변 제후국들의 선도 주자가 되었으며, 서주 왕조가 의지하는 동쪽 최고의 역량을 갖추었다.

당시 제나라의 정황에 대해 사마천은 『사기』「노주공세가(魯周公世家)」에 다음과 같이 기록하고 있다.

주공이 죽었으나 아들 백금(伯禽)은 이미 봉지를 받았으니, 그가 바로 노공(魯公)이다. 노공 백금이 처음 노나라 땅을 봉지로 받고 3년 뒤 주공에게 정사를 보고했는데, 주공이 '왜 늦었느냐'고 묻자 백금이 '그곳의 풍속과 예의를 변혁하고 삼년상을 치르느라 늦었습니다'라고 했다. 태공도 역시 제(齊) 땅에 봉지를 받았는데, 다섯 달이 지나 주공에게 정사를 보고하니, 주공이 '왜 이리 빠른가' 하고 묻자 '저는 군신의 예의를 간소화하고 그곳의 풍속과 행사를 따랐기 때문입니다'라고 했다. 나중에 백금이 정사를 늦게 보고한 것을 듣고는 바로 탄식하며 '오호라! 후세에 노나라가 제나라를 섬기게 될 것이다. 대개 정치가 간소하고 용이하지 않으면 백성들이 접근하지 않는다. 정치가 평이하고 백성에게 친근하면 백성들이 반드시 모여든다'라고 했다.

강자아가 제나라를 다스리기 시작한 이후 복잡한 예법에 구애받지 않고 지역의 상황에 따라 제도를 알맞게 개선하고, 지역 풍토를 존중하면서 탄력적으로 정무를 처리함으로써 "백성들이 대거 제나라로 들어가니, 제나라는 대국이 되었다."(『사기』「제태공세가」). 이에 비해 노나라는 백금을 수장으로 하는 통치 계급들이 언제나 친족 정권을 유지하면서 부패를 일삼고, 특권을 누리며 허례허식을 중히 여기니, 나라 전체가 마치 족쇄를 달고 춤을 추는 것처럼 개인과 무리의 능동적 참여를 이끌어 낼 수 없었다. 이에 국내의 정치, 경제, 군사 등 모든 면에서 발전을 이룩할 수 없었다. 주공 단 등은 이 같은 상황을 변화시킬 능력이 없음을 깨닫고 이후 노나라의 장수, 신하들이 제나라의 군신을 섬기게 될 것이라는 탄식을 늘어놓았다.

주공 단의 예상은 적중했다. 춘추 전기, 주 왕실이 점차 쇠락하고 있을 때 동쪽에 위치한 제나라는 모든 제후국 가운데 두각을 나타내고 있었다. "무장한 병사가 수십 만 명이고 비축한 식량은 산더미처럼 쌓였다. 삼군(三軍)의 정예는 다섯 나라(연燕, 조趙, 한韓, 위魏, 제齊)의 병사에 상당하니 공격할 때는 날카로운 칼을 휘두르고 화살을 쏘는 듯하며, 전투를 할 때는 우레처럼 막강하고 물러날 때는 비바람처럼 재빠르게 흩어진다."라고 소진(蘇秦)은 제나라의 군사적 역량을 묘사했다. 이처럼 막강한 대국으로 성장했기 때문에 그 어떤 제후국도 상대가 되지 못했다. 제나라 군신들은 막강한 정치, 경제, 군사적 실력에 힘입어 천하를 아우르는 '오패(五霸)'의 으뜸이 되었다. 전국 시대에 이르러 제나라는 '칠웅(七雄)'*의 대열에 들어 명성을 드높였다.

주나라 강왕 6년에 이르러 제나라를 세운 지도자로 정치 대가이자 병학의 비조인 소장수 강자아는 세상을 떠나고 말았다. 그는 다수의 병서 전략 저서를 남겼으며 그중 은작산 한묘에서 병학의 경전이라 할 수 있는 『육도(六韜)』가 발견되어 후세에 전하게 되었다.

『육도』의 실체

『수서(隋書)』「경적지(經籍志)」에 따르면, 세상에 전하는 『육도』 혹은 『태공육도(太公六韜)』는 '주나라 문왕의 군사 여망 찬(周文王師呂望撰)'이다. 전편은 모두 강자아가 문왕에게 답하고, 무왕 부자가 질문하는 형식으로 구성되어 있다. '문

---

* 중국 전국 시대에 할거하던 일곱 강국으로서 진(秦), 초(楚), 연(燕), 제(齊), 조(趙), 위(魏), 한(韓)을 말한다.

도(文韜), 무도(舞韜), 용도(龍韜), 호도(虎韜), 표도(豹韜), 견도(犬韜)' 등의 여섯 부분으로 구분되어 있는데, 모두 60편, 2만여 자로 대략의 내용은 다음과 같다.

우선 「문도」는 주로 정치, 전투 전 준비에 관한 내용이다. 정치는 군사(軍事)의 기초이며, 군사는 정치의 연속이다. 제1편 '문사(文師)'는 주로 주나라 문왕이 위수에서 강자아를 만나고, 그를 자신의 스승으로 삼는 정경이 묘사되어 있다. 천재일우와 같은 만남에서 강자아는 문왕에게 겉으로는 강한 것처럼 보이는 은상 왕조가 곧 패망하고, 이름 없는 주나라 사람이 역사 무대에 등장해 그 빛이 오래도록 존재할 것이라고 암시한다. 왜냐하면 "천하는 군주 한 사람의 천하가 아니라 천하 만백성의 천하이니, 천하의 이익을 백성과 더불어 나누는 군주는 천하를 얻고 반대로 천하의 이익을 자기 혼자만 차지하려는 군주는 반드시 천하를 잃기 때문이다." 강자아는 계속해서 낚시를 예로 들며 다음과 같이 말하고 있다.

좋은 미끼로 물고기를 낚는 데에는 세 가지 미묘한 방편이 있습니다. 후한 녹봉으로 뛰어난 인재를 얻어 지혜와 능력을 발휘하게 하고, 많은 상을 내려 병사들이 목숨을 바치게 하며, 높은 벼슬자리를 맡겨 신하에게 충성을 다하도록 합니다. 낚시질은 목표로 삼은 것을 낚기 위한 방편이지만, 여기에 담긴 뜻은 매우 깊습니다. 그러므로 우리는 이를 통해 세상의 큰 이치를 발견할 수 있습니다. ……미끼를 드리우면 물고기를 낚아 죽일 수 있고, 봉록을 내걸면 훌륭한 인재를 얻어 능력을 발휘할 수 있습니다. 이러한 이치와 마찬가지로 대부가 자신의 집안을 들여서 나라를 얻고자 하면 나라를 손에 넣을 수 있고, 제후가 자기 나라를 바쳐 천하를 얻고자 한다면 천하를 아우를 수 있습니다.

그는 이렇게 해야만 "마치 자신이 머무는 집으로 돌아가듯이 사람들의 마음을 절로 모을 수 있다."라고 결론짓고 있다. 강자아는 이를 통해 문왕에게 모든 방법을 동원해 천하의 인재를 모은 다음, 먼저 자신의 일을 잘 처리한 뒤 조용히 사태를 관망하다가 기회가 왔을 때 천하를 도모하라는 암시를 주었다.

「무도」는 전략적 시각에서 '수덕(修德)'과 '안민(安民)'의 이치를 말하고 있다. 바로 민심을 얻고, 적을 와해시키고, 기회를 잡아 각종 정치적 수단을 통해 적의 붕괴를 앞당김으로써 최소의 대가로 전쟁에서 승리를 거두는 것이 목적이다. 「무도」는 특히 '문벌(文伐)' 전략을 강조하고 있으며, 구체적으로 지혜를 이용해 전쟁을 하지 않고도 승리하는 열두 가지 방법을 내놓고 있다. 또한 가능한 한 많이 적국 내부의 모순과 틈을 이용해 적을 와해시키고, 갈등을 심화시키며, 이간질을 해 적이 스스로 무너지도록 하는 전략이 포함되어 있다. 적어도 군대 진격에 유리한 시기를 잡아 최소의 대가로 최대의 승리를 거두어야 한다고 했다.

「문도」와 「무도」 외에 나머지 네 가지 도(韜)는 모두 개별 상황에서 취할 수 있는 구체적인 작전 원칙에 관해서 이야기하고 있다. 「용도」는 군사 지휘와 배치, 「호도」는 넓은 지역의 작전, 「표도」는 좁고 험한 지역에서의 작전 원칙, 「견도」는 보병, 거병, 기병의 협동 작전 조직과 전략전술 문제에 중점을 두고 있다. 책은 전체적으로 유물론의 관점이 강하게 느껴진다. 옛 사람들이 매우 신비하게 생각했던 화복과 길흉에 대해 작자는 인사가 하늘에 달리지 않았을 때 특히 사람의 몫을 강조하며, 백성 사랑을 치국, 치군의 가장 중요한 전제로 삼아야 한다고 분명하게 지적하고 있다. 전쟁에서 승리하기 위해서는 먼저 나라를 부강하게 만들고, 백성을 사랑해야 하며 순농(順農 : 천지우주의 자연 질서에 한 치 흐트러짐 없이 농사짓는 농부가 거둬들인 농산물)에는 세금을 적게 부과해 백성의 부담을 줄임으로써 생활을 안정시켜야 한다고 했다. "천하가 평화로우면 모든 것이 이롭고, 천하가 혼란스러우면 이로움이 달아나버린다"고 해, 모두가 회피하거나 모른 척하고 지나쳐 버리는 근본적인 문제를 분명히 지적했다. 또한 "인심에 순응해 천하의 일을 도모해야" 군사적으로도 승리를 거둘 수 있다고 했다. 이 밖에도 음부(陰符), 음서(陰書)의 운용을 강조해 고대 군사 통신의 기밀 보장을 설명했는데, 이는 후대 병가 사상에 대한 계도적 의미를 가지고 있다. 이 『육도』는 중국 군사 역사상 매우 독특한 가치와 위치를 차지하는 것으로서, 오래도록 『무경칠서(武經七書)』*에 포함되면서 후세에 전승되어 역대 군사가와 정치가에게 사랑을 받고 있다.

『육도』는 내용과 규모가 광범위하고 역사적 사실이 많이 수록되어 있다. 일부 내용은 강자아가 살던 시대 이후의 것이기 때문에 책이 지어진 연대에 대해 한나라 시대 이후 많은 이견이 있었다. 반고는 『한서』「예문지」에서 이를 유가에 귀속시키고, "『주사육도(周史六韜)』는 혜왕과 양왕 사이, 혹은 현왕(顯王)이나 공자 사이"라고 말했다. 다시 말하면 이 저서의 저작 연대가 빠르면 주나라 혜왕과 양왕, 즉 춘추 시대 노나라 희공, 문공 사이(약 기원전 676~기원전 619년)이며, 그렇지 않다면 공자의 소년기부터 노년기까지로 노나라 소(昭), 정(定), 애(哀) 3공 시대(약 기원전 551~기원전 479년)라는 것이다. 또한 늦게는 주나라 현왕 재위 18년, 즉 전국 시대(약 기원전 368~기원전 321년)에 해당한다고 했다. 이후 많은 학자들은 『육도』의 내용이 주나라 문왕, 무왕과 강자아 사이의 문답이지만 구체적으로 이를 정리한 사람은 주나라의 사관이라고 여겼다. 『육도』를 정리한 사람은 결코 이를 강자아의 저서라고 생각하지 않았다. 그래서 『수서』「경적지」에 '주나라 문왕의 군사 여망 찬'이라는 구절이 나오지만, 이는 터무니없는 설명이거나 여망의 이름을 빌린 것에 불과하다고 보았다. 따라서 실제 작자가 누구인지는 더 이상 상세한 고찰이 어려운 상황이다.

이런 견해 외에 의고(擬古)학파들은 또 다른 관점을 제시하고 있다. 송나라 왕응린(王應麟)은 『한서』「예문지고증」에서 『육도』는 전국 시대 손자, 오자서 이

---

* 지금까지 전해지는 『무경칠서』는 북송 조정에서 관서로 발행한 병법 총서로, 고대 중국의 첫 번째 군사 교과서다. 이는 『손자병법』, 『오자병법』, 『사마법』, 『위료자』, 『육도』, 『삼략』, 『당태종이위공문대(唐太宗李衛公問對)』 등 일곱 권의 저명한 병서를 모아 만들었다. 원풍(元豊) 3년(1080년), 송나라 신종(神宗)이 국자감에 『손자』, 『오자』, 『육도』, 『사마법』, 『삼략』, 『위료자』 등의 서적을 교정하고 이를 판목에 새기도록 하라'는 명령을 내렸는데, 이에 국자감 사업(司業) 주복(朱服)이 주관하고, 무학박사 하거비(何去非) 등이 참여했다. 3년에 걸친 교정 작업을 끝내고 원풍 6년(1083년)에 마무리되었다. 교정을 거친 『무경칠서』는 당시 유행하던 수백 개의 병서 가운데 정선한 것으로, 기본적으로 선진 시대부터 당나라 때까지 중국 군사 사상, 전략의 최고 수준을 대표하는 것이다. 이는 송나라 시대 무학 발전에 매우 큰 의미를 가지고 있으며 후대, 특히 고대 군사가의 주체적인 지식을 정리하는 데 중요한 몫을 담당하고 있다.

후 책사들이 옛일을 빌려 저술한 것이라고 했다. 또한 명나라 호응린(胡應麟)은 『사부증위(四部證位)』에서 "『육도』는 태공을 사칭해 위조한 것이 확실하다."라고 하여 위진 시대 이후 병가에서 고대 병서 중 남은 것을 정리해 저술한 것이라고 단정지었다. 청나라 최술(崔述)은 『풍고고신록(豊稿考信錄)』에서 『육도』는 진, 한 사이에 살았던 사람이 옛것을 빌려 지은 것이라고 했다. 또 다른 의고학자 요제항(姚際恒) 역시 위서라고 생각하면서 "글이 속되고 천하니 어찌 위탁한 글이라 의심치 않겠는가?"라고 했다. 유명한 『사고전서제요(四庫全書提要)』 또한 이 저서가 『한서』「예문지」병가록에 보이지 않고, "지금 이 글을 고증해 보면 대개 그 글의 뜻이 천박해서 고서 같지 않다."라는 의문을 제기했다. 청나라 가경 연간 고고학자 손성연(孫星衍)은 이 책에 대한 무고(誣告)를 고발하고 있지만, 애석하게도 증거가 충분하지 않고 또한 이를 설득력 있게 설명할 수가 없어 학자들의 인정을 받지 못했다.

현대 역사학자 진청영(陳青榮)은 우선 연대에 대해 '혜왕과 양왕 사이'라고 한 반고의 의견이 정확하다고 보고 있다. 그리고 『육도』는 결코 위작이 아니며, 다만 책의 성립 시기가 이르기 때문에 복잡한 전승 과정을 거치면서 바뀐 부분이 많아 초기 내용을 정확하게 파악할 수 없을 뿐이라고 했다. 책의 전체 내용은 강자아와 문왕의 대화 형식으로 표현되어 있으며, 문왕과 주나라 초기 명신인 산의생(散宜生)과 주공 단 등 대신들의 대화가 수록되어 있다. 이 밖에 다른 일부 문헌에도 주나라 사관이 군신의 대화를 기록했다는 사실이 명확하게 기재되어 있다. 예를 들어 『돈황유서(敦煌遺書)』 가운데 당나라 사람이 필사한 『육도』를 보면 다음과 같은 기록이 나온다. "정월에 왕이 성주(成周 : 지금의 하남성 낙양 왕성공원王城公園 일대)에서 삼공과 좌사 융부(戎夫)를 불러 말했다. '지금까지 짐이 말하고 이룬 일에 대해 기록하라.' 이에 융부가 주관해 초하루에 들은 바를 바쳤다." 또한 『죽서기년』에는 "목왕 24년 좌사 융부에게 명하여 이를 기록하도록 했다." 라고 쓰여 있다. 진청영은 이로써 좌사 융부가 바로 『육도』를 기록한 사람 가운데 한 명이라고 추론했다. 또한 『육도』가 주나라 왕실의 금판(金版) 문서로서 세상에 전해지는 병학 저서로 정리되기까지 특별한 과정을 거쳐 지금의 저서로 발전되었다고 보았다. 그 과정에서 일부 내용이 유실, 증보, 수정되는 것은 사실 매우 정상적이고 당연한 현상이다. 진청영은 이에 대해 다음과 같이 말했다.

"지금 사람들이 접하는 『육도』는 송나라 시대 『무경칠서』를 편집할 때의 산정본으로 『육도』의 원래 모습은 찾아볼 수 없다. 따라서 이 책은 전체적으로 볼 때 매우 번잡하고 산만한 부분이 적지 않다. 이에 비해 은작산 한묘에서 출토된 죽간서 『육도』는 이 책의 성립 연대에 믿을 만한 증거가 될 뿐만 아니라 일부 유실된 부분을 보충함으로써 더욱 고대 원본에 가까운 내용을 담고 있다."

은작산 한묘에서 출토된 죽간본 『육도』는 부분 죽간 125점, 4,000여 자에 달한다. 정리 작업을 맡은 사람들은 죽간을 열 넷으로 구분하고, 그 문자 내용에 따라 세 부류로 분류했는데, 지금 전해지는 「문도」, 「무도」, 「호도」와 각종 유서(類書)에 실린 내용 및 정사에 인용된 『육도』의 일부, 그리고 이미 실전된 일문(逸文) 등이다. 한묘를 발굴하고, 죽간서 정리를 맡았던 오구룡의 석문교주본(釋文校注本)의 분류 목록은 다음과 같다.

1. 「문도」 '문사'

2. 상정(尙正) (즉, 전본傳本 「문도」 '육수六守')

3. 수정(守正) (즉, 전본 「문도」 '수토守土')

4. 「문도」 '수국(水國)'

5. 「무도」 '발계(發啓)'

6. 「무도」 '문계(文契)'

7. 삼의(三疑) (즉, 전본 「무도」 '삼의三疑')

8. 『군서치요(群書治要)』에 수록된 「무도(武韜)」

9. 『군서치요』에 수록된 「호도(虎韜)」

10. 보계(葆啓) (즉, 『육도』 일편逸篇)

11. 『북당서초(北堂書鈔)』에 인용된 『육도』의 문장

앞에서 이야기한 바와 같이 은작산 한묘에서 출토된 죽간의 서술 연대는 늦어도 서한 전기로 추정된다. 그렇다면 『육도』는 그 가운데 일부이기 때문에 이 역시 그 시기에 쓰인 것으로 볼 수 있다. 은작산 한묘의 뒤를 이어 1973년 하북성 정현(定縣) 한묘에서도 『태공(太公)』 죽간 144매, 1,402자가 출토되었다. 죽간에는 문왕, 무왕문(武王問), 태공왈(太公曰) 등의 글자가 보이고 또한 현존하는 『육도』와 서로 비슷하거나 동일한 부분이 적지 않았다. 고증 결과 분묘의 주인은 중산 회왕(懷王) 유수(劉修)인 것으로 알려졌는데, 유수는 한나라 선제 시절인 오봉(五鳳) 3년(기원전 55년)에 사망했기 때문에 묘에서 출토된 죽간이 쓰인 연대는 묘 주인의 사망 이전일 수밖에 없다. 은작산에서 정현까지 앞뒤로 발굴된 한묘의 죽간을 통해 『육도』는 적어도 한나라 이전이나 한나라 초에 광범위하게 유통되고 있었음을 알 수 있다. 따라서 이미 확실한 물증이 나왔기 때문에 『육도』가 한나라 또는 위진(魏晉) 시대의 위작이라는 주장은 당연히 사라지게 되었다. 죽간본과 금본(今本)의 내용을 비교한 결과도 서로 같다는 것이 판명되었다. 죽간본은 금본의 대체적인 풍모를 그대로 간직하고 있으며, 아울러 강자아의 정치 사상과 군사 사상의 여러 가지 측면을 비교적 진실하게 반영하고 있다. 이처럼 은작산에서 죽간본 『육도』가 발견됨으로써 학술계에서도 『육도』가 강자아가 직접 편찬한 것은 아닐지라도 그 대체적인 내용이 강자아와 주나라 왕의 대화에 대한 주나라 시대 사관의 진실한 기록에 근거하고 있음을 확신하게 되었다. 따라서 『육도』는 현재 우리들이 제나라 개국 군주인 강자아와 그 시대에 일어난 정치, 경제, 군사 등을 연구하는 데 지극히 중요한 학술 저작물로, 그 가치는 선진 학술사에서 결코 맞바꿀 수 없는 특별한 위상을 지닌 것으로 간주된다.

4장
제나라와 손씨 가문의 흥망

유랑자에서 태자의 스승으로, 태자의 적에서 군왕의 친구로, 함거檻車의 재난에서 벗어나 제나라에서 패업을 이룩했다. 이렇게 『왕병王兵』과 『안자晏子』, 난세의 영웅들이 모두 모였다. 사마양저司馬穰苴가 장군이 되어 원문轅門에서 상대를 참수하고, 전쟁의 신과 같은 위력을 발휘하니 전씨 일가는 떠오르는 태양처럼 찬란한 빛을 발했다. 그러나 제나라 경공의 명령으로 사마 영웅이 피를 토하며 세상을 떠나고, 젊은 손무는 제나라를 떠나 오나라로 망명길에 올랐다.

제나라 환공의 패업

『육도』의 뒤를 이어 정리된 은작산 한간 주진제자(周秦諸子)의 시간상 배열로 볼 때, 두 번째에 해당하는 것은 전체 24매에 667자로 이루어진 잔본(殘本) 『왕병(王兵)』이다. 이 책은 그다지 길지 않은 분량으로 주로 용병의 도리에 대해 언급하고 있다. 정리를 담당한 소조원(小組員) 나복이와 오구룡 등은 나름의 고증을 거쳐 그 내용이 현존하는 『관자(管子)』의 「참환(參患)」, 「칠법(七法)」, 「지도(地圖)」, 「유관(幼官)」, 「병법(兵法)」, 「경중(輕重)」 등에 보이며, 죽간본과 현존하는 문장이 서로 비슷하거나 같다는 것을 확인했다. 이로써 출토된 죽간 『왕병』이 『관자』와 모종의 관련이 있거나 아니면 『관자』의 일부일 가능성이 컸다.

강자아가 서천 극락세계로 떠난 뒤 그가 개도한 제나라의 대업은 강씨(姜氏) 자손들의 수중에서 주 왕조의 흥망성쇠에 따라 부침을 거듭하고 있었다. 주 왕조가 점차 쇠락해 가면서 춘추 시대로 돌입하게 되자 제나라는 제16대 강씨 군왕, 즉 제나라 환공 소백(小白)의 치세에 힘입어 막강한 군사력을 지닌 대국으로 제일 먼저 패자의 자리에 올라 천하의 제후를 호령하게 되었다. 자못 극적인 것은 천하를 군림하는 국왕의 자리에 올라 오히려 자신의 적수였던 관중을 재상으로 삼았다는 점인데, 자신의 목숨을 빼앗을 뻔했던 사람을 기용해 자신을 보좌하도록 함으로써 춘추 시대 첫 번째 패자가 되었던 것이다.

관중의 이름은 이오(夷吾), 자는 중(仲)이며, 안휘 영상(潁上) 사람이다. 원래는 귀족 출신이었지만 나중에 평민으로 강등되었다. 두뇌가 명석하고 매사에 뛰어났던 그는 무예를 좋아했는데, 특히 활쏘기가 일품이었다. 어린 시절 가세가 기울어 어쩔 수 없이 학업을 중단하고 생활 현장에 뛰어든 그는 부잣집에 들어가 말을 키우기도 하고 노동자 생활을 하는 등 비천한 일을 마다하지 않았다. 함께 일했던 포숙아(鮑叔牙)와 처지가 비슷해, 두 사람은 의기투합하여 의형제가 되었다. 어느 날 저녁 두 사람은 술집에서 기분 좋게 술을 마시면서 호방한 정취에 사로잡혀 함께 강호를 유랑하며 하루라도 빨리 자신들의 잃어버린 귀족의 지위를 회복하고 꿈결 같은 삶을 살기로 결심했다. 이후 두 사람은 젊은 혈기에 기대어 이상을 추구하기 위해 최선을 다했다. 수년이 흐른 뒤 관중은 누군가에게 이렇게 말한 적이 있다.

"내가 예전에 어려울 적에 포숙과 장사를 한 적이 있는데, 이익금을 나누면서 항시 내가 더 많이 가졌으나 그는 나를 탐욕하다고 생각하지 않았다. 내가 가난하다는 것을 알고 있었기 때문이다. 또한 함께 일을 하다가 그를 궁지에 빠뜨린 일이 있는데, 그는 나를 어리석다고 여기지 않았다. 일에는 이로울 때가 있고 그렇지 않을 때가 있다는 것을 알고 있었기 때문이다. 나는 일찍이 세 번씩이나 벼슬길에 나갔다가 군주에게 추방된 적이 있는데, 그는 나에게 불초(不肖 : 무능)하다고 말하지 않았다. 나에게 운이 따르지 않았다는 것을 알고 있었기 때문이다. 또한 내가 세 번이나 전쟁터에 나갔다가 도망친 적이 있는데, 그는 나를 겁쟁이라고 여기지 않았다. 나에게 노모가 계시다는 것을 알고 있었기 때문이다."

포숙 또한 이 같은 일에 나름의 해석을 하고 있었는데, 언젠가 그는 자못 감개한 듯 이렇게 말했다.

"사람은 한평생 기회가 좋을 수도 있고 나쁠 수도 있다. 기회의 좋고 나쁨은 사람의 운명에 막대한 영향을 미친다. 관중과 같은 이가 만약 좋은 기회를 만나게 된다면 틀림없이 빈틈없는 강자가 되어 경천동지(驚天動地)할 큰 사업을 해낼 것이다."

그의 말은 주변 사람들의 입과 귀를 통해 관중에게 전해졌고, 이를 듣고 감격한 관중이 말했다.

"나를 낳아 준 이는 부모지만 나를 알아준 이는 포숙이다(生我者父母, 知我者鮑叔也)."

두 사람의 관계는 날이 갈수록 더욱 친밀해져 죽음도 갈라놓을 수 없을 정도가 되었다. 삶의 여러 방면에서 함께 돕고 서로 정성을 다해 마침내 젊은 시절의 꿈을 이루게 된 두 사람은, 제나라 군주인 희공(僖公) 휘하에서 막강한 권세를 지닌 중신이 되었다.

제나라는 강자아가 죽은 뒤 상당히 오랫동안 혼란에 빠져 있다가, 제나라 장공(莊公), 이공(釐公)에 이르러서야 점차 안정을 되찾고 국력을 회복하기 시작했다. 그러나 그것도 잠시 이공이 세상을 떠나자 순식간에 내란이 터지고 말았다. 대다수 제후국의 내란이나 분열과 마찬가지로 제나라의 내란 역시 최고 권력인 군주 자리를 노린 다툼이 그 원인이었다.

제나라 이공에게는 제아(諸兒), 규(糾), 소백(小白)이라는 세 아들이 있었다. 이들은 모두 배다른 자식이었는데, 어느 정도 나이가 들자 '장자 우선'이라는 전통에 따라 제아가 태자에 봉해져 자연스럽게 후계자가 되었다. 이공은 둘째와 셋째에게 각기 그들을 보좌할 스승을 붙여주며 수신, 제가, 치국, 평천하의 인재가 되어 주길 바랐다. 관중과 소홀(召忽)이 함께 공자 규를, 포숙이 공자 소백을 보좌하게 되었는데, 역할이 주어지자 교육을 담당한 스승들은 각기 맡은 바 소임에 최선을 다했다.

이공이 세상을 떠난 뒤, 태자 제아가 왕위를 계승해 제나라 양공(襄公)이 되었다. 양공은 배부른 황족 집안의 자제로 생활이 문란했다. 태자 시절에는 인륜을 저버리고 배다른 누이인 문강(文姜)과 사통하기도 했다. 이후 문강은 노나라 환공의 아내가 되었는데, 환공은 이 같은 사실을 전혀 모르고 있었다. 그렇기 때문에 그가 문강을 데리고 제나라를 방문했을 때 양공과 자신의 부인인 문강이 다시 사통했다는 것은 꿈에도 생각하지 못한 일이었다. 그러나 결국 두 사람의 이야기가 환공이 제나라 조정에 심어둔 정탐꾼을 통해 전해졌다. 환공은 노발대발하면서 즉시 문강을 불러 그 일에 대해 다그치며 욕설을 퍼부었다. 은밀한 정사가 들통 난 것을 안 문강은 너무 두려워 완강하게 사실을 부인할 수밖에 없었다. 얼마 후 문강은 환공의 화가 누그러지고 감시가 소홀한 틈을 타 궁을 빠져나가 양공에게 자신들이 사통한 일이 발각되었음을 알렸다. 양공은 날로 국력이 쇠진해 가고 있는 노나라를 떠올리며 생각했다.

'거의 다 망해가는 나라의 군주란 자가 감히 내 누이이자 연인인 문강을 차지한 것 자체가 말이 안 돼! 좋아, 그렇다면 어디 바람난 마누라를 둔 처지가 어

떤 것인지 맛 좀 보여 줄까?'

그는 울고불고 난리를 치는 누이를 바라보며 화가 치밀어 올랐다. 동시에 사악한 마음이 고개를 들기 시작했다. 그가 낮은 목소리로 문강에게 넌지시 말했다.

"마누라 하나 제대로 간수하지 못하는 환공 말이야, 너무 오래 살고 있는 것 같지 않아? 한도 끝도 없이 이 일을 물고 늘어질지 모르는데 아예 이참에 죽여 버리는 건 어때?"

처음에는 깜짝 놀랐지만 이미 성욕에 눈이 먼 문강이었기 때문에 양공의 의견에 동의했다. 그날 저녁, 양공은 주연을 베풀어 환공을 거나하게 대접한 다음 몰래 자객을 보내 환공을 주살하고 말았다.

노나라 환공이 한 여인 때문에 억울한 죽음을 당하자, 제나라와 노나라 사람들 모두 경악을 금치 못했다. 노나라 군신들은 날로 쇠약해져 가는 국력을 고려해 할 수 없이 이 끔찍한 사실을 묵과할 수밖에 없었다. 그러나 제나라 신료들과 공자들은 제 누이와 잠자리를 한 것도 모자라 매부인 노나라 군주를 죽이고도 눈 한번 깜짝이지 않는 군주를 보며, 환공의 일이 남의 일처럼 느껴지지 않았다. 만약 양공이 자신의 아내를 마음에 둘 경우 노나라 환공처럼 쥐도 새도 모르게 억울한 죽임을 당할 수도 있었기 때문이다. 음탕한 기운이 가득한 조정 분위기에 대신들은 물론이고 공자 규와 소백마저 불안에 떨었다. 언제 파렴치한 군주에게 가족 중 누군가 강간을 당하거나, 자신조차 죽임을 당할 수도 있다는 우려 때문에 대신들은 가족들을 이끌고 다른 나라로 도망치기 시작했다. 노나라 사람인 공자 규의 어머니는 관중과 소홀 두 선생의 보호를 받으며 노나라로 도망갔고, 공자 소백 역시 그의 스승인 포숙의 보호 속에 인근 거(莒)나라로 몸을 숨겼다.

이공은 살아생전 아우의 아들인 공손무지(公孫無知)를 무척 사랑했다. 그는 무지를 태자와 동등하게 대우했는데, 전통적 관습에 위배되는 이런 처사에 태자는 불만을 품고 있었다. 이에 태자는 몇 번이나 신하들 앞에서 불만을 말하곤

했다.

"공손무지, 제 놈이 감히 나랑 같이 맞먹으려 들어. 언젠가 반드시 따끔한 맛을 보여 주겠다."

태자는 즉위해서 양공이라 칭한 뒤, 복수심에 가득 차 공손무지에 대한 모든 대우를 취소하는 한편 그의 직위를 깎아내렸다. 갑작스럽게 일신상의 변화가 생기자 공손무지는 양공을 증오하게 되었고, 급기야 두 사람은 불구대천의 원수가 되었다. 공손무지는 언젠가 기회만 주어진다면 양공을 죽여 버리겠다고 결심했다. 그런데 뜻밖에도 그 기회가 너무 빨리 찾아들었다.

그해 양공은 대부인 연칭(連稱)과 관지부(管至父)에게 명해 규구(葵丘)를 지키도록 하고, 다음 해 여름쯤 자리를 교체해 주겠다고 약속했다. 그러나 여름이 되어도 양공은 교체는커녕 군량을 지급하지 않아 관병들의 고생이 이만저만이 아니었다. 연칭과 관지부는 참다못해 자신들을 내팽개친 군주의 명을 들을 필요 없이 반란을 일으키자는 데 의견을 모았다. 두 사람은 이런 계획을 양공의 숙적인 공손무지에게 아무도 몰래 전달했다. 그렇지 않아도 기회를 엿보고 있던 무지는 그 즉시 대답했다.

"죽어도 진작 죽었어야 할 놈이야. 지금까지 살아있다는 게 말이 안 되지."

남몰래 살해 계획을 준비한 연칭과 관지부, 그리고 공손무지는 양공이 야외로 사냥을 나가는 날을 택해 그를 시해하고 말았다.

양공은 죽었고 다른 두 공자는 모두 해외에 있으니, 자신을 제어할 사람이 아무도 없다는 것을 알게 된 공손무지는 은근히 더 큰 야심이 생기기 시작했다. 아예 이 길로 군주 자리에 오르는 것도 좋지 않을까? 그의 갑작스러운 정변에 제나라는 발칵 뒤집혔다. 신료 귀족들은 주군을 시해한 무지의 행동에 큰 불만을 가지고 있었고, 제나라에 아무리 인물이 없다 해도 하극상을 저지른 사악한 인간을 군주로 섬길 수는 없다고 생각했다. 이에 대담한 몇몇 신하들이 암암리에 밀모해 화근을 없애 버리기로 마음먹었다.

이듬해 봄, 무지는 의기양양하게 남녀 무리를 이끌고 제나라 대부 옹름(雍

廩)의 영지로 출행했다. 평소 무지의 악행을 증오해 오던 옹름과 그 부족들은 거들먹거리는 무지의 모습에 그를 죽이기로 결심했다. 결국 무지는 두 번째 출행길에 살해되고 말았다.

무지의 죽음으로 제나라는 다시 한 번 혼란에 빠져들었다. 의외의 사태를 막기 위해 옹름은 즉시 대외에 다음과 같이 선포했다.

"공손무지는 군주를 시해하고 왕의 지위를 찬탈했다. 이는 조정과 만백성에게 해를 입힌 일이 아닐 수 없다. 나는 나라와 백성을 위해 해악을 제거하는 정의로운 행동을 했을 뿐 군주가 될 야심이 없다. 대부들의 천거로 어떤 공자가 왕위를 계승하든지 나는 그분을 추대하고 복종할 것이다."

그의 말에 사람들은 옹름이 왕위에 욕심은 있으나 그럴 만한 배짱은 없다고 생각하며 더 이상 그에게 신경을 쓰지 않았다. 이에 사람들의 관심은 피로 얼룩진, 그러나 끝없는 유혹이 도사리고 있는 군주의 자리를 누가 계승할 것인지에 대한 문제로 집중되었다. 군신들은 군왕의 자리를 두고 계속해서 논쟁을 벌였다. 서로 헐뜯고 욕을 퍼부으며, 심지어 육박전이 오가고 있을 때 멀리 거나라에 있던 공자 소백은 그의 친구이자 제나라 대부인 고혜(高傒)로부터 서둘러 제나라로 돌아와 군주의 자리에 오르라는 밀서를 받았다. 이와 거의 비슷한 때 노나라에서도 역시 무지가 살해되었다는 통보를 받고 급히 병사를 파견, 공자 규를 호송해 제나라로 보냈다. 당시 상황으로 볼 때 누구든지 빨리 제나라에 도착하는 사람이 군주의 자리를 이을 것이 분명했다. 문제는 거나라가 노나라보다 제나라에서 가까웠고, 이에 거나라에 있는 소백이 먼저 도착할 가능성이 많았다. 국가의 운명이 달린 이 중요한 순간에 왕자의 스승으로 있던 관중은 노나라 군대의 호위 속에 공자 규를 재빨리 귀국시키는 한편 자신은 30승(乘)의 전차를 이끌고 소백의 길을 가로막기 위해 쏜살같이 내달렸다. 과연 거나라에서 제나라로 가는 길에 들어선 관중은 소백이 앞서가고 있다는 첩보를 얻었다. 관중은 제나라에서 그리 멀지 않은 곳에서 소백의 군대를 따라잡았다. 소백의 스승인 포숙은 관중이 살기등등하게 쫓아오는 것을 보고 급히 호위병을 파견해 추격병을 가로막도록 하면서 소백을 호위해 더 빨리 말을 몰았다. 이를 본 관중이 황급히 활시위를 당겼다. 그의 화살이 '슝~' 하고 수레에 서 있는 소백을 향해 날아갔다. 소백이 비명을 지르는가 싶더니 화살을 맞고는 그대로 고꾸라졌다. 그러자 양측 관병들이 즉시 활을 쏘며 대치 상태에 들어갔다. 혼란이 벌어진 가운데 관중은 소백의 가슴에 화살이 명중했으니 분명 죽었을 것이라고 생각했다. 목적을 이루었다고 생각한 그는 부하들에게 추격을 멈추도록 했다. 그리고 노나라 왕에게 병사를 보내 전과를 알리고는 공자 규가 오기를 기다렸다.

그러나 관중의 예상과 달리 소백은 화살을 맞기는 했지만 그저 죽은 시늉을 했을 뿐이다. 관중이 쏜 화살은 소백이 가슴 앞에 차고 있던 고리를 맞추었던 것이다. 그러나 영리한 소백은 관중의 활솜씨가 뛰어나기 때문에 다시 한 번 요행을 바랄 수는 없다는 사실을 잘 알고 있었다. 그래서 화살이 날아와 가슴을 치는 순간 그대로 수레 안으로 몸을 숨겼다. 그리고 서둘러 말을 몰아 제나라에 먼저 도착했다. 그는 친구인 고혜 등 군신들의 옹호 속에서 꿈에 그리던 왕좌에 올라 제나라 개국 이후 열여섯 번째 군주가 되었다. 그가 바로 중국 역사상 이름을 날린 제나라 환공(桓公)이다.

공자 소백, 즉 환공은 즉위 즉시 반대파들을 몰아냈다. 또한 병사를 파견해 노나라를 공격하는 한편 관중을 죽여 복수를 하겠다고 장담했다. 포숙은 과거 자신의 절친한 친구인 관중의 목숨이 경각에 달린 것을 깨닫고는 그를 구하고자 환공에게 간언했다.

"관중은 천하에 보기 드문 인재이옵니다. 제나라를 위해 일할 기회를 주신다면 나라의 번영에 큰 도움이 될 것입니다."

그의 말에 환공은 벌컥 화를 냈다.

"그를 감싸고 들지 마시오. 하마터면 그가 쏜 화살에 목숨을 잃을 뻔했소. 지금 당장이라도 죽이지 못하는 것이 못내 아쉬울 뿐이오."

그러나 포숙은 이미 환공의 반응을 예상하고 있었다. 포숙이 미소를 띤 얼굴로 환공에게 다시 권고했다.

"지금이 어느 때인데 화살 하나 때문에 복수를 한다고 그러십니까? 신하된 도리는 자신의 군주를 위해 충성을 다하는 것입니다. 당초 관중은 공자 규를 위해 왕을 죽이려 했지만 지금은 다릅니다. 왕께서는 이제 제나라 군주가 되셨고, 공자 규는 수배령이 내려진 범인일 뿐입니다. 이긴 자는 왕이 되고, 진 자는 도적이 되는 것은 당연한 이치입니다. 군주의 신분으로 관중을 불러 그에게 밝은 길을 권하시어 왕을 위해 충성을 다하도록 하십시오. 만약 제나라만을 다스리는 일이라면 고혜와 저만으로도 충분하겠지만 천하를 제패하시려면 관중이 있어야 합니다. 관중을 얻으면 나라가 흥할 것이오, 관중을 버리면 나라가 망할 것이니 절대 관중의 능력을 과소평가하지 마십시오."

포숙의 말에 마음이 동한 환공은 굳게 침묵하더니 마침내 입을 열었다.

"장군들에게 명하여 노나라 공격을 멈추도록 하시오. 먼저 관중을 얻은 후에 어떤 자리가 좋을지 생각해 봅시다."

비밀리에 회합을 가진 군신들은 포숙이 대군으로 국경을 압박하는 사이, 노나라로 사람을 보내 노나라에서 공자 규를 없애 후환이 없도록 위협을 하자는 결론을 내렸다. 또한 관중과 소홀을 보내도록 요구한 다음, 대외적으로 환공이 직접 그들을 참형한다고 선포한 뒤에 은밀하게 그들을 기용하기로 결정했다. 처지가 불리해진 노나라는 제나라의 위협 속에 하는 수 없이 공자 규를 죽이고 관중과 소홀을 돌려보냈다. 그러나 소홀은 공자 규가 죽었다는 소식을 듣고 제나라 백성을 볼 면목이 없다면서 스스로 돌기둥에 머리를 박아 죽고 말았다. 이에 관중만 사신을 따라 제나라로 돌아왔다.

관중이 출발했다는 소식에 포숙은 직접 제나라 경내 당부(堂阜)로 달려가 그를 영접했다. 관중은 자못 창피한 모습으로 말했다.

"나는 소홀과 함께 선왕의 뜻을 받들어 공자 규를 보필하였소. 그런데 공자를 군주로 모시지도 못하고 그와 죽음을 같이하지도 못했구려. 이제 꿈도 잃고 절개마저 더럽힌 죄인이 되었소. 소홀에게 영혼이 있다면 구천에서 날 비웃을 것이오."

포숙이 고개를 내저었다.

"이오(夷吾) 형의 말은 옳지 않습니다. '큰일을 이룰 사람은 작은 치욕을 두려워하지 않고, 큰 공을 세울 사람은 작은 예절에 얽매이지 않는다'고 하지 않았습니까. 지금 자리에 오른 소백은 뜻이 크고, 야심이 많은 사람입니다. 형이 소백을 도와 일을 한다면 부귀영화는 물론 대업을 이룰 수 있을 겁니다. 그때가 되면 형은 큰 인물이 될 수 있습니다. 선왕께서 맡기신 일도 그렇습니다. 공자 규가 이미 황천길에 올랐는데 무엇을 걱정하십니까? 소홀처럼 절개를 목숨보다 소중히 여기는 사람은 고집스럽고 답답한 서생에 불과합니다. 제가 보기엔 어리석은 사람일 뿐입니다. 그의 죽음은 아무런 가치가 없습니다. 사실대로 말씀드리면, 지금 세상은 사람 노릇을 하는 데 그리 진지할 필요가 없습니다. 진리나 도의, 양심 같은 전통들은 이제 사당에서나 지껄이는 말이 되었습니다. 그런 것에 현혹되지 마십시오. 우리 제나라의 선조 강자아(姜子牙 : 태공망)는 주나라 문왕에게 '천하가 떠들썩하니 많은 이들이 이익을 위해 오고, 천하가 와자지껄하니 모든 이들이 이익을 위해 간다(天下熙熙, 皆爲利來. 天下壤壤, 皆爲利往)'고 했습니다. 이 말이야말로 절대불변의 진리입니다. 시대를 알고 일을 하는 자만이 뛰어난 인재라 할 수 있습니다. 이제 다시 한 번 명철한 눈으로 상황을 정확하게 판단하고, 소백의 밑으로 들어오십시오. 군주를 위해 길을 열고 충성을 다하면 백성이 형에게 주목할 것이며, 적들은 이를 두려워할 것입니다. 천하가 모두 알아주는 막강한 권력을 가지게 될 것입니다."

관중은 포숙의 일장 연설을 듣고 쓴웃음을 지었다.

"그대 말대로 해보겠소. 그대의 학생이 과연 나를 어떻게 대하는지 봅시다."

그는 포숙과 함께 수레에 올라 제나라 수도 임치를 향해 달려갔다.

제나라 궁궐에 도착한 관중은 저 높이 의젓하게 앉아 있는 환공을 보고 급히 두 무릎을 꿇고 고개를 조아리며 사죄했다. 환공은 스승의 가르침대로 예를 갖추어 관중을 대했다. 그는 관중을 일으켜 세우더니 작은 의자를 내주었다. 그러고는 관중이 과연 포숙이 말한 것처럼 신통한 인재인지를 알아보기 위해 수신, 제가, 치국, 평천하의 방법에 대해 연이어 질문을 던졌다. 과연 관중은 선왕이 선택한 스승이었다. 관중은 환공이 던진 질문에 이미 준비를 해둔 데다 오랫동안 단련된 뛰어난 언변으로 입을 열기가 무섭게 심도 있는 이야기로 좌중을 압도했다. 제나라가 어떻게 하면 곤궁한 처지에서 벗어나 강국과 어깨를 나란히 하고 천하제일의 제국을 건설할 것인가에 대해 역설했다. 관중의 이야기를 들은 환공은 흥분한 듯 큰 소리로 외쳤다.

"좋소. 정말 시원시원하게 말씀하시는구려. 관중은 들으시오. 오늘부터 나를 도와 이 나라를 다스려주시오."

자신의 언변에 감동한 환공을 바라보며 관중은 이제야 자신이 큰일을 도모할 기회가 왔음을 감지했다. 그는 자신의 확고한 위상과 권위를 위해 다음 몇 가지를 요청했다.

"신분이 낮으면 존귀한 이들을 다스릴 수 없고, 가난하면 부자들을 부릴 수 없으며, 군주와 소원하면 군주와 친근한 이들을 제압할 수 없습니다."

이렇듯 관중이 높은 관직과 봉록을 요구하자 환공은 흔쾌히 받아들이는 한편 다음과 같이 말했다.

"오늘부터 그대는 제나라의 승상이자 나의 중부(仲父)가 되셨소. 그대가 요구한 관직과 봉록, 그리고 군주인 나와의 친분 관계가 모두 이 안에 포함된 것이오. 가능한 한 빨리 능력 있는 인물들을 천거하시오. 그들 모두에게 높은 관직을 하사할 것이니, 함께 일을 해나가시오. 무슨 일이든 그대가 먼저 살핀 다음 나에게 알려 주시오. 모든 권력을 그대에게 주었으니 알아서 처리하시오."

환공의 말에 관중이 황급히 무릎을 꿇고 절을 올리며 성은에 감사했다.

승상의 자리에 오른 관중은 곧바로 자신의 계획에 따라 실질적인 경영 방식을 바탕으로 부국강병을 위한 개혁에 들어갔다. 정치 체제로는 나라를 모두 21개의 향(鄕)으로 나누었는데, 그 가운데 병역 의무를 이행하지 않는 상공(商工) 위주의 향이 6곳, 병역을 겸하는 사농 위주의 향이 15곳이었다. 또한 각 향의 행정구역마다 상응하는 직책을 마련해 운영했다.

　관중은 백성을 효과적으로 통제하기 위해 '사민분업(四民分業)' 이론을 제시했으며, 사·농·공·상의 직업별로 일정한 지역과 거주지를 구분했다. 이에 따라 공업은 관부, 상업은 시장, 농업은 논밭 주변에 거주지를 정하도록 했다. 이렇게 직업이 다른 이들이 서로 섞이지 않고 자기들끼리 대대로 직종을 전수하게 함으로써 경제 발전은 물론, 사회 질서 또한 크게 안정되었다.

　군사 분야에서는 군정(軍政) 합일 체제를 마련했다. 궤(軌), 리(里), 연(連), 향(鄕)으로 행정을 재편하고, 이에 상응하는 군사 조직을 갖추었다. 15개 사향(士鄕) 가운데 5개 향마다 군 하나를 두고, 각 군마다 1만 명씩 도합 세 군에서 3만 명의 군사를 양성했다. 이들 3만 명의 군사는 제나라의 주력군이자 상비군이 되었다. 또한 도성 이외의 50개 현에도 군사 조직을 결성해 제나라 전체를 군정 합일 체제로 변화시켰다.

　경제 분야의 경우에는 우선 토지조세제도를 완비했다. 토지의 비옥도 및 등급에 따라 각기 세금을 차별 징수해 제나라 경제의 토대를 마련했다. 이 밖에 중대한 개혁 조치로 서주(西周) 이후 개인이 경영했던 소금과 철을 관영으로 바꾸었다. 소금과 철의 유통을 관부에서 엄격하게 통제해 국가의 중요한 재원을 마련한 것이다.

　관중은 이러한 일련의 조치들을 구체적으로 실천하는 동시에 독특하게 기원(妓院)을 만들도록 했다. 그의 명령에 따라 제나라 여러 도시는 물론이고 크고 작은 마을까지 기원이 들어섰다. 순식간에 제나라 전국이 청루(靑樓)의 왕국이 될 지경이었다. 청루마다 손님들이 줄을 이어 독특하면서도 아름다운 경관을 연출했고, 모두의 관심 속에 특이한 경관이나 새로운 경물이 계속해서 선을 보였다. 사마천은 『사기』 「소진열전(蘇秦列傳)」에서 제나라 수도 임치에 대해 이렇게 생생하게 묘사하고 있다.

　그곳(임치)의 백성들은 큰 생황을 불고 비파를 뜯고 거문고를 타며 아쟁을 켜고,

닭싸움을 붙이고 개 경주를 즐기며 윷놀이와 공치기를 즐기지 않는 자가 없습니다. 임치의 도로는 수레바퀴끼리 서로 부딪치고 사람들은 어깨와 어깨끼리 비비게 되며, 옷을 연이어 휘장을 이루고 옷소매를 들어 장막을 이루며, 사람들이 땀을 흘리면 빗물처럼 떨어질 것 같습니다. 집집마다 풍족하고 사람마다 부족함이 없으며, 모두들 높고 먼 곳에 뜻을 두고 의기양양합니다.

이렇듯 상당히 오랫동안 제나라 도성 곳곳은 호사스럽고 음탕한 분위기가 넘쳐흘렀다.

기원이 들어서고 경제가 발전하면서, 제나라 세수(稅收)는 열 배 이상 늘어났다. 이에 제나라는 순식간에 급속하게 발전했다. 매년 17.8%에 달한 경제 발전 속도는 제후국 가운데 으뜸이었다. 일하는 사람이 급증했고, 일거리가 없던 사람이 구제됨으로써 환공의 패업 달성에 든든한 경제적 기반을 다질 수 있었다.

제나라 국력이 날로 강력해지고, 정국이 점차 안정되어 가자 관중의 계획대로 제나라는 대외 정복 활동을 시작했다. 우선 갖가지 방법을 동원해 중원의 각 제후들을 안정시킨 다음, 북부 산융(山戎) 등 오랑캐들을 정벌했다. 이렇게 북부 지역을 평정한 뒤, 다시 남쪽으로 채, 초나라 등을 공격했다. 30여 년에 걸쳐 사방에 대한 정벌 전쟁을 펼친 결과, 마침내 제나라는 춘추 시대 제후국 가운데 제일가는 대국이 되어 강력한 국력을 과시하게 되었다. 환공 35년(기원전 651년), 환공은 노, 송, 조(曹) 등 제후국의 군주를 초청해 모두 두 차례에 걸쳐 규구(葵丘)에 단을 쌓고 회맹(會盟)했다. 이 소식을 들은 주나라 천자는 즉시 재공(宰公)을 파견해 예물과 함께 축하 인사를 전함으로써 그를 맹주로 인정했다. 규구의 회맹은 맹주로서 제나라 환공의 위치를 정식으로 인정하는 모임이자 춘추 시대 또 하나의 역사적 전환점이 되었다. 회맹 이후, 환공은 의기양양하게 다음과 같이 공언했다.

"과인은 남으로 소릉(召陵)까지 정벌해 웅산(熊山)을 바라보았으며, 북으로 산융(山戎), 이지(離枝), 고죽(孤竹)국을 정벌했고, 서쪽으로 대하(大夏)를 정벌하고 유사(流沙)를 섭렵했다. 동쪽으로 말발굽을 싸고 수레를 매달면서 태행산에 올랐으며, 비이산(卑耳山)을 거쳐 돌아왔다. 제후들 가운데 아무도 과인의 명령을 거스르지 못했으니, 과인은 전쟁을 위한 세 번의 회맹과 평화를 위한 여섯 번의 회맹으로 제후들을 아홉 번 규합했고, 천하의 주(周) 왕실의 일을 한 번 바로잡았다. 옛날 하·상·주 삼대(三代)의 왕들이 천명을 받든 것과 이러한 일들이 무엇이 다르겠는가?"

예전 관중의 큰소리가 실제로 현실이 되었음을 알 수 있는 대목이다. 강력한 제나라가 있기까지 관중의 공이 가장 컸음을 인정하지 않을 수 없다. 후일 사마천이 말한 것처럼 "제나라 환공이 맹주가 되어 제후를 규합하고 천하를 잡은 것은 관중의 계책 덕분"이다.

제나라 환공 41년에 세상을 떠난 관중은 임치 교외 우산(牛山)에 묻혔다. 관중과 환공, 이 두 사람의 은혜와 원한에 관한 이야기, 제나라의 위업을 이룬 것에 대해 명나라 모유추(毛維騶)는 다음과 같이 감탄했다.

요행 영어(囹圄)의 몸에서 벗어나 幸脫當年車檻災
일거에 패업을 이루어 제나라를 열었네. 一匡霸業爲齊開.
가련하도다! 석 자 우산의 흙이여 可憐三尺牛山土
천고의 세월 천하의 인재를 묻고 있나니. 千古長埋天下才.

관중이 죽은 뒤, 사람들은 그의 언설을 정리해 『관자』를 엮었다. 이 저서를 통해 관중이 제나라를 위해 일하던 당시 그의 정치적 주장과 사상을 엿볼 수 있으며, 그가 살았던 시대를 더욱 명확하게 이해할 수 있다.

『관자』와 『왕병』

관중이 살던 춘추 시대는 주 왕실이 점차 쇠퇴하면서 제후들이 서로 패권을 다투던 시절이다. 제후들은 각기 자신들의 정치, 경제적 이익을 위해 걸핏하면 전쟁을 일으켜, 천지에 피비린내가 퍼져나갔다. 이처럼 심상치 않은 분위기 속에서도 사람들은 여전히 칼과 검을 휘두르며 죽고 죽이기를 반복함으로써 사방 천지에 시신이 나뒹구는 처참한 광경이 연출되었다. 당시의 정치적 흐름과 군사적 상황에 비례해 일상생활 속에서의 관중의 사상도 군사에 대한 생각이 대부분을 차지했다. 후대 역사학자들은 관중의 군사 사상을 팔고문(八股文)의 틀에 맞춰 각기 부국강병, 우병어농(寓兵於農), 군정일체, 선계후전(善計後戰), 이인위본(以人爲本), 선전준비(先前準備) 등 다섯 가지 원칙으로 정의했다. 사실상 세상에 전하는 판본 『관자(管子)』에서 볼 수 있는 방대하고 심오한 사상은, 이 '다섯 가지 원칙'으로 모두 포용할 수 없다. 은작산 한간 정리 소조가 출토품을 정리한 『왕병(王兵)』과 세상에 전하는 『관자』를 대조해 보면 더욱 광범위하게, 더욱 정확하게 이 저서의 내용 및 관중의 정치, 군사 사상에 대한 맥락을 짚을 수 있다.

대조표에서 알 수 있듯이 『왕병』은 한 편의 완전한 작품이다. 이에 비해 지금까지 전해지는 『관자』는 각 편마다 엉성하게 엮어놓은 듯한 흔적이 엿보인다. 『왕병』의 내용이 『관자』의 서로 다른 편에 나누어 들어가 있는 경우에서 이를 알 수 있다. 예를 들어 『왕병』에는 다음과 같은 구절이 나온다.

"우레처럼 신속하게 기동하고, 나는 새처럼 민첩하게 일어나고, 비바람처럼 몰아치니 그 앞에 막아설 자가 없고, 뒤로 암수를 부릴 자가 없다. 이렇게 단독으로 출격해도 막을 수가 없다." "군대의 행동이 비바람이 몰아치는 듯하면 원정도 어렵지 않고, 나는 새처럼 일어나면 아무리 험준한 산하라도 쉽게 넘을 수 있다. 번개처럼 진격하면 능히 적을 제압해 대적할 자가 없다." "원정길이 어렵지 않으니 벽지에 있는 사람들도 잡을 수 있다. 산하를 가볍게 넘으니 천연의 요새를 갖춘 나라도 제압할 수 있다. 가는 곳마다 대적할 자가 없으니 천하를 호

『왕병』	『관자』
1. 군주의 존비와 귀천, 국가의 안정과 위험을 결정하는 데 군대보다 확실한 것은 없다. 그런 까닭에 강포한 나라를 토벌하고 도리에 어긋난 자들을 정벌할 때는 반드시 군대가 필요하고, 간사한 짓을 □□하고 기이한 일이 생기지 않도록 할 때는 반드시 형법이 필요하다. 이렇듯 군대는 대외적으로 혼란한 나라를 토벌할 때 사용할 수 있고, 대내적으로 백성의 사악한 짓을 금할 때 사용할 수 있다. 따라서 군대는 군주를 존중하여 받들고 나라를 안정시키는 근본이니…… 국토가 반드시 훼손되고 나라가 반드시 위태롭게 된다. 안으로 사용하지 않으면……. 세 번 군사를 일으킨 다음에는 마땅히 일전(一戰)을 감행한다. 그런 까닭에 ……적의 성읍을 공격하는 데 성을 차지하고 있는 이들이 자식을 바꿔 먹고 ……승리를 예견할 수 있으면 군사를 일으키고 승리를 예견할 수 없으면 그친다. 그래서 용병의 계책은 반드시 사전에 결정해야만 그다음 거병할 수 있다. 용병의 계책도 정하지 않은 채 출병하는 것은 전쟁에서 스스로 위태로움을 자초하는 것이다.	1. 군주 지위의 높고 낮음, 국가 형세의 안정과 위험을 결정하는 데 군대보다 더 중요한 것은 없다. 따라서 강포한 나라를 정벌할 때도 반드시 군대가 필요하고, 백성의 사악한 짓을 금지할 때는 반드시 형법이 필요하다. 이렇듯 군대는 대외적으로 강포한 나라를 정벌할 때 사용할 수 있고, 대내적으로 백성의 사악한 짓을 금지할 때 사용할 수 있다. 따라서 군대는 군주를 존중하여 받들고, 나라를 안정시키는 기반이니 결코 폐기할 수 없다. 지금 군주는 그렇게 하지 않고 있다. 그들은 대외적으로 군대를 사용하지 않으면서 강포한 나라를 정벌하고자 하니 결국 토지를 모두 빼앗기고 말 것이며, 대내적으로 형법을 사용하지 않고 사악한 이들을 금지하려고 하니 결국 나라에 난리가 일어나고 말 것이다. 그런 까닭에 용병의 계책은 세 번 무력으로 놀라게 한 다음 한 번은 결전의 의지를 보여 주고, 세 번 결전의 의지를 보여 준 다음 한 번은 군사를 일으켜 대응하며, 세 번 군사를 일으킨 다음에는 마땅히 일전(一戰)을 감행한다. 그런 까닭에 1년간의 군비로 10년 동안 비축한 것을 소모하고, 한 번 전쟁을 벌이려면 누대에 걸쳐 비축한 것을 모두 소진하고 만다. 지금 병기가 서로 맞붙은 후에야 칼날이 예리해야겠다고 생각하는 것은 전쟁에서 적군이 아니라 자신과 싸워 이기려는 것이고, 적의 성읍을 공격하는 데 적군이 자식을 바꿔 먹고 뼈를 잘라 땔감으로 쓰면서 완강하게 저항한다면 이는 성을 공략하려다 자신을 공략하는 것이다. 그래서 성인은 작은 전쟁에 대해서도 크게 경고하여 천시(天時)와 지리(地利)를 잃지 않도록 하고 대낮에 작전할 때는 반드시 전날 저녁에 계획을 수립하고, 그 가운데 몇 가지는 반드시 전쟁하기 전에 세운 계획에서 나와야 한다고 한 것이다. 그렇기 때문에 용병의 계책이 정해진 후에야 출병할 수 있으며, 아직 정해지지 않았는데 출병하는 것은 전쟁에서 스스로 패배를 자초하는 것이자 공격하다 스스로 자멸하는 것이다. 「참환」
主所以卑尊貴賤, 國所以存亡安危者, 莫鏊於兵. 故□誅暴亂, 伐不道, 必以兵, □□姦邪, 閉塞奇施, 必以刑. 然則兵者, 固所以外誅亂, 內禁邪. 故兵者, 尊主安國之主□□□□□□□地必損而國必危矣. 內不用□□□□□□□□□□□□壹至, 參至當壹戰. 故□□□□□□□□□□□□□□□□勝者. 攻城圍邑, 主人竭盡, 易子而食之□□□□□□□□□□□非以圍也, 見勝而起, 不見勝而止. 故計必先定, 然后兵可以起. 計未定而兵起者, 兵自怠者也.	君之所以卑尊, 國之所以安危者, 莫要於兵. 故誅暴國必以兵, 禁闢民必以刑, 然則兵者外以誅暴, 內以禁邪, 故兵者尊主安國之經也, 不可廢也. 若夫世主則不然. 外不以兵, 而欲誅暴, 則地必虧矣. 內不以刑, 而欲禁邪, 則國必亂矣. 故凡用兵之計, 三驚當一至, 三至當一軍, 三軍當一戰; 故一期之師, 十年之蓄積殫; 一戰之費, 累代之功盡; 今交刃接兵而後利之, 則戰之自勝者也. 攻城圍邑, 主人

『왕병』	『관자』
	易子而食之, 析骸而爨之, 則攻之自拔者也. 是以聖人小征而大匡, 不失天時, 不空地利, 用日維夢, 其數不出於計. 故計必先定而兵出於竟, 計未定而兵出於竟, 則戰之自敗, 攻之自毀者也.「參患」
2. 그런 까닭에 진세를 펼치고도 교전할 수 없고, 도읍을 포위하고도 진격할 수 없으며, 진지를 빼앗고도 견실하게 지킬 수 없는 세 가지 상황 가운데 하나라도 생기면 그 군대는 패한다. 그래서 적의 제도를 이해하지 못하면 정벌할 수 없고, 적의 군량을 알지 못하면 선전포고할 수 없으며, 적군의 사졸을 알지 못하면 먼저 진을 펼칠 수 있고, 적군의 장수를 알지 못하면 선제공격할 수 없다. 무릇 잘 다스려지는 나라로 어지러운 나라를 공격하고, 부국으로 빈국을 공격하며, 능력 있는 장수로 무능한 장수를 공격하고, 훈련된 병사로 오합지졸의 적을 공격해야 한다. 이것이 바로 십전십승, 백전백승의 비결이다. 是故, 張軍有不能戰, 圍邑有不能拔, 得地有不能仞. 參者見一焉, 則可破取也. 故不明敵國之制者, 不可伐也；不知其蓄積, 不能約；不明其士卒, 弗先陳；不審其將, 不可軍. 夫以治擊亂, 以富擊貧, 以能擊不能, 以敎士擊敺民. 此十戰十勝, 百戰百勝之道.	2. 진세를 펼치고도 교전할 수 없고, 도읍을 포위하고도 진격할 수 없으며, 진지를 빼앗고도 견실하게 지킬 수 없는 세 가지 상황 가운데 하나라도 생기면 그 군대는 패망할 가능성이 있다. 그래서 적(敵)의 정치를 이해하지 못하면 출병할 수 없고, 적군의 군정(軍情)을 파악하지 못하면 선전포고할 수 없으며, 적군의 장수를 알지 못하면 선제공격할 수 없고, 적군의 사졸을 알지 못하면 먼저 진을 펼칠 수 없다. 그런 까닭에 다수로 소수를 공격하고, 잘 다스려지는 나라로 어지러운 나라를 공격하며, 부국으로 빈국을 공격하고, 어질고 능력 있는 장수가 무능한 장수를 공격하며, 훈련된 사병들로 오합지졸의 적을 공략해야만 비로소 십전십승, 백전백승할 수 있는 것이다.「선진」 是故張軍而不能戰, 圍邑而不能攻, 得地而不能實, 三者見一焉, 則可破毀也. 故不明于敵人之政, 不能加也, 不明于敵人之情, 不可約也, 不明于敵人之將, 不先軍也. 不明于敵人之士, 不先陳也. 是故以衆擊寡, 以治擊亂, 以富擊貧, 以能擊不能, 以敎卒練士擊敺衆白徒. 故十戰十勝, 百戰百勝.「選陣」
3. 그런 까닭에 호령에 따라 행하고 사졸이 □하면, 군대는 필승의 신념을 지니게 된다. 좋아하는 나라(우방국)는 오로지 이롭게 하고, 싫어하는 나라(적대국)는 특히 타격을 가한다. □□□□천하가 두려워한다. 위상이 비록 □해도 권세가 많으면 천하가 귀부한다. 죄진 자를 벌하고 공적이 있는 자에게 상을 주면 천하가 따른다. □□□□ 천하의 뛰어난 인재를 모으고 우수한 공장의 예리한 병기를 살피며, 천하의 호걸을 거두고 천하의 용사를 지닌다. 봄과 가을에 전력을 비교 점검하고 정예 군사를 훈련시킨다. 이렇게 해서 전투에 투입하면, 우레처럼 신속하게 기동하고 나는 새처럼 민첩하게 일어나고, 비바람처럼 몰아치니 그 앞에 막아설 자가 없고, 뒤로 암수를 부릴 자가 없다. 이렇게 단독으로 출격해도 막을 수가 없다. 故號令行, 卒□陳, 則士知勝矣. 所喜之國能獨利之, 所惡之國能獨害之, 令行□□□□百則天下畏之. 位雖□而權	3. 그런 까닭에 병기를 제작하고 사졸을 선발하면 군대는 필승의 신념을 지니게 된다. 각국의 정보를 두루 파악하고 시기와 책략을 살펴 활용하면 단독으로 움직여도 대적할 적군이 없다. 우방국은 오로지 이롭게 하고, 적대국은 특히 타격을 가한다. 이렇게 하면 능히 명령하는 일은 행하고 금하는 일은 중지할 수 있다. 그래서 고명한 군주는 특히 용병을 중시한다. 한 나라와 싸워 이기면 다른 수많은 나라가 복종하고 천하가 두려워한다. 몇몇 나라를 도와 훨씬 많은 나라에게 모범을 보이면 천하가 귀부(歸附)한다. 죄 진 자를 벌하고 공적이 있는 자에게 상을 주면 천하가 따른다. 천하의 좋은 재물을 모으고 우수한 공장(工匠)의 예리한 병기를 살펴, 봄과 가을에 비교 점검하고 최고의 정예부대를 선발하여 상등으로 삼는다. 제작한 병기는 시험해 보지 않으면 사용할 수 없으며 창고에 넣어둘 수도 없다. 천하의 호걸을 거두고 천하의 용사를 갖추어 일단 전투에 투입하면 나는 새처

『왕병』	『관자』
多, 則天下懷之. 必罰有罪而賞功, 則天下從之. □□□ □取天下精材, 論百工利器, 收天下豪傑, 有天下俊雄, 春秋角試, 以練精才. 動如雷神, 起如飛鳥, 往如風雨,莫當其前,莫害其後, 獨出獨入, 莫能禁止.	럼 민첩하고 우레처럼 신속하게 움직이고 비바람처럼 몰아쳐 그 앞에 막아설 자가 없고, 뒤로 암수(暗數)를 부릴 자가 없으며, 단독으로 출격해도 저항할 자가 없다. 공적을 세우고 사업을 이루려면 반드시 예의에 순응해야 한다. 예에 맞지 않으면 천하를 이길 수 없고, 의에 맞지 않으면 적에게 승리할 수 없다. 그렇기 때문에 현명하고 고명한 군주는 반드시 불패의 터전을 세우니, 그런 까닭에 천하를 바르게 하고 감히 아무도 저항할 수 없는 것이다.「위병지수」
	是故器成卒選, 則士知勝矣. 遍知天下, 審御機數, 則獨行而無敵矣. 所愛之國, 而獨利之 ; 所惡之國, 而獨害之 ; 則令行禁止, 是以聖王貴之. 勝一而服百, 則天下畏之矣. 立少而觀多, 則天下懷之矣. 罰有罪, 賞有功, 則天下從之矣. 故聚天下之精財, 論百工之銳器, 春秋角試, 以練精銳爲右 ; 成器不課不用, 不試不藏. 收天下之豪傑, 有天下之駿雄 ; 故擧之如飛鳥, 動之如雷電, 發之如風雨, 莫當其前, 莫害其後, 獨出獨入, 莫敢禁圉. 成功立事, 必順於禮義, 故不禮不勝天下, 不義不勝人 ; 故賢知之君, 必立於勝地, 故正天下而莫之敢御也.「爲兵之數」
4. 군대의 행동이 비바람이 몰아치는 것과 같으면 원정도 어렵지 않고, 나는 새처럼 일어나면 아무리 험준한 산하라도 쉽게 넘을 수 있다. 번개처럼 진격하면 능히 적을 제압하여 대적할 자가 없다. 有風雨之疾則不難遠道, 有飛鳥之起則輕犯山河, 有雷神之戰則能獨制而無敵.	4. 그런 까닭에 군대의 행동이 비바람이 몰아치는 것과 같으면 군사들이 원정(遠征)도 두려워하지 않고, 나는 새처럼 일어나면 아무리 험준한 산하라도 두려워하지 않는다. 번개처럼 진격하면 단독으로 행하는 것과 같이 대적할 자가 없다. 홍수나 가뭄처럼 대단한 공격력을 지니면 능히 적국을 공격하여 성읍(城邑)을 점령할 수 있다. 쇠로 만든 성처럼 견고하게 지키면 능히 종묘를 안정시켜 대대로 자손을 이을 수 있다. 일체(一體)로 다스리면 능히 일사분란하게 명을 내리고 법령을 분명하게 할 수 있다. 비바람처럼 행동한다는 것은 속도가 빠른 것이며, 나는 새처럼 일어난다는 것은 민첩함을 말한다. 번개처럼 진격한다는 것은 적들이 순식간에 와해되어 전열을 정비할 수 없음이며, 홍수나 가뭄처럼 파괴한다는 것은 적들이 들판이나 경작지에서 수확을 할 수 없다는 말이다. 쇠로 만든 성처럼 지킨다는 것은 충분한 재화로 간자(間者)를 활용한다는 말이다. 일체로 다스린다는 것은 이단사설(異端邪說)을 제거하고 사치스러운 풍속을 근절한다는 뜻이다.「선진」
	故有風雨之行, 故能不遠道里矣. 有飛鳥之擧, 故能不險山河矣. 有雷電之戰, 故能獨行而無敵矣. 有水旱之功, 故能攻國救邑. 有金城之守, 故能定宗廟, 育男女矣. 有一體之治, 故能出號令, 明憲法矣. 風雨之行者, 速也. 飛

『왕병』	『관자』
	鳥之擧者, 輕也. 雷電之戰者, 士不齊也. 水旱之功者, 野不收, 耕不穫也. 金城之守者, 用貨財, 設耳目也. 一體之治者, 去奇說, 禁雕俗也. 「選陣」
5. 원정길이 어렵지 않으니 벽지에 있는 사람들도 잡을 수 있다. 산하를 가볍게 넘으니 천연의 요새를 갖춘 나라도 제압할 수 있다. 가는 곳마다 대적할 자가 없으니 천하에 호령할 수 있다. 적국을 정벌하고 성읍을 격파하면서…… 기다리지 않아도 천하에 감히 해를 끼칠 자가 없다. 그런 까닭에 토지와 군국을 지닐 수 있다. 호령을 내리고 법제를 분명히 하면……. 不難遠道, 故擒擄地之民. 輕犯山河, 故能制恃固國. 獨行而無敵, 故令行天下. 伐國破邑, 不待權……ㅁ天下莫之能害, 故可以有地君國. 出號令, 明法制, …….	5. 원정을 두려워하지 않으니 멀고 험한 곳에 사는 백성들도 겁을 내고, 험준한 산하도 두려워하지 않으니 천연의 요새를 지닌 적국도 제압할 수 있다. 가는 곳마다 대적할 자가 없으니 능히 호령하면 반드시 행하고 금(禁)하면 반드시 그친다. 그런 까닭에 적국을 제압하고 성읍을 공략하면서 동맹국의 원조를 기다리지 않으니 대적할 자가 없다. 나라의 종묘를 안정시키고 대대손손 자손을 이어가 천하에 감히 해를 끼칠 자가 없으니 그런 까닭에 정권을 공고하게 장악할 수 있다. 법률을 제정하고 법령을 시행하면 천하에 응하지 않는 이가 없으니, 그런 까닭에 능히 백성을 다스리고 천하를 통일할 수 있다. 不遠道里, 故能威絶域之民, 不險山河, 故能服恃固之國. 獨行無敵, 故令行而禁止. 故攻國救邑, 不恃權與之國, 故所指必聽. 定宗廟, 育男女, 天下莫之能傷, 然後可以有國. 制儀法, 出號令, 莫不嚮應, 然後可以治民一衆矣.
6. ㅁㅁ총수가 없으면 미리 적정을 파악할 수 없다. 들판에 관리가 없으면 축적함이 없다. 관부에 우두머리가 없으면 병기가 나빠진다. 조정에 정령이 바로 서지 않으면 백성들이 요행을 바라며 산다. 먼저 적정을 파악하면 대적할 자가 없다. 물자를 축적하면 지구전에도 부족함이 없다. 병기가 준비되면 적을 공격해도 비용이 적게 든다. 상벌이 ㅁ, 백성이 요행을 바라지 않으니 어진 신하들도 자신의 권한을 최대한 발휘할 수 있다. ㅁㅁㅁ無將, 不蚤(早)知. 野無吏, 無蓄積. 官府無長, 器械苦窳. 朝廷無正, 民幸生. 先見敵ㅁ獨行. 有積委, 久而不匱. 器械備, 攻伐少費. 賞罰ㅁ, 民不幸生, 則賢臣權盡.	6. 전쟁에 준비가 없거나 군대에 총수(總帥 : 총사령관)가 없으면 미리 적정(敵情)을 파악할 수 없다. 황무지를 개간하지 않고 토지를 관리하지 않으면 물자를 축적할 수 없다. 관부에 일정한 규칙이 없고 아랫사람(공장工匠)이 윗사람(관리)을 원망하면 병기가 좋을 수 없다. 조정에 정령(政令)이 바로 서지 않으면 상벌이 불분명해진다. 상벌이 불분명하면 백성이 구차하게 요행을 바라며 산다. 그런 까닭에 미리 적정을 파악하면 당해낼 자가 없고 물자를 축적하면 지구전(持久戰)에도 부족함이 없다. 병기가 뛰어나면 계속 싸워도 훼손되는 일이 없다. 상벌이 분명하면 백성들이 요행을 바라지 않는다. 백성들이 요행을 바라지 않으면 용사들이 힘을 내어 전진할 수 있다. 「선진」 故事無備, 兵無主, 則不蚤知. 野不辟, 地無吏, 則無蓄積. 官無常, 下怨上, 而器械不功. 朝無政, 則賞罰不明. 賞罰不明, 則民幸生. 故蚤知敵人如獨行, 有蓄積, 則久而不匱. 器械功, 則伐而不費. 賞罰明, 則人不幸. 人不幸, 則勇士勸之. 「選陣」
7. 그런 까닭에 군대의 총수는 지형을 잘 살피고, 능력을 갖춘 장수를 선발하며, 축적한 물자를 계산하고 병사들을 훈련시키며, 천하의 정세를 두루 파악	7-1. 그런 까닭에 용병의 규율은 지형, 지세를 상세하게 이해하고, 천문 기상을 연구하며, 매일 축적한 물자를 계산하고, 병사들을 똑바로 훈련시키며, 천하

『왕병』	『관자』
하고, 신중한 시기를 □하고, 험하고 막힌 곳, 예를 들어 배나 수레가 가기 힘든 험한 곳이나 병거가 빠지기 쉬운 얕은 물, 산과 구릉, 고원, 구릉과 골짜기, 습지와 연못, 갈대 우거진 곳, 넓은 평지, 늪과 개펄, 나루터와 강, 도랑과 진흙탕, 큰 밭, 깊은 터, 길과 하천, 아래에 있는 늪 등을 그리고 물의 깊이를 측정하며, 읍의 크기나 성의 ……일정치 않은 곳을 모두 살펴야 한다. 그래야만 행군하여 성읍을 포위할 수 있고, 군사 행동이나 생활에서 선후를 알아 지리적 편리함을 잃는 일이 없다.	의 정세를 두루 파악하고, 신중하게 시기를 포착하는 일 등은 모두 군대 총수가 해야 할 일이다.「선진」 故兵也者, 審於地圖, 謀十官, 日量蓄積, 齊勇士, 遍知天下, 審御機數, 兵主之事也.「選陣」
是故將者, 審地形, 選材官, 量蓄積, 謙勇士, 察知天下, □御機數, 而圖險阻：舟車之險, 濡輪之水, 山陵, 林陸, 丘虛, 沮澤, 蒲薄, 平薄, 斥齒, 津洳, 涂淖, 大畝, 深基, 經溝, 下澤, 測水深淺, 邑之小大, 城□□□□□□□□□入相錯者, 乃可以行軍圍邑, 擧措起居, 知先後, 毋失地便.	7-2. 무릇 군대의 총수는 우선 반드시 지도(地圖)를 잘 알고 있어야 한다. 굴곡진 험로(險路), 병거(兵車)가 빠지기 쉬운 얕은 물, 유명한 산, 막힘이 없는 계곡, 언제나 물이 흐르는 하천, 고원과 구릉이 자리한 곳, 초원과 숲, 갈대 우거진 곳, 도로의 길이, 성곽의 크기, 유명한 도시, 버려진 성읍, 요충지 등을 모두 분명하게 파악하고 있어야 한다. 지형이 일정하지 않은 곳도 완벽하게 마음속에 대비책을 지니고 있어야 한다. 그런 후에야 행군하여 성읍을 습격할 수 있으며, 군사 행동의 선후가 적절해져 지리적 이점을 잃는 일이 없다. 이것이 지도의 통상적인 쓰임이다.「지도」
	凡兵主者, 必先審知地圖. 轘轅之險, 濫車之水, 名山通谷經川陵陸丘阜之所在, 苴草林木蒲葦之所茂, 道里之遠近, 城郭之大小, 名邑廢邑困殖之地, 必盡知之. 地形之出入相錯者盡藏之. 然後可以行軍襲邑, 擧錯知先後, 不失地利, 此地圖之常也.「地圖」
8. 군대의 임금노릇을 하는 자는 반드시 세 가지를 구비하고 있어야 하니, 군주의 영명함, 재상의 인문적 소양, 장수의 무용(武勇)이다. 군사 행동을 주관하는 자(군주)는 출병하는 데 반드시 정해진 기한이 있도록 하고, 먼저 정벌할 나라를 정하여 여러 신료와 관리, 좌우의 여러 사람들 및 부모 등이 전쟁의 성패에 대해 감히 논하지 못하도록 해야 하니, 이것이 바로 군주의 책임이다. 재상은 공로를 논하여 상벌을 집행하고, 어질고 현명한 인재가 재야에 숨어 있지 않도록 하며, 여러 관리들이 공경하고 두려워하여 감히 나태하거나…… 하지 않고, 군주의 명령을 기다리도록 해야 한다. 대장은…….	8. 따라서 군대의 총수는 반드시 다음 세 가지를 갖추고 있어야 하니, 군주의 영명함, 재상의 지혜, 장수의 전투력이다. 장수가 명을 받아 출병하는 데 반드시 정해진 기한이 있도록 하고, 먼저 공격할 대상을 정하며 조정의 신하나 관료, 부형 및 좌우의 여러 사람들이 전쟁의 성패에 대해 망령되게 논하지 못하도록 해야 하니, 이는 군주의 책임이다. 공로를 논하여 상벌을 집행하며, 어진 인재를 썩히거나 사사로운 행동을 하지 않고, 물자를 조달하고 군수품을 공급하며, 관리들이 신중하고 엄숙하여 감히 나태하거나 사악한 짓을 하지 않고 군주의 명령을 완수토록 하는 것은 재상의 직무다. 무기를 정비하고 정예 병사를 선발하며, 훈련을 시행하고 부대를 편제하며, 천하의 정세를 두루 알아 시기와 책략을 신중하게 파악하는 것은 총수의 직무다.「지도」
王兵者, 必三具：主明, 相文, 將武. 主事者, 將出令起卒有日, 定所欲攻伐國, 使群臣, 大吏, 左右及父母毋敢議於成, 主之任也. 相國者, 論功勞, 行賞罰, 不敢隱賢, 使百官恭敬悉畏, 毋敢□惰行□, 以待主令. 大將者, □□…….	故主兵必參具者也, 主明, 相知, 將能之謂參具, 故使出令發士, 期有日數矣, 宿定所征伐之國, 使群臣大吏父兄便辟左右不能議成敗, 人主之任也. 論功勞, 行賞罰, 不敢蔽賢有私行, 用貨財供給軍之求索, 使百吏肅敬, 不敢解怠行邪, 以待君之令, 相室之任也. 繕器械, 選練士, 爲教服, 連什伍, 遍知天下, 審御機數, 此兵主之事也.「地圖」

령할 수 있다."

이처럼 『왕병』은 두서가 분명하고 내용이 긴밀하게 이어져 있다. 그러나 『관자』에서는 이 부분이 둘로 나누어져 각각 『칠법(七法)』「위병지수(爲兵之數)」와 『칠법』「선진(選陣)」에 들어가 있다. 이런 현상은 『관자』의 탄생 과정과 관계가 있다. 학자들의 고증에 따르면, 『관자』는 서한 시대 유향(劉向)이 엮은 것으로서, 원래 86편이었지만 지금은 76편만 전해지고 있다. 유향은 입수한 관중의 언론들을 선별해 정리했기 때문에, 이를 기록하고 또 전하는 과정에서 유실되거나 문자가 바뀐 부분이 있을 것이다. 또한 내용을 어떻게 이해했느냐에 따라 각기 다른 편명으로 분류되었을 것이다. 『왕병』은 『관자』에 포함되지 않지만 그중 일부 내용은 다른 편명으로 구성되어 『관자』에 수록되어 있는 것이다.

그렇다면 『왕병』은 관중의 저작일까? 『관자』는 여러 사람의 학설을 한데 엮은 저서로서 그 안에는 유가, 도가, 법가, 병가의 사상과 관점뿐 아니라 농가, 종횡가, 음양가의 언설이 포함되어 있다. 유향의 편집 원칙은 '잘못이 있다고 없애기보다 차라리 잘못이 있을지라도 존치하겠다'는 것이었다. 다시 말하면, 유향은 당시 정확하게 파악하지 못한 편명의 경우 이를 삭제하면 유실될 수 있으므로 함께 수록했다는 뜻이다. 비록 적절하지 못한 편명도 있지만 대부분은 정확하다고 볼 수 있다. 일부 편명은 관중이 지은 것이 아니지만 그 주된 사상으로 보면 『관자』의 사상과 어긋나지 않는다. 은작산 한간 정리 소조의 전문가들은 『왕병』의 작자를 단정할 수 없는 상황이지만 이를 토대로 관중의 사상을 연구하는 데 그리 큰 문제가 있는 것은 아니라고 보았다.

병법의 일가 손씨 열전

사마천은 『사기』「관안열전」에서 다음과 같이 기록하고 있다.

"관중이 죽고 나서 제나라는 그 정치를 따르니 제후국들 가운데 으뜸이었다. 백여 년이 지나 안자가 나왔다."

인재 중의 인재인 관중이 땅에 묻힌 지 백여 년 만에 또다시 세상을 뒤흔들 만한 난세의 영웅 안자가 탄생한 것이다. 흥미롭게도 은작산 한묘에서 출토된 선진 문헌 가운데 정리 소조 전문가들이 『관자』 다음으로 정리한 것이 그 유명한 『안자춘추(晏子春秋)』다.

안자의 이름은 영(嬰), 자는 평중(平仲)으로, 제나라 영공(靈公), 장공(莊公), 경공(景公) 세 왕조의 중신을 지냈으며, 한때 승상에 오르기도 했다. 난쟁이 같은 키에 목소리도 모기소리같이 작았지만 어려운 상황에서 빛나는 그의 기지는 정말 놀라웠다. 특히 "귤은 회수 남쪽에 심으면 귤이 되지만 회수 북쪽에 심으면 탱자가 된다."라는 그의 명언이나 '이도살삼사(二桃殺三士)'*는 더더욱 후세의 찬탄을 자아내고 있다.

관중이 죽은 뒤, 제나라는 영공과 장공에 이르러 여러 가지 문제가 얽혀 국력이 이전만 같지 못했고, 이러한 상황은 나날이 심해졌다. 그러던 중 경공(景公 : 이름은 저구杵臼, 강제姜齊 제25대〈기원전 547~기원전 490년〉 군주다. 재위 기간이 58년으로, 제나라 군주 가운데 가장 길었다) 초기에 안영이 승상이 되면서 형벌과 세금을 줄이고, 농업 생산을 격려·보호하며, 창고를 열어 빈민과 재난을 당한 이들을 구휼하는 등 애민 정책을 펼침으로써 백성의 환영을 받았다. 일순간 제나라는 환공의 위업이 다시 한 번 펼쳐지리라는 기대로 가득했다. 이는 제나라에게는 매우 소중

* 『안자춘추』에 나오는 이야기로, 교묘한 책략으로 상대방을 자멸시키는 것을 비유할 때 쓰인다. 그 이야기는 다음과 같다. 어느 날 안영이 만찬석상에서 복숭아 두 개를 내어와 경공에게 바치며, "이 복숭아를 가장 공로가 큰 신하에게 상으로 주십시오."라고 했다. 먼저 공손접이 나서서, "사냥을 할 때, 폐하께 달려드는 호랑이를 내가 맨손으로 잡았다."라고 말하며 복숭아를 하나 가졌다. 전개강 역시 "나는 매복으로 두 번이나 적을 무찔렀다."라고 하면서 남은 복숭아를 가졌다. 당황한 고야자가 말했다. "폐하를 모시고 황하를 건널 때, 폐하 수레의 왼쪽 말이 중류로 도망쳤다. 내가 강으로 들어가 백 걸음 동안 흐름을 거스른 다음 흐름을 따라 90리를 쫓아가 말을 죽였다. 그런 다음 왼손으로 말의 엉덩이를 붙잡고 오른손으로 말의 목을 들어 언덕으로 올라왔다." 공손접과 전개강이 이 말을 듣고, "우리의 공훈은 그대의 발끝에도 미치지 못한다. 그런데도 복숭아를 탐한 것은 우리의 탐욕 때문이다."라고 말한 뒤 스스로 목을 베었다. 고야자도 "두 사람이 죽었는데 나 혼자 사는 것은 인(仁)이 아니다. 사람이 명성을 자랑하고 있는 것을 듣고 부끄럽게 여기는 것은 의롭지 못하다."라고 말하며 칼을 뽑아 자신의 목을 절렀다.

한 기회였지만 적들에게는 결코 좋은 일이라 할 수 없었다. 당시 강력한 진(晉)나라와 포악한 북연(北燕)은 각기 제나라의 아(阿)와 견(鄄), 그리고 하상(河上) 쪽을 파죽지세로 공격해 이익을 챙기려 했다. 제나라 역시 이에 맞서 저항했지만 상대의 공세에 밀려 후퇴하고 말았다. 날이 갈수록 적들은 목을 졸라오는데 이에 맞설 힘이 없었던 제나라는 나라 전체가 불안에 떨기 시작했다. 제나라 경공은 더더욱 초조함을 감추지 못했고, 위기에 직면한 상황에서 승상 안영은 경공에게 사마양저(司馬穰苴)를 천거했다.

사마양저의 조부는 전(田)씨 성을 가진 진(陳)나라 사람이었다. 진나라 여공(勵公) 시절, 왕위를 둘러싸고 정변이 일어났는데 원래 왕위 계승자였던 대공자 진완(陳完)은 야밤에 몰래 제나라로 달아나 환공에게 도움을 청했다. 당시 두 나라의 관계가 우호적이었던 데다 진완이란 인물에 대한 평가도 썩 나쁘지 않았기 때문에 환공은 그의 망명을 받아들이면서 동시에 관직을 하사했다. 하지만 진완은 사리가 밝은 사람이었다. 식객이나 다를 바 없는 처지에 일을 하지 않고 봉록을 받을 수는 없다는 생각에 그는 완곡하게 환공의 호의를 거절했다. 그리고 장인을 관리하는 '공정(工正)'이라는 자리를 부탁했다. 자신의 상황이 외부에 알려지는 것을 원치 않았던 그는 원래 성과 음이 비슷한 '전(田)'자를 골라 이름을 전완(田完)으로 개명했다. 전완이 바로 전양저(田穰苴 : 사마양저를 말한다)의 조부이자 유명한 병가인 손무와 손빈의 조상이다.

전완이 고위 관직을 거절하기는 했지만 제나라 환공은 그에게 가족을 부양할 수 있도록 땅을 내주었다. 그로부터 전씨 일가는 제나라에 뿌리를 내렸다. 그러다가 제나라 장공에 이르러 전완의 셋째 손자인 전문자(田文子)와 젊은 명신인 안영이 함께 조정의 대부를 맡았다. 정견이 서로 일치했던 두 사람은 의형제를 맺었고, 이에 두 가족 역시 자연스럽게 가까워져 정치적 동맹 세력을 형성하게 되었다. 동맹은 날로 세력을 확장해 제나라 정국에 점점 더 큰 영향력을 발휘했다. 전완의 4대손 전무우(田無宇, 桓子)는 군대를 통솔할 수 있고, 정치적 정책도 펼 수 있는 상대부의 자리에 올랐다. 정치, 군사적 권력을 장악한 전무우 덕분에 전씨 일가의 지위는 하늘 높은 줄 모르고 치솟았으며, 영지도 계속 확대되었다. 또한 경대부와의 세력 다툼에서 연전연승을 거두어 명실공히 제나라의 가장 막강한 가문이 되었다. 전씨와 안씨 일가도 계속 정치적 동맹 관계를 유지해 영욕을 함께 했다. 이런 관계 속에서 군권 통제와 더불어 공을 세울 인재를 찾는 상황에서 이제 나이가 든 안영은 자연스럽게 무리의 세력을 위해 전양저를 떠올렸다. 그러나 제나라 경공은 안영의 이 같은 속셈이 마음에 들지 않았다. 양저가 전씨 가족의 적계가 아니라는 사실 때문이 아니라 이 기회에 자기가 총애하는 신하인 장고(莊賈)를 임명하고 싶었기 때문이었다. 그러나 안영 역시 쉽게 자신의 생각을 포기하지 않았다. 그는 강경한 어조로 설명했다.

"양저는 본래 전씨 가문의 방계 자손이기는 하지만 뜻이 높고 재기가 넘치는 사람입니다. 문무 양 방면에서 모두 사람들을 복종시킬 것이고 적에게 위엄을 떨칠 것이니, 왕께서는 그를 등용해 보심이 좋을 듯합니다."

"우리나라에도 그런 인재가 있었던가?"

경공은 맘이 썩 내키지 않는 듯, 의심쩍은 얼굴로 중얼거렸다. 그러나 그는 안영의 위엄과 체면을 생각하지 않을 수 없었다.

"그렇다면 한번 불러보시오."

그날 저녁 안영은 전양저를 승상부로 부르는 한편, 안씨와 전씨 일가의 정치적 연맹에 속해 있는 주요 인물들을 모아 비밀회의를 열었다. 회의에서 그들은 양저가 자신의 능력을 한껏 발휘해 경공이 그에게 군권을 넘길 수 있도록 지원하자는 데 의견을 모았다. 아울러 경공의 곁을 지키고 있는 간신 장고가 이번에 자신의 뜻을 이루지 못할 경우 경공의 총애를 무기로 삼아 안씨와 전씨 연맹에 보복을 가할 수도 있으니 이를 위한 대책 마련에 들어갔다. 후환을 없애기 위해 장고에게 치명적인 타격을 입혀야 한다는 의견이 나왔다. 어떻게 하면 장고를 사지로 몰아넣을 것인가에 대해 오랫동안 논의를 거친 그들은 나름의 대책을 확보한 다음 각자 집으로 흩어졌다.

다음 날 오전, 양저는 안영을 따라 입궐해 경공을 배알했다. 양저가 천하대

세, 제후들의 분쟁, 용병 전략에 대한 견해를 피력하자, 경공은 그의 말이 자못 일리가 있다고 생각하면서 칭찬을 아끼지 않았다.

"맞는 말이오. 아주 탁월한 견해를 가지고 있군. 우리 제나라에 이런 인재가 숨어 있는 줄은 몰랐소."

말을 마친 경공은 양저를 정식으로 대장군에 임명하고, 먼저 500승의 전차를 내주어 진(晉)나라와 연나라의 공격을 방어하도록 했다.

군권을 부여받은 양저는 경공에게 한 가지 조건을 내놓았다.

"천한 출신의 신에게 인재를 아끼시는 왕께서 이처럼 중임을 맡기셨습니다. 이런 갑작스러운 상황에 아마도 많은 이들이 불복할 것입니다. 그렇게 되면 군권을 효과적으로 행사할 수 없습니다. 이를 방지하기 위해 백성들이 모두 존중하고, 왕의 총애를 받고 있는 중신에게 군대 감독을 맡겨 주십시오. 그렇게 하시면 명령에 따라 원활한 지휘를 할 수 있을 것입니다."

경공은 잠시 생각에 잠기더니 옆에 서 있던 안영에게 말했다.

"어찌하면 좋겠소?"

안영이 앞으로 나아가 예를 행하며 말했다.

"양저의 말이 일리가 있습니다. 감독관을 파견하면 통솔이 쉬워질 것입니다. 왕께서 감독관을 파견하신다면 상대부인 장고가 어떨까 싶습니다."

경공은 안영의 제의에 기뻤지만 짐짓 생각에 잠긴 듯한 표정을 짓더니, 잠시 후 다시 입을 열었다.

"그럼, 그대의 의견을 따르겠네. 장고에게 감독관을 맡기도록 하시오."

임무를 맡은 장고는 양저의 요구에 따라 경공 앞에서 다음 날 오시에 출발할 것을 약속했다.

다음 날 이른 아침, 군대에 이른 양저는 한 군졸에게 시간 측정용 나무막대기를 세우도록 명령했다.

해 그림자가 점차 동쪽으로 기울다가 남, 북이 일직선이 되었다. 오시가 되었지만 장고는 그림자도 보이지 않았다. 나무막대기의 그림자를 바라보던 양저의 입가에 냉소가 스치고 지나갔다. 그는 마음속으로 생각했다.

'살다보면 정말로 큰일이 닥치기도 하지. 때론 맹인이 눈 먼 나귀를 타고 연못가에 이르렀는데도 다가온 죽음을 못 보는 것과 같아. 장고는 오늘이 바로 자신의 제삿날인 줄 꿈에도 모르고 있을 거야.'

경공의 총애에 우쭐대고 있던 장고는 그때 한창 술판을 벌인 채 여러 사람들과 거나하게 취한 상태였다. 게다가 미천한 출신의 전양저에 대해서는 손톱의 때만큼도 생각하지 않고 있었으니, 어제 약속이 안중에 있을 리 없었다. 그러나 장고가 전혀 예상하지 못한 일이 있었다. 그날 술자리를 마련한 사람이 바로 안영이었던 것이다. 그곳에 모인 사람 가운데 세 사람이 비밀리에 임무를 맡아 장고가 약속을 지키지 못하도록 계속 술잔을 권했다.

나무막대기의 그림자가 동쪽으로 기울고, 군졸이 미시를 알렸지만 장고는 나타나지 않았다. 양저는 막대기를 뽑으라고 명령한 다음, 단에 올라 군대 기율(紀律)을 시행하겠다고 발표했다. 모든 준비가 끝났을 때는 해가 이미 서산으로 기운 뒤였다. 그때 장고가 네 마리 말이 끄는 수레에 올라 서서히 진영을 향해 다가오고 있었다. 수레가 멈추고 잔뜩 취기가 오른 얼굴로 장고가 부하들의 부축을 받으며 단상에 올랐다. 장군 자리에 앉아 있던 양저가 큰 소리로 호통을 쳤다.

"왜 이제야 오는 것이오?"

양저의 호통에 장고가 고개를 들더니 더듬더듬 입을 열었다.

"오늘 원행을 떠난다고 해 송별연에 참가하느라 늦었소이다."

그런데 대답을 하던 장고가 갑자기 속이 좋지 않은지 토하기 시작했다. 양저는 살기가 가득한 얼굴로 장고를 향해 큰 소리로 비난을 퍼부었다.

"장수는 명령을 받은 그날부터 집을 잊고, 적진을 향해 돌격하는 순간 자신의 몸을 돌보지 않는 것이오. 적군이 국경을 넘어 나라의 존망이 위태롭고, 병사들이 전쟁터로 내몰리고 있소. 군주 또한 침식도 잊은 채 걱정이 태산 같소이다. 적들의 막강한 공격 앞에 군주께서 삼군을 그대와 나에게 맡기시어 나라를 지키고, 백성을 전화에서 구하길 원하시고 있소. 그런데 그대는 이 다급한 상황은 안중에도 없이 친구들과 술이나 퍼먹으며 군령을 어기고 있다니, 대체 이게 무슨 망령된 일이오?"

양저가 퍼붓는 말에 화가 치밀어 오른 장고는 닥치는 대로 욕을 쏟아냈다.

"네까짓 놈이 뭐라고 감히 나를 가르치려 들어? 두 눈 똑바로 뜨고 내가 누군지 보라구! 어디 감히 날뛰고 야단이야!"

양저 역시 더욱 당당한 자세로 호통쳤다.

"감히 네놈이! 군주의 총애를 빌미로 공공연하게 군기를 어기고 군심을 흐트러뜨리다니, 네가 죽음을 눈앞에 두고도 함부로 입을 놀리는구나."

양저가 옆에 있는 군정(軍正 : 군법 집행관)에게 물었다.

"제나라 군법에 의해 고의적으로 행군 기한을 어겼을 때는 어떤 처벌을 받는가?"

"참형에 처합니다."

군정이 곧바로 대답했다. 양저가 고개를 끄덕였다.

"오늘 그렇지 않아도 출정을 위한 제를 올릴 혼령이 필요했거늘, 군법에 따라 저자의 목을 베라! 저자의 목으로 출정제를 지내겠노라."

그의 말이 떨어지기가 무섭게 곁에 있는 관병들이 잽싸게 앞으로 나와 장고의 다리를 걸어 바닥에 꿇어앉혔다. 장고의 부하들은 일이 묘하게 돌아가는 것을 보고 재빨리 사람들 틈을 헤집고 나가 수레에 올라타 경공에게로 내달렸다.

보고를 받은 경공은 깜짝 놀랐다. 전양저, 이놈이 하늘 높은 줄 모르고 내가 아끼는 신하를 제물로 삼아! 그러고도 성할 줄 아는가? 그가 죽으면 어찌 산단 말인가. 그런 이를 어디 가서 찾는단 말인가. 다급한 나머지 그는 또 다른 총신인 양구거(梁丘據)에게 군권의 상징인 절부를 내주며 당장 진영에 달려가 형 집행을 제지하도록 했다. 명령을 받은 양구거는 사안이 사안이니만큼 즉시 수레를 타고 쏜살같이 진영으로 갔다.

양구거가 반쯤 갔을 때 장고의 머리는 이미 원문(轅門) 밖 깃대 위에서 하늘을 향해 제를 올리고 있었다. 그러나 이런 상황을 모르고 있었던 양구거는 최고 권위를 상징하는 절부를 들고 말을 달려 원문을 지나 대진영에 이르렀다. 멀리 양구거가 보이자 양저는 경공이 사람을 보냈음을 짐작했다. 장고도 죽었으니, 하나쯤 더 죽여도 상관이 없으리라. 그는 군사들에게 달려오는 수레를 저지하도록 했다. 군사들이 벌떼처럼 수레 주위로 몰려들어 수레에 타고 있던 양구거를 끄집어내 땅바닥에 내팽개치고 주먹질을 한 뒤, 다시 단 위로 압송해 양저의 처분을 기다렸다.

양저가 단 위에 앉아 큰 소리로 군정에게 물었다.

"군법 규정에 따르면, 진영 안으로 수레를 달릴 수 없게 되어 있다. 이를 어길 경우 어떤 처벌을 받는가?"

그렇지 않아도 매일 두 눈을 부릅뜨고 군법을 어기는 자들을 찾아다니는 군정은 단호한 어조로 재빨리 대답했다.

"참형에 처합니다."

별안간 '참형'이란 말에 얼굴이 하얗게 질린 양구거는 온몸을 부들부들 떨었다. 그는 황급히 바닥에 꿇어앉아 애원했다.

"전 임금의 명을 받들어 왔을 뿐입니다. 제발 용서해 주십시오."

양구거는 이렇게 말하면서 소매에서 절부를 꺼냈다. 절부를 본 양저는 깜짝 놀랐다. 양저는 마음속으로 이해득실을 따져보았다. 장고는 이미 제거했으니 굳이 왕의 절부를 지닌 양구거까지 제거할 필요는 없을 것 같았다. 왕이 개입된 일이니 자신이 함부로 대적하다가는 위험이 따를 것이었다. 양구거가 혼쭐이 났으니 이쯤에서 끝내는 것이 사건을 조용히 마무리 지을 수 있는 방법인 것 같았다. 양저는 대범한 척하며 말했다.

"명을 받들어 왔다니 잠시 그대 목숨은 살려두기로 하지. 하지만 군법은 장난이 아니니 이대로 풀어줄 순 없다. 적당한 처벌을 받아야 할 것이다."

양저는 갑자기 낯색을 바꾸어 큰 소리로 말했다.

"보아라! 임금의 사자는 죽일 수 없으니, 그의 마부를 참수하며 수레의 왼쪽 부목(駙木)을 잘라내고 왼쪽 말의 목을 베어 삼군 병사들에게 본보기로 하라!"

피가 솟구치며 사람 머리와 말 머리가 거의 동시에 단 아래로 굴러 떨어졌다. 구사일생으로 목숨을 건진 양구거는 그 길로 걸음아 나 살려라 도망을 치고 말았다.

연달아 끔찍한 사건이 일어나자 삼군 병사들은 모두 두려움에 떨며 가슴을 진정시킬 수 없었다. 양저는 여세를 몰아 순식간에 전선에 도착했다. 진나라 군대는 새로 부임한 제나라 장군이 군주가 총애하는 신하마저 살해했다는 말을 듣고 그의 군대가 분명히 기율이 엄격할 것이라고 생각했다. 그 같은 군대와 싸우면 승산이 없을 것이라는 결론에 도달한 진나라 군대는 그 길로 철군하고 말았다. 연나라 군대 역시 진나라 군대가 싸우지도 않고 줄행랑을 놓았다는 소식에 애써 죽음을 자초할 필요가 없다고 판단해 회군하고 말았다. 양저는 이 틈을 놓치지 않고 그들을 추격해 적의 수급 만여 개를 수중에 넣음으로써, 연나라 군대는 대패하고 제나라 군대는 잃었던 땅을 순식간에 회복했다.

총신(寵臣)이자 남기(男妓)인 장고를 잃은 제나라 경공은 양저에 대한 원망의 마음을 풀지 못하고 있었다. 그러나 안영의 중재로 또 다른 젊고 아름다운 남기를 진상 받은 뒤 화가 조금 누그러졌고, 여기에 개선하고 돌아온 군대를 보자 완전히 마음이 풀리고 말았다. 그는 직접 안영 등을 거느리고 교외로 나가 삼군 장수들을 맞이하고 포상했다. 양저는 경공을 보자 의중을 떠보기 위해 장고의 죽음에 대해 이야기했다. 경공은 이에 명쾌하게 대답했다.

"벌써 죽었어야 하는 사람일세. 잘 죽였네. 나라를 위해 해를 제거했으니 큰 공을 세운 것이나 다름없네."

이번 승리에 대한 표창으로 경공은 양저를 대사마에 임명해 국가의 주요 병권을 넘겼다. 또한 함께 공을 세운 다른 사람들에게도 각기 벼슬을 하사했다. 그 후로 전양저는 다시 사마양저라 불리게 되었다. 몇 년 뒤, 전씨 가족 후손으로 제나라 최고의 권력을 얻은 제나라 위왕(威王)은 학자들에게 양저의 군사 사상을 책으로 정리하도록 명령했는데, 그것이 바로 『사마병법』이다.

진나라와 위나라 두 대군을 격파한 제나라 경공은 더욱 자만에 빠졌다. 당시 날로 쇠약해지는 국력에 내정이나 외교 할 것 없이 맥을 못 추고 있는 상황에서도 경공은 과거 꿈같은 맹주 시절의 환상에서 벗어나지 못하고 있었다. 그러던 중 인근 거(莒)나라의 불손한 태도에 화가 머리끝까지 난 경공은 거나라, 당시 제나라 환공 소백이 즉위하기 전 피신을 했던 은혜의 나라를 공격하기로 결정했다. 하늘 높은 줄 모르고 날뛰는 거나라의 군주를 처단해 인근 다른 나라에 대한 일벌백계의 효과를 살리려는 의도였다.

전쟁 초기, 경공은 장군 고발(高發)을 파견했다. 이에 거나라 군주는 도성을 버리고 기창성(紀鄣城)으로 퇴각해 완강하게 저항했다. 아무리 공격을 퍼부어도 성을 함락하지 못하자 경공은 노련한 전서(田書) 장군을 파견해 기창성에 대한 포위 공격을 펼치도록 했다.

전서의 자는 자점(子占)으로 정종(正宗)의 전씨 가문 후손이다. 제나라 상대부 전무자(田無子)의 아들이며, 전양저와는 친족 형제 사이다. 아버지의 정치적 전략과 군사적 재능을 물려받은 데다 한층 영특했던 전서는 젊은 시절 경공의 부름을 받아 상대부에 임명되었다. 그는 환갑이 넘은 나이에도 노익장을 과시하며 종종 군대를 통솔해 나라를 위해 봉사했다.

기창성은 규모는 작지만 설비가 튼튼한 데다, 뛰어난 병사와 넉넉한 군량미 덕분에 공략이 쉽지 않았다. 병법에 밝은 전서는 적을 제거하기 위한 책략이 뛰어난 사람이었다. 기창에 이르자 그는 지형, 지물을 십분 활용해 낮에는 순번대로 연출용 공격으로 적을 지치게 해 점차 경계에 소홀해지도록 만들었다. 며칠 뒤 칠흑같이 어두운 밤, 전서는 병사들을 이끌고 성 안에서 베 짜는 여인이 남몰래 내려놓은 줄을 이용해 성을 타고 올라갔다. 막 60여 명의 병사가 성을 올라가고 있을 때였다. 갑자기 줄이 끊어지면서 몇몇 병사들이 성 아래로 떨어졌다. 그 소리에 성 안에 있던 적군들이 이상한 낌새를 감지했다. 짧은 시간 내에 모두 성에 오를 수 없는 긴박한 상황에서 전서는 과감하게 성 밖에 있던 군사들에게 북을 울리며 고함을 치도록 했다. 성을 올라가고 있던 병사들도 즉시 이에 호응했다. 순간 성 안팎에서 들리는 북소리와 고함소리가 천지를 떠들썩하게 했다. 성

안에서 단잠을 자고 있던 거나라 군주는 갑작스러운 소란에 제나라 군대가 이미 성을 함락하고 돌격해 들어왔다고 생각했다. 이에 혼비백산, 서쪽 성문을 통해 서둘러도망갔다. 제나라 군대는 이렇게 기창성을 차지하고는 거나라 정벌 전쟁에서 승리를 거두었다.

거나라 공격에 성공하고 다시 한 번 제후들 앞에서 거들먹거릴 기회를 잡은 제나라 경공은 당연 신이 날 수밖에 없었다. 그는 전서에게 산물이 풍부하기로 유명한 낙안(樂安) 읍과 함께 손(孫)이란 성씨를 하사하면서 공적을 표창했다. 전서 일가는 그 후 모두 '손'으로 성을 바꾸었고, 이후 저명한 손무, 손빈 등 병가들이 손씨 성을 갖게 된 이유가 되었다.

거나라 정벌로 의기양양해진 제나라 경공은 그로부터 더 이상 정사를 돌보지 않고 하루 종일 후궁들을 끼고 음탕하고 문란한 생활을 하기 시작했다. 조정 경대부들은 군주의 신선놀음에 동참해 그들 역시 환락에 빠져들었다. 물론 모든 조정 관리들이 탁류에 휩싸인 것은 아니다. 전, 포(鮑), 고(高), 란(欒)의 이 네 가족을 필두로 한 정치 세력은 문란한 세력들을 제쳐두고 제나라 정권을 빼앗기 위해 대대적인 움직임을 보였다.

대사마 전양저와 상대부 전서는 각기 진, 연, 거나라 공격에서 승리하고 돌아온 뒤, 승진과 더불어 토지, 성씨, 관직을 하사받았고, 또한 서로 연합해 병권을 장악하고 군대를 통솔함으로써 제나라 전씨 일가의 지위는 끝없이 치솟았다. 그들의 막강한 권력과 기세등등한 위엄에 자연히 사람들의 시선이 쏠리게 되었다. 한편 전씨 일가의 적대 세력, 즉 제나라 귀족인 고씨, 국(國)씨, 포씨 등의 정치 세력들은 심각한 압력을 받기 시작했다. 불리한 상황을 역전시키기 위해 고, 국, 포씨 일족은 잠시 정치적 연맹을 결성한 다음, 모든 기회와 모든 방법을 동원해 전략적으로 전씨 일가에 정치적 타격을 가하기 시작했다. 또한 암암리에 제나라 경공의 부인인 연희(燕姬)와 결탁해 경공에게 베갯잇 송사를 벌이도록 했다. 그들의 기대에 부응해 연희는 경공과 잠자리를 한 뒤 그의 귓가에 속삭였다.

"전씨 일가가 군권을 장악하는 바람에 폐하의 명도 제대로 실행이 되지 않고 있어요. 이대로 가다가는 정변이 일어날 거예요. 그렇게 되면 제나라도 더 이상 강씨의 나라가 아니지 않겠어요? 전씨 일가가 비밀 조직을 만들고, 자기들 기지에서 군사를 육성하고 있다는 소문이 있어요. 제나라 요충지를 공격할 때만 기다리고 있다더군요. 정말이지 큰일이 일어날 거예요."

연희의 말에 시비분간이 어려워진 경공은 방비 없이 당하느니 대책을 마련해야겠다는 생각에 전양저의 관직을 박탈하는 한편, 전서는 도성을 떠나 채읍으로 돌아가 여생을 마감하도록 명령했다. 이 외에도 전씨 일가와 친분이 있는 사람들은 관직의 경중을 막론하고 모두 권력의 중심부에서 제거했다. 갑작스럽게 이루어진 경공의 조치에 전씨 일가는 그간 심혈을 기울여 쌓아올린 모든 권력과 관계를 하룻밤 사이에 송두리째 잃고 말았다. 아둔한 주군, 간사한 정적들 때문에 젊고 혈기왕성했던 전양저는 결국 화병이 생겨 얼마 못 가 세상을 떠나고 말았다.

전양저가 죽은 뒤, 조정 안팎 특히 전씨 가족은 큰 혼란을 겪었다. 집에서 하루하루를 보내고 있던 전서 역시 극도의 슬픔 속에 이대로 가다가는 결국 자신의 가족들마저 어떤 처지가 될지 몰랐고, 아예 멸문을 당할 수도 있다는 생각이 들었다. 심사숙고 끝에 그는 아들 손무를 불러 슬픔이 가득한 목소리로 말했다.

"손무야, 금방이라도 제방이 터져 우리 손씨 일가의 권력을 모두 휩쓸어 버릴 것만 같다. 하지만 홍수란 언젠가는 다 흘러가 버리고, 숲은 오랫동안 남아 있기 마련이다. 우리 일가는 이제 힘을 보존하고 뿌리를 내릴 시간이 필요하다. 뿌리만 있으면 언젠가는 싹이 트고, 더욱 무성한 숲을 만들 수 있다. 재난과 쓸데없는 희생을 피해 떠나거라. 다른 나라로 멀리 달아나거라. 그곳에서 힘을 모아 새로운 터를 다져 나가거라……."

당시 스물네 살의 청년 손무는 근심어린, 그러나 기대에 찬 아버지의 눈빛을 보며 "아버님의 말씀에 따르겠습니다."라는 말과 함께 예를 올렸다. 두 눈에 눈물이 그렁그렁 맺힌 두 사람은 아무 말 없이 서로를 바라보았다.

5장
손무와 오자서의 생사고락

궁륭산穹窿山 산중, 병사를 모으고 말을 사들여 군대를 조직한 청년 손무孫武는 혁명의 이름으로 정권 탈취를 모의했다. 초나라 조정의 중죄범인 오자서는 한밤에 도주하다 신비한 노인을 만나 계책을 얻고 무리에 섞여 무사히 소관(昭關 : 초나라 국경의 관문)을 넘었다. 영웅은 곤경에 빠져 오시吳市에서 퉁소를 불며 마음을 토로하고 산에서 내려온 오자서는 자신의 진면목을 드러냈다. 깊은 숲에 영웅들이 모여들고 드넓은 천지에서 오자서와 손무가 연합해 웅대한 포부를 펼치고자 했다.

오나라로 도망친 손무

허리에 장검을 찬 손무는 전차 위에 서서 네 명의 호위 무사를 거느리고 조상의 봉지(封地)인 제나라 낙안(樂安)을 떠나 오나라로 향했다.

당시 장강 하류에 위치하고 있던 오나라는 여러 해가 지난 뒤 소주(蘇州)를 중심으로 하나의 커다란 판도를 형성했다. 손무가 오나라로 향하고 있던 그때에서 다시 천여 년을 거슬러 올라간 시기, 중국은 이미 매우 발달한 농경사회로 접어든 상태였지만 소주 일대는 여전히 개간이 이루어지지 않은 처녀지였다. 당시 그곳에는 중원 사람들이 형만(荊蠻)이라 부르던 토착민이 살고 있었다. 후에 주나라 문왕의 숙부 두 명이 주나라의 수도를 떠나 몰래 이곳으로 찾아들어 이 메마른 땅에 생기를 불어넣기 시작했다. 그렇게 중원에서 가져온 양질의 종자와 경작 기술로 형만의 경제는 빠르게 발전해 나갔다. 세월이 흘러 토착민들은 민주적인 선거를 통해 천여 명의 인구를 가진 작은 나라의 수령으로 두 숙부를 추대했다. 기원전 584년, 당시의 소국은 이미 주변국들과 힘을 겨룰 만한 세력을 갖추게 되었다. 그해 오나라의 제19대 군주인 수몽(壽夢)은 처음으로 군사를 이끌고 장강을 건너 서북 지역에 있던 담(郯)나라를 정복해 통치 구역을 확장했고, 동시에 비범한 정치, 군사적 실력으로 당시 천하의 중심이라 자처하던 중원 여러 나라의 간담을 서늘하게 했다. 춘추 시대 중, 후기에 이르러 오나라는 마침내 광활한 영토와 강력한 군사력, 그리고 풍부한 물산을 바탕으로 일약 남방의 군사 강국으로 자리매김했다. 바로 그 무렵, 손무가 오나라 땅에 들어온 것이다.

수많은 영화, 특히 무협소설의 남자 주인공이 대개 그러하듯 당시 손무는 뛰어난 용모를 갖추고 있었는데, 긴 머리를 휘날리며 우수에 잠긴 눈빛을 가진 청년이었다. 하늘을 찬란하게 물들이는 저녁노을 아래, 크고 우람한 전투마가 이끄는 거대한 전차에 우뚝 선 건장한 손무는 전차가 오나라 국경 안 궁륭산 아래 도착하자 고삐를 당겨 말을 세웠다. 그는 마치 사지의 전장을 살펴보는 듯한 모습으로 노을 속에 나무가 울창하게 우거진 산골짜기를 바라보며 카리스마가 넘치고 약간은 허스키한 목소리로 호위병을 향해 소리를 질렀다.

"혁명이 여기서 시작될 것이라는 느낌이 드는구나. 이제 앞으로 나아가 수백 리 안개로 뒤덮인 이 땅 위에 우리의 근거지를 만들도록 하자!"

그 뒤로 손무는 호위병을 이끌고 오나라 수도인 고소성(姑蘇城) 밖 백 리 떨어진 궁륭산 기슭에서 그 지역 민중들을 연합해 비밀리에 회의를 열고 연합 방침과 작전 계획을 수립했다. 그 결과 우선 몇 지역에서 오나라 지방 관부를 공략한 다음 마지막으로 오나라 전역을 손아귀에 넣어 새로운 정권, 새로운 질서를 세워나가기로 했다.

이러한 전략에 따라 손무와 그의 무리들은 길게 이어진 산야, 무성한 수풀, 구석진 시골 마을에서 구체적인 행동에 들어갔다. 이후 진행하는 일마다 성공을 거두면서 상황은 점차 호전되었고, 손무의 무리들은 근거지를 확대해 나갔다. 거사를 도모하던 초기, 손무의 궁륭산 생활은 전우와 형제들의 뜨거운 열정과 꿈같은 미래에 잔뜩 가슴이 부풀어 올라 온몸에 정력이 넘쳐나는 하루하루가 계속되었다. 이제 막 불씨를 당긴 혁명 대업에 조금이라도 더 보탬이 되기 위해 손무는 힘든 지도자 생활 속에서도 제나라 개국 공신인 강자아, 제나라의 명재상인 관이오(管夷吾 : 관중을 말한다), 본가의 숙부로 위대한 장군이자 군사가인 전양저 등 영웅들의 제가, 치국, 평천하에 관한 이론과 실천을 폭넓게 연구해 『궁륭산의 할거를 논하다(論穹窿山的割據)』, 『병법 13편』 등 뛰어난 글을 남겼다. 그의 저서는 이후 중국뿐만 아니라 전 세계 혁명에 적지 않은 영향을 끼쳤다. 또한 손무의 사상은 이후 경전으로 간주되어 고대 전쟁에 큰 영향력을 발휘했으며, 중국의 근현대 혁명에도 계몽적 역할을 했다.

순식간에 5년이라는 세월이 흘렀다. 이제 손무와 그의 추종자들은 궁륭산 지역에 방대한 군사 조직을 갖추었다. 수십 명에 불과하던 병사들이 어느새 7천여 명으로 늘어나, 만인병단(萬人兵團)으로 불렸다. 손무가 대장으로서 끓어오르는 열정과 숭고한 이상과 결연한 신념으로 추종자들을 단합시켜 웅거하고 있을 때, 궁륭산의 어두운 계곡에 바람 따라 물결을 헤치며 배 한 척이 소리 없이 모습을 드러내고 있었다.

오자서

봄 햇살이 따스한 어느 날이었다. 궁륭산 근거지에 사냥꾼 복장을 한 정체불명의 괴한들이 난입했다. 손무 산채에서 경비를 서고 있던 병사는 그 자리에서 괴한들을 체포해 산채 안으로 압송했다. 당시 손무의 병사들은 할 일이 별로 없어 낮잠이나 자고 서로 농이나 주고받는 것이 일상이었다. 그렇기 때문에 혹시라도 뭔가 자극적인 일이 없는지, 생긴 것은 상관없으니 아무 여자라도 하나 불쑥 나타나주면 얼마나 좋을까 상상하며 시간을 보내고 있던 참이었다. 경비 대원들은 비록 아리따운 처자는 아니었지만 그렇지 않아도 몸이 근질거리던 차에 갑자기 압송된 십수 명의 괴한들을 보고 흥분하지 않을 수 없었다. '그래, 한번 제대로 혼쭐을 내야겠군!' 하며 마음을 굳게 먹고 있는데, 수령인 듯 보이는 자는 오히려 담담한 듯했다.

그의 말에 따르면, 자신은 오자서(伍子胥)로서 이름은 원(員)이며, 원래 초나라 사람이지만 화를 피해 오나라에 오게 되었다. 처음에 오나라 왕의 빈객으로 지내다가 지금은 그저 할 일 없는 유랑객이 되었다. 그러던 차에 마침 사람들과 어울려 사냥을 하게 되었는데, 궁륭산에 발을 딛기가 무섭게 그만 병사에게 잡히고 말았다는 것이다.

"우리는 엄연히 오나라의 양민이오, 대체 무슨 죄를 지었단 말이오?"

자신을 오자서라고 소개한 유랑객은 당당하게 따지고 들었다. 그의 오만하고 냉기 감도는 모습을 보며 경비 대장은 심히 불쾌한 기분이 들었다.

'겁도 없는 자들이로군. 흥, 이곳이 얼마나 무서운 곳인지 모른단 말이지.' 경비 대장은 험악한 얼굴로 오자서를 째려보았다.

"하룻강아지 범 무서운 줄 모른다더니! 좋다. 그렇게 큰소리만 치지 말고 양민임을 증명해 봐라!"

오자서가 주머니를 이리저리 뒤지더니 주위의 무리를 둘러보며 말했다.

"그냥 바람이나 쐬러 나온 터라 아무것도 가져온 것이 없소이다."

"산에 땔감을 하러가든 사냥을 하든, 당연히 가지고 다녀야지! 아무것도 없다는 것은 결국 나쁜 짓을 하고 도망다니는 처지라는 것 아니겠느냐! 이봐라, 이 자들을 나무에 매달고 몹시 쳐라."

대장의 말이 떨어지기가 무섭게 졸개들은 마치 굶주린 개떼처럼 오자서 무리를 바닥에 고꾸라뜨리고 밧줄로 묶은 다음 문밖 나무에 매달았다.

대략 두 시간쯤 지났을까. 병사들이 고문용 의자를 가져온 다음, 펄펄 끓는 고춧가루 물을 가죽통에 담아왔다. 경비 대장은 오자서를 나무에서 끌어내린 다음 의자에 눌러 앉히고는 고문을 가할 준비를 했다. 그는 뜨거운 고춧가루 물을 한 바가지 담아 오자서의 입가로 가져간 다음 험악한 표정으로 눈을 부릅뜬 채 그에게 물었다.

"우리의 정보를 빼내러 온 첩자가 틀림없어. 그렇지?"

"우린 첩자가 아니오. 당신네들의 행동은 제후 연맹의 헌장에 대한 분명한 도전이자 오나라 백성의 권리를 짓밟는 행위요. 반드시 당신들을 고발하고야 말겠소!"

오자서는 의자에 꽁꽁 묶인 채로 항변했다.

혼세마왕(混世魔王)으로 불리던 경비 대장은 고발이란 말에 잠시 움찔했지만, 그렇다고 물러날 사람이 아니었다. 그는 계속 억지를 부리며 오자서를 심문했다.

"첩자가 아니라면 왜 얼굴이 이렇게 벌겋게 달아오른단 말이냐?"

"양하대곡(洋河大曲)을 너무 많이 마셔서 그렇소."

"누런 것은 왜 그런 거야?"

"바람을 막으려고 밀랍을 발랐기 때문이오."

"이놈이! 목숨이 경각에 달렸는데도 교활하긴. 어서 고춧가루 물을 부어라.

인정사정 볼 것 없다!"

조금 전의 우려는 온데 간데 사라지고 경비 대장은 마왕의 본성을 한껏 발휘해 악랄한 명령을 내렸다.

부글거리는 고춧가루 물을 막 오자서의 입에 부어넣으려는 순간, 마치 무협소설에서 영웅이 등장하는 것처럼 손무가 숲을 헤치고 등장하면서 소리쳤다.

"멈춰라!"

사람들의 눈길이 손무에게 쏠렸다. 손무는 성큼성큼 다가오며 포박을 풀도록 했다.

손무는 조금 전 병사들의 시끌벅적한 소리에 숙소를 나와 아무 말도 하지 않고 사태를 지켜보고 있던 중이었다. 오자서의 얼굴을 보자 왠지 모를 신비한 기운에 온몸에 전율이 느껴졌다. 그러다가 사태가 급박하게 돌아가자 자기도 모르게 앞으로 나와 고문을 중단시킨 것이다. 그는 좀 더 다가가서 오자서를 바라보았다. 대략 서른 살 정도의 나이에 키가 훤칠하고 허리둘레는 열 뼘이나 되었으며, 양미간이 매우 넓었다. 번개 같은 눈빛에 진한 갈색 수염을 기른 얼굴이 참으로 인상적이었다. 방금 자신의 처지를 항변할 때 드러나 보이던 치아도 가지런한 것이 마치 하나로 이어진 듯했고, 특히 목소리가 우렁차 종소리가 울려 퍼지는 듯했다. 손무는 상대를 직접 대면해 보고 그가 결코 범상한 인물이 아님을 직감했다. 손무는 일단 포박을 풀어준 다음 오자서를 자신의 숙소로 데려오라고 했다.

오자서는 잠시 어리둥절했지만 이내 대범한 모습을 되찾고는 손무의 뒤를 따랐다. 연거푸 양하대곡 석 잔을 마신 뒤 손무는 오자서에게 자초지종을 물었다. 오자서는 근심에 가득 찬 얼굴로 긴 한숨을 내쉬더니 다시 쩌렁쩌렁한 목소리로 말했다.

"이거야말로 어디부터 이야기를 해야 할지 모르겠군요. 노형께서 정말 알고 싶으시다면 내 천천히 이야기를 해드리지요."

이렇게 해서 무성한 숲으로 이루어진 궁륭산에서 오자서는 손무와 독대해 자신의 특이하고 놀라운 과거를 이야기하기 시작했다.

오자서는 원래 초나라의 귀족 출신이었다. 그의 조부 오거(伍擧)는 일찍이 초나라 장왕(莊王)을 모신 중신으로 왕의 총애를 듬뿍 받았고, 특히 직언으로 유명했다. 부친 오사(伍奢)는 초나라 평왕(平王) 태자 건(建)의 스승으로 평왕의 신임을 받았다. 오자서는 귀족 자제인 데다 어려서부터 글을 좋아하고 무예를 단련해 이미 어린 나이에 주변 사람들의 칭찬이 자자했다. 그래서 사람들은 "문장은 나라를 다스릴 만하고, 무예는 천하를 평정할 만하다."라고 말하기도 했다. 성인이 된 오자서는 용모가 남달랐다. 가지런한 치아에 뼈대가 유난히 튼튼했고, 갈색 수염이 덥수룩해 누가 보아도 비범하다는 생각이 들 정도였다. 남다른 재능과 학식을 겸비한 그가 초나라 정계에서 바야흐로 자신의 경륜을 펼치고자 할 때 전혀 생각지도 못한 정변이 발생하고 말았다. 정변은 오자서의 인생을 송두리째 바꿔놓았다.

자고로 세상사에 여자가 얽혀 있는 일이 대부분인 것처럼 오자서의 인생을 어긋나게 한 것도 한 여자에서 비롯되었다.

어느 날 초나라 평왕이 태자 건의 스승인 비무기(費無忌)를 진(秦)나라로 보내 태자 건의 혼사를 의논하도록 했다. 번잡한 혼례 절차를 끝낸 뒤, 비무기는 태자비가 될 진나라 여인이 절세가인이라는 사실을 알게 되었다. 그녀는 금방이라도 붉은 물이 뚝뚝 떨어질 것같이 잘 익은 석류처럼 누가 보더라도 그 황홀한 모습에 마음을 뺏길 만한 여인이었다. 이런 절세의 미인을 태자에게 그냥 넘긴다는 것은 그야말로 도마뱀 한 마리에게 공룡 알을 통째로 삼키게 하는 것과 같았다. 실로 안타까운 일이 아닐 수 없었다. 이런 생각이 들자 비무기는 감히 자신이 먼저 즐길 생각을 하고 말았다. 비무기는 여인을 손에 넣을 생각에 정신을 차리지 못했다. 그렇게 한 달이 흘렀고, 마침내 기회가 왔다. 그날 비무기는 태자비로 간택될 여인과 황홀한 하룻밤을 보냈다. 신선이 된 듯 황홀경을 누린 그는 돌아서는 여인의 슬픈 눈물 속에서 새삼 상황의 심각성을 깨달았다. 만약 순조롭게 태자와 혼사가 이루어질 경우 저 여인 또한 태자비로서 태자 편에 설 것이 틀림없었다. 그렇게 될 경우 겁탈 당한 사실을 털어놓는다면 자신은 패가망신은 물론이고 목숨조차 부지할 수 없을 것이다. 생각이 여기까지 미치자 비무기는 등골이 오싹해지며 식은땀까지 흘렸다. 그 순간 묘책이 떠올랐다.

초나라로 돌아온 비무기는 진나라에 다녀온 업무를 평왕에게 보고한 뒤 태자비 후보자의 미모에 대해 극찬을 하기 시작했다. 그의 이야기에 평왕의 입이 벌어지고 두 눈은 더욱 게슴츠레해졌다. 미모의 여인을 생각하며 환상에 젖은 평왕의 모습을 보고는 비무기가 한층 더 선정적으로 말을 이어갔다.

"요 근래 제가 본 여인들이 부지기수이나 그 여인의 아름다움에 비길 사람은 없습니다. 폐하의 후궁들 가운데도 이와 필적할 사람이 없으니, 바로 달기(妲己)와 포사(褒姒)*가 환생한 것이 아닌가 하옵니다. 그 미색이나 품성 그 어떤 것으로 보아도 그 여인을 시녀로 삼고 부리는 일은 어울리지 않습니다."

"그대의 말이 너무 허황되지 않소? 세상에 그런 절색이 어디 있단 말이오?"

평왕이 반신반의한 모습으로 물었다.

"허풍이 아니옵니다. 제가 다른 일은 몰라도 여인에 관한 일만은 전문가이옵니다. 여인들에 대한 제 판단은 정확하옵니다."

평왕이 잠시 침묵하더니 길게 한숨을 내쉬었다.

"네 말대로라면 초나라 왕이라는 이 자리도 모두 헛된 것이로구나."

비무기는 평왕이 올가미에 걸려들었다고 판단해, 좌우의 사람들을 내보낸 다음 살며시 말했다.

"최고의 물건을 태자께서 그대로 갖게 한다는 것은 너무 안타까운 일입니다. 대왕께서 직접 위엄을 과시해 그녀를 취하면 그만입니다."

평왕이 그의 말을 듣고 깜짝 놀라 고개를 들며 물었다.

"지금 무슨 말을 하는 겐가?"

---

* 달기는 은나라 주왕의 애첩, 포사는 주나라 유왕의 비(妃)로서, 중국 역사의 대표적인 미인들이지만 두 사람 모두 나라를 망하게 한 요부로 평가되고 있다.

"그 여인을 부릴 사람은 태자가 아니라 바로 폐하라는 뜻입니다."

비무기가 시원스럽게 대답했다.

"태자에게 주겠다고 했는데 도중에 내가 어떻게 그녀를 차지한단 말이냐?"

평왕은 이미 마음이 동한 듯했다. 비무기는 때가 무르익었다는 생각이 들어 더욱 황당한 이야기를 늘어놓았다.

"안 될 게 뭐가 있겠습니까? 이 나라가 모두 폐하의 것이니 이 땅 위의 모든 것이 당연히 폐하의 것입니다. 다시 말해, 그 진나라 여인이 초나라 땅을 밟으면 먼저 폐하의 품에 안겨야 한다는 말입니다. 폐하가 주고 싶은 사람에게 주면 그뿐입니다. 아무에게도 주고 싶지 않으면 폐하가 가지는 것은 지극히 당연한 일이자 자연스러운 일입니다. 게다가 관례로 볼 때 이처럼 신비한 물건을 일국의 군주인 전하께서 취하기 전에 감히 누가 먼저 차지한단 말입니까?"

잠시 생각에 잠긴 평왕은 고개를 끄덕이더니 음흉하게 대답했다.

"좋아, 그럼 내가 먼저 보도록 하지. 하지만 신하들과 태자를 대응할 방법을 찾아야 할 걸세. 지나치게 말이 많아진다거나 반기를 들고 나오지 못하도록 말이야. 어쨌거나 이런 대국에서 시끄러운 일이 벌어지면 큰 낭패지 않겠는가."

비무기가 평왕 앞으로 다가가더니 비실비실 웃으며 귀엣말을 속삭였다.

"벌써부터 생각해 둔 바가 있습니다. 그 진나라 여인에게 시녀가 하나 있는데, 제나라 사람이라 하옵니다. 그녀가 원래 명문 귀족 출신으로 재능과 용모가 모두 뛰어납니다. 제가 맞이하러 나가면서 일단 초나라 국경에 들어서면 두 여인을 바꾸어 버리겠습니다. 이렇게 해서 폐하는 진나라 여인을 취하시고 태자는 제나라 여인을 취하면 감쪽같이 모두를 숨길 수 있으니 만사 해결이 되지 않겠습니까?"

비무기의 말에 평왕의 얼굴이 환해지며 연거푸 '좋은 계책이로고'를 연발했다. 이어 허벅지를 내리치며 큰 소리로 말했다.

"어디 그럼, 그렇게 밀고 나가 보게나!"

얼마 후 비무기는 교묘한 계책으로 진나라 여인을 왕궁으로 데리고 왔고,

아무것도 모르는 태자 건은 제나라 여인을 아내로 맞이했다. 조정의 문무 신하들도 모두 비무기의 이런 속임수를 알아차리지 못했다.

　과연 진나라 여인은 비무기의 말대로 절세미인이었다. 이후 평왕은 그녀를 품에 안고 종일토록 향연을 즐기며 침대에서 나뒹굴었다. 그리고 모든 국가 대사를 비무기에게 맡겼다. 갑작스러운 변화에 조정 중신들은 군주가 어찌 한 여인에 빠져 국사를 돌보지 않을 수 있으며, 난데없이 비무기가 국정을 좌지우지할 수 있느냐며 끊임없이 상소를 올리기 시작했다. 이렇듯 말이 많아지자, 오사를 필두로 한 일부 중신들은 사태의 심각성을 인식하며 진나라 여인의 입궁에 관해 의심을 품기 시작했다. 이런 동향을 파악한 비무기는 자신의 음모가 드러날 경우에 결코 무사할 수 없을 것을 알고는 오히려 선수를 치기로 했다. 그것은 아예 태자를 죽여 후환을 없애버리겠다는 것이었다.

　결심이 서자, 비무기는 사전 음모를 통해 먼저 평왕의 입을 빌려 태자와 그의 스승인 오사를 함께 성부(城父)라는 변방 마을로 귀양을 보냈다. 이어 모반의 죄명을 날조해 오사와 태자를 다시 초나라 도성으로 불러들여 감금시키고자 했다. 만전을 기하기 위해 비무기는 직접 정예 부대를 성부로 파견해 태자와 오사를 잡아오도록 했다. 그러나 뜻밖에도 정예 부대 안에 평소 태자와 사적으로 긴밀한 관계를 유지하던 사람이 있었다. 그는 사태가 급박하게 돌아가는 것을 보고 집안사람을 시켜 성부에 있는 태자와 오사에게 상황을 알렸다. 이야기를 전해 듣고는 긴급하게 상의한 끝에 오사는 태자에게 송나라로 피신할 것을 권유했고, 자신은 진중에 남아 모든 사건을 처리하기로 했다. 비무기가 파견한 정예 부대가 성부에 도착했을 때, 그들을 기다리는 것은 오사 한 사람뿐이었다. 오사를 도성으로 데려온 다음 비무기는 행여 자신이 욕을 당할까 두려워 평왕에게 직접 심문토록 했다. 이미 혼매(昏昧)해진 평왕은 오사를 보자 이렇게 물었다.

　"태자 건이 모반을 획책해 나를 몰아내려 했다는데, 그 사실을 아는가?"

　오사는 원래 성품이 강직한 사람으로 평소 파렴치한 비무기를 업신여기고 있었다. 그는 태자가 위험에 처한 것이나 자신이 도성으로 압송된 것이 모두 비무기의 음모라는 것을 내심 짐작하고 있었다. 충신과 간신조차 구분하지 못하고 여인의 품속에서 헤어나지 못하고 있는 평왕과 온갖 시비를 일으키고 조정을 혼란에 빠뜨린 비무기를 바라보며 오사는 비분을 억누르고 있은 지 이미 오래였다. 더 이상 마음을 억제할 수 없었던 그는 마침내 평왕을 향해 분노를 터뜨렸다.

"태자의 아버님이자 초나라의 군주로서 어찌 며느리를 자신의 침상에 올린단 말입니까? 이처럼 풍속을 해하고서 어찌 체통을 지키신단 말입니까? 여인을 가로챈 것으로도 부족해 이제는 저 문란한 비무기의 꼬임에 빠져 죄도 없는 자신의 친아들들을 모반을 획책했다고 의심하다니, 이게 말이나 됩니까? 그야말로 시정잡배들이나 하는 행동을……."

오사가 채 말을 끝내기도 전에 평왕은 수치스러움과 함께 분노가 치밀어 올랐다.

"오사, 네놈이 죽음을 눈앞에 두더니 망발을 해대는구나. 이봐라, 이자를 당장 끌어다 참형토록 하라."

평왕의 말이 끝나기가 무섭게 옆에 서 있던 호위들이 뛰쳐나와 오사를 거꾸러뜨리고 밧줄로 동여맨 다음 끌고 나가 감옥에 집어넣었다.

오사의 일이 일단락되었지만 비무기는 여기서 그치지 않았다. 그는 다시 평왕에게 진언했다.

"폐하, 이제 오사는 죽어 나자빠진 돼지나 다름없습니다. 그러나 그의 돼지새끼 두 마리가 마음에 걸립니다. 두 아들은 성부에서 태자와 오사를 도와 변방을 지키며 망명한 패거리들을 거느리고 있습니다. 이제 오사가 잡혔으니 무슨 짓을 벌일지 모릅니다. 제대로 진압하지 않으면 후에 큰 화가 될 것입니다."

"그렇다면 어찌 해야겠는가?"

초조한 모습을 보이며 평왕이 불안한 목소리로 물었다.

"초나라 법률에 따르면, 모반을 획책한 자는 일가를 모두 참형에 처해야 할 뿐더러 죄가 중한 자는 구족을 멸해야 합니다. 오사는 비록 모반을 실천에 옮기지는 않았지만 그의 태도만 보더라도 일가를 모두 처형하심이 마땅하다고 생각합니다. 신의 견해로는 하루빨리 화근을 뿌리 뽑아 후환이 없도록 하는 것이 좋을 듯하옵니다!"

비무기는 결의에 찬 듯한 눈빛으로 대답했다.

평왕이 다시 신중하게 물었다.

"어떻게 해야 화근을 없앨 수 있겠는가?"

비무기가 잠시 생각에 잠긴 듯하더니 이내 입을 열었다.

"곁에 망명한 무리들을 거두어 들였고, 게다가 오사가 떠난 뒤 대부분의 병권을 그 두 놈이 쥐고 있으니 대놓고 충돌을 할 경우 소란이 일어날 수 있습니다. 직접 사람을 파견해 두 아들에게 아버지가 모반의 죄를 지어 법에 따라 참형에 처해야 마땅하나 여러 해 태자를 모신 점을 감안해 아량을 베푸니 도성으로 들어와 성은에 감사하고 새로운 직책을 받으라 하시는 것이 좋을 듯하옵니다."

"그 방법이 통하겠느냐?"

평왕이 조금 우려하는 목소리로 물었다.

비무기가 자신 있게 말했다.

"문제없습니다. 두 놈의 성격은 제가 잘 알고 있습니다. 제 아비를 무척 사랑하고 아비에게 복종하는 놈들입니다. 제 아비의 죄를 사하겠다는 말을 들으면 분명히 기뻐하며 부름에 따를 것입니다. 그들이 나타나는 즉시 잡아 참형에 처하면 그만입니다."

이렇게 말하며 비무기는 손을 들어올려 목을 베는 모습을 취했다. 그러고는 다시 덧붙였다.

"이것만이 폐하께서 두 다리 쭉 뻗고 편히 주무실 수 있는 길입니다."

평왕은 그의 달변을 듣고 안심할 수 있었다. 그리고 구체적인 문제에 대해 비무기와 논의한 다음 오사를 감옥에서 꺼내와 거짓으로 위로하는 척하며 말했다.

"태자와 결탁해 음모를 꾸몄으니 참형에 처하고 효시를 해야 마땅하네. 그러나 조부께서 선조에 남긴 공적이 있는 데다 잠깐의 실수로 그대가 이처럼 옳지 못한 길로 빠져든 것이니 차마 엄하게 그 죄를 물을 수가 없도다. 이번 일은 여기서 끝내기로 하겠다. 이제 그대의 두 아들에게 편지를 써서 도성으로 오도록 하라. 그대 일가에 성은으로 새로운 관직을 내리도록 하겠다."

오사는 뭔가 석연찮은 평왕의 말을 듣고 그 즉시 함정이 있음을 알아차렸다. 분명히 두 아들까지 모두 일망타진하겠다는 속셈으로, 방금 평왕이 지껄인 말은 부자 세 사람에 대한 애도사가 될 것이라는 느낌이었다. 평왕을 바라보는 그의 눈길에 웃음이 번졌다. 그 웃음은 영어(囹圄)의 몸이 된 자신의 처지에 대한 허탈감뿐만 아니라 권력과 음모에 대한 경멸을 담고 있었다.

"아버지보다 아들을 잘 아는 사람은 없습니다. 장자 오상(伍尙)은 후덕하고 성실해 내 편지를 보면 즉시 달려올 것입니다. 그러나 작은 아들 오원(伍員)은 그렇지 않을 것입니다. 어려서부터 시문을 좋아하고 자라서는 무예를 익힌 아이입니다. 많은 사람들이 문무를 겸비한 그 아이의 재능이라면 너끈히 나라를 바로잡을 수 있다하며 큰일을 도모할 것이라고 했습니다. 만약 억울한 일을 당하면 분명히 보복을 하겠다고 다짐할 것입니다. 그 아이처럼 지모가 뛰어난 아이는 편지 한 장으로 속일 수 없습니다. 그렇게 쉽게 넘어가지 않을 것입니다."

말을 이어가는 오사의 마음에 설움이 북받치면서도 한편으로는 한 가닥 희망이 꿈틀거리니, 순간 만감이 교차하며 눈물이 비 오듯 쏟아져 내렸다.

평왕은 어이없다는 듯 다그쳤다.

"쓰라면 어서 쓰기나 해. 나타나면 나타나는 대로, 안 나타나도 법대로 처형하면 그만일세."

오사는 매서운 눈빛으로 평왕을 노려보며 생각했다.

'쓰라면 쓰지. 진정 하늘이 있다면 내 아들이 그냥 잡혀 오진 않을 것이다. 반드시 복수를 하고 말 것이야.'

그는 평왕이 시키는 대로 아들에게 거짓 편지를 썼다. 대강의 내용은 다음과 같다.

상, 원 두 아들아. 내 간언을 하다 군주를 범했구나. 이제 옥중에 갇혀 심판을 기다리는 신세가 되었다. 군주께서 선대의 공을 참작하시어 죽음만은 면하도록 해주셨으니 너희 형제 둘이 어서 입성해 성은을 받도록 해라. 만약 이 명령을 어길 시에는 큰 화를 입게 될 것이다. 편지를 받는 즉시 출발하기 바란다.

편지를 모두 쓰자 평왕과 비무기가 살펴보았다. 비록 너무 직설적이고 마뜩하지 않은 부분이 있었지만 자신들이 한 말 자체가 거짓이었기 때문에 어쩔 수 없이 그냥 보내도록 했다. 그들은 오사를 다시 감옥에 가두고는, 두 아들이 하루라도 빨리 입성해 서천으로 떠나기만을 고대하고 있었다.

야반도주한 오자서

평왕은 봉인한 편지와 함께 언(鄢) 장군에게 직접 병사들을 이끌고 오씨 형제가 살고 있는 당읍(棠邑)을 다녀오도록 했다. 언 장군 일행이 당읍에 도착해 몰래 정탐한 결과, 오씨 형제 두 사람은 모두 변방인 성부에 있다는 사실을 알게 되었다. 그 길로 성부로 달려간 언 장군은 오상을 만나 예를 행하며 연신 경하의 인사를 올렸다. 이상하게 생각한 오상이 언 장군에게 다그쳐 물었다.

"왜 그러시오? 우리 아버님이 영문도 모른 채 잡혀 가신 뒤 생사도 알지 못하는 판국에 경하는 무슨 경하란 말이오."

언 장군이 껄껄 웃으며 대답했다.

"바로 그 일 때문에 왔습니다. 재촉하지 마시고 천천히 제 말을 들어보십시오. 폐하께서 간신의 참소를 듣고 순간 격노해 아버님을 투옥시켰습니다. 후에 조정 신료들이 이 이야기를 듣고 모두 격앙해 상소를 올리기를, 오씨 집안은 삼대에 걸친 충신 집안이니 절대 그런 비겁한 일을 했을 리 없다 했습니다. 군주께서 사람을 파견해 상세하게 조사해 본 결과 오해가 있었다는 것을 아시고 명령을 거두기로 하셨습니다. 이번 일로 조정에 나쁜 영향이 있으면 아니 된다 여기시고 이에 대해 보상을 하시기로 했습니다. 이에 폐하께서 존대인을 최고 자리인 상국(相國)에 봉하고 큰 아드님은 홍도후(鴻都侯), 작은 아드님은 개후(蓋侯)에 봉하기로 하셨습니다."

언 장군은 봉인된 편지를 오상에게 보여 주었다. 금빛 찬란한 수인(綬印)을 본 오상은 순간 흥분해 온몸이 부들부들 떨렸다. 그가 더듬거리며 말을 이었다.

"아버지께서 요행히 사면되신 것만으로도 감개무량할진대, 이제 우리 두 사람에게까지 높은 봉록을 하사하시니 그야말로 성은이 망극하옵니다. 실로 천하에 둘도 없는 명군이시옵니다. 그러나 아무런 공도 없이 어찌 이런 자리를 받겠습니까?"

"어찌 그리 예를 차리시오? 사양하지 말고 받으시오."

언 장군은 마치 자신의 말이 모두 사실인 것처럼 매우 자연스럽게 이야기했다.

"아버님께서도 방금 석방되시었소. 두 분 형제에 대한 그리움으로 이렇게 친필 편지를 보내시며 호위하여 입성하라고 하셨으니 걱정하지 말고 지금 입성합시다."

그렇게 말하며 오사의 편지도 건넸다. 새로 하사된 관직에 얼떨떨해진 오상은 편지를 읽은 다음 아우와 상의한 뒤 즉시 함께 도성으로 가겠다고 말했다.

오상은 오자서(오원을 말한다)를 찾아가 방금 있었던 일을 모두 말한 다음 아버지의 친필 편지를 보여 주었다. 그러나 오자서는 기뻐하지 않았다. 오사가 말한 대로 그리 호락호락한 사람이 아니었다. 그는 분명한 어조로 말했다.

"이건 우리 형제를 죽이려는 음모입니다. 절대 속아서는 안 됩니다. 간신 비무기는 우리 아버님을 살해할 경우 이 오자서가 절대 그냥 물러서지 않는다는 것을 잘 알고 있을 것입니다. 그래서 몰래 우리 형제를 도성으로 끌어들여 비밀리에 처형해 후환을 없애려는 것입니다. 이것이 그들의 진짜 생각입니다. 제 생각에 아버님의 죽음은 이미 돌이킬 수 없는 상황인 것 같습니다. 우리가 가지 않는다면 아마 그들도 께름칙하여 마음대로 행할 수 없을지도 모르지요. 그렇다면 혹시 상황이 조금 나아질 수도 있을 것입니다. 그러나 이 편지에 따라 우리가 도성으로 간다면, 그날이 바로 아버님이 황천으로 떠나시는 날이 될 것입니다."

오자서의 추측과 권유에도 불구하고 오상은 손에 든 종이를 흔들며 말했다.

"아버님의 친필이거늘 거짓이 있겠느냐? 우리가 가지 않았는데 만일 편지의 말이 사실이라면 불충하고 불효한 사람이 되지 않겠느냐. 사실이든 거짓이든 우선 도성에 들어가도록 하자."

"들어가는 거야 어렵지 않지요. 그러나 그 순간 우리 머리는 없어져 버릴 것입니다."

답답한 형의 모습을 보면서 오자서가 화가 나 소리쳤다.

그러나 워낙 우직한 성격의 오상은 한번 정한 자신의 생각을 돌이킬 수 없었다. 그는 잠시 생각해 보더니 이를 악물고 비장한 목소리로 아우에게 말했다.

"아버님 얼굴만 볼 수 있다면 내 목이 떨어져도 괜찮아."

오자서는 형의 고집을 꺾기가 쉽지 않다는 것을 알고 있었다. 하늘을 바라보며 절로 탄식이 흘러나왔다.

"목이 잘리는 것도 괜찮다면 가는 수밖에요. 하지만 제 머리는 잠시 남겨 두고 싶습니다. 아무리 형제라도 사람마다 생각이 다르니 각자 자기 길을 갈 수밖에 없군요. 여기서 헤어지지요."

순간 왈칵 슬픔이 솟구쳐 오른 오상이 오자서에게 말했다.

"내가 떠난 뒤 절대 여기서 사람들과 결당해 일을 벌여서는 안 돼. 아버지를 살릴 수 있는 한 가닥 희망이 무너지고 말지도 모르잖아. 그리고 여기서 기다리지 말고 몰래 나라 밖으로 도망치려무나. 아마도 다른 곳에 가면 살아갈 방도가 있을지도 몰라. 정말 네 말이 옳다면 나는 아버지를 따라 죽어 효를 다하고, 너는 아버지를 위해 복수를 하렴. 각자 우리 뜻을 지키도록 하자."

오상의 얼굴은 눈물로 흥건했다.

"좋습니다." 오자서도 눈물을 글썽이며 형과 작별했다. 그는 짐을 꾸린 다음 활과 화살, 보검 등 병기를 들고 몰래 뒷문으로 빠져나갔다. 언 장군은 오자서가 달아난 것을 알고는 할 수 없이 오상 한 사람만 데리고 초나라 수도인 영(郢)으로 돌아왔다.

영도에 도착하자마자 오상은 투옥되었다. 비무기는 오자서가 도망갔다는 소식을 듣고 즉시 왕에게 다른 계략을 올렸다. 그는 곧바로 오자서를 잡기 위해 사람을 파견하면서, 오자서의 얼굴을 그린 방을 부치고 전국에 수배령을 내렸다.

범인들이 항상 자신이 잘 알고 있는 곳을 도망지로 선택하는 경향을 생각해 오자서의 체포 명령을 받은 사람들은 무기를 가지고 먼저 오자서의 거주지였던 당읍을 덮쳤다. 그러나 당읍은 텅 비어 있었다. 이에 그들은 오자서가 나라를 배신하고 적에게 투항할 가능성을 생각해 밤새 말을 달려 동쪽으로 오자서를 추격했다.

일행이 3백여 리를 추격해 갔을 때, 과연 저 멀리 들판에 한참 열심히 말을 달리는 오자서가 보였다. 당시 오자서는 마치 그물에 걸린 고기처럼 처연하고 황망한 모습이었다. 사람도 말도 지칠 대로 지친 추격대는 꼴이 말이 아닌 오자서를 보자 바짝 정신을 차리고는 사기가 올라 큰 소리로 고함을 질렀다.

"오자서, 어딜 도망가느냐. 어서 손을 들고 우리에게 투항하라!"

고함소리에 뒤를 돌아본 오자서는 한 무리의 사람들이 자신을 추격하고 있는 것을 보았다. 갑자기 머릿속이 텅 빈 것처럼 멍하더니 소름이 쫙 끼치고 두 다리에 힘이 빠져 하마터면 땅에 굴러 떨어질 뻔했다. 잠시 후 그는 정신을 가다듬고 앞쪽에 보이는 숲을 향해 달려갔다. 그를 쫓던 관리들은 눈앞에서 오자서를 놓칠세라 그 즉시 부하들과 함께 말을 달려 부채 모양으로 포위해 들어갔다. 좁혀오는 포위망에 사태의 심각성을 깨달은 오자서는 도망가던 길을 멈추고 활을 당겨 마차에 타고 있던 병사를 떨어뜨리고 이어 지휘 장수를 향해 활시위를 당겼다. 장수는 황급히 마차를 돌려 뒤로 후퇴하기 시작했다. 젊고 혈기왕성한 오자서는 꽁무니를 빼는 장수를 보자 기운이 솟는 듯했다. 그러고는 욕을 퍼부었다.

"무능한 장수는 들어라. 내 본래 화살 하나로 당신을 죽일 수 있지만 그 개 같은 목숨을 살려주니 이대로 달려가 너희 혼군에게 전하라. 초나라의 안정을 원하고 목숨을 부지하고 싶다면 우리 부친과 형을 죽여서는 안 된다고 말이다. 그러지 않을 경우 내 초나라를 부수고 직접 혼군의 머리를 베어 천지신명과 잃어버린 가족에게 제를 올릴 것이니……."

말을 마친 오자서는 혼란한 틈을 타 숲으로 달아나버렸다. 쫓아간 초나라 군사들이 반나절이나 숲을 수색했지만 오자서의 그림자도 발견하지 못했다. 그들은 결국 부대를 거두어 다시 영도로 돌아갈 수밖에 없었다.

초나라 평왕은 오자서를 잡지 못했다는 말에 화가 나 오사와 오상 부자를 그 즉시 형장으로 보내 목을 베고 백 척 높이 장대 위에 효시했다. 화근을 뿌리뽑기 위해 그는 전국에 오자서를 찾는 방을 붙이고, 그를 본 자는 즉시 체포할 것이며, 생포하거나 죽인 자에게 큰 상을 내릴 것이라 공표했다.

당시 도망자 오자서는 한 고비를 넘겼지만 숨을 돌리기는커녕 긴장을 늦출 수 없었다. 조정에서 자신을 가만두지 않을 것임을 잘 알고 있었다. 아마도 끝까지 수색 작전을 펼쳐나갈 것이다. 이에 그는 낮에는 기어서 밤에는 속도를 내어 강을 따라 동쪽으로 내려와 오나라로 도망갈 준비를 했다. 그런데 어찌된 일인지 길은 자꾸만 더 멀게 느껴졌다. 곤경에서 헤어나지 못하던 그는 불현듯 태자 건(建)이 생각났다. 아버지에게 일이 생겼을 때 태자 건은 이미 송나라로 도망을 갔으니 지금쯤 벌써 도착했을 것이다. 현재 자기가 있는 곳에서 가장 가까운 곳이 송나라이니만큼 먼저 송나라로 피신을 하면 어떨까 하는 생각이 들었다. 그는 즉시 송나라 도성인 휴양(睢陽)으로 향했다.

얼마 가지 않았을 때 그는 맞은편에서 요란하게 다가오는 수레를 보았다. 놀란 오자서는 그들이 자신을 추격해 온 초나라 군사들이라고 생각해 길가 수풀 속으로 신속하게 몸을 숨겨 동정을 살폈다. 다행히 수레에 앉은 사람은 초나라 군사가 아니라 자신의 결의형제인 신포서(申包胥)였다. 놀랍고 기쁜 나머지 오자서는 자신이 현재 수배령이 내려져 있는 중죄범이라는 사실도 잊은 채 수레를 향해 소리를 질렀다.

"포서형, 그동안 무고하셨소?"

수레에 정좌하고 있던 신포서는 남루한 옷차림에 산발을 한 남자가 갑자기 튀어나오는 바람에 깜짝 놀라 비명을 지르며 몸이 기우뚱하더니 수레에서 굴러 떨어졌다. 난데없는 소란에 그를 수행하던 사람들은 난리법석이었다. 수행원 몇 명이 재빨리 신포서를 일으켜 세우고 호위하면서 몇 사람은 눈앞에 나타난 남자를 포박했다. 사태가 수습된 뒤 정신을 차린 신포서가 이마의 혹을 매만지며 밧줄에 묶인 남자를 살펴보기 위해 다가갔다. 오자서가 그의 이름을 부르자 신포서는 그제야 앞에 있는 사람이 절친한 친구인 오자서라는 것을 알아차렸다.

오자서는 포박에서 풀려나 신포서를 따라 조용한 곳으로 자리를 옮긴 다음 이야기를 나누었다.

신포서는 초나라의 외교대신으로 초나라 왕을 대신해 몇몇 친선 국가를 방문하던 길로, 뜻밖에 귀국 도중 오자서를 만난 것이었다. 오자서는 울먹이며 신포서에게 그간 자신의 집에 일어난 비운의 소식을 알리고는 기필코 복수를 하겠다고 다짐했다.

"절대 부모의 원수와 같은 하늘 아래 살 수 없소. 이 오자서, 복수를 하지 않으면 사람이 아니오."

말을 마친 오자서가 대성통곡을 했다. 신포서가 오자서에게 어디로 갈 것인지, 어떻게 복수를 할 생각인지 묻자 오자서는 눈물을 닦으며 이를 악물고 대답했다.

"다른 나라로 가서 병사를 빌려 초나라를 공격할 거요. 초나라 수도 영성을 평정하고 평왕의 시체를 갈기갈기 찢어 그의 인육을 씹어 먹을 것이오."

오자서의 호언장담에 신포서는 군신유별 등 여러 가지 예의를 들어 그를 설득하려고 했다. 그러나 눈앞에 모든 것을 걸고 불구덩이라도 뛰어들 듯 맹세를 다짐하는 옛 친구를 보며 이내 생각을 접고 말았다. 그는 속으로 인간이 얼마나 악해질 수 있는지에 대해 치를 떨면서 자신의 입장을 분명하게 밝혔다.

"옛 친구로서 내가 무슨 말을 해야 하겠나? 자네에게 복수를 하라 하면 불충한 신하가 될 것이오, 복수를 하지 말라 하면 불효가 될 것이니 자네 스스로 현명한 판단을 내리기를 바라네. 친구로서 이 일은 누구에게도 발설하지 않으리다. 하지만."

여기까지 말한 그는 잠시 주춤하더니 다시 정색하며 말했다.

"이거 하나는 경고해 두겠네. 나는 초나라의 대신일세. 조정의 명을 받아 관리가 되었으니 신하로서 본분을 지키며 나라의 흥성에 온 힘을 다 바쳐야 하네. 오자서 자네가 뛰어난 능력으로 다른 나라를 설득해서 초나라를 공격한다면 나 신포서는 비록 재주는 없지만 초나라 백성과 더불어 자네의 길을 막을 수밖에 없네. 자네가 음모와 간계로 가득한 세력을 이용해 초나라를 혼란에 빠뜨린다면 나는 떳떳하고 올바른 마음으로 초나라 백성과 난국을 수습해 초나라의 영광을 되살릴 것일세. 친구, 이제 작별일세!"

신포서는 오자서에게 예를 올린 다음 사라져갔다.

오자서는 멀어져 가는 신포서의 행렬을 바라보며 저주를 퍼부었다.

"제까짓 게 뭐라고 나와 힘을 겨루겠다고? 언젠가 병사를 이끌고 영성을 공격하게 되면 평왕의 개인 너까지 황천으로 보내주마. 어디 그때도 이렇게 뻣뻣하게 나오는지 두고 보지."

슬픔에 젖은 채 오자서는 어느덧 송나라에 이르렀고, 이어 태자 건과 연락이 닿았다. 두 사람은 서로 바라보며 한바탕 대성통곡을 한 뒤, 송나라 군주를 설득해 출병을 하게 만들 방법을 논의했다. 오자서가 태자 건에게 말했다.

"송나라 군주는 어떤 입장입니까?"

태자 건은 길게 한숨을 내쉬었다.

"송나라는 현재 내란에 휩싸여 제정신이 아니오. 군신이 서로 비방을 일삼아 조정 안팎에 모두 위기감이 감도니 모두 몸을 사리고 있을 뿐이오. 내란을 가라앉히기 위해 군주가 정신이 없으니 지금껏 그 그림자도 보지 못했소이다. 당연히 다른 것도 진전이 없습니다."

"정말 바보천지군요!"

오자서가 다리를 치더니 길게 탄식했다. 이제까지 가슴 가득 품고 있던 모든 호방한 기운이 한꺼번에 바람 빠진 풍선처럼 쭈그러드는 것 같았다.

태자 건의 말은 거짓이 아니었다. 당시 송나라는 내란으로 몸살을 앓고 있었다. 송나라 군사의 잔혹한 진압과 토벌로 무력해진 반란군은 초특급 대국의 군주인 평왕에게 긴급 구원 요청을 했다. 이에 초나라는 재빨리 군사를 보내 송나라의 내정에 끼어들어 반군을 설득하려고 했다. 그때 고민에 빠져 한참을 방황하던 오자서는 초나라 군대가 송나라에 들어온다는 소식을 듣고 황급히 태자 건과 행장을 꾸려 정나라로 도망갔다.

뜻밖에도 오자서와 태자 건 일행은 정나라에 도착한 뒤 정공(定公)의 환대를 받았다. 오자서와 태자 건은 그 같은 태도에 이곳이라면 뭔가 의탁을 할 수 있지 않을까라는 생각에 초나라에서 당한 억울한 사연을 늘어놓았다. 두 사람은 정공에게 하늘을 대신해서 그들을 처단해 폭군을 제거하고 선량한 백성들을 위로하고 아울러 자신들의 복수를 해줄 것을 부탁했다. 마지막으로 그들은 정나라에서 군사를 내줄 수 있는지 의향을 떠보았다. 그들의 요구에 정공은 분명하게 입장을 밝혔다.

"당신들이 억울한 일을 당한 것과 내가 무슨 관계가 있단 말이오? 하늘이 도를 행할 생각이 없다면 나 역시 하늘을 대신해 그 도를 밝힐 수 없소. 나라에 정치가 이루어지지 않는다면 당신들도 애써 나라를 위해 도를 세울 필요가 없소. 모든 것을 순리에 맡기시오. 하루 종일 헛된 생각에 빠져 넋 나간 행동만 하고 있지는 마시오. 만약 죽어도 복수를 하겠다거나 권력을 빼앗아야겠다면 말이오. 우리 정나라는 나라도 작고 백성도 적으니 초나라에 대항할 방법이 없고, 또한 당신 둘을 위해 쓸데없는 일에 끼어들어 병사를 동원할 생각도 없소. 그러니 직접 나서거나 진(晋)나라에 가서 구원을 요청해 보시오. 앞으로 어떻게 해야 할지 빨리빨리 결정해서 각자 앞길을 그르치는 일이 없도록 합시다."

정공의 말에 오자서와 태자 건은 다시 한 번 굴욕을 감내할 수밖에 없었다. 사실 자신들의 억울한 사정과 전혀 관계없다는 정공의 말도 일리가 있었다. 이렇듯 누군가에게 자신의 복수를 대신해 달라고 하는 것이야말로 헛된 일이었다. 하지만 사태가 이 지경에 이르렀는데도 태자 건은 여전히 자신의 자리를 되찾겠다는 꿈을 버리지 않았다. 그는 가족과 오자서에게 작별을 고한 뒤 다시 진나라로 도움을 청하러 떠났다. 태자 건을 만난 진나라 군주는 제정신이 아닌 듯 허황된 요청을 하는 그를 보고 문득 놀려주고 싶은 생각이 들었다. 그래서 진나라의 첩자가 되어 몰래 정나라로 잠입해 때가 무르익었을 때 진나라 군대와 호응해 정나라를 멸망시키자는 제안을 했다. 또 진나라 군주는 정나라가 망한다면 그 땅의 새로운 군주는 태자 건이 될 것이라고 부추겼다. 이에 태자 건은 헛된 환상을 품고 자못 의기양양해져 정나라로 돌아왔다.

오자서는 태자 건이 진나라의 비밀 임무를 맡아 정나라로 돌아왔다는 말을 듣고 그를 만류했다.

"지극히 비현실적인 이야기입니다. 현재 태자의 신분과 상황으로 볼 때 정나라 정권을 전복한다는 것은 마치 머리에 칼을 대고 있는 것과 같습니다. 정신을 차리지 않으면 분명 큰 화가 미칠 것입니다. 그러면 모든 것이 끝장입니다."

그러나 태자 건은 오자서의 경고를 일언지하 묵살해 버렸다. 그는 그나마 있는 가산을 모두 처분해 정나라 중신들에게 뇌물을 주었고, 또한 병사를 모집하고 말을 사들이며 정나라에 정변이 일어나기만을 손꼽아 기다렸다.

진나라 밀정과 태자 건의 빈번한 왕래에 정나라 역시 주의를 기울이기 시작했다. 얼마 후 음모를 알게 된 정나라 정공은 노발대발하며 호되게 욕을 퍼부었다.

"빌어먹을 상갓집 개 같은 놈! 실컷 잘 먹이고 대접했더니 오히려 날 물려고 해? 물에 빠진 개는 절대 구해서는 안 되는 거였어. 목을 잘라버려야지."

이어 정공은 태자 건을 체포해 목을 벤 다음 성의 장대 위에 효시하도록 했다.

오자서는 태자 건이 죽었다는 소식을 듣고 자신의 예견이 빗나가지 않았음을 알았다. 그는 즉시 아직 해를 당하지 않은 태자 건의 아들 구잉(狗剩 : 승勝)을 찾아 함께 정나라를 탈출해 오나라로 향했다. 오자서와 구잉은 낮에는 사람들의 눈을 피해 숨어 지내다가 밤에만 몰래 도망치면서 천신만고 끝에 마침내 소관(昭關)에 이르렀다. 소관은 소현산(小峴山) 서쪽 끝(지금의 안희성安徽省 함산현含山縣 서북쪽)에 위치한 관문으로 양쪽에 거대한 산이 자리한 요충지였다. 지형이 복잡하고 지세가 험준한 곳에 자리한 소관은 오나라로 갈 때 반드시 거쳐야 하는 관문이었기 때문에 다른 곳보다 검문이 훨씬 엄격했다. 소관을 지나 멀지 않은 곳에 장강이 흐르고 있는데, 그 강을 건너면 바로 오나라 땅이었다. 오자서는 멀지 않은 곳에 자리한 국경을 바라보며 벅찬 마음으로 발걸음을 재촉했다.

성문이 가까워지자 바짝 긴장한 오자서의 눈에 성문을 지키는 군사들의 모습이 들어왔다. 그들은 행인을 엄격하게 통제하고 있었다. 성벽 입구 양쪽에 두자 정도의 목판이 걸려 있었는데, 그 위에 오자서의 얼굴 그림과 함께 수배 포고문이 적혀 있었다. 그의 초상은 비바람에 많이 훼손되어 있었지만 한눈에 알아볼 정도였다. 초상 옆에는 다음과 같은 글이 적혀 있었다.

범인 오자서는 모반의 수괴로 이에 초상과 함께 수배령을 내린다. 이를 잡아오는 자에게 상으로 식량 5만 석과 함께 상대부 직책을 하사할 것이다. 그의 행방을 아는 자, 이를 알리면 황금 1천 냥을 받을 것이다. 이를 숨겨 주고 보고하지 않는 자는 색출해 일가를 참형에 처할 것이다.

포고문을 다 읽기도 전에 오자서는 차마 소관 쪽으로 가지 못하고 구잉과 함께 숲으로 발길을 돌렸다.

두 사람은 굶주린 늑대처럼 숲을 헤매면서 소관을 통과할 방법을 궁리했다. 아무리 생각해도 묘안이 떠오르지 않을 때, 백발이 성성한 한 노인이 지팡이를 짚고 그에게 다가왔다. 오자서는 노인에게 다가가 인사를 올린 뒤 함께 앉아 이야기를 좀 나누자고 청했다. 노인에게 소관의 상황을 알아볼 생각이었다. 그러자 뜻밖에도 노인이 호기심 가득한 얼굴로 오자서를 훑어보더니 이렇게 말했다.

"혹시 오자서 선생이 아니신가?"

오자서는 등골이 오싹해지며 모골이 송연했다.

'큰일 났군. 나를 알아보는 사람이 있다니, 이걸 어쩐다지?'

그는 애써 마음을 가다듬고 심호흡을 한 다음 눈앞의 노인을 바라보며 이것이 대체 무슨 인연일까 생각했다. 그러나 차림새나 얼굴을 아무리 살펴보아도 첩자도 아닌 듯하고, 그렇다고 보통 평범한 늙은이 같지도 않았다. 상대방의 의도를 알 수 없는 상황에서 오자서는 어정쩡하게 되물었다.

"이름은 왜 물어보십니까?"

노인은 사방을 둘러보고 인적이 없음을 확인한 뒤 다시 말을 이었다.

"걱정하지 마시오. 난 동고공(東皐公)이란 사람으로 의원이올시다. 젊은 시절 여러 나라를 돌아다니며 병자를 치료했지요. 이제 나이가 들어 이곳에 은거하고 있소. 수일 전 초나라 평왕이 우사마(右司馬)를 소관으로 파견해 조정의 중죄인 오자서를 잡아들이라고 했는데, 마침 우사마의 몸이 불편해 내가 치료를 하러 간 일이 있었소이다. 또한 성문 입구에 오자서의 초상을 보았는데, 그것이 선생의 모습과 흡사해 염치를 무릅쓰고 이름을 물어본 것이오. 허나 걱정할 필요 없소이다. 이 늙은이는 병을 치료하고 사람을 구할 뿐 누구도 해칠 마음이 없소이다. 저쪽 산 너머에 내 집이 있는데, 비록 누추하지만 조용하고 외진 곳이니 그곳에서 쉬었다 가시는 것은 어떠하오? 내 할 말도 있고."

무조건 믿을 수는 없었지만, 그래도 말하는 품이 거짓은 아닌 듯했다.

"무슨 말씀을?"

오자서를 바라보는 노인의 눈길이 자못 진지했다. 그가 정색하며 말을 이었다.

"그대는 매우 특이한 얼굴이오. 쉽게 다른 사람들의 눈에 띨 것이니 그 얼굴로 국경을 넘는 것은 절대 불가능한 일이오. 우리 집에 가서 대책을 생각해 보도록 합시다. 나를 믿는다면 따라오고, 못 믿겠다면 지금까지 한 소리는 모두 헛소리라고 생각하시오."

"어찌 그리 섭섭한 말씀을 하십니까? 좋은 말씀이 있다고 하시는데 제가 어찌 선생을 따라가지 않겠습니까?"

그러고는 오자서는 구잉과 함께 뒷산으로 향했다.

잠시 걸어가자 숲속에 작은 산촌이 하나 나타났다. 초가 몇 동이 듬성듬성 산허리에 위치한, 매우 외지고 조용한 마을이었다. 노인은 오자서와 구잉을 데리고 그리 크지 않은 마당으로 들어서더니 본채를 지나 작은 사립문 안으로 들어갔다. 대나무 밭을 지나자 대나무 숲 깊은 곳에 자리한 세 칸짜리 흙집이 나타났다. 집 안에는 침상과 탁자가 놓여 있었고, 좌우에 난 작은 창문으로 시원한 산바람이 불어와 순간 기분이 상큼하고 매우 편안해졌다.

이왕 따라온 것, 더 이상 자신의 신분을 숨기지 않기로 작정한 오자서는 자신이 당한 일과 복수에 대한 일념을 노인에게 모두 털어놓았다. 그의 말을 들은 노인이 고개를 끄덕이며 말했다.

"평왕은 충신과 간신도 구분하지 못하고 그저 악행만 일삼고 있으니 진정 혼군이 틀림없을 것이네. 과거는 지나간 일에 불과하다고 하지만, 대대로 임금과 조정에 충성을 마다하지 않은 자네 집안이 이 지경에 이르렀다고 하니 마땅히 부친의 복수를 해야겠지. 이곳은 인적이 드물고 외부인의 왕래가 거의 없는 곳일세. 이곳에서 잠시 지내면서 소관을 통과할 방도를 찾아보게나."

오자서는 노인의 말에 감격해 연거푸 머리를 조아렸다. 그 후 오자서는 구잉과 함께 노인의 초가에서 살게 되었다.

백발로 소관을 넘은 오자서

두 사람이 초가에 들어온 뒤로 노인은 매일 후하게 술과 음식을 대접했다. 그러나 이상하게 노인은 소관을 넘는 일에 대해서는 일언반구 언급이 없었다. 오자서는 초조하기 그지없었지만 그렇다고 함부로 속내를 내보일 수 없었기 때문에 그저 꾹 참고 좋은 소식을 기다릴 수밖에 없었다. 일주일이 지났다. 더 이상 참을 수가 없었다. 노인이 무슨 수작을 벌이는 것은 아닐까? 지금쯤이면 본론으로 들어가도 되지 않을까? 오자서는 기회를 보아 노인에게 말했다.

"이 오자서, 마음이 원한으로 사무친 사람입니다. 이대로 물러나면 어찌 사람이라 할 수 있겠습니까? 마치 개장 속의 개처럼 노인장의 이 어두컴컴한 초가에 묻혀 하루 종일 빈둥거리자니 하루가 한 해 같고 살아도 죽은 것만 못합니다. 절개와 의리가 있는 분께서 어찌 저의 처지를 헤아려 주시지 않는지요?"

그의 말을 들은 노인은 매우 예의바르게 고개를 끄덕였다.

"옛말에 마음이 급할 때는 뜨거운 죽을 마시면 안 된다고 했으니, 결코 그른 말이 아닐세. 자네 말을 듣고 생각한 바가 있어 지금 도와줄 사람을 기다리고 있네. 얼마 안 있으면 그 사람이 올 것이니 안심하고 기다리게나."

노인의 말에 오자서는 대체 노인이 무슨 꿍꿍이 속인지 알 길이 없었다. 그날 그는 도무지 밥도 먹히지 않았고 밤이 되었지만 잠도 오지 않았다. 마치 창밖 바람결에 끊임없이 흔들리는 나무마냥 마음이 울렁거렸다. 선택은 두 가지뿐이다. 하나는 뭔가 꿍꿍이속을 지닌 노인장과 작별하고 홀로 소관을 넘는 것이다. 그러나 그렇게 하기에는 위험이 너무 컸다. 만일 조금이라도 문제가 생기면 소관을 넘지 못할 뿐만 아니라 큰 화를 당할 것이다. 또 다른 하나는 노인이 나름의 계책을 풀어놓을 때까지 무조건 기다리는 것이다. 그러나 도대체 노인장의 정체는 무엇인가 말이다. 전혀 알 수 없는 상황에서 마냥 기다리기만 한단 말인가? 이러다가 시간만 흘러 만에 하나 엉뚱한 일이 생기면 어찌한단 말인가? 떠나느냐, 남느냐. 성질이 불같은 오자서는 마치 등에 가시가 돋은 듯 이리저리 뒤척이며 잠들지 못했다. 아침 동이 트고 산마루에 햇살이 비칠 때가 되어서야 겨우 잠이 들었다.

오자서가 한잠 막 자고 일어났을 무렵, 노인이 문을 두드리며 들어왔다. 오자서를 본 노인은 깜짝 놀라며 말했다.

"아니, 오자서 자네! 하룻밤 사이에 어찌 백발이 되었나. 그토록 걱정이 되었단 말인가?"

노인의 말에 비몽사몽 자리에서 일어난 오자서는 서둘러 동경(銅鏡)을 찾아 자신의 모습을 비춰보았다. 순간 자기 눈을 의심했다. 어제까지만 해도 까맣던 머리가 백발이 된 것이 아닌가. 홀쭉하게 말라 초췌하기 그지없는 얼굴에 백발이라니, 나이가 일흔은 넘은 초라한 노인의 모습 그 자체였다. 오자서는 이 괴이한 상황에 슬픔과 고통이 왈칵하고 밀려들었다. 그는 갑자기 동경을 내던지고 하늘을 우러러 통곡하기 시작했다. 그러고는 가슴을 치며 울부짖었다.

"세상에! 이 오자서가 아무것도 한 일도 없이 복수도 하지 못한 채 머리고 수염이고 이렇게 모두 허연 늙은이가 되다니. 하늘도 정말 무심하오이다!"

그러나 노인은 옆에 앉아 냉담한 눈초리로 오자서를 보고 있었다. 잠시 후 하는 수 없다는 듯 고개를 저으며 입을 열었다.

"오자서 자네! 그렇게 고민할 것 없네. 마음에 근심 걱정이 쌓여 백발이 되었지만 그리 큰일은 아닐세. 내가 보기에 오히려 길조가 분명하네. 생각해 보게나. 전처럼 건장하고 당당한 모습이라면 누군들 자네를 한눈에 알아보지 않겠나? 특히 소관의 관병들이야 자네의 모습을 누구보다 똑똑히 알고 있겠지. 그러나 이젠 상황이 다르다네. 하룻밤 사이에 머리고 수염이고 눈썹이고 모두가 하얗게 변했으니 말이야. 이처럼 금방이라도 죽을 사람처럼 늙고 병든 모습을 하고 있으니, 설사 자네를 잘 아는 사람이라 해도 알아보지 못할 걸세. 이것이 하늘이 자네를 돕는 것이 아니고 무엇이겠는가. 오히려 좋은 징조라고 해야지!"

노인의 말을 듣고 보니 맞는 것 같았다. 그렇게 생각이 바뀐 오자서는 오히려 힘이 불끈 솟는 듯했다. 그러자 또다시 노인이 말했다.

"그러고 보니 좋은 소식이 있는데, 자네가 하도 통곡을 하는 바람에 깜빡 잊고 있었네 그려. 마침내 기다리던 사람이 도착했네. 이제 본격적으로 자네가 하고 싶은 일을 하면 될 걸세. 무엇보다 소관을 넘는 데 큰 힘이 될 거야."

노인은 오자서를 옆에 앉힌 다음 자신이 계획한 일에 대해 상세하게 말하기 시작했다. 노인에게는 황보납(皇甫納)이라는 지인이 있었다. 키가 9척에 체격이 우람한 데다 진한 눈썹과 왕방울 같은 눈이 오자서와 매우 닮았다. 노인은 그를 오자서로 분장시켜 소관을 수비하는 병사들을 유인하고, 그 틈을 이용해 진짜 오자서가 소관을 통과하게 할 계획이었다. 일단 소관만 넘어가면 수 리 밖에 강이 흐르는데, 그 강 맞은편이 바로 오나라였다.

달리 뾰족한 수가 없는 상황에서 이 방법이 최선이었다. 만약 이 계획만 제대로 실행된다면 오자서는 호랑이가 날개를 단 듯 다른 세상에서 자유롭게 자신의 의지를 펼칠 수 있을 것이다. 그러나 비록 최상책이라고는 하지만 자신을 대신해 병사들에게 쫓기게 될 황보납이 걱정이었다. 과연 역할을 제대로 해낼수 있을지, 만에 하나 잡히기라도 하는 날이면 죽음을 면하기 어려울 터인데……. 오자서는 노인에게 이런 자신의 생각을 털어놓았다.

"다 생각이 있으니 걱정말게. 시기를 봐가며 계획을 추진하기로 하세."

노인은 자신 있게 말하며 황보납을 불러 오자서와 대면시켰다. 간단하게 인사를 나눈 뒤 세 사람은 세부 계획을 마련한 다음 적당한 시기를 봐서 실행하기로 했다.

날씨가 꾸물꾸물 비가 내리는 어느 날, 효포(孝袍 : 상복) 차림의 한 남자가 갑자기 소관 앞에 이르렀다. 그는 빠른 걸음으로 관문을 향해 걸어오더니 병사들을 보고 우물쭈물하며 더 이상 나아가지 않았다. 이를 본 병사들이 의심에 찬 눈초리로 유심히 쳐다보았다. 잠시 후 남자는 벽에 붙은 포고문을 보고 마치 말벌에 쏘인 듯 몸을 잔뜩 움츠리더니 핏기가 가신 황망한 얼굴로 몸을 돌려 도망치기 시작했다. 그러자 그를 지켜보던 병사들이 갑자기 우레와 같은 고함소리를 내질렀다.

"오자서! 이 나쁜 놈. 감히 어딜 도망가려고 하느냐!"

고함과 동시에 '와!' 하는 함성을 지르며 십여 명의 병사가 굶주린 늑대처럼 덤벼들어 남자를 고꾸라뜨리고 포박했다. 그렇지 않아도 포상금에 눈이 먼병사 하나가 소관을 지키고 있던 우사마에게 달려가 이 사실을 보고했다. 오씨 부자와 안면이 있던 우사마는 오자서를 잡았다는 소리에 반신반의하며 달려 나와 포박당한 이를 살펴보았다.

"맞아, 바로 그 자가 오자서다. 도망가지 못하도록 꽉 붙들어 잡아라!"

매일 오가는 사람들을 검문하느라 그렇지 않아도 지쳐 있던 병사들은 조정의 중죄인인 오자서를 잡았다는 말에 호기심이 발동해 너나할 것 없이 몰려들었다. 우사마는 갑작스러운 상황에 갈피를 못 잡고 우왕좌왕할 뿐이었고, 심지어 초병들마저 초나라 평왕의 목을 따겠다고 호언장담하던 오자서를 한 번이라도 보겠다며 이곳저곳에서 달려왔다. 부근에서 장사를 하는 사람들이나 행인들도 궁금한 것은 마찬가지였다. 그들 역시 오자서의 체포 소식에 혹시라도 희대의 구경거리를 놓칠까 조바심을 내며 앞 다투어 몰려들었다.

그 순간, 사방이 어수선한 틈을 타 백발의 오자서는 유유히 하인 복장을 한 구잉과 함께 소관을 통과해 장강 쪽으로 달려갔다. 오자서가 이미 도망간 것도 모르고 평왕의 명을 받고 소관에 파견된 우사마는 가짜 '오자서'를 진영으로 압송하라는 명과 함께 그동안의 고생이 한스러웠는지 '오자서'의 온몸을 짓밟기 시작했다.

꼼짝없이 몰매를 맞게 될 위기에 처한 '오자서'가 황급히 소리를 질렀다.

"여보쇼. 이 광명 천지에 법을 하늘같이 여기고 따르는 선량하고 무고한 백성을 이처럼 마구 잡아 때려도 된단 말이오?"

"이놈~ 중죄인 오원아! 네 오늘 내 손아귀에 걸렸으니 이미 죽은 목숨이나 다를 바 없다. 네놈이 감히 여기가 어디라고 함부로 지껄이느냐. 여봐라, 몽둥이를 가져오너라. 이놈에게 본때를 보여 주어야겠다."

우사마는 큰 소리로 꾸짖으며 있는 힘껏 '오자서'를 내리쳤다. 늑골을 정통으로 맞은 '오자서'는 심한 고통에 비명을 지르며 바닥을 떼굴떼굴 굴렀다.

"아직도 허튼 소리가 나오느냐?"

고통스러워하는 '오자서'의 모습에 우사마는 그제야 분이 조금 풀린 듯했다. 우사마가 잠시 숨을 고르고 있을 때 바닥을 뒹굴던 '오자서'가 냅다 고함을 질렀다.

"중죄인이라니! 엉터리 같으니라고, 눈 좀 똑바로 뜨고 보란 말이오. 난 용동산 자락 아래 은거하고 있는 황보납이오."

이 말에 가까이 다가가 '오자서'를 자세히 살핀 우사마와 병사들은 그제야 뭔가 잘못되었다는 생각이 들기 시작했다. 그들은 눈을 감고 벽에 붙어 있던 초상화를 떠올려 보았다. 점점 더 머릿속이 뒤죽박죽이 되었다. 조금 전까지 의기양양하던 우사마 역시 가슴이 뜨끔했다. 키나 얼굴, 몸집 등 모든 것이 분명 몇 년 전 자신이 본 오자서와 별반 차이가 없었다. 그러나 자세히 들여다보니 인상이 좀 다른 듯했다. 그가 기억하는 오자서는 번갯불이 번쩍이는 것 같은 두 눈빛, 쩌렁쩌렁한 목소리에 호방한 기개가 넘쳐흐르는 사람이었다. 그러나 눈앞에 있는 이자의 눈빛이나 목소리, 특히 전체적인 분위기는 뭔가 연약하고 부드러워 가녀린 느낌을 주었다. 그가 알고 있는 오자서와는 완전히 다른 분위기였다. 그렇다면 이자가 오자서가 아니란 말인가? 만약 진짜 오자서라면 그간 숱한 풍파를 겪으며 도망을 다니느라 그 두려움과 걱정이 그를 이 모양 이 꼴로 만들었단 말인가? 이렇게 생각을 거듭하고 있던 중 갑자기 병사 한 사람이 들어와 누군가 우사마를 만나고 싶어 한다고 말했다.

"누가 나를 찾아왔다는 게냐?"

우사마가 물었다.

"백발이 성성한 한 노인이 이름도 말하지 않은 채 장군을 진찰하기로 약속이 되어 있다고 합니다."

"들게 하라."

우사마는 지시를 내린 다음 노인을 만나러 나가려고 몸을 돌렸다. 그러나 채 문에 이르기도 전에 백발노인이 먼저 막사 안으로 들어왔다.

우사마가 노인과 인사를 나누는데, 갑자기 손발에 포박을 당한 채 바닥에서 뒹굴고 있던 황보납이 소리를 질렀다.

"여보게, 이게 무슨 일인가. 용동산에서 자유로이 은거하던 나를 부르더니. 이제야 그 연유를 알겠네. 모두가 작당하고 나를 놀리자는 건가? 대체 이 무슨 해괴망측한 짓인가? 아이고, 아파 죽을 지경일세 그려."

이렇게 말하며 마치 나귀처럼 손발을 하늘로 올린 채 꽥꽥 소리를 지르더니 바닥을 구르기 시작했다.

노인이 앞으로 나가 황보납을 바라보더니 껄껄 웃으면서 이해가 안 된다는 듯 곁에 있는 우사마에게 말했다.

"장군님, 이게 무슨 일이십니까? 왜 세속을 벗어나 은거하는 친구를 이 꼴로 만들어 놓으셨습니까? 그가 무슨 잘못이라도 저지른 것입니까?"

우사마는 노인의 태연하고 그럴 듯한 말에 자빠진 나귀처럼 바닥을 뒹굴며 난리를 치고 있는 '오자서'를 바라보았다. 그러고는 낯빛이 어두워지며 혼잣말로 중얼거렸다.

"이자가 오자서가 아니라…… 황보납이라고?"

노인은 멍청하게 넋이 나간 것 같은 우사마의 모습을 보며 다시 한 번 웃음을 터뜨렸다.

"이 사람은 분명 오자서가 아니라 황보납입니다."

이렇게 말하며 노인은 소매 속에서 자신과 황보납 두 사람이 소관을 나가도 좋다는 관서의 허가서를 꺼내 우사마에게 보여 주었다. 허가서를 보고는 당혹스럽기도 하고 부끄럽기도 해 괜히 이를 악물고 욕을 퍼부었다.

"황보납, 당장 널 끌어다 목을 칠 수 없는 게 한이다!"

그러고는 여전히 나귀처럼 꾹꾹거리는 황보납에게 발길질을 하더니 노인에게 말했다.

"지금 내 심정이 영 말이 아니니 일단 저자나 데려가시고 치료는 나중에 합시다."

그는 수하 병사들에게 황보납을 풀어주라 명하고 축 처진 모습으로 막사로 돌아갔다.

노인이 황보납을 부축해서 떠난 뒤 우사마는 관문을 지키는 병사들에게 행인들을 엄중히 단속해 절대 오자서가 빠져나가는 일이 없도록 하라는 엄명을 내렸다. 그는 자신이 명령을 내리고 있을 즈음 오자서는 이미 소관을 벗어났다는 사실을 까맣게 모르고 있었다. 소관을 통과한 오자서는 단걸음에 장강까지 닿았다. 강변에 서서 멀리 망망한 강 한복판을 바라보았다. 그러나 아무리 살펴보아도 배는커녕 인적조차 없었다. 혹시라도 소관 쪽 일이 잘못되어 병사들이 추격해 오는 것은 아닐까 하는 생각에 오자서의 마음은 무척 초조했다. 그와 구잉은 일단 언덕 갈대숲에 몸을 숨겼다.

한두 시간쯤 지났을까. 어떤 노인네가 조그만 배를 저으며 다가오고 있었다. 기쁨에 넘친 오자서가 하늘을 바라보며 빙그레 웃었다.

"하늘이 나를 저버리지 않는구나!"

그는 재빨리 갈대숲에서 나와 노인을 향해 소리를 질렀다.

"여보쇼. 노인장, 나를 강가 저편으로 건네주시오. 돈은 듬뿍 드리리다."

오자서는 말을 하면서 왼쪽 어깨에 메고 있던 보따리를 두드렸다. 오자서의 고함소리를 들은 노인은 조용히 배를 저어 그에게 다가왔다. 사실 그 보따리 안에는 먹을 것이 약간 들어있을 뿐 돈은 없었다. 오자서는 배가 닿자 구잉을 데리고 배에 뛰어올랐다. 노인이 가볍게 삿대를 저었고, 어느새 맞은 편 언덕에 배가 닿았다. 배에서 내린 오자서는 짐짓 어깨에 메고 있던 낡은 보따리를 뒤지는 시늉을 하며 물었다.

"노인장, 얼마를 드려야 좋겠소? 집을 떠나면 누구나 여의치 않아 이렇게 남의 도움을 받게 되나 봅니다."

그러자 노인은 고개를 들어 오자서를 바라본 채 거친 손을 내저으며 입을 열었다.

"돈은 무슨 돈이오. 오자서 그대만 소관을 넘어 오나라에 도착하면 그뿐이지. 내 그대의 억울함을 풀고자 하는 마음을 알아 자진해서 건네준 것이니, 그런 섭섭한 소리는 하지 마시오."

노인의 말을 들은 오자서는 깜짝 놀라 다시 물었다.

"어찌 내 이름을 아신단 말이오?"

노인이 껄껄 웃으며 대답했다.

"옛말에 용이 지나면 그 그림자가 남고 호랑이가 지나면 바람이 분다고 했소이다. 위풍당당한 그대의 몸짓과 기세를 그 누가 모르겠소. 게다가 그대를 잡으라는 포고문에 그대의 초상이 사람 사는 곳마다 걸려 있는데 어찌 모르겠소."

노인의 말에 오자서는 한시라도 빨리 이곳을 떠야겠다는 생각뿐이었다. 그러나 노인은 오히려 손을 내저으며 말했다.

"그렇게 황급히 떠날 필요 없소이다. 보아하니 시장할 듯한데, 여기서 조금 기다리시오. 내 집에 돌아가 먹을 것 좀 가져오리다."

그러고는 오자서가 채 입을 열기도 전에 뒤로 돌아 걷기 시작했다. 노인의 뒷모습을 바라보며 어찌해야 할지 모른 오자서는 한참을 언덕 위에 서 있었다. 그런데 시간이 꽤 지났는데도 노인이 돌아오지 않았다. 오자서는 문득 불안한 느낌이 들어 조용히 구잉에게 말했다.

"이렇게 오랫동안 노인네가 돌아오지 않는 걸 보니 예감이 좋지 않아. 혹시 사람들을 부르러 간 건 아닐까? 이렇게 앉아 죽을 순 없지. 잠시 갈대숲에 몸을 숨기는 게 좋겠다."

말을 마친 오자서는 구잉과 함께 갈대숲으로 숨어들었다.

잠시 후 노인이 소쿠리와 보따리 하나를 들고 돌아왔다. 오자서의 모습이 보이지 않자 잠시 멍하게 서 있더니 뭔가 눈치를 챘다는 듯 빙그레 웃으며 갈대숲을 향해 소리를 질렀다.

"노중인(蘆中人 : 갈대숲 안에 있는 사람을 뜻한다)! 노중인! 먹을 것을 가져왔소이다."

오자서는 고함소리를 듣고 갈대 틈으로 동정을 살핀 다음 구잉의 손을 끌고 밖으로 나왔다. 노인은 소쿠리를 두 사람 옆에 놓았다. 체면도 잊은 채 한바탕 배불리 먹고는 오자서와 구잉이 떠날 준비를 했다. 이별에 앞서 오자서는 노인의 모습을 바라보며 문득 자신이 그의 마음을 알아주지 못했다는 사실에 마음이 아팠다. 어떻게 보답을 해야 좋을지 몰라 망설이다가 허리에서 패검을 뽑아 이를 두 손으로 가슴에 받쳐 들고 진심어린 목소리로 말했다.

"이렇게 보살펴주서서 감사합니다. 사실 제 보따리에는 돈이 없었습니다. 이 보검은 선왕께서 제 조부에게 하사한 것입니다. 아마도 백금 정도는 가치가 있을 것입니다. 제 마음의 표시입니다. 받아주십시오."

이 갑작스러운 오자서의 행동에 노인은 웃으며 말했다.

"그대를 잡는 자에게 조(粟) 5만 석(石)과 상대부의 작위를 준다고 한 것도 거절한 나요. 이까짓 백금 정도의 보검에 내가 눈독을 들이겠소? 당신에게는 무엇보다 값진 보물이지만 나같이 고기 잡는 노인에게는 아무 쓸모 없는 물건이오. 그대로 넣어두시오. 언젠가 사용할 날이 있을지도 모르지 않소."

노인이 극구 사양하자 오자서는 더욱 미안한 마음에 노인의 존함을 물어보며 언젠가 이에 보답할 날이 있을 것이라 말했다. 노인은 두 손을 마주 잡으며 말했다.

"이름은 알아서 뭘 하시겠소. 쓸데없이. 오늘 그대는 곤경에서 벗어나고 나는 중죄인을 보내주었으니 그것으로 끝이오. 혹여 다음에 만날 날이 있다면 나는 그대를 '노중인'이라 부르고, 그대는 나를 '고기 잡는 노인'으로 부르기로 합시다."

노인은 말을 마치고 껄껄 웃었다.

오자서는 노인과 작별한 뒤 구잉을 데리고 길을 출발했다. 그러나 몇 걸음 가지 못하고 다시 고개를 돌려 의미심장한 말을 했다.

"일단 말씀이 나왔으니 이야기를 분명히 해두는 것이 좋을 듯합니다. 우리가 오늘 강을 건넌 일은 하늘과 땅, 그리고 우리 두 사람만이 아는 일입니다. 이왕 좋은 일 하시는 것 끝까지 도와주시기 바랍니다. 혹여 돌아가시는 도중에 관병에게 알리신다면 우리 두 사람은 그 길로 끝입니다."

오자서의 눈빛이 순간 싸늘하게 변했다. 잠시 어안이 벙벙했던 노인은 이내 빙그레 웃으며 대답했다.

"솔직히 말하리다. 내 한평생 남을 위해 좋은 일을 한 적이 없소이다. 해서 죽기 전에 좋은 일 한번 해보려고 그대의 목숨을 살려주었소. 그런데 그대는 나를 의심하는구려. 허허! 그렇다면 내 결백을 죽음으로 보여 주리다!"

노인은 말을 마치기가 무섭게 손을 뻗어 오자서의 허리춤에 있는 보검을 빼서 휘둘렀다. 순간 섬광이 번쩍이더니 노인의 목에서 피가 솟구쳤다. 그리고 잠시 후 바닥에 쓰러진 노인은 몇 번 꿈틀거리더니 그대로 목숨이 끊어지고 말았다.

깜짝 놀라 주춤했던 오자서는 노인의 죽음을 확인하고 잠시 눈을 감았다. 그리고 다시 이를 악물고 뒤로 돌아서 오나라로 향했다. 그때가 바로 주나라 경왕(景王) 23년, 기원전 522년의 일이다.

오나라 수도의 통소 부는 사나이

오자서는 구잉을 데리고 오나라 깊숙이 들어가 오추(吳趨)라는 곳에 이르렀다. 그곳에서 우연한 기회에 일자무식에다가 우락부락한 얼굴을 하고 건장한 체격을 가진 전제(專諸)라는 사내를 알게 되었다. 전제는 험악한 인상에 오직 싸움만 일삼는 건달이나 다를 바 없었지만 쩌렁쩌렁한 목소리에 제법 의리를 중시하는 협객의 기질도 있었다.

오자서와 전제는 마치 깊은 숲에서 사냥꾼에게 쫓기던 굶주린 늑대가 고독한 영웅 이리를 만난 것처럼 만나자마자 서로 의기투합해 그 즉시 의형제를 맺었다. 전제는 나름대로 여러 패거리와 관련을 맺어 오나라 조정과 민간의 상황에 대해 적지 않게 들은 것이 있었다. 그래서 그는 오자서에게 기회가 된다면 공자 희광(姬光)을 가까이하라고 일러주었다. 전제의 눈에도 오나라 왕 요(僚)는 극악무도한 혼군에 불과했고, 공자 희광은 지혜와 용기를 겸비하고 어진 사람을 대우해 오나라 군신과 백성들의 존경을 받는 인물이었다. 전제는 장차 대업을 이을 이는 바로 공자 희광이기 때문에 오자서가 만약 그의 도움을 받을 수 있다면 초나라를 공략할 기회를 얻을 수 있을 것이라고 말했다. 오자서는 그의 말에 크게 감격했다.

"동생, 자네 조언을 고맙게 받겠네. 마음에 꼭 새겨 두겠소. 후일 의형제로서 도움을 청하면 절대 거절하지 마시오."

이를 들은 전제는 고개를 젖히고 돼지발 같은 손으로 가슴을 퍽퍽 치며 큰 소리로 말했다.

"당연하지요. 우린 이미 의형제 사이가 아닙니까. 친형제나 다름없지요. 형님의 원수는 곧 내 원수요, 형님의 증오는 곧 내 증오 아니겠습니까? 오나라 땅 어디에서라도 내가 필요하다면 한 마디만 하십시오. 내 목숨을 내놓는 일이 있어도 달려가 기꺼이 형님을 돕겠소이다."

그러나 오자서에게 오나라는 낯선 땅일뿐더러 그 자신 또한 도망자 신세였기 때문에 왕을 직접 대면할 기회를 찾는 것이 쉬운 일은 아니었다. 게다가 도성을 배회하며 살아갈 방도를 찾았지만 그것마저 여의치 않아 하는 수 없이 퉁소를 불며 거지 행세를 하는 수밖에 없었다. 그러던 어느 날, 퉁소를 불며 구걸을 하고 있을 때 누군가 오자서를 유심히 살펴보았다. 그는 피리(被離)라는 인물로 전제와 친근한 사이였다. 그러나 전제와 달리 그는 고위층과 관련이 있었는데, 서로 불구대천의 원수로 여기는 오나라 왕 요와 공자 희광이 모두 자신의 심복으로 여기고 있었다.

오나라는 건국 이후 제19대 오나라 왕 수몽(壽夢) 시기에 사방 천리에 걸친 강역을 차지하면서 제, 진(晉), 초, 진(秦), 노 등과 자웅을 겨루는 신흥 세력으로 부상했다. 수몽은 장자 제번(諸樊)을 비롯해 여제(余祭), 여매(余眛), 계찰(季札) 등 네 아들이 있었다. 수몽이 세상을 떠나자, 부친이 죽으면 장자가 왕위를 계승하고 형이 죽으면 아우가 왕위를 계승한다는 왕위 세습 원칙에 따라 제번이 왕위를 계승했고, 이어서 여제, 여매가 차례대로 왕위를 계승했다. 그러다가 여매까지 죽었으나 계찰은 왕위에 전혀 관심이 없었다. 이에 여매의 아들인 주우(州于)가 재빨리 왕위를 차지했는데, 그가 바로 요(僚)다. 오나라의 급작스러운 정계 변화와 요의 왕위 찬탈에 제번의 장자인 공자 희광은 마음이 아주 불편했다. 오나라의 왕위 세습 원칙에 따르면, 계찰이 왕위를 원치 않을 경우 그다음 세대의 장자가 왕위를 계승해야 옳았다. 희광은 다음 세대 계승자들 가운데 서열이 가장 높은 장자였기 때문에 당연히 그에게 왕위가 돌아가야 했다. 그러나 결과는 달랐다. 이로 인해 요와 희광은 사이가 틀어질 수밖에 없었다. 특히 희광은 언젠가 반드시 왕위를 되찾겠다고 굳게 다짐하고 있었다.

　물론 그렇게 간단한 일은 아니었다. 당시 거의 모든 문무대신이 요의 도당들이었기 때문에 쉽게 손을 쓸 수 있는 상황이 아니었다. 그러나 희광은 문무를 겸비하고 머리가 비상한 데다 계략이 뛰어난 사람이었다. 권모술수에 능한 그는 얼굴에 감정을 드러내지 않은 채 비밀리에 계획을 추진해 나갔다. 그는 군사를 거느리고 대외적인 작전을 짜는 등의 수법으로 정치적 자금을 마련하고, 또한 요의 신임을 얻어 자신에게 유리한 쪽으로 대세를 이끌어 갔다. 세력을 점차 확장하던 중, 희광은 거리에서 사람들의 관상을 보며 운명을 판단해 주는 피리를 알게 되었다. 피리는 사기성이 농후하기는 했지만 강호에서 유랑하며 뛰어난 언변을 익혔고 눈치 또한 매우 빨랐다. 희광은 그를 포섭한 뒤 요를 찾아가 그를 추천해 관직을 얻게 해주었다. 일단 피리를 요의 조정에 심어놓은 희광은 그에게 뛰어난 인걸들을 찾아보라는 밀명을 내렸다. 그리하여 하찮은 신분의 피리는 졸지에 요의 신하이자 공자 희광의 오른팔이 되어 요가 주는 돈으로 희광을 위해, 그것도 요의 정권을 뒤엎을 일을 꾸미고 다녔다.

　피리는 수하 몇 명을 거느리고 치안과 민심을 살핀다는 핑계로 도성 곳곳을 돌아다니며 쓸 만한 인재를 찾는 데 주력했다. 그러던 어느 날 통소를 불고 있는 오자서를 보게 된 것이다. 피리 자신이 생계를 위해 거리를 떠돈 적이 있는 데다 음률에 나름대로 일가견이 있었던 터라 오자서의 통소 소리를 듣고 이내 예사 소리가 아님을 눈치 챘다. 그의 통소 소리는 슬프고 원통한 마음이 사무쳐 듣는 이의 간담을 서늘하게 만들 정도였다. 그 통소 소리를 따라가 특이한 용모의 오자서를 대면한 피리는, 이제야 그를 만나게 된 것을 한탄하며 즉시 오자서와 구잉을 집으로 초대했다. 몇 마디를 주고받으며 서로를 확인한 그들 두 사람은 마침내 흉허물 없이 속내를 드러내었다.

　오자서를 만난 것에 흥분한 피리는 즉시 요에게 사람을 보냈고, 또한 희광에게도 소식을 전했다.

오나라로 도망쳐 온 오자서가 피리의 거처에 있다는 소식을 들은 요는 피리에게 즉시 오자서를 데리고 입궁할 것을 명했다. 요가 바라보니 오자서는 건장한 체격에 위풍당당한 풍채를 지닌 호걸이었다. 그런 오자서에게 마음이 끌렸다. 오자서는 요가 자신에게 호감을 갖고 있다는 것을 눈치 채고는 그간 겪었던 원통하고 억울한 일을 죄다 털어놓았다. 눈물이 앞을 가리고 울분에 가슴이 막혔다. 오자서의 피맺힌 절규에 요는 정의를 실현하기 위해 반드시 군사를 일으켜 초나라를 정벌한 다음 오자서의 원한을 갚아주겠다고 약속했다. 요는 다짐의 뜻으로 오자서를 상대부에 봉했다. 그렇게 오자서는 유랑 생활을 끝내고 오나라 조정의 관리가 되었다.

희광은 오자서가 오나라에 들어왔다는 소식을 듣고, 처음에는 그다지 관심을 두지 않았다. 그러나 요가 그를 등용했다는 말을 들은 뒤 그제야 한발 늦었음을 깨달았다. 오자서의 가치를 알게 된 희광은 그를 자신의 휘하에 두기 위해 요와 오자서 사이를 이간질할 계획을 세웠다. 공자 희광이 몰래 오나라 왕 요에게 말했다.

"오자서는 자기 나라에서 중죄를 짓고 도망친 범죄자에 불과합니다. 물에 빠진 개 신세지요. 그런 자를 혼내기는커녕 상대부의 자리를 주시다니 가당찮습니다. 수레에 올라탄 개가 주인에게 감격이나 하겠습니까?"

요는 희광의 말이 그럴 듯하다는 생각이 들었다.

"내 하마터면 상갓집 개를 극진히 대접할 뻔했구려. 그저 먹고 살만큼 해주어 멀리 쫓아버리겠소."

요는 오자서에게 성 밖 산중에 있는 땅을 나눠주고 구잉과 함께 그곳에서 살도록 했다. 갑자기 돌변한 요의 태도가 의아스럽기는 했지만 그렇다고 따질 수도 없는 일이었다. 크게 실망하고 산중으로 들어간 오자서는 재기를 도모하는 수밖에 없었다.

산중 생활을 하게 된 오자서는 몇 평되지 않는 땅에 곡식을 뿌리고 밤이면 하늘을 바라보며 답답한 마음을 달래야만 했다. 바로 그때 희광이 그를 방문했다. 난데없는 그의 방문에 처음에는 경계를 했지만 이후 서너 차례 곡식과 노복을 보내주어 어느새 그를 믿고 따르게 되었다. 그렇게 소일하던 어느 날 노복들을 데리고 사냥을 나섰다가 궁륭산에 살고 있던 손무의 부하들에게 붙잡히게 된 것이다.

오자서는 손무에게 자신의 경력과 오나라로 도피해 왕을 만난 일 등 지금 처지와 포부를 모두 털어놓았다. 물론 그의 이상과 취지는 손무의 그것과 차이가 있었지만 세상을 뒤엎어 바꾸어야 한다는 생각은 똑같았다. 술과 음식을 거하게 차려먹은 두 사람은 서로의 마음을 터놓고 이야기를 하면서 마침내 생사고락을 함께 할 만큼 밀접한 사이가 되었다.

3일 뒤, 오자서는 궁륭산을 떠나기 전 손무의 손을 잡고 다짐했다.

"아직 우리가 바라는 일이 이루어지지 않았으니 더욱 노력해야 할 것입니다. 그대는 이곳에서 만반의 준비를 하시고, 저는 돌아가 기회를 찾겠소이다. 때가 되면 당신과 더불어 승리를 차지하게 될 것입니다."

말을 마친 오자서는 손무와 작별하고 울창한 협곡 쪽으로 사라져갔다.

6장
병법의 신, 손무 장군

오나라 권력 핵심에서 정변의 기운이 꿈틀대고 있었다. 연회석 앞에서 오나라 왕 요가 피를 뿜고 쓰러지고 합려閤閭가 군주의 자리에 오르게 되었다. 손무는 조정의 부름을 받아 『병법 13편』을 올렸다. 새로운 군주 합려는 기발한 생각이 떠올라 손무에게 궁녀를 병사로 삼아 조련하도록 했다. 연병장에 전투를 알리는 북소리가 울려 퍼졌고, 그 북소리가 그치자 손무의 호령 아래 궁녀 두 사람의 목이 땅에 떨어졌다.

오나라 왕 요를 해친 어장검

거처로 돌아온 오자서는 공자 희광과 가까이 지내는 한편 오나라 왕 요를 살해하고 정변을 일으킬 준비에 박차를 가했다. 오자서는 희광에게 오나라에 오자마자 알게 된 전제(專諸)를 최고의 자객으로 추천했고, 희광은 그에 대해 자세히 알아본 뒤 흔쾌히 받아들였다.

마침내 오자서와 희광은 전제를 자객으로 삼아 요를 살해하는 계획을 세웠다. 그 계획에 차질이 없도록 만반의 준비를 하면서 그들은 전제를 태호 강가의 고급 음식점으로 보내 여든이 넘은 요리사에게 잉어 요리를 배우도록 했다. 요가 잉어 요리를 좋아했기 때문이다. 석 달에 걸친 특별 훈련을 통해 전제는 잉어 요리에 능숙해졌고, 스승의 시험도 통과했다. 전제는 기쁨에 들떠 오자서에게 달려와 그 사실을 아뢰었다. 오자서는 그를 칭찬하면서 또한 희광에게 전제를 칭찬하고 포상을 해줄 것을 요청했다. 희광은 오자서의 요구대로 전제에게 상을 내렸다. 이후 전제는 요리사로 변신해 희광의 집에 기숙하면서 다음 명령이 떨어지기를 기다렸다.

몰래 모임을 가진 그들은 살해 무기로 어장검(魚腸劍)을 사용하기로 결정했다. 어장검은 월나라 최고의 대장장이 구야자(歐冶子)가 주조한 것으로, 월나라 왕 윤상(允常)이 양국의 교류를 기념해 오나라에 보낸 것이었다. 이후 오나라 왕 저번(諸樊)이 공자 희광에게 호신용으로 이를 하사했다. 희광은 이를 가보로 여기고 집안의 밀실에 감춰두었다. 사방이 조용한 어두운 밤, 희광은 아무도 몰래 밀실에서 어장검을 꺼내 오자서에게 보여 주었다. 아주 조그맣고 앙증맞은 비수로 매우 아름답고 눈이 부실 정도로 반짝거리는 검이었다. 겉으로 보기에는 아주 작고 가늘었지만 돌을 가루로 만들 정도로 날카로웠다. 사람의 급소에 꽂히기라도 하는 날이면 절대 목숨을 보전할 수 없을 것 같았다.

살해 무기를 결정한 다음, 모든 사람들은 오자서의 기획, 감독 하에 쥐도 새도 모르게 각자 맡은 바에 따라 행동을 개시했다. 희광은 시끄러운 세상일에 가려 조용히, 그러나 초조하게 정변의 시기가 무르익기를 기다리고 있었다. 마침 내 그날이 다가왔다.

하늘의 뜻이었을까. 조정 내 가장 높은 명성을 누리고 있던 노신 계찰(季札)이 다른 나라에 사신으로 나가 있고, 요의 왼팔과 오른팔로 불리며 병권을 장악한 전쟁의 달인 공자 개여(蓋餘)와 촉용(蜀庸) 장군이 명령에 따라 오나라 정예 부대를 이끌고 초나라를 공격했다가 그들의 포위망에 빠져 헤어나지 못하고 있었다. 희광과 오자서는 조정 중신이 자리를 비우고, 병영에 장군 두 사람이 빠진 이 절호의 기회를 놓칠 수 없었다. 그들은 즉시 정변을 일으켜 요를 살해하기로 작심했다.

날씨 화창한 어느 날, 오나라 왕 요는 공자 희광의 초대장을 받았다.

폐하께 올립니다.

신출귀몰한 요리 솜씨를 자랑하는 특급 요리사 주소저(朱小猪)가 태호에서 이곳을 방문했습니다. 그가 자랑하는 절세의 요리는 바로 잉어 간장 조림입니다. 요리를 하면서 온갖 기공(氣功)을 방출하고 우주의 기를 이용하기 때문에 세상의 모든 식물의 정화를 모을 수 있다고 합니다. 이러한 모든 정화가 깊이 스며든 잉어 요리는 하늘과 땅의 조화를 이루어 우주의 맛을 담고 있습니다. 이 요리는 오직 신선이나 한두 번 맛보았을 뿐이니 신선만이 그 요리의 진정한 맛을 알 수 있을 것입니다. 폐하께서 덕망이 지극해 하늘이 신인(神人) 주소저를 천지간에 내려 주셨으니, 이는 폐하께 그 맛을 선사하고 싶은 까닭입니다. 폐하께서 그 맛을 보신다면 설사 신선은 되지 못한다 해도 절반은 신선이 된 것이나 다름이 없습니다. 기회는 한 번 가면 다시 오지 않는 법, 폐하께서 내일 정오 저희 집 연회에 참석하시어 잉어 요리의 진수를 맛보시고 하늘과 땅을 자유로이 노니는 신선의 경지를 느껴보시기 바랍니다.

희광이 머리 조아려 아뢰옵니다.

○○○○년 ○○월 ○○일

초청장을 받은 요는 크게 기뻐하며 즉시 내일 정시에 희광의 집을 방문하겠다고 전갈을 보냈다. 희광과 오자서는 답신을 받은 즉시 주도면밀하게 계획을 세웠다. 희광의 저택은 마치 이제 막 물이 올라 허기를 참지 못하는 악어처럼 조금은 처량해 보이는 멍한 눈을 부릅뜬 채 협곡처럼 그 깊이를 알 수 없는 입을 벌리고는 요가 들어올 기막힌 순간만을 기다리고 있었다.

이튿날 요는 치장을 한 다음 희광의 집으로 행차할 준비를 했다. 그런데 막 궁중을 나서려는 순간 마치 차가운 바람처럼 불길한 예감이 가슴속 깊은 곳으로 전해지면서 온몸에 소름이 끼쳤다. 불길함을 떨쳐버릴 수 없었던 그는 말을 돌려 태후의 궁으로 가도록 명했다. 요는 두렵고 불안한 마음으로 태후에게 말했다.

"오늘 공자 희광이 특별히 풍성한 연회를 준비하고 저를 초청했습니다. 잉어 요리의 대가가 직접 요리를 한다는군요. 그런데 어찌된 일인지 마음이 놓이지 않습니다. 희광, 이놈이 뭔가 음모를 꾸며 이상한 짓을 하는 것은 아닐는지요?"

경험 많은 태후는 요의 불길한 언사에 잠시 생각에 잠겼다가 말했다.

"공자 희광은 평소 달갑지 않은 표정이 얼굴에 가득하고, 무언가 원한에 찬 듯한 사람일세. 아니 가면 좋겠지만 꼭 가야 한다면 신중에 신중을 기하도록 하게나."

어머니의 권고에 한참동안 생각을 거듭한 끝에 이미 약속한 일이라 거절하기 또한 쉬운 일이 아니었기에 위험을 무릅쓰고 가기로 마음먹었다.

공자 희광의 집에 도착한 뒤 요의 시위(侍衛)는 손에 긴 창과 단검을 쥐고 주인 곁에 서서 눈앞에서 벌어지는 일을 하나도 놓치지 않으려 집중하고 있었다. 그 순간 무겁고 칙칙한 살기가 온 실내를 뒤덮었다.

그러나 자리에 앉은 희광은 이 모든 것을 보고도 못 본 척 만면에 웃음을 띤 채 매우 살갑게, 그러면서도 매우 겸손하고 조심스럽게 요와 이야기를 나누었다. 그는 구구절절 매우 사려 깊은 모습으로 상대방에게 소식을 전했다. 요의 시위는 희광이 겸허한 모습으로 형제끼리 서로 주거니 받거니 술상을 마주한 채 매우 흥겹게 이야기 나누는 모습을 보고는 구태여 이처럼 잔뜩 긴장해서 정색을 한 채 보초를 설 필요가 없겠다는 생각이 들었다. 시위들은 점점 긴장이 풀어지면서 자꾸만 시선이 연회장을 벗어났다. 서슬이 시퍼렇게 번쩍거리던 창끝도 어딘가 점점 무뎌지는 듯했다.

드디어 때가 왔다고 생각한 희광은 잠시 볼 일이 있다며 자리를 비웠다. 바로 그때 전제가 침착하게 김이 모락모락 오르는 잉어 요리를 받쳐 들고 성큼성큼 실내로 들어섰다. 요는 신선이나 맛봄직한 잉어 요리가 등장하자 순간 얼굴이 환해지며 "잉어 요리 맛이 어떤지 직접 맛을 봐야겠군." 하고 말하며 젓가락을 뻗었다. 그 순간 자리를 물리는 듯 보였던 전제가 갑자기 방향을 돌려 몸을 기울이더니 한 손으로 잉어 꼬리를 누르고, 다른 한 손은 잉어 아가리에 쑥 집어넣었다. 그리고 순식간에 잉어 뱃속에 있던 어장검을 빼내며 소리를 질렀다.

"죽어라!"

말이 떨어지기 무섭게 섬뜩한 빛이 허공을 가르는가 싶더니 어장검이 무서운 기세로 요의 가슴으로 날아들었다. 전제의 어장검은 한 치의 오차도 없이 요의 비장을 찔렀다. 예리한 칼끝이 세 겹으로 된 갑옷을 관통해 뒷등으로 삐져나왔다. 요는 제대로 소리 한번 지르지 못한 채 그 자리에서 숨이 끊어지고 말았다. 미처 손을 쓸 겨를도 없이 순식간에 벌어진 황당한 사건에 요의 충성스러운 시위 한 사람이 긴 창을 든 채 엄청난 기세로 전제의 가슴으로 달려들었다. '퍽' 하는 둔탁한 소리와 함께 예리한 창끝이 그대로 전제의 가슴 깊숙이 파고들어 늑골을 통과했다. 그래도 의식이 또렷했던 전제가 왼손으로 자신의 가슴에 꽂힌 창 자루를 잡고 피가 솟아나는 요의 가슴을 바라보며 말했다.

"내가 죽이지 않았다 해도 하늘이 용서치 않았을 것이다."

이렇게 말한 뒤 붉은 피로 범벅이 된 전제의 몸은 마치 작은 산 하나가 무너지듯 바닥에 쓰러지며 숨을 거두었다.

꿈을 꾸는 듯 가슴 떨리는 살육의 순간이 지나고 난 뒤, 오자서는 즉시 사방에 매복해 있던 시위들에게 요의 군사들을 공격하도록 명을 내렸다. 두 시간 넘게 격전이 벌어진 결과 공자 희광이 승리를 거두었다. 희광은 희색이 만연해 왕궁으로 입성, 꿈에도 그리던 오나라 보좌에 올라 문무백관의 축하를 받고 스스로 합려(闔閭)라 칭했다.

정변의 성공과 함께 궁상스러웠던 공자 희광은 마침내 드넓은 강역을 다스리는 막강한 권력의 소유자로서 오나라의 국왕 합려가 되었다. 그가 첫 번째로 착수한 일은 승리자의 자격으로 정의를 외치는 것이었다. 그는 요의 부도덕한 행적이나 나라와 백성을 배반한 죄에 대해 상세하게 공표하는 한편, 요의 측근과 비빈 및 노비 등을 모조리 참형에 처했다. 또한 전제를 열사로 추도하고 요의 무리를 몰아내는 데 희생당한 병사들을 위해 왕궁 앞 뜰에 기념비를 세워 영원히 기억하도록 했다. 마지막으로 오자서에게 지금의 국가안전국 책임자 겸 외무부장관에 해당하는 관직을 하사했으며, 피리 또한 상당히 높은 관직에 앉혔다. 이 외에도 이번 싸움에서 자신을 위해 사력을 다한 사람들에 대해 각기 공적에 따라 적절한 포상과 관직을 하사했다.

싸움이 끝나고 사후 처리가 모두 이루어지자 오나라 서울 곳곳에 낭자했던 정변의 혈흔도 세월의 풍화 속에 점차 옅어져 갔다. 조정 안팎의 신료와 백성들도 예전의 평온한 삶을 되찾았다. 이에 혈기왕성하고 야심찬 새로운 오나라 왕 합려는 나라의 안정과 부강에 온 힘을 기울였다. 요를 겨냥한 정변에서 오자서의 정치, 군사적 재능에 탄복한 합려는 나라와 백성의 발전을 도모하면서 매번 중요한 난관에 부딪힐 때마다 수시로 그를 불러 가르침을 청했다.

합려가 제기하는 문제에 대해 오자서는 늘 적절한 대안을 제시해 주었다. 정식으로 오나라의 관직을 차지하고 많은 재산을 얻었으니 자신을 중용해 준 주군에 대한 보답은 물론이요, 오나라 백성들이 내는 세금으로 주어지는 급료에 대해 제값을 해야 할 필요가 있었다. 오자서는 국내외 상황을 고려하고 여러 가지 방안을 심사숙고한 결과, '먼저 도성을 완비해 방어망을 확보하고, 창고를 가득 채우고 병력을 강화해 안으로 수비 태세를, 밖으로 적군에 대한 응전 태세를 확보해야 한다'는 전략적 방안을 합려에게 제시했다. 합려는 그 방안을 듣고 이치에 매우 합당하다고 여겼다. 그래서 오자서에게 모든 일을 책임지고 완수할 것을 명했다.

모든 책임을 맡은 오자서는 침식도 잊은 채 공무에 몰두했다. 우선 그는 고소산(姑蘇山) 주변의 풍수를 관찰한 뒤 북동쪽으로 30리 떨어진 곳이 오나라의 새로운 수도로 적합하다는 판단을 내렸다. 이에 전체 둘레 47리에 여덟 개의 성문을 갖춘 거대한 도성을 건설하고, 그 주위에 여문(閭門), 사문(蛇門) 등 세 개의 성문으로 나누어져 있는 작은 성을 건설한 다음 합려를 맞이했다. 합려는 그곳을 오나라의 도성으로 정식 선포했다. 이후 오자서는 합려의 명을 받아 병졸을 대거 모집하고, 피리 등 장군과 함께 철저하게 훈련을 실시해 최강의 군사력을 갖추는 데 만전을 기했다. 이로 인해 합려의 오나라는 정치, 경제, 군사 등 여러 방면에서 급격한 발전을 이룩해 국력이 크게 신장했다.

나라가 크게 발전하면서 득의양양해진 오자서는 초나라 유민으로 오나라에 망명한 백비(伯嚭)와 오나라 유민 출신의 요리(要離)를 선후(先后)로 중용할 것을 추천했다. 합려는 이를 흔쾌히 받아들였고, 1년 뒤 요리는 합려의 명을 받아 위나라로 도망친 이전 왕인 요의 아들 경기(慶忌)를 살해해 후환을 없앴다. 요리는 자신이 맡은 사명이 욕되지 않도록 연환계(連環計)를 써서 경기를 위나라에서 나오게 한 뒤 장강에서 살해한 것이다. 그러나 거사를 성공적으로 마친 다음 그는 무고한 인명을 없앴다는 자책감에 결국 스스로 목숨을 끊고 말았다.

오나라는 하는 일마다 순조롭게 진행되고 후환마저 사라지자 그야말로 막강한 국력을 지니게 되었다. 오자서는 이제야말로 초나라를 정벌할 기회가 왔다고 생각했다. 그래서 백비와 함께 합려를 만나 초나라 정벌에 관한 이야기를 꺼냈다. 오자서는 지금까지 합려를 위해 견마지로(犬馬之勞)를 다했으니 이제는 자신이 원하는 일을 해줄 때가 되었다는 생각이 들었다. 그러나 의외로 합려는 주저하고 있었다. 그가 보기에 오자서가 오나라와 자신을 위해 진정으로 충성하고 진력을 다한 것은 사실이지만, 그럼에도 그는 여전히 남의 나라에서 도망처 와서 개인의 원한을 갚기 위해 애쓰는 인물로밖에 보이지 않았던 것이다. 따라서 만약 그에게 병력을 주어 초나라와 전쟁을 벌일 경우 개인의 사적인 원한에 치우쳐 대세를 그르칠 위험이 있어 보였다. 더군다나 아무런 사전 준비 없이 경솔하게 군사를 움직였다가는 패배를 면할 수 없었다. 전쟁이란 일단 시작되면 물불을 가리지 않고 승부를 봐야 하는 것이기 때문에 국가의 안위와 생사존망이 걸린 대사가 아닐 수 없었다. 물론 오나라 군사가 막강한 전력을 갖추었다고는 하지만 초나라와 비교했을 때 우위에 있다고 누구도 장담할 수 없었다.

그러나 다른 한편으로 생각해 보면, 합려 자신 또한 오자서의 도움을 많이 받았고 여러 가지 국가 대사를 성공적으로 완수하는 데 큰 힘이 되었다. 더군다나 의기(義氣)를 중시하는 대장부이니 차마 거절하기가 난감했다. 합려는 이러지도 못하고 저러지도 못하는 상황에서 실로 마음이 답답하기 이를 데 없었다. 홀로 궁전을 거닐다가 높은 누대에 오른 합려는 서늘한 가을바람을 맞으며 긴 한숨을 내쉬었다. 주변의 신하들은 왕의 모습이 평소와 다르다는 것은 알았지만 과연 무엇 때문인지는 알 수 없었다. 그러나 오자서만은 합려의 고민을 능히 짐작할 수 있었다. 그가 다가가서 물었다.

"초나라는 병력이 막강하고 맹장이 운집해 있는 데 반해 우리 오나라는 병력과 장군이 부족해 이처럼 걱정을 하고 계십니까?"

오자서의 말에 합려는 아무 말 없이 침묵하더니 잠시 후 입을 열었다.

"그렇네. 허나 그것 때문만은 아닐세. 참으로 한 마디로 말하기가 어렵군."

오자서는 더 이상 묻지 않았다. 그리고 합려의 난제를 풀기 위한 나름의 대책 마련에 골몰했다. 얼마 후 그는 합려와 독대해 초나라를 정벌하기 위한 대책을 제시했다. 그가 제시한 것은 바로 궁륭산의 손무를 활용하자는 것이었다.

궁륭산에서 나온 손무

오자서와 손무가 궁륭산에서 만나 의기투합한 것은 오나라의 국력이 피폐하던 때였다. 이후 두 사람은 궁륭산 깊은 곳에서 만나오면서 당시의 정치 형세며 자신들의 포부와 이상을 솔직하게 털어놓고는 했다. 그러다가 오자서가 오나라 왕 요를 몰아내는 정변에 참가한 뒤 합려의 중용을 받게 되면서부터 궁륭산을 향하는 발걸음이 점차 뜸해졌다. 그러나 오자서는 손무와 그의 휘하에 있는 군사들이 얼마나 중요한지 잘 알고 있었다. 만약 심산유곡에 거점을 마련하고 신출귀몰하는 그들 무장 세력을 그냥 방치해 둔다면 오나라의 입장에서도 결코 이롭지 않았다.

오자서는 여전히 손무를 형제처럼 여기고 있었지만, 신하가 된 입장에서 더욱 중요한 것은 군주에 대한 충성이었다. 그래서 원칙에 따라 합려에게 손무 토벌을 적극 권유하는 한편 손무의 거점에 사람을 보내 상황을 파악하고 모반의 중심인물을 포섭하도록 했다. 비적의 폐해를 잘 알고 있는 합려는 손무를 토벌하는 데 적극 찬성이었다.

며칠 뒤, '늙은 고양이'라는 별명을 가진 사람이 궁륭산에서 오자서를 만나러 왔다. 그는 원래 오나라 출신으로 손무가 궁륭산에 처음 들어갔을 때부터 손무의 오른팔이 되어 산채를 건설하고 발전시키는 데 적지 않은 공헌을 했다. 그러나 지위가 올라가자 내부의 암투로 말미암아 점차 손무의 눈 밖에 나기 시작하더니 급기야 냉대를 받기에 이르렀다. 때마침 오자서가 몰래 보낸 첩보원의 눈에 손무의 신임을 잃고 낙심한 그가 보였다. 이후 손무의 오른팔이었던 '늙은 고양이'는 오나라의 첩보원이 되어 오자서에게 정보를 빼주기 시작했다.

몇 차례의 만남을 통해 오자서는 근래 궁륭산 산채가 예전처럼 활기가 없다는 사실을 알게 되었다. 궁륭산의 분위기가 이처럼 썰렁해진 데에는 여러 가지 이유가 있지만, 무엇보다 합려가 왕위에 오른 뒤 오자서와 백비 등의 도움으로 대대적인 개혁을 성공적으로 완수했기 때문이었다. 오나라는 전반적인 국력 향상에 힘입어 정치, 군사적으로 이전 오나라 왕인 요 시절에는 손길이 닿지 않던 구석구석까지 세력을 확대, 강화해 나갔다. 궁륭산 역시 예외가 아니어서 이미 오나라 군사에게 포위를 당한 상태였다. 궁륭산이 워낙 험하고 울창한 숲으로 이루어져 있기 때문에 그 동안 몇 차례에 걸친 오나라 군대의 공격을 방어할 수 있었지만, 무기와 군량 부족이 이미 심각한 지경에 이르렀다. 오나라 군대의 공격이 계속되면서 산채 내부의 불안과 위기의식은 점차 고조되었다. 언제 대규모 토벌 작전이 벌어질지 모르는 상황에서 손무는 산채 식구들을 모아놓고 격양된 어조로 말했다.

"우리는 이제 최대 위기에 봉착했다. 퇴로는 없다. 우리는 결코 구차하게 삶을 구걸해서는 안 된다. 최후의 일각까지 오직 투쟁만 있을 뿐이다. 마지막 피한 방울까지 합려와의 일전에 바쳐야만 비로소 영웅이라고 할 수 있을 것이다."

손무의 다짐은 목소리는 컸지만 몰살에 대한 부하들의 두려움을 완전히 가시게 할 수는 없었다. 당시 오자서는 손무의 심정을 누구보다 잘 알고 있었다. 이에 '늙은 고양이'를 통해 손무에게 귀순을 종용하도록 했다. 조정에서 우대할 것이라는 말도 빠뜨리지 않았다.

궁륭산으로 돌아온 '늙은 고양이'는 손무를 만나 오자서의 말을 전했다. 그 말에 손무의 마음이 조금씩 흔들리기 시작했다. 그러던 차에 오자서는 과감하게 궁륭산으로 직접 들어가 손무와 대면하기로 결심했다.

맑고 화창한 가을날, 따뜻한 햇살 아래 오자서 일행 백여 명이 궁륭산으로 향하고 있었다. 옛 전우이자 지금은 적군인 오자서를 대면할 생각에 손무는 마음이 착잡하기만 했다. 먼저 화기애애한 분위기에서 문안 인사를 주고받은 두 사람은 며칠 동안 여러 차례 이야기를 나누었다. 때로 격한 논쟁이 오가기도 했다. 그러나 여러 가지 세세한 부분에 대한 논의를 끝으로 마침내 손무는 오자서의 조건을 받아들여 조정에 귀순하는 데 동의했다. 오자서는 손무를 합려에게 추천하고, 이어 자신과 함께 오나라 군대를 통솔해 초나라를 공략하기로 비밀 협약을 맺었다. 그들이 맺은 협약에는 이 외에도 초나라를 함락시킨 다음 오자서가 초나라 왕이 되고, 손무는 오나라의 군권을 차지해 적절한 시기에 합려 일가를 몰아내고 오나라 왕위에 오른다는 것도 포함되어 있었다. 그렇게만 된다면 오자서와 손무는 천하 대국의 군주가 되는 것이었다.

비밀 협상을 끝낸 손무는 자신의 정예군사만을 이끌고 오자서를 따라 오나라에 들어가기로 했다. 손무는 궁륭산에서 거병하여 싸우는 것보다 오자서의 계획대로 일단 투항한 다음 이후에 기회를 엿보는 것이 나을 것이라는 생각이 들었다. 만약 오자서의 말대로 병권을 장악할 수 있다면, 더 이상의 수고를 덜 수 있을 뿐더러 잘만 하면 목표 달성을 위한 가장 이상적인 지름길이 될 수도 있었다. 또한 자신을 믿고 따라준 부하들에게도 보다 나은 생활을 보장해 줄 수 있으리라. 물론 오나라 군권 장악 여부에 상관없이 어떤 순간에도 절대 궁륭산 무장 세력을 전부 잃을 수는 없는 일이었다. 그는 꼼꼼하게 대책을 마련해 놓은 뒤 수하의 군사들과 헤어졌다.

손무와 마찬가지로 당시 오자서도 자신의 뜻을 이루기 위해 나름의 방책을 강구하고 있었다. 그의 인생에서 가장 큰 과제이자 목표는 자신의 부친과 형의 원수를 갚는 일이었다. 다른 어떤 일도 이보다 중요한 것은 없었다. 이 외에 사내대장부로 태어나 수신, 제가, 치국, 평천하의 대업을 이루는 것 역시 중요한 일임에 틀림없었다. 그렇지만 가문을 위한 복수나 대업 달성 이전에 바로 지금의 문제는 오나라 내외의 적을 제압하는 일이었다. 유감스럽게도 그는 군사적으로 뛰어난 장수는 아니었다. 모든 사람들이 그의 이름만 들어도 벌벌 떨고 천군만마를 상대해 장수의 수급을 밥 먹듯 거둘 수 있는 그런 장수가 아니라는 것이다. 어쩌면 합려 또한 이러한 사실을 간파하고 초나라 정벌을 위한 파병에 결단을 내리지 못하고 관조적인 태도를 취하는 것인지도 몰랐다. 막강한 초나라 군대를 상대할 경우 군사의 규모나 전쟁 물자가 얼마나 필요할 것이며, 만에 하나 패배할 경우 그 뒷감당을 어찌해야 할지 난감한 일이 아닐 수 없었다. 그러면 어떻게 해야 할 것인가? 오자서가 생각한 대로 오나라의 군사를 빌려 초나라를 정벌하고자 한다면 무엇보다 먼저 전쟁에 승리할 수 있는 유리한 조건을 마련해야 했다. 전쟁에서 가장 중요한 것은 군량이나 물자가 아니라 사람이라는 사실을 오자서는 잘 알고 있었다. 그때 오자서의 뇌리를 스치고 지나간 사람이 바로 손무였던 것이다.

몇 년 전, 오자서는 궁륭산에서 손무와 함께 용병술에 대해 이야기를 나눈 적이 있었다. 처음 손무를 만났을 때만 해도 오자서는 그를 그저 그런 인물로 생각했다. 하늘을 대신해 도탄에 빠진 백성을 구하겠다고 했지만 오자서의 눈에 손무는 그저 반역을 꿈꾸는 작은 산채의 두목에 불과했다. 그러나 이후 계속 만나면서 그가 결코 평범한 인물이 아님을 깨달았고, 절로 존경심이 들기 시작했다. 그러던 어느 날 오자서와 손무가 술자리를 가졌다. 오자서는 아주 겸손한 태도로 손무의 말을 경청하고 있었다. 서너 차례 대작한 뒤, 취흥이 도도해진 손무는 자리에서 일어나 한 상자에서 책을 꺼내 오자서에게 보여 주었다. 그 책은 바로 『병법 13편(兵法十三篇)』으로, 손무가 제나라 시절부터 수년간 집필한 병법서였다. 그 안에는 제나라 개국 군주인 강자아(姜子牙), 재상 관중, 일대 명장인 사마양저 등 탁월한 정치가와 명장들의 군사 전략을 바탕으로 손무가 체계화시킨 내용이 들어 있었다. 사마양저는 비록 전씨(田氏)의 서자이기는 했지만 손무 가문과 평소 밀접한 관계를 유지하고 있었다. 손무의 부친인 손서(孫書)와 동년배였던 사마양저는 군사 통솔이나 작전에 능하고 병법에 통달했으며, 군사 이론에도 조예가 깊었다. 양가의 잦은 왕래로 사마양저는 어릴 적부터 병법을 좋아하는 손무를 아껴 그에게 군사 이론에 관해 많은 이야기를 해주었다. 당시 '뛰어난 문장으로 대중을 압도하고, 탁월한 무예로 적군을 위압하는' 사마양저에 대해 손무는 각별한 존경심을 가지고 있었다. 그는 사마양저야말로 모든 영역에서 가장 모범적인 인물이라고 생각했다. 이후 성인이 된 손무는 사마양저의 사상을 바탕으로 병법에 관한 저술에 심혈을 기울였다. 그러던 차에 궁륭산에 산채를 꾸려 사마양저 외에도 강자아와 관중 등의 군사 이론을 보충해 더욱 체계화된 『병법 13편』을 저술한 것이다. 사실 그는 자신의 평생 역작을 숨겨 두었다가 후세에 전할 생각이었을 뿐 아무에게도 공개한 적이 없었다. 그러나 병법에 대한 자신의 견해에 찬사를 마다하지 않고, 또한 병법에 대해 나름의 식견을 지닌 오자서를 보자 자신도 모르게 마음이 달아오르기 시작했다. 오자서 앞에 『병법 13편』을 풀어놓고 가르침을 청한다고 말했지만 내심 자신을 과시하고 싶은 마음도 있었던 것이다.

손님으로 온 탓에 술을 자제하고 있던 오자서는 손무의 이야기에 흥미를 느꼈다. 그래서 손무가 내민 죽간을 펼쳐들고 천천히 읽기 시작했다. 1편을 다 읽고 2편을 읽기 시작한 오자서가 긴장하는 모습이 역력하더니 3편을 다 읽기도 전에 책을 내려놓고 탁자를 내리치면서 소리쳤다.

"좋습니다. 정말 훌륭하군요!"

오자서는 죽간을 품에 끌어안고 숙연한 모습으로 손무를 쳐다보았다. 이후 병서를 모두 읽은 뒤 손무의 탁월한 군사적 재능에 완전히 마음을 빼앗겼다. 그가 보기에 군사 전략사에 있어 손무의 『병법 13편』은 그야말로 획기적인 작품이었다. 이 병서야말로 전대미문의, 아니 앞으로도 이를 능가할 병서는 나오지 않을 듯했다. 영웅이 영웅을 알아본다고 했던가. 손무를 추앙하게 된 오자서는 손무와 깊은 우정을 쌓기 시작했다. 이후 오나라의 중신이 되어 합려를 위해 궁릉산 손무의 산채를 토벌하는 계획을 도모했지만, 오자서는 여전히 손무의 뛰어난 군사적 재능을 의심한 적이 없었다. 그래서 손무를 직접 찾아가 밀약을 통해 손무를 자기 쪽으로 끌어들인 것이다.

오자서가 직접 나서서 건설한 오나라의 도읍 고소성(姑蘇城)이 멀리 눈 안에 들어왔다.

도성에 도착한 오자서는 먼저 손무 일행을 개적극(凱迪克)이라는 고급 객잔에 투숙시킨 다음 합려에게 보고를 올리기 위해 왕궁으로 향했다.

그때 합려를 비롯한 문무 관리들은 손무를 오나라 안보에 걸림돌이라고 생각하고 있었다. 그러던 차에 손무가 투항했다는 소식이 전해지자 너나할 것 없이 모두 기뻐했다. 이전에 합려는 오자서와 백비 등과 의논해 손무가 거느리고 있는 부하들을 모두 궁릉산에서 나오게 해 오월(吳越) 변경의 한곳에 주둔시키기로 했다. 그러나 이번에 오자서는 합려를 만나 기존의 계획과 달리 두 가지 사항을 요청했다.

첫째, 현실적인 정황으로 볼 때 손무 부대를 잠시 궁륭산 산채에 머물게 하는 것이 좋다. 그래야만 투항 후 불안한 내부 분위기를 잡을 수 있을 것이다.

둘째, 초나라를 정벌해 가장 효과적으로 승리를 거두기 위해서는 손무의 적극적인 협력이 필요하다. 한편으로 손무의 탁월한 용병술을 활용하고, 다른 한편으로 그가 궁륭산 산채와 더 이상 손잡지 못하게 함으로써 밖으로 초나라와 싸워 이기고, 안으로 반역의 세력을 송두리째 없애버리는 효과를 얻을 것이다. 손무만 없다면 궁륭산의 산적들은 오합지졸에 불과하다.

합려는 오자서의 의견을 받아들였지만 아무래도 손무의 군사적 능력이 미덥지 않아 입을 열었다.

"기껏해야 작은 산채의 오합지졸을 모아놓고 수령을 자처하던 자 아닌가! 민가에 들어가 식량이며 가축이나 훔치고 길 가는 행인들의 물품이나 도둑질하던 자가 어찌 병법을 논한단 말인가? 가소롭도다!"

오만불손한 합려의 태도에 오자서는 화가 치밀어 올랐다. '손무를 우습게 아는 것이 아니라 초나라 정벌이 싫은 게지.' 이런 생각을 하며 순간 음험한 얼굴로 돌변한 오자서는 속으로 뇌까렸다. '흥, 겁도 없이 무식하기만 한 주제에! 저 자리에 어떻게 앉게 되었는데 이런 말을 하는가? 내가 정변을 성공시키지 않았다면 이미 오나라 왕 요의 칼날에 끝장이 났을 것이다.'

그러나 속마음과 달리 그의 입에서 나온 말은 다음과 같았다.

"저는 나름대로 군사적 재능이 있다고 자부해 왔습니다. 그러나 손무를 만나 그가 저술한 『병법 13편』을 읽어 보니 그가 대단히 탁월한 병법가임을 알 수 있었습니다. 신출귀몰한 생각은 도무지 종잡을 수가 없을 정도였습니다. 비로소 군사 책략에 대한 제 지식이 얼마나 천박하고 유치한 것인지 깨달았습니다. 제 생각에 진정 가소로운 이들은 손무가 아니라 초나라 정벌에 벌벌 떨고 있는 오나라 군대의 장수들입니다. 그들은 미리 겁을 먹어 초나라 대군의 적수가 될 수 없습니다. 단언컨대, 손무에게 초나라 정벌의 책임을 맡기신다면 오나라 군대가 천하를 평정하고 패권을 차지할 수 있을 것입니다."

"말이 너무 지나치구려! 손무가 그렇게 탁월하다면 어찌 기껏해야 산적의 수령 노릇이나 할 것이며, 그나마 그것이라도 계속할 일이지 왜 투항했단 말이오?"

합려가 오자서의 말을 끊으며 불만이 가득한 목소리로 반박했다.

"전하의 말씀도 일리가 있습니다. 그러나 천하의 모든 영웅은 시세(時勢)가 있는 법입니다. 천시(天時), 지리(地利), 인화(人和) 등 풍운이 어울리듯 나름의 전제조건을 갖추지 않는다면 진정한 영웅은 탄생할 수 없습니다. 왕께서 다스리고 계신데 손무가 모반을 도모하는 것은 당연히 천시에 위배되는 일입니다. 일을 도모하는 것은 사람이지만 일의 성사 여부는 하늘에 달려 있다고 했습니다. 하늘이 내려 주지 않는다면, 설사 제아무리 손무가 기이한 재주를 가졌다 해도 아무 소용이 없습니다. 지금 왕께서는 변화무쌍한 천재일우의 시대를 살고 계십니다. 지금까지 일을 잊으시고, 나라와 백성의 이익을 도모하신다면 강력한 오나라 건설을 통해 중원의 패권을 도모하고 천하의 마음을 얻으실 수 있을 것입니다."

오자서가 말을 마치고 합려를 바라보니 자못 우쭐해진 얼굴에 점차 희색이 돌기 시작했다. 이 기회를 놓칠세라 말을 이었다.

"제 말이 과장이라고 느끼신다면 직접 손무를 만나보십시오. 결코 오늘의 제 말이 망언이 아님을 알 수 있을 것입니다."

순간적으로 당황한 합려는 잠시 머뭇거리는가 싶더니, 기세가 한풀 꺾여 그의 제의를 받아들였다.

"좋아, 그대 말대로 한번 만나보겠소. 내일 손무란 자를 데려오시오. 영웅인지 아니면 조무래기인지 내가 직접 살펴보겠소."

오자서는 복잡한 심정으로 그 자리를 물러나왔다.

합려를 만난 손무

다음 날 오전, 오자서는 손무와 함께 입궁해 합려를 배알했다. 손무가 오나라 조정의 예에 따라 궤배(跪拜 : 무릎을 꿇고 절함)를 하자, 높은 곳에 앉은 합려는 경멸의 눈초리로 그를 훑어보았다. 산적이라 해서 왕방울 같은 눈에 우락부락한 모습을 상상했지만, 손무는 오히려 건장한 몸매에 성긴 수염을 하고 말쑥한 차림새였다. 눈빛은 자신감에 차 있었지만 그렇다고 오만한 느낌은 들지 않았다. 그러나 그의 눈빛에는 근심이 서려 있어 까닭모를 불안감을 감추지 못하고 있는 듯했다. 조금 전 궤배를 하면서 인사를 하는 목소리를 들으니 금속이 서로 부딪칠 때 나는 맑은 소리에 자못 여운이 남아, 사람들의 이목을 끌기에 충분했다. 잠시 뜸을 들인 후 합려가 손무에게 물었다.

"자네가 바로 궁륭산 역모를 주도한 손무란 자인가?"

"예, 제가 손무이옵니다."

손무가 얼굴이 벌게지며 대답했다.

"듣자하니 자넨 제나라의 명문세가 출신으로 장군 가문의 후손이라 자처한다고 들었네만. 그대가 살던 땅에서 수신제가하여 치국, 평천하를 하지 아니하고 어찌 오나라 땅으로 들어왔는가? 본시 궁륭산은 지세가 뛰어나고 살기 좋은 곳이었다. 그런데 난데없이 비적들이 모여들어 산채를 만들고 주변 백성들을 괴롭히며 행인들의 재물을 빼앗으니 사방에서 원성이 자자하고 백성들 또한 사방으로 흩어져 유민 생활을 할 수밖에 없게 되었다. 나는 오나라의 군주로서 내가 사랑하는 백성들이 그대들로 인해 괴로움을 겪는 것을 차마 견딜 수가 없도다. 또한 이대로 내 어찌 조상님과 형제들을 대할 면목이 있겠느냐?"

합려는 투항한 손무의 죄를 사정없이 심판하는 듯했다. 손무의 낯빛이 점차 검붉어지고 있었다. 한편 오자서는 손무 옆에 서서 합려의 말을 듣고 있었다. '지나치군! 궁지에 몰리면 쥐도 고양이를 무는 법. 투항한 이에게 이처럼 모질게 굴다니, 어찌 대국의 군주라 하겠는가? 그러나 저러나 계속 이렇게 힐난만 하다가는 아무래도 일을 그르치고 말지!' 이런 생각이 들자 오자서가 한 걸음 앞으로 나서며 합려의 말이 끝나기가 무섭게 입을 열었다.

"모두 지난 일입니다. 이제 한집안 사람이 된 이상 더는 편을 가를 필요는 없을 것이라 사료됩니다. 오히려 손 장군이 우리 오나라를 위해 일하고자 하오니, 격려하심이 마땅한 줄 아옵니다. 게다가 오늘 손 장군이 직접 저술한 『병법 13편』을 가져왔다고 하니 일단 왕께서 살펴보시는 것이 옳은 일이라고 생각됩니다."

오자서의 말이 일리가 있으니 합려라고 마냥 비난만 할 수는 없었다.

"그래, 그만두지. 자, 그 병법인가 하는 책을 살펴보세."

손무가 등짐을 열어 죽간 한 다발을 궁중 호위병에게 건네주었다. 죽간을 받아들고 대충 훑어보는 합려의 얼굴에 귀찮은 모습이 역력했다. 그가 옆에 서 있는 백비에게 말했다.

"내가 요즘 눈이 침침해 잘 보이질 않는군. 도대체 뭐라고 쓴 것인가?"

그 말에 백비가 황급히 고개를 숙이고 앞으로 나아가 황망히 죽간을 들춰보기 시작했다. 주군의 심기를 알기에 백비 또한 대충 읽어보고 우선 편명을 차례대로 아뢰었다.

"첫 번째는 계편(計篇), 두 번째는 작전편(作戰篇), 세 번째는 모공편(謀攻篇), 다음은 군형편(軍形篇), 다음은 병세편(兵勢篇), 이어서 허실편(虛實篇), 군쟁편(軍爭篇), 구변편(九變篇), 행군편, 지형편, 구지편(九地篇), 화공편, 그리고 맨 마지막이 용간편(用間篇)이옵니다."

각 편명을 나열한 뒤 백비는 합려를 힐끗 쳐다보았다. 무덤덤한 모습에 도무지 어떤 생각을 하고 있는지 알 수 없었다. 그래서 그는 다시 고개를 돌려 제1편인 계편부터 천천히 낭독하기 시작했다.

"병(兵 : 전쟁)이란 일국의 대사다. 전쟁터는 병사의 생사가 달린 곳이고, 나라의 존망이 달린 길이므로 세심하게 관찰해야 한다. 그런 까닭에 다섯 가지 원칙과 일곱 가지 계략으로 비교해 피아(彼我)의 정황을 탐색해야 한다. 첫째는 도,

둘째는 천(天), 셋째는 땅, 넷째는 장(將 : 장수의 능력), 다섯째는 법(法 : 군법), ……장차 나의 계책을 경청하여 군사를 활용하면 반드시 승리해 이곳에 남을 것이나, 장차 나의 계책을 듣지 아니하고 군사를 활용하면 반드시 패할 것이니 나 또한 이곳을 떠날 것이다. ……무릇 전쟁을 하기 전에 종묘에서 승리를 계산할 수 있으면 이길 승산이 많을 것이고, 전쟁을 하기 전에 종묘에서 승리를 계산할 수 없으면 승산이 적다. 승산이 많으면 이기고, 승산이 적으면 이길 수 없으니, 하물며 이런 승산조차 없다면 어찌하겠는가? 하여 나는 이렇게 살펴봄으로써 승부를 미리 예견할 수 있다(兵者, 國之大事. 死生之地, 存亡之道, 不可不察也. 故經之以五事, 校之以七計, 而索其情. 一曰道, 二曰天, 三曰地, 四曰將, 五曰法, ……將聽吾計, 用之必勝, 留之. 將不聽吾計, 用之必敗, 去之. ……夫未戰而廟算勝者, 得算多也. 未戰而廟算不勝者, 得算少也. 多算勝, 少算不勝, 而況於無算乎. 吾以此觀之, 勝負見矣)."

다시 합려의 눈치를 보고는 뭔가 주의를 기울이는 듯하자 마음을 가다듬고 계속해서 읽어 내려갔다.

"다음 제2편은 작전편입니다. '일반적인 작전 방식에 따르면, 경전차 천 대, 혁거(운수용 수레) 천 대, 갑옷으로 무장한 병사 10만 명, 천 리 길 군량 수송이 필요하며, 안팎으로 소요되는 경비로 사자(使者)가 왕래하는 비용, 무기를 수리하기 위한 아교와 전차에 필요한 기름이나 옻칠 비용, 수레와 갑옷에 소용되는 비용 등등 하루에 천금이 필요하다. 이런 준비를 다한 연후에 십만 대군을 일으키는 것이다(凡用兵之法, 馳車千駟, 革車千乘, 帶甲十萬, 千里饋糧, 則內外之費. 賓客之用, 膠漆之材, 車甲之奉, 日費千金, 然後十萬之師擧矣)."

백비는 적당한 속도로 리듬을 맞추어 구성지게 내용을 낭독했다. 합려가 갑자기 손을 들어 그의 낭독을 가로막았다.

"됐네, 괜찮군. 어떤 부분은 상당히 수준이 있어. 이것저것 구구절절 옳은 말이야. 과연 간단치 않군. 높이 평가할 만하네. 우리 오나라 장군이나 병사들도 모두 잘 살펴두어야 하는 부분일세. 하지만 병서에서 걸핏하면 전차 몇 천 대, 병사 수십만 명을 들먹이고 있는데, 우리처럼 국력도 약하고 병사도 부족한

나라에서 그만한 전차나 병사를 동원할 수 있을까? 설사 중원대국인 진(晉)나라나 제나라, 아니 이웃인 초나라만 해도 그처럼 대규모 군사를 동원할 수는 없을걸세. 손무 그대는 수십만 명의 병사와 수 천 대에 이르는 전차로 우리 오나라와 접전을 벌였던가?"

합려의 말이 끝나기가 무섭게 대전의 모든 신료들이 한바탕 웃음을 터뜨렸다.

순간 화가 치민 오자서가 입을 열어 논박하고자 했으나 합려가 손을 들어 그를 저지했다.

"오자서, 자네가 무슨 말을 하려는지 알아. 그냥 농담일세. 과인의 생각에는 이 책이 타인의 성과를 베껴 쓴 게 아니라면 어느 정도 현실적 가치나 역사적 의미가 있다고 보네. 다만 그 가치나 의미가 어느 정도인가에 대해서는 후인들이 평가를 해줄 걸세. 허나 말도 부려봐야 그 능력을 아는 법, 손무의 저술은 뛰어나지만 실전 경험이 이를 받쳐줄 수 있을지 모르겠네. 그가 자신의 이론을 얼마나 현실에 잘 적용할 수 있을지, 또한 이론과 실제를 얼마나 잘 연결할 수 있을지는 생각해 봐야 하는 일이네. 그렇지 않나?"

오자서가 입을 채 열기도 전, 더 이상 분노를 억누를 수 없었던 손무가 벌떡 앞으로 다가가 고함을 질렀다.

"오늘 중신들 앞에서 저를 맘껏 비웃어주신 일은 잠시 접어두겠습니다. 다만 이론과 실제의 결합이라는 과제는 내일 직접 풀어드리겠습니다. 왕께서 저에게 군사를 주신다면 왕과 중신들, 특히 여러 장군들에게 제 이론이 일개 문사의 한심한 입담에 불과한 것인지 아닌지를 확실하게 판단할 수 있도록 보여드리겠습니다. 이는 실없는 공명이나 봉록을 취하고자 함이 아닙니다. 다만 제가 세운 군사 전략과 이론의 득실을 증명하고 싶습니다. 『병법 13편』 첫 편에 나오는 말을 다시 한 번 말씀드리겠습니다. 대왕께서 제 전략을 용병에 적용하시면 반드시 승리를 거둘 것이니, 그렇다면 전 이곳에 남아 제 힘을 다하겠습니다. 그러나 제 전략을 따르지 않으시면 초나라와의 전쟁에서 패할 것이며, 그렇게 된다면 전 이곳에 남아 있을 이유가 없게 되겠지요……."

청산유수로 말을 이어가는 손무를 보며 합려는 왠지 가슴이 뜨끔했다. 그러나 문득 기묘한 생각이 떠올라 야릇한 미소를 띤 채 다음과 같이 말했다.

"좋아, 자네 말을 따르기로 하지. 내 군사를 줄 테니 어디 한번 훈련을 시켜보도록 하게. 대신들 안목도 좀 높여 보도록 하지. 하지만 정규 부대만으로는 재미가 없지. 궁궐에 여인네들이 많으니, 이번에 대담하게 궁녀들로 군사를 편성해 훈련을 시켜보는 것은 어떤가? 분명 자네라면 성공할 수 있으리라고 보네."

말을 마친 합려가 손무를 바라보았다. 벌겋게 달아오른 손무의 얼굴에 난감한 빛이 역력했다. 그러자 합려는 오자서와 백비에게 말을 돌렸다.

"두 사람은 어떻게 생각하는가?"

오자서가 분연히 일어나 대답했다.

"그야말로 황당한 일이 아닐 수 없습니다."

합려는 예상했다는 듯이 무덤덤하게 고개를 돌려 백비를 바라보았다.

"어떻게 생각하시는가?"

난색이 된 백비가 눈살을 찌푸리며 더듬더듬 말했다.

"그, 그게, 아, 제 생각에는, 여자라는 게, 원숭이보다 조금 영리한 존재라. 어릴 적 광대가 원숭이를 벽이나 지붕에 훌쩍 뛰어서 오르락내리락하도록 조련하는 것은 본 적이 있습니다만. 그렇다면 여자들에게도 한번 시험을 해보는 것이 안 될 것은 없다고 생각합니다. 음, 그러니까, 다시 말해 이런 훈련은 참신하다고 말할 수 있을지도 모르겠습니다. 정말로 실행에 옮길 수 있다면, 나름대로 의미가 있다고 볼 수 있을 듯합니다."

"좋소이다."

합려가 탁자를 내리치며 큰 소리로 선포했다.

"백비의 의견대로 합시다. 내일 준비해서 모레부터 연습을 시작하시오. 구체적인 방법은 백비의 주도 아래 오자서와 손무가 협조하도록 하고, 시행에 문제가 있으면 내게 보고를 올리시오. 어떻소?"

합려가 자신만만한 모습으로 사람들을 훑어보았다. 그러나 아무도 대답이 없자 손을 내저으며 다시 말했다.

"그럼 그렇게 하도록 하지. 오늘은 그만하고 마치겠으니 모두들 퇴궐하시오."

대신들이 모두 물러갔다.

곧이어 오나라 궁중에 커다란 벽보가 붙었다. 왕후 이하 비빈, 궁녀들은 모두 적극적으로 군사 훈련에 참가하라는 내용이었다.

벽보는 궁내에 거센 바람을 불러 일으켰다. 비빈과 궁녀들은 화려하게 단장하고 앞 다투어 군사 훈련에 참여하고자 했다. 특히 주군의 총애를 잃었거나 아예 총애라곤 입어본 적이 없어 고통과 분노, 우울함과 질투에 사로잡혀 있던 비빈들은 더욱 이번 훈련에 열광했다. 그들은 내전의 답답함을 벗어날 수 있다면 무엇이든지 할 수 있을 것만 같았다. 그래서 불 지피는 막대기나 빗자루 등 손에 잡히는 것은 무엇이든지 들고 훈련에 임할 생각이었다. 불과 두 시간여 만에 신청자가 2백여 명에 달했다. 백비는 신청자들에게 우선 간단한 운동을 해서 사고를 미연에 방지할 것을 명했다.

이와 함께 오자서와 손무 두 사람은 교외 훈련장에서 바쁘게 몸을 움직이고 있었다. 오자서는 우선 자신의 적계이자 막역한 동지인 피리를 불러 사람들을 동원해 훈련장에서 일을 돕도록 했다. 이어 파견을 나온 군대에서 대대장을 선발해 이번 군사 훈련의 집행관을 맡기고, 군리(群吏) 두 명과 사고(司鼓) 두 명을 새롭게 임명했다. 이 밖에 건장한 무사 몇 명을 아장(牙將)으로 선발해 도끼, 창, 칼을 들고 단상에 서서 군용을 갖추도록 했다. 각기 자리를 배정한 다음 오자서는 피리에게 관병들 앞에서 손무를 마주하고 전시 명령을 내리도록 했다. 비록 훈련이기는 하지만 전쟁터와 마찬가지로 손무 장군의 지휘에 절대 복종해야 한다는 명령이었다. 훈련 과정에서 어떤 중대한 사건이 일어나거나 예기치 못한 돌발 상황이 벌어지더라도 손무의 지휘에 절대 복종해야 할 것이며, 이를 어기거나 지체하는 자는 참형에 처할 것이라는 내용도 포함하도록 했다.

다음 날 오전 여덟 시쯤, 궁녀와 비빈들이 훈련장에 도착했다. 그 순간 엄숙하기만 했던 훈련장은 여인네의 웃음소리와 재잘거림으로 대단히 시끄러워졌다. 또한 훈련장 전체에 여인들의 농염한 향내가 물씬 풍겼다. 모여든 여인들의 수를 세어 보니 380명이 넘었다. 나이는 예순 살 이상이 23.4%, 열여섯 살 이상이 61.6%, 열여섯 살 미만이 15%였다. 최고령은 선왕을 모신 바 있는 여든여섯 살의 백발 궁녀였고, 최연소자는 합려가 막 백비를 통해 선발해 입궁한 곧 열세 살이 되는 소봉(小鳳)이었다. 관병들은 군복을 비빈과 궁녀들에게 나누어 주었다. 또한 병기가 든 상자들을 날라 사람 수대로 나누어 주었다. 복장과 무기를 챙기느라 한바탕 소란이 벌어지고 있는 가운데 합려가 영(寧) 왕후와 함께 훈련장에 도착했다. 그는 백비의 호위를 받으며 높이 자리한 사열대 위로 올라갔다.

합려와 왕후가 좌정한 뒤 연병 훈련이 시작되었다. 사열대에 오른 오자서는 합려에게 몸을 굽혀 귀엣말을 했다.

"왕께서 장비(莊妃)와 순비(荀妃)를 각기 훈련병들의 대장으로 임명하심이 어떻습니까?"

합려는 마지못해 응답했다.

"음, 그래 좋소. 그렇게 하도록 하시오……."

오자서가 병사들을 향해 소리쳤다.

"계획대로 훈련을 시작하도록!"

그는 말을 마치고 사열대를 내려왔다.

얼마 후, 3백여 명의 비빈과 궁녀가 모두 갑옷으로 갈아입고 각기 검과 방패를 든 채 좌우로 집합했다. 비빈 가운데 1, 2위를 다투던 장비와 순비가 지휘관으로서 대열 맨 앞에 섰다. 두 사람은 전혀 예상치 못한 일이었지만 오자서의 추천에 합려가 허가한 일이었기 때문에 어쩔 수 없었다. 한바탕 웅성거리는 소리에 이어 잠시 침묵이 이어진 다음 전무후무한 비빈으로 구성된 군사 훈련이 시작되었다.

두 비(妃)를 참한 손무

손무는 이번 군사 훈련의 총지휘관으로서, 중앙 맨 앞에 서서 위엄 있게 훈련 규칙과 기율을 선포했다.

"훈련장에 모인 이상 모두 병사임을 명심하도록 하라. 지금까지의 신분은 중요치 않다. 병사는 군대의 기율을 엄격하게 준수하고 명령을 따라야 한다. 훈련장은 전쟁터와 마찬가지이므로 한 치의 오차도 허용하지 않는다. 만약 기율을 어기는 자가 있으면 그 경중에 따라 군법대로 처리한다."

이어 손무는 이번 훈련 규칙과 기율을 낭독했다.

첫째, 행군 중에 행렬을 흐트러뜨리지 말 것.

둘째, 떠들지 말 것.

셋째, 고의로 기율을 위반하지 말 것.

세 가지 규칙을 선포한 다음, 손무는 직접 나서서 다섯 명을 오(伍), 열 명을 총(總)으로 삼아 대열을 이루도록 하고 북과 징소리에 맞춰 전진과 후퇴, 그리고 회전을 훈련시켰다. 규칙에 따라 첫 번째 북이 울리면 병사들 모두 앞으로 전진하고, 두 번째 북소리가 울리면 좌대는 우향우, 우대는 좌향좌를 할 것이며, 세 번째 북이 울리면 검을 들고 전투 자세를 취해야 한다. 그다음 징소리가 나면 좌우 대열의 모든 병사들이 후퇴한다. 이상 모든 동작을 정확하게 수행해 한 치의 오차도 생기지 않도록 연습해야 한다. 설명을 마친 손무는 병사들에게 방금 배운 대로 실제 연습에 들어갈 준비를 하도록 했다.

잠시 후, 손무가 정식으로 명령을 내려 고수에게 순서대로 북을 울리도록 했다. 첫 번째, 전 대원 전진을 명하는 북소리가 울렸다. 모든 병사가 북소리에 맞춰 앞으로 전진을 해야 하는 순간이었다. 그러나 북이 울리자 누구는 앞으로 나아가고, 또 누구는 제자리에서 꼼짝도 하지 않는 등 엉망이 되고 말았다. 대열은 흐트러지고 여기저기서 부딪히고 쓰러지면서 키득거리는 소리가 곳곳에서 들리기 시작했다.

그때 총지휘관 손무가 난장
판이 된 병사들을 향해 소리를
내질렀다.

"조용! 부대 앞으로! 앞으로
전진!"

그러나 아무리 소리를 질러
도 일단 흐트러진 행렬은 정리

궁녀들을 군사 훈련시키고 있는 손무

가 되지 않았다. 아예 지휘관의 존재는 안중에도 없다는 듯 그의 명령을 무시해
버렸다. 손무는 자신의 명령에 전혀 말을 듣지 않자 짐짓 자책하듯 말했다.

"내 말을 제대로 알아듣지 못한 모양인데, 그렇다면 다시 한 번 군령을 내리
겠다. 첫째, ……."

손무는 세 가지 조항을 반복한 뒤 자세를 가다듬고 고수에게 북을 치도록
명령을 내렸다. 우레 같은 북소리는 훈련장 전체, 나아가 사열대 위에서 진영을
바라보던 합려까지 뒤흔들 정도였다. 그러나 이처럼 거대한 북소리에도 진영이
가다듬어지기는커녕 혼란이 점점 더해갔다.

손무는 화를 억누르며 자리에서 일어나 군리에게 다시 한 번 군령을 선포하
도록 했다. 그러나 대열에서 일기 시작한 웃음소리가 마치 파도처럼 훈련장 전
체를 가득 메웠다. 끓어오르는 분노를 더 이상 삭힐 수 없었던 손무는 자리에서
뛰어나가 북 앞으로 성큼 다가가서는 고수를 한쪽으로 밀어버리고 두 소매를 걷
어 올린 채 미친 듯이 직접 북을 두드리기 시작했다. 북소리는 점점 더 긴박해졌
다. 훈련장에 가득 울려 퍼지는 북소리는 구름마저 모두 내몰 듯한 기세였다. 궁
녀와 비빈들은 손무가 총지휘관의 자리에서 박차고 나와 처참하게 외로운 고수
역할을 하고 있는 모습을 바라보았다. 북소리가 점점 더 미친 듯이 울려 퍼졌다.

훈련장의 소란이 금방이라도 세상을 삼켜버릴 것만 같았다. 그때 사열대에
앉아 난장판이 되어 버린 훈련장을 지켜보던 합려가 껄껄대며 웃기 시작했다.
북을 치던 손무는 이런 합려의 모습에 심한 모멸감을 느꼈다. 합려의 웃음이 지

닌 본래 뜻이 무엇인가와는 별개의 문제였다. 더 이상 화를 참을 수 없었던 손무는 북채를 높이 쳐들어 팽팽한 북을 향해 내리쳤다. 북소리가 멈추고 북채가 하늘로 튕겨 올랐다. 사람들의 시선이 한곳으로 모아졌다. 타들어가는 낯빛으로 두 눈을 부릅뜬 손무가 크게 소리쳤다.

"아직도 정신을 차리지 못하고 군사 훈련이 장난인 줄만 알고 있구나. 그렇다면 내가 군대의 기강이 무엇인지 똑똑히 보여 주겠다."

손무는 갑자기 몸을 돌려 고함을 질렀다.

"군법리는 어디에 있는가?"

가까이에 있던 군법리가 손무의 말에 재빨리 달려와 두 손을 모은 채 숙연하게 대답했다.

"여기 있습니다."

손무가 군법리를 부른 다음 다시 훈련장에 서 있는 궁녀들을 향해 소리쳤다.

"군령을 정확히 전달하지 못한 것은 총지휘관인 내 잘못이다. 그러나 세 번이나 군령을 내렸는데도 이에 따르지 않은 것은 너희들의 잘못이다."

손무가 군법리에게 물었다.

"군법에 따르면 이런 경우는 어떻게 처리해야 하는가?"

군법리가 조금도 주저하지 않고 말했다.

"참형에 처합니다."

"맞다!"

손무는 짧게 대답한 뒤 다시 대장을 맡은 장비와 순비를 노려보며 말했다.

"병사들이 군령에 복종하지 않는 것은 대장의 책임이다. 군법에 따라 명하노니, 저 둘을 끌어내어 참형에 처하도록 하라!"

말이 떨어지기가 무섭게 좌우 군사가 앞으로 나와 두 사람을 끌어내 포승줄로 묶은 다음 땅에 꿇어앉혔다.

이 갑작스러운 상황에 훈련장에 있던 대소 관료뿐만 아니라 훈련에 동원된 궁녀들도 깜짝 놀라 옴짝달싹하지 못했다. 사열대에 앉아 있던 합려는 자신이 총애하는 장비와 순비가 땅바닥에 꿇어앉자 그것 또한 훈련인 줄만 알고 낄낄 웃으며 왕후에게 말을 걸었다.

"손무가 무슨 진법을 궁리하고 있는지 모르겠군!"

왕후가 합려를 바라보며 냉랭하게 말했다.

"글쎄요, 어디 한번 구경해 보지요."

왕후의 말에 합려는 마음을 가다듬고 손무의 다음 행동을 지켜보았다. 바로 그때 내시 한 사람이 마치 토끼를 쫓는 사냥꾼처럼 잰걸음으로 뛰어오더니 합려 앞에 털썩 주저앉아 더듬거리며 말하기 시작했다.

"전하, 큰일 났사옵니다. 장비, 순비를 처형한다 하옵니다."

정신이 번쩍 든 합려는 자리에서 벌떡 일어나 자세히 살펴보았다. 정말 참형에 처하는 듯했다. 크게 노한 합려가 소리쳤다.

"손무, 이놈이 감히 모반을 하겠다는 것인가!"

합려는 구석에 몰린 늑대처럼 그 자리에서 두어 번 맴돌다 품고 있던 절부를 내시에게 주며 다급한 목소리로 말했다.

"우선 사람 목숨부터 구해야지. 이 절부를 손무에게 보여 주고 인정을 베풀라 하라."

명령을 받은 내시가 뛰어내려 갔다. 합려 옆에 앉아 있던 왕후는 아무 말 없이 미소를 지을 뿐이었다.

손무 앞에 이른 내시는 득의양양하게 절부를 높이 쳐들고 왕의 명령을 전달했다. 그러나 손무는 오히려 내시의 뺨을 세게 치며 욕을 퍼부었다.

"감히 군진에서 망언을 일삼고 요사한 말로 사람들을 현혹하다니, 어서 이 자를 끌어내라."

말이 끝나기가 무섭게 군리 몇 명이 득달같이 달려와 내시를 바닥에 쓰러뜨리고 무참하게 짓밟았다.

손무는 마치 으르렁거리는 사자처럼 벌겋게 핏발이 선 눈을 부릅뜨고는 잠시 서성거렸다. 그리고는 이내 정신을 가다듬고 사열대 방향을 향해 격앙된 목소리로 외쳤다.

"연병장은 전쟁터나 마찬가지다. 군중에서 어찌 희언을 할 것인가? 나 손무가 군사 훈련의 총지휘관으로 임명을 받았으니 마땅히 군기를 바로 세워야 할 책임이 있다. 군중에는 총지휘관이 있는 법이니 설사 임금의 명이 있다 할지라도 무시할 때가 있는 법이다. 단지 저들 두 사람이 왕이 총애하는 비라는 이유로 용서를 받는다면 총지휘관은 있으나마나한 허수아비가 아니고 무엇이겠느냐? 두 명의 비조차 죽일 수 없다면 어찌 적군의 장수들을 죽일 수 있단 말인가?"

여기까지 말한 손무는 잠시 말을 멈춘 다음 우렁찬 목소리로 다시 이었다.

"모두 들어라. 나 손무는 허수아비가 아니다. 나는 이번 훈련의 책임을 맡은 총지휘관이다. 오늘 두 비가 오나라 군대의 군령을 함부로 짓밟았으니 이는 바로 총지휘관인 나를 멸시한 것이다. 이러한 이유로 이제 나는 군법에 따라 장비와 순비 두 사람을 참형에 처하고자 한다. 자, 저들을 참하라!"

그의 말과 함께 대기 중이던 도부수(刀斧手)가 기합과 동시에 두 팔을 번쩍 들어올렸다. 순간 서늘한 빛이 번쩍이더니 선홍색 피가 뿜어져 나오며 두 사람의 머리가 마치 잘 익지 않은 수박처럼 '픽, 픽' 소리를 내며 땅에 굴러 떨어졌다.

방방 뛰던 미녀 두 사람이 눈 깜짝할 사이에 시체가 되어 훈련장을 나뒹굴자 혼비백산한 사람들이 사방으로 달아나기 시작했다. 손무는 땅바닥에서 북채를 집어 들어 세차게 북을 치며 고함을 질렀다.

"모두 제자리로! 전쟁터에서 도망치는 자들은 모두 그 자리에서 군법에 따라 참형에 처할 것이다."

그 말과 함께 훈련장에서 상황을 살피고 있던 오자서가 피리를 시켜 수하 관병을 풀어 대열에서 흩어지는 궁녀들을 에워쌌다. 놀란 궁녀들이 다시 원래의 자리로 돌아가자 손무는 다시 대장 두 사람을 임명하고 연습을 시작하도록 했다.

"연습을 다시 시작한다. 만약 호령에 따르지 않는 자가 있다면 방금 저 두 사람처럼 참형에 처할 것이다."

말을 마친 손무는 힘껏 첫 번째 북을 울렸다.

눈앞에서 두 비의 죽음을 목격한 궁녀들은 더 이상 아무도 웃거나 떠들지 않았다. 어느새 대열을 맞춰 새로 임명된 대장을 따라 절도 있게 움직이고 있었다. 두 번째 북이 울리자 좌, 우 두 대오는 규칙대로 각기 다른 방향을 향해 몸을 돌렸다. 세 번째 북이 울리자 검을 뽑아들고 전투 자세를 취했다. 세 번째 북소리가 끝나고 징이 울리자 검을 거두었다. 그리고 다시 첫 번째 북소리부터 시작해 마지막까지 연습이 반복되었다. 이렇게 세 번을 반복하자, 대열은 점점 가지런하게 정리가 되었고, 궁녀들도 능숙하게 동작을 취했다. 이 정도면 소기의 성과를 거두었다고 생각한 손무는 군리를 사열대로 보내 합려에게 군대 훈련이 끝났으니 사열을 해줄 것을 요청했다. 조금 전 처형으로 넋이 나가 있던 합려는 그제야 정신을 차리고 훈련장에서 지휘를 하고 있는 손무를 바라보고는 대뜸 버럭 화를 내며 소리쳤다.

"나더러 사열을 하라고? 모두 나가버려!"

합려는 자리에서 벌떡 일어나 탁자를 단 아래로 뒤엎어 버리고는 훈련장 쪽으로 손가락질을 하며 욕을 퍼부었다.

"건방진 놈. 나를 농락하였구나!"

화가 머리끝까지 오른 합려는 호위병들의 호위를 받으며 사열대를 내려와 수레를 타고 회궁해 버렸다.

궁녀들 앞에서 장비와 순비가 포박을 당했을 때 합려 곁에 있던 백비는 손무가 대왕을 즐겁게 해주기 위해 장난을 하는 것이라 생각했다. 그러다가 두 비의 목이 땅에 떨어진 후에야 이것이 결코 장난이 아니라 왕에 대한 도전, 모반이라는 사실을 깨달았다. 이번 사건이 몰고 올 풍파며 자신에게 쏟아질 막중한 책임을 생각하자 백비는 눈앞이 깜깜해지면서 현기증이 일어 그 자리에서 졸도하고 말았다. 그가 깨어났을 때는 이미 합려가 궁궐로 돌아간 다음이었다. 백비는 황급히 궁궐로 돌아가 합려의 처분을 기다릴 생각이었다. 그 시각 오자서는 이미 합려에게 다음과 같이 조언을 하고 있는 중이었다.

"전쟁은 흉기와 다를 바 없습니다. 전쟁을 하는 데에는 허튼소리를 지껄일 수도 없으며, 농담을 하는 것도 안 됩니다. 총지휘관이라면 군령을 따르지 않고 함부로 행동을 하거나 군사 훈련을 장난처럼 여기는 병사들을 반드시 처벌해야만 합니다. 이는 지극히 합당하고 올바른 처사입니다. 왕께서는 초나라를 정벌하고 천하의 패자가 되고자 하십니다. 그러기 위해서는 뛰어난 장수를 영입하셔야 합니다. 뛰어난 장수란 과감하고 의지가 강한 자입니다. 손무의 오늘 행동은 본분에 어긋난 망령된 행동이 아니라, 강한 의지를 보여 주는 과감한 행동이었습니다. 그야말로 왕께서 찾고 계시는 우수한 장수입니다. 오나라 전체를 둘러보십시오. 손무가 장군이 되지 않는다면 그 누가 왕의 군대를 통솔해 회하(淮河), 사수(泗水)를 건너 이국만리 적국을 공격할 수 있겠습니까? 예부터 미색은 구하기 어렵지 아니하나 뛰어난 장수는 얻기 어렵다 했습니다. 만일 두 비 때문에 우수한 장수를 잃는다면 이는 파리 두 마리를 위해 매와 사냥개를 잃는 격입니다. 게다가 장비와 순비는 하늘 높은 줄 모르고 총애를 얻기 위해 왕후는 물론 다른 비빈들을 시기하고 질투했으니 앞으로 어떤 사단을 일으킬지 모르는 자들이었습니다⋯⋯."

오자서가 여기까지 말했을 때 합려가 거칠게 그의 말을 가로막았다.

"그놈의 거창한 이론은 그만 들먹거리게! 그대도 산적 손무와 한통속이구먼! 개를 때려도 주인을 보고 때리거늘, 내 사랑스러운 비를 죽이려면 마땅히 내 윤허를 받아야 할 것 아닌가!"

오자서가 답변을 하려고 입을 뗴는 순간, 황급히 입궁한 백비가 잰걸음으로 달려와 말했다.

"이 일은 모두 저의 불충이옵니다. 대왕께서는 화를 가라앉히시고⋯⋯."

그 순간 뜻밖에도 곁에 있던 왕후가 냉랭한 어조로 백비의 말을 가로막았다.

"백비, 그럼 그대는 손 장군이 그 '요망'한 년들을 잘못 죽였단 말이오?"

영특한 백비는 냉담하고 음험한 왕후의 얼굴을 보고 잠시 놀라 주춤했다가 문득 뭔가 집히는 바가 있었다.

'흥, 그러고 보니 너희 몇 놈이 작당한 것이로구나. 음흉한 오자서! 오냐, 두 비를 죽이더니 이젠 나까지 죽이겠다? 비겁한 놈, 어디 한번 두고 보자!'

생각이 이에 미치자 마음이 다급해진 백비가 왕후의 질책에 서둘러 답했다.

"아니옵니다. 군법을 위반했다면 마땅히 처벌을 받아야 합니다."

그의 말을 들은 왕후는 코웃음을 치더니 한껏 얼굴을 치켜들고는 다시 말했다.

"그럼, 당연하지. 군대의 기율을 위반했으니 당연히 군법에 따라 처리해야지. 아니면 누가 총지휘관의 말을 듣겠습니까? 이건 아이들도 다 아는 이치입니다. 어찌 대왕께서만 모른다 하십니까. 정말 모르십니까, 아니면 모른 척하시는 겁니까? 오늘 일은 천한 두 계집이 자초한 일입니다. 죽어도 마땅합니다."

왕후는 합려 쪽으로 몸을 돌리며 다시 말을 이었다.

"그렇지 않습니까?"

왕후의 말을 들은 합려는 분명히 이 일에 자기가 모르는 내막이 있으리라 생각했다. 그러나 심증은 가도 물증이 없으니 어찌할 방법이 없었다.

"모르겠어. 정말 아무것도 모르겠어……."

합려는 노발대발하다가 제풀에 식어 후궁으로 가고, 오자서와 백비는 서로 쳐다보다가 각자 조용히 사라졌다.

3일이 지나고 합려가 오자서를 불러 말했다.

"며칠간 냉정하게 생각해 보았네. 궁녀들에게 군사 훈련을 시키라고 한 것은 어리석은 일이었던 것 같소. 장비와 순비가 죽은 것은 애석하지만 이미 죽은 목숨, 되살릴 수도 없으니 어찌 하겠는가? 차라리 그들 두 사람이 사라져 비빈 간 시기와 질투가 많이 줄어 다행이라고 여겨야겠네. 어제 왕후와 상의해, 도성 밖 횡산(橫山)에 시신을 묻어 영혼을 위로하기로 했다오."

합려의 얼굴에서 슬픔과 애잔함이 느껴졌다. 이를 바라보는 오자서 역시 연민의 정이 일면서, 이번 일은 좀 지나쳤다는 생각이 들었다. 그러나 이런 일이 없었더라면 손무의 위엄을 세울 수도, 왕후의 한을 풀 수도 없었으리라. 아마 합려도 왕후의 지지가 없었더라면 두 비 역시 처형을 당하는 일까지는 없었으리라는 점을 어렴풋이나마 눈치 챘을 것이다. 두 비가 물불을 가리지 않고 살벌하게 궁중의 자리를 놓고 다투느라 이런 화를 자초한 것이다. 슬픈 일이 아닐 수 없었다. 이렇게 탄식하고 있을 때 잠시 침묵했던 합려가 이번에는 단호한 어조로 말을 꺼냈다.

"손무에 관한 일은 자네 말대로 처리하지. 그를 장군에 봉할 것이니 전략을 짜고 그대가 함께 병사들을 훈련시키도록 하시오. 시기가 되면 초나라를 정벌해 천하 제패의 대업을 완성하도록 말이오!"

오자서는 평소와 다른 합려의 모습에 조금은 의아했다. 어쩌면 왕후의 베갯잇 송사가 통한 까닭인지도 모르겠지만 어쨌거나 자신의 요청을 받아준 것이 고맙고 황송했다. 그는 진정으로 눈물을 글썽거리며 앞으로 나아가 궤배를 올렸다.

"참으로 영명하신 결단이십니다. 대왕의 말씀대로 초나라뿐만 아니라 중원, 나아가 천하를 평정하시게 될 것입니다."

7장
합려를 패주로 세운 손무

손무가 명을 받아 군대를 이끌고 초나라를 침공하니, 백거柏擧 전투에서 영郢성을 함락했다. 초나라 왕은 도주하고, 오나라 군대는 승리의 여세를 몰아 영성에 입성했다. 역사는 여기서 전환점을 맞는다.

오나라 왕 합려는 음란한 생활에 빠져 헤어날 줄 모르고, 서슬 퍼런 오자서는 옛 원한을 설욕하기 위해 초나라 평왕平王의 분묘를 파헤쳤다. 이때 진秦나라 군대가 국경을 넘어 초나라에 구원병을 보내고, 초나라와 진나라가 연합해 혁혁한 전과를 거두었다. 오나라 군대는 큰 타격을 입고 본토로 되돌아왔다.

초나라 정벌의 영웅

합려는 오자서의 권고대로 기원전 512년, 정식으로 손무를 장군에 임명했다. 그리고 얼마 후 초나라 정벌을 목표로 한 원정군을 조직했다. 초나라 출병에 앞선 전략 회의에서 합려와 오자서는 단시간 내에 초나라를 정벌하겠다는 방침을 세웠다. 그러나 손무는 오나라의 정황과 주변 국가의 정세를 살펴본 뒤 상반된 의견을 제시했다.

'백성이 수고로우면 불가(不可)하니 기다려야 한다'는 기본 방침 아래 합려를 위시로 한 대소 신료들에게 냉철한 사고로 때를 기다릴 것을 권고했다. 손무는 나무 아래에서 토끼가 지나가기를 기다리는 것처럼, 소극적으로 전략을 짤 것이 아니라 적극적으로 아군에 이로운 조건을 만들어 승리를 위한 전제조건을 확보함으로써 승산을 높이자는 것이었다. 손무는 합려와 오자서에게 다음과 같이 말했다.

"병법을 실행할 때는 먼저 내환을 없애야만 외부 원정을 할 수 있습니다. 다시 말해 밖을 칠 때는 반드시 안의 안정을 먼저 도모해야 한다는 것이니, 이는 천고의 진리입니다. 크게는 나라, 작게는 한 가정 역시 마찬가지입니다. 만약 도적들이 집에 와서 소동을 피우는데 아내와 옥신각신하고 있으면 어찌 외부 침입자들을 대적할 수 있겠습니까? 지금 오나라의 이전 왕인 요의 두 아들이 나라 밖에서 원한을 품고 보복을 다짐하고 있습니다. 초나라 정벌에 앞서 그들을 제거하지 않는다면 큰 우환이 생길 것입니다. 우선 그 두 사람을 제거한 뒤에 초나라 정벌에 나서는 것이 옳을 것으로 보입니다."

손무의 말에 합려와 오자서는 생생하게 옛 기억을 떠올렸다. 손무가 말한 두 사람은 개여와 촉용으로 이전 오나라 왕인 요의 아들이었다. 요가 정변의 와중에 죽임을 당했을 때, 개여와 촉용은 병사를 이끌고 나라 밖에서 전쟁 중이었다. 두 사람은 나라에 변고가 발생했다는 이야기를 듣고 즉시 귀국하려고 했지만 요가 이미 시해되었다는 말을 듣고 죽음을 모면하고자 다른 출로를 모색했다. 결국 개여는 군사를 이끌고 서국(徐國)에 투항했고, 촉용은 종오국(鍾吾國)으로 향했다. 서국과 종오국은 모두 초나라의 속국이었는데, 그들의 투항을 굳이 마다할 이유가 없었다. 그들은 이국 타향에서 기반을 마련해 호시탐탐 합려 정권의 타도를 기다리고 있었기 때문에 합려와 오자서 또한 그들을 경계하는 중이었다. 손무의 지적에 오자서는 그들을 먼저 공격하는 것이 옳다고 여기고는 합려에게 직접 이야기했다. 합려 역시 손무와 오자서의 의견에 동의하며 말했다.

"이 일은 마땅히 결판을 지어야 할 것이오. 서와 종오는 산중에 자리한 소국이요. 우리 대 오나라에 비한다면 그야말로 생쥐와 코끼리 관계라고 할 수 있겠지. 일단 사신을 보내 그들 두 사람을 우리 쪽으로 보내라 하시오. 그들이 감히 거역하지는 못할 것이오."

합려의 명에 따라 오자서는 서와 종오에 사신을 보내 두 사람을 보내도록 했다. 그러나 뜻밖에도 두 나라는 강력한 초나라를 뒤에 업고 두 사람을 내주기는 커녕 오히려 개여와 촉용이 식솔을 데리고 초나라로 투항하도록 도와주었다. 당시 초나라는 오자서의 부친과 형을 죽인 평왕이 서거한 뒤 그의 아들인 소왕(昭王)이 즉위한 상태였다. 초나라 소왕은 투항한 두 사람을 보며 속으로 생각했다.

'이들 두 사람은 합려와 불구대천의 원수이니, 이들을 거두면 앞으로 크게 쓸모 있을 것이다.'

초나라 소왕은 그들의 투항을 환영하며 두 사람을 초나라와 오나라의 변경인 서성(舒城)에 주둔시켰다. 변경 지역이기 때문에 크고 작은 전투가 끊이질 않던 서성에 그들을 주둔시킨 목적은 무엇보다 오나라의 침략을 막으라는 것이었다. 초나라의 입장에서 보면, 두 사람이 오나라와 싸워 이기면 그런대로 좋은 일이고, 설사 패한다고 해도 그들의 목숨이 없어지는 것이니 굳이 손해가 아니라고 보았다. 겉으로는 환영의 뜻을 내비쳤지만 속으로는 음흉하고 야비한 계략을 꾸미고 있었던 것이다.

한편 서와 종오 두 나라가 오나라에 협조하지 않고 개여와 촉용을 놓아주었다는 이야기를 전해들은 합려는 화가 머리끝까지 나서 손무에게 일만 군사를 내주며 서와 종오를 공격하도록 했다. 그 결과 종오국의 왕은 사로잡히고, 서국의 왕 장우(章羽)는 몰래 초나라로 도망쳐 목숨을 건졌다.

서와 종오는 비록 소국이지만 전략적으로 상당히 중요한 위치에 있었다. 오랜 세월 초나라의 오른쪽 날개로 일종의 방어막이 되었기 때문이다. 그런데 손무가 일거에 평정해 버리니 오나라 입장에서는 초나라 정벌에 거추장스러운 장애물이 제거된 셈이었다. 서와 종오를 몰락시킨 합려는 다시 서성을 공략하기 시작했다. 마침내 개여와 촉용 두 사람은 전쟁 중에 피살되었고 휘하 수천 명의 병사들은 포로가 되었다. 승리의 나팔을 불며 개선한 합려는 이 기회에 초나라를 공략해 단숨에 초나라의 수도 영성을 함락시키고자 했다. 그러나 손무는 상황을 면밀히 분석한 다음, 아직 때가 아니라는 결론을 내리고 일단 회군해서 뒷날을 기약하자는 의견을 올렸다. 이에 합려는 손무의 의견을 받아들여 군대를 철수했다.

일단 군대를 철수했지만 그렇다고 전시 상태가 해제된 것은 아니었다. 당시 초나라 소왕은 아직 나이가 어려 정국을 통제할 능력이 부족했다. 게다가 조정의 대소 신료들 또한 정파에 따라 각기 의견을 달리했고, 장군들도 숫자만 많았지 군사력을 하나로 결집할 만한 구심점이 없었다. 오자서와 손무는 심사숙고 끝에 '차례로 군사를 동원해 초나라를 피곤하게 만들고 오판하도록 한다'는 전략 방침을 세웠다. 이는 2천여 년의 세월이 흐른 뒤, 모택동의 전략전술에 응용되었다. 바로 적이 진격하면 아군은 후퇴하고, 적이 주둔하면 아군은 소요를 일으키며, 적이 피폐하면 아군은 공격하고, 적이 후퇴하면 아군은 추격한다는 것이다.

이러한 방침에 따라 오나라 군사는 변경 지역에 주둔해 수시로 초나라 군대를 괴롭혔다. 오나라 군사들이 출동하면 당연히 초나라 군사들이 전투태세를 갖추는데, 그러면 오나라는 접전 없이 그냥 후퇴해 버렸다. 이에 초나라 군사들이 귀대하면 오나라 군사들이 또다시 출동했다. 이처럼 출동과 후퇴를 반복하면 이에 대응하는 초나라 군사들은 기진맥진할 수밖에 없었다. 이윽고 초나라 군사들이 경계심을 풀고 해이해지자 오나라 군대는 기습 공격을 감행해 초나라 땅을 야금야금 잠식해 들어갔다. 몇 년 후 오나라는 초나라의 이(夷), 잠(潛), 육안(六安) 등 주요 지역을 점령함으로써 두 나라의 각축 지역이었던 예장(豫章) 지역을 완전히 장악할 수 있었다. 이로써 오나라는 초나라 영성 공략을 위한 기본 전략을 성공적으로 마무리하고, 초나라 도성 공략의 날만 기다리고 있었다.

기원전 506년, 다시 한 번 손무의 명성을 날릴 수 있는 기회가 찾아왔다. 그해 가을, 외부적으로 막강한 군사력을 자랑하고 있지만 내부적으로 혼란 국면에서 헤어나지 못하고 있던 초나라가 인접국인 채(蔡)나라와 충돌이 생겼다. 양측의 의견이 엇갈리자 초나라는 대국이라는 것만 믿고 채나라를 공격했다. 이에 국력이 약한 채나라는 황급히 오나라에 구원을 요청했다. 이와 동시에 초나라의 또 다른 인접국인 당(唐)나라의 군주가 초나라의 채나라 침략을 보고는 자기 나라도 예외가 아닐 것이라는 생각에 급히 오나라로 사신을 보냈다. 오나라에 협조해 초나라와 대응하겠다는 것이었다. 당과 채, 두 나라는 비록 약소국이었지만 지리적으로 초나라 북부 측면에 자리하고 있었기 때문에 전략적으로 매우 중요했다. 오나라가 그들과 결맹하면 초나라의 주력이 자리한 정면 돌파 대신 북부로 기습 공격을 감행할 수 있기 때문에 초나라의 심장부를 공격하는 데 큰 이점이 있었다. 탁월한 전략가인 손무는 이미 몇 해 전에 이와 같은 전략을 합려에게 말한 바 있었다.

"전하께서 초나라를 정벌하시려면 당나라와 채나라의 도움이 반드시 필요합니다."

그러나 양국은 역사적으로 오나라와 약간의 불화가 있었고, 당시만 해도 아직 응어리가 풀리지 않은 상태였다. 그러던 차에 뜻밖에도 상대가 절로 찾아오니 절호의 기회를 놓칠 이유가 없었다. 이에 합려는 즉시 채나라에 원병을 보내기로 하고, 당나라와도 연맹을 맺어 초나라에 대응하기로 했다.

마침내 만반의 준비를 끝내고 그해 9월, 합려는 정식으로 초나라 공략의 기치를 높이 들고 단번에 수도 영성으로 쳐들어가 초나라를 멸망시키겠다고 호언장담했다. 필승을 위한 신념을 다지기 위해 합려가 직접 출정해 초나라 정벌 원정군의 총지휘를 맡았다. 원정군은 오나라 군사 6만여 명에 채나라와 당나라 군사 1만여

초나라 정벌에 나선 오나라 군대

명이 합해진, 모두 7만여 명이었다. 말 그대로 정병 십만의 군사는 수백 척의 전선에 올라타 회하에서 호호탕탕 초나라로 진군했다. 이 원정은 상주(商周) 이래 최대 규모의 전투로, 역사는 '백거(柏擧) 전투'라고 기록하고 있다.

채나라를 포위하고 있던 초나라 군대는 오나라의 출병 소식을 듣고 황급히 포위를 풀었다. 주력 부대가 없는 틈을 타 초나라 도성을 공격할 경우 막대한 피해를 입을 수 있기 때문이었다. 서둘러 후퇴한 초나라 군대는 방어 태세를 갖추었다. 그러나 오나라는 '적이 생각지 못한 곳으로 출병해 무방비 상태의 적을 공략한다(出其不意, 攻其無備)', '우회함으로써 곧장 가는 것과 같은 효과를 얻는다(以迂爲直 : 허를 찔러 기습 공격을 하다)'는 손무의 전략에 따라 정면 돌파 대신 우회 작전을 펼쳤다. 오나라 원정군은 초나라 국경에 도착할 무렵 다시 회수를 거슬러 올라 서쪽으로 나아가 봉대(鳳臺) 부근에 상륙했다. 3,500명의 정예 군사를 선봉으로 삼아 진격한 오나라 군대는 손쉽게 초나라 북부 요충지인 대수(大隧), 직원(直轅), 명액(冥阨)을 함락하고 한수(漢水) 동쪽으로 진입해 전략적인 우위를 선점했다.

예상치 못한 기습에 초나라 조정은 상황이 긴박해졌다. 초나라 소왕은 급히 영윤(令尹) 양와(襄瓦), 좌사마 심윤술(沈尹戌), 무성대부(武城大夫) 흑(黑), 대부(大夫) 사황(史皇) 등을 보내 각 주둔지에 있던 군사 20만 명을 한수 서안(西岸)에 집결시켰다. 한수는 초나라 도성인 영성으로 진입하는 최후 방어선이기 때문

백거 전투 전적지

에 그곳이 뚫리면 영성이 위태로웠다. 당시 초나라 군대의 좌사마였던 심윤술은 육도 책략의 대가로서 두뇌가 명석하고 전략전술이 탁월한 명장이었다. 그는 오나라의 전략을 연구한 뒤 양와에게 초나라 주력 부대를 이끌고 한수 서안에서 오나라의 공격을 방어하도록 하는 한편, 자신은 방성(方城)으로 북상해 그곳에서 기동 부대를 이끌고 측면으로 돌아 오나라 군대의 전선을 침몰시킴으로써 퇴로를 끊고자 했다. 일단 퇴로를 끊은 다음 양와의 주력 부대와 합세해 앞뒤로 협공하면 오나라 군대를 일거에 섬멸할 수 있다고 생각했다. 양와는 심윤술의 전략에 동의했다. 그러나 전공에 눈이 먼 양와는 심윤술이 방성으로 떠난 뒤 얼마 되지 않아 속전속결을 주장하는 혹과 사황의 뜻을 따라 곧장 주력 부대를 이끌고 한수로 진격해 오나라 군대와 맞붙었다.

앞뒤 잴 것도 없이 무조건 출격한 초나라 군대를 보면서, 손무는 회심의 미소를 지었다. '바보 같은 놈들. 분명 내분이 있었을 거야. 그렇지 않고서야 어찌 이리 무모하게 달려든단 말인가?' 그는 합려 및 오자서와 비밀 전략 회의를 거쳐 '후퇴하여 적을 지치게 하고, 기회를 노려 결전을 치른다(後退疲敵, 尋機決戰)'는 전략에 따라 일단 황하 동쪽 강가로 철수했다. 오나라의 전략을 전혀 눈치 채지 못한 양와는 오히려 자신의 명성과 기세에 오나라 군대가 겁을 먹은 것이라 생각하고, 부대를 몰아 추격하기 시작했다. 이에 오나라 군대는 어쩔 수 없이 응전했다. 소별산(小別山)과 대별산(大別山) 사이에서 양국 군대는 수차례 크고 작은 전투를 벌였다. 그러나 초나라 군사들은 매번 수세에 몰리면서 사기가 떨어질 대로 떨어졌다. 초나라 군대가 곤경에 빠진 것을 본 손무는 마침내 결전을 벌일 때가 왔음을 직감했다. 그해 음력 11월 19일, 합려와 손무 등은 오나라 군대를 지휘해, 백거에 진영을 세우고 추격해 오던 초나라 군대와 결전을 벌였다. 이것이 그 유명한 백거 전투의 시작이다.

합려의 아우이자, 오나라 원정군의 선봉 장군인 부개(夫槪)는 초나라 군대가 멀지 않은 곳에 진영을 꾸리고 결전 태세를 갖추는 광경을 지켜보고 있었다. 적진에 침투한 정탐자의 보고에 따르면, 초나라 장군 양와는 망령된 행동으로 전횡을 일삼아 평판이 좋지 않았다. 또한 그의 휘하 장병들도 죽음을 불사하고 전투에 임할 만큼 뛰어난 용기를 지닌 자들이 아니었다. 따라서 오나라의 선봉 부대가 기습 공격을 하면 필시 초나라 군사들은 크게 혼란에 빠질 것이고, 그 틈을 이용해 주력 부대를 투입하면 초나라를 격파해 완승을 거둘 수 있을 것이라 생각했다. 이에 부개는 즉시 초나라에 대한 공격을 감행해야 한다는 의견을 냈다. 그러나 합려와 손무 등 주요 책임자들은 신중을 기해야 한다고 판단해 부개의 건의를 묵살했다. 하지만 혈기왕성한 청년 부개는 지금이 초나라를 공격할 절호의 기회이기 때문에 절대로 놓쳐서는 안 된다고 생각하고는 단독으로 휘하 5천 군사를 이끌고 초나라 양와의 진영으로 쳐들어갔다. 과연 부개의 예상대로 초나라 군대는 맥없이 무너지며 큰 혼란이 벌어졌다. 합려와 손무는 부개의 기습 공격이 성공한 것을 보고, 오나라 주력 부대에 진격을 명했다. 오나라 군대의 맹공격에 당해낼 재간이 없었던 양와의 부대는 결국 대패하고 말았다. 얼마 전까지만 해도 기세등등했던 양와는 오나라 군대의 공격 앞에 혼비백산한 채 패잔병을 뒤로하고 황망히 정나라로 도망쳤고, 그를 부추겼던 사황은 전투 중 사망했다. 이렇게 오나라 군사는 백거 전투에서 결정적인 승리를 거두었다.

양와의 부대가 무너지자 패잔병들은 남서쪽으로 도망쳤고, 손무 등 오나라 장수들은 여세를 몰아 백거 남쪽 청발수(淸發水 : 운수溳水)까지 그들을 추격했다. 오나라 군대는 손무의 '적의 상황에 따라 적을 제압하여 승리를 거둔다(因敵制勝)'는 전략과 '물을 반쯤 건넜을 때 공격한다(半濟而擊)'는 전술 원리에 따라 패잔병들을 공략했다. 이렇게 승리의 여세를 몰아 30여 리를 추격했을 때, 초나라의 패잔병과 구원병을 이끌고 온 심윤술 부대와 마주쳤다. 좁은 길에서 부딪치면 용감한 자가 승리를 거두기 마련이다. 한바탕 혈전이 벌어진 끝에 손무가 이끄는 오나라 군대가 다시 한 번 초나라 군대를 격파했다.

이로써 천하의 패권을 쥐고 호령하던 초나라 군대는 완전히 붕괴되고 말았다. 오나라 군대는 손무의 지휘 아래 파죽지세로 연전연승을 거두었고, 그대로 초나라 수도 영성에 이르렀다. 초나라 소왕은 이미 대세가 기운 것을 보고 백성들의 안위는 돌볼 생각도 없이 후궁, 비빈 및 신료와 내시 몇 사람과 함께 서문을 통해 운중(雲中) 쪽으로 도망가 버렸다. 영성을 지키던 10만 명의 어림군(御林軍)은 소왕이 도망갔다는 소식을 듣자 순식간에 와해되어 제 살길을 찾느라 정신없었다. 11월 29일, 손무 부대는 더 이상의 격전 없이 일거에 영성을 함락했다. 두 달여에 걸친 초나라 정벌 전쟁은 영성 함락과 오나라의 완전한 승리로 막을 내렸다.

'백거 전투'로 칭해지는 오나라의 초나라 정벌 전쟁은 춘추 시대 말기 방대한 규모와 신출귀몰한 전술로 유명한 대전이다. 또한 손무가 직접 지휘관으로 참여한 유일한 전쟁이기도 하다. 오와 초 두 나라는 전체 30만 명에 육박하는 병력을 투입했고, 전선은 수백 리에 이르렀으며, 교전이 두 달 넘게 지속되었다. 중원의 패권국들에게 업신여김을 당하던 남쪽의 보잘 것 없는 오나라가 합려와 손무 등의 지휘 아래 불과 7만 명의 병사로 막강했던 초나라를 제압한 것은 무엇보다 '기민한 전략과 적의 움직임에 따른 용병술, 우회를 통한 기습 공격과 진퇴를 반복해 적군을 피로하게 만드는 전술, 그리고 적당한 기회를 틈 탄 결전과 추격전을 통한 섬멸전' 등등의 다양한 전술, 전략이 있었기 때문에 가능했다. 그 결과 오랫동안 중원의 패권을 자랑하던 초나라는 엄청난 타격을 입었고, 다른 제후국들은 이 사실에 경악을 금치 못했다. 이제 오나라는 천하강국으로 역사 무대에 등장했다. 중국 통일이라는 대업을 달성할 가장 막강한 주자였던 초나라는 이후 재기했지만 예전 같은 국력과 대국의 기상을 되찾지는 못했다. 연구자들은 당시 전투의 결과로 중국 통일의 영광이 결국 서쪽에 자리한 진시황에게 돌아갔다고 말한다. 어떤 의미에서 보면, 이 전투는 춘추 말기 전체적인 전략 구조를 대대적으로 변화시킴으로써 중국 역사의 흐름을 바꾸어 놓았다고 말할 수 있다. 도도하게 흐르던 역사의 긴 물줄기가 이 전쟁으로 방향을 바꾸었다는 뜻이다. 그렇다면 백거 전투의 최대 공로자는 누구인가? 사마천은 『사기』「손자오기열전」에 다음과 같이 기록했다.

서쪽으로 강국인 초나라를 무찌르고 영(郢)에 진입했으며, 북쪽으로 제나라와 진(晉)나라를 위협해 제후들 사이에 명성을 날린 것은 이에 간여한 손무의 공이 컸다.

오자서의 복수

영성이 함락되고 소왕이 도주하자, 초나라는 정치적 공백 상태가 지속되었다. 이에 계속 성 밖에 주둔하고 있던 합려와 손무 등은 긴급회의를 소집해 즉시 입성한 다음 초나라 정권을 접수하기로 결정했다. 이에 따라 수만의 오나라 대군이 갑옷을 번쩍이며 늠름한 기세로 줄줄이 초나라 수도에 입성해 모든 요지를 전면 봉쇄했다. 뜻을 이룬 합려는 더할 나위 없이 기세등등했다.

수대에 걸친 초강국이 자신의 손에 거꾸러지고, 패권 쟁취를 위한 대업이 이처럼 순간에 달성되자 합려는 오만한 마음이 싹트기 시작했다. 화려한 초나라 수도, 아름다운 여인들 앞에서 온몸의 피가 꿈틀대기 시작한 그는 평소 꿈에서나 그리던 욕망에 사로잡혔다. 그 욕망은 금세 온몸을 감싸 도저히 자제할 수 없는 지경에 이르렀다. 그는 당장이라도 이 모든 것을 손 안에 넣고 싶어 안달이 났다.

이런 합려와 달리 오자서는 부친과 형이 초나라 평왕의 칼 아래 처참한 죽음을 맞고, 자기 역시 나라 밖을 떠돌며 온갖 역경과 고초를 당한 생각에 천추의 한을 떨쳐버릴 수 없었다. 이제 하늘이 보우하사 승리자의 신분으로 피와 눈물로 얼룩진 애수의 땅을 다시 밟게 되었다. 설욕의 기회가 찾아온 것이다. 당시 오자서는 당장이라도 오랫동안 가슴에 파묻어 온 복수를 실행에 옮겨 세상을 깜짝 놀라게 하고 싶었다.

한편 오자서와 또 다른 입장인 손무는 병법가로서 나름의 생각이 있었다. 우선 그는 옛 병서에서 전쟁을 하되 예의를 지킨다는 '군례(軍禮)'의 원칙을 모르지 않았지만, '예로써 공고히 하고, 인으로써 승리를 거둔다(以禮爲固, 以仁爲勝)' 등의 관용적인 태도나 원칙을 진부하고 불필요한 것으로 간주했다. 오히려 그는 '풍요로운 들판에서 약탈하면 삼군의 식량이 쌓인다(掠於饒野, 三軍足食)' 또는 '적에게 위세와 압력을 가하는 전략(威加於敵)' 등을 중시했다. 결국 그의 주장에 따르면, 오나라 군대가 초나라 수도를 점령했으니 권력, 재산, 여인을 포함한 초나라의 모든 것을 오나라 군대에 개방하는 것이 마땅했다. 합려는 물론이고 백비나 부개 등도 그의 의견에 동의했다. 이에 오나라 군대는 성대한 승전식을 열었다. 합려는 금사로 수놓은 화려한 깃발 아래 붉은 비단을 밟으며 늠름하게 초나라 왕의 대전에 올라 백관의 예를 받은 다음 크게 연회를 베풀었다. 그런데 오나라 군주 합려와 대소 신료들이 모두 모여 경축의 연회를 즐기고 있을 때, 갑자기 오자서가 통곡하기 시작했다. 처음에는 그저 술이 과한 탓이려니 생각하던 군신들도 시간이 갈수록 뭔가 이상한 낌새를 느끼고는 오자서에게 다가가 이유를 물었다. 합려 또한 짐짓 화를 내며 큰 소리로 물었다.

"허구한 날 내 앞에서 초나라를 정벌해 원수를 갚겠다고 말하지 않았소. 이제 그 숙원이 이루어졌는데, 어찌 통곡을 하시오."

오자서는 소매 깃으로 눈물을 훔치며 말했다.

"왕께선 모르십니다. 우리 오나라가 초나라를 점령했지만 제 부친과 형님을 살해한 평왕은 이미 죽어 저 세상 사람이 되었고, 그 계승자인 소왕은 국외로 도망가 그 행방이 묘연합니다. 제 원한을 백분의 일도 갚지 못했거늘 어찌 서글프지 않겠습니까?"

합려는 내심 답답해하며 채근하듯 다시 물었다.

"허나 평왕은 이미 죽은 사람! 그대가 이렇게 슬피 운다고 해서 죽은 사람을 되살릴 수도 없으니 어찌하겠다는 것이오."

통곡을 그친 오자서가 원한에 사무친 얼굴로 다시 입을 열었다.

"초나라 평왕의 무덤을 파헤쳐 관을 열고 참수하도록 윤허해 주십시오. 그 래야 제 마음의 응어리가 풀릴 것 같습니다."

합려가 눈이 휘둥그레져서 오자서를 바라보더니, 마음이야 알겠지만 한편 으로 이해가 안 간다는 듯 웃으며 말했다.

"나는 또 무슨 큰일이라도 하려는 줄 알았소. 그대의 말인즉, 죽은 자의 관 을 열어 참시(斬屍)하겠다는 소리 아니오. 그것이야 그대 마음이지 그 누가 말릴 수 있겠소. 알아서 하시오."

합려의 말에 적이 안심한 오자서는 감사의 예를 올리고 물러났다. 연회가 끝나자 그는 더 이상 참지 못하고 궁을 빠져나가 사람들을 불러 초나라 평왕의 무덤이 어디에 있는지 알아보도록 했다. 하루가 지나 평왕의 무덤이 동문 밖 요 대호(寥臺湖)에 있다는 사실을 알았다. 오자서는 당장 사람들을 인솔해 호숫가로 가서 무덤을 찾아보았다. 그러나 호수에는 물안개만 자욱할 뿐 무덤은 보이지 않았다. 3일 밤낮을 찾아 헤맸으나 무덤의 흔적은 전혀 발견되지 않았다. 호숫 가를 배회하던 오자서의 눈에 핏발이 섰다. 그는 가슴을 치고 발을 동동 구르며 하늘을 향해 탄식했다.

"하늘이 나를 박대하여 철천지원수를 갚지 못하게 하려는 건가!"

이렇게 절망하고 있을 때 갑자기 귓가에 한 노인의 목소리가 울렸다.

"평왕의 무덤을 찾지 못해 탄식하고 계신 것이오?"

오자서가 깜짝 놀라 몸을 돌려 보니 백발노인 한 사람이 눈앞에 서 있었다.

"어찌 아십니까?"

노인이 살며시 웃으며 말했다.

"오자서님의 일은 초나라 사람이면 누구나 알고 있거늘 어찌 제가 모르겠 습니까? 다만 왜 꼭 평왕의 무덤을 파헤치려 하는지 궁금할 뿐입니다."

이 말을 들은 오자서는 노인을 자세히 들여다보았다. 그저 평범한 일반 백성은 아닌 듯한 모습이 뭔가 범상치 않아 보였다. 그는 즉시 태도를 바꿔 허리를 굽히고 예를 행했다.

"노인장, 평왕의 무덤을 찾지 못해 망언을 했으니 용서해 주십시오. 왜 평왕의 무덤을 파헤치려 하는지 물으셨는데 그건 바로 평왕이 금수처럼 아들을 버리고 며느리를 취했으며, 충신을 죽이고 간신들을 임용하고 제 부형을 살해했기 때문입니다. 그는 저에게 불구대천의 원수입니다. 그가 살았을 때 목을 베지 못했으니 어찌 원망스럽지 않겠습니까? 이제 그의 무덤을 찾아내어 시신이라도 도륙하고자 합니다. 그래야 원한을 풀고 지하에 계신 부친과 형님에게 얼굴을 들 수 있을 것입니다."

이렇게 말하며 오자서는 다시 눈물을 흘렸다.

"오자서님의 숙원을 이루도록 해주겠소이다. 평왕은 말년에 이르자 평생 죄업이 많았다고 느꼈는지 자신의 무덤이 혹시라도 파헤쳐지지 않을까 몹시 걱정했소이다. 그래서 이 거대한 호수에 자신의 무덤을 마련한 것이지요. 무덤을 찾으려면 우선 호수의 물부터 빼내야 할 것입니다."

노인은 오자서를 데리고 요대 위에 올라 동쪽 먼 곳을 가리키며 말을 이었다.

"평왕의 무덤은 저 아래 있소이다."

오자서는 즉시 물길을 잘 아는 사람에게 호수에 들어가 노인이 가리킨 곳을 살펴보도록 했다. 과연 호수 아래 석곽이 묻혀 있었다. 오자서는 즉시 휘하 군사에게 마대에 진흙을 잔뜩 담게 한 다음 배로 운반해 석곽 주변에 빠뜨리도록 했다. 석곽 주변에 담을 만들어 물을 뺀 뒤 석곽을 열기 위해서였다. 마침내 물을 모두 빼고 석곽을 여니 관이 있었다. 병사들이 그 관을 열자 온갖 부장품만 잔뜩 들어 있을 뿐 시신은 보이지 않았다. 모두 어리둥절해 서로 얼굴만 쳐다보고 있을 때 노인이 입을 열었다.

"이건 가짜요. 도굴꾼을 대비해 만들어 놓은 거지. 진짜 관은 그 아래 있소이다."

노인의 지휘를 받으며 군사들이 육중한 석판을 드러내자 그 안에 드넓은 묘혈이 나타났다. 오자서는 즉시 관을 열어 안에 놓인 시신을 끄집어내 호숫가로 옮기도록 했다. 시신은 염을 하면서 방부 처리를 했는지 묻힌 지 수년이 지났음에도 불구하고 마치 금방 죽은 사람처럼 온전한 상태였다. 오자서가 살펴보니 과연 초나라 평왕의 시신이 분명했다. 그 순간 흥분을 해 청동으로 만든 채찍을 들고 다가서더니 마구 채찍질을 해댔다. 살점이 사방으로 튀어 오르며 순식간에 시신은 엉망으로 훼손되었다. 채찍질을 멈춘 오자서는 여전히 한이 풀리지 않는지 발로 짓밟기 시작했다.

"평왕, 살아서 충신과 간신도 구분하지 못하고, 참언을 들어 충신들을 죽이고 내 부형마저 살해했으니, 죽어서도 그 죗값을 다하지 못하리라. 이제 네놈의 시신을 짓밟아 원한을 갚고자 한다."

말을 마친 오자서는 시신을 힘껏 걷어찼다. 이미 만신창이가 된 시신은 더 이상 눈을 뜨고 볼 수 없을 지경이었다. 오자서는 시신 외에 평왕의 관곽과 그 안의 부장품을 몽땅 내버리도록 했다. 모든 일을 끝마친 다음 오자서는 천추의 한을 풀었다는 듯 길게 한숨을 내쉬었다. 그러고는 자리를 떠나려는데 문득 꺼림칙한 느낌이 들었다.

"노인장께선 어찌 평왕의 무덤이며 거짓 관곽에 대해 그리 소상하게 알고 계십니까? 신선이나 귀신도 아닌 것 같은데."

노인이 웃으며 입을 열었다.

"솔직히 말씀드리지요. 전 신선도 아니고 그렇다고 귀신은 물론 아닙니다. 그저 예전에 석장 노릇을 했었지요. 평왕이 재세할 당시 우리네 석공 50여 명에게 자신의 무덤을 만들라고 했습니다. 마침내 무덤이 완성되었는데, 혹시라도 자신의 무덤이 사람들에게 알려질까 두려워 석공들을 죄다 죽여 그곳에 함께 묻으려고 했습니다. 운 좋게도 저만 혼자 살아남게 되었지요. 오랜 세월 한을 품고 있었습니다만 어찌 할 도리가 없었습니다. 그런데 오자서님이 평왕에게 원한을 지니고 있다는 이야기를 듣고 이제나저제나 오시기만을 기다리고 있었습니다. 덕분에 제 한도 풀었으니 지전(紙錢)*이라도 사서 통한 속에 세상을 떠난 동료 석공들의 영혼을 위로해야겠습니다."

오자서는 놀란 눈으로 그를 쳐다보며 상념에 잠겼다. '세상 사람들은 희희 낙락하며 그저 이익만 따라 다니는데 이런 사람도 있다니.' 무언가 보답을 해야 겠다는 생각에 그는 군중에서 오나라의 대양(大洋 : 옛날 은화 이름) 300냥을 가져오 도록 했다. 그러나 노인은 사례를 마다하고 떠나버렸다. 오자서는 하는 수 없이 부하들을 이끌고 주둔지로 돌아왔다. 이후 그는 병사들을 이끌고 수(隨)나라와 정(鄭)나라 등 여러 나라와 지역을 돌아다니며 초나라 소왕을 찾아 헤맸지만 아 무 소득도 없었다. 그때 초나라 영성은 곳곳에서 크고 작은 소란이 끊이지 않았 다. 오나라 장병들이 너나할 것 없이 민간의 재물을 강탈하고 아녀자를 겁탈했 으며, 무고한 백성들을 아무 이유 없이 살해하는 등 악랄한 짓을 서슴지 않았다. 도성 여기저기에서 피비린내가 진동하는 가운데 오자서는 뜻밖에 옛 친구의 편 지 한 통을 받았다. 편지를 보낸 사람은 신포서(申包胥)로, 오자서가 초나라를 빠 져나와 도망자 생활을 할 때 만났던 친구였다.

초나라 영성이 함락된 뒤, 신포서는 왕공대신과 일부 병사를 따라 초나라 변경 심산유곡에 숨어들었다. 그는 오자서가 평왕의 묘를 파헤치고 시신을 유 린했다는 소식을 듣고 가슴에서 끓어오르는 분노를 억제할 수 없었다. 이에 편 지 한 통을 써서 오자서에게 경고의 메시지를 보낸 것이다.

오자서, 그대는 조상 대대로 초나라 왕의 신하였네. 그럼에도 불구하고 개인적인 원한을 갚겠다는 이유로 군사들을 이끌고 초나라를 침범하고, 그것도 부족해 평왕 의 무덤을 파헤쳐 시신을 채찍질했네. 그대가 부형의 죽음을 복수한다는 이유로 그 처럼 잔혹하고 모질게 굴었으니 초나라 백성들은 절대로 용납하지 못할 걸세. 그대 가 조금이라도 사리를 아는 사람이라면 합려와 손무에게 당장 병사를 이끌고 오나

---

* 돈 모양으로 오린 종이로서, 죽은 사람이 저승 가는 길에 노자(路資)로 쓰라는 뜻으로 관 속에 넣는다.

라로 돌아가도록 요청하게. 그렇지 않으면 내 비록 재주는 없지만 그 옛날 자네에게 말한 바대로 초나라의 부흥을 반드시 실현할 것일세.

신포서의 편지는 영성이 함락된 다음 초나라 신료가 오나라에 보낸 첫 번째 도전장이나 다름없었다. 그것은 강압과 폭력에 굴하지 않겠다는 초나라 백성의 울부짖음이자 꺼지지 않는 불씨로서, 초나라가 여전히 생생하게 살아있다는 상징적 표현이기도 했다. 신포서의 편지를 읽은 오자서는 얼굴빛이 돌변했다. 오자서는 초나라에서 도피해 생활하던 중 만난 신포서에게 반드시 자기가 초나라를 패망시키겠다고 장담한 적이 있었다. 그때 일개 서생에 지나지 않는 줄만 알았던 신포서의 입에서 뜻밖의 이야기가 흘러나왔다. "자네가 초나라를 멸망시킬 수 있다면 내가 초나라를 부활시킬 수도 있겠지." 당시 오자서는 마음이 언짢았지만 더 이상 따지지 않고 넘어갔었다.

초나라 군신들이 이 지경에 이르렀는데도 상황 파악을 하지 못하고 있으니, 이 어찌 세상 물정을 모르는 책벌레라 하지 않겠는가? 결국 막강하던 초나라도 바로 이러한 공리공담으로 망한 것이 아니겠는가? 오자서는 혼자 중얼거리며 편지를 가져온 자에게 호통을 쳤다.

"신포서 이자가 어찌 감히 나를 훈계하려 드는가! 돌아가 전하도록 하라. '애송이 소왕을 잡아와서 무릎을 꿇고 항복을 해야 할 것이다. 그렇지 않으면 나 오자서가 반드시 찾아 참형에 처할 것이로다.' 흥, 초나라가 재기한다고? 하루라도 빨리 꿈에서 깨는 것이 좋을 것이다."

산중에 숨어 있던 신포서는 편지를 가져간 사자를 심하게 매질한 것을 보고 오자서가 참회의 뜻이 없음을 알았다. 사자의 입을 빌려 오자서의 말을 들어보니, 오나라는 초나라를 완전히 쑥대밭으로 만들 생각이었다. 신포서는 예전에 오자서에게 반드시 초나라를 부활시키겠다고 말한 것을 새삼 되뇌면서 신하된 도리로서 마땅히 나라를 되찾아야 할 것이라고 다짐했다. 신포서는 다년간의 경험을 바탕으로 상황을 분석한 다음, 오직 진(秦)나라만이 초나라를 구할 수 있을 것이라는 판단을 내렸다. 초나라 평왕의 비 백영(伯嬴)은 진나라 애공(哀公)의 딸이며, 현재 국외에서 도망 중인 초나라 소왕은 애공 일가의 조카다. 만약 이런 친인척 관계에 있는 진나라가 초나라를 구하지 않는다면, 다른 나라 역시 희망을 걸 수 없었다. 신포서는 직접 진나라로 가서 구원을 요청하기로 결심했다. 결정을 내린 다음 숲을 나온 그는 은밀하면서도 분주하게 서쪽을 향해 발걸음을 옮겼다. 밤낮없이 걸은 탓에 이내 두 발에 물집이 잡히고 급기야 피가 흐르기 시작했다. 하지만 옷을 찢어 발을 동여매고서는 더욱 발걸음을 재촉했다. 온갖 고생 끝에 마침내 진나라 도성인 옹주(雍州)에 도착한 그는 애공을 만나 눈물을 흘리며 초나라의 현재 상황과 극악무도한 오나라 군사들의 악행에 대해 이야기를 늘어놓았다. 그러나 뜻밖에도 진나라 애공은 아무런 반응을 보이지 않았다. 오히려 화를 내면서 말했다.

"우리 진나라는 서쪽 한 구석에 위치한 데다 병력 또한 많지 않아 우리나라를 방어하는 것만으로도 힘든 상황이오. 그런데 어찌 초나라 일에 끼어들 여력이 있겠소. 초나라가 그 지경이 된 것은 평왕이 아무것도 모르고 날뛴 결과가 아니겠소. 허구한 날 풍류와 여색에 빠지더니 급기야 내 딸이자 자신의 며느리를 침상에 오르게 하였소. 이런 패륜아가 재위에 있으니 어찌 망하지 않겠소? 하늘이 용서치 않은 것이오."

한가득 희망을 품고 있던 신포서는 비난을 퍼붓는 애공을 바라보며 일이 글렀다는 것을 직감했다. 그러나 이 상황에서 진나라의 도움이 없다면 초나라는 영원히 재기할 수 없었다. 다급한 나머지 신포서는 그 자리에서 대성통곡을 했다. 이를 본 애공이 버럭 화를 내며 소리쳤다.

"누가 죽기라도 했소. 어디서 감히 통곡을 하는가! 어서 저자를 쫓아내도록 하라."

애공이 불같이 화를 내며 소리치자 옆에 있던 호위병들이 신포서를 잡아 왕궁 밖으로 내던졌다. 신포서는 홀로 대전 밖에 꿇어앉아 계속 통곡하며 땅바닥에 머리를 찧었다. 하루 이틀 시간이 흘러 이레 밤낮이 지났다. 이제 더 이상 나올 눈물도 없었고, 쉰 목에서는 아무 말도 나오지 않았다. 눈물이 마르자 두 눈에서 피가 흐르기 시작하고, 더 이상 목숨을 부지할 수 없게 되었다. 거의 숨이 넘어갈 지경에 이르렀을 때, 그제야 소식을 들은 애공이 그나마 한 가닥 인정이 남아 있었던지 신포서의 갸륵한 행동에 마음을 바꾸었다. 그는 조정의 중신들을 불러 호통을 쳤다.

"저 신포서를 보시오. 자신의 나라를 위해 저 지경이 될 때까지 애를 쓰고 있는 모습이 보이지 않소? 그대들은 그저 권력에만 눈이 멀어 하루 종일 입씨름이나 하고 있으니, 그 누가 우리 진나라를 위해 신포서처럼 행할 수 있겠는가? 초나라는 이런 어진 신하가 있으니 분명 난관을 극복하고 다시 일어날 수 있을 것이오. 하여 이르노니, 당장 병력을 동원해 초나라를 돕도록 하시오."

시위들의 부축을 받아 궁궐 안으로 들어온 신포서는 꿈에도 바라던 소식에 혼미한 눈을 겨우 뜨면서 힘겹게 외쳤다.

"진나라 왕 만……."

마지막 '세'라는 말을 마저 꺼내기도 전에 그는 기절해 버리고 말았다. 그렇게 진나라가 초나라를 위한 지원군을 동원하고 있을 때, 뜻밖에 오나라와 국경을 마주하고 있는 월(越)나라가 오나라의 주력 부대가 없는 틈을 타서 오나라를 공략하기 시작했다. 대군을 통솔하고 초나라에 주둔하고 있던 합려와 손무, 오자서 등은 월나라의 습격 소식에 깜짝 놀라 우선 내부 병력을 동원해 방어선을 구축할 것을 지시했다. 그러나 영성을 점령하고 승자의 기쁨을 맛보고 있던 그들은 자신들의 호시절 또한 얼마 남지 않았으며, 곧 큰 위기가 닥쳐올 것이라는 사실을 전혀 눈치 채지 못하고 있었다.

오나라의 철병

월나라의 기습 공격은 오나라 수비군이 완강하게 저항하여 결국 무위로 끝났다. 그러나 5백 승(乘)의 전차로 구성된 진나라 군사가 진나라 공자인 자포(子蒲)와 자호(子虎) 두 장군의 인솔 아래 황하를 건너 초나라에 있는 오나라 군대를 덮쳤다. 서둘러 귀국한 신포서는 초나라 소왕과 비밀리에 만나 초나라의 패잔병들을 수습해 임시 부대를 조직한 뒤, 진나라 군대를 맞이하기로 했다. 회합을 가진 다음 초나라 군대가 앞장서고, 진나라 군대가 뒤를 차단해 기수(沂水) 북안에서 오나라의 부개 군대와 만났다. 그때 초나라 군대는 신포서가 지휘했다. 부개는 장비나 대오, 그리고 군사들의 차림새 등 모든 면에서 허술하기 그지없는데다 전투 의지도 박약해 보이는 초나라 군사들을 보고 긴장을 풀었다. 그들과 맞서면서 부개는 도무지 이해가 가지 않았다. 전쟁에 졌으면 깊은 산속에 숨어 있기나 하지 어쩌다 저렇게 오합지졸 패잔병들을 모아 출전해 죽음을 자초하는 것일까? 그렇게 초나라 군사들은 거의 궤멸 직전에 이르렀다. 그런데 갑자기 다른 한쪽에서 한 무리의 군사들이 돌격해 오고 있었다. 부개는 그들의 군기에 대문짝만하게 '진(秦)'자가 적힌 것을 보고 아연실색하지 않을 수 없었다.

"아니, 대체 저 진나라 군대는 갑자기 어디서 솟아난 거야?"

잠깐 사이에 진나라 군사들이 창검을 휘두르며, 마치 굶주린 늑대마냥 고함을 지르면서 오나라 진영 앞까지 다가왔다. 오나라 군사들이 채 정신을 가다듬기도 전에 그들의 머리가 우수수 땅에 떨어졌다. 순식간에 군사의 절반을 잃고 말았다. 부개는 즉시 후퇴하라는 명을 내렸다. 그러나 진-초(秦-楚) 연합군은 여세를 몰아 50리 밖까지 추격했다.

부개는 병사들을 이끌고 영성으로 도망쳤다. 합려를 만난 그는 하늘에서 내려온 듯 돌연 기수에 출현한 진나라 군대에 허를 찔렸다고 보고했다. 크게 놀란 합려는 급히 오자서와 손무를 불렀고, 정황을 파악한 손무가 입을 열었다.

"군사는 일종의 흉기와 같은 것입니다. 그저 잠시 사용할 수 있을 뿐, 지속적으로 사용할 수는 없습니다. 드넓은 초나라 땅을 둘러보니 결코 인심은 오나라의 권위나 통치를 인정하지 않고 있습니다. 사신을 보내 진나라와 화해한 다음, 초나라 소왕이 초나라의 유일하고도 합법적인 지도자임을 인정하고 그를 복위

시켜야 합니다. 오나라 군대는 단계별로 초나라에서 철수하고 일부 전리품 외 다른 물품은 원래 주인에게 돌려주어야 합니다. 그러나 반드시 교환 조건을 내걸어야 합니다. 성의의 표시로 초나라에게 약간의 토지를 할양받아 이번에 대규모 군대를 동원하여 초나라의 악의 세력, 불충한 신하를 징계해 준 경제적 보상을 받자는 것입니다. 만약 상대방이 이 조건에 응한다면 비록 체면은 잃지만 경제적 실리를 얻을 수 있습니다. 소왕은 다시 주군의 자리를 차지하고, 그의 신료들 역시 관직을 회복할 수 있습니다. 그렇게 하지 않고 오랫동안 그들의 왕궁을 점거한 채 향락에 빠져 있으면 초나라 백성들은 잠시 숨을 돌린 뒤, 분명 보복을 해올 것입니다. 죽음을 불사하고 전투에 임하며, 여기에 진나라가 강력하게 가세하면 오나라 군대는 물론 오나라 전체가 크게 위태로워집니다."

오자서 역시 손무의 말이 일리가 있다고 생각해 그에 동의했다. 합려는 그다지 달가운 의견은 아니지만 다른 묘책이 없는 데다 당장 진나라의 공격을 막아야 하는 입장이었기 때문에 마지못해 동의했다. 부개 역시 일찌감치 철군해 버렸기 때문에 손무의 주장에 별다른 이의를 달지 않았다. 다만 백비만이 다른 의견을 제시했다. 그는 격앙된 목소리로 말했다.

"우리 오나라 군대는 원정의 깃발을 높이 치켜들고 파죽지세로 영성을 점령했고, 나아가 그들의 종묘사직을 무너뜨렸습니다. 게다가 오자서는 초나라 평왕의 시신을 찾아 원한을 갚았습니다. 이 얼마나 찬란하고 위대한 승리입니까? 이는 우리 오나라 건국 이래 가장 뛰어난 전공이라 할 수 있습니다. 그런데 지금 진나라 구원병이 초나라 경계를 넘자마자 소문만 듣고 철군한다면 이 어찌 창피한 일이 아니겠습니까? 조금 전 손무의 말은 상대의 기를 세우고 우리의 위엄은 무너뜨리는 언사입니다. 자고로 군대가 쳐들어오면 병사로 막고 물이 들이닥치면 흙으로 막으라 했습니다. 제가 보기에는 진나라 구원병도 별 것 아닌 듯합니다. 소인이 재주는 없사오나 대왕께서 제게 만 명의 군사를 내어주신다면 진나라 군대를 대패시키겠습니다. 만약 이기지 못하면 군령대로 처리하십시오."

사실 그의 말은 무모하기 짝이 없었다. 사람들은 그가 이번 전쟁에서 손무와 오자서가 전쟁 영웅으로 급부상한 것에 질투와 불만을 가지고 있다가 순간적으로 억누르지 못해 한 발언이라 여기고는 그다지 신경을 쓰지 않았다. 오자서와 손무 역시 절대로 감정적으로 처리할 문제가 아니라는 말로 백비의 주장을 무마하며 원래의 입장을 고수했다. 그러나 백비는 오자서와 손무가 일부러 자신을 무시한다는 생각이 들어 더욱 강경하게 주장을 내세웠다. 급기야 그는 합려에게 군령장(군사 명령 후 서약서 : 임무를 수행하지 못했을 경우, 군법에 따라 처벌받겠다는 내용을 기록한다)을 쓰고 나가겠다고 말했다. 합려는 그의 모습을 보면서, 이번 기회에 시기심에 불타는 그를 위로하기도 하고, 아울러 한두 차례 진나라와 맞붙은 다음 후퇴의 빌미를 찾는 것도 괜찮겠다고 생각했다. 진나라가 쳐들어온다는데 그대로 물러난다면 '귀국 후에 어찌 얼굴을 들 수 있으랴'는 생각에 미치자 합려는 손무와 오자서의 반대에도 불구하고 백비의 요구를 들어주었다.

백비는 기를 쓰고 결전을 주장했지만 막상 병마를 끌고 나가려니 심경이 복잡했다. 이윽고 군상(軍祥) 일대에 도착한 백비의 오나라 군대는 진-초 연합군과 마주했다. 그런데 서로 맞붙기 시작한 지 얼마 되지도 않아 오나라 군사들은 도망치느라 정신이 없었다. 백비가 좌충우돌하며 돌격을 외쳤지만 이미 흐트러진 대열은 오합지졸이나 다를 바 없었다. 거의 자포자기 상태에 이르렀을 때, 멀리서 함성이 들려왔다. 손무와 오자서가 급파한 지원군이었다. 맹렬한 기세로 적군의 포위망을 뚫고 들어온 오나라 군사들은 즉시 퇴로를 마련해 백비를 구출했다.

손무와 오자서가 적당한 때 지원군을 파견한 덕분에 겨우 목숨은 건졌지만 백비의 뒤를 따랐던 일만의 군사는 겨우 2천 명밖에 남지 않았다. 백비는 스스로 참형의 죄에 해당됨을 알고는 부하를 시켜 스스로 포박 당한 다음 합려 앞에 무릎을 꿇었다. 이를 본 손무가 오자서에게 살며시 말했다.

"백비의 얼굴은 전형적인 소인배의 모습입니다. 언제 배후에서 음모를 꾸밀지 모릅니다. 사람됨이 교만하고 남을 인정할 줄 모르니 질투와 복수심이 강합니다. 이후 오나라에 화근이 될 수 있으며, 그로 인해 그대 역시 해를 입을지 모릅니다. 차라리 이번 기회에 합려를 설득해 그를 참형시켜 후환을 없애는 것이 좋을 듯합니다."

오자서가 잠시 생각한 뒤 말했다.

"비록 이번 전투에 패배했지만 이전 공적이 있는 데다 합려 역시 아직 그를 신임하고 있으니 당장 죽일 수는 없을 것입니다. 게다가 지금 적이 코앞에 있으니 장수를 죽이는 것이 쉽지 않겠지요. 훗날을 기약하도록 합시다."

오자서의 권고에 따라 두 사람은 오나라 왕 합려에게 마치 진심인 냥, 백비를 용서해 앞으로 공적을 세워 이번 실패를 만회하도록 조처해 달라고 요청했다. 합려 역시 백비를 죽일 생각은 없었기에 흔쾌히 그들의 의견을 받아들였다.

오나라 군대가 영성에서 물러나자, 진-초 연합군이 거세게 밀고 들어왔다. 합려는 손무의 건의대로 부개와 공자 산(山)에게 남아서 영성을 수비하도록 하고, 자신과 손무는 정예 부대를 이끌고 기남성(紀南城)에 주둔했다. 오자서와 백비는 각기 마성(磨城)과 여성(驪城)에 주둔해 손무의 군대와 기각지세(掎角之勢)를 유지하면서 진나라 군사를 막고 있었다. 오나라는 군대 진영을 정리한 다음 당나라와 채나라로 사신을 보내 군사 파견을 요청했다. 그러나 어찌된 일인지 사전에 소문이 퍼져 이야기가 초나라까지 흘러들어 갔다. 정보를 얻은 초나라 장군 자서(子西)가 진나라 장군 자포(子蒲)에게 말했다.

"오나라 군대는 영성을 본영으로 삼아 천연요새와 같은 성에서 연합군과 대치해 지금은 어느 정도 세력 균형을 유지하고 있습니다. 그런데 만약 당나라와 채나라가 오나라를 도와 당나라가 군대를 파견한다면 진-초 연합군은 패할 수밖에 없습니다. 지금 가장 중요한 문제는 즉시 출병해 당나라를 치는 것입니다. 당나라가 멸망하면 채나라는 자국의 안위를 돌보느라 쉽게 출병할 수 없을 것입니다. 그렇게 되면 진-초 연합군은 오나라만 상대하면 됩니다."

자포는 그의 말이 타당하다고 여기고는 즉시 당나라를 공략해 당공을 살해했다. 당나라가 멸망하자 채나라 군주는 궁문을 굳게 닫고 오나라로 파병할 생각은 아예 접었다.

순식간에 진나라 군사가 당나라를 무너뜨렸다는 이야기를 들은 합려는 깜짝 놀라 황급히 손무와 오자서를 불렀다. 그들은 결코 진나라의 구원병에 압도되어서는 안 된다고 말하며, 전략적 공격 원칙을 관철시켜 즉각 정예 부대를 파견해 정면 공격을 감행할 것을 건의했다. 그러나 이미 오나라 군사는 이전의 그들이 아니었다. 수개월 동안 영성에서 제멋대로 생활했기 때문에 군사들의 투지는 예전 같지 않았다. 그럼에도 손무와 오자서의 군사들은 초나라의 소규모 부대와 싸워 그들을 격퇴시켰다. 그러나 그것으로 끝이었다. 원래 계획은 군상, 공서(公壻) 등 유리한 지형을 기반으로 적의 주력 부대와 맞서 격전을 벌이는 것이었지만, 막상 전투가 시작되자 초반부터 밀리기 시작해 결국 크게 패하고 말았다. 오나라 군대가 받은 타격은 심각했다. 이제 그들은 한창 사기가 드높아진 진-초 연합군의 상대가 되지 않았다. 결국 오나라는 정면 공격에서 방어 위주로 전술을 바꾸는 수밖에 없었다.

불행은 항상 겹쳐오기 마련이라 했던가. 오나라 주력 부대가 연전연패를 당하고 있을 무렵, 한 장수가 며칠 동안 진영에서 부개의 모습이 보이지 않았다는 사실을 알았다. 합려가 그를 찾으려 사람을 보내려는데 홀연 공자 산이 황망히 달려와 말했다.

"무슨 일인지 선봉대장 부개가 직계부대를 이끌고 몰래 오나라로 돌아갔다 합니다."

모두가 깜짝 놀란 가운데 오자서가 그 자리에서 단언했다.

"분명 정변을 일으켜 오나라의 왕위를 차지하려는 속셈입니다."

합려는 부개가 정변으로 자신의 권력을 빼앗으려 한다는 말을 듣고는 당황해하며 황급히 물어보았다.

"정말 그렇다면 어떻게 해야 하지?"

손무가 말했다.

"부개는 그저 용감한 필부일 뿐, 대사를 성사시킬 재목은 되지 못합니다. 걱정하지 않으셔도 됩니다. 오히려 월나라에서 이 소식을 듣고 오나라를 공격하지 않을까 걱정입니다. 지금으로서는 전하께서 속히 귀국하시어 먼저 내란을 수습한 다음, 다른 일을 도모하시는 것이 가장 현명한 방법이라 사료되옵니다."

합려는 그의 말이 일리가 있다고 생각하고, 손무와 오자서에게 전체 오나라 원정군을 통솔해 영성을 지키도록 하고, 자신은 백비와 함께 부대를 이끌고 강을 따라 귀국길에 올랐다. 합려 일행이 한수에 이르렀을 때, 국내에 남아있던 태자 파(波)의 급신을 받았다. 내용은 다음과 같았다. 부개가 오나라 군사는 이미 진-초 연합군에 패하고 대왕의 행방 또한 묘연하니 십중팔구 사망한 것으로 보인다면서 스스로 왕이라 칭하고, 아들 부장(扶臧)에게 군사를 인솔해 회수 유역에서 오나라 군대의 귀로를 차단하도록 했으며 월나라 군사와 결탁해 오나라 도성을 공격하니, 현재 고소성의 병력이 부족한지라 위급한 상황이라고 했다. 이를 본 합려는 이를 갈며 욕을 퍼부었다.

"오자서의 말대로야. 쳐 죽일 놈, 역모가 일어났으니 어찌 해야 한단 말인가!"

화급을 다투는 상황에서 백비는 정치와 전략 양 방향에서 비교적 합리적인 방안을 합려에게 아뢰었다.

"당황하실 것 없습니다. 부개가 이미 반란을 일으켰지만 걱정하실 필요는 없다고 봅니다. 월나라가 오나라를 침입했지만 이는 그저 허장성세(虛張聲勢)에 지나지 않으니 전혀 위협을 느낄 필요가 없습니다. 전하가 정말 위협적으로 느껴야 할 대상은 손무와 오자서입니다. 주력 부대를 그들 두 사람에게 맡기고 떠나셨으니, 전하가 반란을 평정하든 못하든 이득을 취한 쪽은 군사를 손에 쥔 손무와 오자서입니다. 만약 그들이 변절이라도 한다면 일개 부개 정도가 일으킨 모반과는 상대가 되지 않습니다. 그야말로 큰 화가 될 것입니다."

더욱 초조해진 합려는 백비에게 대책을 물었고, 백비가 다시 침착하게 답변했다.

"간단하게 해결할 수 있습니다. 그들이 모반 계획을 세우기 전에 귀국해서 반란 평정을 빌미로 군대를 대거 거두어들이면 됩니다. 그렇게 하면 손무와 오자서가 설사 정변을 일으키려 해도 힘을 쓸 수가 없습니다."

합려는 좋은 방법이라 생각하고 즉시 사신을 영성으로 보내 손무와 오자서에게 군대 대부분을 귀국 조치하도록 했다. 갑자기 등장한 사신이 군사를 보내라는 합려의 절부를 내보이자 손무와 오자서는 당황스러울 뿐이었다. 두 사람은 의논을 한 끝에 명령을 어길 수 없으니 우선 합려의 명에 따르기로 결정했다.

대규모 군대를 소환해 후환을 없앤 데다 반란 평정을 위한 군사력도 강화할 수 있게 된 합려는 한결 가벼워진 마음으로 군대를 이끌고 오나라로 향했다. 대군이 고소성 밖 30리 부근에 도착했을 때, 성을 포위하고 있던 부개의 부대와 마주했다. 합려는 수레를 몰아 진영 앞까지 가서 부개를 불러냈다. 부개는 무장한 모습으로 진영 앞에 나타나 합려에게 예를 올렸다.

"형님, 별고 없으십니까?"

합려가 굳은 얼굴로 말했다.

"형님이라니, 네가 어찌 형제라고 할 수 있느냐. 이젠 오나라의 반역자일 뿐이다. 내가 너를 잡아 처벌하러 왔거늘 당장 투항하지 않고 무엇 하느냐!"

그러나 부개는 두려운 기색은 물론 참회하는 모습도 아니었다. 오히려 더욱 큰 소리로 따졌다.

"잊지 않으셨겠지요. 예전 정변으로 오나라 왕 요를 몰아낸 자가 누굽니까? 당연히 나 또한 기의(起義)해서 형님을 몰아낼 수 있는 것이겠지요. 이제 내가 살해된 요는 물론이고 당시 형님과 오자서에게 살해당한 대소 신료들을 위해 복수를 하고자 합니다."

부개의 말은 상대방의 아픈 곳을 건드리고 있었다. 합려가 이를 듣고 크게 화가나 큰 소리로 백비에게 명령했다.

"어서 저 도적을 생포하여 내 앞에서 당장 머리를 내리쳐라."

그 즉시 백비가 군사를 몰아 돌진했다. 부개는 용감하기는 했지만 일개 무사에 지나지 않은 데다 군사력 또한 합려의 주력 부대와는 비교가 되지 않았다.

결국 몇 차례 싸워보기도 전에 부개의 군사는 대패하고 말았다. 이에 부개는 아들 부장의 호위를 받으며 장강을 건너 송나라로 도망쳤다.

이렇게 해서 오나라 내부의 위기는 해결되었지만 문제는 초나라에 남은 오나라 군사들이었다. 처음에 오나라가 초나라를 물리치고 영성을 점령한 뒤 '예로써 공고히 하고, 인으로써 승리를 거둔다(以禮爲固, 以仁爲勝)' 등의 관용적인 태도는 온데간데없고 오로지 승전의 기쁨을 만끽하느라 민간의 재물을 빼앗고 아녀자를 겁탈하는 등 악독한 짓을 마다하지 않았다. 결국 초나라 백성들은 오나라 군사들을 철천지원수로 여기게 되었으며 결국 끊임없이 소란을 일으켰다.

이에 반해 쫓겨난 초나라 왕권은 주변 국가들의 동정과 지원 속에서 점차 병력을 확대시켜 나갔고, 전투력을 강화했으며, 진나라의 도움으로 열세를 만회해 당장이라도 빼앗긴 나라를 되찾기 위한 공격 태세를 갖추고 있었다. 진-초 연합군이 강하게 압박하는 가운데 정치적, 외교적으로 고립된 오나라의 입장은 그야말로 진퇴양난이었다. 오자서와 손무는 이러한 정세를 익히 알고 초나라에 장기 주둔하는 것은 더 이상 불가능하다고 생각했다. 더욱 심각한 일은 오나라 군사들이 전승국이라는 허명에 사로잡혀 일반 병사뿐만 아니라 장교들까지 술과 여색에 빠지고, 군대의 기강이 완전히 무너져 더 이상 예전의 명성을 유지할 수 없게 된 것이었다.

한편 오나라 국내의 사정도 마찬가지였다. 비록 반란이 평정되어 겉으로는 평안을 되찾았다고 하지만 잔당을 일망타진한 것이 아니었기 때문에 곳곳에서 정권에 도전하는 크고 작은 소란이 끊이지 않았다. 합려는 이러한 국내외 상황에 따라 초나라 원정군을 전면 철수시키기로 마음먹었다.

초나라 도성을 점령한 지 이제 1년이 지났다. 오자서는 처음 손무와 밀모한 것처럼 이제 곧 초나라 왕이 될 수 있다는 희망에 부풀고 있었다. 그런데 당장 철수를 명하니 어찌하면 좋단 말인가. 오자서는 정말 마음이 내키지 않았다. 그는 손무와 의논하기 전 일단 명령을 무시하고 남은 병력을 추슬러 진-초 연합군과 맞서면서 대치하겠다는 마음을 먹고 있었다. 이후 국내 정세가 안정되면 다시 합려에게 군사를 파견해 줄 것을 요청해 초나라 정권을 멸망시키고, 자신이 초나라 왕위에 올라 백성들을 통치하겠다는 계획을 세웠던 것이다. 그대로 실현된다면 손무 역시 처음 구상대로 오나라 대권을 차지하는 데 어려움이 없을 것이었다. 오자서는 자신의 계획을 솔직하게 손무에게 전달했다. 그러나 손무는 고개를 저으며 반대했다. 회한의 심정이 가득한 듯 잠시 뜸을 들이더니 입을 열었다.

"책상물림이어서 그런지 너무 순진했어요. 영성에 들어온 뒤 마치 벼락부자라도 된 양 지나치게 행동했다는 말입니다. 군대 내 고위 장수는 물론이고 심지어 대왕 합려나 나, 그리고 오자서 그대까지 승리에 도취해 여러 가지 실수를 거듭했습니다. 그리하여 결국 지금처럼 정치, 경제, 군사 등 모든 면에서 수세를 면할 수 없게 되었습니다. 게다가 군사 전략적인 면에서도 허술하고 우유부단한 우리들의 행동 때문에 정예 부대를 합려에게 그대로 넘겨주고 말았습니다. 이젠 이곳에 더 머무르고 싶어도 그럴 수 없어요. 이제 합려가 귀국을 명했으니 돌아가지 않을 수 없습니다. 우선 그의 의심을 받지 않도록 계획을 미루는 것이 좋겠습니다. 지금 합려는 백비의 꼬임에 빠져 우리가 역모를 꾀하고 있지 않나 의심하고 있는 것이 분명합니다. 그의 의심을 벗어나려면 무조건 부대와 함께 귀국해야 합니다. 우선 철수하고 훗날을 기약합시다. 하늘이 우릴 버리지 않는다면 분명 우리의 힘을 보여 줄 때가 올 것입니다."

손무의 말에 오자서는 탄복하지 않을 수 없었다. 하지만 겉으로는 그의 의견에 반박하고 나섰다.

"이대로 돌아가면 너무 억울한 것 아니오?"

잔뜩 찌푸린 오자서의 얼굴을 바라보던 손무가 그의 어깨를 가볍게 두드리며 의미심장하게 말했다.

"옛말에 이르기를 일은 사람이 도모하지만 일의 성사는 하늘에 달려 있다고 했습니다. 그대와 내가 미약한 오나라 군사를 발판삼아 막강한 초나라를 물리치고 도성인 영성을 점령해 소왕을 내쫓았습니다. 이는 역사상 전무후무한 기적이 아닐 수 없습니다. 이제 적지 않은 재물도 챙겼고 왕도 쫓아내는 등 정말 기적 같은 일을 만들었습니다. 게다가 평왕의 무덤을 찾아 그 시신을 채찍질해 부형의 원수도 갚았잖습니까? 이 역시 크나큰 수확이라고 할 수 있겠지요. 강산이 그대로면 땔감 걱정은 하지 않아도 된다고 했던가요? 오나라가 바로 우리의 강산이고, 그 군대 또한 우리의 강산입니다. 이제 돌아가서 군권을 장악하면 우리의 이상도 반드시 실현될 것입니다. 승리의 서광이 우리를 비추고, 맑고 높은 노랫소리가 우리의 궁전을 감싸고 돌 것이니, 오나라와 초나라뿐만 아니라 중원 대지 곳곳에 우리의 깃발을 휘날릴 수 있을 것입니다."

손무의 말에 설득된 오자서는 합려의 명령대로 부대의 철군을 결정했다. 우선 초나라 궁실의 재화를 모두 오나라로 옮기고, 초나라 1만여 가구를 오나라로 이주시키기로 했다. 이후 수개월에 걸쳐 마침내 오나라 원정군의 잔여 부대와 백성 1만여 가구가 오나라로 안전하게 돌아갔다.

부개와 함께 정변을 도모한 월나라는 합려 군사의 공격을 받아 퇴각했지만 여전히 오월 변경에서 크고 작은 전투를 일삼았다. 그러나 손무와 오자서가 귀국하자 그들 두 사람이 전술의 귀재라는 소문을 들어 익히 알고 있던 월나라도 자진해서 병력을 철수해 도성으로 돌아갔다.

8장
와신상담

총애를 잃은 손무는 분개한 마음으로 『병법 13편』을 수정하고, 합려는 오월 전투 중 귀국 길에 세상을 떠났다. 새로운 군주 부차夫差는 기발한 방식으로 보복을 결심하고, 월나라 왕 구천은 정세를 고려하지 않고 병사를 일으켜 오나라를 침범했다. 부초夫椒 전투에서 월나라 군대가 대패해 구천은 독안에 든 쥐 신세가 되었다. 나라를 구하고 복수를 하기 위해 미녀 서시는 얼굴에 먹을 바르고 등장하며, 고집불통 부차는 정치 공방에서 연패를 거두었다. 오자서는 나라를 배신하고 변절했다가 소득 없이 참담하게 살해되었다. 손무 는 화를 피해 강호에 은거했다.

다시 쓴 『병법 13편』

　　오나라 원정군이 전략상 퇴각한 이후 군심과 민심이 안정될 즈음 오나라 왕 합려는 초나라 정벌 원정군에 대한 포상을 실시했다. 일 년 남짓 영성을 점령했다가 철병함으로써 결과적으로는 패배한 셈이었지만 형식적으로나마 예를 갖추어 나라 백성들에게 전쟁의 성과를 선포할 필요가 있었다. 합려는 대소 신료들이 모두 모인 자리에서 원정에 참가한 장령들의 공적을 심사하도록 했다. 대다수 신료들이 손무의 공적을 가장 크게 생각하고 그에게 높은 관직을 주어 포상해야 한다고 주청했다. 그러나 합려는 막상 결정을 하지 못한 채 주저하고 있었다. 그러던 차에 백비가 진언을 했다.

　　"잊으셨습니까? 손무는 산채에서 무리를 이끌고 반역을 도모하던 인물입니다. 비록 초나라 정벌에 큰 공을 세웠다고 하나, 과하게 포상하는 것은 결코 있을 수 없는 일입니다. 생각건대 그와 오자서가 결맹한다면 우리 오나라 안전에 큰 위협이 될 것입니다. 전하께서도 아시는 바와 같이 우리 오나라는 얼마 전 부개의 반란을 겪었습니다. 앞으로 절대 이런 일이 되풀이되지 않도록 신중에 신중을 기하고 철저하게 방비해야 할 것입니다."

　　잠시 뭔가 골몰하고 있던 합려가 입을 열었다.

　　"그 일이라면 다 생각이 있소. 다만 이번 초나라 정벌에 실로 손무의 공이 크니, 그럴 듯한 관직을 주지 않는다면 말이 되지 않소. 아마 대다수 장수들도 이해하지 못할 것이오."

　　합려의 말을 들은 백비는 미소를 지으며 고개를 내저었다.

　　"전하의 말씀도 옳습니다만 한 가지 유념하실 문제가 있습니다. 손무가 초나라 정벌에 공이 있는 것은 분명한 사실입니다. 그러나 또한 과오도 있었습니다. 우리 오나라 군사가 영성을 점령한 다음, 어찌된 일인지 군대의 기강이 해이해지고, 병사들이 향락에 젖어 나태해졌습니다. 전하께서 그 위태로운 상황을 구하지 않으셨다면, 우리 오나라의 수만 군사들이 초나라 도성에서 죽음을 면할 수 없었을지도 모릅니다. 그렇게 되었다면 어찌 이처럼 오나라로 돌아와 편안하게 지내며 전하의 포상을 기다릴 수 있었겠습니까? 오나라 원정군의 비극적 결과에 대해 우리 모두 그 책임을 벗을 수는 없겠지만 사실 원흉은 손무입니다. 무엇보다 그가 총지휘관이었기 때문입니다. 그는 자신의 위치와 그에 걸맞은 책임이 얼마나 막중한지, 자신의 결정이 원정군 및 오나라 전체에 얼마나 큰 영향을 끼치는지 누구보다 잘 알고 있었을 것입니다. 그러나 안타깝게도 그의 그릇된 판단과 방임 때문에 당당했던 오나라 군사들이 방탕한 모습으로 사분오열되어 투지를 잃고 결국 전군 총퇴각이라는 안타까운 결과를 가져왔습니다. 손무는 이에 대해 막중한 책임이 있습니다. 그런데 그의 죄는 다스리지 않으시고 오히려 포상으로 관직을 하사하신다니요? 이를 실행에 옮기신다면 전군의 장병들이 전하께서 상벌과 공과를 제대로 구분하지 못하신다고 여겨 내심 불만을 품고 의기소침해질 것입니다."

교묘한 언술로 강변하는 백비의 말에 합려는 반박하기는커녕 내심 환영하는 듯했다. 얼마 후 전공에 따른 포상으로 오자서와 백비 등 여러 장군과 신료들이 새로운 관직을 하사받고 의기양양해 있을 때 손무는 오히려 낙담하고 있었다. 누구나 알고 있듯이 이번 초나라 정벌에서 진정으로 공훈을 세운 사람은 바로 손무였다. 제대로 평가를 받았다면 전군을 지휘하는 대원수 자리는 당연히 손무에게 돌아가야 옳았다. 그러나 그에 대한 합려의 경계심과 백비의 참언으로 손무는 포상은커녕 기존의 자리까지 위태로울 정도로 낭패를 겪고 말았다. 초나라 정벌을 성공적으로 달성한 오자서나 손무에게 이런 조치는 전혀 예상 밖의 일이었다. 손무는 침상에 누워 눈을 감고 생각에 잠겼다. 당시 조정의 부름을 받고, 오자서와 밀모를 해 먼저 오나라 군권을 잡은 다음 왕위를 차지하기 위한 꿈을 꾸었던 시절을 생각하니 절망과 슬픔이 마음 가득 밀려왔다. 내키진 않았지만 손무는 오자서와 상의한 뒤 더 큰 뜻을 위해 치욕을 견디고 일단 몸을 숙이기로 했다.

손무는 낡은 나무 상자에서 궁륭산 시절부터 쓰기 시작한 『병법 13편』 초고를 꺼냈다. 그리고 이번 초나라 정벌에서 얻은 교훈과 경험을 토대로 전면적이고 체계적인 수정 작업에 들어갔다.

초나라 영성을 점령하고 있던 당시, 진-초 연합군이 쳐들어오자 손무와 오자서는 잔여 부대를 이끌고 옹서(雍澨)에서 그들을 격파했다. 그러나 다음 전투에서 바로 진-초 연합군에게 반격을 당하고 말았다. 당시 전투에서 진-초 연합군의 화공으로 오나라 군사 절반 가까이 몰살을 당했는데, 그 정벌 전쟁에서 가장 참담한 대가를 치른 것이었다. 이 참패를 교훈삼아 손무는 불의 이치를 곰곰이 연구하고 이를 전쟁에 응용했다. 새롭게 쓴 『병법 13편』 「화공」편에 보면 다음과 같은 내용이 실려 있다.

화공법을 사용할 때는 적당한 조건이 갖추어져야 하며, 반드시 필요한 도구가 있다. 불을 놓는 데 때가 있기 마련이고 불도 잘 타는 날이 있는 법이다. 때란 날씨가 건조한 시기를 말하는 것이고, 날이란 달이 기(箕), 벽(壁), 익(翼), 진(軫)의 별자리에 위치한 날이다. 무릇 이 네 가지 별자리에 달이 있으면 바람이 잘 일어난다. 또한 화공을 사용할 때는 반드시 다음 다섯 가지 상황에 따라 적절하게 응용해야 한다. 첫째, 불이 적진의 내부에서 일어나면 즉시 밖에서 호응해 공격한다. 둘째, 불이 났는데도 적진이 고요하면 잠시 대기하고 공격하지 말 것이며, 불길이 거세지면 상황을 지켜보면서 공격이 가능하면 행하고 그렇지 않으면 공격을 중단해야 한다. 셋째, 불을 적진 밖에서 지를 수 있다면 안에서 불이 일어나기를 기다리지 말고 시기와 조건이 갖추어졌을 때 불을 놓아야 한다. 넷째, 불이 바람이 이는 쪽에서 날 경우 바람을 맞받으며 공격해서는 안 된다. 다섯째, 낮에 바람이 불어도 밤이 되면 멈춘다는 것을 알아야 한다. 군대가 화공을 실시할 때는 이 다섯 가지 방법을 충분히 숙지해야만 한다. 불을 이용해 공격을 돕는다면 효과가 분명하며, 물을 이용해 공격을 돕는다면 위세가 더욱 강력해질 것이다. 물로 공격하면 적의 공격을 끊을 수는 있지만 화공의 경우처럼 적의 실제 역량을 빼앗을 수는 없다.

손무는 화공을 실시할 때 필요한 자연 조건과 지형 및 다섯 가지 방법에 대해 논한 다음 화공과 수공을 비교해 공격의 효과를 극대화하는 방법을 설명했다. 그에 따르면, 불을 이용해 공격하면 효과가 분명하고, 물을 이용해 공격하면 강력한 공세를 펼칠 수 있다. 또한 수공은 적을 분리시키고 차단하는 효과는 있지만, 화공의 경우처럼 적의 재화나 역량을 빼앗을 수는 없다. 계속해서 손무는 오나라 군대가 실패한 경험을 바탕으로 다음과 같은 점을 지적했다.

"승리를 거두어 적의 도성을 차지했다고 할지라도 그 승리를 공고히 하지 않는다면 이는 실패이자 흉한 것이니, 이를 일러 비류(費留)라고 한다. 그러므로 현명한 군주와 뛰어난 장수는 항상 이러한 문제를 신중하게 고려해 전쟁의 근본 목적을 달성하는 데 힘써야 한다."

이는 손무가 오나라 원정군이 초나라 영성에 입성한 뒤 승리를 공고하게 하지 않음으로써 결국 원정에 실패했던 경험을 검토하고 반성한 결과다.

손무 자신 외에도 후세 많은 사람들이 당시 전쟁에서 오나라의 용병(用兵)의 득실에 관해 평한 바 있다. 그 일단을 살펴보는 것도 흥미로운 일일 것이다. 우선 송나라 소순(蘇洵)은 『가우집(嘉祐集)』「손무」에서 손무를 가차 없이 비판했다.

오나라 왕 합려가 영성으로 진격하면서 손무를 장군으로 삼았다. 진나라 및 초나라와 싸워 패하고 월나라 왕이 오나라를 짓밟으니 외우내환이 하루아침에 번갈아 들이닥쳐 오나라 왕은 도망가기에 급급하고, 손무 역시 혼란을 모면할 별다른 계책을 내놓지 못했다. 손무의 저서를 바탕으로 그의 실수를 따져보면 대략 세 가지로 말할 수 있다. 손무는 「구지(九地)」에서 '위세로 적국에 압력을 가해 그 나라가 다른 나라와 외교 관계를 맺을 수 없도록 한다'고 말했다. 그러나 손무는 신포서의 요청에 따라 진나라가 출병해 초나라를 구원하는 데 오나라에 대해 거리낌이 없도록 했으니 위세가 전혀 없었음을 알 수 있는데, 이것이 첫 번째 실수다. 「작전(作戰)」에서 '군대를 오랫동안 전쟁터에 내보내면 국가 재정이 위기에 빠진다. 군대가 피폐하고 사기가 저하되어 성을 공격하다 힘이 다하고 재정이 바닥나면 제후들이 이에 편승해 침공하기 위해 일어설 것이다'라고 했다. 손무는 9년 동안 초나라를 정벌하고 10년째 되는 가을에 귀환했으니, 이는 '구포(九暴)', 즉 전쟁을 오랫동안 한 것이다. 그러니 어찌 월나라가 이를 틈 타 침입하지 않겠는가? 이것이 두 번째 실수다. 또한 '적과 싸우게 하는 것은 분노다(殺敵者, 怒也)'라고 했다. 그런데 손무는 오자서와 백비를 종용해 평왕의 시신을 채찍질하도록 했으니, 개인의 사적인 원한으로 적군을 격분시켰다. 이로써 사마융(司馬戌), 자서(子西), 자기(子期)가 죽음으로 오나라에 복수를 하고자 했으니, 이것이 그의 세 번째 실수다.

손무는 오초 전쟁과 자신의 운명을 되돌아보면서 몇 가지 문제를 새롭게 인식하는 한편, 구체적인 경험을 통한 득실을 바탕으로 저술을 보강해 나갔다. 이렇듯 자신의 실제 전쟁 경험을 바탕으로 병법을 연구했기 때문에, 손무의『손자병법』은 타의 추종을 불허하는 병법서로 새롭게 탄생할 수 있었다.

합려에게 이미 속마음을 들켜버린 손무는 이후 상황이 더욱 나빠질 수밖에 없었다. 은연중에 여러 가지 제한과 압박이 가해졌고, 그럴수록 손무의 이상 실현 또한 점차 희박해져만 갔다. 그러나 그는 온갖 굴욕과 멸시에도 불구하고 원대한 포부를 향한 꿈을 접지 않았다. 지난 전투 경험을 돌이켜보고 끊임없이 반성하면서 자신의 생명과도 같은『병법 13편』을 보완하는 데 주력했고, 또한 오나라 국정에도 지속적인 관심을 가지고 나름의 영향력을 발휘하기 위해 노력했다.

오나라 군대가 영성에서 철수한 뒤 초나라 조정은 각고의 노력과 주변국의 원조로 심기일전해 나라를 다시 세울 수 있었다. 그러나 이미 정치, 경제, 문화 등 전반에 걸쳐 심각한 타격을 받은 상태였기 때문에 과거의 영광을 완전히 회복하는 것은 불가능했다. 더욱이 전쟁으로 졸지에 강대국 반열에 오른 오나라와 맞상대한다는 것은 당분간 힘든 일이었다. 이러한 가운데 오나라는 초나라 공략을 토대로 천하의 패주가 되겠다는 꿈을 키워가고 있었다. 이를 실현하기 위해서는 남으로 월, 북으로 제와 진을 공략해야 했다. 여기서 무엇보다 중요한 것은 각개 격파라는 전략 방침을 세워 가능한 한 동시다발적으로 전쟁을 수행하는 일이 없도록 하는 것이었다.

일단 전략을 확정한 다음, 과연 남진이 우선이냐 아니면 북상이 우선이냐 하는 문제를 두고 오나라 조정에서 일대 논쟁이 벌어졌다. 오자서를 중심으로 한 일부 관료와 장군들은 남진을 해서 월나라를 쳐야 한다고 주장했다. 그러나 합려를 등에 업은 백비는 막강한 초나라를 패퇴시켰으니 중원으로 북상해 제나라나 진나라 등 패자를 자처하는 대국과 자웅을 겨루어야 한다고 주장했다. 당시 손무는 비록 정책 결정자는 아니었지만 이미 검증된 탁월한 재능과 위엄, 그리고 오자서와의 개인적인 친분 때문에 자신의 의도와 상관없이 논쟁에 말려들었다. 일단 시끄러운 논쟁의 소용돌이 속에서 그는 분명하게 오자서의 주장을 지지하면서 남진으로 월나라를 정복하자는 데 의견을 같이했다. 그는 오나라 남쪽에 있는 월나라가 비록 왜소하고 가난한 나라이기는 하지만, 장기적으로 보면 초나라와 연합해 오나라의 우환거리가 될 것이라고 했다. 그들은 자신의 동맹국인 초나라가 오나라에게 큰 타격을 입었음에도 불구하고, 이를 두려워하기는커녕 오히려 오나라 변경에 군사를 더욱 많이 파견해 압박을 가하면서 당장이라도 쳐들어올 것 같은 태세를 갖추고 있었다. 이와 같은 월나라의 적대적인 태도에 비하면 북쪽의 제, 노, 진 등 강대국들은 오히려 오나라에 그다지 신경을 쓰지 않는 듯했다. 어쩌면 오자서의 말대로 북쪽의 제나라와 노나라는 오나라 입장에서 봤을 때 몸에 난 '부스럼' 정도일지도 모른다. 설사 제나라나 노나라를 함락시킨다 해도 돌밭과 같이 별 효용 가치가 없을 수도 있었다.

그러나 월나라는 오나라의 가장 큰 우환으로, 하루 빨리 평정하지 않으면 화를 입을 수 있었다. 손무는 개인적으로 남진과 북상이라는 두 선택 과정에서 자신의 영향력을 행사하면서 한편으로 글을 통해 다른 각도에서 오나라에 대한 월나라의 위협 및 앞으로 예상되는 월나라로 인한 심각한 폐해를 논증했다. 또한 월나라를 가상의 적으로 삼아 자신의 전략 원칙과 정치적 주장을 그려냈다. 이 원칙과 주장은 대부분 각기 다른 통로를 통해 합려에게 전달되었는데, 그중 일부는 『병법 13편』에 남아 있다.

이렇듯 합려와 백비 등은 손무, 오자서와 서로 상반된 견해를 가지고 있었다. 그런데 지척에 자리한 월나라가 오월 변경에 군사를 배치하고 끊임없이 오나라를 괴롭혔기 때문에 한시도 편안한 날이 없었다. 상황이 이렇다 보니 합려역시 손무와 오자서의 의견을 따라 먼저 월나라를 공격하는 수밖에 없었다.

오월 전쟁

주나라 경왕(敬王) 24년(기원전 496년), 나이를 먹은 오나라 왕 합려는 이전에정변을 일으킬 당시의 풍모나 기백은 더 이상 찾아볼 수 없고, 오직 부패하고 교만한 군주로 변해 있었다. 그해 월나라는 윤상(允常)이 세상을 떠나고, 아들 구천(勾踐)이 왕위에 올랐다. 노쇠한 합려는 지금이야말로 월나라를 공격할 절호의기회라고 생각했다. 오자서와 손무가 아직 이르다며 만류했지만, 그는 뜻을 굽히지 않고 군사를 일으켜 월나라를 공격했다. 이번 출정의 중요성과 필승의 신념을 과시하기 위해 이미 이성을 상실한 그는 오자서와 손무 및 자신의 총신인백비마저 놔둔 채 직접 원정 대장을 맡아 진두지휘했다. 합려의 오나라 군대가출동했다는 소식을 듣고 월나라 왕 구천은 침착하게 방어 태세를 완비하고 전군에 출병을 명했다. 두 나라 군대는 오월 변경 지역인 취리(檇李)에서 충돌했다.젊은 구천의 뛰어난 전략과 병사들의 필사적인 응전으로 월나라 군대는 점차우세한 위치에 서게 되었다. 반대로 고집스럽고 오만한 합려는 자아도취에 빠져 적군의 능력을 과소평가해 점차 수세에 몰리게 되었다. 전략도 허점투성이인 데다 지휘 능력마저 부실했기 때문에 오나라는 병력의 절반을 잃고 퇴각하고 말았다. 그 와중에 합려는 중상을 입어 계속 피를 토하다가 오나라 땅에 도착하기도 전에 죽음을 맞이하고 말았다. 주군을 잃은 병사들의 통곡소리는 더욱슬프게 황량한 들판을 메아리쳤다.

합려가 죽은 뒤, 그의 차남인 부차(夫差)가 새로운 군주가 되었다. 합려와 마찬가지로 난폭하기 이를 데 없는 새로운 군주 부차는 무엇보다 자신의 아버지인 합려의 복수를 위해 이를 악물었다. 그는 오자서와 백비에게 태호(太湖)와 영암산(靈岩山)에서 병사들에게 해전 실습과 활쏘기 등을 연습시키도록 하는 한편, 자신 또한 보병과 전차병의 훈련을 도맡아 군사력 강화에 박차를 가했다. 부차는 부친의 삼년상을 마친 다음 즉시 출병한다는 계획이었다.

부차가 군사 훈련에 매진하고 있을 때 오나라의 동향에 촉각을 세우고 있던 구천은 이미 오나라와 월나라가 불구대천의 원수가 되었음을 직감하고, 두 나라 가운데 한 나라가 끝장이 나기 전에는 결코 싸움이 끝나지 않을 것이라고 보았다. 그렇지 않아도 부차가 부친상을 끝내기가 무섭게 월나라 정벌에 나선다고 하지 않던가! 구천은 내심 불안을 감출 수 없었다. 그렇다면 차라리 선제공격으로 불안의 씨앗을 없애버리는 것이 낫지 않을까? 결심을 한 구천은 주나라 경왕 26년(기원전 494년) 봄, 합려의 삼년상이 채 끝나기도 전에 대거 군사를 몰아 오나라를 침략했다. 정예 부대를 동원해 속전속결 전술을 펼친 월나라 군사는 순식간에 오나라 변경을 돌파해 깊숙이 전진해 들어갔다.

"구천, 이놈이 감히 선제공격을 해왔단 말인가? 오냐, 어디 본때를 보여 주겠다."

미리 준비한 전략과 작전 계획에 따라 부차는 3만여 명의 병력을 동원했다. 그는 자신이 전군의 총사령관을 맡고 오자서를 야전사령관 겸 참모장에, 그리고 백비를 부사령관에 임명했다. 오자서의 추천으로 손무는 군사 고문역을 맡아 전술과 전략에 대한 자문을 하기로 했다. 전투가 벌어지자 오나라 군사들은 애써 전력을 감춘 채 몇 번 싸워보기도 전에 도주하기 시작했다. 도주하는 오나라 군사들을 비웃으며 구천이 소리쳤다.

"군사 훈련에 열을 올렸다고 하더니, 알고 보니 완전히 오합지졸이로구나!"

교만해진 구천은 도주하는 적을 추격해 단번에 섬멸해 버리라고 명령했다. 이에 월나라 군사들이 추격해 금방이라도 따라잡을 것 같았지만 오나라 군사들은 잡힐 듯 말 듯 교묘하게 도망을 쳤다. 결국 태호 부근 부초에 이르러 월나라 군사들은 추격을 멈추었다. 주변을 살펴보니 낌새가 이상했다. 그제야 부차의 함정에 빠졌음을 깨달은 구천은 전술의 기본조차 무시하고 경거망동한 것을 후회했지만 이미 때는 늦었다. 그렇다면 죽음을 무릅쓰고 일전을 벌일 수밖에 없었다.

두 나라 군사는 불구대천의 원수로서 격전을 펼쳤다. 양 대군의 살육전이 불붙자 푸른 태호의 물이 어느새 참담하게 붉은 핏빛으로 물들기 시작했다. 열세에 몰린 월나라 군사는 사지에 내몰린 짐승처럼 완강하게 대항했지만 전세를 뒤바꿀 수는 없었다. 자칫 전군이 몰살할지도 모른다는 두려움에 구천은 패잔병을 수습해 공격이 약화된 틈을 타서 포위망을 뚫고 도망치기 시작했다. 그러나 막강한 군사력과 익숙한 지형 덕분에 오나라 군사들은 월나라 군사를 끝까지 추격했고, 석강(浙江 : 지금의 금당강錢塘江) 강변으로 몰아세웠다. 태산과 같은 기세로 몰려오는 오나라 군사에게 또다시 일격을 당한 월나라 군사들은 전마의 울부짖음과 요란한 전차 소리에 치를 떨며 다시 도주하기 시작했다. 겨우 5천여 명의 군사만을 이끌고 어렵게 도주하던 구천은 회계산(會稽山)의 한 작은 성에 이르렀다. 그때 구천뿐만 아니라 일반 장졸들도 기진맥진해 단 한 발짝도 걸음을 옮길 수 없었다. 그러면서 구천은 죽든 살든 산세를 이용해 마지막 방어선을 구축해야 한다고 생각했다. 끝까지 추격해 온 오나라 군사는 월나라 군사들이 회계산의 작은 성에 들어가 나오지 않자 성 주변을 겹겹이 에워쌌다. 회계산에 갇힌 구천의 군대는 물과 식량이 끊긴 채 악전고투하고 있었다.

마침내 구천은 대소 신료와 장군들의 건의를 받아들여 월나라 사직을 보존하기 위해 강화를 할 수밖에 없다는 결론을 내렸다. 이를 위해 구천은 대부 문종(文種)을 불러 오나라 조정에서 부차를 움직일 수 있는 백비에게 뇌물을 보내 화친을 요청하도록 했다. 명목상으로 화친이었지만 굴욕적인 투항이나 다를 바 없었다. 그때 우둔하고 난폭한 부차는 백비의 말에 넘어가 구천의 강화 요청을 받아들였고, 월나라를 완전히 패망시켜야 한다는 오자서와 손무의 말은 들은 척도 하지 않았다. 그렇게 오월(吳越) 간의 부초 전투는 오나라의 승리로 끝났다.

그러나 부차는 그 이면에 오나라의 패망이라는 어둠이 드리운 것을 상상도 하지 못했다.

부초 전투가 오나라의 승리로 끝난 다음, 월나라는 오나라의 속국이 되어 하는 일마다 오나라의 명에 따라야만 했다. 심지어 구천 부부는 오나라로 끌려와 고역을 치러야 했다. 그러나 구천은 대변을 먹어가며 부차의 연민을 불러일으켰고, 이로써 죽음에서 벗어나면서 월나라 부흥의 계기를 마련해 나갔다.

오나라 군대는 부초 전투에서 월나라 군대를 대패시킴으로써 천하 패권을 다투기 위한 교두보를 마련했다. 부차에게 부초 전투는 자신이 왕위에 오른 뒤 첫 번째로 얻은 전승이었다. 이 승리로 그는 천하를 제패하겠다는 야심을 더욱 분명하게 드러냈다. 호전적이고 성격이 급한 그는 당장이라도 북쪽으로 쳐들어가 천하의 패권을 차지하겠다며 마음을 굳히곤 했다. 사실 북쪽으로 제나라와 진나라를 패망시켜 천하의 패권을 차지한다는 것은 그의 부친인 합려의 숙원이기도 했다. 합려가 재세했던 당시 오나라가 영성을 점령하고 귀국한 뒤에도, 여러 가지 어려운 상황에도 불구하고 북쪽으로 제나라를 쳐야 한다는 논의가 무르익은 적이 있었다. 다만 배후에 있는 월나라가 변방에서 끊임없이 소란을 피웠기 때문에 중원 공략의 꿈을 잠시 접어두었었다. 이제 월나라가 속국이 되었으니 부초 전투에서 승리한 여세를 몰아 전략 목표를 다시 세우고, 제와 진을 공략함으로써 하루라도 빨리 중원의 패권을 차지하는 일만 남은 셈이었다. 이러한 정세 변화에 따라 다시 조정의 내분이 표면화되면서 쌍방의 갈등 또한 최고조에 달했다.

오자서와 손무는 무엇보다 월나라를 완전히 패망시키는 것이 중요하다고 주장하면서, 만약 그렇지 않을 경우 월나라가 재기해 오나라의 심복지환(心腹地患)이 될 것이라고 경고했다. 그때 구천은 복수의 음모를 철저하게 숨긴 채 부차의 환심을 사는 데 주력했다. 사실 이는 구천이 결코 범상한 인물이 아님을 말해주는 것이었지만, 우둔한 부차는 구천이 꾸며낸 가상(假象)에 눈이 멀어 전혀 눈치 채지 못하고 있었다.

부차는 오자서와 손무의 주장을 무시하고는 오히려 '월에서 손을 떼고 제를 공략'한다는 자신의 전략이야말로 최선책이라고 믿었다. 기원전 494년부터 기원전 484년에 걸친 10년 동안 부차는 겉으로 보이는 구천의 모습에 홀려 월나라에 대한 경계를 풀고 제나라 공략을 위한 전쟁 준비에 전력을 다했다. 기원전 486년, 부차는 중원 진입의 교두보를 마련하기 위해 장강 이북에 한성(邗城)을 쌓도록 하는 한편, 그 옆에는 중국 역사상 첫 번째 대운하를 뚫어 장강과 회하의 수계를 소통시켜 제나라 공략의 준비를 마쳤다. 기원전 485년에는 두 차례 출병을 해 제나라의 군사력을 시험하면서 허실을 탐색했다. 이듬해인 기원전 484년, 부차는 마침내 대군을 출동시켜 노나라 군사와 연합으로 제나라 공략에 들어갔다. 오나라는 제대로 훈련된 수군과 육군을 동시에 출전해 쳐들어갔고, 제나라는 애릉(艾陵) 부근에 진을 치고 응전했다. 이것이 바로 애릉 전투다. 당시 오나라는 10여 년에 걸쳐 전쟁을 준비한 덕에 쉽게 제나라를 격파했다. 부차는 그 전쟁에서 제나라의 대신 고장(高張)과 국하(國夏) 등을 포로로 끌고 왔고, 혁거(革車) 8백 승을 빼앗았으며, 3천여 병사의 목을 베었다. 애릉 전투에서 강력한 제나라를 격파함으로써 그렇지 않아도 오만했던 부차는 더욱 의기양양해져 과대망상 증상까지 보였다. 그는 승리의 기쁨을 만끽하기도 전에 오나라 군사들에게 새로운 전투 준비 명령을 내렸다. 그것은 막강 진(晉)나라와 중원 패주의 자리를 다투겠다는 뜻이었다.

오자서 등은 애릉 전투에서 승리는 했지만 여전히 월나라에 대한 경계를 늦추지 않았다. 그는 여러 차례 실례를 들어가며 부차에게 구천의 야심을 경계하도록 당부했다. 하지만 부차는 오히려 구천에 대해 더 이상 경계하지 않아도 된다고 여기고는 그를 귀국시킨 상태였다. 자신의 나라로 돌아온 구천은 자리 옆에 쓸개를 달아놓고 수시로 쳐다보며, 또한 음식을 먹을 때는 그것을 핥아 먹으면서, 회계산의 치욕을 잊지 않을 것을 다짐했다. 음식을 먹을 때는 두 가지 이상을 먹지 않았고, 백성과 더불어 고락을 같이하면서 부국강병의 길을 모색했다. 그런 중에 월나라 대부로 구천의 신임을 받고 있던 범려(范蠡)와 문종이 월나라 여인들 가운데 서시(西施)라는 미인을 물색해 부차에게 보냈다. 미색에 흠뻑 빠진 부차는 절세미인의 품에 안겨 그녀가 구천이 던진 미끼라는 것은 꿈에도 생각하지 못했다. 서시와 운우지정을 나눈 부차는 하룻밤 만에 거만하고 고집 센 군주에서 사랑에 빠진 부드러운 사내가 되고 말았다. 이로써 오자서와 백비의 자리를 서시가 차지하게 되었다. 이후 부차는 서시의 말이라면 무엇이든 들어주었다. 그러나 서시는 범려가 맡긴 자신의 사명을 한시도 잊은 적이 없었다. 서시는 모든 기회를 이용해 부차에게 당장이라도 북쪽으로 제나라를 공략하고 천하의 패주가 되어달라며 애교를 떨었다.

한편 월나라는 백성들을 풍요롭게 하는 한편, 병기를 마련하고 군사들을 훈련시켜 재기의 발판을 마련해 나갔다. 아직까지 왕의 신임을 받고 있던 오자서나 손무는 월나라의 정황을 들을 때마다 걱정이 태산 같았다. 그러나 부차는 서시를 얻은 이후로 여색에 빠져 정사는 안중에도 없었다. 조정 안팎으로 여론이 들끓자 오자서가 부차에게 강한 어조로 아뢰었다.

"월나라는 이미 국력을 회복했으니, 분명히 다시 일어설 것입니다. 하루빨리 월나라를 쳐서 구천을 철저하게 파멸시키지 않는다면, 순식간에 오나라는 월나라에게 무너져 다시는 돌아올 수 없는 길을 가게 될 것입니다."

고집불통인 부차는 오자서 등이 올린 상소를 보더니 버럭 화를 내며 "황당 무계한 말이로다!"라고 외쳤다. 그리고 붓을 들고는 써내려갔다.

"정사를 어지럽히는 신하는 하늘이 벌할 것이로다. 오자서는 앞으로 함부로 말을 해서는 안 될 것이다. 손무 역시 내 전략에 위배되는 강변을 삼가야 할 것이니, 이를 어긴다면 죽음을 면치 못할 것이다. 나는 반드시 중원을 차지해 천하의 패업을 달성할 것이다."

자신의 충심어린 상소가 받아들여지기는커녕 오히려 죽음을 몰고 오리라는 사실을 직감한 오자서는 더 이상 월나라 이야기를 꺼내지 않기로 마음먹었다. 만약에 이곳 오나라에서 자신의 꿈을 이루지 못한다면 다른 곳에서 새롭게 시작할 수도 있을 것이다. 마침 제나라에 사신으로 가게 된 오자서는 아들을 제나라의 대부인 포씨(鮑氏)에게 맡겨 길러줄 것을 부탁했다.

손무의 최후

　　부차는 오자서가 아들을 제나라에 숨겼다는 소식을 백비에게 듣고는 화가 머리끝까지 솟구쳤다.

　　"오자서, 이놈이! 제나라를 치려고 할 때 극구 말리더니 이미 사통하고 있었던 게로구나! 내가 그를 박대한 적이 없거늘 어찌 나를 배반하고 제나라로 투항할 생각을 하는가? 오자서, 네가 나를 속였도다!"

　　오자서와 심히 반목하고 있던 백비는 이미 오래전부터 그를 제거하고자 했다. 백비는 화가 잔뜩 나 있는 부차를 보고 불난 집에 부채질을 하듯 오자서를 비난하기 시작했다.

　　"오자서는 반골의 상입니다. 처음에는 초나라를 배반하고 오나라에 투항하더니, 이젠 다시 오나라를 배반하고 제나라에 투항하려고 합니다. 알아본 바에 따르면, 오자서가 제나라와 밀약을 주고받은 지는 이미 오래되었다고 합니다. 일을 은밀히 처리한 까닭에 쉽사리 발견되지 않았던 것뿐입니다. 듣자하니 오자서는 그의 옛 세력과 식객 3천 명을 모아 훈련을 시키고 있었고, 피리 등과 연합해 일거에 오나라를 공략할 준비를 하고 있었다고 합니다. 이는 결국 그가 왕의 자리를 노린다는 뜻이 아니면 무엇이겠습니까?"

　　서시를 끌어안고 술을 마시던 부차는 백비의 말에 눈이 휘둥그레졌다. 그는 반신반의한 표정으로 물었다.

　　"그것이 정말인가?"

　　백비가 정색을 하고 대답했다.

　　"분명 사실이옵니다. 오자서는 겉으로는 충성스러워 보이나 실제로는 잔인한 사람입니다. 원래 간사한 신하는 언제나 충성스러운 모습을 하고 있다 하지 않습니까. 초나라를 떠나 오나라로 들어왔을 때, 자신의 부형조차 돌보지 않았던 자입니다. 그런데 어찌 그러한 자가 왕을 위해 사력을 다하겠습니까? 속히 제거하지 않으면 분명 화를 몰고올 것입니다."

그때 부차의 품에서 빠져나온 서시가 부드럽고 가녀린 손으로 부차의 이마를 살짝 건드리며 마치 애원을 하듯 여린 목소리로 말했다.

"전하는 매일 저보고 바보라고 하시지만 제가 보기엔 전하야말로 천하제일 바보세요. 그 간단한 이치도 모르세요? 정변을 일으킬 생각이 아니라면 오나라에서 잘 지내고 있는 아들을 왜 제나라로 빼돌리겠어요? 이거야말로 드러내놓고 정변을 일으켜 정권을 차지하겠다는 마음을 보여 주는 것 아닙니까? 지금 목숨이 경각에 달렸는데 전하는 아직도 뭐가 뭔지 모르시다니 천하제일 바보가 아니고 무엇이겠습니까?"

서시의 말에 부차는 창피하기도 하고, 화가 나기도 했다. 마치 자기가 정말 천하제일 바보가 된 것 같았다. 모든 사람들이 자신의 궁상스러운 몰골을 쳐다보고 있는 것 같았다. 수치스러움과 분노로 가득 찬 부차는 얼굴이 벌게지며 입술을 덜덜 떨고, 두 눈에서는 불길이 이글거렸다. 그는 청동 대고(大觚)를 잡아 내리쳤다. 쾅당 소리와 함께 탁자를 치고 높이 튀어 오른 대고가 하얗고 부드러운 서시의 허벅지를 향해 비스듬히 날아갔다. 큰일이다 싶어 재빨리 백비가 몸을 날렸지만 때는 이미 늦었다. 육중한 대고가 그대로 서시의 허벅지에 떨어졌다. 이어 비명소리와 함께 서시가 연회석으로 튕겨 오르며 그 곱디고운 얼굴이 뜨거운 김이 모락모락 피어오르는 탕 속에 빠져버렸다. 순식간에 국물이 사방으로 튀고, 연기가 피어올랐다. 연회석에 있던 식객들은 서시가 탕 속에 빠지는 것을 보면서 모두 이리저리 뛰어다니며 대고와 국물 세례를 피했다. 탕 그릇에서 얼굴을 든 서시는 날카로운 비명을 지르면서 탁자 위를 떼굴떼굴 굴러다녔다. 얼이 빠진 부차는 서시를 부둥켜안고 어의를 부르느라 정신이 없었다.

한쪽에서 서시를 치료하는 동안 부차는 분노와 함께, 이번 소동의 수치스러움을 무마하기 위해 백비에게 명해 오자서를 당장 잡아오도록 했다. 영문도 모른 채 오자서가 대전에 끌려온 뒤, 부차는 대전의 궤를 뒤져 조상 대대로 전해지는 '속루검(屬鏤劍)'을 꺼내 들고 입을 열었다.

"오자서 이놈! 교활하고 음흉한 요물 같으니라고! 겉으로는 나에게 충성을 맹세하고 뒤에서는 다른 수작을 부린단 말이냐? 제나라와 내통해 아들을 몰래 보내다니. 이 어찌 나를 속이고, 제나라와 손을 잡아 모반하려는 뜻이 아니겠느냐? 모반의 증거가 확실하니 즉시 참형에 처할 것이로다. 너는 이 칼로 죽으라!"

그때까지 전후 사정을 알지 못해 멍하니 바라보기만 하던 오자서가 순간 정신이 들었는지 부차를 쳐다보며 너털웃음을 터뜨렸다.

"나는 이전에 그대의 아비가 천하를 얻도록 했고, 또한 그대를 옹립해 왕위에 오르게 했다. 그대가 나에게 오나라의 절반을 준다고 했지만 나는 받지 않았다. 그러나 지금 아첨하는 신하의 말을 듣고 나를 죽이려고 하는구나. 아! 부차는 혼자 서지 못할 것이다. 내가 죽는 것은 안타깝지 않지만 내가 죽은 뒤 오나라 역시 곧 멸망할 것이다."

그는 '속루검'을 목에 대고 다시 말을 이었다.

"내가 죽은 뒤 내 눈알을 도려내어 오나라 동문 위에 걸어 달라. 내 직접 월나라 왕 구천이 군대를 이끌고 와 오나라를 멸망시키고, 부차를 죽이는 모습을 지켜보겠다."

말을 마친 오자서는 한번 껄껄 웃은 다음, 검으로 자신의 목을 찔렀다. 피가 솟구치며 오자서가 땅에 고꾸라졌다. 부차는 백비에게 명령해 오자서의 머리를 잘라 성문 밖 백 척 간두에 효시하도록 했다. 오자서는 이렇게 파란만장한 일생을 마쳤다.*

이 소식을 들은 손무는 난감해진 자신의 처지를 생각하면서 갑작스러운 변고에 어떻게 대처할 것인지 나름대로 방안을 마련하느라 고심했다. 그냥 집에

---

* 『사기』 「오자서열전」에 따르면, 오나라 왕이 오자서의 시체를 가져다가 말가죽 자루에 넣어 강물에 던져 버렸으며, 사람들이 그를 불쌍히 여겨 강가에 사당을 짓고 서산(胥山)이라는 이름을 지어 주었다고 한다.

있다가는 오자서와 마찬가지로 죽음을 맞이할 수밖에 없을 것이다. 그렇다면 부차 앞에서 오자서와의 인연을 끊고 속죄한 뒤 왕의 관대한 처분을 기다릴 것인가? 백비에게 뇌물을 주어 재앙을 모면하는 것은 어떨까? 아예 모반을 감행해 세력을 규합하고 부차의 목숨을 끊어 정권을 탈취할 수도 있겠지? 그렇지 않다면, 역시 삼십육계가 상책일까?

결국 그는 맨 마지막 상책, 즉 도피하는 것으로 가능성을 남겨 두고자 했다. 그러나 사서의 기록이 모호해 과연 진짜로 도망을 갔는지, 도주를 했다면 어디로 갔는지 정확하게 알 수가 없다. 이후 수많은 억측이 난무했는데, 그 대강은 다음과 같다.

첫째, 피살되었다. 『한서』「형법지(刑法志)」는 "손(孫 : 손무), 오(吳 : 오자서), 상(商 : 상앙), 백(白 : 백기) 등의 무리는 모두 주살되었고, 이후 공적도 사라졌으며 후손 또한 없다."라고 기록했다. 안사고(顔師古)의 주에 따르면, '주살'된 자는 "손무, 손빈, 오기(吳起), 상앙(商鞅), 백기(白起)다." 당(唐) 현종 시절에 살았던 이전(李筌)의 『태백음경(太白陰經)』「선사(善師)」편 역시 『한서』의 설을 그대로 수용해 "손, 오, 한, 백의 무리는 모두 처형되었으며, 자손도 전해지지 않는다."라고 했다. 이상의 기록으로 볼 때, 손무의 말년은 그리 순탄치 않았던 것으로 보인다. 오자서가 죽은 뒤 그가 연루된 것은 당연한 일이다. 그러나 『한서』에 손무가 '주살'되었다는 설이 나오긴 하지만 『사기』에는 기록이 없고, 『한서』「형법지」에 더 이상 자세한 내용이 실려 있지 않아 진위를 밝힐 수 없다.

둘째, 일부 사학자들은 오자서가 피살되자 손무는 가솔을 거느리고 궁륭산으로 숨어들었다고 주장했다. 그는 그곳에서 주위에 흩어진 옛 부하들을 다시 모아 재기를 꿈꾸면서 자신의 경험을 바탕으로 『병법 13편』 집필을 계속했다는 것이다. 세월이 흐르면서 오자서는 물론 손무의 존재 여부도 점차 사람들의 관심에서 멀어졌고, 손무는 궁륭산을 떠나 고소성 밖 교외에 은거하면서 병법 연구를 계속했다는 것이다.

셋째, 또 다른 사학자들은 손무가 말년에 오나라에 체포되었다고 주장했다.

그들의 주장에 따르면 고소성에서 수감 생활을 하다가 부차에게 처형되었으며, 아무도 모르는 곳에 매장되었다고 한다.

넷째, 『손자병법』을 살펴본 결과, 손무가 궁륭산으로 되돌아간 뒤 나이가 들면서 고향에 대한 그리움이 깊어지자 다시 궁륭산을 떠나 제나라로 돌아갔다고 주장하는 이들도 있다. 그들의 주장에 따르면, 월나라의 계속된 침입으로 오나라의 국력이 쇠약해진 틈을 타서 제나라로 돌아갈 수 있었으며, 이후 고향에서 안거하거나 유랑하다 제나라에서 일생을 마쳤다고 한다. 그러나 끝까지 병법에 관한 연구를 게을리 하지 않았고, 아마도 오나라가 멸망한 이후까지 살아있었을 가능성이 크다고 했다. 왜냐하면 『손자병법』 「작전」편에서 "군사들을 오랫동안 전쟁터에 내보내면 국가 재정이 위기에 빠진다. 군대가 피폐하고 사기가 저하되어 성을 공격하다 힘이 다하고 재정이 바닥나면 제후들이 이에 편승해 침공하기 위해 일어설 것이다."라고 한 것이 부차가 선왕의 원수인 월나라에 대한 경계를 풀고 북상을 감행해 허망한 맹주를 꿈꾸다 결국 패망하고 말았다는 역사 기록을 분명하게 보여 주고 있기 때문이다.

그렇다면 오나라 왕 부차는 어떻게 되었는가? 사서에서 고증할 수 있는 마지막 이야기는 다음과 같다.

주나라 경왕 38년(기원전 482년), 부차는 야심만만하게 패자의 꿈을 안고 기세등등하게 황지(黃池)로 들어갔다. 그는 그곳에서 노나라 애공, 위(衛)나라 출공(出公)과 함께 진(晉)나라 정공(定公)을 만나기로 약속했다. 바로 이 회합에서 부차는 마침내 맹주의 자리를 차지했다. 겉으로 드러나는 막강한 군사력을 내세워 다른 제후국들을 위협함으로써 맹주를 차지하자, 꼭두각시에 불과한 주나라 경왕 역시 오나라 부차가 천하의 패자가 되었음을 인정하지 않을 수 없었다.

부차는 의기양양해져서 개선가를 부르며 귀환을 서둘렀다. 그때 오자서와 손무 등이 걱정하던 일이 결국 터지고 말았다. 월나라 구천이 부차가 북상한 틈을 타 범려를 앞세워 오나라를 공격한 것이다. 월나라는 파죽지세로 곧장 오나라 수도로 쳐들어갔다. 국내에 남아 정사를 맡고 있던 태자 우(友)가 황급히 남아 있는 병사를 모아 전투를 지휘했지만, 맹렬한 기세로 덤벼드는 월나라 군대에 비해 창졸지간에 적을 맞은 오나라 군대는 정비도 되지 않은 상태였다. 게다가 태자 우는 군대를 지휘해 본 경험이 거의 없어 몇 번 싸워보기도 전에 참담하게 무너졌고, 도성인 고소성도 함락 위기에 몰렸다. 불행하게도 지휘를 맡았던 태자 우는 전장에서 죽었고, 비보가 귀국길에 오른 오나라 군대에 알려졌다. 그러나 피비린내 나는 전장에서 맹위를 떨쳤던 오나라의 열혈남아들도 벌써 수년째 전쟁터를 떠돌며 심신이 지칠 대로 지친 상태였다. 그들의 왕성한 혈기도 이미 예전 같지는 않았다.

이번에 황지에 갔던 것은 주군이 천하 맹주의 자리를 얻기 위해서였다. 모시고 있는 왕이 천하의 맹주가 되면 모든 제후들을 압도할 수 있게 될 것이고, 그렇게 되면 자신들도 갑옷을 벗고 편하게 밭이나 갈며 여생을 보낼 수 있겠다고 생각했다. 그런데 이게 무슨 일인가! 고국에 돌아가기도 전에 월나라 군대가 침입해 도성이 함락될 위기에 처해 있다니! 도대체 어찌 해야만 하는가? 병사들은 그저 당황스럽고 원망스럽기만 했다. 그들 마음에는 전쟁에 대한 혐오감과 함께 고국에 두고 온 가족들 걱정이 가득 찼다. 부차는 문제의 심각성을 깨닫고 말에 박차를 가해 오나라로 돌아왔지만 월나라 군사의 엄청난 기세에 몰려 수세를 면할 수 없었다. 결국 부차는 백비의 건의에 따라 하는 수 없이 월나라의 강화 조건을 받아들여 잠시 숨을 돌려야만 했다.

이후 월나라는 수시로 오나라를 공격해 연승을 거두었다. 부차의 권력은 이제 다시는 돌이킬 수 없을 정도로 약화되었다. 기원전 473년, 월나라 군대는 마침내 오나라 도읍인 고소성을 함락하고 부차는 막바지 길에서 안타까운 듯 서시에게 눈물로 작별을 고한 뒤 검을 뽑아 자결했다. 부차의 몸이 고꾸라지며 고통스러운 모습으로 바닥에 누워 신음하고 있을 때, 부차에게 다가간 서시가 그의 어깨를 두드리며 말했다.

"이제야 월나라 왕께서 부여하신 신성한 사명을 다할 수 있게 되었습니다. 복잡다단한 심경으로 작별 인사를 해야겠군요. 제가 사랑하는 범려 장군이 기다리고 있거든요."

서시는 승리자의 모습으로 고개를 쳐든 채 왕궁을 나와 자신을 기다리고 있던 범려의 품에 안겼다. 범려는 아무 말 없이 서시를 안아 자신의 수레에 태운 뒤 월나라 군사를 두고 멀리 태호로 향했다. 전하는 바에 따르면, 범려와 서시는 제나라 정도(定陶)라는 곳으로 도주해 숨어버렸다고 한다.

부차가 죽자 오나라의 찬란했던 역사도 완전히 무너지고 말았다. 이에 비해 월나라는 더욱 막강한 세력을 지니게 되었으며, 그 옛날 와신상담(臥薪嘗膽)의 주인공이었던 구천은 당당히 천하 맹주의 자리에 올랐다. 당시 노나라에서는 공자가 죽고 그와 더불어 춘추 시대도 막을 내리고 있었다. 이제 역사는 더욱 혼란스러운 전국 시기로 접어들었고, 바로 그때 손무의 후손으로 제나라의 병법가인 손빈(孫臏)이 역사의 무대에 등장해 피비린내 나는 전쟁터에서 변화무쌍하고 비장한 연극을 연출하게 된다.

9장
귀곡자의 천기누설

손빈과 방연, 야심만만한 두 젊은이의 만남이 이루어졌다. 술집에서 만나 서로의 이상을 이야기한 두 사람은 귀곡에서 수련을 거치고 학업에 큰 성과를 거두어, 이제 큰 날갯짓을 하려고 한다. 방연이 위나라에서 입신출세하고 묵적이 귀곡으로 가 친구를 만나니, 서로의 엇갈리는 운명을 따라 손빈도 초청을 받아 하산했다.

귀곡 선생의 불길한 예언대로 방연은 은밀한 계획을 세웠다. 숨겨진 암기는 막아내기 어려운 법, 손빈에게 위기가 다가오는데 과연 그의 운명은 어떻게 될 것인가.

귀곡에서의 수련

사학계의 여러 가지 주장을 종합해 볼 때, 손무가 고소성 함락 이후에도 살아남아 있었던 것은 분명하다. 또한 그가 먼저 궁륭산으로 들어갔는지 아니면 곧장 제나라로 갔는지는 알 수 없지만 이후 제나라에 정착한 것 또한 사실이다. 전하는 바에 따르면 오나라 경계를 빠져나온 그는 제나라 서남 변경의 견성(鄄城) 일대에 정착했다고 한다. 그리고 몇 년 뒤, 한때 대군을 호령하고 전쟁터를 누비던 군대 지휘관이자 병법가였던 손무도 오랜 유랑 생활을 끝마치고 세상을 떠났다. 다시 세월이 흐른 뒤 그의 집안에서 증손인 손빈이 셋째로 태어났다. 그가 태어난 곳은 제나라 아(阿)와 견(鄄) 사이의 한 마을이었다.

손빈이 열세 살 되던 해, 제나라 변경에서는 크고 작은 전쟁이 계속되었고 그 와중에 역병까지 돌았다. 무시무시한 역병에 손빈의 부모가 세상을 떠나고 그의 두 형마저 전쟁 통에 어디론가 사라져 손빈은 거리를 헤매는 고아 신세로 전락했다. 그러나 다행스럽게도 냉(冷)씨 성을 가진 선량한 마을 부자가 영특하고 붙임성 좋은 손빈의 처지를 딱하게 여겨 그에게 집안일을 거들도록 했다. 비록 품삯은 받지 못했지만 소를 치거나 잡일을 하면서 입에 풀칠을 할 수는 있었다.

손무

손빈

이전에 손빈의 집은 비록 가세가 기울어 생활이 어렵기는 했지만 부친이 살아 있을 때만 해도 손빈 형제는 학문을 닦고 무예를 단련하는 등 엄격한 교육을 받았다. 부친의 가르침과 보살핌 덕분에 그들은 나라를 위해 군공을 세우고 입신양명하겠다는 꿈을 버리지 않았다. 당시는 이미 춘추 시대가 끝나고 전국 시대로 들어서서 강력한 국력을 떨치던 진, 초, 연, 제, 한, 위, 조 등 이른바 칠웅(七雄)이 천하에 할거해 중원의 패자가 되기 위해 끊임없이 싸우는 중이었다. 열국들의 끝없는 전쟁으로 성이나 들판에는 피비린내가 진동했고, 굴러다니는 해골과 타오르는 불길로 차마 눈뜨고 볼 수 없는 참상이 이어졌다. 이처럼 변동이 심하고 불안정한 사회에서는 야심가, 음모꾼, 자객, 유랑자, 도적, 술주정뱅이, 도박꾼, 투기꾼 등도 재능과 행운을 시험해 볼 수 있는 기회가 생기기 마련이다. 이렇듯 각양각색의 사람들이 끊임없는 전쟁 사회를 무대로 서로 죽고 죽이면서 승리자를 자처하고 돈과 여자, 권력을 차지하기 위해 혈안이 되어 있었다. 손빈이 생활하던 곳은 송, 위, 제, 조 등 네 나라와 맞닿아 있는 요충지로서 크고 작은 전쟁이 빈번하게 일어나는 곳이었다. 지역적, 시대적 영향을 한껏 받으며 성장한 시골 목동 출신 손빈은 어느 날 불현듯 고향을 떠나 전투에 참가하여 어떤 희생을 치르더라도 뭔가 웅혼(雄渾)한 일을 해보고 싶다는 열망에 사로잡혔다.

　　열여덟 살이 되던 해 초여름, 손빈은 냉씨 집을 떠나 널리 바깥세상을 돌아보기로 했다. 준비를 마치고는 여명 무렵 자기가 기르던 소에게 작별 인사를 한 뒤 조용히 고향을 빠져나와 입신출세의 기회를 찾아 정처 없이 길을 나섰다.

　　곳곳을 유랑한 지 1년 남짓, 손빈은 막막하기만 한 현실 속에서 절망에 사로잡혀 있었다. 그때, 한 외진 술집에서 우연히 방연(龐涓)이라는 청년 장사를 만났다. 방연의 조상은 모반을 통해 입신출세했는데, 그의 조부가 범죄를 저질러 관부에 붙잡히면서 가세가 기울기 시작했다. 방연이 태어날 무렵에는 더 이상 재기할 수 없는 지경에 이르러 가난한 삶을 이어가고 있는 중이었다. 그 와중에도 방연은 언젠가 반드시 지난날의 영광을 찾아 다시 한 번 집안을 일으키겠다는 꿈을 키워 나갔다. 늠름하고 멋진 청년으로 성장한 그는 누가 봐도 뛰어난 기개를 지닌 출중한 인물이었다. 영특하고, 언변에 능하며, 야심만만한 데다 영웅의 기개를 갖추고 있었다. 영락한 귀족 자제로서 미천한 사회적 지위와 주위 사람들의 냉담한 시선이 늘 불편했던 그는, 결국 먼 조상님들의 영광을 재현하겠다는 야심찬 이상을 안고 정든 집을 떠나 세상 밖으로 나갔다. 곳곳을 헤맨 지 거의 3년이란 세월이 흘렀고, 우연한 기회에 자신과 같은 꿈을 좇는 손빈을 만나게 된 것이다. 당시 손빈은 가난하고 나약한 서생이었지만 마음에 가득 찬 이상은 그의 모습에 생기를 더해주고 있었다. 어쩌면 하늘의 뜻이었는지도 모른다. 이처럼 궁벽한 시골 마을, 그것도 허름하기 이를 데 없는 술집에서 우연히 마주친 두 사람은 마치 오랜 벗을 만난 것처럼 몇 마디 나누어 보지도 않고 의기투합해 의형제의 연을 맺었다. 나이가 많은 손빈이 형이 되고, 방연은 아우가 되었다. 형제가 되기로 결의한 두 사람은 함께 당시 중원에서 가장 뛰어난 수완가로 알려진 귀곡자(鬼谷子)의 문하에 들어가기로 마음먹었다. 누추한 숙소를 나선 두 사람은 등짐을 메고 전설적인 인물, 귀곡자의 집으로 향했다.

귀곡자의 본명은 왕허(王栩)다. 그는 어린 시절 사숙을 통해 그 지역 사람들이 차랑조자(車螂爪子)라고 말하는 한자를 공부한 뒤 인근 토호의 집안에 사부로 초빙되었다. 본시 준수한 얼굴에 혈기왕성한 젊은이였던 그는 뜻하지 않게 주인의 첩과 눈이 맞았다. 어느 날 왕허의 방에서 두 남녀가 한창 사랑을 나누고 있었는데, 그렇지 않아도 두 사람의 사이를 의심하고 있던 주인이 현장을 덮쳤다. 결국 왕허는 흠씬 두들겨 맞고서는 쫓겨나고 말았다. 식구들을 대면할 염치조차 없었던 그는 어둠을 틈 타 고향을 빠져나와 천지사방을 떠돌아다녔다. 그러다가 우연한 기회에 묵가의 창시자인 묵적(墨翟)을 만나 형제의 의를 맺고 함께 운몽산(雲夢山)에서 약초를 캐며 도를 닦았다. 몇 년 뒤, 운몽산을 나온 두 사람은 천하를 떠돌아다니면서 삶에 대한 새로운 깨달음을 얻었고, 그에 맞추어 인생의 목표를 새롭게 설정했다. 그는 중원 양성(陽城) 교외에 자리한 산에 들어가 면벽한 채 학문을 닦으며 고행을 시작했다. 그가 자리한 곳은 준령에다가 수풀이 울창해 인적이 매우 드문 곳이었다. 그래서 부근 사람들은 그곳을 귀신이 출몰한다고 해 귀곡(鬼谷)이라 불렀다. 다시 몇 년의 세월이 흐른 뒤 왕허는 마침내 면벽 수도를 끝내고 세상 물리를 터득한 대가가 되었다. 의술과 병법, 제왕학, 궤변학 등에 통달한 그는 인근 백성들에게 병을 치료해 주기도 하고 풍수나 관상을 봐주기도 했다. 이러한 사실이 점차 외부로 알려지면서 왕허는 밖으로 널리 알려졌고, 점차 더욱 신비한 인물로 과장되었다. 당시 미신에 깊이 경도된 주변 마을 사람들은 그를 귀곡 선생이라고 불렀으며, 수많은 사람들이 그의 명성을 듣고 배움을 얻기 위해 모여들었다. 왕허는 오는 사람들을 모두 받아들여 제자로 삼았다. 이렇게 몰려들어 문하생이 된 그들은 왕허의 학문에 감탄하면서 존경심을 표하기 위해 왕허를 귀곡자라고 부르기 시작했다.

그를 따르는 무리들이 늘어나면서, 귀곡자는 자신이 기거하는 심산유곡에 학당을 마련했다. 당시 수십 년에 걸친 수련으로 귀곡자는 점차 기인이 되어가고 있었다. 그가 중시하는 것은 무엇보다 사람들의 꿈이었는데, 그것은 이후 일종의 학설로 자리가 잡혔다. 그는 배우기를 원하는 자라면 어떤 사람일지라도 마다하는 법이 없었다. 그렇다고 떠나는 이를 말리는 경우도 없었다. 그는 제자들마다 타고난 재능이나 품성, 또는 지향하는 목표에 따라 각기 다르게 가르쳤다. 사람들이 원하는 학문이 무엇이든지, 예를 들어 천문학, 수학, 무술, 심지어 유협이나 자객, 대도(大盜)라고 할지라도 꿈과 이상만 있다면 언제나 성심껏 가르쳤고, 거절하는 법이 없었다. 그래서 귀곡자의 학당은 점차 온갖 부류의 사람들이 모여 사는 거대한 공간이 되었다. 그를 찾아오는 사람들의 꿈은 천차만별이었다. 혹자는 평생 놀고먹으며 살기를 원했고, 또 어떤 이는 고관대작이 되거나 부자가 되고 싶다고 했다. 그중 상당수는 귀곡자의 문하에서 학문을 연마한 다음 천하 여러 나라로 퍼져나가 관리가 되기도 했고, 엄청난 부를 축적하기도 했다. 물론 범법자가 되어 감옥에 가거나 별다른 공적도 이루지 못한 채 병들어 죽은 사람들도 있었다. 이렇듯 귀곡자 자신이 워낙 신비한 인물이었던 데다가 다양한 학문을 전수했고, 또한 문하생들이 각자 다양한 운명에 따라 서로 다른 일을 했기 때문에 그에 대한 후세의 평가도 각양각색이었다. 누군가는 극찬을 했지만 또 누군가는 사정없이 폄하하기도 했다. 그 차이는 실로 천양지차였다.

우선 송나라 고사손(高似孫)은 귀곡자에 대해 이렇게 말했다.

"그의 지모(智謀)와 술수(術數), 교묘한 변론과 문장은 전국 시대 여러 학인들의 본보기가 되었으며, ……한 시대의 영웅이었다."

그러나 명나라 유학자 송렴(宋濂)은 다음과 같이 말했다.

"귀곡자가 말한 패합(捭闔 : 『귀곡자』의 한 편명으로, 열고 닫힘을 말한다), 췌마(揣摩 : 편명. 예측 또는 추측 판단에 대해 언급하고 있다), 계략술 등은 모두 소부사서(小夫蛇鼠 : 뱀이나 쥐새끼처럼 하찮은 인물)의 계책일 뿐이다. 집에 이를 사용하면 집안이 망할 것이고, 나라에 이를 사용하면 나라가 무너지며, 천하에 이를 사용하면 천하를 잃게 될 것이다."

서로 다른 시대를 대표하는 두 인물의 이야기에서 귀곡자에 대한 평가가 얼마나 크게 차이가 나는지를 알 수 있다. 그러나 그 평가의 옳고 그름에 관계없이 역사상 유명했던 인물인 종횡가(縱橫家)* 장의(張儀), 소진(蘇秦), 전략가 손빈, 방연 및 도사 모몽(茅濛) 등이 귀곡자의 제자로 알려진 것을 보면 당시 그의 영향력이 결코 적지 않았음을 능히 짐작할 수 있다.

여하튼 손빈과 방연은 양성 교외 심산유곡에 자리한 귀곡을 찾아갔다. 협곡을 지나 좁은 산길을 따라 걷고 있을 때, 차림새가 남루한 한 백발노인이 청석판 위에 누워 길을 가로막고 있었다. 방연이 다가가 살펴보니 노인은 코를 드르렁거리며 단잠을 자고 있었다. 옆에 놓인 약초 바구니를 보니 산에서 약초를 캐는 노인네 같았다. 아무 생각 없이 편안한 얼굴로 깊은 잠에 빠진 노인의 팔을 흔들며 방연이 말했다.

"이보시오. 이렇게 길바닥에서 잠이 들면 어찌합니까? 빨리 일어나시지요."

---

* 중국 전국 시대에, 제자백가 가운데 제후들 사이를 오가며 여러 국가를 종횡으로 합쳐야 한다는 합종책(合縱策)과 연횡책(連衡策)을 논한 분파를 말한다.

노인이 몸을 뒤척이는가 싶더니 다시 잠에 빠져들었다. 왠지 무시를 당한 것 같은 느낌이 들어 방연은 더 큰 목소리로 말했다.

"아니, 이 노인네가 말이 안 들리나? 왜 길을 막고 있으시오? 빨리 일어나서 길을 비켜 주시오."

그래도 노인이 일어나지 않자 손빈이 말했다.

"됐네. 보아하니 노인장이 피곤하신 모양이네. 자, 우리 옆 능선을 타세. 그렇게 해도 갈 수 있어."

"똑바로 난 길을 마다하고, 어찌 길 아닌 곳으로 돌아간단 말인가? 아예 밟고 가세."

그러고는 방연이 노인을 향해 발을 내디디자 손빈이 황급히 그를 제지했다.

"아우, 그럼 쓰나. 그건 도리가 아니지."

방연은 제지하는 손빈을 바라보며 더 기를 썼다. 그리고 손빈을 밀치며 말했다.

"도리는 무슨 놈의 얼어 죽을 도리! 어디 하늘이 어떻게 나오는지 한번 봅시다."

방연이 소리치며 노인의 가슴을 막 밟으려고 하는데, 돌연 노인이 몸을 돌리면서 손을 뻗어 방연의 다리를 툭 하고 쳤다. 방연은 몸이 기우뚱하면서 그대로 넘어지고 말았다.

방연은 언덕을 데굴데굴 굴러가다가 커다란 나무에 부딪혔다. 잠시 후 겨우 기어 올라온 방연이 씩씩거리며 노인에게 달려들었다. 그러나 노인은 여전히 잠을 자고 있는지 눈을 감고 있었다. 문득 기이한 생각이 들기는 했지만 그렇다고 화가 풀린 것은 아니었다.

"한번 해보시겠다는 건가? 그럼 좋아. 어디 한번 맛 좀 보여 주지."

방연이 다시 엄청난 기세로 돌진해 노인 앞에서 발을 날렸다. 노인은 눈을 감은 채 '흥' 소리를 내더니 몸을 홱 뒤집어 한 손으로 파리를 잡듯 휘저었다. 노인의 단순한 동작 한 번에 방연은 열 척도 넘게 나가떨어져, 하마터면 깊은 골짜기로 굴러 떨어질 뻔했다.

한참만에야 바닥에서 일어난 방연은 얼이 빠진 듯 노인을 바라보았다. 그는 늘어지게 하품을 하더니, 일어나 앉아 조금 놀랍다는 눈으로 손빈과 방연을 바라보며 물었다.

"젊은이들, 여길 지나가시려고?"

"그렇습니다."

손빈이 대답하며 앞으로 다가가 예를 올렸다.

"노인장, 길을 비켜 주십시오."

"어디 가는 길이시오?"

노인이 게슴츠레한 눈을 비비며 다시 물어보았다.

노인의 말을 들은 방연은 화가 치밀어 올랐다.

"우리가 어딜 가든 무슨 상관이오? 어서 길이나 비키시오."

그래도 노인은 무덤덤한 얼굴을 하고는 천천히 대답했다.

"어디를 가는지도 말하지 않으면서 날더러 비켜 달라고?"

손빈이 다시 다가가 예를 올리며 말했다.

"사실 저희는 산속으로 귀곡 선생을 찾아가는 길입니다. 노인장의 단잠을 깨웠다면 정말 죄송합니다. 용서해 주십시오."

노인이 그의 말을 듣더니 껄껄 웃었다.

"진작부터 귀곡 선생을 찾아간다 말했으면 내가 길을 비켜 주었지. 어서 가 보시오."

노인이 좁은 길을 비켜 주자 손빈은 방연의 소매를 끌며 그 사이를 지나갔다. 어느 정도 갔을 때 방연은 아직도 화가 풀리지 않은 듯 노인을 향해 욕을 퍼부었다.

"흥, 다음에 만나면 조심하라고!"

손빈이 방연을 잡아끌며 말했다.

"그만하게. 날도 어두웠는데 어서 길을 서두르세."

두 사람은 가시덤불을 헤치며 좁은 길을 따라 깊은 산으로 들어갔다.

대략 서너 시간 정도 걸었을까? 먼 곳에서 연기가 모락모락 피어오르는 모습이 두 사람의 눈에 들어왔다. 다가가 보니 언덕배기에 사람이 파놓은 듯한 동굴이 십여 개 있었다. 동굴 밖에는 청년 몇몇이 이리저리 움직이며 무슨 일인가 하고 있었고, 뒤쪽으로 제법 넓은 곳에 가옥이 몇 채 보였다. 손빈과 방연이 청년에게 다가가 물어보니 이곳이 바로 귀곡 선생이 계신 곳이라고 했다.

서산으로 해가 완전히 기울고 어둑어둑해지자 누군가 고함을 질렀다.

"선생님이 돌아오십니다."

귀곡 선생을 기다리던 손빈과 방연이 소리를 따라 시선을 옮겼는데, 백발노인이 약초 바구니를 들고 걸어오고 있었다. 멍한 얼굴로 그를 바라보던 방연이 깜짝 놀라며 말했다.

"세상에! 아까 우리가 만난 그 노인네잖아? 이런 일이!"

마찬가지로 얼이 나가 있는 손빈을 바라보며 방연이 다급하게 물었다.

"어쩌지요?"

손빈이 잠시 생각한 뒤 입을 열었다.

"체면불구하고 조금 전 무례에 대한 용서를 부탁드려야지. 어서 무릎부터 꿇으세."

손빈은 방연을 끌고 가 동굴 앞에 머리를 조아리며 무릎을 꿇었다.

귀곡자가 다가와 두 사람을 보며 웃음을 터뜨렸다.

"우리 이미 구면이지? 이런 예는 필요 없네. 어서 일어들 나게."

귀곡자가 손빈과 방연을 부축해 일으켰다.

방연이 귀곡자를 부끄러운 듯 바라보며 말했다.

"선생님을 몰라 뵙다니, 이거 어찌해야 할지……."

귀곡자가 그의 말을 가로막았다.

"이미 지난 일일세. 내가 하는 일이 사람을 가르치는 것인데, 모든 사람이 성인군자라고 한다면 내가 여기서 할일이 없지 않겠는가? 잠시 쉰 다음 요기나 하시게."

　귀곡자는 소년의 시중을 받으며 울창한 나무로 둘러싸인 동굴로 들어갔다. 이후 손빈과 방연은 귀곡자의 문하에서 가르침을 받게 되었다.

　귀곡자는 명실상부한 교육의 대가였다. 그는 자신의 독특한 교육 방법으로 제자들의 개성과 장점을 살리면서 각자 원하는 것을 가르쳐 주었다. 손빈과 방연 두 사람이 병학에 관심이 많은 것을 보고는 손빈에게 책략을, 방연에게 전법을 위주로 교육했다. 그렇게 두 사람은 순조롭게 많은 것을 배우고 익혔다. 때로 시험을 보기도 하고, 실전 같은 연습도 하면서 두 사람은 어느새 말로 표현하기 힘든 위대한 사상과 책략, 인품과 지식을 갖추게 되었다.

　어느 날, 귀곡자가 손빈과 방연 등 여러 제자들을 부른 다음 말을 시작했다.

　"너희들에게 각기 동전 세 닢을 줄 테니 양성에 가서 물건을 좀 사오너라. 무엇이든 좋으니 서로 연결된 세 개의 동굴을 가득 채우면 된다."

　다른 제자들과 마찬가지로 두 사람 역시 스승의 지시대로 산을 내려와 양성으로 향했다. 방연은 동전 세 닢으로 무엇을 사야 그 큰 동굴을 가득 채울 수 있을까 고민하면서 거리 곳곳을 헤매고 다녔다. 그러나 아무리 싼 물건이라고 해도 동전 세 닢으로 그만한 양을 산다는 것은 처음부터 불가능한 일이었다. 결국 그는 그나마 제일 싼 등심초(등잔에 심으로 사용하는 풀)를 사서 등짐을 지고 귀곡으로 돌아왔다. 비록 한 개의 동굴조차 다 채울 수 없는 양이었지만 동전 세 닢으로 살 수 있는 가장 싼 것이었기 때문에 그 누구도 자기보다 나은 방법을 찾지는 못했을 것이라고 생각했다. 방연은 의기양양하게 동굴 앞에서 손빈을 기다렸다. 해가 뉘엿뉘엿 질 무렵 손빈이 돌아왔다. 동굴 앞에 모인 제자들은 너나 할 것 없이 다른 사람들이 무엇을 가지고 왔는지 살펴보며 시끌벅적 떠들어댔다. 그러나 어느 누구도 스승이 말한 대로 동굴 세 개를 가득 채울 만큼의 물건을 가져오지 않았다. 게다가 손빈은 아예 빈손이었다. 다들 의아해하고 있는데 손빈이 침착하게 동굴로 걸어 들어갔다. 모든 사람들의 시선을 한 몸에 받으며 동굴로 들어간 손빈은 먼저 입구에 차양을 친 다음 동굴 중앙에 횃불을 걸어놓고 불을 붙였다. 잠시 후 손빈이 입구에 걸어놓은 차양을 걷으며 걸어 나왔다. 동굴 안은 불길이 타오르며 환하게 사방을 밝히고 있었다. 손빈을 바라보던 귀곡자가 만족한 웃음을 지었다.

몇 달 뒤, 귀곡자가 갑자기 무슨 생각이 떠오른 듯 손빈과 방연을 불러 말했다.

"오늘부터 나는 동굴에서 나오지 않겠다. 그러니 너희들이 나를 삼일 안에 동굴 밖으로 나올 수 있게 해보아라."

스승의 말에 두 사람은 흥분과 기대로 각자 방법을 모색하기 시작했다.

어느새 한 나절이 다 지났지만 두 사람 모두 묘책이 떠오르지 않았다. 오후가 되자 방연은 당장이라도 문제를 해결하고 싶은 마음에 안달이 났다. 동굴 입구를 배회하던 그가 갑자기 동굴 안을 향해 소리쳤다.

"스승님, 큰일이 났습니다. 산 아래에서 사람들이 몰려와 난리를 피우고 있습니다. 생긴 모습이나 차림새를 보니 산적이 틀림없는 듯합니다. 당장이라도 우리들을 죽일 듯이 몰아치고 있습니다. 스승님, 안에서 기이한 행동은 그만 하시고 빨리 나오셔서 해결해 주십시오."

귀곡자가 코웃음을 쳤다.

"척박한 산중에서 풀이나 뜯어 먹고 사는 우리에게 도둑맞을 것이 무엇이 있겠느냐? 설사 산적이 쳐들어왔다고 해도 내가 너희들에게 가르쳐준 대로 해결하면 될 것을 어찌 이렇게 소란을 피우느냐?"

그의 질책을 들은 방연은 풀이 죽어 자신의 숙소로 돌아와 버렸다.

다음 날 새벽, 곤한 잠에 빠져 있던 귀곡자는 소란을 피우는 소리에 놀라 잠자리에서 일어났다. 동굴 입구에서 방연의 목소리가 들렸다.

"스승님 큰일 났습니다. 건초에 불이 붙어 산채가 온통 불바다가 되었습니다."

그렇지 않아도 단잠에서 깨버려 기분이 언짢은 귀곡자의 입에서 절로 욕이 튀어나왔다.

"이놈, 왜 하필이면 한창 구름을 타고 하늘을 날고 있는데 깨우는고?"

동굴 안에서 입구 쪽을 바라보니 정말로 짙은 연기가 모락모락 피어오르고 있었다. 아니 이놈이 정말로 불을 냈는가? 잠시 후 방연이 일부러 땔감에 불을 붙인 것을 알게 된 귀곡자는 더욱 화가 치솟아 큰소리를 내질렀다.

"이 못된 녀석! 방법이 여의치 않으면 그만 둘 것이지 어디 이런 수작을 벌이는고? 당장 불을 끄도록 하라!"

스승의 말에 괜히 헛수고만 했다는 생각이 든 방연은 부끄러움에 어쩔 줄 몰라 하며 불을 끄느라 정신없었다.

어느새 약속했던 삼일이 되었다. 그날 오전 방연은 또 다른 묘안을 생각해 냈다.

"스승님, 밖에 누가 편지를 가지고 왔습니다. 스승님의 부친께서 나귀를 타고 가시다가 굴러 떨어져 그만 세상을 하직하셨답니다. 당장 집으로 돌아오시라고 하는군요."

그의 말이 채 끝나기도 전에 귀곡자의 노한 음성이 동굴 밖으로 퍼져 나왔다.

"이놈, 어디서 감히 죽음을 운운하느냐? 내 부친이 돌아가신 지가 벌써 언제인데, 무슨 헛소리를 하는 것이냐. 말도 안 되는 소리 그만하고 어서 물러가라!"

낙담한 방연은 할 수 없이 축 처진 채 숙소로 돌아왔다.

해가 뉘엿뉘엿 지고 있었다. 방연은 더 이상 묘수가 생각나지 않아 손빈을 찾아갔다. 손빈은 눈을 비비며 자리에서 일어나 방연을 데리고 귀곡자가 머물고 있는 동굴 입구로 갔다.

"스승님, 내주신 과제가 너무 어려워 도저히 해결을 못 하겠습니다. 아무리 해도 나오시질 않으니 저희가 졌습니다. 벌을 주시든 때리시든 마음대로 하십시오."

귀곡자가 동굴에서 기지개를 켜고 하품을 늘어지게 한 다음 손빈에게 물었다.

"너는 제대로 한번 해보지도 않고 어찌 이리 쉽게 포기하느냐?"

손빈이 앞으로 다가가 겸손하게 고개를 저으며 말했다.

"제자가 아둔하기 때문입니다. 아무리 생각해 보아도 좋은 방법이 생각나지 않습니다. 다만 반대로 스승님이 밖에 계시고 저희 두 사람이 동굴 안에 있다면 어두워지기 전에 스승님을 동굴 안으로 모실 수 있을 듯합니다."

"그래?"

귀곡자는 진지한 손빈의 얼굴을 보고 시원스럽게 대답했다.

"그럼 좋아. 다시 한 번 기회를 주겠다. 과연 네가 말한 대로 할 수 있는지 보도록 하자."

그러면서 귀곡자가 밖으로 나왔다.

그가 자기 앞에 서자, 손빈은 황급히 무릎을 꿇고 말했다.

"스승님, 오늘에야 밖으로 모시게 되었습니다."

아차, 순간 깨달은 귀곡자가 껄껄거리며 웃음을 터뜨렸다.

"후생(後生)이 가외(可畏)라고 하더니 과연 허언이 아니로구나."

그제야 상황을 파악한 방연이 쓴웃음을 지으며 뇌까렸다.

"정말 생각지도 못한 방법이야. 역시 손빈 형님이 나보다 한 수 위군!"

손빈과 방연은 귀곡자 문하에서 5년 동안 수학했다. 그 짧고도 긴 5년 동안, 두 사람은 각고의 노력으로 학업에 정진해 마침내 세상에 나가 대업을 이룰 만한 자질을 갖추게 되었다.

어느 날 방연이 계곡에서 물을 긷고 있는데 몇 사람이 이야기 나누는 소리가 들렸다. 위나라가 중원의 패권을 차지하기 위해 높은 녹봉을 주며 인재를 두루 모으고 있다고 했다. 그 즉시 방연은 사람들의 말에 끼어들어 함께 이런저런 이야기를 나누었다. 만약 그들의 말이 헛소문이 아니라면 지금이야말로 좋은 기회가 아닐 수 없었다. 그렇지 않아도 오랜 세월 산중에서 생활하다 보니 화려하고 시끌벅적한 도시가 그립기도 하고, 무엇보다 가문의 영광을 다시 찾겠다는 욕망이 새삼스럽게 꿈틀거리기 시작했다.

숙소로 돌아온 방연은 계곡에서 들은 이야기와 함께 자신의 계획을 손빈에게 들려주었다. 손빈은 가타부타 아무 말도 하지 않았지만 뭔가 아쉬워하는 듯했다. 그런 모습을 보고는 방연 또한 마음이 심란해져 갈피를 잡을 수 없었다.

며칠 뒤, 방연의 심사를 눈치 챈 귀곡자가 그를 향해 미소를 지으며 말했다.

"연아, 이제 기회가 온 것 같구나. 왜 하산하여 명예와 부귀를 움켜잡고 처음 이곳으로 들어올 때의 꿈을 실현하려고 하지 않느냐?"

자신의 심사를 꿰뚫어보고 있는 스승의 말에 방연은 황급히 무릎을 꿇었다.

"스승님의 말씀이 옳습니다. 그러나 막상 이곳을 떠나려 하니 스승님과 사형이 걸려 차마 헤어지기가 어렵습니다. 또한 과연 제가 세상에 나가 소임을 제대로 완수할 수 있을지, 큰 성과를 얻을 수 있을지 자신이 없습니다. 그리하여 스승님께 말도 꺼내지 못하고 망설이고 있었던 것입니다."

귀곡자는 잠시 깊이 생각한 뒤 방연에게 말했다.

"산에서 꽃 한 송이를 꺾어 오너라. 내가 너를 위해 점을 쳐주겠노라."

방연은 그 길로 산에 가서 쥐방울 꽃 한 송이를 꺾어 왔다. 꽃을 손에 들고 바라보던 귀곡자가 말했다.

"이 꽃은 한 번에 열두 송이가 핀다. 이 숫자는 네가 입신양명하는 햇수를 의미한다. 또한 이 꽃은 귀곡(鬼谷)에서 꺾은 것이니 해를 만나면 시들어(萎) 버린다. 이는 네가 재주를 펼칠 곳이 위(魏)나라라는 뜻이다. 위나라로 가면 틀림없이 뜻을 이룰 것이다. 세상에 어찌 헤어짐이 없는 만남이 있겠느냐? 네가 떠날 때가 되었으니 나도 잡지 않겠다. 다만 앞으로 일을 할 때 항상 정성을 다하고, 신의를 지켜야 한다. 만에 하나 사람을 속이면 반드시 그 대가를 치러야 할 것이다. 이를 경계해 제대로 처신토록 하고 스스로 자중토록 하라. 이제 그만 산을 내려가도 좋으니라."

이 말은 방연에게 하는 스승의 간곡한 당부였지만 그는 으레 하시는 말씀인 줄만 알고 있었다. 그렇게 숙소로 돌아와 행장을 꾸린 다음 손빈에게 작별 인사를 하러 갔다. 그는 눈물이 그렁그렁한 채 못내 아쉬워하는 손빈을 바라보며 위로했다.

"형님과 저는 결의형제로 막역한 사이입니다. 먼저 산을 내려가서 손빈 형님을 위해 길을 닦아 놓겠습니다. 반드시 성공해 5년 전 우리가 처음 만났던 바로 그 술집에서 다시 뵙기를 청합니다. 약속한 대로 좋은 일이 있으면 반드시 함께 나누고 혹 어려운 일이 있다 해도 함께 극복해 형님을 모시도록 하겠습니다."

"5년 전의 약속을 아직도 기억하고 있는가?"

손빈이 놀란 듯 물었다.

"기억하다마다요. 분명히 그 약속을 지킬 것입니다."

감동을 받은 듯한 손빈의 모습에 방연은 갑자기 뜨거운 피가 솟구치는 것 같은 느낌을 받았다. 그러고는 자기도 모르게 한 마디를 덧붙였다.

"내가 만약 이를 어기면 화살 아래 죽게 될 것입니다."

손빈은 문득 불길한 생각이 들었지만 이미 방연이 내뱉은 말이니 돌이킬 수 없었다.

다음 날 아침, 방연은 짐을 메고 동굴 밖에서 사부, 사형과 작별을 했다. 귀곡자는 슬픔에 잠긴 손빈의 얼굴을 쳐다보더니 방연에게 말했다.

"연아, 앞으로 출세하게 되면 함께 수학한 이들과의 정을 잊지 말아라. 양보할 것은 양보하고 말이야. 이제 정말 떠나는구나. 일생을 청빈하게 살아 아무것도 줄 게 없다. 다만 여덟 글자를 선사하마."

이렇게 말하고는 잠시 멈춘 다음, 귀곡자는 받아들일 생각이 있느냐는 듯 방연의 얼굴을 바라보았다.

"제자, 가르침을 받겠습니다."

"양을 만나면 번성할 것이고, 말을 만나면 죽을 것이다(遇羊而榮, 遇馬而卒)."

귀곡자는 한 자 한 자 또박또박 말했다. 그의 눈빛에는 슬픈 빛이 역력했다.

"스승님의 가르침을 반드시 가슴에 새기겠습니다."

방연이 연거푸 세 번 머리를 조아린 다음 자리에서 일어나 작별을 고했다. 그는 손빈의 전송을 받으며 성큼성큼 산 아래로 내려갔다.

전국 시대 손자, 손빈의 하산

방연이 떠나고 8일째 되는 날, 귀곡자가 갑자기 아끼는 문하생 몇 명을 불러 말했다.

"밤만 되면 쥐들이 난리를 펴서 심란해 죽겠구나. 오늘부터 돌아가며 쥐를 쫓도록 해라!"

그날부터 제자들은 스승의 말대로 불침번을 섰다.

3일째 되는 날 자정, 손빈의 차례가 되었다. 귀곡자는 다른 제자들이 모두 잠든 것을 확인한 뒤 사방이 적막한 가운데 은밀하게 손빈을 자기 처소로 불렀다. 그는 베개 아래 나무 상자에서 죽간 한 무더기를 꺼내고는 나지막하게 말했다.

"빈아! 이 대나무 조각들이 무엇인지 아느냐?"

희미한 불빛 아래 대나무 조각들을 살펴보던 손빈이 고개를 저었다.

"잘 모르겠습니다."

귀곡자는 가물가물한 불빛을 뒤로 한 채 의미심장한 웃음을 보이더니, 다시 목소리를 깔고 말을 이었다.

"바로 네 조상이신 손무 선생이 엮은 『병법 13편』이다. 당시 손 선생이 궁륭산에서 저술한 원고를 오나라 왕 합려에게 주었지. 이를 읽은 합려는 칭찬을 아끼지 않았고, 강철 합(盒)을 만들어 13편 병법을 모두 그 안에 보관했다. 그러다가 후에 월나라가 오나라를 공격해 고소성이 함락된 뒤, 병법을 넣어두었던 강철 합도 행방이 묘연해졌다. 다행히 손 선생은 다른 사본을 간직하고 있었지. 그래서 이후에도 내용을 계속 수정, 보충할 수 있었다. 오나라가 패망하고, 손 선생의 집이 모두 제나라로 피신한 다음 나는 묵적 선생 소개로 그를 만나 좋은 친구가 되었다. 그가 나중에 『병법 13편』을 내게 선물로 주었는데, 이것이야말로 보물 중의 보물이더구나. 이 병법들은 정말이지 세상 사람들 모두가 감탄할 만한 병가의 말로서, 다른 병서의 전투 책략들이 이 앞에서는 맥을 못 출 정도다. 내 병학 이론은 대부분 손 선생의 13편 병법에서 비롯된 거야. 이 병서의 내용은 매우 광범위하고 깊이가 있다. 최근 몇 년 동안 나는 계속해서 이 저작의 주요 내용을 해석하면서 여기에 주해를 달았다. 만약 네가 이 병서와 주해들을 모두 이해하게 된다면 용병, 포진, 공격의 진수를 모두 깨달을 수 있을 것이다. 하지만 나는 산에 들어와 제자를 받아들인 뒤로 아직 이 책의 내용을 전수한 적이 없다. 이제 나도 늙어 손씨 집안에서 세운 이 병법을 손씨 집안에 돌려주겠다는 원래의 소망을 실현하려고 한다. 자, 이 책을 줄 테니 잘 연구해 보아라!"

말을 마친 그가 기침을 하기 시작했다.

너무 갑작스러운 이야기에 손빈은 그저 놀랍기만 했다. 대체 이 한밤중에 스승이 왜 이러는 것인지 의중을 파악할 수 없었다. 그는 한편 감격스러운 모습으로, 그러나 뭔가 이해가 되지 않는다는 듯 귀곡자에게 물어보았다.

"스승님, 가르쳐주셔서 감사합니다. 전 어려서 부모님을 여의고 또한 난리 통에 가족들이 뿔뿔이 흩어졌습니다. 어릴 적 중조부님께서 이런 대작을 내놓으셨다는 말을 듣기는 했지만, 얼굴도 뵙지 못했으니 직접 이를 공부한다는 것은 꿈에도 생각지 못했던 일입니다. 그런데 오늘밤 스승님께서 갑자기 이 병법서를 주시며 공부를 하라 하시니 그저 당황스럽고 한편으로 또한 이런 영광이 어디에 있을까 생각됩니다. 다만 이 제자가 아둔해 이해가 안 되는 부분이 있습니다. 외람되지만, 한 가지 여쭈어보겠습니다. 그렇게 심혈을 기울여 주해를 단 이 저서를 왜 방연에게는 보여 주지 않고 저에게만 주시는 겁니까?"

미소 띤 얼굴로 귀곡자가 고개를 끄덕이며 어쩔 수 없다는 듯 말했다.

"자넨 정말 좋은 사람이야. 다만……."

그는 조용히 고개를 내젓더니 엄숙한 모습으로 말을 계속했다.

"이왕 말이 나왔으니 말해 주지. 이 병서는 그야말로 천하 으뜸일세. 이 병서를 얻어 적절하게 운용하면 세상을 위해 좋은 일을 할 수 있지. 그러나 그렇지 못하면 백성들에게 끊임없이 재난을 안겨 줄 걸세. 손무 선생 역시 병법 첫 장에서 특별히 '군대란 나라의 대사다. 생사의 땅, 존망의 길이니 이를 살피지 않을 수 없다'고 강조하고 있네. 자식을 아는 이, 아비만 못하다는 말이 있지 않나? 선생 역시 제자들을 잘 파악하고 있지. 몇 년간 계속 관찰해 본 결과, 방연은 영리하고 능력이 있긴 하지만 속이 좁고 행동이 바르지 못해. 반골 기질이 농후하지. 앞으로 높은 관직에 올라 녹봉을 많이 받는다 해도 현신(賢臣)이나 어진 장군은 되지 못할 것이야. 이것을 그에게 준다면 나라와 백성에게는 재앙을, 천하에는 재난을 몰고 올 뿐인데 그런 제자에게 전해 주어야겠는가?"

손빈은 스승의 말이 조금 지나친 데가 있다고 생각했지만 반박하는 것도 도리에 맞지 않다고 생각했다. 그러고는 고맙다는 인사와 함께 책을 받아와 그때부터 열심히 공부했다.

3일이 지난 밤, 다시 손빈이 불침번을 설 차례가 되었다. 귀곡자는 손빈을 불러 『병법 13편』을 다시 돌려받은 뒤 이에 대한 질문을 던지기 시작했다. 손빈은 청산유수로 질문에 대답해 나갔다. 게다가 그의 견해는 독특하고 깊이가 있었다. 귀곡자는 몹시 기뻐하며 탁자를 내리쳤다.

"손빈 대단해! 자아, 관중, 아니 손무가 다시 살아난 거야. 후생이 가외라 했거늘, 그 말이 옳군!"

그 후 귀곡자는 손빈을 더욱 아끼며 평생 자신이 터득한 모든 것을 손빈에게 가르쳤다. 손빈 또한 한결같이 각종 병법과 전략, 병서를 열심히 파고들었다. 이렇게 1년을 공부한 결과 손빈은 큰 발전을 이루었다.

한편 방연은 손빈과 헤어진 뒤 귀곡을 떠나 위나라로 갔다. 위나라 수도에 도착한 그는 숙소를 정한 다음, 사방으로 수소문을 하고 다녔다. 알아보니 위나라에서는 정말 현사를 모집하고 있었다. 방연은 세도가를 사귀기 위해 갖은 수단을 동원했다. 얼마 후 그는 현란한 말솜씨로 재상과 결탁했고, 재상은 다시 방연을 당시 위나라 군주인 혜왕(惠王)에게 천거했다. 대대적으로 현사를 모집한다는 방을 내걸었었기 때문에 혜왕은 그를 물리칠 수 없었다. 방연이 인재든 아니든 그런 것은 특별히 상관없었다. 적어도 사람들이 보기에 위나라 왕은 확실하게 현사를 대접한다는, 말만 떠벌리는 사람이 아니라는 평가를 받고자 한 것이다. 방연을 처음 만난 자리에서, 뜻밖에 위풍당당하고 영웅의 기개마저 풍기는 그의 모습에 반한 혜왕은 매우 호감이 갔다. 혜왕이 공부한 분야와 나라를 다스리는 방안에 대해 묻자, 방연은 격앙된 어조로 당당하게 자신의 생각을 펼쳐 보였다.

"신, 방연은 최고의 명성을 날리고 계신 교육가 귀곡 선생 문하에 있었습니다. 주로 중국의 역대 전법과 책략을 배웠고, 열국들의 패권 전쟁에서 이 같은 전법과 전략들이 실제로 어떻게 응용되었는지 그 이론을 정립했습니다. 귀곡 선생 밑에서 수년간 학습하면서 동서고금, 역대 전법, 책략의 정수를 익혔습니다. 이제 모든 용병술이 제 머리 안에 있습니다. 대왕께서 저를 등용하지 않으시면 위나라는 우수한 장수 한 명을 잃는 것이며, 더더욱 발전을 위한 천재일우의 기회를 놓치는 것입니다. 만약 저를 장수로 기용해 주신다면 어떤 전투에서도 승리를 거둘 것이니, 위나라는 평안함을 구가하고 중원을 넘어 천하를 제패할 것입니다."

방연은 거침없이 호언장담을 했지만 혜왕은 마치 술에 취해 흐느적거리는 사람을 보는 것처럼 그에게 믿음이 가질 않았다.

"우리는 책임감이 강하고 분명한 사람을 원하네. 제멋대로 지껄이며 허풍이나 떠는 사기꾼은 좋아하지 않아. 그렇게 거침없이 자신만만하게 모든 일을 장담하는데, 과연 그대의 말을 모두 실천할 수 있겠는가?"

방연은 혜왕이 자신을 의심스럽게 쳐다보자 이를 악물고는 다시 한 번 자신의 생각을 피력했다.

"제가 한 말은 그저 아무렇게나 내뱉은 말이 아닙니다. 귀곡 선생을 떠나기 전, 저는 전국칠웅에 대해 샅샅이 조사해 모든 나라의 상황을 꿰뚫고 있습니다. 대왕께서 제 말을 믿으시고 대장군의 자리에 임명하신다면 제 모든 능력을 동원해 여섯 나라의 운명을 손 안에 넣고, 대왕께서 6국을 통일해 천하 맹주의 자리에 오르실 수 있도록 사력을 다하겠습니다. 만약 제가 대왕의 뜻을 성사시키지 못한다면 군법대로 처형하십시오."

조금의 두려움도 없는 그의 선언이 조금은 못미더웠지만, 마지막 말에 마음이 동한 혜왕은 그에게 높은 관직을 하사하겠다고 마음먹었다. 결과가 좋으면 좋고, 좋지 않으면 목을 잘라버리면 그만이었다. 이에 위나라 혜왕은 방연을 위나라 대장에 임명하고, 하루 빨리 부대를 이끌고 전투를 벌여 능력을 발휘하도록 했다.

무명의 부랑자에서 하룻밤 사이에 위나라 대장이 된 방연은 그 언사와 행동에 거침이 없었다. 그는 먼저 귀곡자에게 배운 지식을 바탕으로 군대 훈련을 강화한 다음, 즉시 출정했다. 과연 방연은 귀곡자의 제자였다. 그는 대외 전투에서 연전연승을 거두었다. 순식간에 무너진 위나라 주변 지역의 송나라, 노나라, 위(衛)나라, 정나라 등은 너도나도 머리를 조아리며 위나라에 조공을 바치느라 정신이 없었고, 그렇게 해서 잠시라도 안정을 구하고자 했다.

사방팔방에서 모두 조공을 바치며 굴복해 오자, 위나라 혜왕의 기쁨은 이루 말할 수 없을 정도였다. 그는 방연을 크게 칭찬하고 포상했다. 또한 혜왕의 비준을 거쳐 재상은 고향에서 돌을 나르고 돼지우리를 쌓던 아우 방영(龐英), 시장에서 돼지고기를 팔던 큰 조카 방총(龐蔥), 둘째 조카 방모(龐茅) 등 모든 친척과 사돈 팔촌까지 경성으로 불러들이는 데 동의했다. 순식간에 방씨 집안의 권세가 하늘을 찌를 듯하니, 명성과 영예가 최고 경지에 달했다. 천하제일을 상상하던 조상들의 꿈을 방연이 실현한 것이다.

한편 방연은 이처럼 출세가도를 달리는데, 손빈은 여전히 묵묵히 사제의 천거를 기다리고 있었다. 그러나 방연의 머릿속에 이미 손빈 따윈 사라진 지 오래였다. 만약 우연한 기회에 한 오지랖 넓은 인간이 끼지 않았더라면 손빈과 방연의 인연은 그것으로 끝을 맺었을 것이다. 그랬다면 중국 역사상 사형, 사제 간의 다툼, 살육으로 이어지는 비극의 전형이 된 끔찍한 일은 일어나지 않았을 수도 있을 것이다. 그러나 이들의 불행한 만남은 모두가 운명이었다.

어느 날 이미 천하에 명성을 떨치고 있는 묵가학파의 창시자 묵적이 친구인 귀곡자를 찾아 귀곡으로 들어왔다. 묵적은 귀곡자의 이야기를 듣고서는 몇몇 우수한 제자들을 만나보고 싶어 했다. 그중 손빈도 자연스럽게 참석했다. 이야기를 나누던 중, 묵적은 손빈이 지금 방연의 천거를 기다리고 있으며, 이렇게 기다린 지 1년이 넘었는데도 아무 소식이 없었다는 것을 알게 되었다. 묵적은 그 자리에서 방연이 이미 위나라에서 크게 출세했고, 게다가 방연의 가족, 친지, 사돈 팔촌까지 모두 방연을 따라 탄탄대로 출세 길을 달리고 있다는 것을 알렸다. 그런데 사형, 사제의 의리, 헤어질 때의 약속을 까맣게 잊은 채 혼자 부귀영화를 누리고 있다니, 이는 진정한 의형제라 할 수 없는 일이었다. 묵적은 이야기를 할수록 점점 더 화가 치밀어 올랐다. 그는 손빈에게 직접 위나라에 가서 대장군의 자리를 차지해 방연에게 본때를 보여 줄 것을 권유했다.

그러나 손빈은 방연이 잘못했다는 생각이 들지 않았다. 아마도 방연이 너무 바쁘거나 아직 때가 아니라고 생각해 자신을 불러들이지 않고 있는 것이며, 좀 지나면 편지를 보내 분명 자신을 초청할 것이라고 말했다.

묵적은 이 상황에서도 그저 천진난만하기만 한 손빈을 보며, 비록 병학 이론에 정통하고 뛰어난 재능을 가지고 있지만 정치적 전략은 아직 유치하다는 생각이 들었다. 그러나 지금 당장은 그를 설득할 수 없을 것 같아 방연에 대해 더 이상 말하지 않기로 했다. 다만 얼마 후 위나라에 친구를 만나러 가는 길에 조정 상황과 손빈의 자리를 좀 알아보겠다고만 말했다. 손빈은 감사의 말을 전하면서, 방연을 만나면 자신이 많이 보고 싶어 한다는 말을 전해달라고 묵적에게 부탁했다.

며칠 뒤, 귀곡을 떠난 묵적은 다시 천하를 제집 삼아 곳곳에 학문을 전하고 다녔다. 수개월 뒤, 위나라 수도에 도착한 그는 혜왕의 환대를 받았다. 함께 이야기를 나누던 중, 위나라에서 현사를 모집하고 있다는 것을 알았다. 묵적은 기회를 놓치지 않고 혜왕에게 손빈을 천거했다. 소개를 받은 혜왕이 말했다.

"손빈은 교육계의 대사인 귀곡 선생 문하에서 방연과 동문수학한 사이라고 하니, 함께 지내며 자웅을 겨루었겠군요. 그렇다면 선생께서는 우리 방 장군과 비교할 때 어느 쪽이 뛰어나다고 생각하시오?"

묵적이 이를 듣더니 미소를 지었다.

"대왕께서 둘을 꼭 비교하시겠다면 이렇게 말씀드릴 수 있습니다. 손빈은 저명한 병가인 손무의 증손이며, 조상의 병학 비전을 얻은 유일한 인물입니다. 또한 귀곡 선생의 가르침을 깊이 받아들인 실로 매우 귀한 군사전략가로서 이 부문의 거성이라 할 수 있습니다. 그는 병학 특히 전략에 조예가 깊습니다. 마치 손무 선생이 다시 살아난 듯하니, 그 전략과 전법은 그 누구도 따를 자가 없습니다. 손빈을 등용하면 이길 것이고, 손빈이 적군에서 활동하면 이쪽은 망할 것입니다. 손빈과 방 장군은 마치 낙타와 누렁이, 코끼리와 쥐, 멧돼지와 벼룩의 격입니다. 어찌 방연을 그와 비교하겠습니까?"

손빈을 치켜세우는 묵적의 말에 혜왕은 반신반의하면서도 호기심이 일었다.

'나라에서 후한 대우로 인재를 모으고 있건만 진짜 거성은 심산유곡에 숨어 나오지 않고 어디서 쓸모없는 시정잡배들만 모여들다니. 만약 묵적이 말한 대로 손빈이 그처럼 대단하다면……, 그런데 우리 쪽이 아닌 적군의 편에 선다면 큰 우환거리가 될 것이다.'

묵적이 떠난 뒤, 혜왕은 방연을 불렀다.

"듣자 하니 손빈이란 학우와 함께 귀곡 선생 밑에서 수학했다던데, 그자만 손무의 병법 비전을 얻었다더군. 그의 무예와 학문이 천하무적이라고 들었소. 그처럼 뛰어난 병학의 대가를 왜 한 번도 이야기하지 않았나?"

깜짝 놀란 방연은 난처한 기색이 역력했다. 그러나 금세 마음을 진정하고 대답했다.

"손빈의 재능에 대해 신이 모르는 바 아니오나 천하무적이란 말은 조금 과장된 듯합니다. 술에 취했다면 모를까, 항상 뛰는 놈 위에 나는 놈이 있기 마련입니다. 그가 천하무적이라고 허풍을 늘어놓는 자는 이런 이치를 무시했으니, 실로 무책임하다고 할 수 있습니다. 물론 손빈이 재능이 없다는 것은 아닙니다. 제 마음속에 그는 인물 중의 인물, 제가 가장 존경하는 형제입니다. 제가 그를 추천하지 않은 이유는 그가 제나라 사람으로, 그의 친족이 모두 제나라에 있기 때문입니다. 만약 그가 위나라에서 장군이 되면 혹시라도 혈육의 정에 못 이겨 여러 가지 일, 특히 전략 전쟁에서 먼저 제나라의 이익을 도모하지 않을까 걱정이 되었습니다. 이 같은 사람이 병권을 잡고 군대를 통솔해 외부에 나가게 되면, 그 결과는 감히 상상할 수가 없습니다."

이어서 귀곡에서 배운 병법에 대해 장황하게 설명하기 시작했다. 그러나 혜왕은 지겹다는 듯 그의 말을 끊었다.

"괜히 딴소리까지 할 필요는 없소. 선비는 자기를 알아주는 사람을 위해 죽는다 했네. 반드시 그 나라 사람만 등용해야 한다는 규정은 없단 말이오. 열국들의 모든 현신이나 뛰어난 장수가 모두 자기 나라 사람들인가? 보아하니 자네는 편협한 생각을 갖고 있거나 그게 아니라면 왠지 일부러 그랬다는 생각이 드는군?"

혜왕이 화를 내면서 평소와 달리 자신에 대한 시선이 곱지 않자 방연은 순간 정신이 아찔했다. 분명히 누군가 위나라에서 막강한 권세를 휘두르는 자신의 일가를 질투해 왕 앞에서 자신을 욕했을 것이라고 생각했다. 방연은 원래 손빈이란 사람을 아예 머릿속에서 지워버리려고 했다. 혜왕이 갑자기 손빈의 이야기를 꺼낸 것은, 아마도 하루빨리 중원을 차지하고 싶은 마음에 자신의 꿈을 실현시켜 줄 인재를 찾는 데 급급해서 그런 것이리라. 당시 위나라 병권은 방연과 방연의 가족이 모두 휘두르고 있었다. 만약 손빈이 온다면 분명 자신과 권력을 다투게 될 것이다. 그런데 지금 혜왕을 보니, 꼭 손빈을 데리고 올 생각인 듯했다. '좋아! 무예로 보면 나보다 한 수 위겠지만 잔꾀는 날 따를 수 없지. 여기서 손빈이 아무리 발악을 해도 내 손아귀를 벗어나기는 쉽지 않을 거야.' 방연은 이번 기회에 자신에 대한 혜왕의 편견을 없애고 손빈에게도 점수를 따야겠다고 생각했다. 이거야말로 일거양득인 셈이었다. 방연은 생각을 정리한 다음입을 열었다.

"손빈을 초빙할 뜻이 있으시다니 정말 좋은 일입니다. 소인이 그에게 편지를 보내 위나라에서 대왕을 위해 충성을 다하도록 권유해 보겠습니다."

혜왕이 말했다.

"그렇게 처리하시오."

방연은 곧바로 편지를 써서 위나라 혜왕에게 올렸고, 혜왕은 매우 흡족해했다. 위나라의 성의로 혜왕은 그 즉시 사자에게 네 마리 말이 끄는 웅장한 수레에 금백과 백옥을 선물로 마련해 손빈을 영접해 오도록 했다.

방연이 그려준 지도대로 찾아가니 사자는 깊은 산중에 자리한 귀곡을 금세 찾을 수 있었다. 사자는 소문이 자자한 교육의 대가 귀곡 선생과 그의 제자 손빈에게 찾아온 이유를 설명한 다음, 방연의 편지를 전했다.

사형 덕분에 위나라 군주인 혜왕에게 중용되었습니다. 우리가 함께 귀곡에서 공부했던 세월을 생각하니 이런 부귀와 영광은 마땅히 우리 둘이 함께 나누어야 한다는 생각이 듭니다. 이에 특별히 위나라 왕에게 사형을 천거해 응답을 받았습니다. 사형께서는 편지를 읽으신 뒤 사자를 따라와, 위나라 왕을 위해 일하면서 아름다운 미래를 보장받기 바랍니다.

편지를 읽은 손빈은 사자에게 몇 가지를 물어본 뒤 방연이 이미 혜왕의 총신이 되었음을 알았다. 그러나 편지에 스승인 귀곡자에 대해 단 한 마디도 언급이 없었다. 기분이 언짢아진 손빈은 사제가 참으로 매정한 사람이란 생각이 들었다. 손빈은 그래도 편지를 귀곡자에게 보여 주며 사자를 따라 위나라로 가고 싶다는 생각을 전했다. 귀곡자는 방연의 강한 질투심을 꿰뚫어보았기 때문에 손빈이 이번에 위나라로 간다면 분명히 화를 입을 것이라 생각했다. 그런데 손빈을 말리고 싶어도 위나라 왕의 사자가 정중하게 손빈을 대하고, 손빈 역시 이미 마음이 들뜬 상태라 대놓고 말을 하기가 어려웠다. 또한 지금 손빈을 막고 나선다면 손빈이나 사자의 오해를 사기 십상이었다. 귀곡자는 이 모든 것이 거스를 수 없는 운명이라고 생각하며, 오히려 손빈을 위나라에 보내는 편이 나을지도 모른다고 보았다. 손빈이 떠나기 전 귀곡자는 손빈에게 산에 가서 꽃을 한 송이 꺾어오도록 했다. 동굴 밖을 한 바퀴 돌아보았지만 마땅히 꺾을 만한 꽃이 보이지 않자 손빈은 그대로 발길을 돌렸다. 그렇게 귀곡자의 동굴로 돌아오던 그의 눈에 탁자 위에 있는 황국 몇 송이가 보였다. 그는 그중 한 송이를 뽑아 스승에게 보여 준 뒤, 다시 병에 꽂았다. 귀곡자는 가만히 한숨을 쉬더니 엄숙하게 말했다.

"이 꽃은 이미 꺾여 있었으니 완벽한 것이 아니다. 하지만 겨울을 잘 이겨내고, 서리를 맞아도 흐트러짐이 없으니 비록 상처를 입긴 하겠지만 큰 피해를 의미하는 것은 아니군. 게다가 병에 꽂혀 사람들의 사랑을 받고 말이야. 꽃을 담은 병이 쇠로 만들어졌으니 종정(鐘鼎)에 속해. 결국 고귀한 위엄을 얻을 걸세. 그러나 이 꽃이 자네 손에 들렸다가 다시 원래의 병으로 돌아간 것처럼 일순간에 뜻을 이루지는 못할 걸세. 다시 말하면 자네가 업적을 쌓는다 해도 세상에 이름을 알리는 곳은 위나라가 아니라 제나라란 말이지."

귀곡자의 아리송한 말에 손빈은 마음속으로 생각했다.

'스승님이 왜 저러실까? 위나라가 아니라 제나라라니. 내가 위나라에 가서 사제와 만나는 게 못마땅하신 거야. 그 핑계로 이번 길을 막고 싶으신 거지.'

손빈은 불쾌하긴 했지만 속마음을 드러낼 수는 없었기 때문에 그냥 고개를 끄덕인 뒤 스승에게 말했다.

"지금 하신 말씀 마음에 새기겠습니다. 감사합니다."

귀곡자는 손빈의 표정을 보고 자신을 오해했다는 사실을 알고는 슬프게 말했다.

'네가 떠나는데 줄 게 없구나. 네 이름 옆에 '월(月)'자 하나를 더해 '빈(臏)'이라 고쳐주지. 한가할 때 이 글자의 의미를 잘 생각해 보아라. 아마 도움이 될 것이다."

말을 마친 귀곡자는 베개 밑에서 입구를 동여맨 작은 주머니를 손빈에게 주었다.

"그 동안의 정을 생각해 금낭(錦囊 : 비단 주머니)을 하나 주마. 정말 어쩔 수 없을 때 열어보도록 해라."

손빈은 귀곡자에게 금낭을 받아 소맷부리에 넣었다. 스승과 작별하고 숙소로 돌아온 손빈은 짐을 정리해 사자를 따라 하산했다.

귀곡자는 동굴 앞 언덕에 서서 수염을 쓰다듬으며 멀어져 가는 손빈 일행을 바라보았다. 그들의 뒷모습을 바라보던 귀곡자의 두 눈에 뜨거운 눈물이 흘렀다.

형제의 난

위나라에 도착한 손빈은 먼저 위세당당한 대장군 방연을 만나 자신을 천거해 준 데 대한 고마움을 표시했다. 그러나 의형제를 맺고 오랜만에 만났음에도 불구하고 방연의 얼굴은 기쁜 기색이 아니었다. 허허거리며 웃고는 있었지만 예의상 짓고 있는 표정이라는 것이 여실히 드러났다. 게다가 방연이 스승인 귀곡자나 동문수학한 이들에 대해 일언반구 안부 인사조차 없는 것에 대해 손빈은 의아하기도 하고, 한편으로는 마음이 많이 불편했다. 그렇게 오랜만에 만난 그 자리는 시간이 흐를수록 분위기가 썰렁해졌다.

다음 날, 손빈은 사신을 따라 입궐해 위나라 혜왕을 알현했다. 혜왕의 모습이 기골이 장대하다거나 호방한 기개가 있어 보이지는 않았지만, 빼어난 용모에 날카로운 눈매가 인상적이었다. 그를 마주하는 순간 범인을 뛰어넘는 영혼의 소유자라는 느낌과, 동시에 맑은 기운도 함께 느낄 수 있었다. 당시 손빈은 실전 경험이 없는 서생에 불과했지만 혜왕은 현사(賢士)로서 깍듯이 예의를 갖추어 맞이했다. 일개 선비에 불과한 자신을 이처럼 각별하게 대해 주자 손빈은 가슴이 뭉클해지면서 절로 눈물이 나왔다. 그는 혜왕이 입을 열기도 전에 눈물을 훔치며 말했다.

"아직 세상을 잘 모르는 서생에 불과한데, 대왕께서 이처럼 과분하게 대해 주시니 실로 몸 둘 바를 모르겠습니다."

그러면서 그대로 엎드린 뒤 계속해서 머리를 바닥에 부딪치며 예를 올렸다.

"아니오!"

혜왕이 손을 내저으며 말했다.

"묵적 선생의 말을 들으니, 손 선생은 훌륭한 교육자 귀곡 대사의 제자인 데다 병학의 시조인 손무의 증손이라 했소이다. 손무 선생이 전한 『병법 13편』의 유일한 전승자로 이미 대적할 만한 사람이 없을 만큼 높은 경지에 다다랐다고 들었소. 과인은 그 말을 듣고 흥분해서는 선생을 빨리 만나고 싶어 제대로 잠도 이루지 못했소. 매일 선생이 오길 기다리는 마음이 마치 가뭄에 단비를 바라는 심정이었소. 그러다가 오늘에서야 마침내 선생을 만나게 되었소이다. 그야말로 큰 행운이 아닐 수 없소이다. 선생이 오신 것은 우리 위나라의 복이니, 내가 위나라 조정과 백성을 대표해서 진심으로 환영하오이다."

혜왕의 말에 손빈은 다시 한 번 감동해 바닥에 엎드린 채 눈물을 흘렸다.

그러나 대전에서 이를 바라보던 방연은 몹시 불쾌했다. 이건 너무 과분한 처사가 아닌가. 말이야 그럴싸하게 하고 있지만 사실 내용이 없는 빈껍데기가 아니고 무엇이겠는가? 게다가 더욱 그를 불쾌하게 만든 것은 손빈이 『병법 13편』을 전수받았다는 이야기였다.

'내가 귀곡에 있을 때는 왜 몰랐지? 정말일까? 만약 정말로 『병법 13편』을 손빈에게만 전수했다면 이건 분명 귀곡 선생, 그 늙은이의 수작이 분명하다. 그렇다면 손빈, 저자를 경계해야만 해!'

손빈이 물러나자 혜왕은 재상과 방연을 불러 손빈에게 어떤 일을 맡길 것인지 의논해 보았다. 혜왕은 손빈이 방연과 함께 군사로서 일해 주기를 원했다. 병법에 대해 누구보다 잘 알고 있다고 하니 당연한 일이었다. 그러나 이미 의형제의 의리는 잊은 채 오히려 손빈을 경계하고 게다가 증오심까지 생긴 방연의 생각은 달랐다. 만약 손빈과 병권을 나누어 가진다면 분명 자신에 대한 견제가 심해질 것을 예상한 방연은 이미 마련한 대응책을 차근차근 왕에게 아뢰었다.

"저와 손빈은 동문수학한 친구이자 결의형제입니다. 그의 능력이 결코 저만 못하지 않으니, 어찌 제가 먼저 위나라에 왔다고 그에게 제 밑에 들어오도록 하겠습니까? 그렇게 되면 사람들은 제가 속이 좁아 어진 인물에게 양보할 줄 모른다고 비웃을 것입니다. 그러나 손빈은 이제 막 귀곡을 벗어나 실제 전쟁 경험이 없는 데다, 위나라 군대 상황도 파악하지 못한 상태입니다. 이런 그가 장군이 되면 전투가 벌어졌을 때 군대를 지휘하기가 힘들 것입니다. 제 생각에는 우선 객경(客卿)의 자리를 맡아 군대에서 참모 역할을 하다가, 시간이 지나고 나서 경험이 축적되면 신이 자진해서 장군 자리를 그에게 물려주고 제가 그의 부하가 되는 것이 좋을 듯합니다. 어떻게 생각하십니까?"

방연의 말이 최선책은 아닌 듯 보였지만, 그렇다고 딱히 흠잡을 곳이 있는 것도 아니었기에 막상 거절하기가 어려웠다.

"그대 말도 일리가 있으니 우선 그렇게 하도록 하시오."

이렇게 해서 중대한 인사 변동과 권력의 재분배가 이루어지려는 순간, 방연이 마련한 전략에 모든 결정이 무산되고 말았다. 손빈은 교묘하게 권력에서 배제되었고, 이로써 방연은 첫 번째 대결에서 완승을 거두었다.

숭고하고 위대한 꿈을 안고 위나라로 달려온 손빈은 이제 관직도 없는 어정 쩡한 상태가 되었다. 일도 뜻대로 풀리지 않고, 지금 상황은 자신이 이곳에 올 때 품었던 이상과는 거리가 멀다는 생각이 들었다. 그러나 혜왕과 방연이 정색을 하며 우선 잠정적으로 인사를 처리한 것이고, 앞으로 큰 자리를 맡길 것이라는 이야기를 해줌으로써 안심을 하며 위나라에 머물기로 했다.

몇 개월이 지난 뒤, 혜왕이 순시를 나가면서 특별히 손빈에게 수행을 명했다. 손빈은 황급히 달려 나가 혜왕을 보좌하며 성문 밖 훈련장으로 향했다. 혜왕은 훈련장에서 열을 지어 기다리고 있는 사병들을 검열할 예정이었다. 혜왕은 손빈과 방연을 바라보면서 문득 이전에 묵적이 했던 말이 생각났다. 호기심이 발동한 그는 방연에게 군사를 지휘하도록 하고는 여러 신하들과 함께 지켜보았다. 훈련이 끝나자 혜왕은 손빈에게 부대의 기강과 전력 등에 대해 의견을 물었다. 손빈은 지금 검열을 받고 있는 부대가 방연이 훈련시킨 왕궁의 정예 부대인 데다가, 자신은 일개 참모로 객경의 위치에 있었기 때문에 평가하기가 상당히 곤란했다. 그래서 자신의 식견이 아직 부족해 감히 말할 수 없다는 답변을 내놓았다. 그러나 혜왕은 손빈의 평가를 듣고 싶다며 계속 재촉했다. 혜왕은 방연과의 관계를 익히 알고 있었기 때문에, 무엇보다 나라의 이익이 중요한 것이니 개인적인 감정에 사로잡힐 필요가 없다는 말도 덧붙였다. 더 이상 거절하기 어렵게 된 손빈은 자신이 생각한 대로 군사들의 소양, 군기, 품격, 전투력에 대해 나름의 평가를 내렸다. 그가 조목조목 문제점을 밝히자 혜왕은 고개를 끄덕이며 경청했다. 손빈의 말이 끝나자 혜왕은 마치 무거운 짐을 내려놓은 듯 길게 한숨을 내쉬며 말했다.

"묵적 선생이 나를 속이지 않았군!"

검열이 끝난 뒤, 손빈이 혜왕에게 군대의 장단점에 대해 지적했다는 이야기를 들은 방연은 자신에게 뭔가 좋지 않은 일이 생길 것 같다는 생각이 들었다. 이제 정치적 운명이 걸린 싸움이 대대적으로 벌어지는 것은 아닐까? 이런 생각을 하고 있던 차에 불길한 예감은 곧 현실이 되었다.

3일 뒤, 혜왕은 방연을 제쳐두고 재상과 협의해 손빈을 방연 바로 아래 직위에 임명하고서는 군사 훈련과 작전 업무를 나누어 맡겼다. 잠시 후 혜왕은 방연을 불러 가능한 한 빨리 해당 업무를 손빈에게 인계하도록 했다. 또한 국가 대업의 중요성을 이야기하며 손빈에게 합당한 책임과 권한을 부여해 나라를 위해 힘써 일할 것을 전하도록 했다. 방연은 조금 놀라긴 했지만 이미 마음의 준비를 하고 있었기 때문에 순순히 명을 받아들였다. 그러고는 앞으로 두 사람이 잘 협조해 최대한의 노력을 기울이겠다고 말함으로써 혜왕을 매우 흡족하게 했다.

방연은 이처럼 혜왕이 갑자기 자신을 경계하는 것이 지난번 검열 때 손빈이 제멋대로 내린 평가와 관련이 있다고 생각했다. 다시 말해 자신이 훈련시킨 병사들에 대해 손빈이 악평을 함으로써 자신의 이미지가 실추되었고, 그것이 곧 위기를 불러왔다고 보았다. 반면에 손빈은 이를 통해 꿈에도 그리던 권력에 한 걸음 더 다가선 셈이었다.

"좋아, 네가 그렇게 나온다면 나도 어쩔 수 없지. 두고 보라지!"

방연은 울분을 감추지 못하고 방 안을 서성거리며 대응책 마련에 부산했다.

그러던 어느 날 방연이 사람을 보내 손빈을 집으로 초대했고, 손빈은 즐거운 마음으로 방연의 집을 찾았다. 주연이 마련되고 술잔을 주고받으며 분위기가 무르익어 갈 때쯤, 방연이 궁금하다는 듯 질문을 했다.

"사형, 사형의 가족은 모두 제나라에서 생활하잖소. 사형이 이렇게 위나라의 군사(軍師)가 되었는데 왜 모두 불러들여 함께 부귀영화를 누리지 않습니까?"

그의 질문에 손빈은 가슴이 뭉클하고 코끝이 찡해지면서 눈가에 이슬이 맺혔다.

"열세 살 때 부모님이 돌아가시고, 형제들은 모두 흩어져 다른 사람 집에서 막일을 하며 연명했었지. 그렇게 살다가 천지 사방을 떠돌며 살 길을 찾아 헤매던 중 우연히 사제를 만나게 된 걸세. 그리고 사제도 알다시피 함께 귀곡에 들어가 6년 남짓 학문을 익히지 않았나. 이후 사제의 천거를 받아 위나라에 와서 이렇게 일을 하고 있는 거지. 고향을 떠난 뒤 지금까지 벌써 8년이네. 흩어진 두 형제는 죽었는지, 살았는지 알 길이 없는데 어디 가서 일가친척을 찾는단 말인가?"

"고향에 가보고 싶지 않으십니까? 부모님 산소라도 가보고 싶을 텐데."

손빈이 취기가 잔뜩 어린 눈으로 감정에 복받쳐 말했다.

"내 목석이 아닌데 어찌 근본을 잊었겠나? 귀곡을 떠날 때 스승님께서 내 점괘를 봐주셨는데, 내가 성공해서 공적을 세우는 곳은 위나라가 아니라 제나라라고 말씀하셨네. 지금은 여기서 군사 일을 맡았으니 이것도 일종의 공적이 아닌가 싶은데…… 자, 그만 이야기하고 한 잔 드세."

손빈은 술잔을 비운 뒤 더 이상 말을 하지 않았다.

그로부터 두 달 뒤, 손빈이 막 군영에서 돌아오는데 휘하 군관이 제나라에서 사람이 왔다는 보고를 해왔다. 임치(臨淄)에서 왔다는 그 두 사람은 자신들을 고모(賈帽)와 위열(魏烈)이라고 소개하면서, 위나라에 장사를 하기 위해 왔는데 급히 전할 편지가 있어 직접 찾아왔다고 했다.

손빈이 편지를 넘겨받아 펼쳐보자, 보낸 사람이 제나라 대장군 전기(田忌)라고 써 있었다. 손빈과 본가 형제라고 자신을 소개한 전기의 편지에 따르면, 비록 이전에 손빈을 만난 적은 없지만 아는 사람에게 손빈의 이름을 들어 익히 알고 있으며, 또한 손빈이 유명한 귀곡 선생의 제자로 현재 위나라 혜왕을 위해 일하고 있다는 사실을 잘 알고 있다고 했다. 전기는 이번 기회에 서로 자주 연락을 취하고, 향후 손빈이 고향인 제나라를 방문해 주기를 거듭 요청했다. 또한 현재 제나라의 군주인 위왕(威王)은 중원 천하를 통일할 큰 뜻을 품고, 이를 실현하기 위해 천하의 현사(賢士)를 모집하고 있으며, 제나라를 위해 일할 마음이 있는 인재라면 누구를 막론하고 받아들이고 있다고 했다. 인재를 등용해 합당한 지위를 하사하고 자신의 재능을 최대한 발휘할 수 있도록 해주겠다는 말도 잊지 않았다. 전기는 이미 최고 수장인 위왕이 이러한 뜻을 밝힌 바와 같이 손빈도 제나라로 돌아오면 극진한 대우를 받게 될 것이라고 했다. 마지막으로 이해득실을 잘 따져보아 하루라도 빨리 고국에 돌아와 나라를 위해 충성을 다하기를 바란다고 적었다.

편지를 다 읽은 손빈은 눈을 들어 제나라에서 왔다는 두 사람을 찬찬히 훑어보았다. 석연찮은 면이 없는 것은 아니었지만 그렇다고 마냥 의심할 수는 없는 일이었다. 그는 예의상 몇 마디 말을 건네고는 부하들에게 잘 접대한 뒤 돌려보내라고 명했다. 손빈이 말을 마친 뒤 들어가려고 하자 그들이 황급하게 앞으로 나서며 손빈에게 답신을 써 달라고 했다. 그들의 간청에 손빈은 별 뜻 없이 간단하게 답신을 적어 그들에게 주었다.

소인은 현재 위나라를 위해 일하고 있으며 매우 즐겁게 지내고 있습니다. 이제 막 일을 시작한 까닭에 쉽게 자리를 옮기지는 못합니다. 기회가 닿으면 고향에 돌아가 가르침을 청하겠습니다.

두 사람은 답신을 받더니 공손히 절을 하고 손빈의 집을 떠났다.
손빈의 집을 나온 두 사람은 서둘러 발걸음을 옮겨 잠시 주위를 살핀 다음 방연의 집으로 들어가 손빈의 답신을 건넸다. 두 사람은 제나라에서 온 장사치가 아니라 방연의 심복이었던 것이다. 물론 전기는 제나라의 대장군이 맞았지만 그가 썼다는 편지는 방연의 계책에 따라 다른 사람이 쓴 것이었다. 하지만 답신은 손빈이 직접 쓴 것이니 방연의 계책에 손빈이 제대로 걸려든 것이다. 이렇게 방연이 연출한 비극은 서서히 막을 올리고 있었다.

방연은 심복 가운데 글씨에 능한 이를 불러 손빈의 편지를 분석한 다음 글씨체를 그대로 본 따 가짜 편지를 작성하도록 했다.

전 장군, 몇 차례 편지를 주고받으니 더 많은 것을 이해할 수 있게 되었습니다. 편지의 한 글자 한 글자에 제나라 장군과 제나라 왕의 정성이 엿보였습니다. 사실 제가 지금 위나라에서 관리를 지내고 있지만 이는 모두 임시방편일 뿐으로, 이곳에 오래 머무를 생각은 없습니다. 제 몸은 비록 위나라에 있지만 마음은 단 하루도 고국을 잊은 적이 없습니다. 제나라 왕께서 이 미천한 재주나마 기꺼이 받아들여 주신다면 제나라 왕과 제나라의 대업을 이루는 데 충성을 다하겠습니다. 제나라로 가기 전, 저는 가능한 한 위나라의 모든 정보를 수집해 후일 제나라에 들어갈 때 영명하신 제나라 왕께 선물로 바치겠습니다.

손빈의 글씨체로 가짜 편지를 작성한 방연은 사전 계획에 따라 당황한 듯 빠른 걸음으로 궁중을 향해 내달렸다. 혜왕을 알현한 그는 좌우를 물리게 한 다음, 위조된 편지를 왕에게 올리며 황공하다는 듯 머리를 조아렸다.

"신은 죽어 마땅하옵니다. 처음 손빈을 천거한 것은 나라의 근본 이익보다 동문수학한 정에 사로잡혔기 때문이옵니다. 결국 이렇게 심각한 결과를 낳았으니 신은 백번 죽어도 마땅합니다. 다만 다행인 것은 대왕과 위나라 선조들의 공덕으로 말미암아 손빈이 거사를 일으키기 전에 계획을 간파해 사전에 막을 수 있었다는 점입니다. 여기에 손빈이 제나라와 내통해 역모를 꾀하고 있었다는 증거가 있습니다. 이것은 손빈이 제나라의 대장군 전기에게 보낸 답신이옵니다. 대왕께서 현명하게 처리해 주시기 바랍니다."

편지를 읽은 혜왕의 얼굴이 점차 일그러지더니 경악을 금치 못한 듯 눈을 부릅뜨며 고함을 질러대기 시작했다.

"이게 정말이냐? 어찌 이런 일이 있을 수 있단 말이냐!"

방연이 틀림없다는 듯 말했다.

"사실이옵니다. 손빈이 제나라와 내통한 것은 틀림없는 사실입니다."

방연이 말을 마치고는 갑자기 손짓을 하더니 나지막한 소리로 말했다.

"증인을 데려오너라."

말이 떨어지자마자 호위병 몇 명이 밧줄에 꽁꽁 묶인 고모와 위열을 데리고 들어왔다.

"이자들이 손빈을 위해 정보를 전하던 제나라 첩자입니다. 그들은 제나라와 위나라를 빈번하게 왕래하며 활동하고 있었습니다. 특히 최근 반년 동안 손빈과 연결된 뒤 더욱 활발하게 활동했습니다. 저는 그들의 행동을 모두 파악하고 있었습니다. 하지만 체포하기에는 아직 증거가 불충분하고, 괜히 잘못 건드렸다가 놓치지나 않을지 계속 지켜보고 있었습니다. 그러다가 손빈의 비밀 편지를 가지고 국경을 넘으려는 것을 부하를 시켜 잡아왔습니다. 대왕께서 직접 처리해 주십시오."

방연은 혜왕에게 자신이 포박한 두 심복에 대해 간단명료하게 사건의 전말을 이야기했다.

혜왕은 대전 앞에 무릎을 꿇고 용서를 비는 고모와 위열을 바라보며, 얼굴이 벌겋게 달아올라 계속 소리를 내질렀다.

"증인도 있고, 증거도 있다 이 말이지. 이놈 손빈, 내가 놈을 저버리지 않았거늘, 놈이 어찌 나를 이런 식으로 대한단 말인가? 그야말로 열 길 물속은 알아도 한 길 사람 속은 모른다더니, 옛말이 사실이로다. 보기엔 더할 나위 없이 성실하고 진실한 것 같더니 이렇게 배반을 해? 정말이지 뻔뻔스러운 놈 같으니라고!"

혜왕은 크게 분노해 욕질을 마다하지 않으면서 대전을 이리저리 왔다갔다 돌아다녔다. 무엇보다 굳게 믿은 사람에게 속은 것이 원통했고, 군권을 주었으니 또한 불안하기도 했다.

방연은 우선 고모와 위열을 궁전에서 데리고 나가도록 한 뒤, 여세를 몰아 다음과 같이 진언했다.

"손빈의 중조부 손무는 본래 제나라 사람이었으나 오나라에 귀순했습니다. 그러나 귀순한 후에도 충정을 보이지 않고 오자서와 한통속이 되어 간악하게도 모반을 획책했으니, 제나라와 연합해 오나라를 치려했습니다. 하지만 다행히 일이 진행되기 전에 발각되어 오나라 왕은 조정에서 오자서를 처형하고, 손무는 궁륭산에 숨어 들어가 결국 제나라로 망명했습니다. 이후 제나라 땅에서 책사가 되었지만 당시 권세가들이 그를 상대하지 않아 결국 시골 마을에서 늙어 죽었습니다. 손빈은 이런 손무의 모습을 그대로 이어받았습니다. 비록 몸은 위나라에 있으나 머릿속에는 온통 제 고향인 제나라뿐입니다. 제가 아는 손빈이란 자는 항상 이득을 좇아 투합하고, 나라를 팔아 영예를 구하는 자로서 퇴락한 귀족의 본성이 바로 이렇습니다. 대왕께서 손빈을 그토록 아끼시어 업적이라고는 전혀 없는 그를 모든 이의 반대를 무릅쓰고 발탁하셨습니다. 이는 위나라를 위해 충성을 다하라는 뜻이었지만 뜻밖에도 은혜를 원수로 갚아 제나라를 위해 위나라에서 첩자 노릇을 하고, 위나라를 전복시키려 했습니다. 우리 법률에 따르면 모반은 대역죄에 해당하므로 절대 사면을 하지 않습니다. 참수에 처하는 것 외에도 일가를 모두 참형에 처하고, 구족을 멸해야 합니다. 손빈의 죄는 머리를 열 번 내려치고도 모자라는 것입니다. 이제 대왕께서 모든 물증과 증인을 확보하셨으니 확실하게 처리해 주시기 바랍니다."

"일이 이 지경이 되었는데 이제 그가 무슨 필요가 있겠소? 당장 끌어다 법대로 처형하시오."

방연의 말을 들은 혜왕은 더 이상 기다릴 필요도 없다는 듯 즉시 처형하라는 명령을 내렸다.

방연은 혜왕이 '죽여도 좋다'는 명령을 내리자 너무 기쁜 나머지 웃음이 튀어나올 뻔했다.

"현명하신 판단이옵니다. 명령대로 처리하겠습니다."

방연이 지나치게 좋아하는 모습을 보자 혜왕은 불현듯 이상한 생각이 들었다. 도대체 어찌된 일인가. 천거를 한 자는 바로 자신인데, 어찌 저리 처형을 하지 못해 안달을 하는 것인가 말이다. 과연 저자의 말이 사실인가? 이런 생각이 들자 혜왕은 화가 치솟아 갈피를 잡을 수 없었던 머릿속이 차분하게 정리되면서 이내 이성을 되찾았다. 어쩌면 무슨 곡절이 있을지도 모른다는 생각에 그는 되돌아나가는 방연을 다시 불러 세워 명을 새로 내렸다.

"손빈은 죽어 마땅하다. 그러나 곰곰이 생각해 보니, 대대적으로 현사를 불러 모은다 하고서는 이런 식으로 처리를 하면 문제가 생길 수도 있겠소. 또한 손빈이 역모를 저질렀다고 하지만 방 장군이 생각하는 것처럼 심각한 수준이 아닐 수도 있고, 설사 죄가 있다 할지라도 참형에 처하는 것이 능사는 아닐 것이오."

다 된 밥에 코 빠뜨리는 격이라, 방연은 이 늙은이가 왜 이랬다 저랬다 하는지 짜증이 났다. 그가 다시 입을 열었다.

"지금 손빈이 안팎으로 결탁해 모반을 하려는 증거와 증인을 모두 찾았는데, 이것을 어찌 심각하지 않다 하십니까? 대체 국가 위기에 모반보다 더 심각한 일이 무엇이 있습니까. 군사 방면에 관한 지식으로 보면, 손빈이란 자가 저보다 나을 수도 있습니다. 만약 이번에 그를 참형에 처하지 않아 그가 만에 하나 제나라로 넘어간다면 제나라는 즉시 그를 대장군으로 삼을 것입니다. 그렇게 되면 제나라는 바로 우리 위나라의 가장 위험한 적이 될 것입니다. 그때가 되면 후회하셔도 이미 늦습니다!"

"그건……."

혜왕은 방연의 호소에 어찌해야 좋을지 결정을 내리지 못하고 있었다. 그는 한참을 끙끙거리다 절충안을 내놓았다.

"이 일은 그대가 처리하시오. 방 장군이 임의대로 처벌하되 다만 죽이지만 마시오! 그래야 혹시 비난 여론이 생긴다 해도 빠져나올 방법이 있을 것이오."

방연은 왕의 명령을 따를 수밖에 없었다. 일단 처벌이 결정된 이상 계속 참형을 고집할 수만은 없었다. 그가 시원스럽게 대답했다.

"이는 대왕의 넓은 아량을 보여 주심과 동시에 위나라 율법의 존엄함을 살리는 훌륭한 결정이시옵니다. 또한 비호의적인 여론의 공격을 막을 수도 있을 것이니, 가히 일석삼조라 할 만합니다."

방연은 대왕에 대한 찬사를 아끼지 않았다. 이리하여 왕의 분노도 잠시 가라앉았고, 자신도 오히려 의기양양하게 되었다.

10장
손빈과 방연의 격돌

손빈은 방연의 모함으로 체포되어 발뒤꿈치가 잘리는 형벌을 받았다. 진상조차 제대로 파악되지 않은 상태에서 손빈은 진퇴양난의 처지에 빠졌고, 결국 돼지우리에 갇힌 짐승만도 못한 신세가 되어 거리를 떠도는 미치광이가 되고 말았다. 그러나 절체절명의 위기에서 빠져나와 제나라로 향한 손빈은 감추어진 능력을 발휘해 계릉과 마릉 전투에서 승리는 거두었다. 마침내 방연은 나무 아래에서 숨을 거두고 손빈은 역사에 찬란한 이름을 남겼다.

다리가 잘린 손빈

궁궐을 나온 방연은 그 즉시 손빈의 체포령을 내렸고, 방연의 아우 방영이 군사를 이끌고 살기등등하게 손빈의 집을 향해 달려갔다. 방영은 손빈의 집 주위를 완벽하게 봉쇄한 뒤, 특수 제작한 칼, 창, 봉, 쇠사슬 등으로 무장한 부하들을 즉각 투입했다. 이에 손빈의 호위병들은 사태를 파악할 새도 없이 방연의 부하들에게 흠씬 두들겨 맞고 있었다. 그때 방에서 병서를 정리하던 손빈이 시끄러운 소리를 듣고 밖으로 나갔다가 즉각 체포되고 말았다.

3일 뒤, 방연이 손빈을 보러 왔다. 손빈은 이미 월형(刖刑), 즉 발뒤꿈치가 잘리고 '외국과 사통했으니 백번 죽어 마땅하다'란 글자를 먹으로 얼굴에 새기는 묵형을 받은 다음이었다. 손빈의 참상을 바라보던 방연은 짐짓 눈물을 흘리며 말했다.

"내가 너무 늦게 왔군."

두 사람은 손을 마주잡은 채 잠시 아무 말도 하지 않았다. 잠시 후 냉정을 되찾은 방연은 이 난데없는 변고에 대한 설명을 손빈에게 해주었다. 그의 말에 따르면, 누군지 알 수 없는 사람이 혜왕에게 참소해 반역죄로 손빈을 고발하자, 왕이 그 말만 믿고 손빈을 대역죄인으로 처형하고자 했다. 그러나 자신이 간청을 해 겨우 참형을 면할 수 있었다고 했다. 또한 자신과 손빈의 관계를 혜왕이 알고 있었기 때문에 자신에게 알리지도 않고 직접 체포령을 내려 그 즉시 혹형에 처했다고 하면서, 자신이 소식을 듣고 달려왔을 때는 이미 모든 상황이 끝난 뒤였다고 했다. 이렇게 말하면서 다시 울먹거렸다. 그러고는 혜왕에게 간곡하게 청해 손빈을 자신의 집으로 데리고 가서 치료를 받을 수 있도록 허락을 받았다고 했다. 방연의 말을 들은 손빈은 그야말로 슬픔과 기쁨이 교차하지 않을 수 없었다.

"사제가 이렇게 도와주니 정말 고맙군."

어느새 속절없이 석 달이 지났다. 손빈의 상처는 점점 아물었지만 월형을 당했기 때문에 두 다리에 힘을 쓸 수가 없어 하루 종일 양반다리만 하고 앉아 있을 수밖에 없었다. 묵형을 당한 얼굴도 붓기가 빠지기는 했지만 온통 거무죽죽한 글자의 흔적이 남아 얼굴을 움직일 때마다 마치 지렁이가 꿈틀거리는 것처럼 흉측했다. 그의 모습은 너무나 무섭고, 한편으로는 애잔해 보였다. 모든 희망을 잃고 절망에 빠진 손빈은 처절함과 슬픔을 뼈 속 깊이 느끼고 있었다. 비통한 마음에 몇 번이나 자결을 시도했지만 방연의 부하들에게 발각되어 번번이 실패로 돌아갔다. 스스로 목숨을 끊을 수조차 없는 처지에 봉착한 손빈은 그저 침상에 누워 쓸쓸하게 혼자 속을 끓이며 이러저러한 생각에 잠길 뿐이었다. 그러던 어느 날 귀곡을 떠나 위나라로 올 때 스승님이 "비록 상처를 입긴 하겠지만 크게 흉한 것은 아니다."라고 하신 말씀과 이름을 빈(賓)에서 '빈(臏)'으로 고쳐준 일이 생각났다. 그러고는 스승의 말씀이 진정 참뜻이 있었음을 비로소 깨닫게 되었다. 그의 스승이 지어준 '빈(臏)'은 종지뼈의 뜻을 가진 '빈(髕)'과 음과 뜻이 같은 글자다. 뒤꿈치를 자르는 것을 월(刖)이라 하고 종지뼈까지 도려내는 것을 '빈(臏)'이라 하는데, 그렇다면 스승은 이미 이러한 일이 벌어질 것을 알았다는 말인가? 그렇다면 왜 분명하게 알려 주지 않고 애매하게 암시만 준 것일까? 그때 손빈은 스승과 헤어질 때 건네받은 금낭이 생각났다. 위기에 처했을 때 열어보라고 준 것이 아니던가! 그는 황급히 침대 밑에서 금낭을 꺼내 펼쳐보았다.

"살고 싶다면 미치광이 흉내를 내라."

다른 글은 전혀 없었고 오직 이 한 문장만 있었다. 그에게 새로운 이름을 지어준 것처럼 아리송한 참어(讖語 : 예언하는 말)가 아닐 수 없었다. 한참을 생각했지만 그 안에 담긴 뜻을 파악할 수 없었다.

이후 손빈(孫賓)은 종지뼈를 도려내는 형벌까지 당해 손빈(孫臏)으로 불렸는데, 귀곡자가 고쳐준 손빈(孫臏)과 같은 것이었다. 특히 그가 천하에 이름을 날리게 된 이후에도 사람들은 그를 손빈(孫臏)이라고 불렀고, 사마천이 『사기』에서 그를 소개할 때도 마찬가지로 적어 후세에 전해졌다.

종지뼈까지 잘린 손빈은 하루 종일 방연의 집에서 누웠다 앉았다 하며 생각에 잠겼다. 무엇보다 도대체 누가 왜 자신을 모함했는지 알고 싶었다. 그러나 생각할수록 머리만 아파질 뿐 시원한 답을 얻을 수 없었다. 아침 해가 떠오르거나, 저녁노을이 질 때면 어린 시절 일들과 귀곡에서 생활할 때 스승과 동료 간에 쌓았던 정을 생각해 보기도 했다. 물론 사제인 방연과 쌓은 우정은 무엇보다 소중히 간직하고 있었다. 밤마다 잠을 못 이루며 뒤척일 때면 아예 밖으로 나와 하늘의 별을 바라보기도 했다. 그럴 때면 행복한 미래를 꿈꾸던 젊은 시절로 돌아가고픈 생각이 들곤 했다. 하지만 그 같은 생각에 잠기는 것도 잠깐이었다. 그저 막막하기만 한 현실을 떠올리면 차라리 목숨을 끊고 저세상으로 사라지는 것이 나을 듯싶었다.

한편 이번 음모의 총설계자이자 지휘자였던 방연은 공사다망한 가운데 때때로 손빈을 찾아와 위로의 말을 건네면서, 하루빨리 치욕에서 벗어나 재기할 수 있도록 혜왕에게 간언하겠다는 그럴싸한 약속을 하곤 했다. 이처럼 수족이나 다름없는 절친한 형제가 나를 알아주고, 도와주고, 관심을 가져주니 손빈은 그저 감격스럽기만 했다. 손빈은 어떻게 하면 이런 사제에게 보답을 할 수 있을지 고민하며 몇 가지 제안을 했지만 그때마다 방연은 아무런 답변이 없었다. 그러던 어느 날 방연은 만약 자신을 돕고 싶다면 귀곡 선생이 주석을 단 손무의 『병법 13편』을 함께 기록하고 연구하자고 말했다. 손빈은 문득 이전에 귀곡 선생이 한 말이 생각나 잠시 주저했지만 방연이 간청을 하는 데다 이미 폐인이 된 자신보다 방연이 이를 이용하는 것이 좋을 것이라는 생각에 마음을 바꾸었다. 증조부와 귀곡 선생 두 사람이 애써 만든 책이니 반드시 후세에 전해 주어야 한다는 의무감이 들기도 했다. 숭고한 사명의식과 책임감에 사로잡힌 그는 유쾌하게 방연의 제안을 받아들였다. 아울러 손무의 병서 외에도 자신이 배우고 느낀 점을 기록해 모두 방연에게 넘기기로 마음먹었다.

이후 손빈은 탁월한 기억력을 바탕으로 병서를 써내려갔다. 여명이 밝아올 때부터 저녁노을이 질 때까지 그는 병서 집필에 전심전력했다. 이제는 홀로 하늘을 바라보며 슬픔에 젖는 일도 더 이상 없었다.

만약 손빈이 진실을 모른 채 이러한 상황이 계속되었다면 손빈과 방연의 이름은 중국 역사에서 그렇게 큰 비중을 차지하지 않았을지도 모른다. 그러나 다른 역사적인 사건들과 마찬가지로 이 일도 어느 순간 급반전을 했고, 새로운 역사가 이루어졌다.

상황의 역전은 손빈의 시중을 들던 소궐두(小鐝頭)라는 한 호위병에서 시작되었다. 소궐두는 매우 총명하고 정의감과 동정심이 많은 청년으로, 평소에 불의를 보면 참지 못하는 성격이었다. 시간이 흐르면서 손빈이 월형에 처해진 전후 사정과 이 사건을 둘러싼 원한 관계가 점차 알려지게 되면서 마침내 소궐두의 귀에도 들려왔다. 그렇게 한 걸음씩 방연이 쳐 놓은 함정으로 걸어 들어가는 손빈을 보고 있자니 소궐두는 도저히 참을 수가 없었다. 양심의 호소를 뿌리칠 수 없었던 그는 기회를 살펴 위험을 무릅쓰고 방연의 음모를 손빈에게 알려 주었다. 또한 손빈이 이처럼 구차하게 연명해 오는 것도 사실 방연이 손에 넣고 싶어 안달하는 병서가 아직 완성되지 않았기 때문이라고 했다. 손빈이 병서 작성을 마치는 날, 그날이 바로 손빈의 황천길이 열리는 날이라 했다. 그의 말을 들은 손빈은 억장이 무너지는 듯했다. 온몸을 부들부들 떨다가 한참 후에 정신을 차린 손빈이 또박또박 말을 이었다.

"그랬군. 때로 내가 당한 일들을 그와 연결해 보긴 했지만 그럴 때마다 소인의 마음으로 군자의 마음을 헤아려서는 안 된다며 나를 부정했지. 그 모든 것이 내 착각이었다니. 정말 사람 속은 알 길이 없군!"

손빈은 이미 작성한 죽간들을 말아 모두 없애버렸다. 그리고 마음의 안정을 되찾자 그제야 자신의 처지가 얼마나 위험한지 깨닫게 되었다. 만약 자신이 모든 사실을 알게 되었다는 것을 방연이 눈치 채면 가만있지 않을 것이다. 이런 생각이 들자 손빈의 슬픔은 이루 다 말할 수 없을 정도였다. 죽는 것은 두렵지 않지만, 아무것도 모른 채 죽는다는 것은 너무 억울하고 원통하고 또한 가치도 없는 일이었다. 점차 마음을 누그러뜨리고 냉정을 되찾은 손빈은 이대로 죽을 수는 없다고 생각했다. 반드시 살아남아 복수를 해야 했다. 그렇지 않으면 구천에 계신 조상들을 볼 면목이 없지 않겠는가. 그렇게 손빈은 곤경을 벗어날 방법을 찾기 시작했다. 순간 스승님이 건넨 금낭에 적혀 있던 묘책이 생각났다.

"살고 싶거든 미치광이 흉내를 내라."

그렇다. 미친 척하고 지낸다면 이 고비를 넘길 수 있을 것이다. 역시 스승의 혜안은 뛰어났다. 맞닥뜨릴 재앙과 그것을 해결할 방법까지 제시해 주다니, 진정한 스승이 아닐 수 없었다. '이 모든 일이 책벌레일 뿐인 내 탓이지. 사람을 헤아리는 것도 부족하고, 수련도 부족할 뿐더러 매사에 꼼꼼하지도 못해. 그저 사람을 도울 줄만 알았지 스스로 방어할 줄 몰라 오늘 이 같은 재난을 당하는구나!' 손빈은 가슴이 뜨거워지면서 두 눈에 주르르 눈물이 흘러내렸다.

제나라로 도망친 미치광이

어느 날 저녁, 소궐두 등 호위병들이 밥상을 막 차려놓고 있는데 갑자기 손빈이 정신이 나간 듯 바닥에 쓰러졌다. 그러고는 입에 거품을 물고 눈알이 돌아가고 전신을 부들부들 떨었다. 잠시 후에는 눈을 번쩍 뜨더니 마치 시신이 벌떡 일어서듯 밥상 위로 뛰어올라가 머리를 처든 채 울부짖었다. 그리고 손에 잡히는 대로 그릇을 집어 소궐두 등 호위병들에게 내던졌다. 이처럼 손빈이 미친 듯이 날뛰자, 몇 명의 호위병은 얼굴에 묻은 국물을 닦을 새도 없이 방연에게 달려갔다.

보고를 받은 방연은 깜짝 놀라 황급히 부하들을 이끌고 손빈을 살펴보러 갔다. 손빈은 엉망진창이 된 채 땅을 기어 다니며 갑자기 울었다가 또 웃었다가 했다. 그 모습은 영락없이 미친 사람이었다. 조금 의심스러운 마음이 든 방연은 손빈에게 가까이 다가가 다시 한 번 살펴보았다. 그런데 손빈이 방연을 보고서는 눈을 크게 뜨고 무서워하며, 마치 전혀 모르는 사람을 대하는 듯했다. 방연이 무엇을 물어봐도 대답을 하지 않았다. 바닥을 데굴데굴 구르다가 욕을 퍼붓는가 하면 다시 꿇어앉아 자꾸만 머리를 바닥에 내리쳤다. 그러다가 벌렁 드러누워 한바탕 큰 웃음을 터뜨렸다. 손빈의 이 같은 모습에 방연은 눈살을 찌푸리면서 손빈의 호위병에게 이유를 물어보았지만, 도무지 영문을 알 수 없었다. 방연은 하는 수 없이 의문만 가득히 남은 채 그곳을 나왔다.

꼬박 하루를 생각해 본 방연은 아무래도 밑도 끝도 없이 미쳐버린 손빈이 뭔가 수상했다. 진위를 파악하기 위해 그는 부하에게 돼지우리 하나를 마련해 손빈을 그 안에 집어넣으라는 명령을 내렸다. 그런데 기운이 하나도 없이 축 늘어져 있던 손빈이 갑자기 돼지우리를 보자마자 눈을 반짝거리며 살찐 암돼지 등 위로 신나게 뛰어올랐다. 갑작스러운 손빈의 등장에 깜짝 놀란 암돼지가 우리 안을 이리저리 휘젓고 다녔다. 그러자 우리 안에 있던 오물이 사방으로 튀고, 분뇨가 날아다녔다. 그런 중에 손빈은 돼지가 튀어 오르는 바람에 우리 벽에 부딪혔다가 바닥으로 떨어져 그대로 오물더미 속에 머리를 박고 말았다. 눈앞에 벌어진 뜻밖의 광경에 방연을 비롯한 모든 사람들이 웃느라 정신이 없었다. 잠시 후, 오물더미에서 빠져나온 손빈이 흥분한 듯 위아래로 폴짝폴짝 뛰어다니면서 암돼지를 흉내 내 꽥꽥 거렸다.

아무리 주의 깊게 손빈을 관찰해 보아도 방연은 손빈의 행동이 진짜인지 가짜인지 판별할 수가 없었다. 며칠 뒤, 그는 '까불이'라는 별명을 가진 호위병을 시켜 한밤중에 김이 모락모락 나는 술상을 차려 돼지우리에 가져가도록 했다. 까불이가 나지막한 소리로 손빈에게 말했다.

"전 까불이라고 합니다. 장군께선 아마 절 못 알아보실 겁니다. 몇 달 전 제 말이 수레를 끌고 가다가 놀라 날뛰는 바람에 하마터면 장군을 구덩이에 빠뜨릴 뻔했습니다. 장군께서는 저에게 벌을 내리시기는커녕 절 위로해 주셨습니다. 전 정말 죄송하면서 또한 장군께 감동했습니다. 그런데 장군께서 이렇게 억울하게 형을 받아 인간 같지 못한 생활을 하시는데 전 도와드릴 아무런 능력이 없습니다. 그저 오늘 이렇게 먹을 것을 조금 가지고 왔으니 제 성의를 받아주십시오."

손빈은 달빛 아래 비친 까불이의 여윈 얼굴을 바라보았다. 영특해 보이는 눈에 살기가 서려 있었다. 몇 달 전 정말 그런 일이 있긴 했지만 지금 앞에 있는 호위병이 그자인지는 기억이 나지 않았다. 설사 그자라 해도 무슨 꿍꿍이가 있을지 모를 일이었다. 대체 담이 얼마나 큰 놈이기에 죽음을 무릅쓰고 이곳으로 날 찾아왔을까? 이 역시 방연이 쳐놓은 함정일 것이다. 아마 내가 거짓으로 미치광이 짓을 하고 있는지 시험해 보기 위한 것이리라. 이렇게 생각하며 손빈은 돼지우리 뒤쪽으로 물러나 까불이가 먹을 것을 들고 안으로 들어오게 했다. 이어 입으로는 이상한 소리를 내며 손으로 음식을 집어 우적우적 먹기 시작했다. 거의 다 먹었을 때 까불이를 불러 옆으로 다가오도록 했다. 까불이는 의아해하며 허리를 굽히고 다가갔다. 손빈은 이때다 싶어 국그릇을 들고 있는 채로 갑자기 까불이의 머리를 잡아챘다. 민첩한 까불이가 돌아서려는 순간 손빈은 재빨리 그의 목덜미를 잡아 힘을 주었다. 두 사람이 한데 얽혀 냄새가 진동하는 오물더미에 굴러 떨어졌다. 돼지우리 안을 비추던 은쟁반 같은 달빛이 조각조각 부서지며 흔들거렸다. 오물더미에 빠져버린 까불이는 본능적으로 그 속에서 빠져나오려고 했다. 그러나 채 몸을 빼기도 전에 손빈이 그의 귀를 물어뜯었다. 까불이는 비명을 지르며 온 힘을 다해 돼지우리를 빠져나와 오물이 잔뜩 묻은 몸으로 피가 줄줄 흐르는 반쪽짜리 귀를 움켜쥔 채 서둘러 도망쳤다.

다음 날 아침, 까불이가 방연을 찾아왔다. 방연은 까불이의 머리에 붕대가 감겨 있는 것을 보고는 이유를 물어보았다. 까불이는 어젯밤 일어났던 일을 방연에게 낱낱이 아뢰었다.

"손빈은 정말 미쳤습니다. 정상이라면 도저히 그렇게 할 수 없죠. 절대 거짓이 아닙니다."

방연은 고개를 끄덕이며 한숨을 내쉬더니 속으로 생각했다.

'정말 그렇다면 이제 걱정을 하지 않아도 되겠군. 그냥 내버려두었다가 혜왕이 그를 잊으면 죽여 버리지, 뭐.'

그 후 손빈을 감시하던 호위병들도 하나둘씩 철수했고, 그나마 남은 몇 명도 매일 그저 밥이나 날라주면서 의례적으로 한 번씩 손빈의 일과를 보고할 뿐이었다.

　손빈은 호위병들의 경계가 갈수록 느슨해지는 것을 보면서, 방연이 이제 완전히 속아 넘어갔다는 것을 알 수 있었다. 그는 낮이면 살며시 돼지우리를 빠져 나왔다가 밤이면 다시 돌아갔다. 처음에 이런 행동을 말리던 호위병들도 시간이 지나면서 더 이상 간섭하지 않았고, 밥을 주는 횟수도 점차 줄어들었다. 어느 날인가, 손빈이 낮에 돼지우리를 나갔다가 돌아오지 않고 시내에서 밤을 보냈는데도 아무도 신경 쓰는 사람이 없었다. 손빈은 거리를 돌며 자신을 동정하는 백성들의 시주를 받아 목숨을 이어나갔다. 그는 기회를 기다리면서 어떻게 하면 방연에게서 벗어나 위나라를 탈출할 수 있을지 내내 생각했다. 그렇게 반 년 후, 뜻밖의 기회가 찾아왔다.

　기회를 만들어 준 사람은 당시 위나라 혜왕에게 손빈을 추천한 묵적이었다. 언젠가 묵적이 제자들을 거느리고 열국을 돌아다니다가 제나라 임치에 이르게 되었다. 이에 제나라 대장군 전기는 묵적 일행을 집으로 초대해 식객으로 대우했다. 보름이 지난 뒤, 금활리(禽滑厘)라는 묵적의 제자가 위나라에서 제나라로 스승을 만나러 왔는데, 서로 이야기를 나누던 중 손빈의 말이 나왔다. 묵적이 물었다.

　"손빈은 요즘 위나라에서 어떻게 지내고 있는가?"

　금활리는 고개를 절레절레 흔들며 말했다.

　"말도 마십시오. 방연이 모해를 해서 죽느니만 못한 지옥 같은 생활을 하고 있습니다."

　이어 위나라에서 있었던 손빈의 일을 상세하게 알려 주었다. 이야기를 모두 들은 묵적은 경악을 금치 못했다.

　"손빈의 재주와 학문이 뛰어나 천거를 한 것인데 오히려 이런 화를 당하다니!"

　그는 전기에게 이 사실을 말했다. 전기는 분개한 나머지 어떻게 해서든 손빈을 제나라로 올 수 있도록 돕기로 했다. 전기는 제나라 위왕에게 손빈의 처지를 이야기하면서 다시 한 번 강조했다.

"우리 제나라에 그처럼 유명한 병가의 대가가 있는데, 이국타향에서 이렇게 억울한 일을 당하다니, 이는 절대 있을 수 없는 일입니다."

위왕은 의분에 찬 전기의 말을 듣고 입을 열었다.

"위나라를 쳐서 손빈을 우리 제나라로 데려오면 어떻겠소?"

전기가 고개를 내저었다.

"안 됩니다. 방연이란 자는 속이 좁고 이기적인 자로서, 하는 짓이 매우 악랄합니다. 손빈이 위나라에서 자신을 돕는 것도 원하지 않았거늘 제나라에 보내 적수가 되도록 하겠습니까? 힘으로 빼앗으려 한다면 그가 먼저 악독하게 선수를 칠 것입니다. 그렇게 되면 손빈은 제나라에 올 수 없을 뿐만 아니라 아마 목숨도 보전하기가 힘들게 될 것입니다. 머리를 써야 합니다."

위왕이 고개를 끄덕였다.

"그럼 이 일은 장군이 맡아 처리하시오."

전기는 집으로 돌아와 묵적과 상의한 끝에 좋은 방법을 생각해냈다. 이후 위왕의 동의를 얻은 그들은 계획을 실행에 옮기기 시작했다.

며칠 뒤, 제나라 외교대신인 순우곤(淳于髡)이 부하 몇 명을 데리고 사절단을 조직해 위나라를 방문했다. 그때 금활리도 수행원으로 참여했다. 위나라에 도착한 다음 혜왕을 만난 자리에서 순우곤은 예물을 올리며 제나라 위왕의 말을 전했다. 혜왕은 중원대국이 친히 이렇게 예물을 마련해 찾아온 것에 우쭐한 마음으로 순우곤 일행을 극진하게 대접했다.

사전 계획대로 수행원으로 참여한 금활리는 아무도 몰래 미치광이 차림으로 거리를 돌아다니는 손빈을 만났다. 방연의 시선을 피하기 위해 낮이 아닌 밤중에 그를 만나러 간 것이다. 손빈은 못 쓰는 다리를 끌고 봉두난발(蓬頭亂髮)을 한 채 우물 옆에 기대어 고개를 숙이고는 눈을 감고 있었다. 금활리가 그를 불러 깨웠다. 손빈은 고개를 들어 바라만 볼 뿐 아무 말도 하지 않았다. 금활리는 달빛 아래서 손빈의 참혹한 모습을 자세히 들여다보자 갑자기 눈물이 흘러내렸다. 그는 흐느끼며 나지막한 소리로 손빈에게 말했다.

"손 선생님, 전 묵적 선생의 제자 금활리입니다. 스승님께서 선생님의 처지를 제나라 왕에게 알렸습니다. 그렇게 스승님과 제나라 왕의 부탁으로 선생님을 구하러 왔습니다."

금활리의 신분과 자신을 찾아온 목적을 알게 된 손빈은 만감이 교차하는 가운데 흐르는 눈물을 막을 수 없었다. 잠시 후 손빈이 천천히 입을 열었다.

"저 손빈이 오물더미에서 죽는 줄만 알았는데 오늘 이런 기회가 오다니. 하지만 방연의 의심이 심하니, 철저하게 경계해야 합니다."

금활리가 말했다.

"걱정 마십시오. 모두 준비해 두었습니다. 시간이 되면 이곳으로 선생님을 모시러 오겠습니다."

두 사람은 비밀리에 접선 암호를 정하고 다음 날 행동을 개시하기로 했다.

다음 날, 금활리가 서른 살 정도 되는 거지 한 사람을 데리고 밤중에 몰래 손빈이 있는 우물 쪽으로 갔다. 금활리는 손빈과 거지의 옷을 맞바꾸어 입게 한 다음, 이어 손빈을 등에 업고 눈 깜짝할 사이에 어둠 속으로 사라져 버렸다.

다음 날 오전, 순우곤 등 일행이 왕궁에서 혜왕에게 작별 인사를 올렸다. 그러자 혜왕은 진귀한 예물 외에도 제나라 사절단에게 송별연을 크게 베풀었다. 술이 서너 잔 돌고, 어느 정도 음식을 먹은 제나라 사절단은 방연 등과 작별을 고했다. 이때 이미 손빈은 금활리가 모는 수레 안에 숨어 있었다. 순우곤은 금활리에게 속히 말을 몰아 먼저 출발하도록 지시한 다음, 자신은 방연이 추격대를 파견할 것에 대비해 뒤에서 엄호하기로 했다. 이렇게 해서 손빈은 제나라 사절단의 보호를 받으며 쥐도 새도 모르게 사라졌다.

다시 하루가 지났다. 손빈의 감시를 맡고 있던 호위병 한 명이 심심하던 차에 손빈이 또 무슨 미친 짓을 하고 있는지 그가 자주 나가는 거리와 골목을 둘러보았다. 그런데 하루 종일 찾아보아도 그가 보이지 않았다. 호위병은 뭔가 일이 잘못 되었다는 생각에 곧바로 방연에게 보고했다. 보고를 받은 방연은 일이 심각해졌다는 것을 깨닫고 그 즉시 호위병들을 대거 파견해 주변을 샅샅이 수색하도록 했다. 그러나 또 하루가 지나고도 손빈은 보이지 않았다. 방연은 직접 감시를 맡은 호위병을 불러 심문했다.

"손빈이 요즘 어디를 돌아다녔지?"

"시내에서 그리 멀지 않은 우물 옆에 항상 있었는데, 요즘 그곳에는 거지 한 명밖에 없습니다. "

잔뜩 긴장한 호위병이 대답했다.

잠시 생각에 잠겼던 방연이 다시 물었다.

"그 거지에게 손빈을 보았는지 물어보았나?"

"네, 그런데 보지 못했다고 했습니다."

호위병이 곧바로 대답했다.

"못 보다니, 그럴 리가 있나. 그 거지를 잡아와 심문을 해보게. 정말 손빈을 보지 못했는지 철저하게 조사해!"

방연은 악랄한 눈빛으로 호위병을 바라보며 명령을 내렸다.

대략 네 시간쯤 지났을까. 호위병들이 달려와 다음과 같이 보고했다.

"거지를 잡아와 물어보니 그저께 밤에 한 남자가 와서 손빈을 업고 갔답니다. 거지에게 돈을 주고 우물 옆에서 손빈 행세를 하라고 했답니다."

화가 머리끝까지 난 방연은 처음에 성 전체에서 수색 작전을 펼치려고 했다. 그러나 다시 생각해 보니 이 일은 무작정 떠벌일 일이 아니었다. 혜왕이 이를 빌미로 죄를 물으면 입장이 난처해질 것이다. 그냥 이렇게 대충 마무리하는 것이 좋을 듯했다. 당시 방연은 누군가 손빈을 숨기고 있다고만 생각했지, 이미 제나라로 들어갔으리라고는 꿈에도 생각하지 못했다.

제나라 수도 임치에 도착한 뒤, 순우곤과 금활리 등은 먼저 손빈을 숙소로 데려갔다. 그곳에서 목욕을 하고 깨끗한 옷으로 갈아입자, 그제야 손빈의 원래 모습이 나타났다. 제나라 대장군 전기와 묵적은 손빈이 제나라에 도착했다는 소식을 듣고 함께 그를 만나러 왔다. 묵적과 손빈이 만난 자리, 두 사람은 감개

제나라 위왕을 만난 손빈

가 무량했다. 그들은 서로 이별의 아픔과 그리움을 토로한 뒤, 제나라의 형세와 현황에 대해 이야기를 나누었다. 이에 손빈은 제나라의 전반적인 상황을 파악할 수 있었다. 또한 두 사람은 손빈이 앞으로 어떻게 살아갈지 간단하게 계획을 세우며 손빈을 위로했고, 믿음과 용기를 주려고 노력했다. 다음 날 오전, 전기는 손빈을 수레에 태워 함께 제나라 위왕을 알현했다. 위왕은 병학의 대가인 손빈을 만나 겉으로는 그를 환영하는 것처럼 행동했지만 마음속으로는 이 절름발이가 과연 전기와 묵적이 말한 것처럼 신출귀몰한 인물인지 가늠해 보고 있었다. 그는 손빈의 인내력을 시험해 보기 위해 한 가지 질문을 던졌다.

"선생은 손무의 후예이며, 병학의 성인이라 할 수 있는 손무를 정통으로 계승해 『병학 13편』의 정수를 깊이 이해하고 있다고 들었소. 당대 병학의 대가인 셈이오. 그렇다면 대체 이 전쟁이란 것을 어떻게 하면 좋겠소?"

그저 질문을 하나 던진 것처럼 보였지만 손빈은 왕의 마음을 꿰뚫고 있었다. 이것은 분명히 시험이었다. 이 시험의 성패가 자신의 운명을 좌우하는 것은 물론, 전기와 묵적의 체면에도 영향을 줄 것이다. 귀곡에서 공부할 때 이 같은 시험을 수차례 치렀고, 어제 제나라의 전반적인 상황에 대해 이야기를 듣고 이미 파악한 이후라 그는 잠시 생각한 끝에 전쟁에 대한 자신의 견해를 정리할 수 있었다. 손빈은 목청을 가다듬고, 한 자 한 자 또박또박 힘을 주면서 의견을 말하기 시작했다.

전쟁에는 형세라는 것이 있습니다. 이는 영원히 고정된 것이 아니고 때에 따라 변하고 때로 역전될 수도 있습니다. 이는 선대 제왕들의 경험을 통해 증명된 도리입니다. 만약 전쟁에서 이긴다면 위기에 처한 나라를 보전해 꺼져가는 왕의 가계를 이어갈 수 있습니다. 그러나 만약 전쟁에서 진다면 땅을 잃고 나라 전체가 위험에 빠집니다. 그렇기 때문에 전쟁에 대해서는 심사숙고하지 않으면 안 됩니다. 경솔하게 전쟁을 일으키는 자는 나라의 패망을 몰고 오며, 오직 승리만을 탐하는 자는 굴욕을 당할 수 있습니다. 전쟁이란 함부로 일으켜서는 안 되며, 승리 또한 탐욕의 대상이 될 수 없습니다. 전쟁은 철저하게 준비한 다음 행동을 취해야 합니다. 성이 작아도 견고하게 방어를 할 수 있는 것은 충분한 물자를 비축하고 있기 때문입니다. 병사가 적은데도 전투력이 강한 것은 정의로운 전쟁을 일으켰다는 대의명분이 있기 때문입니다. 만약 전쟁을 하되 군수 물자도 비축하지 않고, 전쟁의 정당성이나 대의명분도 없다면, 천하의 어떤 나라도 견고하게 방어할 수 없으며 전투력이 강할 수 없습니다.

요임금이 천하를 다스릴 때 그의 명령에 복종하지 않은 일곱 부족이 있었습니다. 동이에 두 곳, 중원에 네 곳, 남방에 한 곳이 있었는데, 요임금은 이들 부족을 그냥 내버려 두지 않았습니다. 요임금이 동이의 나라를 정벌한 뒤에야 비로소 지역 주민들의 소요(騷擾)에서 벗어날 수 있었고, 또한 공공(共工)을 토벌한 이후 나라의 안정을 찾았습니다. 평소에는 백성의 휴식과 생산에 관심을 기울여 국력을 키우면서 훈련을 실시했을 뿐 전쟁을 일으키지 않았습니다. 당요(唐堯)는 수년간 일에 시달린 데다 연로하여 더 이상 나라를 다스릴 수 없게 되자 나라의 대권을 우순(虞舜)에게 넘겨주었습니다. 우순은 즉위한 뒤 군사를 일으켜 훤두(讙兜) 부족을 숭지(崇地)로 몰아내고, 곤(鯀)을 우산(羽山)에서 죽이고, 삼묘(三苗)를 삼위지지(三危之地 : 지금의 돈황현敦煌縣 동남쪽 30리 부근. 서융의 땅)로 몰아냈으며, 유호씨(有扈氏)를 멸망시켰습니다. 당시 중구에는 묘씨(苗氏)만 존재했는데 세력이 막강했습니다. 다시 우순이 연로하여 나라를 다스릴 힘이 없자, 이번에는 제위를 우(禹)에게 물려주었습니다. 우는 먼저 산을 깎아 물길을 만들어 홍수에 대한 우려를 없앤 다음 군사를 일으켜 일부 적대 세력을 제거했고, 나아가 서쪽의 삼묘를 몰아냈습니다. ……어떤 제왕도 안일하게 욕심만 부리며 아무것도 하지 않은 채 승리를 구할 수는 없습니다.

무력으로 적을 이기고 자신을 더욱 강하게 해야 만민의 복종을 이끌어내고 나라를 통일할 수 있습니다. 옛날 신농씨는 부수(斧遂)를 이기고, 황제는 촉록(涿鹿)에서 치우(蚩尤)를 이기고, 당우는 공공(共工)을 토벌하고, ……탕(湯)은 남소(南巢)에서 걸왕을 내몰고, 무왕은 은(殷)의 주왕(紂王)을 목야(牧野)에서 멸망시켰으며, 주공(周公)은 군사를 이끌고 상엄(商奄 : 은나라와 엄나라)의 반란*을 평정했습니다. 이런 예를 통해 알 수 있듯이 군대가 없으면 천하를 다스릴 수 없습니다.

그런데 지금의 일부 제후들은 인덕은 오제(五帝)만 못하고, 재능은 삼왕(三王)보다 떨어지며, 지혜도 주공보다 떨어지면서 오직 인의도덕을 숭상하고 예악을 중시하면 천하를 평화롭게 통치할 수 있다고 주장하면서 전쟁에 반대하고 있습니다. 이는 정말로 터무니없는 말입니다. 요임금이나 순임금과 같은 성군들이 이 같은 생각을 하지 않은 것이 아닙니다. 다만 현실적으로 불가능한 일이었습니다. 그래서 전쟁으로 천하를 하나로 묶어 서로 싸우는 행위를 금지하도록 했던 것입니다(원문은 은작산 한묘 죽간 『손빈병법』 「견위왕見威王」에 수록되어 있다).

손빈은 일장 연설을 통해 자신의 전쟁관을 명확하게 제시했다. 이 연설은 후에 『손빈병법』에 수록되었다. 그가 말한 요점은 '전쟁에서 승리함으로써 강하게 일어선다'는 것이었다. 이는 손빈이 생각하는 전쟁관의 핵심이자, 전쟁에 대한 『손자병법』의 이론을 한층 더 창조적으로 발전시킨 것이다. 이처럼 위왕의 질문에 대해 손빈은 처음부터 강력하게 전쟁이란 국가 안위가 걸린 대사라고 강조했다.

"전쟁에서 승리하면 쓰러져가는 나라도 왕의 가계를 이을 수 있습니다. 그러나 전쟁에서 패하면 국토는 잘려나가고 사직은 위태로워집니다. 그러므로 전쟁은 신중하게 생각해야 합니다."

---

* 주나라가 은을 멸망시킨 뒤 주왕의 아들 무경(武庚)에게 통치를 맡겼으나 엄나라, 서(徐)나라 등 인근 소국과 연합해 반란을 일으켰다. 이에 주공이 이들을 평정했다.

당시 손빈이 다시 한 번 이 이야기를 꺼낸 것은 단지 사람들의 시선을 모으기 위해서가 아니었다. 물론 아무런 의미 없이 한 말은 물론 아니며, 손무의 말을 답습해 짐짓 그럴 듯하게 보이려고 과시한 것도 아니었다. 그는 제나라의 현황을 정확하게 간파하고 자신의 의견을 제시한 것이다. 손빈은 묵적 등을 통해 제나라 위왕이 즉위한 전후 나라의 상황이 그다지 좋지 않다는 이야기를 들은 바 있었다. 기원전 405년, 삼진(三晉 : 위魏, 조趙, 한韓)이 연합해 제나라를 공격하여 늠구(廩丘)에서 전투가 벌어졌는데, 당시 제나라는 '전차 2천 대를 얻는 대신 시신 3만 구를 얻었다'라고 전해질 만큼 크게 패해 이후 국력을 수습하지 못한 상태였다. 이듬해 삼진 연합군이 다시 한 번 제나라를 공격해 또다시 제나라 군대가 참패했다. 삼진 연합군은 곧장 제나라 장성 방어선까지 깊숙이 들어갔다. 기원전 380년에는 삼진이 제나라를 공격해 상구(喪丘)까지 쳐들어갔고, 기원전 378년에는 삼진이 제나라를 공격해 영구(靈丘)를 공략한 뒤 회군했다. 기원전 373년에는 연나라가 임영(林營)에서 제나라에 승리를 거두었고, 위나라는 박릉(博陵)에서 제나라를 공격했으며, 노나라는 제나라 양관(陽關)까지 공략해 들어갔다. 계속해서 이듬해인 기원전 372년, 국력이 약한 위나라마저 제나라를 공략해 벽릉(薛陵)까지 쳐들어갔다. 또한 조나라가 기원전 370년에 제나라로 쳐들어가 견(甄 : 복주濮州 견성현甄城縣 북쪽)을 공격했고, 기원전 368년에는 장성을 공략했다.

이처럼 끊임없이 다른 나라의 공격을 받고 있는 상태였기 때문에 위왕에게는 여러 제후국의 공격을 효과적으로 방어하고 제나라를 온전하게 발전시킬 수 있는 방법이 무엇인지가 가장 중요한 문제였다. 그것은 곧 제나라의 미래가 달린 문제였다. 바로 이 중요한 시기에 손빈이 적절하면서도 또 대담하게 '전쟁에서 승리해 강하게 나라를 세운다'는 정치, 군사 이념을 내놓은 것이다. 그의 견해는 조잡한 다른 학설들과 비교했을 때 상대적으로 당시 역사적 추세에 훨씬 더 부합하는 사상이었다. 봉건 제후들이 할거하는 상태에서 그 어떤 통치자도 스스로 권좌에서 물러나 역사의 무대 뒤로 사라질 생각은 없기 때문에, 그야말로 '전쟁으로 천하를 하나로 묶는(擧兵繩之)' 방법으로 생존을 도모할 수밖에 없었다. 그러나 당시 여러 학파들은 제후국 간의 전쟁에 강력하게 반대의 입장을 취했다. 예를 들어 유가는 '인의'를 주장했고, 묵가는 '비공(非攻)'을 내세워 전쟁에 반대했다. '무위'를 주장한 도가는 말할 것도 없는 반전(反戰) 학파였다. 특히 손빈과 같은 시대에 살았던 맹자는 전쟁의 참혹상을 비유하며 철저하게 반전의 입장에 있었다. 그는 이렇게 말한 바 있다.

"땅을 다투느라 전쟁으로 죽은 자들이 들판을 가득 채우고, 성을 다투느라 전쟁으로 죽은 자들이 성 안에 가득 찼다. 이는 이른바 토지를 가지고 인육(人肉)을 먹는 자이니, 그 죄는 죽어도 용서받을 수 없다."

"춘추 시대 오패(五霸)는 삼왕(三王)의 죄인이다. 지금의 제후들은 오패의 죄인이다. 지금의 대부들은 현재 제후들의 죄인이다."

맹자는 이렇듯 춘추, 전국 시대 모든 전쟁사를 부정적으로 평가하면서 '나라의 군주가 어짊을 좋아하면 천하에 적이 없다'라고 주장했다. 이론적으로는 구구절절 맞는 말이지만 이는 역사의 객관적 규율을 무시한 것으로서, 근본적으로 당시 역사 발전 과정에서 무엇보다 통일의 필요성을 간과한 환상에 불과하다고 할 수 있다. 이에 반해 손빈은 현실을 제대로 직시하고 있었기 때문에 대담하게 '인의도덕을 숭상하고 예악을 사용하면 천하를 평화롭게 통치할 수 있다'라는 주장을 반박했던 것이다. 또한 이를 바탕으로 '전쟁에서 승리해 천자의 위상을 굳건히 세운다(戰勝而强立)'는 주장을 펼쳐 제나라 위왕이 결심을 굳히도록 한 것이다.

위왕은 호언장담하는 손빈의 주장을 완벽하게 이해할 수는 없었지만 전체적으로 일리가 있다는 생각이 들었다. 또한 몇 가지는 자신의 생각과도 같았다.

"맞는 말이오. 역시 손무의 후예, 귀곡자의 문하, 당대에 으뜸가는 병학의 대가답소. 이렇게 모셔왔으니 당연히 관직을 하사해야겠지. 어디 어떤 관직이 좋을지 생각해 보셨소이까?"

위왕의 말을 들은 손빈은 위왕이 진심으로 자신을 존중하지 않는다고 느끼면서 그저 치사에 불과한 왕의 답변에 공손히 예를 올리며 말했다.

"저를 구해 주신 은혜와 관심에 대해 감사드릴 뿐입니다. 제가 비록 불구의 몸이기는 하지만 의지는 그 누구와도 다르지 않습니다. 제 머릿속에는 십만 대군을 물리칠 수 있는 책략과 전쟁에서 필승할 수 있는 방안이 가득 들어 있습니다. 허나 이제 막 제나라로 들어와 별다른 계책을 올린 것도 없고, 공적을 세운 바도 없으니 어찌 관직을 운운할 수 있겠습니까? 게다가 제가 관직을 하사받았다는 사실을 방연이 알게 되면 질투심에 불타 거사할 것이 분명하니, 그렇게 되면 얻는 것보다 잃는 것이 더 많습니다. 우선 저에 관한 일은 비밀로 하고 후일 제가 필요하실 때 불러주신다면 전심전력으로 대왕의 은혜에 보답하겠습니다."

그의 말에 위왕은 조금도 주저하지 않고 대답했다.

"그렇게 하시오. 먼저 전기 장군의 집에 머무르고 있다가 때가 되면 우리 대 제나라를 위해 공을 세워 주시오. 그때 관직을 하사하겠소."

"대왕마마, 감사합니다."

손빈은 이렇게 답하고, 대전을 떠났다. 그 후 손빈은 대장군 전기의 집에 특별한 신분의 식객으로 머물게 되었다.

병법의 신이 된 손빈

손빈은 그저 매일 놀고먹기가 쑥스러워 뭔가 식객으로서 일을 해야 하지 않을까 곰곰이 생각하고 있던 차, 마침내 기회가 찾아왔다.

당시 제나라는 군왕부터 신하들에 이르기까지 모두 가무와 여색, 특히 경마(競馬)에 푹 빠져 있었다. 물론 그때의 경마란 운동 경기가 아닌 돈을 걸고 순위를 다투는 일종의 도박이었다. 참가자들은 경기 전에 거금을 걸고 내기를 했는데, 대소 신료는 물론이고 위왕과 대장군 전기 또한 막강한 재력을 바탕으로 한 몫을 챙기려고 혈안이 되어 있었다. 심지어 위왕과 전기 두 사람이 서로 맞붙는 경우도 있었다. 그럴 때면 이 역시 승부인지라 군왕과 신하라는 관계와는 상관없이 승자와 패자가 있기 마련이었다. 그런데 두 사람이 맞붙으면 위왕이 승리할 때가 훨씬 많았다. 비록 신하의 처지이기는 했지만 승부욕이 강한 전기는 그때마다 속이 상했다. 그러던 어느 날 다시 경마가 열리게 되었고, 하루 종일 답답하게 집에만 있는 손빈에게 전기가 말했다.

"함께 경마 구경이나 하러 갑시다."

전기의 요청에 손빈도 어쩔 수 없이 경마를 구경하기 위해 경기장에 나갔다. 잠시 관람을 하면서 손빈은 단번에 승리의 비결을 눈치 챘다. 때마침 위왕과 전기 두 사람이 내기를 건 말의 대진표가 짜였는데, 손빈은 출전하는 말이 상, 중, 하 세 등급으로 나뉘어 한 등급씩 경기에 참가한다는 것을 발견했다. 전기와 위왕의 말은 등급 간의 차이가 얼마 나지 않아 배치만 잘하면 승리를 거둘 수 있을 듯했다. 손빈은 전기에게 다음 시합에서 판돈을 크게 걸도록 하고서 이길 수 있는 방법을 알려 주겠다고 했다. 손빈의 말대로 전기는 다음 날 첫 번째 시합에서 형편없는 하급의 말을 위왕의 상급 말과 맞붙게 했다. 그때는 당연히 전기의 말이 패했다. 이어 두 번의 경기에서 전기는 상급 말과 위왕의 중급 말을, 이어 중급 말과 위왕의 하급 말을 맞붙였다. 그 결과 전기가 모두 승리를 거두었다. 세 번의 경기 중에 전기가 한 번을 지고, 두 번을 이겼으니 최종적으로 전기의 승리였다. 평소 매번 지기만 하던 전기가 승리를 거두자 의외의 결과에 놀란 위왕이 전기에게 승리의 비결을 물어보았다. 전기가 손빈이 알려 준 방법을 그대로 전하자 위왕이 크게 놀라며 말했다.

"손빈이란 자, 정말 재주가 있나보군. 다음 번 전투에서는 그와 짝을 이뤄보게. 전쟁에서 얼마나 수완을 발휘하는지 한번 보겠네."

그로부터 얼마 지나지 않았을 무렵, 위(魏)나라 혜왕(惠王)이 중원의 패자가 되기 위한 야심을 다시 한 번 드러냈다. 그는 단번에 인근 위(衛)나라를 집어삼킬 생각이었다. 그러나 위나라의 동맹국 조나라가 이에 응하지 않자 혜왕은 방연에게 8만 대군을 주어 조나라를 치도록 했다. 이 기회에 조나라도 점령해 버린다면 더더욱 좋은 일이란 생각에서였다. 이 소식을 들은 조나라는 자신의 힘으로만은 역부족이란 것을 알고 긴급히 제나라에 구원 요청을 했다. 이에 제나라 위왕은 조정 회의를 소집했다. 그 결과, 최근 몇 년 동안 제나라와 조나라가 우호적인 관계를 유지해 왔는데, 두 눈 멀쩡히 뜨고 위나라의 이 같은 행패를 보고 있을 수만은 없다고 결론지었다. 도의적으로도 그냥 넘어갈 수 없는 일이며, 자칫 잘못하다가는 제나라까지 불리한 상황이 될 수 있었기 때문이다. 이번에 조나라를 도와주면 조나라를 보호하는 한편, 우호 관계도 좀 더 돈독히 할 수 있을 것이다. 또한 이 기회에 위나라와 맞붙어 이긴다면 위나라 대신 중원의 맹주 자리를 넘보는 것도 불가능한 일만은 아니었다. 이상 몇 가지 이유로 제나라 위왕은 즉각 조나라에 지원군을 파견하기로 결정했다. 그리고 이 기회에 손빈의 능력도 파악해 보기로 했다. 그는 손빈을 왕궁으로 불러 제나라 구원 부대 총사령관을 맡기면서, 전기에게는 부사령관을 맡도록 했다. 손빈은 총사령관은 절대 할 수 없다는 생각에 그 즉시 왕에게 아뢰었다.

"소인은 혹형을 당하고 겨우 목숨을 부지한 사람입니다. 사지와 얼굴에 아직도 방연에게 당한 흉측한 흔적이 남아 있어 혹시라도 내막을 모르는 병사나 외부 사람들이 보면 크게 놀랄 뿐만 아니라 제나라에 인물이 없다고 판단해 제나라를 가볍게 볼 것입니다. 이는 군대를 통솔하고 작전을 펼치는 데 매우 불리합니다. 성공적인 원정을 위해 전기 장군이 총사령관을 맡는 것이 적합할 줄 아옵니다."

그러자 위왕은 다시 신하들과 상의한 다음 전기를 총사령관에, 손빈을 군사(軍師)에 임명했다. 손빈의 임무는 전기 장군의 지휘를 도와 전투 계책을 마련하는 일이었다. 그리고 신체적인 상황을 고려해 행군과 전투를 할 때 손빈은 특별 제작한 수레에 타고, 이를 전담 병사들이 호위하도록 했다.

순식간에 8만 명에 이르는 제나라 지원 부대가 구성되어 원정길에 올랐다. 군대가 막 제-위의 국경 지대에 이르렀을 때 새로운 정보가 입수되었다. 위(魏)나라 방연이 조나라를 치기 전에 위(衛)나라를 공격해 벌써 큰 피해를 입혔고, 현재 조나라 수도 한단(邯鄲)을 향하고 있다는 소식이었다. 전기가 손빈에게 말했다.

"조나라와 막강한 위나라는 그야말로 늑대와 호랑이에 비유할 수 있습니다. 조나라는 적을 방어할 힘은 있지만 반격을 할 만한 군사력은 없습니다. 어서 가서 한단을 지원해야 하지 않을까요?"

수레에 타고 있던 손빈이 고개를 절레절레 내저었다.

"한단을 구할 때가 아닙니다."

"한단을 구하지 않으면 그럼 무엇을 합니까?"

전기가 물었다.

"생각해 둔 작전이 있습니다. '비강도허(批亢搗虛)', 즉 적의 요충지나 빈틈을 공략하는 것입니다. 다시 말해 위(魏)나라를 포위 공격해 조나라를 구하자는 것이지요."

손빈이 전기에게 설명을 계속했다.

"현재 중원은 위나라의 독주가 이어지고 있습니다. 그들의 군사력은 막강한 데 비해 우리 지원군은 오합지졸입니다. 매일 놀고먹던 사람들이라 전투력이 크게 떨어집니다. 이런 상황에서 우리 군대가 직접 한단을 구하려 든다면 위나라 군대와 대규모 결전을 치러야 합니다. 정면으로 맞붙을 경우 우리는 절대로 우위에 설 수 없습니다. 만에 하나 전투에서 패한다면 그 결과는 심각합니다. 따라서 우리는 한단이 아닌 다른 곳을 공격해야 합니다. 위나라 정예 부대가 북향을 했으니 지금 위나라 국내는 매우 허술할 것입니다. 이때 위나라의 수도인 대량(大梁)을 치는 것이지요. 대량의 군신들은 우리의 침공을 알고 급히 방연을 귀국시켜 포위를 풀려고 할 것입니다. 그렇게 되면 당연히 조나라를 구할 수 있습니다. 물론 방연을 그저 돌아오게 하는 방법뿐이라면 근본적인 문제는 해결되지 않습니다. 분명 귀국했다가 다시 나가려고 할 텐데, 그때 절대로 다시 나가지 못하도록 해야 합니다. 이를 위해 최대한 그의 군대에 타격을 가해야 합니다. 그의 군대를 무너뜨리기 위해서는 평릉(平陵)을 활용해야 합니다."

"왜 하필이면 평릉이오?"

전기가 알 수 없다는 듯 물었다.

"그건……."

손빈은 의아해하는 전기를 바라보며 말을 이었다.

"평릉은 우리가 대량으로 갈 때 반드시 거쳐야 하는 곳입니다. 비록 작은 성이지만 관할하는 현이 크고 인구도 많습니다. 위나라 동부 지역의 군사 중진이라 할 수 있으며, 제나라와 위나라가 대량으로 가기 위한 관문이 됩니다. 우리 군대가 평릉을 공격하는 목적은 성을 점령하기 위해서가 아니라 의병지계(疑兵之計)로 적을 유인하기 위해서입니다. 제가 위나라에 있을 때 평릉의 지형을 관찰한 적이 있습니다. 남쪽에는 송나라, 북쪽에는 위나라, 그 중간에 시구(市丘)가 있습니다. 주위 지세가 험악해 병력을 포진시키는 것은 좋고, 공격하기에는 매우 힘든 곳입니다. 우리 군대가 홀로 진격하면 군량을 충분히 비축하기 힘들고, 식량 수송길도 끊어지게 됩니다. 그 정도 곤경에 빠진 모습을 보여 주면 방연은 우리를 작전 규칙이라고는 전혀 모르는 군대라고 생각할 것입니다. 도무지 전략전술이라고는 아는 게 없는 멍텅구리라고 착각하게 되지요. 일단 그렇게 생각하면 방연은 우리를 무시할 테고, 그럼 힘을 총동원해 한단을 칠 것입니다. 그때 한단의 수군은 우리가 지원하러 온 것을 알면 아마 필사적으로 사수하려고 할 것입니다. 이렇게 해서 위나라와 조나라는 밀고 당기는 싸움을 벌이게 됩니다. 양측의 힘이 거의 다 소진되었을 때, 우리는 다시 군대를 나누어 대량을 공격합니다. 방연은 분명히 대량을 구하러 돌아올 것이고, 그때 우리가 매복해 있다가 단번에 적을 궤멸시키면 위나라 군대는 반격할 힘이 없을 것입니다."

손빈의 계책을 들은 전기는 고개를 끄덕이며 말했다.

"그럼 그렇게 하지요."

전기는 군대를 동원해 평릉 방향으로 진격했다. 평릉에 거의 다다랐을 때 손빈이 전기에게 말했다.

"어서 제성(齊城)과 고당(高唐) 두 장군에게 부하들을 이끌고 평릉을 공격해 적을 속이도록 하십시오. 우리의 정예 부대는 위나라 수도 대량을 빨리 포위해야 합니다."

당시 위나라 혜왕은 후궁에서 주연을 베풀며 가무를 즐기고 있었다. 그런데 갑자기 제나라 군대가 수도를 포위했다는 소식을 듣고는 몹시 당황스러워하며 사자를 파견해 방연의 회군을 명했다. 당시 한단 공격이 한창이던 방연은 회군을 하라는 명령에 화가 머리끝까지 치밀었다. 한단을 포기하기가 너무 아까웠지만 그렇다고 대량을 구하러 가지 않을 수도 없었다. 하는 수 없이 그는 군대를 둘로 나누어 일부를 한단에 남기고, 자신은 주력 부대를 이끌고 대량으로 돌아갔다.

방연의 작전 배치 정보를 입수한 손빈은 재빨리 주력 부대를 이끌고 평성 북부 계릉(桂陵) 일대에 매복한 뒤 방연의 부대를 기다렸다. 당시 방연은 군대를 이끌고 불철주야 귀국길을 서두르고 있었다. 방연과 그의 수하에 있던 대다수 병사들은 최근 몇 년간 남으로, 또 북으로 가는 곳마다 적을 섬멸해 천하에 자신들을 대적할 자가 없다며 자신만만해하고 있었다. 따라서 그들은 제나라 군대 따윈 안중에 없었다. 방연은 주력 부대만 대량에 돌아가면, 아니 구태여 대량에 도착하지 않고 소문만 퍼져도 제나라 군대는 줄행랑을 놓을 것이라고 생각했다. 그러나 뜻밖에도 계릉에 도착하자마자 방연의 부대는 손빈과 전기가 배치해 둔 복병을 만났다. 전혀 무방비 상태로 오만을 떨던 위나라 군대는 제나라의 기습 공격에 그대로 무너져 병사들 대부분이 부상을 입거나 죽고 말았다. 방연은 친위대 몇 명과 함께 포위를 뚫고 겨우 위나라로 도망쳤다. 제나라 군대가 완벽하게 승리를 거둔 것이다. 수십 년 동안 제후들의 눈에 나약하고 겁 많은 모습으로 각인된 제나라 군대가 손빈의 전략전술로 매섭고 용감하기로 유명한 위나라 군대에 큰 타격을 입혔다. 이로써 훗날 찬란한 전과로 영원히 이름을 남긴 계릉 전투는 이후 제나라의 중원 패권을 향한 행보에 결정적인 힘이 되었다(은작산 한간 「금방연(擒龐涓)」에 실린 내용이다).

계릉 전투 이후, 위나라 혜왕은 어쩔 수 없이 조나라와 강화 조약을 맺고 한단에서 군대를 철수함으로써 조나라는 다시 나라를 보전할 수 있었다. 그렇지만 위나라는 오랫동안 중원 맹주의 자리를 지키던 강국이었기 때문에 계릉 전

계릉 전투. 손빈의 전략전술로 제나라는 위나라를 완벽하게 물리쳤다.

투에서 군대를 크게 잃었어도 여전히 막강한 실력을 갖추고 있었다. 이런 위나라가 원기를 회복하는 데는 그리 많은 시간이 필요치 않았다. 특히 열두 제후를 거느리고 맹진(孟津)에서 주 천자를 알현한 혜왕은 계릉 전투의 교훈을 잊은 채 다시금 한나라와 조나라를 점령해 중원을 독차지하려는 계획을 세우기 시작했다. 기원전 340년, 혜왕은 끓어오르는 욕망을 더 이상 참을 수 없었다. 그는 방연을 원정군 총사령관에 임명해 대군을 이끌고 한(韓)나라를 치도록 했다. 기세등등하게 덤벼드는 위나라 군대의 모습에 한나라는 자신들이 적수가 되지 못한다는 것을 깨닫고는, 재빨리 제나라에 구원 요청을 했다.

제나라 위왕은 계릉 전투 이후 점차 퇴폐적인 생활에서 벗어나 나라를 다스리는 데 정성을 다하면서 암암리에 중원 맹주의 자리를 탐내기 시작했다. 그는 위나라와 한나라가 맞붙은 것을 보고, 이번이 한나라를 돕고 위나라를 공략할 좋은 기회라고 생각했다. 이에 대신들을 불러 대책을 논의하는데, 먼저 재상 추기(鄒忌)가 반대하고 나섰다.

"위나라나 한나라 모두 좋은 나라가 아닙니다. 두 나라가 서로 물고 뜯는 가운데 우리는 관여하지 않는 것이 좋겠습니다."

대장군 전기의 생각은 그와 정반대였다. 그는 한나라를 구하기 위해 하루

빨리 군대를 출동시켜야 한다고 말했다. 한편 손빈은 한나라를 구해야 하지만 너무 일찍 출병하면 한나라 대신 제나라가 위나라와 전투를 벌이게 된다고 말했다. 이에 제나라와 위나라가 모두 큰 타격을 받으면, 이후 제나라는 한나라의 조종을 받게 되므로 이는 제나라에 극히 불리하고 불합리한 일이라고 했다. 따라서 최선의 방법은 한나라를 돕겠다는 대답을 하되 출병을 늦추어 우선 위나라와 한나라가 싸우다가 두 나라 모두 위태로워졌을 때 제나라에서 지원병을 보내야 한다고 주장했다. 제나라 위왕은 손빈의 주장을 받아들여 한나라에 지원을 약속한 다음 잠시 출병을 미루었다.

그런 중 방연은 대군을 이끌고 한나라 군대와 다섯 차례에 걸친 대규모 격전을 벌였다. 위나라 군대는 다섯 번 싸워 모두 승리했다. 한나라는 국운이 쇠할 정도에 이르렀는데, 위나라 역시 힘들기는 마찬가지였다. 바로 그때 제나라 위왕은 출병을 결심했다. 물론 손빈의 주장에 따른 것이었다.

사마천 등 역사가들의 말에 따르면, 당시 제나라는 이전 조나라를 구하기 위한 출정 때와 마찬가지로 전기를 총사령관에, 손빈을 군사에 임명해 십만 대군을 이끌고 한나라를 구하도록 했다. 손빈은 지난번과 같은 비강도허(批亢搗虛)의 책략을 써서 군대를 한나라가 아닌 위나라 수도 대량으로 보냈다.

한창 한나라 수도를 압박하고 있던 방연은 본국의 급보를 받아 또다시 공격을 멈추고 귀국길에 올랐다. 한편 위나라 혜왕은 지난번의 경험을 바탕으로 대량의 병력을 소집한 뒤 태자 신(申)을 총사령관에 임명해 물밀듯 쳐들어오는 제나라 군대를 방어하도록 했다.

위나라 국경을 넘어 진군한 지 얼마 되지 않아 제나라 군대는 방연이 회군하고 있다는 소식과 태자 신이 출격했다는 소식을 들었다. 손빈은 전기에게 위나라 군대를 피해 길을 돌아 동쪽으로 철군하도록 했다. 불철주야 위나라로 달려온 방연은 제나라 군이 모두 후퇴해 버린 것을 알고는 겁을 먹어 도망쳐 버렸다고 생각했다. 이에 방어를 하기 위해 파견된 태자 신과 함께 즉시 제나라 군대를 추격했다. 당시 위나라 군대는 군사가 많고 본토에서 적을 방어하고 있었기 때문에 그 기백이 하늘을 찌를 듯했다. 이 같은 정보를 잘 파악하고 있던 전기가 손빈에게 말했다.

"위나라 군대는 조나라를 정벌할 때와 마찬가지로 여전히 기세등등합니다. 아마 이번에도 우리를 가만 놔두지 않을 것 같은데 어떻게 하면 정면으로 맞서 그들을 무너뜨릴 수 있을까요?"

손빈이 말했다.

"다 생각이 있습니다. 위나라 군대는 항상 자신들의 힘을 믿고 상대편 군사를 깔보고 있습니다. 물론 우리의 군사력은 위나라에 비해 부족합니다. 이럴 때는 머리로 이겨야지 정면 승부를 하면 안 됩니다. 우리와 일대 결전을 벌이려는 방연의 거만하고 우쭐대는 마음을 잘 이용해 함정을 파야 합니다. 선조부의 병법에 이르길, 다급한 100리 행군의 전투에서는 선두 대장의 목숨이 위태롭고, 50리 행군에는 군사가 반밖에 남지 않을 것이라 했습니다. 우리가 나약하고 겁이 많은 모습을 보여 감조지계(減竈之計)*로 그들을 현혹시키면 급한 마음에 모험을 할 것입니다. 그럼 그 기회를 놓치지 않고 그들을 섬멸하면 됩니다."

어떤 방법을 이용한다는 것인지 잘 이해가 가지 않는 전기는 그저 조급하기만 했다.

"지금 한시가 급한데 도대체 무슨 말을 하는 건지, 원! 어떻게 할 것인지 속 시원하게 말을 좀 해주시오."

손빈이 말했다.

"그럼 구체적으로 설명해 드릴 테니 의견을 좀 말해 주십시오."

이어 손빈은 모든 계획을 상세하게 이야기했고, 다 듣고 난 뒤 전기가 말했다.

"자신은 없지만 한번 해보지요."

전기가 군대를 지휘해 손빈의 계획을 실행에 옮겼다.

당시 방연은 군대를 이끌고 제나라 군대를 추격 중이었다. 그는 군사들의

---

* 진지의 아궁이 수를 점차 줄임으로써 병사들이 겁을 먹고 도망간 것으로 착각하게 만드는 계책이다.

사기도 충천하고, 모든 면에서 자신감이 가득 차 있었지만 계릉 전투에서의 패배를 기억하며 경계심을 풀지 않았다. 무엇보다 가장 큰 걱정은 여기저기서 들려오는 소문에 따르면 손빈이 이미 제나라로 망명을 했고, 이전 계릉 전투를 계획하고 진두지휘했다는 점이었다. 손빈이 계릉 전투에 관계했었다면 이번 전투에서도 중요한 역할을 맡고 있을 것이 뻔했다. 그가 정말 제나라에 있다면 대적하기가 결코 쉽지 않을 것이라는 생각에 방연은 이번 제나라 군대가 싸우지 않고 퇴각한 일에 대해서도 바짝 긴장한 채, 여러 가지 정보와 흔적을 바탕으로 함정에 걸리지 않도록 각별히 조심하고 있었다. 부대를 인솔해 제나라 군대가 버리고 도망간 진영에 도착한 방연은 그 규모가 제법 방대하다는 사실을 알았다. 밥을 지은 흔적을 조사해 보니 10만 명은 충분히 넘을 듯했다. 크게 놀란 방연은 추격에 더욱 신중을 기했다. 그런데 다음 날, 제나라 군대의 진영에 도착했을 때는 5만 명 정도의 흔적밖에 남아 있지 않았다. 3일 째, 다시 다음 진영은 대략 3만 명의 군사가 거쳐 간 것 같았다. 제나라 군대의 취사 규모가 점점 줄어들고, 병기와 군량, 전차 등을 버리고 간 것을 목격한 위나라 군대는 점차 경계가 느슨해지기 시작했다. 그들은 제나라 군사들이 겨우 3일 만에 반이 넘는 숫자가 도망간 것을 보면 분명 오합지졸에 불과할 것이라는 판단을 내렸다. 그때 방연은 스스로도 마음이 조급해진 데다 주위에서 부추기는 바람에, 제나라 군대를 하루빨리 섬멸해야 한다는 일념으로 보병과 군수품을 모두 놓아둔 채 직접 일부 정예 기병만 데리고 맹렬한 기세로 제나라 군대를 추격했다. 철수를 하면서 방연이 추격한다는 정보를 입수한 손빈은 위나라 군대의 진군 속도를 계산해 급히 부대를 이끌고 마릉산(馬陵山)에 매복했다.

마릉산에는 길이가 십여 리에 달하는 옛길이 있고, 그 길 양 옆에 들쭉날쭉한 낭떠러지와 함께 깊고 험한 계곡이 자리하고 있다. 계곡 옆으로는 나무와 풀들이 빽빽하게 들어차 있어 병가에서는 매복과 기습을 하기에 좋은 지형이라고 본다. 손빈은 전기에게 군사를 시켜 나무를 대량 벌채한 다음 길을 막도록 했다. 그리고 길가 동쪽에 있는 커다란 나무의 껍질을 깎아 하얀 나무 속살이 보이도

마름 전투

록 했다. 그런 다음 그 위에 '방연이 이 나무 아래에서 죽다'라고 써 놓았다. 또한 글자 위쪽에는 '손빈이 특별히 하사하다'란 말도 함께 적어 놓았다. 모든 준비가 끝난 뒤, 손빈은 다시 전기를 5천 명의 궁노수와 함께 나무 양 옆 울창한 수풀 속에 매복시킨 다음 명령을 내렸다.

"맞은 편 언덕에 불빛이 보이면 나무 아래 부대를 향해 일제히 활을 쏘도록 하라."

이때 전기는 손빈의 계획에 맞추어 자신의 아들 전영(田嬰)에게 군사 1만 명을 주어 마릉 3리 길 숲속에 매복해 지난번처럼 방연이 빠져나가지 못하도록 했다. 협곡을 빠져나온 위나라 병사들을 차단하도록 한 것이다. 모든 배치를 마친 손빈은 방연과 태자 신을 섬멸할 수 있도록 전기에게 한 대대를 활용해 산야 밖 30리 지점에 주머니 모양의 대형 포위망을 쳐 놓도록 했다.

제나라 군대가 배치를 완벽하게 마쳤을 때, 방연이 이끄는 대군이 마릉산 아래 도착했다. 때는 음력 10월 하순, 저녁노을이 서산으로 넘어가고 밤이 온 대지를 뒤덮으면서 세상은 황량하고 쓸쓸하게만 느껴졌다. 그 순간 위나라 선두 정찰대가 갑자기 나타나 보고를 했다.

"마릉산은 부러진 나무들이 길을 가로막고 있어 전진하기가 힘듭니다."

완전히 어두워진 하늘을 보며, 방연은 이제 거의 추격을 다 해 손만 뻗으면 제나라 군사를 잡을 수 있을 것만 같았다. 지금 산을 넘지 않고 돌아서 간다면 앞으로의 추격이 많이 힘들어질 것이다. 기회는 한 번 가면 오지 않는 법, 절대 그들을 놓쳐서는 안 된다. 산으로 들어가는 길이 많이 위험하긴 하겠지만 모험을 감수할 수밖에 없다고 생각했다. 그는 이를 악물고 선두 부대에 부러진 나무들을 옮기도록 지시한 다음, 전력을 다해 앞으로 나아갔다.

밤의 장막 아래 위나라 정예 부대가 서서히 마릉산 산길에 접어들었다. 험준한 절벽과 무성한 초목이 달빛을 가리기 시작하자, 좁은 산길은 한 치 앞도 보이지 않았다. 숲속으로 들어갈수록 음침하고 무서운 분위기에 긴장한 군사들은 모골이 송연해질 정도였다. 방연은 후회가 되기 시작했다. 다시 부대를 되돌리고 싶었지만 수만 명에 달하는 군대가 이미 협곡으로 들어간 데다 앞뒤로 수풀이 우거져 있었기 때문에 선회하는 것도 쉽지 않았다. 그저 요행을 바라며 앞으로 나아갈 수밖에 없었다.

얼마나 지났을까, 병사 한 무리가 제나라 군대가 일부러 남겨둔 커다란 나무 근처에 이르렀다. 어스름한 달빛 아래 눈이 밝은 병졸 하나가 소리를 질렀다.

"나무에 글자가 새겨 있어요!"

병사들이 우르르 달려들어 나무를 바라보았다. 시커멓게 우뚝 솟아 길을 가로막고 있는 나무에 어렴풋이 글자가 써있었다. 하지만 달빛이 너무 어두워 잘 보이지 않았다. 그렇게 어수선한 가운데 병사 한 명이 방연에게 달려가 보고했다.

'이런 제기랄! 귀신이라도 있는 거야?'

이 기괴한 보고에 방연은 갑자기 가슴이 덜컹 내려앉았다. 속은 바짝 긴장이 되었지만 짐짓 아무렇지도 않은 듯 측근 몇 명과 함께 말을 달려 나무 앞에 섰다. 확실히 나무에는 어렴풋이나마 글자가 적혀 있었다. 방연은 병사를 시켜 횃불을 가져오게 해 비추어 보았다. 나무에 적힌 글자가 환하게 모습을 드러내자, 이를 본 방연은 아연실색하며 고함을 질렀다.

"이놈의 절름발이, 오늘 또 그놈의 수작에 놀아났어!"

방연은 재빨리 후퇴 명령을 내렸다. 바로 그때 맞은편 절벽에서 불빛이 번쩍이더니 계곡 양측에 매복해 있던 제나라 군대의 화살이 빗발치기 시작했다. 강력한 쇠뇌가 비 오듯이 산길 위 위나라 군대를 향해 쏟아졌다. 길에 우뚝 선 큰 나무가 궁노수들의 표적이 되었다. 무수히 쏟아지는 화살 세례 속에 방연은 몸을 피하지 못하고 순식간에 고슴도치가 되었다. 그 순간 귀곡을 떠날 때 스승인 귀곡자가 한 말이 생각났다. '말을 만나면 죽는다(遇馬而卒).' 끝내 이 고비를 넘길 수 없단 말인가? 또한 자신이 귀곡을 떠날 때 손빈에게 했던 "화살을 맞고 죽을 것이다."라는 말이 떠올랐다. 방연은 한 손으로 나무를 붙잡고 겨우 몸을 지탱한 채 한탄하며 말했다.

"그때 그 문둥이자식을 죽였다면 이렇게 그놈 손에 죽진 않았을 텐데. 아, 이것도 모두 하늘이 정한 운명인가. 운명은 거스르기 힘든 것, 이제 난 어디로 가야 하나."

방연은 차고 있던 보검을 빼 그대로 자결하고 말았다.

전국 중기, 황하 유역 가장 빛나는 장성 한 명이 마릉산에서 이렇게 사라져 갔다.

방연이 죽자 위나라 군대는 대혼란에 빠져들었다. 하루 동안의 격전 끝에 태자 신은 포로가 되고, 십여만 명의 위나라 군대는 완전히 와해되었다. 이는 손빈의 전략과 지휘에 따라 제나라 군대가 계릉 전투에 이어 마릉에서 이룩한 찬란한 승리였다(이 전쟁에 대한 기록은 은작산 한간 「진기문루(陳忌問壘)」편에 실려 있다).

다음 날 아침, 전쟁터를 정리하면서 병사 한 사람이 방연의 시신을 손빈과 전기에게 전달하고 포상을 받았다. 핏덩어리가 되어버린 방연의 시신 앞에서 손빈은 울분을 참을 수가 없었다. 숱한 감정이 끓어오르며 그를 괴롭혔다. 분노에 찬 손빈은 월형에 대한 복수를 하기 위해 병사에게 방연의 시신을 자신의 수레 앞에 가져오도록 한 뒤, 장검을 꺼내 머리를 잘랐다.

"방연! 이제 우리 두 사람의 은혜와 원한, 그 모든 감정이 이렇게 두 동강이 났소. 저승에 가서 다시 만납시다."

그는 부하에게 피가 뚝뚝 떨어지는 방연의 머리를 전차 꼭대기에 내걸도록 했다. 이로써 군의 위세를 드높이고 승리를 자축했다. 마릉 전투를 통해 손빈은 자신에게 월형의 고통을 안긴 방연에게 완벽하게 복수를 했고, 또한 제나라와 위나라의 운명을 뒤바꾸어 놓음으로써 또 다른 역사의 장을 열었다.

11장
마릉의 수수께끼

은작산 한나라 시대 죽간이 출토되자 마릉 전투에 대한 새로운 사실이 밝혀졌다. 마릉 전투 당시 제나라 군대의 총사령관에 관한 사마천의 기록 오류와 끊임없는 논쟁을 야기한 마릉 전적지에 관한 문제가 새로운 발견을 통해 재정립되었다. 기몽산 지역 주민들의 염원은 날로 높아만 가고, 과제분과가 성립된 이후 지역 학자들의 움직임도 눈에 띄게 활발해졌다. 이처럼 전적지에 대한 새로운 고찰로 마릉 전적지는 더욱 선명하게 사람들에게 다가왔다.

은작산 손빈병법의 추적

사서에 따르면, 계릉과 마릉 전투는 손빈이 직접 지휘한 가장 유명한 전투였다. 사제이자 원수이기도 했던 방연을 사지로 몰아넣으면서 이를 계기로 천하에 손빈의 이름을 알린 마릉 전투는 제나라와 위나라 간에 벌어진 격전으로, 기원전 341년에 일어났다. 마릉 전투에서 손빈은 제나라의 소수 정예 부대로 방연이 지휘하는 위나라 십만 대군을 섬멸하는 혁혁한 전공을 세웠다. 이는 손빈의 탁월한 병법 이론과 지휘 능력을 여실히 보여 준 전투이자, 특히 산지 매복전의 전형으로 이야기되고 있다. 이런 이유로 이후 2천여 년의 세월 동안 사학계나 군사학계에서 많은 이들의 주목을 받았고 찬사를 받은 것이다. 그럼에도 불구하고 사서의 기록과 이후 해석의 잘못으로 손빈과 방연이 일대 격전을 치른 전적지가 과연 어디이며, 마릉과 계릉 전투가 서로 관련이 있는지에 대해 숱한 가정과 추측만 난무할 뿐 정설이 마련되지 않은 상태였다. 심지어 마릉 전투가 실제 있었는지 의심하는 사람들도 있었다. 그러던 차에 은작산에서 한간이 출토되면서 비로소 온갖 추측과 가설을 없애버릴 수 있는 큰 전기가 마련되었다.

출토된 은작산 한묘 죽간『손빈병법』에서 손빈은 여러 유명한 전투에 대해 언급했다. 특히 그가 직접 지휘해 이름을 날린, 제나라와 위나라가 격전을 벌인 계릉, 마릉 전투는 「금방연(擒龐涓)」과 「진기문루(陳忌問壘)」 두 편에 상세하게 기록되어 있다. 「금방연」에는 계릉 전투에서 방연을 제압할 때 이용한 전략전술을 적었고, 「진기문루」에는 전기와의 대화 형식으로 마릉 전투를 승리로 이끈 책략에 대해 적었다. 이 두 편의 출현은 계릉, 마릉 전투를 연구하는 데 가장 중요한 핵심 자료가 되었다.

이 자료가 공표되면서 일부 학자들 사이에서 마릉 전투의 여러 가지 문제에 대한 열띤 탐구가 진행되었는데, 1981년부터 한 학자가 이를 정리하기 시작했다. 그의 연구 결과에 따르면, 마릉 전투는 전통적인 견해, 즉『사기』삼가주(三

家注)*에 나와 있듯 원성(元城)과 복주(濮州) 견성(鄄城) 일대에서 일어난 것이 아니라 기몽산(沂蒙山), 즉 지금의 담성현(郯城縣)에 있는 마릉산에서 벌어졌다. 그의 주장은 임기 지역 여러 학자들의 큰 관심을 받았다. 그들은 이 역사적 기회를 통해 그동안 풀리지 않던 수수께끼, 바로 마릉 전투의 장소에 대한 모든 의혹을 없애고자 했다. 만약 그의 말대로 전적지가 담성현 마릉산 일대라는 것이 학계에서 인정을 받는다면, 관련 학자들에게 큰 영광이자 기쁨일 뿐만 아니라 기몽산 지역에 거주하는 주민들에게도 반가운 일이 아닐 수 없었다. 무엇보다 지역 경제의 발전에 적지 않은 영향을 끼칠 수 있기 때문이다. 이에 임기 지역 사회과학 연합 및 현청의 적극적인 관심과 지지로 1991년 10월 담성현에 '마릉 전투 전적지 연구과제분과'가 결성되었고, 국내 저명한 전문 학자들을 초빙해 마릉 전투가 담성현에서 벌어졌을 가능성에 대한 연구와 고증 작업을 시작했다.

1992년 4월 11일, 담성현 부서기 설영동(薛寧東)은 마릉 전투 전적지 연구과제분과를 대표해 임기시에서 개최한 '제3차 『손자병법』 국제심포지엄'에 참석했다. 그 자리에서 「제, 위 마릉 전투 지역이 담성 마릉산이라는 의견에 대한 새로운 증거」 등 세 편의 마릉 전투 연구 논문을 발표했는데, 마릉 전투의 발생원인, 위나라 군대의 진군 노선, 전적지 등에 대해 새로운 견해를 내놓았다. 그때 제시한 문헌과 문화재 등은 신빙성이 아주 높은 자료들이었기 때문에 여러 회의 참석자들의 주목과 찬사를 받았다. 회의 이후에는 더욱 많은 전문가들이 향후 연구 목표를 설영동이 제시한 과제로 잡았고, 직접 담성에 대한 현장 답사를 실시하기도 했다. 그로부터 반 년이 지난 9월 21일에는 산동성 사회과학연합, 역사학회, 임기 지역 사회과학연합, 담성현 정부가 합동 개최한 '해협 양안 『손빈병법』 및 마릉 전투 학술심포지엄'이 담성현 마릉산 아래에서 개최되었다. 회

---

* 남조 송나라 배인(裴駰)의 사기집해(史記集解, 80권), 당나라 사마정(司馬貞)의 사기색은(史記索隱, 30권), 장수절(張守節)의 사기정의(史記正義, 30권)를 말한다. 중화서국에서 이들 세 사람의 『사기』 주석본, 즉 『사기』 삼가주본(三家注本)을 출판했다.

의에 참석한 전문가들은 제, 위 마릉 전투 지역이 담성 마릉산이라는 데 의견을 같이하면서, 매우 중요한 학술적 성과를 거두었다.

담성현의 마릉 전투 연구과제분과(이하 연구과제분과라 약칭한다)의 종합적인 연구 성과로 보았을 때, 과거의 전통적인 연구 방법에는 공통적인 맹점이 있었던 것으로 드러났다. 그것은 지금의 하북, 산동, 하남 경계의 대 평원에서 마릉 전투의 현장을 찾고 있었다는 점이다. 손빈과 방연이 경쟁하던 시기에 위나라의 도성은 대량이고, 제나라의 도성은 임치였다. 일반적인 전쟁에서 양국의 군사가 맞붙는 격전지는 두 도성의 연결선 상에서 중간 지점인 경우가 대부분이다. 따라서 어떤 이는 마릉 전투가 하북성 대명(大名) 부근의 원성에서 일어났다고 주장했고, 어떤 이는 옛 견성 또는 복주, 또 어떤 이는 범현(范縣)이나 신현(莘縣)이라고 주장하기도 했다. 그런데 연구자들이 실제 답사한 결과를 보면, 지금의 대명 부근에 마릉촌이라는 마을 이름이 여섯 곳이나 되었다. 신현에도 마릉촌이 있는데, 그곳은 부근의 도구촌(道口村)과 더불어 마릉도(馬陵道)라고 부르기도 했다. 결국 연구과제분과의 연구자들은 마릉 전투의 현장이 복주 또는 견성과 범현이라는 설은 사실 같은 지역을 지칭하는 것이라고 보았다. 왜냐하면 장수절이 『사기정의』 주에서 『사기』 「위세가(魏世家)」에 나오는 "태자(申)가 제나라와 전투를 벌였는데 마릉에서 패했다."라는 구절을 인용하고, 이에 다음과 같이 주석을 달았기 때문이다. "우희(虞喜)의 『지림(志林)』에 따르면, '마릉은 복주 견성현 동북 60리다'." 우희가 말한 곳은 한때 범현에 속한 곳인데, 1964년 범현이 하남에 귀속된 뒤 예신현(隷莘縣) 대장향(大張鄕)으로 개명된 것이다. 이전에 곽말약(郭沫若)이 주장한 견성설이나 전백찬(翦伯贊)의 복현설, 장습공(張習孔) 등의 범현설 및 신현설은 모두 우희가 『지림』에서 말한 내용을 근거로 삼고 있다.

한편 하북 대명과 원성설(元城說)의 근거는 배인의 『사기집해』와 사마정의 『사기색은』이다. 그들 두 사람은 「위세가」의 주해에서 서광(徐廣)의 말을 인용해 마릉의 전적지가 '원성에 있다'고 썼다. 현대 연구가들은 서광이 두예(杜預)가 쓴 『춘추경전집해(春秋經傳集解)』의 영향을 받았다고 본다. 두예의 주에 따르면,

"마릉은 위(衛) 땅에 속하는데, 양평(陽平) 원성현 동남쪽에 마릉이 있다."라고 되어 있다. 그러나 두예가 말한 곳은 춘추 시대에 제후국들이 회맹한 마릉이지, 위나라와 제나라가 격전을 벌인 마릉이 아니다. 또한 전국 시대 사적에 마릉과 관련된 기사가 나오는데, 이 역시 이전의 마릉과는 다르다. 『사기』「위세가」에 보면, 혜왕(惠王) 2년에 "위나라가 마릉에서 한(韓)나라에 승리를 거두었다."라고 쓰여 있다. 여기 나오는 마릉은 한나라에 속한 곳으로, 지금의 중모(中牟), 위씨(尉氏), 신정(新鄭) 세 현의 경계 지역에 있다. 이렇듯 각기 다른 '마릉'이란 지명을 후대 사람들이 뒤섞어 이야기하다 보니 적지 않은 착오가 발생하게 된 것이다. 예컨대 원성은 진(晉)나라 시절 양평군에 속했기 때문에 두예는 이를 양평 원성이라 했고, 명청 시대에는 하북 대명부에 속했기 때문에 고조우(顧祖禹)의 『독사방여기요(讀史方輿紀要)』에서는 마릉이 대명성 동쪽 10리에 위치한다고 말했다. 이후에 원성은 대명 신현에 귀속되어 역사학자 주소후(朱紹侯)가 엮은 『중국고대사』에서는 대명이라고 했다. 결국 대명과 원성은 하나의 설이나 마찬가지라고 볼 수 있다. 이러한 여러 가지 주장과 학설은 『손빈병법』이 출토되기 전까지만 해도 각기 타당한 근거를 내세우면서 설득력을 가지고 있었다. 게다가 주로 저명한 역사학자들이 주장했기 때문에 감히 반대 의견을 내놓는 사람이 거의 없는 실정이었다.

그러나 이 같은 상황은 1972년 은작산에서 한나라 시대 죽간이 발견되면서 바뀌기 시작했다. 특히 새롭게 세상에 등장한 『손빈병법』은 마릉 전투에 대한 새로운 정보를 제공해 주었다. 이를 통해 『사기』에서 마릉 전투의 제나라 총사령관에 대해 잘못 기재한 것이나 우희와 서광 등이 마릉 전적지에 관해 잘못 지적한 것 등이 고쳐지면서 기존의 주장과 학설이 완전히 뒤집히고 말았다.

1992년 9월 26일, 신화사는 다음과 같은 소식을 전했다.

손빈이 지략으로 방연을 물리친 마릉 전투 전적지가
산동 담성(郯城)으로 확인되다

신화사 제남(濟南) 9월 24일 : 역사의 풍운 속에 2천여 년간 묻혀 있던 현안이 오늘 비로소 명확하게 해결되었다. 최근 산동성 임기시에서 막을 내린 '해협 양안(兩岸 : 중국과 대만)『손빈병법』 및 마릉 전투 학술심포지엄'에 국내외 1백여 명의 전문가, 학자들이 참석했다. 그들은 현장 답사 및 학술 토론을 거쳐 제·위나라 마릉 전투 전적지가 산동성 담성현 마릉산이라는 데 의견을 같이했다……

베일에 싸인 마릉 전적지

앞에서 말한 바와 같이, 은작산 한나라 시대 죽간『손빈병법』중「진기문루」편은 상당히 주목을 끌었다. 여기에는 진기(陳忌)와 손빈이 마릉 전투에 대해 이야기를 나눈 내용이 기록되어 있다. 이는 마릉 전투와 관련해 끊임없는 논쟁을 불러 일으켰던 문제를 해결하는 데 매우 중요한 역할을 했다. 내용을 살펴보면 다음과 같다.

전기(田忌)가 손빈에게 물었다.

"아군이 (사지에 내몰린 어려운 상황에서) 어떻게 대처하면 좋겠습니까?"

손빈이 대답했다.

"역시 지장(智將)다운 질문입니다. 이는 자칫하면 소홀히 여기면서 지나쳐 버리기 쉬운 문제입니다."

전기가 말했다.

"구체적으로 말씀해 주시겠습니까?"

다시 손빈이 대답했다.

"알겠습니다. 이것은 매우 험하고 완전히 막힌 사지(死地)에 빠져 헤매는 긴급한 상황에서 적군에 대응하는 방법입니다. 제가 방연을 무너뜨리고, 태자 신을 사로잡을 때 사용한 방법이기도 합니다."

전기가 말했다.

"훌륭합니다. 이미 오래 전의 일이라 당시 포진(布陣)과 방어 시설의 상황에 대해 잘 모르겠네요."

손빈이 말했다.

"임시 야전의 경우, 가시나무 모양의 장애물로 참호나 해자(성 주위에 둘러 판 못)를 대신하고 수레를 늘어놓아 방벽 대용으로 삼습니다……."

인용문에 나오는 전기(田忌)는 바로 진기(陳忌)인데, 사마천은 마룽 전투에 대해 다음과 같이 기록했다.

"제나라는 전기를 대장군으로 삼아 곧장 대량(大梁)으로 가도록 했다."

그는 제나라 대장군이 바로 전기라고 여긴 것이다. 그러나 앞에서 인용한 발굴 자료에 따르면 제나라 대장군 전기는 마룽 전투에 참가한 적이 없다. 그렇기 때문에 마룽 전투에서의 전술이나 병력 배치 등에 대해 잘 몰랐고, 그에 관해 손빈에게 물어본 것이다. 이에 손빈이 대답하면서, 자신이 방연을 무너뜨리고 태자 신을 사로잡을 때 사용한 방법이라고 했으니 전기는 그 상황에 포함되지 않는다. 또한 전기의 다음 질문이 당시 포진과 방어 시설에 관한 것으로서 이는 전기가 실제 마룽 전투의 상황을 잘 모르고 있다는 것이며, 그렇기 때문에 손빈에게 상세한 이야기를 요청한 것이라고 볼 수 있다.

「진기문루」는 대화체로 되어 있다. 만약 전기가 마룽 전투에 참가해 총사령관을 맡았다면 그 누구보다 병력 배치나 전술에 대해 정확하게 알고 있을 것이다. 그가 바보가 아닌 이상 대장군으로서 어찌 이를 모른다고 하겠는가? 물론 『사기』를 보면, 마룽 전투의 제나라 총사령관에 대한 기록이 각 편마다 일치하지는 않는다. 예를 들어 「위세가」에는 '손자'의 이름만 적었고, 「손자오기열전」에는 '손자, 전기'라고 적었다. 그러다가 「전완세가(田完世家)」에서는 다시 "전기, 전영(田嬰)이 장군, 손자가 군사를 맡았다."라고 했으며, 「육국연표」에서는 "전기, 전영, 전분(田朌)이 장군, 손자가 군사를 맡았다."라고 했다. 또한 「전완세가(田完世家)」에 보면, 계릉 전투 이후에 전기가 성후(成侯) 추기(鄒忌)의 모함에 빠져 "그 무리를 이끌고 임치를 습격해 성후를 구하고자 했으나 이기지 못하고 도주했다."라고 적었다. 마릉 전투 때는 '선왕이 전기를 불러 옛 지위를 회복시켜 주니' 다시 총사령관을 맡았다고 했다. 이에 대해 역대 역사학자들의 의견이 분분했지만 자료가 부족했기 때문에 어느 주장도 확실하지가 않은 상태였다. 그러나 은작산에서 출토된 「진기문루」를 보면 '선왕이 전기를 불러 옛 지위를 회복시켜 주었다는 것'은 모두 거짓으로서, 사마천의 기록이 잘못되었다는 것이 분명하다. 그렇다면 마릉 전투 당시 제나라 군대의 총사령관은 도대체 누구였는가? 여러 자료를 종합해 보면, 전분이라고 보는 것이 타당하다. 사마정은『사기색은』에서『죽서기년』을 인용해 "기년 28년, 제나라 전분과 마릉에서 싸웠다." "기년 29년 5월, 제나라 전분이 우리 동비(東鄙 : 비는 행정구역을 말한다)를 쳤다."라고 기록했다. 『죽서기년』은 진(晉)나라 시대에 출토된 위나라 사서로서, 저작 연대가 빨라 상당히 신빙성 있는 역사 자료다. 여기서 마릉 전투 당시 제나라 군대의 장령으로 오직 전분 한 사람을 거론하고 있기 때문에 그가 제나라의 총사령관이었음은 의심의 여지가 없다.

이후 새로운 자료에 대해 연구한 결과,『사기』에서 전기가 대장군이 되어 대량으로 직접 적진에 쳐들어갔다고 기록한 것은 기원전 353년에 일어난 제나라와 위나라 간의 계릉 전투를 마릉 전투와 한데 섞은 데서 발생한 일로 밝혀졌다. 또한 손빈과 나눈 대화 중 '막다른 곳으로서 매우 험하고 막힌 사지(死地)에 빠져 헤매는 긴급한 상황'은 갑작스럽게 위험한 상황에 몰렸다는 뜻이며, '제가 방연을 무너뜨리고 태자 신을 사로잡을 때 사용한 방법'이라고 했으니 '사지에 빠져 헤매는 긴급한 상황'에 처한 것은 바로 방연과 태자 신의 부대였다는 것을 알 수 있다. '험하고 막혔다(隘塞)'는 것은 산간 지역의 험준한 요충지를 뜻하며, '사지'는『손자병법』「구지(九地)」편에 나오는 "빨리 전투를 끝내면 살지만 빨리 끝내지 못하고 죽는 곳을 일러 사지라고 한다(疾戰則存, 不疾戰則亡者爲死地)."에 따라, 속전속결로 전투를 끝내야 하는 곳을 뜻한다. 이렇듯 손빈은 '사지'에 대한 병가의 해석을 곁들여, 대명의 원성 마릉과 산동 신현의 마릉은 전쟁을 하기에 그다지 좋은 조건이 아니라는 평가를 내렸다.

마릉 전투 전적지의 위치에 대해 좀 더 정확하게 파악하기 위해서, 연구과 제분과는 은작산 한나라 시대 죽간 『손빈병법』에 실린 내용에 근거하고, 이와 함께 예부터 전해지는 여러 마릉 전적지에 대한 현장 답사를 실시해 다음과 같은 결론을 도출했다.

1. 대명 전적지

현재 하북성 대명현 현성 동남쪽 25킬로미터 지점의 마릉촌에 위치한다. 원래 세 개의 자연촌이었는데, 지금은 여섯 개의 행정촌으로 분리되어 있다. 북쪽은 동마릉·서마릉, 남쪽은 곽마릉(郭馬陵)·이마릉(李馬陵)·유마릉(劉馬陵)·강마릉(姜馬陵)이며, 모두 황하 고도(古道)의 충적 지대에 자리하고 있다. 동·서 마릉 두 촌의 서쪽에는 남북 방향으로 충구(沖溝)*가 있는데, 남쪽으로 마협하(馬頰河)에서 시작해 북쪽으로 속관(束館)까지 이어지며 거의 3.5킬로미터에 달한다. 충구 지대는 망(網) 형태의 크고 작은 고랑이 종횡으로 교차하고 있는데, 비교적 작은 고랑이 폭 5~15미터, 깊이 2.5~3.5미터 정도다. 그 안에는 작은 길을 만들어 사람들이 지나다니게 했는데, 지역 사람들이 이를 마릉도 또는 호로곡(葫蘆谷)이라고 불렀다. 이곳이 바로 진나라 말년 서광이 말한 마릉 전적지다.

지리를 살펴보면, 대명현 및 그 부근은 평원 지대에 속한다. 마릉촌의 물길로 드러난 계곡의 지층 단면을 보면 황하의 진흙이 오랜 세월 퇴적되어 형성된 충적토라는 것을 알 수 있다. 충적토의 단층은 수십 미터에 이르는데, 상층에서 아래로 60~70센티미터 정도 떨어진 곳에서 명청 시대 벽돌 등이 출토되었다. 고랑 지대의 북쪽 끝, 속관촌에서 서북쪽으로 10여 리 되는 곳 지하 4미터 지점에서는 묘지명(墓誌銘)이 있는 당나라 시대 무덤이 발굴되었다. 조사 결과 이곳의

---

* 황토 퇴적층에 종횡으로 형성된 깊고 좁은 고랑으로 주로 폭우 때문에 생긴다.

지표 형성은 비교적 늦은 시기로 판명되었는데, 따라서 지형적으로는 이곳을 마룽 고도(古道)라고 보는 데 문제가 있었다. 특히 2.5~3.5미터 깊이의 고랑이 산재되어 있는 곳에 방연이 이끄는 위나라 군대가 매복했다는 것도 그다지 설득력이 없었다. 또한 연구과제분과에서 수차례에 걸쳐 현장 조사를 실시했지만, 마룽 전투와 관련이 있는 이야기가 많이 전해지지 않고 있었다. 마을 사람들 말에 따르면, 예전에 고랑 근처에 황상수(黃桑樹) 한 그루가 있었는데, '방연이 그 나무 아래에서 죽었다'는 이야기가 전해져 온다고 한다. 그러나 형성된 충적층으로 볼 때 그런 나무가 있었다 해도 지하 몇 미터 아래 묻혀 있을지 알 수가 없다. 이마룽(李馬陵)에 사는 일흔세 살 된 노인은 속관촌 남쪽에 손빈 사당이 있기는 하지만 손빈과 방연이 이곳에서 전쟁을 했다는 말을 들은 적이 없다고 말했다. 또한 지하에서 전국 시대 병기나 관련 기물이 출토된 적이 한 차례도 없다. 대명현 문화재보호소 소장 임해영(任海榮)은 대명현에 현존하는 가장 오래된 건축물은 대명현성으로서, 명나라 때 시공되었다고 말했다. 마룽촌이 형성된 것은 대략 명말청초의 일이다.

2. 신현, 범현, 복현, 견성 전적지

마룽 전적지가 견성 또는 복현(濮縣)이라는 설은 동진 초년 우희에서 비롯되었다. 이곳은 근대 산동 관할이었다가 후에 복현, 그리고 이에 인접한 범현이 모두 1964년 하남성에 귀속되었고 신현과 견성 두 현은 아직도 산동성에 속한다. 현재 견성현 문화재보호소 소장인 오도룡(吳道龍)에 따르면, 견성현에는 '마룽도'라는 지명이나 마을 이름이 없다. 견성 마룽이란 사실 지금의 신현(황하 북안) 경내로, 하남 범현 현성 서남쪽 7.5킬로미터 지점의 마룽촌을 말한다. 따라서 신현설과 같은 것이라 할 수 있다. 이곳은 신현 대장향(大張鄕)에 속하며, 지금도 마룽이라는 이름을 가지고 있다. 그곳에서 동북쪽 3킬로미터 지점에 도구(道口)라는 마을이 있는데, 그 지역 사람들은 두 곳을 합쳐 마룽도라고 부른다. 신현 인민정부는 1984년에 이곳을 현급 문화재 보호지역으로 지정해, 1990년에는 '마릉 전투 유적지'라는 보호 표식을 세웠다. 그러나 지리적으로 보면 이곳은 옛날 견성 서북쪽에 자리하기 때문에 "마릉은 복주 견성현 동북 60리다."라는 우희의 '동북'설에 부합하지 않는다. 지역 학자인 진곤린(陳昆麟)은 우희의 '동북'은 '서북'을 잘못 쓴 것이라고 말하고 있지만, 『사기』 「위세가」와 『사기정의』의 주에 인용된 우희의 『지림(志林)』에서도 "마릉은 복주 견성현 동북 60리다."라고 적고 있기 때문에 설득력이 없는 주장이다. 따라서 연구과제분과의 연구원들은 신현설과 신현설에 적힌 최초의 기록인 『지림』의 방위가 불일치한다는 것에 의문을 제기했다.

또 다른 현장 조사에 따르면, 이곳 지형 역시 대명 마릉과 마찬가지로 황하 고도(古道)의 비교적 높은 충적 지대에 자리하고 있다. 또한 마릉촌 동북쪽에 도구(道口)로 통하는 충구가 있는데 대체적으로 대명 마릉의 충구와 비슷하다. 마을의 주임인 진량관(陳良寬)은 마을이 형성된 것은 명나라 시기 홍무 연간이며, 인근에서 당나라 이전의 유물이 출토된 적은 없다고 했다. 신현 문화국장 왕합상(王合祥)의 소개에 따르면, 마릉촌은 원래 황하 고도에 속하는 지역으로 충적토가 4~5미터 정도 매우 두껍게 분포되어 있다. 박물관에 소장하고 있는 문화재도 비교적 후대의 것들로, 전국 시대 병기는 단 한 점도 존재하지 않는다. 이상 여러 가지 근거를 통해 연구자들은 이곳 역시 마릉 전적지라는 의견에 회의적인 입장이다.

3. 신정 마릉강(馬陵崗) 전적지

1984년에 『중주금고(中州今古)』 제6기에서 「마릉은 도대체 어디인가?」라는 논문이 발표되었는데, 그 저자는 마릉이 현재 하남성 중모현 서남 변두리의 마릉강이라고 주장했다. 마릉강은 전국 시대 한(韓)나라 땅으로서, 복우산(伏牛山) 여맥(餘脈)의 모래 언덕으로 굽이굽이 이어져 있다. 너비가 10리이고, 서북-동남 방향으로 45리 정도 뻗어 있기 때문에 속칭 45리 마릉강이라 부른다. 이 강은 중모와 신정(新政) 두 현을 가르는 자연 경계이기도 하다. 언덕을 가로지르는 마릉도는 고대 위나라에서 한나라로 통하는 큰 길이자, 한나라 수도인 신정이 공격을 당했을 때 가장 먼저 타격을 받는 요충지이기도 했다. 지금도 마릉강에 '손빈 사당' 등 유적지가 있고, 손빈과 방연의 전쟁과 관련된 여러 가지 이야기가 전해 내려온다. 이런 이유로 논문의 저자가 "역사적으로 유명한 마릉 전투의 마릉은 지금의 신정, 중모가 교차하는 마릉강 일대가 틀림없다."라고 추측한 것으로 보인다.

조사 결과, 신정과 중모가 교차하는 곳에는 실제 '마릉강'이 있었다. 그 대부분의 지역은 현재 중모 관할인데, 1983년 늦가을에 지역 학자 모광흠(毛廣欽)이 몇몇 뜻을 함께하는 친구들을 초청해 고고 조사를 실시한 바 있다. 1984년 7월에는 다시 인근 사장(謝莊), 팔강(八崗), 삼관묘(三官廟) 등 세 향의 문화 간부와 함께 문화재 조사를 실시했다. 또한 지역 주민을 방문하고, 지형 사진도 몇 장 찍었다. 하지만 그 결과는 앞서 언급한 논문의 내용과 일치하지 않았다. 모광흠은 현지 조사 내용을 바탕으로 논문을 집필해 발표했는데, 그에 따르면 마릉강은 길이 45리, 너비 10리가 아니었다. 마릉강의 실제 북단은 지금의 중모 장장(張莊)이고 남단은 신정 유점(劉店)의 북문 밖인데, 전체 길이는 20여 리에 불과하며 너비도 가장 넓은 곳이 500미터가 채 되지 않았다. 마릉강 언덕 꼭대기에는 중모와 신정 두 현의 자연적인 경계가 되는 작은 오솔길이 있지만, 지역 주민들은 이 길을 단 한 번도 마릉도라고 부른 적이 없었다. 또한 모광흠은 '손빈 사당'이라고 주장한 곳이 사실은 '손자 사당'이며, 오늘날 초등학교로 이용되고 있다고 했다. 문화재 조사를 실시한 결과 사당의 묘비는 행방이 묘연하고, 다만 동쪽 건물 벽에 사방 1미터 정도로 글자가 새겨져 있었다. 그러나 그마저 심하게 마모되어 내용은 알아볼 수가 없다. 이 '손자 사당'은 야왕(野王), 오촌(吳村), 위가(魏家)라는 세 마을의 중간에 자리하고 있다. 전설에 따르면, 손자 사당 북쪽에 방연을 모신 사당 세 칸이 있었다고 하는데, '방연이 일찍 죽었다'는 이유로 사람들은 그를 그다지 중시하지 않았다고 한다. 이렇듯 중모는 비록 오랜 역사를 지닌 현이기는 하지만 마릉 전적지임을 증명하는 사서의 기록이나 고고 자료는 거의 없는 실정이다.

연구과제분과 연구원들은 이상 몇 가지 논문을 꼼꼼하게 살피고 직접 현지 답사를 실시한 뒤, 이를 다시 문헌의 내용과 대조한 결과 신정과 마릉 지역에 마릉이라는 이름이 있기는 하지만 그곳이 옛날 마릉 전적지는 아니라는 것을 확인했다.

기원전 369년, 즉 위나라 혜왕 2년이자 한나라 의후(懿侯) 2년에 위나라는 마릉에서 한나라에게 패배를 당했다. 『사기』 「위세가」와 「한세가」에 당시 기록이 남아 있다. 위나라와 한나라의 전쟁은 제나라와 위나라의 마릉 전투가 발발하기 28년 전의 일이다. 건륭 『신정현지(新鄭縣志)』에는 마룡갑(馬龍甲)의 「마릉변(馬陵辨)」이란 문장이 실려 있는데, "한나라 시기 마릉은 지금의 신정현 동쪽 30리에 위치한다. 위나라와 한나라가 맞붙어 싸운 마릉, 제나라가 위나라를 패배시킨 마릉은 모두 이곳을 말한다."라고 되어 있다. 마룡갑은 이렇듯 한나라 땅에 마릉이 있고, 그곳이 바로 제나라와 위나라의 격전지라고 주장했다. 하지만 연구과제분과 연구원들은 그곳이 한나라 수도에 가깝고 대량 서남쪽에 자리하고 있기 때문에 손빈이 위나라 수도 대량에서 이처럼 가깝고 본국인 제나라와 5, 6 백리나 떨어진 곳을 전쟁터로 선택해 매복했을 리가 없다고 여겼다. 다만 위치로 보면 위나라와 한나라 사이에 있기 때문에 위나라와 한나라의 격전지인 마릉일 가능성은 있다고 보았다.

또한 건륭 19년 『중모현지(中牟縣志)』에는 다음과 같은 기록이 있다. "마릉강 현치(縣治 : 현의 행정기관 소재지) 60여 리에 50여 리 길이로 이어진 산등성 위에 손빈과 방연의 사당이 있다." 그러나 "생각하건대 손빈은 마릉에서 방연을 죽였는데, 산동 연주부(兗州府) 담성현에 마릉이 있다. 방연은 위나라 혜왕을 섬겨 대장군이 되었는데, 손빈을 위나라로 불러들여 결국 월형에 처하게 했다. 중모는 위나라에 속하기 때문에 손빈과 방연의 제사를 지냈던 것이다. 또한 그 때문에 산등성의 이름을 마릉으로 지은 것일 뿐 방연이 나무를 베어 백서를 쓴 곳은 아니다."라고 덧붙였다.

이 역시 중모가 제나라와 위나라의 격전지라는 것은 부정하고 있음을 알 수 있다.

또한 신정현 문화재보호소 책임자의 말에 따르면, 이 현의 초대 위생국 국장인 마명오(馬銘吾)는 여러 번 현의 마릉강 전적지에 대한 현장 답사를 실시했는데, 그는 이곳이 제나라와 위나라의 마릉 전투지로 적절한 조건을 갖추고 있지 않다고 생각했다. 그렇다면 마릉 전투의 전적지는 도대체 어디일까? 여러 차례 신정 마릉 유적지를 답사하고 오랫동안 이 문제를 연구한 모광흠은, "현재 많은 학자들이 지금의 하북 대명설을 주장하고 있지만 나는 『중모현지』에서 말하고 있는 산동 담성일 가능성이 높다고 생각한다."라고 말했다.

4. 담성 마릉산 유적지

연구과제분과의 조사에 따르면, 최초로 담성 마릉산을 마릉 전투 전적지라고 기록한 것은 명나라 만력(萬曆) 16년 『기주지(沂州地)』다. "제나라와 위나라가 전쟁을 벌이니, 손빈이 이곳에서 방연을 물리쳤다."라고 했으며, 이후 건륭 『중모현지』 등 일부 지방지에 정식 기록이 남아 있다. 은작산 죽간이 발견되고 연구 성과가 발표된 뒤, 1981년 『동악논총(東岳論叢)』 제3기에는 담성 지역 학자인 좌목(左牧)의 「마릉 전투 전적지와 전투 시기에 대한 고찰」이란 글이 실렸다. 이는 오랫동안 묻혀 있던 마릉 전투 전적지 문제를 최초로 언급한 논문으로 담성이 곧 마릉 전적지라는 주장을 강력하게 피력했다. 이후 하북성 문서국 학자인 왕환춘(王煥春)은 1985년에 『중국사연구』 제1기에 「위, 제나라 마릉 전투지 담성 마릉산」이란 장편의 논문을 발표했다. 이 논문은 대량의 사서 기록을 인용해 학술적 시각에서 마릉 전투의 전후 인과 관계 및 구체적인 전략, 절차를 상세하게 논술함으로써 학계에 커다란 반향을 불러일으키면서 본격적으로 마릉 전적지 연구가 성황을 이루게 되었다.

담성 마릉의 비밀

담성 경내 마릉산은 기몽산의 한 줄기로, 북으로 임기 난산(蘭山)과 이어져 있고, 남으로 강소 숙천(宿遷)까지 수백 리에 걸쳐 있다. 남북 방향으로 담성 전체를 꿰뚫고 있는 이 산은 해발이 80~184.2미터 사이이며, 지금으로부터 약 1억 4천만 년 전부터 7천만 년 사이의 중생대 백악기 자홍색 사암으로 이루어진 낮은 구릉 형태의 산이다. 평평한 듯하다가도 그 가운데 험난한 지세가 나타나는 이곳은 계곡이 얽히고설키어 매우 복잡한 모양을 띤다. 그중 독룡간(獨龍澗)은 아홉 갈래 계곡이 만나 형성된 곳으로서, 골짜기가 깊고 수풀이 울창하다. 형태가 조롱박을 닮아서 일명 호로곡(葫蘆谷)이라고도 하는데, 골짜기의 깊이가 6리가 넘는 곳도 있다. 계곡 양쪽은 깎아지른 듯한 절벽이 병풍처럼 우뚝 솟아있다. 전하는 바에 따르면, 제나라와 위나라의 손빈 대 방연 전투에서 손빈이 이 골짜기로 방연을 유인해 계곡에 있는 뽕나무 고목 아래에서 화살을 쏘아 죽였다고 한다. 그런 이유로 이 계곡을 방연구(龐涓溝) 또는 방연곡(龐涓谷)이라고도 부른다. 방연구 옆의 사산위자(四山圍子)는 사면이 산으로 둘러싸였기 때문에 붙인 이름이다. 이곳 지명의 유래를 살펴보면 특히 손빈과 방연의 마릉 전투와 관련된 것이 많다. 마장(馬場)은 위나라와 제나라의 격전 당시 손빈의 군대가 군마를 기르던 곳이라고 하며, 고채(古寨)는 손빈의 군대가 주둔했던 곳이라고 한다. 또한 두자(杜子)의 원래 이름은 사자(射子)로, 손빈이 궁수들을 매복시켜 방연을 공격한 곳이라고 한다. 괘검(卦劍)은 원래 괘전(卦箭)이라고 부르던 곳인데, 방연이 화살을 맞은 곳이라고 한다. 사갑영(卸甲營)은 손빈이 방연을 독룡간으로 유인했을 때 갑옷과 투구를 벗은 곳이며, 이 외에도 마릉도, 포마령(跑馬嶺), 점장대(點將臺), 분시령(分尸嶺), 그리고 방연이 처음 말에 올라탔다는 상마석(上馬石)과 두 번째로 말에 올라탔다는 이차 상마석, 한곡애(恨谷崖), 방연석 등 손빈 및 방연과 관련된 지명이 많다. 이처럼 손빈과 방연의 전투와 관련이 있는 고대 지명을 통해 당시 전쟁의 일면을 살필 수 있을 정도다. 연구과제분과는 이 외에도 이곳이 마릉 전

담성 마릉산 방연곡에서 대만 동오대학 유필영 교수(왼쪽)과 필자

적지임을 증명하는 출토 유물 두 가지를 제시했다.

우선 마릉산 북쪽 기슭에 자리한 양산(樣山)에 안자묘(安子廟)가 있고, 그 서북쪽에 분묘가 하나 있다. 1982년 마을 사람이 이를 파헤쳐 보니 석곽 하나, 목관 두 개의 삼중 구조로 되어 있었다. 역사적 기록에 따르면, 제나라 귀족의 묘는 석곽을 사용했고, '(관곽의 경우) 제후는 오중(五重), 대부는 삼중, 사(士)는 이중'으로 한다는 차이가 있다. 그렇다면 발굴된 분묘는 전국 제나라의 묘장 제도를 따른 것이라고 추론할 수 있다. 묘 앞에는 무자비(無字碑)가 서 있는데, 현지 주민들의 말에 따르면 방연이 살해되자 손빈이 옛정을 생각해 그를 묻어주고 만든 묘라고 했다. 이에 따라 분묘의 형식을 조사해 보니 앞의 기록과 부합했는데, 이로써 전국 시대 제나라의 묘장 제도라는 것이 확인되었다. 무자비는 진(秦)나라 및 그 이전, 즉 선진 시대의 묘장 제도로 진시황이 태산에 세운 무자비는 아직도 존재한다. 이와 달리 묘주의 생평(生平)을 글자로 새긴 돌비석은 한나라 때 시작되었다. 1982년에 발굴된 이 분묘는 석곽 잔해와 무자비가 지금도 존재하고 있다.

또한 이 전적지에서 대량의 고대 병기와 아궁이가 발견되었다. 1958년, 흑룡담(黑龍潭)에 저수지를 건설할 때 4, 5백 점의 청동 화살촉이 출토된 적이 있는데, 이후 몇 년간 손당촌(孫唐村)에 거주하는 40여 명의 사람들이 2백여 점의 청동 화

마릉산의 상마석. 방연이 이곳에서 처음 말에 올라탔다고 전해진다.

살촉을 발견했다. 1972년 포마릉 저수지를 수리할 때는 또 한 번 수백 개의 아궁이와 삼각 모양의 청동 화살촉을 발굴했다. 1958년부터 1976년까지 청천사(淸泉寺) 임업장에서는 나무 구덩이를 파는 동안 3백여 명의 사람들이 수천 점의 청동 화살촉을 찾기도 했다. 1988년 청천사 광천수 공장 확장 공사 때 다시 수십 개의 아궁이와 몇 개의 청동 화살촉을 발굴했는데, 당시 발굴된 화살촉은 양익식(兩翼 式 : 화살 끝이 양면인 화살촉)과 삼릉식(三稜式 : 화살 끝이 삼각형인 화살촉)도 있었다. 전국 시대 연구자인 양관(楊寬)은 『전국사』 「무기의 진보」에서 "전국 시대에 들어 청동 병기가 급속히 발전했다. ……화살촉은 양익식에서 삼릉식으로 변했다." 라고 설명했다.

이후 관련부서의 감정을 거친 결과, 이 청동 화살촉은 전국 시대의 것으로 판명되었고 역사 기록에 따라 마릉 전투의 시기와 일치한다는 것을 알 수 있었다. 더욱 확실한 증거로, 연구과제분과의 조사가 진행되는 동안 대상장향(大尙莊鄕) 손당촌에서 완전한 형태의 청동검이 발굴되었고, 사가향(司家鄕) 사갑영촌(卸甲營村)에서 단검 한 자루가, 천원향(泉源鄕)에서 청동 자(刺)가 계속해서 발견되었다. 또한 1987년 대상장 양소원(粮所院)에서 발굴된 '욕씨좌(欲氏左)'라는 글이 새겨진 청동 과(戈) 한 점은 그 가치가 대단한 것이었다. 고고학자 이학근의 고증에 따르면, 욕씨는 춘추 시대 진(晉)나라 때의 대족(大族) 욕헌자(欲獻子)의 후예로 읍의 이름으로 성씨를 삼았다고 한다. 그 집안의 채읍(采邑 : 세습 대귀족의 영지)은 지금의 심수(沁水) 유역으로, 전국 시대 위나라 땅이었으며, 이 과는 전국 시대 욕읍에서 주조한 것이었다. 마릉 전투는 십만 대군을 이끈 대규모 전투로서, 위나라는 당연히 최고의 무기를 동원했을 것이다. 그러나 생각지도 않게 단번에 군대가 전멸했으니 대량의 병기가 전투지에 버려진 것은 당연한 일이다. 만약 이 과가 묘에서 출토되었다면 묘 주인이 다른 곳에서 가져왔다고 추측할 수도 있다. 하지만 고대 전적지에서 출토되었고, 그것도 위나라와 관련된 전적지에서 다량의 화살촉까지 함께 출토되었다는 것은 이곳이 전국 시대 위나라와 관련이 있는 전투지라고 설명하는 것 외에 다른 합리적인 해석은 찾을 수 없다.

연구과제분과는 전적지를 답사할 때, 특히 지형과 그 특징에 주의를 기울였다. 마릉 전투에서 계곡으로 10만 명이 들어갔고 그들 모두 혹은 대부분이 죽었다고 했는데, 설사 실제 병력이 그 반밖에 되지 않았다고 해도 그들을 유인하는 것은 쉬운 일이 아니었을 것이다. 이 같은 매복 공격은 반드시 산중에서 이루어져야 하고, 지형 역시 손무가 『손자병법』에서 말한 '사지(死地)'여야 한다. 대명, 신현 전적지는 비록 골짜기가 굽이진 산간 지역이기는 하지만 십만 대군을 처리할 만한 곳은 아니다. 방연은 최고의 장수였기 때문에 행군을 할 때 전위 부대가 있었을 것이다. 이들이 평원 지역에서 전투를 했다면 전위 부대가 매복에 걸렸다고 해도 나머지 병력이 다른 길을 이용해 쉽게 포위를 뚫었을 것이다. 따라서 연구과제분과는 앞서 언급한 여러 지역 가운데 마릉산이 유일하게 마릉 전적지의 지리적 조건에 부합한다는 결론을 얻었다.

이와 관련해 또 다른 증거도 있다. 임기 학자 왕여도(王汝濤)의 고증에 따르면, 은작산 한묘에서 출토된 죽간 『손빈병법』의 여러 장에서 『사기』에서 언급한 마릉 전투 및 담성 마릉산의 형세와 같은 표현이 나타난다고 했다.

「진기문루(陳忌問壘)」－"알겠습니다. 이런 방법은 막다른 곳으로서 험하고 막힌 사지(死地)에 빠져 헤매는 긴급한 상황에서 적군에게 대응하기 위한 것입니다. 이는 제가 방연을 무너뜨리고 태자 신을 사로잡을 때 사용한 방법이기도 합니다."

「월전(月戰)」－"열 번 싸워 아홉 번을 승리할 수 있는 것은 달의 운행 법칙을 파악해서 이용했기 때문이다.""그런 까닭에 전쟁에는 일정한 법칙이 있다. 많은 적군을 죽여도 장수나 병졸을 포로로 잡지 못하는 자도 있고, 적군의 장병을 포로로 잡아도 진영을 점령하지 못하는 자도 있다. 적군의 진영을 습격해 점령해도 적의 장수를 생포하지 못하는 자도 있고, 적군을 섬멸하고 적장을 살해하는 자도 있다."

「팔진(八陣)」－"지세가 평평한 곳에서는 전차를 많이 사용하고, 지세가 험난한 곳에서는 기마병을 많이 사용하며, 좁은 지형에서는 궁노수를 많이 사용한다. 평평한 지형이나 험한 지형 모두 살아서 돌아올 수 있는 곳과 그렇지 못한 곳을 잘 파악해 아군은 살아날 수 있는 곳을 점령하고, 적군은 죽을 곳으로 유인한 다음 공격해야 한다."

「지보(地葆)」－"포진을 할 때는 다섯 가지 지형의 우열을 논할 수 있다. 산이 높은 언덕(陵)보다 좋고, 높은 언덕이 낮은 언덕(阜)보다 좋으며, 낮은 언덕이 야트막한 둔덕(丘)보다 좋고, 둔덕이 숲이 무성한 평지보다 좋다.""패배를 자초하는 다섯 가지 지형은 골짜기, 하천, 늪지, 개펄, 염전이다. 죽음을 초래하는 다섯 가지 지형은 사면이 높고 가운데가 꺼진 천정(天井), 삼면이 절벽이고 한 면만 트여 있는 천연적인 감옥 형태의 천완(天宛), 가시덤불이 많아 통과하기가 힘든 천리(天籬), 산과 산 사이의 좁은 골짜기로 주변에 동굴이 많은 천극(天隙), 전차나 기병이 움직이기 힘든 천연적인 함정 천소(天招)다."

「세비(勢備)」－"무릇 군사의 도리에는 네 가지가 있으니, 진법, 군세(軍勢), 변화, 권술(權術)이다. 이 네 가지를 제대로 적용해야 강력한 적군을 쳐부수고 적군의 맹장을 사로잡을 수 있다.

왕여도는 담성 마릉산의 지형과 『사기』에서 묘사하고 있는 마릉 전투의 모습을 연상해 보면, 이 예시문들이 마릉 전투를 그대로 설명해 주고 있음을 쉽게 발견할 수 있다고 말했다. 특히 「진기문루」의 내용은 매우 상세한데, 그중에서도 앞부분은 마릉 전투의 상황을 그대로 묘사한 듯하다. 이는 『손빈병법』의 일부 내용이 마릉 전투뿐만 아니라 담성 마릉산 지형을 그대로 반영하고 있다는 뜻이기도 하다. 예를 들어 '막다른 곳으로서 험하고 막힌 사지(死地)'는 물론, '좁은 지형에서는 궁노수를 많이 사용한다'거나 '패배를 자초하는 다섯 가지 지형(五地之敗)', '죽음을 초래하는 다섯 가지 지형(五地之殺)' 등은 모두 마릉산과 독룡간 일대의 지형, 즉 '계곡이 깊고 수풀이 울창하며 형태가 마치 조롱박 같다', '계곡 양옆으로 깎아지른 듯한 절벽이 병풍처럼 우뚝 솟아있다', '평평한 듯하다가도 험난한 지세가 함께하고 있는 이곳은 계곡이 얽히고설키어 매우 복잡하다', '계곡이 깊고 수풀이 울창해 그 깊이가 6리가 넘으니, 마치 거대한 주머니 같다' 등의 모습을 그대로 보여 주고 있다. 특히 '궁노수가 많아야 한다'는 기록대로 마릉산 일대에서 대량의 화살촉이 출토됨으로써 당시 역사적 사실을 증명해 주었다.

방연이 전사한 마릉 전투는 매복전이었다. 그 거대한 규모나 엄청난 준비, 긴 기간 등은 「손자오기열전」, 『손빈병법』 등을 통해 면면을 알 수 있다. 매복전을 치르기 위해서는 지형이나 위치 등 필수 조건이 잘 갖추어진 장소를 선택해야 할뿐만 아니라 그 지형을 확실하게 파악해 사전에 위장과 매복을 철저하게 준비해야 한다. 또한 오랜 기간이 소요되는 가운데 작전이 전혀 누설되지 않도록 조심해야 한다. 이런 여러 가지 힘든 조건을 갖추기 위해서는 그 장소가 적국이거나 적국과 가까운 지역은 곤란하다. 담성은 제나라 땅이며, 위나라와도 멀리 떨어져 있기 때문에 이 조건들에 부합한다. 담성의 지리적 위치를 보아도 규모나 시간, 정보 누설 방지 등 작전을 성공시키기 위한 유리한 조건을 갖추고 있다.

이 밖에 담성 지역은 예로부터 매우 중요한 교통의 요지다. 춘추 시대에는 제, 오, 진(晉), 월, 초 등 대국들이 패권을 다투기 위해 반드시 거쳐야 하는 지역이었다. 전국 시대 역시 제, 월, 위 등의 대국들이 서로 힘을 겨루는 중심지였다. 그렇기 때문에 춘추 시대부터 전국 시대까지 이 지역에서는 수많은 전투가 벌어졌다. 이 중 마지막 전투만이 전국 시대였고, 나머지 전투는 모두 춘추 시대에 일어났다. 전문가들의 감정 결과, 마릉산에서 출토된 병기는 소수 춘추 시대 것을 제외하면 거의 대부분이 전국 시대 병기였다. 이는 병기가 마릉 전투의 유물이라는 점을 설명해 주는 것이고, 또한 담성 마릉산이 제나라와 위나라 마릉 전투의 고대 전적지라는 사실을 증명해 주는 것이다.

최종적으로 연구과제분과는 은작산 한나라 시대 죽간에서 출토된 『손빈병법』과 담성 마릉산의 지형, 문헌 기록, 출토된 문화재, 지명 등을 근거로 마릉 전투 전적지 문제는 기존의 여러 설과는 달리 담성 마릉산이 적절하다는 결론을 내렸다. 이는 마치 천년 넘게 논란을 빚어온 『손빈병법』의 유무 여부가 죽간의 출토와 함께 밝혀진 정황과 같았다. 새로운 결과가 어느 한 개인이나 몇몇 사람들의 의견에 따라 번복될 수 있는 것이 아니듯, 이 마릉 전투 전적지에 대한 새로운 결론도 마찬가지다.

그러나 연구과제분과에서 내린 결론이 비교적 합리적이라고 해도 모든 학자나 전문가들이 수용한 것은 아니다. 일부 학자들은 여전히 이를 또 하나의 설로 간주하고, 보다 정확한 결론을 도출하기 위해서는 지속적으로 연구해야 한다고 말한다. 은작산 한나라 시대 죽간의 발굴 참여자이자 연구가, 학자인 오구룡은 마릉 전투 전적지를 확정하는 것은 『손빈병법』 연구에 중요한 의미가 있다고 보았다. 한나라 시대 죽간본 『손빈병법』의 「금방연」, 「진기문루」 등은 솔직히 전쟁의 과정을 서술하고 있긴 하지만 죽간에 적힌 지명이 정확하게 어디인지 모르는 지금의 상황에서 그 전쟁이 어떤 식으로 펼쳐졌는지 확실히 아는 것은 힘들기 때문이다. 이러한 모든 것이 우리가 계속해서 토론하고 연구해야 하는 이유다. 이미 말했듯이 담성은 고대 교통의 중심지였다. 『독사방여기요(讀史方興紀要)』의 기록에 따르면, 임기는 "오래전부터 전쟁의 요충지였으며, 남쪽을 공략할 때면 반드시 이곳에서부터 중국(中國)을 다퉈야 한다."라고 했다. 임기가 남쪽을 공략할 때 핵심적인 요충지라는 뜻이다. 이 임기에서 남쪽으로 내려가기 위해서는 반드시 담성을 거쳐야 한다. 담성은 또한 동서를 잇는 교통의 요지이기도 하다. 『전국책』「송위(宋衛)」에 다음과 같은 구절이 있다. "위나라 태자 신이 직접 병사를 이끌고 송나라 외황(外黃)을 넘었다. ……제나라를 공략하고 병거(幷莒)에서 대승을 거두었다. ……제나라와 전투를 벌이다 전사하니, 끝내 위나라로 돌아가지 못했다." 이에 따르면, 제나라와 위나라가 마릉산에서 접전했을 가능성이 매우 크다. 1987년 마릉산 대상장 양소원에서 출토된 '욕씨좌' 과(戈)는 전국 시대 전기 삼진 욕읍 지역에서 주조된 것으로서, 삼진 병기가 마릉산에서 출토된 것은 결코 우연이라 할 수 없다. 이 밖에도 마릉산 지형을 살펴보면, 확실히 고대 전적지임을 알 수 있다. 한 전문가는 산의 동서쪽과 남쪽 지형을 분석한 결과, 제나라와 위나라가 전투지로 마릉산을 선택한 것은 군사지리적 원칙을 그대로 적용한 것이라는 결론을 내렸다.

이처럼 여러 가지 이유를 종합해 볼 때, 기본적으로 마릉 전투 전적지라고 결정을 내리는 데 충분한 근거가 있으며, 이로써 한 가지 설로 정립하는 데 충분했다. 물론 이에 대한 더 깊은 연구와 논증을 통해 확고한 입지를 다져야 한다. 그러나 한편으로 제대로 된 근거도 없이 고대 기록들을 부정하는 것은 옳지 않다. 따라서 고대 문헌에 대한 더욱 광범위하고 깊이 있는 연구와 마릉산에 대한 고고 조사는 새로운 논거와 자료를 찾아 마릉 전투 전적지의 위치를 확정하고, 학술 사업을 발전시켜 나가는 데도 더욱 큰 보탬이 될 것이다.

12장
손자와 손자병법의 정체

『손빈병법』의 돌연한 실전으로 많은 사람들이 진위眞僞 문제에 대해 흥미를 가지게 되었다. 송나라 이후 1천여 년간 학자와 문인들은 손무와 손빈에 대해 의혹을 품어 왔다. 온갖 주장이 난무하면서 과연 어떤 것이 진실이고 어떤 것이 거짓인지 분간하기 힘들 정도로 혼란스러웠다. 그러나 은작산에서 한간 『손자병법』과 『손빈병법』이 동시에 출토되자 기존의 온갖 오류와 오해가 한순간에 분명해졌다.

두 명의 손자와 춘추전국 시대

마릉 전투 이후, 위나라는 완전히 몰락해 예전의 영광을 되찾을 수 없었고 이에 비해 제나라는 전쟁의 승리에 힘입어 점차 강성해졌다. 이 같은 상황에서 제후들은 너도나도 위나라를 뒤로 한 채 제나라로 달려가 온갖 예물을 바치며 친근함을 과시했다. 이로써 제나라 위왕은 중원 제패의 꿈을 이루었다. 손빈은 제나라에 들어가 두 차례 전쟁을 치르면서 개인적인 복수는 물론이고 평생의 꿈과 정치적 포부를 달성했으며, 군사 전략가로서 세상에 영원히 이름을 날리게 되었다.

시간이 흐르면서 점차 세력이 강해진 제나라는 장군과 재상의 갈등이 첨예화되기 시작했다. 그중에서도 특히 재상 추기(鄒忌, 기원전 385~기원전 319년)와 대장군 전기의 갈등은 도저히 회복될 수 없는 지경에 다다랐다. 한바탕 암투와 싸움이 벌어진 이후, 추기는 전기가 국권을 찬탈하려는 반란을 꾸미고 있다며 몰아세웠다. 이 같은 추기의 모략에 여러 가지 방법으로 대응하던 전기는 모든 노력이 수포로 돌아가자 결국 초나라로 망명했다. 전기가 수배자가 되어 다른 나라를 전전하는 가운데 추기가 살생부를 손에 쥐고 막강한 권력을 휘두르게 되자, 전기의 식객이었던 손빈은 바짝 긴장했다. 손빈은 이제 더 이상 군사 자문가로서 능력을 발휘해 제나라에 충성할 기회는 없을 것이라는 사실을 깨달았다. 그나마 왕과 신료들의 신임이 남아 있을 때 초야에 은거하고 싶다는 요청을 스스로 해야 한다고 생각했다. 손빈의 난처한 처지를 이해하고 있던 제나라 위왕은 기꺼이 그의 요청을 받아들였고, 그 후 손빈은 제나라 도성을 떠나 초야에 묻혀 심신을 수련하면서 저술에 매진하는 새로운 생활을 시작했다. 그는 평생 자신이 갈고닦은 학문과 선인들의 병서, 특히 손무의 병법을 기초로 삼고 자신의 실제 경험을 추가해 가면서 온 힘을 다해 말년의 역작인 『손빈병법 89편』과 네 권의 도록을 완성했다. 이로써 그는 중국 역사상 손무를 잇는 위대한 병학의 거장이 되었다.

거남현 갑자산 손빈동. 손빈이 이곳에서 은거했다고 전해진다.

물론 손빈이 은거한 뒤, 그가 어디서 살았는지, 어떻게 생활했는지, 또한 언제 죽었는지에 대한 역사적 기록은 별로 없다. 민간에도 정확한 이야기가 전해지지 않는다. 다만 여러 해가 지난 다음, 손빈의 군사 사상과 이론이 담긴 병서가 궁실과 민간에 소리 없이 퍼지기 시작했을 뿐이다. 이처럼 손빈과 그의 증조부인 손무는 춘추전국 시대 제후들이 각축을 벌이는 현장에서 최고의 병학을 선보인 사람들이었다. 그들이 남긴 병학적 지식은 이후 매우 넓고 깊게 후대에 영향을 미쳤기 때문에 사람들은 손무와 손빈을 기려 손자라고 통칭했다. 이 호칭은 이후 사마천의 『사기』 「손자오기열전」에서 그대로 통용되었다. 사마천은 그들에 대해 다음과 같이 적고 있다.

손자(孫子) 무(武)는 제(齊)나라 사람이다. 그는 병법이 탁월해 오(吳)나라 왕 합려(闔閭)를 만나게 되었다. 합려가 "그대가 지은 13편의 병서를 모두 읽어보았는데, 한번 시험 삼아 군대를 지휘해 볼 수 있겠소?"라고 말하자, 손무는 "좋습니다."라고 대답했다. (궁녀를 대상으로 군대를 지휘하는 내용 중략) 그러자 합려는 손무가 용병에 뛰어난 것을 인정하고 마침내 그를 장군으로 삼았다. 이후 (오나라가) 서쪽으로 강국인 초(楚)나라를 무찌르고 영(郢)에 진입했으며, 북쪽으로 제나라와 진(晉)나라를 위협해 제후들 사이에 명성을 날릴 수 있었던 것은 모두가 손무의 힘이 컸다. 손무가 죽고 100여 년 뒤 손빈(孫臏)이 출현했다. 손빈은 아(阿)와 견(甄) 지방에서 태어난 손무의 후손이다. 손빈은 일찍이 방연(龐涓)과 함께 병법을 배웠다. 방연이 위나라를 섬겨 혜왕(惠王)의 장군이 된 뒤 자신의 재능이 손빈에 미치지 못한다고 여겨 몰래 사람을 시켜 손빈을 불렀다. 손빈이 왔을 때 방연은 그가 자신보다 뛰어난 것을 두려워하고 시기하여 손빈에게 죄명을 뒤집어씌워 두 다리를 자르고 묵형(墨刑)을 가했다. 손빈이 세상에 나오지 못하고 숨어 지내게 만들려는 속셈이었다. 제나라 사자(使者)가 양(梁)에 이르렀다. 손빈은 형벌을 받은 몸이라 은밀하게 제나라 사자를 만나 자신의 주장을 펼쳐보였다. 제나라 사자는 손빈이 대단한 재주를 지닌 사람이라 여기고 몰래 수레에 태워 제나라로 데리고 갔다. 제나라 장군 전기(田忌)는 그의 재능을 인정해 빈객으로 대우했다. ……전기가 손빈을 위왕(威王)에게 천거하자 위왕은 그에게 병법에 대해 물어본 뒤 마침내 스승으로 삼았다. ……손빈은 이 일로 천하에 명성을 날리게 되었고, 대대로 그의 병법이 세상에 전하게 되었다.

「열전」에서는 두 명의 손자, 즉 손무와 손빈의 출신과 전쟁 공적 및 저술에 대해 간략하지만 비교적 확실하게 밝히고 있다. 손무는 춘추 시대 말기 오나라 관직에 오른 유명한 군사 전략가로서 『병법 13편』을 남겼으며, 손빈은 손무의 자손으로서 두 사람이 혈연관계임을 말했다.

사마천 이후, 동한의 사학자 반고는 『한서』 「예문지」에서 『오손자병법(吳孫子兵法)』은 82편, 『제손자(齊孫子)』는 89편이라고 기록했다. 반고의 사료가 무엇을 근거로 했는지는 알 수 없지만, 『오손자병법』이 바로 손무가 저술한 『손자병법』이고 『제손자』가 손빈이 저술한 『손빈병법』이란 것은 분명하다. 이 밖에 『오월춘추(吳越春秋)』와 조조의 「손자서(孫子序)」에서도 이에 대한 기록을 어느 정도 찾아볼 수 있다.

웅장한 기개를 자랑한 한나라 시기부터 찬란한 문명을 자랑한 당나라 시기까지 『사기』와 『한서』에 등장하는 두 손자에 대한 기록은 많은 사람들로부터 추앙의 대상이 되었고, 단 한 번도 이에 대한 이견이 제시된 적이 없었다. 다만 당나라 때 시인 두목(杜牧)은 자신의 『번천집(樊川集)』 「손자서(孫子序)」에서 『손자병법』 편수에 대한 사마천과 반고의 기록이 다른 이유에 대해 전승되는 『손자병법』 13편은 조조(曹操)가 일부 내용을 삭감했기 때문이라고 밝히며 이렇게 말했다.

"손무의 저서는 수십만 자에 이르렀는데, 조조가 번잡하고 불필요한 부분을 삭제한 뒤 내용의 정수만을 취해 13편으로 만들었다."

이처럼 두목은 손무의 저술이 방대하고 번잡해 불필요한 부분을 삭제했다고 했지만, 송나라 때부터는 사정이 달라지기 시작했다. 중화민족은 송나라 때이르러 국력이 약해지기 시작했다. 북방의 소수민족들이 일어나면서 일부 사대부들은 지난 역사에서 과연 사서에 기록된 것처럼 찬란했던 시절이 있었는지에대해 의문을 품었다. 그들은 실의와 낙담 속에서 이전 역사 자료에 대해 괜한 트집을 잡았고, 무언가 의심스러운 눈초리로 사료를 뒤적거리기 시작했다. 이른바 변위학풍(辨僞學風 : 위서僞書 변별 등에 치중하는 학문 풍조)이 생겨난 것이다. 손자의 경우도 이를 피할 수 없었다. 여러 사람들이 각기 다른 이유와 목적으로 손자, 특히 손무라는 인물과 그의 사적에 대해 의심을 품기 시작했다. 그들이 제기한 의문은 단순히 사마천이나 반고의 경우처럼 『손자병법』의 편수 문제에 국한되지 않았고, 매우 근본적인 문제까지 들먹였다. 누군가는 『손자병법』의 내용에 전국 시대의 색채가 짙다고 주장했고, 또 누군가는 손무 자체가 실존 인물이아니라고 주장했다. 이 가운데 가장 영향력이 크고 시기적으로 가장 빠른 것은북송 인종 때 『손자』에 주석을 단 매요신(梅堯臣)의 주장이다. 그는 『손자병법』은전국 시대의 색채가 농후하기 때문에 과연 손무가 직접 쓴 것인지 믿을 수 없다고 주장했다. 또한 구양수(歐陽修)*가 쓴 『손자』 주해본의 「서문(정식 명칭은 손자후

---

* 중국 송나라의 정치가이자 문인(1007~1072년)으로 자는 영숙(永叔), 호는 취옹(醉翁)·육일거사(六一居士)다. 당나라 때의 화려한 시풍을 반대해 새로운 시풍을 열고, 시·문 양 방면에 걸쳐 송나라 시기 문학의 기초를 확립했으며, 당송 팔대가 가운데 한 사람으로 꼽힌다. 저서에 『신오대사』, 『신당서』, 『모시본의(毛詩本義)』 등이 있다.

서孫子後序)」을 보면 당시 뛰어난 학식을 자랑하는 사대부들이 『손자』의 가치를 깎아내렸음을 알 수 있다. 오히려 매요신만은 그들과 달리 손무라는 인물이 역사적으로 실재했을지는 확실하지 않지만, 『손자병법』이 결코 손무가 직접 쓴 것은 아니라는 독특한 견해를 제시했다. 손자에 관한 이 같은 매요신의 견해에 대해 구양수는 「손자후서」에서 다음과 같이 말하고 있다.

> 유독 내 벗 성유(聖兪 : 매요신)만은 그렇지 않았다. 그는 일찍이 손무의 책을 평해 이는 제후국들이 서로 다투던 전국 시대의 학설로 삼대(三代) 왕자(王者)의 군사나 대사마(大司馬 : 주나라 시기 육관六官의 하나로 군사와 운수를 담당했다)가 구벌(九伐 : 아홉 가지 죄악을 토벌하다)하는 병법에는 미치지 못한다고 말했다. 그렇지만 또한 그 문장이 간략하되 심오한 뜻을 품고 있고, 전쟁을 수행하고 용병하는 데 법도를 마련했으며, 언사에 순서가 있음을 좋아했다.

매요신이 『손자병법』은 전국 시대 작품으로 손무가 쓴 것이 아니라고 주장한 것은 이후 많은 사람들에게 적지 않은 영향을 끼쳤다. 동시대 사람인 소식(蘇軾)* 또한 매요신의 주장에 더해 "손무는 전국 시대 장군으로 오나라를 위해 걱정했을 따름이라는 것을 알 수 있다."라고 했다. 물론 소식은 사학자가 아니었기 때문에 그의 발언이 후대에 크게 영향을 미친 것은 아니다. 매요신 이후 회의론자들에게 가장 큰 영향력을 발휘한 사람은 남송 중기 학자인 엽적(葉適)이다.

엽적의 자는 정칙(正則)으로, 온주(溫州) 영가(永嘉) 사람이다. 어려서부터 학문을 좋아하고 부지런했던 그는 스물아홉 살에 진사(進士)에 합격하고, 서른다섯 살에 태학정(太學正 : 지금의 국립대학 교수에 해당하는 관직)으로 발탁된 뒤, 곧바로 태학박사가 되었다. 그 기간에 진량(陳亮), 주희(朱熹), 진부량(陳傅良) 등 유명 인사

---

* 중국 북송의 문인(1036~1101년)으로 자는 자첨(子瞻), 호는 동파(東坡)다. 당송 팔대가의 한 사람인 그는 구법파(舊法派)의 대표자이며, 서화에도 능했다. 작품에 「적벽부」, 저서에 『동파전집(東坡全集)』 등이 있다.

와 편지를 주고받으면서 영가학파(중국 북송 말기에서 남송에 걸쳐 실용적 학문을 주창한 학파)를 대표하는 인물 가운데 한 사람이 되었다. 학문을 추구하는 과정에서 남송 학계 의고학파의 영향을 많이 받은 그는 『습학기언(習學記言)』에서 "신기(新奇)한 것에 대해 논하는 것을 좋아했고, 진부한 말을 쓰는 것은 하찮게 여겼다.", "학문을 강의하고 이치를 분석하는 것이 이전 유가와 많이 달랐다."라고 말한 바 있다. 이를 통해 그는 고서의 기록에 대해 일고의 가치도 없는 것으로 간주하거나 반감을 지녔다는 것을 알 수 있다. 그는 스스로 새로운 고증이나 주장을 펼치면서 기존의 주류에 어울리지 않는 새로운 학술 경향을 추구한 듯하다. 또한 『손자병법』에 대한 평가에서 독자적인 견해를 가졌던 매요신과 비슷한 분위기를 띤 엽적은 전형적인 공자사상의 옹호자였다. 그들 두 사람은 손자의 책이 유가의 군사적 이상에 부합되지 않는다는 견해를 분명하게 밝혔다. 아울러 엽적은 적지 않은 증거를 제시하면서 『손자병법』의 사상과 일부 명사(名詞)가 춘추시대와 어울리지 않는다는 주장을 했다. 그는 『손자병법』은 후인들의 작품으로 손무라는 이름을 사칭한 것이며, 역사적으로 손무라는 인물은 아예 존재하지 않았다고 주장했다. 다시 말해 손무란 저서를 날조한 사람들이 만들어낸 신화적 인물이라는 것이다. 엽적은 매우 대담하게 학계에 큰소리를 냈다.

"사마양저, 손무 등은 모두 변사(辨士)들이 망상 속에서 지어낸 자들로 사실이 아니다."

그는 손무의 사적을 기록한 『사기』「손자오기열전」의 내용을 그 이유 중 하나로 제시하고 있다. 그의 주장에 따르면, 사마천은 손무와 그의 사적에 대해 간단하게 말한 뒤 궁녀를 동원해 연병을 실시한 이야기를 잔뜩 열거하고 있는데, 이는 소설가들이 늘어놓는 말처럼 '기괴한 내용으로 믿을 수 없다'고 했다. 이밖에도 춘추 시대의 역사를 서술한 사서로 후대 학자들이 높이 평가하는 『좌전』을 보면, 오나라가 초나라를 정벌해 영(郢)으로 입성하는 과정이 매우 상세하게 기록되어 있고, 또한 오자서나 백비에 대해서는 여러 차례 언급하고 있으면서도 유독 혁혁한 전공을 세운 병학의 대가 손무에 대한 기록은 찾아볼 수가 없다는 점을 예로 들었다. 물론 다른 책에 기재된 인물이나 사건이 『좌전』에 모두 등장하는 것은 아니지만, 만약 손무가 오나라 군대를 지휘해 영에 입성한 첫 번째 인물이라면 그 전공을 결코 무시할 수 없을 것인데 어찌 그의 이름을 빼놓을 수 있겠는가 하는 의심을 품으면서 『손자병법』에 대해 다음과 같이 단정 지었다.

"춘추 말 전국 초기에 산림의 처사(處士)들이 만든 것으로 오나라 사람들이 그 이야기를 듣고 과장되게 부연한 것이다. 합려가 손무에게 부인(婦人 : 궁녀를 가리킨다)들을 데리고 군사 훈련을 해보라고 한 것은 더욱 더 기이한 거짓말로 믿을 것이 못 된다."

결국 이러한 평가 때문에 손무는 역사 무대에서 잠시 퇴장하게 되었다. 매요신과 엽적의 발언 이후 연이어 『손자』의 시대와 작가에 대해 의심하거나 부인하는 사람들이 등장한 것이다. 『손자』에 대해 회의적인 태도를 가진 학자나 문인들은 각기 나름대로 다양한 이유와 내용을 제시하며 자신의 주장을 펼쳐나갔다. 그들은 주로 저작 연대와 손무라는 인물에 대해 의심을 품었는데, 그중 하나를 부인하거나 또는 아예 둘 다 부인하는 사람들도 있었다. 예를 들어 명나라 학자 장학성(章學誠)과 청나라 학자 요내(姚鼐)는 마치 두 사람이 짜기라도 한 듯 『손자병법』은 전국 시대의 작품이며, "오나라에 혹시 손무가 살았는지 모르겠으나 13편 전체가 그의 저술은 아니다."라고 똑같이 단정했다. 그들이 말한 주된 이유는 다음과 같다.

첫째, 춘추 시대는 용병의 규모가 크지 않으니 설사 대국이라 해도 수백 승을 넘지 않는다. 그러나 『손자』에서는 '십만 대군'이라는 기록이 나오니 이는 분명 전국 시대의 일을 기록한 것이다.

둘째, 『손자』에서는 군주를 '주(主)'라 부르고 있다. 이는 전국 시대의 호칭이며, 춘추 시대에는 사대부의 호칭으로 쓰였다.

근대사, 특히 무술변법에서 명성을 날린 양계초 역시 선진제자에 관한 수많은 글을 통해 손무의 『병법 13편』은 전국 시대 사람들의 위작이며, 손빈의 것일 가능성도 있다고 여러 차례 말했다. 그에 따르면 "책에 나오는 말들은 모두 춘추 시대에 가능한 것들이 아니다. ……이 책을 손무의 작품이라 말하는 것은 결코 사실이 아니다. 만약 손빈의 것이라 한다면 사실일 가능성이 있다."라고 했다. 하지만 양계초는 이 같은 주장에 대해 근거를 제시하지 않았는데, 아마도 주관적인 억측이기 때문에 이를 논증할 만한 예를 찾지 못했을 것으로 보인다.

이러한 주장 외에도 매우 다양하고 독특한 주장도 있다. 명나라 학자 이지(李贄)는 『손자참동(孫子參同)』의 서문에서, 손무는 손빈의 조상이니 손빈의 병법이 후대에 전승되는 데 '근본'은 손무에게 있다고 말했다. 그와 비슷한 관점을 가진 사람으로 당대 손자 연구의 권위자이자 중국인민해방군 군사과학원 부원장인 곽화약(郭化若)을 들 수 있다. 그는 1962년 중화서국에서 출판된 『십일가주손자(十一家注孫子)』의 「대서(代序)」에서 다음과 같이 말했다.

우리는 『손자병법』이 대체적으로 손무가 춘추 시대와 그 이전의 전쟁, 오나라가 초나라를 정벌할 때의 경험, 그리고 평소 오나라 군주와 오원(伍員 : 오자서)의 군사 사상을 총괄해 정리한 전적으로 생각하고 있다. 1백여 년 동안 구전되거나 옮겨 적어 전해지면서 전국 시대에 손빈이 13편으로 증보했으니, 이것이 바로 『사기』에서 말하는 '세상에 그 병법이 전해진다'는 뜻이다. 이 병서는 한나라 시대까지 이르면서 오랫동안 전사(轉寫), 증감, 수정의 과정을 거치는 동안 죽간이 유실되거나 착간(錯簡)되어 순서가 뒤바뀌고 훼손됨으로써 이미 기존 13편의 모습을 유지하지 못하고 있다. 그래서 동한의 반고가 『한서』「예문지」를 저술할 때 '『손자병법』은 82편에 도록이 9권이다'라는 말이 나오게 된 것이다. 『오월춘추』에도 손자와 오나라 군주가 문답을 주고받은 기록이 있다. 이 기록 역시 삼국 시대까지 전해진 다음 조조가 이를 선별, 삭제, 편집하고 여기에 주를 달아 '그 번잡한 부분을 삭제하고 정수만 편집'(두목의 견해)해 다시 13편으로 만드니, 그것이 바로 지금 전해지는 『손자』다. ……따라서 『손자』는 춘추 시대에서 전국 시대에 이르는 군사적 저술로, 이를 기초한 자는 손무이고, 이를 토대로 춘추전국 시대의 전쟁 경험과 군사 학설을 보충한 자는 손빈이며, 현존하는 13편은 조조가 정리하고 주석을 덧붙인 것이다.

이는 두목의 관점 및 주장과 연장선상에 있다고 할 수 있다.

이상 여러 가지 견해 외에 또 다른 새로운 관점은 손무가 바로 오자서라는 주장이다. 청나라의 모묵인(牟默人)은 「교정손자(校正孫子)」라는 글에서 손빈을 오자서의 후예라고 소개했다. 그 내용을 살펴보면 다음과 같다.

예전에 오자서란 인물은 있었지만 손자는 없었다. 세상에 전하는 『손자 13편』은 오자서의 작품이다. 『사기』는 손빈이란 인물이 아(阿)와 견(甄) 일대에서 태어났으며, 손자(孫子)의 후손이라고 적었지만, 사실은 오자서의 후예다. 『좌전』 애공 11년 기록을 보면, "오나라가 오자서를 제나라에 사자로 보냈을 때 오자서가 자신의 아들을 제나라 대부 포씨(鮑氏)에게 부탁했다. 훗날 그의 아들은 왕손씨(王孫氏)로 개명했다."라고 나와 있다. 이렇듯 손빈은 손자가 아니라 오자서의 후예로 제나라에 살면서 손(孫)씨로 개명했다. 이것이 바로 그 증거인 셈이다. 아들의 성을 바꾸었기 때문에 자신의 저서 또한 오씨가 아닌 손씨로 바꾸었고, 책을 맡긴 사람도 그런 줄 알았을 것이다. 책의 본래 제목은 '손자무(孫子武) 13편'이었는데, 후인들이 이를 전승하다가 문득 손자의 이름이 무(武)라고 여기게 되었다. 이는 '무'가 서명이지 인명이 아니라는 사실을 모른 것이다. 책에는 그의 이름이나 출생지에 관해서는 전혀 적혀 있지 않았다. 그러나 그의 아들이 제나라에 살면서 대대로 전승했기 때문에 세상 사람들이 손자무를 제나라 사람으로 여기게 되었다. 사마천도 손자가 바로 오자서라는 사실을 모르고 「손무열전」을 따로 마련했다. ……오자서는 백거 전투 이전까지 합려의 말에 따라 초나라를 격퇴하는 데 신경을 쓰느라 책을 쓸 시간이 없었다. 그러다가 부초(夫椒 : 오나라 왕 부차가 부초에서 월나라를 격파한 것을 말한다) 이후 오자서는 월나라의 복수를 걱정했지만 오히려 부차에게 미움을 사게 되자 자신의 생각을 책으로 남기게 되었다. 그 내용은 주로 월나라에 관한 것으로 초나라는 언급하지 않고 있으니 합려가 아닌 부차 시절에 쓴 것임을 알 수 있다. 초나라를 격퇴한 인물은 오자서이고, 책을 쓴 인물은 손자인데, 전후로 사람 이름은 다르지만 두 사람이 아니라 같은 사람이다.

오자서가 바로 손무라는 것을 증명함과 동시에 모묵인은 제법 그럴듯하게 『좌전』에 왜 손무의 사적이 기록되어 있지 않은지 그 이유를 설명했다. "좌구명(左丘明:『좌전』의 저자)은 군사에 관한 이야기를 즐겨했고 기이한 선비를 좋아했다. 만약 오나라에 손자라는 인물이 살았다면 어찌 이를 전해 듣고 한 마디 언급도 없었겠는가? 그런 까닭에 나는 좌구명이 (손자에 대해) 한 마디도 하지 않은 것은 손무가 망시공(亡是公)*임을 알고 있었다는 것을 의심할 여지가 없다."

그렇다면 『사기』에는 왜 손무와 오자서의 전기가 실려 있는가? 모묵인은 이에 대해서도 언급을 했다. "한 사람인데 두 개의 전기가 실리게 된 것은 오자서가 13편을 잃어버렸기 때문이다."

이 주장을 다른 시각으로 보면 참신하고 충격적이라고도 할 수 있지만, 지나치게 억지를 부려 끼워 맞춘 면이 있기 때문에 이를 인정하고 따르는 사람은 거의 없다.

손무와 손빈은 동일 인물인가

요제항의 근거 없는 주장 외에 더욱 황당하고 무모하기 그지없는 견해가 바로 손무와 손빈을 동일 인물로 간주하고 『손자병법』이 전국 시대 손빈의 저서라는 주장이다. 현대 학자 전목(錢穆)은 『선진제가계년고변(先秦諸家系年考辨)』에서 손빈은 이름이 '무(武)'이며, 오나라와 제나라에서 생활했다고 기록하면서, 사마천이 『사기』에서 실수로 두 사람으로 기록했다고 말했다. 또한 중국 외에 일본 학자들 역시 다양한 의견을 내놓았다.

우선 에도(江戶) 시대 말기 한학자인 사이토 세쯔도(齋藤拙堂)는 「손자변(孫子辨)」이란 글에서 『좌전』에 손무에 대한 기록이 남아 있지 않기 때문에 『사기』에

---

* 한나라 사마상여(司馬相如)의 「자허부(子虛賦)」에 나오는 인물로, 실제 존재하지 않는 가상의 인물을 말한다.

서 언급한 손무는 존재 자체가 회의적이라고 말한 바 있다. 그는 마치 탐정소설에서나 나올 법한 추리로 손무와 손빈은 원래 한 인물로 전국 시대에 살았고, 이름이 '무', 별호가 '빈'이니, 이는 양산박(梁山泊)의 영웅 노지심(魯智深)의 별호가 화화상(花和尙), 손이낭(孫二娘)이 모야차(母夜叉)라 불린 것과 같은 이치라고 했다. 그가 제시하고 있는 근거를 살펴보면 다음과 같다. 우선 사마천의 기록에 따르면 손무가 오나라 군주를 만난 것은 오나라가 초나라를 정벌하기 이전이었는데, 당시 손무는 이미 '병법 13편'을 저술해 오나라 왕에게 보여 주었다고 한다. 그러나 당시 남방에 치우쳐 있던 월나라는 나라의 규모가 작은 데다 병력 또한 오나라와 견줄 수 없는 상태였다. 그런데도 『손자병법』 「허실」에는, "내가 가늠해 보건대 월나라 병사가 비록 많기는 하지만 어찌 승리에 도움이 되겠는가?"라는 구절이 나온다. 이는 월나라가 오나라보다 강대해진 이후, 즉 전국 시대에나 나올 수 있는 말이라는 것이다. 이 외 또 다른 증거는 다음과 같다. 『좌전』 소공 33년, 오나라가 월나라를 정벌한 것이 오월(吳越) 전쟁의 시작이다. 그런데 『손자병법』 「구지」에서는 "오나라와 월나라 사람이 서로 미워했다."라고 했다. 이는 오월이 전쟁 때문에 서로 원수가 되었음을 말하는 것이니, '병법 13편'이 전국 이후에 저술되었다는 증거라고 했다. 또한 『전국책』에서 손빈을 손자라 불렀고, 『사기』 특히 「태사공자서」에서 "손자는 다리가 잘렸으나 병법을 논했다."라는 구절이 나오는 것을 볼 때 현존하는 『손자병법』은 손빈이 저술한 것이며, 따라서 손무와 손빈은 같은 인물로 '무'는 이름이고 '빈'은 별호라는 주장이다.

다케우치 요시오(武內義雄)는 기본적으로 이러한 주장에 동의하면서 나름의 주장을 덧붙였다. 그는 「손자 13편의 작자(孫子十三編之作者)」라는 글에서 『사기』에 손무와 손빈이 모두 병법서를 남겼다는 말이 있고, 『한서』 「예문지」에 『오손자(吳孫子)』와 『제손자(齊孫子)』 등 두 가지 병서가 나오는 것으로 보아 손무와 손빈은 결코 같은 사람은 아니라고 했다. 또한 "사이토 세쯔도의 주장이 수긍할 만하다. 지금의 『손자 13편』을 손빈의 저술이라고 본다면 여기에 동의하는 입장이다."라고도 했다. 그는 여기서 한 걸음 더 나아가 자신의 주장을 뒷받침하기 위해 십여 개의 증거를 보충한 다음 좀 더 새로운 의견을 추가했다. "추측컨대 현재 전해지는 『손자 13편』은 위나라 무제(武帝 : 조조)의 초록(抄錄 : 필요한 부분만을 뽑아서 적음)본으로서 제나라 손자, 즉 손빈의 저서에서 정수를 발췌해 만든 것이다."

중국 내에서 『손자병법』이 손빈의 작품이라는 다케우치 요시오의 주장에 동조하는 사람들이 있다. 예를 들어 현대 학자 김덕건(金德建)은 『고적총고(古籍叢考)』에서 엽적이나 다케우치 요시오와 비슷한 관점을 내놓았다. 그는 『좌전』에 손자의 사적이 실리지 않았고, 『사기』에도 이에 대한 서술이 지극히 간략하다는 이유를 들어 '내용으로 볼 때 완전히 전설 쪽에 가깝기' 때문에 손무는 위조된 인물로서, '병법 13편'의 작자는 손빈이 틀림없다고 주장했다.

김덕건 이후 수인(樹人) 역시 1962년 7월 25일 『문회보(文匯報)』를 통해 『손자병법』의 저자는 손무가 아니라 손빈이라고 주장하는 글을 발표했다. 그는 「손자 13편의 시대와 작자」라는 글에서 『손자병법』의 저자가 손무가 아니라는 몇 가지 이유를 다음과 같이 제시했다.

1. 춘추 시대는 전투 규모가 크지 않았으니 대국이라 할지라도 용병의 규모가 수백 승을 넘지 않았다. 따라서 애초에 십만 대군을 일으킨 적이 없다. 그러나 『손자병법』에서는 몇 번이나 '병사 10만 명을 데리고', '십만 군사가 일어나다', '군사 10만 명을 일으켜 천리 원정을 나서다'라는 표현이 나타나는데, 이 같은 대규모 전투는 전국 시대에나 가능했던 일이다.

2. 『손자병법』에서는 여러 차례 군주를 '주(主)'라고 불렀다. 예를 들면, "군주는 노여움에 군사를 일으켜서는 안 된다(主不可以怒而興師).", "어느 군주가 도가 있고, 어느 장군이 능력이 있는가(主孰有道, 將孰有能)." 등이다. 춘추 시대에 '주'라는 칭호는 모두 대부를 가리키는 말이었으며, 삼가분진(三家分晉)*하고 전제(田齊)가 자

---

* 기원전 403년 주나라 위열왕 23년에 위열왕이 진(晉)나라의 정권을 잡고 있던 경대부 한건(韓虔), 위사(魏斯), 조적(趙籍)을 제후로 봉(封)한 것을 말한다.

립한 이후에야 비로소 군주라는 의미로 사용되었다.

3. 『사기』에는 『손자병법』 13편이 오나라가 초나라를 정벌하기 전에 만들어졌다고 했다. 그러나 당시 월나라는 아직 소국에 지나지 않았기 때문에 오나라와 월나라가 서로 원망하며 전쟁을 벌일 단계가 아니었다. 그런데도 『손자』에서 "월나라 병사가 비록 많기는 하지만 어찌 승리에 도움이 되겠는가?"라고 한 것으로 보아, 이는 월나라 병사들이 상당히 많다는 뜻이다. 또한 "오나라와 월나라 사람이 서로 미워했다."라는 것은 오나라와 월나라가 전쟁을 치러 원수가 된 이후에야 나올 수 있는 표현이다.

4. 『손자병법』에 "대병력의 전투 지휘를 소수 병력의 전투 지휘처럼 할 수 있는 것은 지휘 계통이 있기 때문이다(鬪衆如鬪寡, 形名是也)."라는 기록이 있다. 그런데 이러한 말은 전국 시대 중기에 처음 사용되었다. 또한 「시계(始計)」편에서, "첫 번째는 도, 두 번째는 천, 세 번째는 지다(一曰道, 二曰天, 三曰地)……."라고 하며 도를 천과 지 앞에 두었는데, 이 역시 춘추 시대의 사상과는 맞지 않는다.

이 밖에도 『손자병법』에서 몇 가지 춘추 시대에 걸맞지 않은 대목이 있다.

1. 「병세(兵勢)」편에 "음계는 다섯 가지(궁상각치우)에 불과하지만, 이들 소리가 어우러져 연주하는 음의 변화는 모두 들을 수 없을 정도로 다양하다. 색채의 기본은 다섯 가지(청홍흑백황)에 불과하지만, 그것이 어우러져 그려내는 색채의 변화는 모두 볼 수 없을 정도다. 맛의 기본은 다섯 가지(단맛, 쓴맛, 매운맛, 신맛, 짠맛)에 불과하지만, 그것의 변화는 모두 맛볼 수 없을 정도로 다채롭다(聲不過五, 五聲之變, 不可勝聽也. 色不過五, 五色之變, 不可勝觀也. 味不過五, 五味之變, 不可勝嘗也)."라는 구절이 있다. 이처럼 소리, 색채, 맛을 다섯 가지 완전한 개념으로 나누어 논의한 것은 전국 시대에 오행학설이 본격적으로 유행하면서 나타났다. 또한 「허실」편에 "마치 오행이 상생상극해 항상 이기는 법이 없는 것과 같다(五行無常勝)."라는 표현이 나오는데, 이 역시 『묵자』 「경세하(經說下)」에 나오는 구절이다. 따라서 춘추 시대에는 아직 등장하지 않은 사상이었다.

2. 「구지(九地)」편에 "무릇 패왕의 병사(패권을 다투는 강력한 군대)가 다른 큰 나라를 정벌할 때는 그 나라가 미처 병력을 동원해 방어할 수 없을 정도로 신속하게 공격하며, 이러한 위세로 적군에 압력을 가해 그 나라가 다른 나라와 외교 관계를 맺지 못하도록 한다(夫霸王之兵, 伐大國則其衆不得聚, 威加于敵, 則其交不得合)."라는 구절이 나온다. 여기서 '패왕'이란 삼왕(三王), 즉 문·무·주공 등 후주(後周) 왕실의 왕들이 아니라 전국 시대 열국의 제왕을 말한다. 그래서 '패'를 '왕' 앞에 표기한 것이다. 또한 군사적 위압(威壓)이나 전쟁 형태, 외교 관계의 변화 등은 춘추 시대에 있었던 내용이 아니다.

3. 「용간(用間)」편에 "공격하려는 군대, 공략하려는 도성, 살해하려는 인물에 대해서는 먼저 그를 경호하는 장수 및 좌우의 측근이나 참모, 부관, 문지기, 수행원 등을 먼저 파악해야 하며, 반드시 간첩을 이용해 탐지해야 한다(凡軍之所欲擊, 城之所欲攻, 人之所欲殺, 必先知其守將, 左右, 謁者, 門者, 舍人之姓名, 令吾間必索知之)."라는 구절이 나온다. 여기서 '문자', '사인', '알자' 등의 호칭은 춘추 시대에는 없던 것들이다. '문자'는 『사기』「장이진여열전(張耳陳餘列傳)」중 "진나라에서 조서를 내려 두 사람을 현상수배하자 문지기 신분을 이용하여 마을에 조서를 알렸다(秦詔書購求兩人, 兩人亦反用門者)."에서 처음 보인다. '사인'은 『주례』「지관(地官)」에서 찾을 수 있는데, "사인은 궁중의 사무(주로 쌀을 분배하는 일)를 합리적으로 관장한다(舍人掌平宮中之政)."라는 구절이 있다. 다시 말해 궁중의 곳집에서 필요한 쌀을 수령해 각급 관원들에게 분배하는 일을 담당한 사람이 바로 사인이었다. 그러나 『손자』가 말한 사인은 '살해하려는 인물(欲殺者)'의 휘하에 있는 부하나 수행원을 뜻한다. 안사고는 "사인은 좌우 측근의 통칭이었는데, 후세에 점차 사사로운 휘하 속관(屬官)의 호칭이 되었다."라고 주를 달았다. 이러한 신분 유형은 사실 전국 시대 이후 왕, 공, 대신 들의 측근으로 정식 직명을 갖게 된 문객을 말한다. 명확한 기록을 찾아보면 이사가 여불위의 사인이 되었다는 등의 표현이 있다. '알자'는 『한서』「백관공경표」에 확실하게 진나라 관명이라고 기록되어 있다. 물론 진나라에서 만든 관직이 6국을 통일하기 전에도 존재했을 수 있지만 춘추 시대까지 소급해 올라간다는 것은

지나친 억지다. 전반적으로 수장(守將)이나 대신(大臣)은 휘하에 이러한 관직을 두었고, 또한 『손자』에서 보면 상당히 보편화되어 있었던 것으로 생각되는데, 이 역시 춘추 시대에 나타날 수 있는 상황은 아니다.

그렇다면 『손자』의 저작 연대는 언제이며, 작자는 누구인가? 수인은 『손자병법』의 작자는 전국 시대 손빈이며, 이에 대해 다시 한 번 다케우치 요시오가 제시한 몇 가지 구체적인 이유를 들었다.

첫째, 『전국책』에 기록된 손빈의 말과 『손자』의 기록 내용이 흡사하다. 예를 들면 "병법에서 100리를 달려 이익을 취하고자 한다면 선봉장이 쓰러질 것이고, 50리를 달리게 하면 군사의 절반만 전쟁터에 도달하게 될 것이다(兵法百里而趨利者蹶上將, 五十里走者軍半至)."와 같은 구절은 『손자』 「군쟁(軍爭)」의 "만약 50리 길을 달려 승리를 다툰다면 선봉장은 쓰러질 것이고 병력의 절반만 전쟁터에 도착할 것이다(五十里而爭利則蹶上將, 其法半之)."라는 말과 매우 비슷하다.

둘째, 『여씨춘추』 「불이(不二)」에 보면, '손빈귀세(孫臏貴勢)'라는 말이 나오는데, 지금의 『손자병법』에도 「귀세」편이 있다. 이는 여람(呂覽 : 『여씨춘추』)에서 평하고 있는 손빈의 설과 유사하다. 다케우치 요시오는 조조가 『손자』에 주를 달 때 『오손자(吳孫子)』가 이미 실전(失傳)되었기 때문에 조조가 『제손자(齊孫子)』를 『오손자』로 잘못 기록해 후세에 그대로 전해졌다고 했다.

수인은 『손자병법』을 손빈의 저서로 보는 것이 비교적 적절하다고 생각하고 있으며, 이런 가설을 기준으로 보면 앞서 말한 여러 가지 의문점 역시 합리적으로 해석될 수 있다고 주장했다. 또한 그는 몇 가지 근거를 더 들었는데 살펴보면 다음과 같다.

『사기』에서 손무와 손빈 두 인물의 사적이 동시에 「손자열전」 한 편에 기록되어 있고, 또한 손빈에게 손자라는 칭호를 붙였다. 원래 두 사람 모두 성이 손씨이고, 군사 전략가로서 후세 사람들은 '손자'라는 글자만 봐도 두 사람을 혼동하기 마련이다. 예를 들어 『사기』에서 손무에 대한 이야기를 기록할 때 손무가 오나라 왕 합려에게 '병법 13편'을 바치자, 합려는 그에게 군사 훈련을 지시하는 내용이 나온다. 그는 왕궁에서 180명의 미녀를 골라 군사 훈련을 시키면서 엄격한 규율을 들어 합려가 총애하는 두 명의 비(妃)를 죽였는데, 오히려 합려가 그를 신임하게 되어 장군에 봉했다고 했다. 이 기록은 전체적으로 문제가 있다. 첫째, 『좌전』 애공 원년 기사에 보면 초자서(楚子西)의 말을 기록한 부분이 있는데, "예전에 합려는 식사를 하는 데 두 가지 이상의 맛난 음식을 먹지 않았으며, 거하는 데 두터운 자리에 앉지 않았고, 좋은 집에 살지 않았으며, 채색의 기물을 사용하지 않고 궁실도 볼품이 없었으며, 배나 수레에도 장식을 하지 않았다. 또한 의복을 만드는 데 비용을 들이지 않았다."라고 했다. 이 같은 인물이 궁실에 백여 명의 궁녀를 데리고 살면서, 애희 둘을 잃었다고 입맛을 잃었다는 것은 아무래도 의심쩍다. 둘째, 『월절서(越絶書)』에서 "(오나라) 무문(巫門) 밖 큰 무덤이 있는데, 오나라 왕의 빈객인 손무의 무덤이며 현에서 10리 떨어진 곳에 있다."라고 해 손무를 오나라 왕의 빈객으로 소개하면서 정식 관직명은 적지 않았다. 따라서 손무의 존재를 완전히 부정하는 것은 옳지 않다고 하더라도 『사기』의 내용이나 13편 저술에 대한 부분은 의심의 여지가 있다.

이 밖에 『사기』를 보면, 사마천 역시 손무가 『손자병법』 13편을 저술했는지에 대해 확신을 가지고 있지 않았음을 알 수 있다. 그는 「손자열전」에서 "세속의 많은 이들이 군사에는 『손자』 13편이 있다고 했다."라고 적은 것이다. 당시 『손자』라는 명저, 손무와 손빈이라는 걸출한 군사 전략가에 대한 전설은 수없이 많았을 것이다. 아마 『손자』 13편이 손무의 저서라는 것도 당시 널리 전하던 전설이었을 가능성이 크다. 본래 고대 명저들은 그보다 더 이른 시대의 명가의 작품이라고 소문나기 마련이다. 이른바 '위서(緯書)'라는 것들도 모두 이런 과정을 거쳐 만들어진 것이다. 손빈 역시 사마천의 기록에 따르면 병법이 세상에 전한다고는 하지만 정확하게 몇 편이 전해지고 있는지는 모른다. 그 당시에도 손빈이 『손자』 13편의 저자라는 몇몇 견해가 있었을 것이다. 이렇듯 사마천은 『사기』에 손무의 전설을 기록은 했지만 『손자』가 손빈의 것인지에 대해서는 확실하게 표현하지 않았다. 그 역시 『손자』에 대해 어떤 문제점을 발견해 어쩌면 손빈의 저술이 아닐 수도 있다는 의심을 품었을 수도 있다. 그렇기 때문에 「손자오기열전」에서 손빈의 사적을 기록하면서도, 제목에는 그저 '손자'라고만 붙인 것이 아닐까? 그렇지 않다면 왜 '손무손빈오기열전'이라거나 '손자손빈오기열전'이라고 이름을 붙이지 않았겠는가. 실제 손빈의 이야기는 손무에 대한 것보다 훨씬 더 상세하고 확실한데 오히려 손빈의 이름을 제목에 적지 않았다는 것은 상식 밖의 일이다. 또한 사마천이 손빈병법의 편수를 적지 않은 것도 눈여겨볼 만한데, 태사공이라는 지위에 있으면서 당시 유명했던 병법의 편수를 알지 못했다는 것은 이해가 되지 않는다. 그렇다면 사실은 손빈의 『손자』13편 밖에 존재하지 않았지만 많은 전설들이 손무의 이름을 내걸어 전해지고 있었기 때문에 손빈이 저술한 구체적인 편수를 정확하게 서술할 방법이 없었던 것은 아닐까?

은작산 한간의 암시

숱한 회의론자들이 제각기 다른 목적으로 손무와 손빈 및 그 저서에 대한 이야기를 제멋대로 지어내고 있는 동안에도 문화적 양심과 올곧은 학술적 태도로 『사기』에 나오는 손자, 손빈 및 그 저서에 관한 기록들이 확실한 내용이라고 주장하는 학자들도 있었다.

그중 명나라 송렴(宋濂), 호응린(胡應麟), 청나라 기윤(紀昀), 손성연(孫星衍) 및 근대 여가석(余嘉錫) 등이 대표적인데, 우선 송렴은 『제자변(諸子辨)』「손자(孫子)」에서 다음과 같이 말했다.

무는 제나라 사람으로, 오나라 왕 합려가 그를 장군으로 기용해 서쪽으로 강력한 초나라를 공격하여 영(郢)에 입성했고, 북으로 제나라와 진(晉)나라를 위협하여 제후들 사이에 이름을 날렸다. 엽적은 『좌전』에 기록이 보이지 않는다는 이유로 그의 저서가 춘추 말, 전국 초기 은거하던 산림처사(山林處士)들의 작품이라는 주장을 펼쳤지만 나는 그렇지 않다고 생각한다. 춘추 시대에 열국의 일은 부고(赴告)*하면 전국책에 실리고, 그렇지 않으면 실리지 않았다. 242년 동안 진(秦), 초(楚)와 같은 큰 나라나 월(越), 연(燕)과 같은 작은 나라에서 일어난 일 가운데 경전에 보이지 않는 것들이 있는데, 어찌 유독 손무의 경우만 그러하겠는가?

또한 호응린은 송렴과 비슷한 관점으로 『사부정와(四部正訛)』에서 다음과 같이 말했다.

진한(秦漢) 시절에 병가로 이름을 날린 이들의 작품은 대부분 유협(遊俠)의 붓에서 나왔을 따름이다. 『손자』, 『오기』, 『무기(無忌)』 외에도 『장홍(萇弘)』이나 『범려』 등…… 모두 의탁된 것들이다.

한편 손성연은 왜곡된 여러 견해에 대해 애통한 심정을 감추지 못했다. 그는 소박한 역사유물주의 관점에서 『손자병법』이야말로 손무의 작품이라는 점을 확신하면서, 「손자략해서(孫子略解序)」라는 글을 통해 다음과 같이 말하고 있다.

제자(諸子)의 글은 모두 세상을 떠난 후에 문인이나 자손이 찬술해 책으로 만들었으니, 그들의 손에서 정해진 것이다. 하여 『열자』, 『장자』, 『맹자』, 『순자』 이전의 책은 진짜 고서(古書)다.

---

* 춘추 시절에 귀족의 상사(喪事), 화복(禍福)에 관한 일을 다른 나라에 보고하는 것을 말한다. 흉사는 '부', 그 밖의 일은 '고'라고 한다.

학자 여공아(余씏我)는 동시대 사람인 수인이 『문회보』에 발표한 내용, 즉 『손자병법』이 손빈의 작품이라고 말한 것에 대해 의문을 제기했다.

수인은 '『손자』는 춘추 시대 손무의 작품이 아니다'라든지 '전국 시대 손빈의 저술이다'라고 결론을 내렸는데, 『손자』에 나오는 "내가 가늠해 보건대 월나라 병사가 비록 많기는 하지만 어찌 승리에 도움이 되겠는가?", "오나라 사람과 월나라 사람들이 서로 미워했다."라는 대목을 예시로 들었다. 그는 "만약 『사기』에서 말한 것처럼 『손자』 13편이 오나라가 초나라를 정벌하기 이전에 쓴 저술이라면 당시 월나라가 아직 작은 나라이기 때문에 오나라와 월나라가 서로 미워하며 전쟁을 치를 때가 아니다."라고 말했다. 그러나 이는 역사적 사실에 부합하지 않는다. 우선 『사기』의 경우를 살펴보자. 「오태백세가(吳太伯世家)」에 따르면, 오나라 왕 합려가 '4년에 초나라를 정벌해 육과 첨을 얻었다. 5년에 월나라를 공격해 패배시켰다(四年伐楚, 取六與灊. 五年伐越, 敗之)'고 했다. 당시 오나라와 월나라가 서로 교전한 것은 오나라 병사들이 영(郢)에 입성하기 4년 전의 일이다. 합려 10년에 '월나라가 오나라 왕이 영성에 있어 나라가 비었다는 소식을 듣고 오나라를 공격했는데, 오나라에서 별동대를 보내 월나라를 격파했다.' 이는 오나라와 월나라의 교전이 오나라와 초나라의 전쟁과 거의 동시에 일어났음을 뜻한다. 또한 「월왕구천세가(越王勾踐世家)」에서 '윤상(允常) 시절에 오나라 왕 합려와 전쟁을 벌여 서로 원수로 여기고 싸웠다. 윤상이 죽자 아들 구천이 왕위에 올랐다'고 했다. 이는 '오나라와 월나라가 서로 미워하기 시작한 것'이 결코 초나라를 정벌한 이후의 일이 아님을 증명하는 대목이다. '월나라 병사가 비록 많지만'이라고 말한 부분에서 '비록 많지만'이라고 한 것을 '당시 월나라가 병력이 많은 나라다'라는 뜻으로 해석해서는 안 된다. 그저 월나라가 많은 병력을 동원했다고 보는 것이 타당하다.

또한 수인은 「병세」편에 나오는 '오성, 오색, 오미'의 문제를 들어 "이런 완전한 개념은 전국 시대에 오행학설이 유행한 후에나 나올 수 있었다."라고 했다. 그러나

'오행'이라는 말은 『상서』「홍범(洪范)」에서도 찾아볼 수 있는데, "그 오행을 어지럽게 진열했다. ……오행은 수(水), 화(火), 목(木), 금(金), 토(土)다."라는 내용이 있다. 또한 '오성(五聲)'은 『주례』「춘관대사(春官大師)」에 나오며, '오색'은 『상서』「익직(益稷)」, '오미'는 『주례』「천관질의(天官疾醫)」에 보인다. 이 모든 것은 『손자』가 세상에 나오기 수백 년 전에 나온 말로서, 어찌 '전국 시대'에 이르러서야 비로소 나올 수 있는 개념이라고 말할 수 있겠는가? 정말 이해할 수 없다. 그리고 어떤 것이 과연 '완전한 개념'이라는 것인지 수인이 더 이상 상세한 설명을 하지 않으므로 논쟁을 벌일 만한 일이 아니다.

이 밖에도 수인은 알자, 문자, 사인과 같은 명칭에 대해 역시 춘추 시대에 나올 만한 명칭이 아니라고 했다. 그러나 이것이 관직의 명칭일 수도 있지만 그저 '좌우(左右)', 즉 측근의 통칭일 수도 있다. 원문에서 이를 '수장의 좌우(守將左右)'라고 했기 때문에 통칭으로 보는 것도 무리가 아니다. 결국 문제는 이러한 명칭이나 사상, 경험이 춘추 시대에 과연 가능한 것이었는가의 여부에 달려 있지 않다. 설사 이러한 의문이 제기된다 할지라도 『손자』 13편 가운데 손무의 뛰어난 군사 사상이 실려 있음은 부인할 수 없다. 따라서 우리는 곽말약이 『십일가주손자(十一家注孫子)』의 「대서」에서 밝힌 견해를 중시하지 않을 수 없다.

곽말약은 「대서」에서 역대로 『손자』의 편수와 관련한 논쟁에 대해 체계적인 해석을 내리고 있다. 또한 수인이 주장한 '역대 학자들의 의구심을 불러일으켰던 첫 번째 문제', 즉 '현재 전하는 『손자』 13편이 사마천이 말하는 손자가 아닐 가능성이 농후하다'는 문제에 대해서도 적절한 해답을 주었다. 이 밖에 곽말약은 「대서」에서 『손자』의 군사 사상에 대해 논하면서, '춘추와 전국'을 한데 엮어 '춘추전국 시대'라고 불렀는데 이 역시 매우 흥미로운 대목이다. 어쩌면 숱한 의문점이 주로 '춘추'와 '전국'이라는 두 시기를 너무 '분명'하게 나누었기 때문에 발생한 것이기 때문이다. 사실 우리가 말하는 '춘추'란 공자가 편찬한 『춘추』의 시기, 즉 노나라 은

공(隱公) 원년부터 애공 14년(기원전 722~기원전 481년) 동안을 말한다. 그리고 '전국'은 유향이 엮은 『전국책』의 전 기간을 가리킨다. 이는 『조책(趙策)』에서 시작해 『진책(秦策)』에서 끝나므로, 주나라 정정왕(貞定王) 16년부터 진시황 20년(기원전 453~기원전 227년)까지다. 이 두 시기는 사실상 서로 연결되어 있다. 만약 엄격하게 구분한다면 그 사이 간격 역시 기원전 481년부터 기원전 453년까지, 28년이라는 짧은 기간에 불과하다. 인물과 사상의 발전이라는 측면에서 본다면 불과 28년(춘추 말기부터 전국 초기) 만에 그토록 분명하게 차이가 날 만한 일들이 있었는가에 대해 의문의 여지가 있다. 그러나 과거 학자들은 이를 무의식적으로 두 시기를 묶어 불러서는 안 된다는 듯 구분을 지었다. 마치 전국 시대 초기에 존재했을 법한 사상은 춘추 말기에는 절대 존재할 수 없었다는 듯 극히 비과학적인 견해를 담고 있다. 따라서 「대서」에서 『손자』에 대해 언급할 때 '춘추전국'을 한데 엮어 한 시기로 파악한 것은 매우 의미 있는 일이라고 생각한다.

이상 수인에 대한 여공아의 반박과 함께 그 이전 송겸, 호응린, 손성연 등의 관점을 살펴보면 나름대로 증거를 제시하고는 있지만 여전히 충분해 보이지는 않는다. 또 어떤 내용은 납득하기 어려운 것도 사실이다. 예를 들어 손무가 최고의 병서를 저술했고, 사마천이 "서쪽으로 강력한 초나라를 공격해 영성에 입성하고, 북으로 제나라와 진나라를 위협해 제후들 사이에 명성을 날렸다."라고 하는 등 혁혁한 전공을 기록한 것을 보면 분명 한 시대를 풍미한 병법가이자 적어도 몇몇 나라에서 주시하고 있던 영웅호걸이었음에 틀림없는데도 불구하고 이런 거물급 인물에 대해 『좌전』이나 『국어』 등 주요 전적에서 전혀 언급하지 않았다는 사실은 무척 의아한 일이다. 실제로 송나라 때부터 현대까지 1천여 년 동안 손자라는 인물과 그의 저서를 둘러싼 논쟁은 주로 상대방의 논증에 결함이나 모호한 점을 찾아내어 반박하는 형태로 그 맥이 이어졌다. 그럴수록 문제는 더 복잡해지고 어려워져서 이후 일부 학자들의 경우에는 잘못 인식함으로써 스스로 구렁텅이에 빠지는 결과를 가져왔다.

물론『손자병법』뿐만 아니라 고전 명저 중에서『육도』,『위료자』,『안자춘추』등도 전하는 판본들이 '사칭'하거나 '진실과 거짓'을 반반 섞은 작품이라는 이유로 1천 년 넘게 논쟁의 대상이 되었다. 그러다가 뜻밖에 1972년 은작산 한묘의 죽간이 출토되면서 문화유산을 직접 목격한 사람들은 적어도 서한 초년에 이 서적들이 광범위하게 유포되었다는 사실에 대해 확신을 가졌다. 특히『손자병법』과『손빈병법』의 동시 출토는 1천 년 동안 풀리지 않던 학술 현안을 해결하는 계기가 되었다. 죽간의 출현으로 사람들은 기쁨을 감추지 못했고, 또한 큰 의미를 담은 존재 자체로 세상에 확실한 답안을 제시해 주었다.

첫째, 한간의 출토로『사기』의 손자 관련 내용과『손자병법』에 대한 기록이 사실로 입증되었다.『손자병법』13편과 동시에 13편과 관계가 깊은『손자병법』일문 죽간 조각이 출토되었고, 그중 「오문(吳問)」편은 손자와 오나라 왕의 문답 내용이 기록되어 있다. 그 주요 내용을 살펴보면 다음과 같다.

오나라 왕이 손자에게 물었다. "육장군(六將軍)이 진(晉)나라의 땅을 나누어 가졌는데 누가 먼저 망하고 누가 진실로 이루었는가?" 손자가 말했다. "범씨와 중행씨가 먼저 망했습니다." "누가 그다음인가?" "지씨가 그다음입니다." "누가 그다음인가?" "한나라와 위나라가 그다음입니다. 조나라는 그 옛 법을 잊지 않을 것이고, 진나라로 돌아갈 것입니다."

여기서 '육장군'이란 진나라 육경(六卿)인 범씨(范氏), 중행씨(中行氏), 지씨(智氏), 그리고 조(趙), 한(韓), 위(魏)의 삼가(三家)를 말한다. 춘추 시대에는 경과 장군을 구분하지 않고 평소에는 경이라 부르다가, 전시에는 군대를 통솔해 '장군'이라고 불렀다.

『사기』「진세가」에 따르면, 진나라 정공(定公) 22년(기원전 490년)에, 조·한·위와 지씨가 연합해 범씨와 중행씨를 몰아냈다고 한다. 또한 진나라 출공(出公) 17년(기원전 457년)에 사가(四家)의 세경(世卿)이 범씨와 중행씨의 토지를 분할했고,

죽간 출토 정황을 오구롱(왼쪽)이 필자에게 설명하고 있다.

애공 4년(기원전 453년)에는 조·한·위나라가 동맹하여 지씨를 멸망시키고 그 땅을 모두 통합했다.

　이상의 기록으로 볼 때, 『손자병법』「오문」이 지어진 연대는 범씨, 중행씨, 지씨가 멸망한 이후여야 한다. 그렇지 않다면 작자가 그토록 정확하게 삼경(三卿)의 멸망 순서를 예측할 수는 없을 것이다. 한편 조·한·위 삼가의 발전에 관해서 저자는 한나라와 위나라가 지씨 이후에 계속해서 멸망의 길로 접어들었고, 진나라는 모두 조씨(趙氏)에게 귀속되었다고 썼다. 그러나 그의 예상은 완전히 빗나갔다. 이는「오문」의 저자가 진나라 정공(靜公) 2년(기원전 376년)에 삼가가 진나라 공실(公室)을 삼분했고, 열공(烈公) 17년(기원전 403년)에 삼가가 정식으로 봉건 제후국을 건립한 역사적 사실을 목격하지 못했다는 증거다. 이로써「오문」은 지씨가 멸망했을 때부터 조·한·위 삼가가 후(侯)로 자립하기 직전까지의 50년간 만들어진 작품임을 알 수 있다. 또한 손무의 주요 활동 시기는 합려의 집권 시기(기원전 514~기원전 496년)로서,「오문」의 저작 기간과 큰 차이가 없다. 따라서 이 글의 작자가 누구였든지 손무의 언행을 기록하는 데 시기적으로 적합했을 것이고,「오문」을 손무의 언행을 기록한 자료로 파악하는 데 별 문제가 없다고 결론지을 수 있다.

이 밖에 죽간본 가운데 또 다른 한 편인 「견오왕(見吳王)」에는 손자가 오나라 궁궐에서 궁녀들에게 훈련을 시켰다는 내용이 기록되어 있다. 이는 『사기』, 『오월춘추』 등의 기록과 일치할 뿐만 아니라 『사기』보다 더욱 상세하게 기록된 내용도 있다. 한간 정리 소조 전문가인 오구룡 등은 출토된 편장이 당시 사마천이 근거로 한 고대 사료일 가능성이 크다고 보았다. 이로써 손자에 대한 『사기』의 기록은 결코 근거 없는 이야기가 아니며, 당시 유행했던 이야기이고, 또한 당시 사람들은 손자가 춘추 시대 말기 오나라의 장령이었고 『손자병법』의 작자임을 의심하지 않았다는 사실을 알 수 있다.

둘째, 한나라 시대 죽간본 『손자병법』과 『손빈병법』이 동시에 출토되면서 손자와 손빈이 동일 인물이라는 오해, 손자가 오자서라는 망언을 철저하게 부정할 수 있었다. 출토 기물 일련번호로 0233호 죽간에 "오왕문손자왈(吳王問孫子曰 : 오나라 왕이 손자에게 묻길……)" 등의 글자가 있고, 0108호에는 "제위왕문병손자왈(齊威王問兵孫子曰 : 제나라 위왕이 손자에게 묻길……)"이란 글자가 있다. 이 기록은 각기 다른 손자 두 명을 증명해 줄 뿐만 아니라 그중 한 사람은 오나라를 위해, 다른 한 사람은 제나라를 위해 일했음을 알 수 있다. 각각의 나라에서 일한 두 손자는 바로 사마천이 『사기』에 기록한 손무와 손빈이다. 이 두 사람은 다른 시대에 살았고, 또한 각각 병법을 세상에 전했다. 결국 손무와 손빈이 동일 인물이란 잘못된 주장은 설득력을 잃고 말았다.

셋째, 한간이 출토되면서 『손자병법』이 모두 13편이라는 사실이 입증되었다. 함께 출토된 「견오왕」편에서 두 번에 걸쳐 손자가 '13편'이라는 글이 나온다. 이 외에도 13편의 출토와 함께 죽서 편제를 기록한 목판도 발견되었다. 목판이 여섯 조각으로 부서져 있긴 했지만 그 행간이나 잔존한 내용으로 보았을 때 간본 『손자병법』은 확실히 13편이었음을 알 수 있고, 편명이 전해지고 있던 책과 기본적으로 동일했다. 다만 개별 편명과 편제에서는 약간의 차이가 있었다.

또 하나 중요한 증거는 바로 은작한 한묘 죽간이 발견된 뒤 6년이 지난 1978

년 여름에 고고대원들이 청해(靑海)성 대통(大通)현 손가채(孫家寨) 115호 한묘에서 출토한 목간이다. 당시 한묘에서는 목간과 함께 청동거울과 약간의 오수전(五銖錢) 및 '마량(馬良)'이라 새겨진 사인(私印) 한 점이 출토되었다. 이를 분석한 결과, 삼면동경(三面銅鏡)은 사유(四乳)와 사리(四螭) 문양 위주였고, 동전은 낙양시 노성구(老城區) 소구촌(燒溝村) Ⅰ, Ⅱ에서 발굴된 것과 동일하다는 점에서 서한 말기의 것으로 판명되었다. 또한 수장품의 구조와 목간의 상황으로 짐작했을 때 묘주인 마량은 고위급 장교 출신이었다. 이는 비록 사서에 기록이 남지 않아 마량의 생평에 대해 자세히 알 수는 없지만, 출토된 목간 가운데 일부가 『손자병법』과 관련이 있는 병서라는 점에서 내린 결론이었다. 그중 "손자왈, 부십삼편(孫子曰, 夫十三篇 : 손자가 말하길, 무릇 13편은⋯⋯)"(061호)이라고 쓰인 목간이 있었는데, 이는 은작산 죽간보다 훨씬 분명한 증거로서 『사기』에 나오는 손무가 '병법 13편'을 지었다는 기록이 확실하다는 근거가 될 수 있다. 이 외에 다른 목간에는 '⋯⋯□가여부탕화백인야(⋯⋯□可與赴湯火白刃也)'(001호)라는 글자가 있었는데, 이는 『사기』에서 손무가 합려에게 말했던 내용, 즉 "(임금께서 그들을 부리고 싶으시다면) 수부수화유가야(雖赴水火猶可也 : 물이나 불속으로 뛰어들라고 해도 가능할 것입니다.)"와 흡사했다. 이 문구는 은작산 죽간에서는 보이지 않았기 때문에 은작산 죽간을 보충하는 역할을 할 수 있었다.

이 밖에 청해 대통현 손가채 한묘 목간은 현존하는 『손자병법』에 누락된 주요 내용을 보충하는 데 큰 역할을 했다. 몇 가지 예를 들면 다음과 같다.

"「군투령」 손자왈, 능당삼□(「軍鬪令」 孫子曰, 能當三□ : 「군투령」에서 손자가 말하길, 능히 세 가지 □를 감당할 수 있다.)"(047호)

"「합전령」 손자왈, 전귀제성, 이□□(「合戰令」 孫子曰, 戰貴齊成, 以□□ : 「합전령」에서 손자가 말하길, 작전에서 귀한 것은 함께 성공하는 것이다.)"(355호)

"「□령」 손자왈, 군행환차착지, 상(?)□□(「□令」 孫子曰, 軍行患車錯之, 相(?)□□ : 「□령」에서 손자가 말하길, 부대가 행군하는 데 가장 걱정인 것은 수레가 뒤엉키는 것이다.)"

(157, 106호)

"자왈, 군환진불견, 진불견즉전파, 이(子曰, 軍患陣不堅, 陣不堅則前破, 而 : 손자가 말하길, 군대는 진영이 견고하지 않음을 걱정해야 하니, 군진이 견고하지 않으면 전쟁을 하기도 전에 격파된다.)"(381호)

"자제위「군투」(者制爲「軍鬪」: ……를「군투」라고 한다.)"(346호)

"□제위견진(□制爲堅陣 : □를 견진이라고 한다.)"(078호)

"행살지, 천퇴자후행살지(行殺之, 擅退者後行殺之 : 사형을 집행하고, 제멋대로 도망치는 자는 나중에 사형을 집행한다.)"(063호)

잔간(殘簡) 정리 작업에 참여한 고고대원들은 이와 유사한 간문(簡文)이 출토된 죽간에 상당수 있다고 말했다. 이런 간문이 과연『한서』「예문지」에서 말한『오손자병법』82편인지에 대해서는 확실한 근거가 없다. 그러나 적어도 한나라 초기에 이미『손자병법』13편이 완전한 형태의 저서로 세상에 알려졌다는 것은 분명하게 확인할 수 있다. 또한 반고가『오손자병법』82편을 편집했다는 문제도 좀 더 쉽게 수긍할 수 있다. 만약 그가 자료가 전혀 없는 백지 상태에서 완전히 날조한 것이 아니라면, 아마도 서한 말년 유향 등이 정리하는 과정에서 손가채 한묘에서 출토된 일부 잔간이나 은작산 한묘에서『손자병법』13편과 함께 출토된『황제벌적제(黃帝伐赤帝)』,『지형이(地刑(形)二)』등 손자의 후학들이 집필한 해석서까지 모두 포함해 편목을 대대적으로 확충했다고 보는 것이 타당하다. 또한 조조는『손자병법』에 주를 달면서, "손자는 제나라 사람으로, 이름이 무다. 오나라 왕 합려를 위해『병법』13편을 지었다."라고 분명하게 밝혔다. 이렇게 볼 때『손자병법』은 수십 편을 한데 묶어 놓기 이전에 이미 13편이 정본으로 알려져 있었다는 것이다. 조조는「손자서」에서 자신이『손자병법』에 주를 단 이유에 대해 "깊이 살펴 가르침을 전하지 못하고, 문장이 지나치게 복잡해 세상에 전해지는 것들은 요지를 잃었다."라고 말하면서 일반 주석서들에 만족하지 못했기 때문이라고 했다. 이후 당나라 두목이 그 뜻을 이해하지 못한 채 조조가 82

편을 삭감해 13편으로 편집했다는 식으로 말하면서 세상에 그릇된 학설이 전해지게 된 것이다.

불멸의 병서 두 권의 탄생

손무의 『손자병법』이 천 년 넘게 여러 가지 논쟁을 불러일으킨 이유 가운데 또 하나는 『손빈병법』이 『한서』 「예문지」 이후 사서에 기록되지 않았기 때문이다. 『한서』 「진탕전(陳湯傳)」에는 병법에서 "객(공격하는 쪽)은 방어하는 상대보다 두 배 정도의 병력이 있어야 공격이 가능하고, 주인(방어하는 쪽)은 공격하는 상대보다 절반의 병력만으로도 대적해 싸울 수 있다(客倍而主人半)."라는 구절을 인용하고 있다. 사람들은 이 말이 과연 어디에서 나온 것인지 그 출처를 파악하지 못했다. 그러다가 은작한 한묘 죽간 『손빈병법』이 출토되자 오랜 세월 풀지 못했던 수수께끼의 해답을 찾을 수 있었다. 『한서』 「진탕전」에 인용된 부분이 바로 한나라 간본 『손빈병법』 「객주인분(客主人分)」 편에 나왔기 때문이다. 이로써 『손빈병법』이 서한 시대에 한동안 유행했지만 이후 유실된 까닭에 갖가지 억측이 난무한 채 천 년 넘게 논쟁이 지속되었다는 것을 알 수 있었다.

정리분과에서는 은작산 한묘에서 출토된 『손빈병법』 한간을 모두 364매로 정리해, 상하 두 부분으로 나누었다. 상편과 하편 각각 15편인데, 전체 글자 수는 1만 1천여 자에 달했다. 비록 원본에 비해 절반에 가까운 글자가 유실되었지만 이것만으로도 대단한 작업이 아닐 수 없었다. 1700여 년간 유실되었던 『손빈병법』이 마침내 새롭게 세상에 등장하면서 억측만 난무하던 손빈 및 선진 시대역사 연구에 무엇보다 귀중한 자료를 제공했기 때문이다.

은작산 한간 정리분과가 고증한 한간본 『손빈병법』의 편목과 주요 내용은다음과 같다.

편차	편명	주요 내용
상편	금방연(擒龐涓 : 방연을 사로잡다)	계릉 전투 - 방연을 사로잡음
	견위왕(見威王 : 제나라 위왕을 만나다)	손빈의 전쟁관
	위왕문(威王問 : 위왕이 용병술을 묻다)	손빈의 전략전술 사상과 치군, 지형, 진법
	진기문루(陳忌問壘 : 전기가 진지에 대해 묻다)	마릉 전투를 예로 전술 운영에 대해 설명
	찬졸(纂卒 : 병사 선발)	군대 건설 원칙과 전쟁 승리 요소
	월전(月戰)	전쟁과 천시(天時)의 관계
	팔진(八陣)	장수 선발 기준과 팔진의 운용 원칙
	지보(地葆 : 지형 선정과 전투 대형)	군사 지리
	세비(勢備 : 유리한 전세 활용)	진(陣), 세(勢), 변(變), 권(權) 등 네 가지 작전 지휘 원칙
	병정(兵情 : 병력 활용)	장군, 병사, 주군의 관계
	행찬(行纂)	인재 선발 방식과 원칙
	살사(殺士 : 목숨을 걸고 싸우는 병사)	군기와 상벌 원칙
	연기(延氣 : 사기를 높이다)	사기를 고무하는 원칙과 방법
	관일(官一)	군대 조직과 작전 지휘, 군수 문제
	강병(强兵)	부국강병
하편	십진(十陣)	열 가지 진법의 특징과 운용
	십문(十問)	상황별 대응 방법
	약갑(略甲)	빠진 글자가 많아 내용 파악이 어려움
	객주인분(客主人分)	공격과 방어할 때 승리하는 방법
	선자(善者)	용병술에 능한 지휘관
	오명오공(五名五恭)	적군을 대하는 다양한 방법
	병실(兵失)	작전 실패 요인에 대한 분석
	장의(將義)	장수가 지녀야 할 자질
	장덕(將德)	장수의 품덕
	장패(將敗)	장수의 자질상의 결점과 패배의 관계
	장실(將失)	패배를 초래하는 여러 가지 정황
	웅빈성(雄牝城)	웅성과 빈성의 지리적 특징
	오도구탈(五度九奪)	전쟁에서 유리한 조건과 불리한 조건
	적소(積疏)	여섯 가지 모순의 상호 관계
	기정(奇正)	일반 전술과 특수 전술의 상호 관계

그런데 『손빈병법』 하편의 내용이 과연 『손빈병법』에 속하는 것인지에 대해 학계에서 논쟁이 끊이지 않았다. 결국 은작산 한묘의 죽간 정리분과는 1975년 출판한 『손빈병법』을 상, 하 각 15편씩 모두 30편으로 징리했지만 1985년 재출판할 때는 하편 15편을 모두 삭제했다. 또한 「오교법(五敎法)」 1편을 추가해 전체 30편을 16편으로 축소하면서 『손빈병법』 하편의 몇 편은 손빈의 작품이 아니라는 설명을 곁들였다. 오구룡의 말에 따르면, 이러한 조치가 내려진 것은 처음 『손빈병법』 상, 하 편을 정리한 이후에 편집이 잘못되었다고 주장하는 학자들이 많았기 때문이다. 그 의견에 따라 국가문물국 국장 왕야추가 직접 의장을 맡아 전문가들로 구성된 회의를 열어, 당란(唐蘭)과 상승조 등 학자들과 여러 차례 토론을 벌인 뒤 두 번째 편집 결과를 내놓은 것이다. 그런데 뜻밖에도 두 번째 편집 결과가 오히려 1차 편집 결과만 못하다고 주장하는 학자들이 많았다. 정리분과에서 처음 편집한 내용은 각 편이 자연스럽게 연결되어 내용에 일관성이 있었다. 예를 들어 상편 「팔진」과 하편 「십진」에 나오는 수많은 진법, 즉 '추행(錐行)', '안행(安行)', '방진(方陣)', '원진(圓陣)' 등 상통하는 부분이 있었다. 하편 「십문」 역시 '원진', '예진(銳陣)' 등을 공격하는 구체적인 방법이 제시되어 있다. 이는 상편과 하편이 긴밀하게 연결되어 있다는 증거였다. 이에 대해 『손자병법』 연구가로 유명한 양선군(楊善群)은 다음과 같이 말했다.

"처음 편집한 『손빈병법』 상편과 하편은 밀접한 연관이 보여 전체적으로 논리적인 체계를 이루고 있다. 상편은 손빈의 행동과 이론을 소개하는 주체 부분이고, 하편은 손빈의 이론을 상세하게 설명하면서 한층 더 세련된 해석을 가하고 있다."

이에 많은 학자들이 양선군의 의견에 힘을 실어 주면서 매우 합리적이라 했고, 당란과 상승조 등의 주장은 옳지 않다고 보았다.

한나라 시대 죽간본 『손빈병법』의 저자 문제에 관해서는, 정리분과에 속했던 오구룡 등은 정리가 끝난 편목을 근거로 대부분 손빈의 저작으로 보았다. 다만 「금방연」, 「견위왕」, 「위왕문」, 「진기문루」, 「강병」 등 손빈의 사적을 기록한

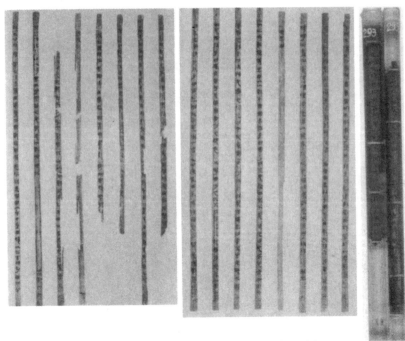

『손자병법』 죽간, 『손빈병법』 죽간 및 『손자병법』 죽간의 보존 상태

내용은 손빈에 대한 존경이나 찬양의 분위기가 있는 것으로 보아 손빈의 제자
나 후대 사람들이 손빈의 사적과 이론을 바탕으로 편집한 것이라고 했다.

실제로 한나라 시대 죽간본에 대한 고증과 해석을 통해 손빈은 제나라 시절
이미 제자를 거느리고 있었음을 알 수 있다. 『손빈병법』 죽간에 다음과 같은 구
절이 이를 증명한다.

"손자출, 이제자문왈, '위왕문구 전기문칠 궤지병의 이미달우도야'(孫子出,
而弟子問曰, '威王問九 田忌問七 几知兵矣 而未達于道也 : 손자가 나오자 제자가 물었다. 그러자
'위왕께서 아홉 가지 문제에 대해, 그리고 전기 장군은 일곱 가지 문제에 대해 의견을 물으셨다.
두 분은 용병술에 대해서는 거의 아는 듯하나 아직 병법의 도道를 이해하는 데는 미치지 못한 듯
하다.')"(제65번 죽간)

이 외에도 제8번 죽간에 "왈손자지소위자진의(曰孫子之所爲者盡矣 : 손자께서 하

〈『손자병법』과 『손빈병법』의 대조표 〉

번호	『손자병법』	『손빈병법』
1	적군이 대비하지 못한 곳을 공격하고, 전혀 예상치 못한 곳으로 출격해야 한다. 이것이 병가의 승리 비결이니 미리 알려줄 수 없는 것이다. 「시계」 攻其不備, 出其不意, 此兵家之勝, 不可先傳也. 「始計」	(제나라 위왕이 물었다.) "아군과 적군이 1대 10일 경우 적군을 제압할 도가 있겠소?" 손자가 말했다. "있습니다. 적군이 대비하지 못한 곳을 공격하고, 전혀 예상치 못한 곳으로 출격하면 됩니다." 「위왕문」 "以一擊十, 有道乎?" 孫子曰 : "有. 攻其不備, 出其不意." 「威王問」
2	도(道)란 백성들이 군주와 같은 뜻을 지니도록 하는 것이다. 그리하여 군주를 위해 죽을 수도 있고, 함께 살 수도 있으니, 어떤 위험도 두려워하지 않음이다. 「시계」 道者, 令民與上同意也, 故可以與之死, 可以與之生, 而不畏危. 「始計」	전투에서 큰 화를 피할 수 없는 것은 민심에 부합할 수 없기 때문이다. 「병실」 兵不能勝大患, 不能合民心者也. 「兵失」
3	장(將)은 장수의 품격을 말하는데, 지혜와 신뢰, 어진 품성, 용맹함, 엄격함 등을 말한다. 「시계」 將者, 智信仁勇嚴也. 「始計」	장수는 의롭지 않을 수 없다. 의롭지 않으면 엄격하게 다스릴 수 없고, 엄격하지 않으면 위엄이 없으며, 위엄이 없으면 병사들이 죽음을 무릅쓰고 싸우지 않는다. 따라서 의로움이야말로 사람의 머리처럼 병사를 다스리는 데 으뜸이 되는 조건이다. 장수는 어질지 않을 수 없다. 어질지 않으면 군대는 승리할 수 없고, 승리하지 않으면 아무런 공적도 세울 수 없다. 따라서 어진 성품이야말로 병사를 다스리는 데 사람의 배처럼 중요한 조건이다. 장수는 덕망을 갖추지 않을 수 없다. 덕망이 없으면 힘이 없고, 힘이 없으면 삼군이 이로움을 얻을 수 없다. 따라서 덕망은 사람의 손처럼 반드시 필요한 조건이다. 장수는 신뢰가 없어서는 안 된다. 신뢰가 없으면 군령이 시행되지 않으며, 군령이 시행되지 않으면 하나로 뭉칠 수 없으며, 군사들이 하나로 뭉치지 못하면 명성을 지닐 수 없다. 따라서 신뢰는 사람의 다리처럼 병사들을 다스리는 데 중요한 조건이다. 장수는 지혜를 갖추지 않을 수 없다. 「장의」 將者, 不可以不義, 不義則不嚴, 不嚴則不威, 不威則卒弗死 ; 故義者, 兵之首也. 將者, 不可以不仁, 不仁則軍不剋, 軍不剋則軍無功 ; 故仁者, 兵之腹也. 將者, 不可無德, 無德則無力, 無力則三軍之利不得 ; 故德者, 兵之手也. 將者, 不可以不信, 不信則令不行, 令不行則軍不摶, 軍不摶則無名 ; 故信者, 兵之足也. 將者, 不可以不智勝. 「將義」

번호	『손자병법』	『손빈병법』
4	미리 준비하여 대비하지 못한 적을 대응하는 자가 승리한다. 「모공」 以虞待不虞者勝.「謀功」	준비도 없이 용병하는 자는 패배하게 된다. 「위왕문」 用兵無備者傷.「威王問」
5	그래서 전쟁에 일정한 형세가 없는 것은 물이 일정한 형태가 없는 것과 같다. 적의 변화에 적절하게 대응하여 승리를 얻는 자야말로 용병의 신(神)이라고 할 수 있다. 「허실」 故兵無常勢, 水無常形; 能因敵變化而取勝, 謂之神.「虛實」	무릇 군대를 쓰는 방법에는 일정한 형세가 없습니다. 이는 선왕께서 전해 주신 도리입니다. 「견위왕」 夫兵者非士恒勢也. 此先王之傳道也.「見威王」
6	광활한 평지에서는 지세가 평탄한 곳에 주둔해야 하니, 우측과 후방은 높은 지대에 의지하고 앞쪽은 낮고 뒤쪽은 높은 곳을 선택해야 한다. 이것이 평지에서 주둔할 때의 원칙이다. 「행군」 平陸處易, 而右背高, 前死後生, 處陸上之軍也.「行軍」	험한 지형이든 평탄한 지형이든 반드시 그곳이 생지(生地)인지 아니면 사지(死地)인지를 살펴 생지에서 사지에 있는 적을 공격해야 한다. 「팔진」 險易必知生地, 死地, 居生擊死.「八陣」
7	무릇 군대가 주둔할 때는 높은 곳을 좋아하고 낮은 곳은 싫어한다. 볕이 잘 드는 남향은 귀하게 여기고, 그림자 지는 음지는 천하게 여긴다. 물과 풀이 풍부하고 높은 곳에 주둔해야 병사들이 병에 걸리지 않는다. 이것이 필승의 전략이다. 구릉이나 제방에 주둔할 때는 반드시 양지에 주둔하고 측면이나 후방을 구릉이나 제방에 의지토록 한다. 이는 용병의 이점을 위해 지세의 도움을 받는 것이다. 「행군」 凡軍好高而惡下, 貴陽而賤陰, 養生而處實, 軍無百疾, 是謂必勝. 丘陵堤防, 必處其陽, 而右背之. 此兵之利, 地之助也.「行軍」	무릇 지형에 대해 이야기하자면, 양지는 표(表), 음지는 이(裡)라고 하며, 평평한 곳은 강(綱), 굽은 곳은 기(紀)라고 한다. ……무릇 전투를 하는 곳은 햇볕이 잘 드는지가 중요하고 바람이 장차 어디에서 불어오는지를 아는 것이 중요하니, 반드시 이를 잊어서는 안 된다. 「지보」 凡地之道 : 陽爲表, 陰爲裡 ; 直者爲綱, 術者爲紀. ……凡戰地也, 日其精也, 八風將來, 必勿忘也."「地葆」
8	강을 건널 때는 강에서 멀리 떨어진 곳에 진을 쳐야 한다. 「행군」 絕水必遠水.「行軍」	강을 건너는 경우, 구릉을 향해 행진하는 경우, 강을 역류하는 경우, 불리한 지형에 주둔하는 경우, 숲을 마주 보고 포진하는 경우. 이런 경우는 모두 승리하기 어렵다. 「지보」 絕水, 迎陵, 逆流, 居殺地, 迎衆樹者, 鈞擧也.「地葆」
9	무릇 지형에는 계곡처럼 깎아지른 듯한 절벽이 자리한 곳, 우물처럼 사방이 높고 중앙은 낮아 물이 고인 곳, 감옥처럼 험준한 산악으로 둘러싸여 진퇴가 어려운 곳, 그물처럼 초목이나 덤불이 우거져 거동이 힘든 곳, 함정처럼 빠지는	다섯 가지 살지(殺地 : 패배하여 죽기 쉬운 지형)는 다음과 같다. 우물처럼 사방이 높고 중앙은 낮아 물이 고인 곳, 사방이 험준한 산악으로 둘러싸여 진퇴가 어려운 곳, 그물처럼 초목이나 덤불이 우거져 거동이 힘든 곳, 땅이 갈라진 것

번호	『손자병법』	『손빈병법』
	습지, 땅이 갈라진 것처럼 협곡으로 이루어진 곳 등이 있으니, 이런 곳을 지나갈 때는 반드시 빨리 통과하고 가까이 가면 안 된다. 아군은 그런 곳을 멀리하되 적군은 가까이하도록 해야 한다. 아군은 이를 마주 보고 있고, 적은 이를 등지고 서게 만들어야 한다.「행군」 凡地有絶澗, 天井, 天牢, 天羅, 天陷, 天隙, 必亟去之, 勿近也 ; 吾遠之, 敵近之 ; 吾迎之, 敵背之."「行軍」	처럼 협곡으로 이루어진 곳, 함정처럼 빠지는 습한 곳.「지보」 五地之殺曰, 天井, 天宛, 天離, 天隙, 天招.「地葆」
10	무릇 지형이란 전쟁을 도와주는 것이다. 적을 파악하고 승리하고, 지형의 험하고 좁음, 멀고 가까움을 파악하는 것은 상장군의 도리다.「지형」 夫地形者, 兵之助也. 料敵制勝, 計險阨遠近, 上將之道也."「地形」	적정(敵情)을 헤아리고 지형의 험난함을 파악하여 반드시 멀고 가까움을 살피는 것, ……이것이 장수가 해야 할 도리다.「위왕문」 料敵計險, 必察遠近, ……道也.「威王問」

실 바를 다했다고 하셨다.)"라는 손빈을 찬양하는 구절이 나오는데, 이는 손빈의 동년배는 물론 제나라 위왕이나 선왕 또는 전기의 말이 아니라 제자의 말로 보는 것이 타당하다. 또한「찬졸」,「월전」,「팔진」등은 손빈의 어록을 모아놓은 것으로서, 그의 제자들이 정리한 것으로 보인다. 이에 오구룡은,『손빈병법』은 다른 일부 선진 시대 저서와 마찬가지로 손빈 제자들의 손을 거쳐 편집되었을 가능성이 크다고 말했다. 물론『손빈병법』일부 또는 대부분이 손빈이 직접 저술한 것이고, 마지막으로 제자들이 그의 저작을 토대로 증보한 것이라고 생각할 수도 있다. 여기서 분명한 것은 편집 연대를 손빈의 사후로 보는 것이 마땅하다는 점이다. 그리고 손빈의 대화 내용이 실제 손빈의 말이라고 단정할 수는 없지만 그 주된 취지는 모두 손빈의 사상을 반영하고 있으며, 이후 손빈의 군사 사상을 연구하는 데 가장 믿을 만한 자료라 할 수 있다.『손빈병법』의 저술 시기 역시 학계에서 논쟁이 끊이지 않고 있지만, 은작산 한묘 발굴자인 오구룡을 대표로 한 많은 학자들은 한간에 대한 고증을 바탕으로 대략 전국 시대 중엽에 완성된 것으로 간주하고 있다.

물론 은작산 한묘에서 출토된 간본 『손빈병법』은 결코 무에서 유를 창조한 것은 아니었다. 다시 말해 기존의 『손자병법』 13편의 군사 사상을 계승해, 손무의 전략 이론과 전략 사상을 더욱 발전시키고 보완한 것이라는 뜻이다.

　　제시한 표를 보면 알 수 있듯이 『손빈병법』은 기본적으로 『손자병법』의 군사 사상을 계승하고 있다. 그러나 손빈이 살던 전국 시대에는 군대의 구성과 작전 방식이 손무가 살았던 춘추 시대와 비교했을 때 많은 변화가 있었다. 이에 손빈은 일부 『손자병법』의 이론을 발전적으로 보완했다. 예를 들어 『손자병법』은 전투에서 지구전을 반대하고 속전을 주장했다. "병귀승, 불귀구(兵貴勝, 不貴久 : 전쟁을 하는 데 중요한 것은 속전속결로 승리하는 것이며 가장 이롭지 못한 것은 지구전이다.)", "구즉둔병좌예(久則鈍兵挫銳 : 전쟁이 오래 지속되면 병사들이 둔해져 예기가 꺾인다.)", "부병구이국리자, 미자유야(夫兵久而國利者, 未之有也 : 무릇 전쟁이 지속되면서 나라에 이익되는 일이 있은 적이 없다.)" 심지어 그는 「작전(作戰)」편에서 "병문졸속, 미도교지구야(兵聞拙速, 未睹巧之久也 : 실전에서 장수가 서툴게 속전속결했다는 말은 들어보았지만 교묘하게 전쟁을 오래 끄는 경우는 본 적이 없다.)"라고 말하기도 했다. 다시 말하면 아무리 졸속하다 해도 속전속결로 승리를 거두는 것이 꼼꼼하게 준비한 지구전보다 낫다는 뜻이다. 이 같은 맥락에서 『손자병법』은 공성전(攻城戰)을 반대했다. 그는 "공성즉역굴(攻城則力屈 : 성을 공격하면 공격력이 약화된다.)"이라고 했으며, 심지어 공성전은 부득이한 경우에 선택하는 '최하책'이라고도 했다. 그러나 잠시 후에 살펴보겠지만 손빈의 경우는 조금 달랐다.

　　물론 이와 같은 그의 주장은 춘추 시대 말기 사회경제적 상황과 연관되어 있다. 춘추 시대 말기는 생산력이 상당히 낙후되었고, 각국의 경제력으로는 전쟁을 오랫동안 끌면서 소모전을 벌일 만한 역량이 부족했다. 그래서 『손자병법』에서는 "군사 10만 명을 일으켜 천리 원정길에 나서면 이는 백성들의 돈이자 백성들의 일로, 하루 비용이 천금과 같다."라고 한 것이다. 따라서 전쟁은 반드시 신중하게 처러야 하며, '전쟁의 이득' 뿐만 아니라 '전쟁의 폐해'까지 고려하는 것이 '현명한 생각'이라고 말했다. 또한 "전쟁으로 국력이 피폐해지는 것은 군대나 식량 등 군수 물자를 먼 곳까지 수송하기 때문이다. 먼 곳으로 수송할수록 백성들은 더욱 가난해진다. 또한 군대 주둔지 근처는 물가가 뛰어오르기 마련이고 물가가 오르면 백성들의 생활이 궁핍해지고 국가 재정도 고갈된다."(「작전」)라고 한 것도 같은 이치다. 또 다른 측면에서 보면, 당시에는 성읍이 보편적이지 않았고, 제대로 된 규모를 갖추고 있지 않았기 때문에 전쟁을 벌여 쟁취할 대상이 되지 못했다. 그렇기 때문에 지구전과 소모전이 반드시 필요한

춘추전국 시대 공성에 사용된 운제(雲梯) 모형

부분이 아니었다. 더구나 당시에는 청동으로 만든 도(刀), 검(劍), 간(干), 과(戈), 모(矛), 극(戟), 수(殳), 월(鉞) 등이 주 무기였기 때문에 견고한 방어물을 공략하고 진지를 파괴하는 것보다는 근거리 전투에 더욱 적합했다. 궁노나 화살이 있긴 했지만 모두 사정거리가 짧아서 성채를 공격하기에는 역부족이었다. 성을 공격하는 무기로 '전차'가 있었지만 단지 사병을 엄호해 성벽에 접근하는 역할을 할 뿐, 성채를 돌파할 수 있는 강력한 살상력을 갖춘 장비는 아니었다. 이에 『손자병법』의 전술 사상은 이 같은 시대적 조건에 제약을 받을 수밖에 없었다.

상대적으로 전국 시대 중기에 만들어진 『손빈병법』과 『손자병법』의 전술 사상을 비교해 보면 확실히 발전된 면모가 나타난다. 시대가 바뀌고, 경제력이 향상되고, 교통이 발전하면서 손빈의 전쟁 사상과 전략전술에 전국 시대의 특징이 뚜렷하게 드러난 것이다.

첫째, 선진 병기가 광범위하게 사용되었다. 『손빈병법』을 보면 "경노추발(勁弩趨發 : 뛰어난 궁노수를 배치한다.)", "액즉다기노(厄則多其弩 : 좁은 지형에는 궁노수를

많이 배치한다.)"처럼 쇠뇌 사용을 적극 권장하는 대목이 적지 않다. 여기서 '노(弩 : 쇠뇌)'는 활보다 훨씬 더 강력해서 멀리 있는 적을 죽일 수 있었기 때문에 당시 에는 선진 병기에 속했다. 또한 손빈은 책에서 '투기(投機 : 투석기)'에 대해 언급 했다. 기기를 이용해 투석을 하기 때문에 이 역시 멀리 있는 적을 죽일 수 있었 다. 이런 선진 병기를 전투에 이용하면 많은 적을 죽일 수 있고, 백병전(白兵戰)을 통한 병력 손실을 줄일 수 있다.

둘째, 병과(兵科)의 변화다. 손빈이 살았던 시대에는 기병전이 많았다. 『손빈 병법』에 "험즉다기기(險則多其騎 : 지세가 험한 곳은 기병을 많이 사용한다.)"라고 했는 데, 이처럼 기병을 활용함으로써 군대의 기동성이 훨씬 좋아졌다.

셋째, 무기의 발달, 기병의 투입은 군대 편제에도 변화를 일으켰다. 기병과 보병의 증가로 전차병이 줄었고, 손빈의 전략 역시 자연히 변화되었다. 이러한 변화는 그의 저서에 그대로 반영되어 있다.

넷째, 각종 외부 조건의 변화는 전술, 진법의 변화와 발전을 이끌었다. 『손 빈병법』에 등장하는 '표풍진(飄風陣 : 회오리 모양의 포진법)', '안행진(雁行陣 : 기러기 날개 모양의 포진법)', '추행진(錐行陣 : 송곳 모양의 포진법)' 등 다양한 진법이 그 예다.

다섯째, 전쟁의 규모가 확대되고, 도시의 특징이 두드러지면서 공성전을 적 극 주장했다. 이는 이전에 손무가 '하책'으로 여겼던 전략이다. 하지만 손빈은 공격 가능한 성을 구체적으로 설명하면서 한 걸음 더 나아가 야전과 공성전을 결합하는 등 치밀한 전략전술에 대해 설명했다. 물론 그의 주장이 완벽하다고 는 할 수 없지만 당시 도시의 발전에 따른 전략 사상이자 전쟁 방법이라는 점은 분명하다. 군사 사상에서 이런 발전과 변화는 바로 『손빈병법』이 『손자병법』과 비교했을 때 더욱 발전적이며, 창조적인 사상을 담고 있다는 사실을 입증한다.

13장
손무의 고향 논쟁

손무의 고향이 혜민이라는 주장이 제기되자 세인들의 주목을 받았다. 경제적 이익은 참을 수 없는 유혹이었다. 그런 까닭에 또다시 그의 고향이 박홍이라는 주장이 고개를 내밀었고, 연이어 광요라는 주장까지 더해지면서 삼족정립三足鼎立의 상태가 되었다. 서로의 주장이 엇갈리는 가운데 그의 고향과 관련된 문제는 점차 오리무중이 되었다. 황하 연변에 폭풍우가 몰아치면서 그들의 승부는 해결될 기미가 보이지 않았고, 그런 가운데 남국에서 손무의 묘가 발견되었다는 기이한 소문이 퍼지면서 세인들의 이목은 또 한 번 새로운 관심거리로 향했다.

혜민과 박흥 사이

은작산 한간『손자병법』등 병서 발굴과 기초 연구 성과가 공개되자 중국을 비롯한 전 세계 학계는 놀라움을 금치 못했다. 손무와 손빈이 모두 실제로 존재했고, 각기 자신의 병서를 세상에 전했다는 사실을 입증할 수 있는 자료가 발견되었기 때문이다. 이에 학자들은 두 손자의 사적과 위대한 업적에 대해 매우 중요시하면서 그 연구에 박차를 가했다. 특히 손무와 손빈의 출생, 고향 및 유명한 마릉 전투 등에 대해 더욱 폭넓고 깊이 있는 연구와 토론이 진행되었다. 또한 중국 학계에서는 얼마 지나지 않아 서안 쪽에서 제기된 가전(家傳)『손자병법』82편의 진위에 대해 치열한 논쟁이 벌어졌다.

고대 중국에서 신분이 높은 명인의 경우 권위 있는 관방 사서에 그에 관한 기록이 전해지기 마련이다. 그러나 손무 등의 병가 인물들은 고서에서 명확한 기록을 찾을 수 없다. 사학의 아버지라 불리는 사마천 역시 그저 "손자, 무는 제나라 사람이다."라고 했을 뿐, 정확하게 출생지나 활동 지역에 대해서는 언급하지 않았다. 그런 이유로 이후 연구자들은 손무의 고향이 어디인지 확실히 알 수 없었고, 20세기까지 이어진 이에 관한 의문은 은작산 한간의 출토 및 중국 관광 열기와 함께 다시 한 번 커다란 파문을 불러일으켰다. 그 사이『손자』의 내용은 더욱 충실해지고, 진실에 가까워졌으며, 연구자들의 사고 역시 확장되면서 연구 과제도 더욱 구체화되었다. 그러나 한편으로는 명인의 명성을 내걸고 명예와 경제적 이익을 좇는 현상이 더욱 두드러졌다. 이 같은 상황에서 장차 미래를 내다본 사람들은 각기 앞 다투어 손자의 고향을 두고 거의 육박전에 가까운 힘겨루기에 들어갔다.

1999년 10월, 산동성 빈주(濱州) 지역 행정공서(行政公署)는 성 정부에 '혜민(惠民) 손자고택 개발 건설문제에 대한 지시 요청서'를 제출했다.

중국 병학의 대가인 손무를 기념하고,『손자병법』에 대한 연구 및 응용을 가속화해 민족문화를 널리 알리고, 지방 경제를 발전시키기 위해 1990년 혜민현은 『손자 병법』 국제학술연구회의 건의에 따라 1천여만 원(元)의 기금을 마련해 손자 고택 1 기 공사를 실시했고, 1992년 준공과 함께 대외에 개방한 결과 지금까지 60만 명의 관람객을 맞이했다. ……이곳의 인문 경관은 뛰어난 경제적, 사회적 효과를 나타내 고 있으며, 지방 경제와 관광 사업의 발전을 촉진시키고 있다. ……이에 성 정부에 서는 손자 관광성 사업을 성 전체 관광 개발 계획의 일환으로 이를 지원하는 동시 에 고택 2기 공사 건설에 필요한 자금 해결을 도와 손자 관광성이 하루빨리 준공되 어, 산동 관광업이 진정으로 '제로(齊魯)* 대지 — 두 명의 성인'이란 큰 틀을 갖출 수 있도록 한다.

산동성 관광국 부성장인 두세성(杜世成)은 보고를 받은 다음 곧장 지시를 내 렸다.

(성) 관광국 동지에게

손자 문화자원 개발문제에 대해 현재 의견이 분분합니다. 관련자들이 모두 개발하겠 다고 몰려들 경우, 분명 문제가 발생할 것입니다. 우리 관광국 입장에서 보면 빈주에 자 리를 잡아야 합니다. 전문가들을 구성해 계획을 세우고, 정보를 공유하면서 구체적인 사 업 구상을 제안해 성 중점 사업에 포함하도록 하겠습니다.

참작하여 처리하기 바랍니다.

1999년 11월 29일

두세성

당시 두 부성장은 자신의 지시가 혜민현에는 대대적인 희소식이지만 광요

---

* 춘추 시대 제나라와 노나라로 공자와 맹자가 태어난 땅이라는 이유로 교육과 문화의 중심지로 알려져 있다. 지금의 산동성에 속한다.

산동성 혜민현에 건립된 손자서원

(廣饒)와 박흥(博興) 두 지역에는 비보가 되리라는 것을 알고 있었다. 그중에서도 광요의 관리나 주민들은 상부의 결정에 승복하지 않을 것이 분명했지만, 단지 그 즉시 부성장의 결정을 바꿀 만한 대응 조치를 취하지는 않았다.

혜민현은 과거에 거금을 투자하고 인력을 동원해 대규모 '손자학술토론회'를 수차례 개최했다. 심지어 때로는 '국제 회의'를 열고, 언론을 이용해 '손자의 고향 혜민'이란 제목으로 선전을 하기도 했다. 이 때문에 한동안 '혜민설'이 널리 유포되었고, 국제 학계 및 여러 분야에도 영향을 미쳤다. 그러나 광요 측 학자와 관리 및 주민들은 한때 풍미했던 '혜민설'은 아직도 연구논의 중이기 때문에 최종 결정이 나지 않았다고 생각했다. 만약 정론이 형성된다면 손무자의 진짜 고향은 광요지 절대 혜민은 아니라고 본 것이다. 이런 입장을 증명하기 위해 광요현은 두 부성장이 이 지시를 내리기 8년 전인 1991년에 거액의 자금을 투자해 광요현이 손자의 고향임을 주장하기 위한 전국적인 '손자학술토론회'를 개최했다. 150여 명이 참석한 회의에서 대다수 전문가들은 손자의 고향이 광요라는 의견에 동조하는 분위기였다. 그중 중국사회과학원 역사연구소 이조덕(李祖德), 산동성 사회과학원 역사연구소 노명(魯明) 등 전문가들이 제출한 논문은 혜민설에 대한 의문을 표시하면서 손자의 고향은 광요라는 주장을 펼쳤다. 이처럼 학계에서 '혜민설', '박흥설', '광요설'이 팽팽하게 대립하는 가운데 승부를 점치기 힘든 논쟁이 벌어지고 있었다.

세 가지 설에서 관건이 되는 한 가지 문제가 있었다. 그것은 바로 당송 3대서인 『원화성찬(元和姓纂)』, 『신당서(新唐書)』「재상세계표(宰相世系表)」, 『고금성씨서변증(古今姓氏書辨證)』에 기록된 손씨 후대의 '낙안(樂安)'이 과연 어느 시대의 '낙안'인가 하는 문제였다. 이는 세 학설의 진위 여부, 즉 손무의 고향이 어디인가를 결정짓는 데 가장 중요한 부분이었다. 만약 '낙안'이 당나라 때의 낙안군을 뜻한다면 '혜민설'이 옳다. 그러나 아닐 경우 나머지 두 곳 중 하나가 손무의 고향이다. 결국 손무의 고향 문제를 해결하기 위해서는 우선 당송 3대서에 기록된 손씨 후대 관련 '낙안'에 관한 문제를 밝혀야 했다.

당나라 시대 임보(林寶)의 『원화성찬』 권 4에는 다음과 같은 기록이 있다.

낙안(樂安): 손무의 후예로 한나라 때는 빈석(賓碩)이 있고, 위나라 때는 청하(淸河) 태수 손환(孫煥)이 있으며, 진나라 때는 손의(孫顗)가 있다. 위(魏)나라로 숨었기 때문에 동안(東安)에 속한 곳에서 가문을 이었다.

북송 시대 구양수 등이 집필한 『신당서』「재상세계표삼하」 권 73 하의 기록을 보면 다음과 같다.

제나라 전완(田完), 자는 경중(敬仲)이다. 4대 자손은 손환자(孫桓子) 무우(無宇)이며, 무우의 두 아들은 항(恒)과 서(書)다. 서는 자가 자점(子占)으로 제나라 대부였고, 거(莒)나라를 정벌하는 데 공적을 세웠다. 그래서 경공(景公)이 손씨(孫氏) 성을 하사했으며, 식읍으로 낙안(樂安)을 주었다. 자식으로 빙(憑)을 낳았는데, 자는 기종(起宗)이며 제나라 경(卿)의 지위에 올랐다. 빙은 무(武)를 낳았고, 무의 자는 장경(長卿)이다. 전(田), 포(鮑) 사족(四族)과 반란을 도모하다 오나라로 도망쳐 장군이 되었다.

남송 시대 등명세(鄧名世)의 『고금성씨서변증』 권 7의 기록은 다음과 같다.

제나라 전완, 자는 경중이다. 4대 자손은 손환자 무우이며, 그의 두 아들은 상(常)과 서(書)다. 서는 자가 자점이고 제나라 대부로 거나라를 정벌하는 데 공적을 세웠다. 그래서 경공이 손씨 성을 하사하고 낙안을 식읍으로 주었다. 그는 빙을 낳았는데, 빙의 자는 기종이며 제나라 경(卿)이 되었다. 빙은 무를 낳았는데, 무의 자는 장경이고, 전, 포 사족과 반란을 도모하다 오나라로 도망쳐 장군이 되었다.

당나라와 송나라의 저서 세 곳에 등장하는 손무와 낙안에 관한 기록이 신빙성의 문제와는 별개로, 후대에 손무 출생지에 대한 일말의 단서를 제공했다는 것은 분명한 사실이다. 상식적으로 생각할 때 손무의 조부 손서가 거나라를 정벌한 공으로 '낙안을 식읍으로 받았다면' 손무의 고향을 '낙안'으로 보는 것이 당연하다. 하지만 문제는 선진(先秦) 시대 어떤 저서에서도 '낙안'이라는 지명이 보이지 않는다는 점이다. 이에 어떤 학자들은 선진 시대에 '낙안'이라는 지명이 없었다면, 이는 『신당서』에 나오는 당나라 때의 '낙안'을 가리키는 것이라고 주장했다. 그렇다면 당나라 '낙안군'의 관서는 현재 산동 혜민현에 자리하고 있으므로, 손무의 고향은 산동성 혜민현이 된다. 이것이 바로 혜민설이다.

한편 박흥설을 주장하는 사람들은 '낙안'이라는 지명이 비록 선진 시대 전적에는 보이지 않지만 동한 시대 반고의 『한서』「지리지」에 기록되었다는 점에 착안하고 있다. 그들은 서한 시대 '낙안' 현이 지금의 산동 박흥현에 있으며, '한나라가 진나라의 제도를 계승하고', '진나라가 제나라의 제도를 계승'했으므로 손무의 고향은 산동 박흥현이라고 주장하고 있다.

세 번째는 광요설이다. 손무의 고향이 광요현이라는 설은 민국 시기에 나온 『낙안현지』와 『속수광요현지(續修廣繞縣志)』의 기록에 근거를 두고 있다. 광요현을 주장하는 사람들은, 청나라 이전까지 손무의 고향에 관한 연구 기록이 단편적인 데다 남아 있는 사료가 많지 않기 때문에 현재 그 전모를 확인하기 힘들다

광요현에 있는 손무사(孫武祠)

고 한다. 다만 1914년, 당시 산동성 낙안현이 광요현으로 개칭되었는데, 1918년 광요현 학자인 진동선(陳東善)이 정리한 『낙안현지』 「인물지」(이 지방지는 청나라 선통 3년까지 기록되어 있어 『낙안현지』라고 부른다)에 손무의 고향이 바로 지금의 광요현이라는 내용이 적혀 있다고 한다.

손자는 여러 전적을 통해 무(武)로 칭해졌는데, 제나라 사람으로 전씨(田氏)의 일가다. 조서(祖書 : 선조의 책)에 보면 공적을 쌓아 성(姓)을 하사받았고 낙안을 식읍으로 받았다. 이곳이 낙안이란 이름으로 전적에 실리게 된 것은 한나라 때보다 훨씬 이전이며 이미 낙안이라는 국(國)과 군(郡)의 이름이 있었다. 그런즉 처음에 이런 이름을 써서 지금의 현 소속으로 한 것은 나름의 이유가 있을 것이다. 이로 미루어보건대 손무는 이곳 읍(邑) 사람일 것이다.

1935년에 현지 학자인 왕인선(王寅善)이 편찬한 『속수광요현지(續修廣繞縣志)』에도 같은 내용이 실려 있다. 이렇듯 민국 시기에 접어들어 손무의 고향에 대한 기록은 광요현과 연관된 것이 전부였다.

앞서 말한 '혜민설'은 1957년 7월에 손자 연구가인 곽화약이 『금역신편손자병법(今譯新編孫子兵法)』을 인민출판사에서 출간하면서 등장한 학설이다. 이 책의 첫 장인 '손자병법 소개'를 보면, "손무는 제나라 낙안(지금의 산동 혜민현) 사람이다."라는 대목이 있다. 그러나 당시 곽화약은 괄호 안에 혜민현이라고 주를 달았을 뿐 이에 대한 고증 자료를 기록하지 않았기 때문에 그가 어떤 근거로 주장한 것인지는 전혀 알 수 없다.

그로부터 17년이 지난 1974년에 북경대학 철학과 공농병학(工農兵學) 연구자들과 대홍현 홍성인민공사 이론분과에서 임표, 공자 비판 운동의 일환으로 『손자병법신주』와 『독일점법가저작 2(讀一點法家著作 2)』를 발간하면서, 다시 한 번 손무는 "제나라 낙안(지금의 산동 혜민현) 사람이다."라고 적었다. 또한 1975년 항주대학 역사학과와 절강 주둔 모 부대 방화련(防化連)이 공동으로 절강인민출판사에서 출간한 『선진법가군사저작선주(先秦法家軍事著作選注)』에도 "손무는 제나라 낙안(지금의 혜민) 사람이다."라는 기록이 있다. 그런데 여기서는 '현(縣)'이라는 글자가 보이지 않는다. 이 때문인지 곽화약도 1977년 『손자금역(孫子今譯)』의 '서언'에서는 '혜민'이라고만 썼다. 이에 대해 광요현을 주장하는 학자들은 '혜민'이란 말이 '혜민 지역'을 뜻하는 것이라면 비록 고증 자료가 없다고 해도 충분히 수긍할 수 있다고 말했다. 왜냐하면 '혜민 지역'은 광요, 간리(墾利), 이진(利津), 환태(桓台), 추평(趨平), 고청(高青), 박홍, 첨화(沾化), 빈현(濱縣), 무체(無棣), 혜민, 양신(陽信) 등 열두 개의 현이 속한 매우 광범위한 지역이기 때문이다. 그러다가 1983년에 이르러 행정구역이 변경되면서 광요, 간리, 이진의 세 개 현과 박홍, 첨화의 일부 지역은 동영시(東營市)가 되었고, 환태와 고청 두 개 현은 치박시(淄博市) 관할지역이 되었다. 원래 혜민 지역이었던 곳이 반으로 나뉘면서 황하 이남에 있는 제나라 고도 임치에서 가까운 현의 대부분은 다른 지명을 갖게 된 것이다. 이렇게 됨으로써 또다시 손무의 고향이 '혜민'이라는 주장은 새로운 연구와 고증이 필요해졌다.

하지만 곽화약이 말한 것처럼 혜민 지역이 새로운 행정구역으로 개편됨에 따라 새로운 연구가 필요했는데도 불구하고 즉각 실행에 옮긴 학자들이 없었던 것으로 보아 이에 대해 그다지 흥미를 느끼지는 못한 것 같다. 이후 1989년 봄, 손자 연구가로 이름을 날린 오여숭(吳如崇)과 진병재(陳秉才)가 혜민현에서 열린 '제1차 『손자병법』 국제심포지엄'에 참석해 「손무 고향에 대한 고찰」이라는 논문을 발표했다. 해방군출판사에서 출간한 『손자신탐(孫子新探)』에 수록된 이 논문에서 그들은 또다시 '혜민현설'을 주장했다. 『원화성찬』에서 말하는 낙안이 춘추 시대인지 아니면 당나라 시대의 지명인지를 확인하는 것이 문제 해결의 핵심이라고 하면서, 낙안은 당나라 시대의 지명이 확실하다는 주장을 펼쳤다. 이에 따르면, 『신당서』와 『고금성씨서변증』은 모두 전적으로 『원화성찬』 등 한당(漢唐) 시대를 토대로 삼았기 때문에 '낙안을 식읍으로 받았다'는 말은 바로 당나라 시대 낙안을 가리키며, 춘추 시대 제나라의 낙안이 아니다. 또한 『원화성찬』, 『신당서』, 『고금성씨서변증』에서 말하는 낙안은 당나라 시대의 지명으로 원래 제나라 지역에 속했던 곳임을 증명했으니 낙안의 현재 위치를 조사하면 손자 고향의 문제도 절로 풀리게 될 것이다. 낙안군의 치소(治所)는 염차(厭次)인데, 염차는 바로 지금의 산동 혜민현이다. 그렇다면 혜민현이 바로 전서(田書)의 채읍이 위치한 곳이 된다. 이는 다시 말해 손무의 고향이 바로 당나라 시대 낙안군이라는 뜻이다.

오여숭과 진병재의 이 같은 주장에 학계의 일부 학자들은 강하게 반발했다. 이 중 박흥현의 서영선과 우만정 두 학자는 오여숭과 진병재의 주장에 의문을 제기하면서 『박흥문사자료』 1990년 5월 제5집에 「손자 고향 산동 박흥」이라는 글을 게재해 처음으로 '박흥현설'을 주장했다. 그들의 주장을 요약하면 다음과 같다.

낙안현이 세워진 것은 서한 시대로 제나라 낙안을 그대로 계승한 것이며, 당시 낙안현은 지금의 산동 박흥이다. 춘추전국에서 진한 시대에 이르기까지 제도나 지역 편제 및 지명 등은 거의 변하지 않고 계승되었다. 주지하다시피 한나라는 진나라 제도를 계승했으며, 진나라의 군현 제도는 독창적인 것이 아니라 전국 시대 칠웅(七雄)의 제도를 답습한 것이었다. 『좌전』에 제나라 경공이 안영(晏嬰)에게 1천 호의 현을 식읍으로 주었다는 내용이 있는데, 이는 당시 제나라에 이미 현(縣) 제도가 있었다는 것을 나타낸다. 범문란(范文瀾)은 『중국통사간편』에서 "진(晉), 제(齊) 나라의 현(縣) 제도는 초나라의 대현(大縣)보다 훨씬 더 훌륭하게 정비되어 있었다."라고 말한 바 있다. 이는 춘추 시대 말기에 이미 여러 나라에서 현 제도를 널리 시행하고 있었다는 증거다. 서한 시대에 들어와 현재 박흥 지역의 다섯 현을 묶어 하나의 국(國)으로 삼았는데, 이는 한나라가 진나라 제도를 계승했으며, 진나라가 제나라 제도를 계승했음을 보여 주는 것이다. 낙안은 원래 제나라 손씨가 대대로 살아왔던 읍으로서, 이후에 현이 설치되었다. 그런데 제나라 시절부터 지명이나 위치 또한 전혀 변하지 않고 진나라를 거쳐 한나라까지 이어졌다. 이로써 제나라 낙안이 바로 현재 산동성 박홍 지역에 있다고 추론할 수 있다. 이러한 주장을 뒷받침하기 위해서는 낙안 고성에 대한 답사를 실시하는 것이 도움이 될 것이다. 『신당서』, 『속산동고고록』, 그리고 청나라 시기 『박홍현지』를 보면, "당 총장(總章) 3년(669년) 박창현은 낙안 고성으로 치소를 옮겼다."라고 했으며, 당나라 낙빈왕 역시 「박창 부로에게 드리는 글(致博昌父老書)」에서 "또다시 낙안 고성으로 현을 옮긴다는 소리를 들었습니다……."라고 적은 바 있다. 이는 낙안 고성이 존재했다는 것을 증명하는 부분이다. 고대에 박창과 낙안은 서로 인접해 있었는데, 이것이 서한 시대에는 지금의 박홍 경내에 자리하고 있었다.

광요현의 고고학적 근거

새로운 시대, 새로운 상황에서 새롭게 제기된 두 가지 학설을 접한 광요 사람들은 더 이상 가만히 앉아 있을 수만은 없었다. 1991년 광요현 문화부서에서는 현위원회, 현정부의 명령으로 손무의 고향 혜민설을 주장한 오여숭을 초청해 답사를 실시하고자 했다. 그 기회에 오여숭이 주장한 '혜민설'의 배경을 밝혀보려는 의도였다. 그때 광요에 도착한 오여숭은 광요 측 관계자에게 다음과 같이 말했다.

"손무 고향에 대해 우리는 별로 연구를 한 바가 없습니다. 다만 몇 년 전에 열린 회의(1989년 혜민현에서 열린 '제1차 『손자병법』 국제심포지엄')에서 나온 책을 기준 삼아 임시변통으로 ××군 지역에 조사를 실시하도록 통지했습니다. 조사 결과, 그들 말에 따르면 한나라 시대 낙안은 지금의 혜민현이 아니라 박홍현 북쪽이라고 했기 때문에 책에 지금의 박홍현이라고 기록했습니다. 그런데 뭔가 의문이 들더군요. 그래서 다시 고증을 해본 결과 당시 곽화약이 말한 혜민현이 맞다는 사실을 알았습니다. 그래서 황급히 상해출판사에 연락해서 '박홍현'을 삭제하고, 산동 혜민설로 바꾸었습니다. 여기서 말하는 혜민이 혜민 지역인지 아니면 혜민현인지, 곽화약이 말한 혜민이 큰 혜민인지, 작은 혜민인지에 대해서는 그다지 신경을 쓰지 않았습니다. 1978년에 저는 곽화약을 도와 손무에 관한 글을 쓴 적이 있습니다. 그냥 '혜민'이라고만 했지 '현'자는 사용하지 않았지요. 큰 혜민이든, 작은 혜민이든 어쨌거나 혜민 지역이라는 것만 사람들에게 알려주면 된다고 생각했었으니까요."

이렇게 애매모호한 오여숭의 태도에 광요 측뿐만 아니라 상대측도 기분이 개운치 않았다. 행정지역 개편이 이루어지기 전 이에 이의를 제기하는 사람이 없는 상황에서 오여숭이 말한 '혜민 지역'이라는 주장을 따른다면, 행정지역 개편 이후 광요 지역도 이 지역권에 포함된다. 이에 대한 보다 철저한 분석이 필요했다. 그렇지 않고 그냥 '혜민'이라고 하면, 사람들은 산동 혜민현을 떠올릴 것이고, 손자의 고향을 찾는 방문객들 또한 혜민현으로 몰려들어 그곳에서 돈주머니를 풀어놓을 것이다. 그렇게 되면 혜민현 사람들은 돈방석에 올라앉겠지만 광요 사람들은 궁핍한 생활에서 벗어날 수 없을 것이다. 부자와 가난뱅이, 발전과 침체의 기로에서 광요의 지도자는 결단을 내리지 않을 수 없었다. 그는 1991년 6월, 전국 각지에서 150여 명의 학자를 초청해 '손자학술토론회'를 개최했다. 당시 회의는 규모로 보나 사회적 파급 효과 면으로 보나 혜민현에서 개최한 학술대회와 비교해 전혀 모자람이 없었다. 그때 회의에 초빙된 복단대학 역사지리연구소 교수인 주유연(周維衍)을 비롯한 낙승열(駱承烈), 손개태(孫開泰) 등이 논문을 발표했는데, 그들은 손자의 고향이 혜민이나 박홍이라는 주장에 대해 일반 대중이나 수많은 학자들은 결코 동의하지 않는다고 말하면서 산동 광요현 지역이 손자의 고향이라고 주장했다.

주유연의 주장은 다음과 같았다. 한나라 낙안 현성이 춘추 시대 제나라 손씨가 식읍으로 받은 낙안이라고 고증하기는 어렵다. 그렇다면 선진 시대 낙안은 도대체 어디인가? 이것이 바로 학자들이 우선 풀어야 할 문제다. 『통감』 기록을 보면, 주나라 난왕(赧王) 31년(기원전 284년), 연나라는 낙의(樂毅)를 상장군으로 삼고, 초(楚), 위(魏), 한(韓), 조(趙) 등 네 나라와 연합해 제나라를 공격했다. 연합군은 제수(濟水) 서쪽에서 제나라 병사를 크게 무찌르고 제나라 수도 임치를 공략했다. 이때 제나라 민왕(閔王)이 달아나자 초나라는 요치(淖齒)를 파견해 민왕에게 말했다. "천승(千乘)과 박창(博昌) 사이 백 리에 걸쳐 피비린내가 진동하고 있는 것을 아시오?" 이는 제나라 군대가 임치 서북에 있는 천승과 박창 사이 수백 리 길에서 연나라 연합군과 대규모 전투를 벌이다가 크게 패했다는 말이다. 여기서 천승은 지금의 고청(高靑)현인데, 한나라 시대에는 천승현이라고 했다. 또한 박창은 지금의 박흥현으로서, 한나라 시대에는 박창현이 설치되어 있었다. 이때 주목할 점은 낙안 지역에 대한 언급이 빠져 있다는 것이다. 현재 지도와 대조해 보면, 제나라 수도 임치 북쪽에 고청, 박흥, 광요의 세 개 현이 있었다. 그런데 이 세 개 현은 한나라 및 위나라 이후 낙안현과 낙안군(國)이 설치되었던 지역이다. 그렇다면 선진 시대 낙안 지역의 중심지는 이 범위 안에 있었을 것이다. 따라서 고청현이 선진 시대 천승 지역에 속하고, 박흥이 선진 시대 박창 지역에 속했다면 광요현이 선진 시대 낙안 지역에 속했을 가능성이 크다. 세 개 현 가운데 낙안(광요)이 가장 동쪽으로 발해(渤海)에 인접해 있기 때문에 연나라 연합군은 서북쪽에서 진격해 이곳을 거치지 않았을 것이고, 그런 이유로 문헌에는 천승과 박창만 거론되고 낙안이 빠진 것으로 보인다. 결국 선진 시대 낙안의 중심지는 지금의 광요현으로 보는 것이 합당하다.

주유연의 주장에 동조한 역사학자 노명(魯明)은, 사마천의 『사기』에 나오는 "손자 무는 제나라 사람이다."라는 기록이 손자의 고향에 대한 최초의 기록이라고 주장하면서 제나라는 규모가 큰 나라였기 때문에 구체적으로 어느 곳을 가리키는지 알 수 없다고 했다. 그의 주장에 따르면, 현존하는 기록을 볼 때 당나라 이전에는 이에 대한 근거를 찾기 힘들다. 그러나 당나라 시대에 이르면 상황이 달라진다. 『신당서』「재상세계표삼하」와 『고금성씨서변증』에서는 모두 명확하게 손무의 고향이 조부 전서가 '식읍을 받은 낙안'이라고 했다. 이러한 설에는 마땅히 '본(本)'이 있다고 했는데, 여기서 '본'이란 당시 각 성씨의 족보에 근거했다는 뜻일 것이다. 『구당서』「고사렴전(高土廉傳)」에는 다음과 같은 내용이 실려 있다. 당나라 태종이 고사렴 등에게 조서를 내려 "성씨를 교정해 간행토록 했다. 이에 천하의 보첩(譜牒 : 족보)을 두루 살펴 사전(史傳)에 근거해 진위를 파악토록 했다. ……『씨족지(氏族志)』를 편찬해…… 책이 완성되니 전체 1백 권이었다. 이를 천하에 반포하도록 조서를 내렸다." 이에 "족보가 흥하게 되었다." 『신당서』에도 이와 같은 기록이 있고, 『고금성씨서변증』「서」에도 "『고금성씨서고증』은 수백만 자에 달하는데, 전체를 대조해 보면 전고가 없는 글자가 하나도 없었으니 실로 옛사람들의 세심함을 알 수 있다."라는 기록이 남아 있다. 이렇게 볼 때, 『신당서』「재상세계표삼하」와 『고금성씨서변증』에 실린 손무의 조부 전서가 '낙안을 식읍으로 받았다'는 내용은 믿을 만하다고 볼 수 있다.

그렇다면 춘추 시대 낙안은 어디였을까? 낙안이라는 지명은 선진 시대 전적 어디에서도 기록을 발견할 수 없다. 최초로 낙안이라는 지명이 등장한 것은 반고의 『한서』「지리지」다. 따라서 선진 시대 낙안의 소재지를 조사하기 위해서는 먼저 이 책부터 살펴보아야 한다.

『한서』「지리지」에 다음과 같은 기록이 있다.

천승군 : 현이 열다섯 곳에 개설되었다. 천승, 동추(東鄒), 경옥(涇沃), 안평(安平), 박창, 요성(蓼城), 건신(建信), 적(狄), 낭괴(琅槐), 낙안(樂安), 피양(被陽), 고창, 번안(繁安), 고원(高苑), 연향(延鄕)

제군(齊郡) : 현이 열두 곳에 개설되었다. 임치, 창국(昌國), 이(利), 서안(西安), 거정(鉅定), 광(廣), 광요, 소남(昭南), 임구(臨朐), 북향(北鄕), 평광(平廣), 일향(壹鄕)

이를 통해 낙안이 한나라 시대 천승군 15현 가운데 하나이며 박창, 즉 박흥 역시 이 중 하나의 현이었다는 것을 알 수 있다. 천승군은 지금의 박흥현과 광요 현 북부 일대에 해당하는데, 한나라 시대 낙안과 박창과 광요는 각기 두 개의 군에 속했고, 또한 현이었던 세 지역 모두 제나라 도성인 임치 북쪽, 지금의 박흥과 광요현 지역에 자리하고 있다. 이는 최초의 문헌 기록이자, 손무의 조부가 '낙안'을 식읍으로 받은 뒤의 가장 첫 번째 문헌 기록이다. 한나라 시대 지명이 춘추전국 시대의 지명을 그대로 사용했기 때문에 『한서』 「지리지」에 기록된 낙 안과 손무의 조부가 식읍으로 받은 낙안은 동일한 지역이거나 그다지 멀리 떨어져 있지 않다는 것이 분명하다. 이처럼 손무의 고향에 대한 학설로 박흥설과 광요설은 나름대로 각기 근거를 가지고 있다. 그러나 지금까지 발견된 자료에 따라 문헌과 고고학 그 어느 쪽으로 보더라도 광요설이 박흥설보다는 설득력이 있다. 그 이유는 다음과 같다.

1. 박흥설의 주요 근거 및 문제점

1) 앞서 인용한 『한서』 「지리지」를 보면 천승군에 낙안현이 있다고 했다. 한 나라 시대에는 확실히 낙안이라는 고성(故城 : 옛 성)이 존재했고 지금의 박흥현 지역에 속한다. 이후 낙안 고성은 모두 『한서』에서 말하는 낙안 고성을 말한다. 그러나 문제는 한나라 시대 낙안 고성이 춘추 시대 전서가 식읍으로 받은 바로 그 낙안인가 하는 점이다. 박흥설은 다만 추론에 근거했을 뿐 지금까지 보다 이른 시기의 문헌 기록이 전혀 나타나지 않은 상태이며 이에 상응하는 고고발굴 자료도 존재하지 않는다. 따라서 이는 박흥설의 중요한 근거이자 최대 의문점 이기도 하다. 이 의문의 해결은 박흥 고성 아래 시대를 잇는 선진 시대 고성이 발견되기만을 기다릴 수밖에 없다.

2) 『수경주(水經注)』 「제수주(濟水注)」에 보면 다음과 같은 기록이 나온다.

"제수는 동북으로 고창현 고성 서쪽을 지난다. 「지리지」에 따르면, 천승군 에 고창현이 있다. ……제수는 동북으로 낙안현 고성 남쪽을 지난다. ……낙안과 박창, 박고는 물을 사이에 두고 서북쪽에 함께 자리하고 있다. 박고는 제성(濟城)에서 60리 떨어져 있으며, 낙안은 물을 건너 훨씬 먼 곳에 있다. 현장을 검증해 본 결과 그곳이 박창이 아니라는 것을 분명하게 알 수 있었다. 반고는 천승군에 낙안현이 있다고 했으며, 응소(應劭)는 아름다운 현의 이름을 취한 것이라고 말했다. ……제수는 다시 박고성 북쪽을 지난다."

이 같은 『제수주』의 기록은 『한서』 「지리지」와 더불어 박흥설의 또 다른 핵심 근거가 된다. 이후 많은 역사학자들은 대부분 이를 근거로 삼아 낙안 고성을 박흥현 지역으로 설정했다. 그러나 이에 대해 청나라 시대 학자들은 다시 의문을 제기했다.

3) 당나라 시대 낙빈왕의 「박창 부로에게 드리는 글(致博昌父老書)」, 『신당서』, 『속산동고고록』과 청나라 『박흥현지』에는 모두 다음과 같은 기록이 있다. "당나라 총장(總章) 3년(669년) 박창현이 낙안 고성으로 치소를 옮겼다.", "현을 낙안 고성으로 옮겼다고 한다." 이는 낙안 고성이 실제로 존재했으며, 고대 박창과 낙안이 인접해 있었고, 서한 시대에는 모두 지금의 박흥 지역 안에 있었음을 증명한다. 그러나 이 낙안 고성은 지금의 박흥 지역 안에 있는 한나라 시대 낙안 고성을 가리키는 것일 뿐 그곳이 선진 춘추 시대 낙안 고성인가 하는 문제는 여전히 알 수 없다.

이상 세 가지 근거는 결국 모두 한나라 시대 낙안 고성을 가리킨다. 하지만 한나라 시대는 춘추 시대와 2백여 년, 전국 시대와 겨우 수십 년의 차이가 있을 뿐이다. 이는 한나라 시대와 8백여 년이나 차이가 벌어지는 당나라 시대와 비교하면 훨씬 더 신빙성이 높고, 춘추 시대 낙안 지역이라는 가능성에 한층 더 접근한다고 말할 수 있다. 이에 박흥설이 혜민설보다 더욱 설득력을 갖는다. 그렇다면 광요설은 어떠한가?

2. 광요설의 주요 근거
광요설의 주요 근거는 기존 자료(문헌, 고고발굴 자료)로 볼 때 다음 세 가지다.

1)『수경주』「제수주」는 착간(錯簡)에 의해 잘못 기록된 부분이 있다. 「제수주」에 따르면, 제수는 먼저 '낙안현 고성 남쪽'을 거쳐, 다시 '박고성 북쪽'을 지나 동쪽으로 흐른다고 기록되어 있다. 그러나 청나라 심병손(沈炳巽)은 『수경주집석정와(水經注集釋訂訛)』 권8에서 이는 잘못 기록된 것이라고 지적하면서 "제수는 다시 동북쪽으로 낙안현 고성 남쪽을 지나간다."라고 했다. 또한 "옛날에는 고창 아래쪽으로 흐른다고 했다. 그러나 지금 보면 박고와 이현이 모두 남쪽으로 임치에 이르고 낙안 고성이 박창현 동북쪽에 자리하니, 이현 뒤편과 갑하(甲下) 앞쪽으로 제수가 흐른다고 해야 맞다."라고 덧붙였다. 낙안은 본래 한나라 시대 광요와 거정의 두 개 현으로 제군(齊郡)에 속하며, 그 옛 성은 지금의 현 동북쪽에 있었다. 그러다가 후한 시대에 낭괴가 박창으로 편입되었는데, 그래서 두예(杜預)나 곽박(郭璞) 등이 제수가 박창에 이르러 바다로 들어간다고 말한 것이다. 이상의 연구 결과에 따르면, 제수는 먼저 '동북쪽으로 이현 서쪽을 지나고', 다시 '동북쪽으로 낙안현 고성 남쪽을 지난다'고 볼 수 있다. 『수경주』에서 말하듯 제수가 흐르는 방향, 그리고 경유하는 현이나 지역을 생각해 볼 때 낙안 고성은 지금의 박흥현 지역이 아니라 지금의 광요 현성 북쪽 이삼십 리 부근이 맞다.

그렇다면 이 낙안 고성이 선진 춘추전국 시대 낙안 고성의 소재지일까? 이 문제는 광요설의 성립 여부를 가늠하는 데 핵심이 된다.

2) 초교(草橋) 고성 유적지의 발견은 광요설에 중요한 근거가 되었다. 초교 고성 유적지는 광요 현성 북쪽 30리에 위치한 화관향(花官鄉) 초교촌에 있으며, 지세가 높다. 동쪽으로 제나라 환공이 제후들을 회맹했다는 '백침대(柏寢臺)'에서 8리 떨어져 있고, 서남쪽으로 이현 고성(지금의 박흥현 이성촌利城村)에서 20리 떨어진 곳에 자리한다. 고대 제수 유역은 성터 서남쪽에 이르러 다시 동쪽으로 흘러간다.

이 유적지는 1956년 광요현에 대한 첫 번째 문화재 조사를 벌일 때 발견되었는데, 1980년 현 문화재 담당자들이 재조사를 실시했다. 이 과정에서 서쪽에 흙으로 올린 고성 유적지와 해자 일부가 발견되었다. 이후 1991년 5월 10일부터

13일까지는 현 문화재 담당자와 산동성 고고연구소 전문가들이 합작해 탐사갱과 탐안(探眼)을 마련한 뒤 고성 일부 성벽과 해자 잔존 유적에 대한 기술 조사를 실시했다. 이를 통해 확실한 고성 유적지라는 것을 밝혔고, 적어도 춘추전국 시대에 건설되기 시작한 것으로 추정되었다. 결과적으로 『흠정사고전서(欽定四庫全書)』「수경주집석정와(水經注集釋訂訛)」, 『한서』「지리지·수도도설(水道圖說)」, 『춘추대사기표(春秋大事記表)』와 『낙안현지』 등 사서의 기록을 대조해, 이 성터를 낙안성 유적지로 확정했다.

초교 고성 유적지의 발견은 손무의 고향인 낙안 고성이 지금의 광요현 지역이라는 주장에 매우 중요한 근거가 되었다. 그 이유는 첫째, 고성이 일치하고 둘째, 시대가 선진 춘추전국 시기로 일치하며 셋째, '제수는 다시 동북쪽으로 이 현의 서쪽을 지나고', '동북쪽으로 낙안현 고성 남쪽을 지나며', '동북쪽으로 갑하읍을 지나 우하(于河)로 들어간다', '동북쪽으로 바다로 들어간다' 등 기존의 기록과 대부분 방위가 일치하기 때문이다.

3) 『수경주』「제수주」에 보면 "제수는 다시 동북쪽으로 낙안현 고성 남쪽을 지난다."라는 구절 아래 다음과 같은 인용문이 있다. "반고는 천승군에 낙안현이 있다고 말했다. 응소는 휴령(休令)의 명칭을 취했다고 말했다." '휴령의 명칭을 취했다'는 응소의 말을 통해 현재 박홍현 지역에 있는 한나라 낙안 고성은 단지 듣기 좋은 이름을 붙인 것일 뿐 선진 시대의 진짜 낙안 고성이 아니라는 것을 확인할 수 있다. 이는 한나라 시대 낙안 현성이 한나라 시대에 건축되었고, 춘추 시대 손씨가 '식읍을 받은' 낙안과 계승 관계가 없음을 분명하게 설명하는 것이기도 하다. 따라서 손씨가 식읍으로 받은 낙안은 비교적 넓은 지역이며, 한나라 시대에 홍기한 낙안 현성은 그 안에 포함되거나 인근에 자리해 있었다고 보는 것이 타당하다.

초교 고성 유적지의 발견은 한나라 시대 낙안 현성이 선진 시대 진짜 낙안 고성이 아니라 '휴령의 명칭을 취한 것'이라는 점을 더욱 강력하게 뒷받침해 주었다. 또한 박홍 지역의 한나라 낙안 현성이 출현함으로써 선진 시대 낙안 고성인 초교 고성이 옮겨온 것이든가, 아니면 초교 낙안 고성이 파괴된 다음 지금의 박흥 지역에 다시 건축하면서 기존의 낙안이라는 이름을 그대로 사용했다는 두 가지 가정이 가능했다. 이 역시 '휴령의 명칭을 취한 것'이라는 점과 관련이 있다. 이와 관련해 유적지 발굴에 참여했던 고고학자 주옥덕(朱玉德) 등의 「초교 고성 유적지 일부 성벽, 해자 고고탐사 조사보고서(草橋古城遺址部分城牆城壕考古鉆探調查報告)」에 따르면 다음 두 가지 상황을 엿볼 수 있다.

첫째, 초교 고성 성벽은 '갱 탐사 결과 지층이 매우 적어 9, 10층만이 문화층이다. 또한 두 곳의 문화층은 형성 시기가 명확하지 않으며 제1기 성벽 위에 자리한다. 제2기 성벽은 3~10 문화층 위에 세워졌고, 제3기 성벽은 제2기 성벽을 허문 다음 그 토대 위에 재건되었다. 이는 서한 시기 제수가 범람해 고성이 침수되었기 때문인 듯하다. 따라서 초교의 선진 낙안 고성이 무너진 뒤, 서남 지금의 박흥현 지역에 낙안 현성을 재건하고 아름다운 원래 이름을 그대로 이어받아 '낙안'이라고 불렀을 가능성이 크다.

둘째, 초교 고성의 '제2, 3기 달구질한 토장(土墻)은 한나라 시대 혹은 그 이후'의 것이다. 다만 시추 조사만 실시했을 뿐, 전면적인 발굴을 펼치지 않았기 때문에 제2, 3기 달구질한 토장은 단대(斷代 : 시대를 판단함)의 시간 범위가 상대적으로 길다. 만약 '한나라 시대 이후'로 단정한다면, 한나라 낙안 현성은 초교 선진 고성 유적지 9, 10층 충적층에 낙안 고성을 재건했을 가능성이 크다.

결론적으로 이미 발굴한 성벽 문화층 퇴적 제1, 2기 사이 진흙 퇴적층의 상태로 볼 때, 한나라 시대 낙안현 고성은 아마도 초교 고대 낙안성이 홍수로 침수된 뒤 박흥 지역에 재건되었을 가능성이 크다.

이에 노명은 앞서 박흥설과 광요설의 근거로 제시한 주요 자료들을 비교분석해, 광요설이 더 많은 근거 자료와 충분한 이유를 제시하고 있으며, 춘추 낙안의 역사적 상황에 더욱 부합한다고 주장했다. 그에 따르면, 손무의 고향이 광요라는 주장은 지금까지의 자료(문헌, 고고)를 비교 분석해 얻은 비교적 합리적이고, 정확한 결론이다.

물론 노명 역시 초교 유적지에 대한 고고발굴을 주의 깊게 언급하면서, 다만 '일부 성벽과 해자에 대한 고고탐사 조사'가 이루어졌을 뿐, 고성 유적지에 대한 전면적인 발굴은 없었다며 다음과 같이 말했다.

"이상의 분석 역시 기초적인 수준에 머물렀을 뿐이다. 정확성 여부는 이후 전면적인 발굴을 통해 새로운 자료가 나타날 때를 기약해야 할 것 같다. 앞으로 광요 초교 고성 유적지든, 박홍현 지역 한나라 낙안 고성 유적지든 어디서든지 확실한 춘추전국 시대 낙안 고성을 입증할 만한 확실한 증거를 발굴한다면, 1972년 임기 은작산 한묘에서 손씨 『병법』 죽간을 발굴해 2천여 년간 계속된 손씨 『병법』 부수 문제를 해결했던 것처럼, 손무의 고향 문제 역시 그 의문이 줄줄이 풀릴 것이다. 이에 이 연구에 몰두하고 있는 학자들은 모두가 하루빨리 손무의 고향 낙안에 대한 정확한 증거가 나오기를 기대하고 있다……."

싸움 뒤의 싸움

노명이 '박홍'과 '광요'를 비교하면서 광요설을 적극적으로 옹호하자, 혜민설을 주장하는 오여숭과 진병재 — 그들은 인원 제한 때문에 광요에서 열린 학술대회에 참가하지 못했다 — 는 즉각 반격에 나섰다. 그들은 노명의 단순한 추론 방식은 역사지리적 연혁조차 제대로 고찰하지 않은 잘못된 방법이라고 주장하면서 선진 양한 시대 지명은 그가 주장하는 것처럼 변화되지 않고 그대로 계승된 것이 아니라고 했다. 그러면서 다음과 같은 예를 들었다.

춘추 시대 곡옥(曲沃)은 진나라 시대에는 좌읍(左邑)이라 했고, 한나라 시대에 이르러 다시 문희(聞喜)라고 불렀다. 또한 춘추 시대 견구(犬丘)는 진나라 시대에는 폐구(廢丘), 한나라 시대에는 괴리(槐里)라고 불렀다. 이 같은 예는 부지기수다. 그렇기 때문에 한나라 시대 낙안을 손무의 고향이라고 주장하는 것은 그저 환상에 불과하다. 서한 시대부터 명, 청까지 역사적으로 낙안현, 낙안국, 낙안군, 낙안주 등 네 가지 다양한 행정구역과 지역이 등장했다. 그뿐만 아니라 낙안현, 낙안군의 경우는 각기 왕조마다 지리적 위치가 달랐다. 따라서 문제를 해결하기 위해서는 먼저 『신당서』와 『고금성씨서변증』으로 되돌아가야 한다. 송나라 구양수와 등명세가 어떤 자료를 근거로 낙안에 관련한 문제를 내놓았는지 찾아보는 것이 중요하다. 손성연이 교정한 『손자십가주(孫子十家注)』의 부록 「손자서록(孫子敍錄)」에도 다음과 같은 평이 있다. "소흥 4년, 등명세가 이 책을 올렸다. 호송연(胡松年)은 그의 학문에 연원이 있으며 근거가 많다고 말했다. 「서」에서 말하길 '오경(五經)이나 자사(子史 : 제자서나 역사서) 및 『풍속통(風俗通)』, 『성원(姓苑)』, 『백가보(百家譜)』, 『성찬(姓纂)』 등 여러 저서에서 장점을 취해 활용했으니 그 책에 실린 내용은 모두 근거로 삼을 수 있다'고 했으며 근거가 될 만한 것이 많았다." 따라서 손무의 고향에 대해 말하고자 한다면 당연히 이 책에서 시작하는 것이 옳다.

또한 『원화성찬』 23 혼부(魂部)의 '손(孫)' 조(條) 첫 번째 줄에는 다음과 같이 적혀 있다. "낙안은 손무의 후손들이 살았다. 한나라 시대에는 빈(賓)과 석(碩)이 살았고, 위(魏)나라 시절에는 청하(淸河) 태수 손환(孫煥)이 살았으며, 진(晉)나라 시절에는 손의(孫顗)가 이곳에 은거했다. 그런 까닭으로 낙안에 속한다고 한 것은 그들 가문 때문이다." 이는 매우 중요한 근거가 되면서, 손무의 고향에 대해 살필 수 있는 최초의 기록이라고 했다. 이 책은 당나라 헌종 원화 7년(812년)에 만들어진 것으로서, 1060년에 나온 『신당서』보다 248년, 1154년에 나온 『고금성씨서변증』보다 342년이 빠르다.

그렇다면 『원화성찬』에 나오는 낙안이 춘추 시대에 낙안이라는 지역이 있었다는 것을 말하는지, 아니면 당나라 시대 낙안을 말하는지가 문제의 핵심이다. 편집 규칙으로 볼 때, 이 낙안은 당나라 시대 낙안을 말하는 것이 틀림없다. 여기서 열거한 '손무 이후' 세 지명은 모두 당나라 시대의 지명을 말한다. 당나라 시대에 부양(富陽)은 지금의 절강 부양이며, 청하는 지금의 산동 청하 서쪽이다. 이 책이 '손무 이후'가 아니라 그 전 시대 손무와 관련 있는 어떤 사람을 서술하고 있다면, 전 시대 사람이 생활했던 왕조의 지명을 가리키는 것이다. 이때 동한 시대 손견, 손책, 손권의 기록이 좋은 예로, 그곳에서 사용한 지명은 '오군부춘(吳郡富春)'이다. 부춘은 동한 시대 지명으로 당나라 시대에는 이를 부양(富陽)이라 고쳤는데, 이 모두 지금의 절강 부양을 말한다. 부양이라는 동일한 지명을 한쪽에서는 당나라 시대 지명으로, 다른 한쪽에서는 고대 지명으로 사용하고 있기 때문에, 편집 규칙을 분명하게 알 수 있다. 이로써 '낙안'이 당나라 시대 지명이라는 것을 증명하는 데 더 이상의 자료는 필요 없다고 본다.

또한 『신당서』와 『고금성씨서변증』이 『원화성찬』 등 한, 당 시대 전적에서 재제를 취하고 있기 때문에 그곳에 기록된 '식읍을 받은 낙안' 역시 춘추 시대 제나라에 낙안이 존재했다는 것이 아니라, 당나라 낙안을 가리키는 것이다. 물론 이는 절대 『신당서』에 실린 지명들이 모두 당나라 시대 지명이라고 말하는 것은 아니다. 지명의 경우, 고대 지명을 사용할 수도, 당나라 시대 지명을 사용할 수도 있다. 손씨의 경우만 보아도 알 수 있다. 예를 들어 주나라 희이(姬耳 : 희姬는 손孫이다)가 "척(戚)을 식읍으로 받았다."라고 했는데, '척'은 고대 지명으로 지금의 하남 복양(濮陽) 북부지만 당나라 시대에는 '척'이라고 부르지 않았다. 이에 반해 주나라 희가(姬嘉)는 "대대로 급현에서 살았다."라고 했는데, 당시 급군이 없었으므로 당나라 시대 지명을 사용한 것이라고 할 수 있다. 급군은 당나라 시대 천보(天寶) 원년(742년)에 설치되었고, 건원 원년에 위주(衛州)로 개칭된 곳으로서, 지금의 하남성 급현을 말한다.

이처럼 낙안이 당나라 시대 지명이라는 문제가 밝혀졌기 때문에, 남은 것은 당나라 시대 낙안의 지위와 위상에 관한 문제다. 『원화성찬』은 812년에 저술되었는데 70년 전인 천보 원년에 당 왕조는 평원군(平原郡)을 낙안군이라 바꾸고, 치소를 염차(厭次)에 두었으며, 이후 건원 원년에 다시 체주(棣州)로 바꾸었다. 또한 『신당서』에는 전서가 낙안이라는 이름을 사용했다고 적혀 있다. 이는 급군이라는 이름을 사용했던 것처럼 모두 천보 원년 당 왕조가 새로 개설한 행정구역이자, 건원 원년 폐지된 지명이다. 당나라 시대 낙안군의 설치 상황 및 지리 위치는 『원화군현도지(元和郡縣圖志)』권 17, 체주 부분을 살펴보면 알 수 있다.

"체주와 낙안. 우(禹)가 청주(靑州) 지역을 바치고 다시 연주(兗州) 지역을 바쳤다. 춘추 시절에는 제나라 땅이었다. 관중이 말하길 '북쪽으로 무체(無棣)에 이른다'고 했다. 진(秦)이 천하를 집어삼킨 뒤 제군(齊郡)을 설치했다. 조위(曹魏) 시절에는 낙릉국(樂陵國)에 속했고, 진나라 시대에는 석포(石苞)를 낙릉공으로 삼았다. 수나라 개황(開皇) 17년 창주(滄州)를 나누어 양신현(陽信縣)에 체주를 설치하고, 대업(大業) 2년에 창주를 폐지했다. 무덕(武德) 4년에는 다시 체주를 설치했다가 6년에 또다시 폐지했다. 정관 17년에 다시 염차현으로 옮겼다. 천보 원년에 낙안군으로 개칭하고, 건원 원년에 체주라는 이름을 회복했다."

이 사료는 한 가지 역사 사실을 알려 주고 있다. 즉, 염차현이 춘추 시대에는 제나라 땅이었고, 당나라 시대에는 체주의 치소였다가 낙안군의 치소였다는 점이다. 이후 학자들이 낙안을 손자의 고향으로 생각하는 이유는 당나라 시대 낙안군을 근거로 삼았기 때문이다. 예를 들어 자신이 손무의 후손이라고 주장하는 손성연은 그 근거로 『가오장곡고(家吳將曲考)』에서 자신의 조부가 '낙안군공(樂安郡公)'에 봉해진 사실을 들고 있는데, 이는 당나라 사람들의 이야기를 토대로 한 것이다. 한편 『신당서』「재상세계표」에는 손씨 재상의 후손 작위를 열거해 놓았는데, 손준(孫俊)을 낙안자(樂安子), 손성(孫成)을 낙안효남(樂安孝男), 손저(孫儲)를 낙안군후(樂安部侯)라고 했다. 이렇게 관직명에 본적을 붙이는 것은 고대 봉작(封爵)의 관례였다.

이와 같은 주장은 우리의 판단과 완벽하게 일치한다. 우리는 『원화성찬』, 『신당서』, 『고금성씨서변증』에서 말하는 낙안이 춘추 시대 낙안이 아니라 당나라 낙안이며, 또한 당나라 시대에 원래 제나라 땅에 속했던 낙안이 분명히 존재했다는 사실을 증명했다. 이 낙안의 현재 지역을 밝힐 수 있다면 손자의 고향에 관한 문제도 풀릴 것이다.

이렇게 오여숭과 진병재는 케케묵은 사료 한 무더기와 그 사료들을 증명하는 사료를 늘어놓으면서 마지막 결론을 내렸다.

"낙안군의 치소는 염차로서, 염차는 지금의 산동 혜민현이다. 혜민현이 당시 전서가 식읍을 받은 곳이다. 요컨대 지금의 산동 혜민현이 병학의 대가 손무의 고향이 분명하다."

오여숭과 진병재의 혜민설을 옹호하는 혜민 학자 왕병신(王丙臣)은 이를 보충할 여러 가지 서면 자료들을 내놓으면서, 한편으로 혜민 거주자의 이점을 한껏 발휘해 주민 깊숙이 파고들어 막대한 양의 조사와 증거 수집을 하면서 또 다른 측면으로 두 학자를 뒷받침했다. 혜민현에는 아직도 손무의 후손이 거주하던 지역에 대해 여러 가지 이야기가 전해지고 있는데, 왕병신은 다음과 같은 몇 가지 예를 들었다.

1. 현재 혜민 현성 남문 거리와 교외 지역인 유피가(劉皮家), 원후(袁侯), 손묘(孫廟) 일대 노인들의 기억을 통해 원후촌 서쪽에 손무 사당이 건설되어 있다고 한다. 남문 거리의 손옥봉(孫玉鳳)은 자칭 손무의 후손으로, 그 토지 증서에 '북지묘기(北至廟基)'라는 기록이 남아 있다. 손무 사당은 관제(關帝 : 관운장) 사당과 달리 확실한 이유가 없는 한, 주민들이 이를 짓는 일은 없을 것이다.

2. 지금의 혜민 현성 북쪽 성둔향(省屯鄕)의 '보무가(堡武家)'라는 마을의 원래 이름이 '손무가(孫武家)'였다. 마을 사람 말이 자신도 손무의 후손이라고 한다.

3. 지금의 혜민 현성 서쪽 양가향(梁家鄕) 석두손촌(石頭孫村)에는 '손자의 아명이 석두'라는 이야기가 전해진다. 후손들이 손자를 기념하기 위해 마을 이름을 '석두손'이라고 지었다는 일화가 있다.

4. 지금의 혜민 현성 동쪽 상락서진(桑落墅鎭) 북쪽에 옛 마을 유적지가 있고, 성에서 3리쯤 떨어진 곳에 손(孫), 전(田), 진(陳) 촌이 있다. 성 서쪽 석묘진(石廟鎭)에는 '손전오(孫田吳(武))'라는 마을이 있다. 그 부근 마을로 동서진(東西陳), 대전(大田), 소전(小田), 엽전(葉田), 전신(田新)이 있다. 이 같은 배치가 우연은 아닌 듯하다.

5. 지금의 혜민 현성 남쪽으로 당나라 시대 낙안군치(그 전 체주棣州) 고성 유적지에도 손씨 성을 가진 마을이 적지 않다. 손가집(孫家集), 손가구(孫家溝) 등이 있는데 마을 사람들 모두 자칭 손무의 후손이라고 한다.

왕병신은 이처럼 생생하게 전해지는 이야기들을 제시하면서 손무의 후손들이 혜민현에 모여 살고 있는 것은 당연한 일이라고 말했다. 하지만 오여숭과 진병재의 주장 및 왕병신의 여러 가지 추가 조사에 대해 복단대학 주유연 교수는 석연치 않은 태도를 보이고 있다. 그는 상대적으로 손무의 고향이 지금의 혜민이라는 설은 성립하기 힘들다는 주장을 펼치면서 단도직입적으로 말했다.

혜민설을 주장하는 사람들은 『신당서』 「재상세계표」에 실린 손씨의 '식읍이 낙안'이라는 기록에서 그 낙안이 당나라 시대 '낙안군'을 지칭한다고 생각한다. 그러나 내 생각에 그 '낙안'은 결코 당나라 시대의 '낙안군'이 아니라 선진 시대의 지명으로 이 지역의 중심은 지금의 광요현이다. 『신당서』에서 말하는 손씨가 '식읍을 받은' 지역은 모두 세 곳, 즉 '척', '부춘', '낙안'이다. 그중 '척'과 '부춘'은 모두 당나라 시대 명칭이 아닌 선진 시대 지명이다. 그런데 어떻게 '낙안'을 당나라 시대 '낙안군'이라고 할 수 있겠는가? 구양수의 글 가운데 나타난 '낙안'은 연대가 그리도 분명하지 않은가? 또한 오여숭 등은 "현존하는 사료 가운데 선진 시대에는 '낙안'이라는 지명이 존재하지 않는다."라고 하면서, 그러므로 『신당서』 「재상세계표」에서 말하는 '낙안'은 분명히 '당나라 시대 낙안군'임을 추론할 수 있다고 했다. 하지만 이 같은 방식의 문제 해결은 옳지 않다. 오랜 세월에 걸쳐 여러 가지 이유로 역사 문헌은 수없이 유실되었다. 당나라, 송나라 사람들이 가지고 있던 사료 가운데 현재 우리가 볼 수 없는 것들이 비일비재하다. 그렇다고 우리가 볼 수 없다고 해서 예전에도 없는 자료였다고 단정할 수는 없다. 구양수의 『신당서』 「재상세계표」는 수십 종의 세족 가계의 저서를 발췌, 요약해 만든 것이다. 그중 많은 부분이 수 왕조 이전의 자료들로, 춘추 시대 '식읍'에 대해 이야기할 때는 그저 원시적인 자료 그대로 옮겨놓고, 선진 시대 '낙안'의 존재 여부를 따져 당나라 시대 행정구역 이름으로 바꾸어 기재했겠는가? 설사 당나라 사람의 저술이라 해도 '식읍'을 이야기할 때 당나라 시대 지명을 사용하지는 않았을 것이다. 이는 문사들의 일반적인 상식이다. 이에 우리는 현재 문헌 가운데 '낙안'이라는 글자가 없다고 해서 선진 시대에도 존재하지 않았을 것이라고 고집하지는 않는다. 현재 전해지는 『은작산한간석문』에 '성안재공낙안강(成安在共樂安强)'이란 문자가 있다. 한나라 시대 죽간이 파손되어 이에 대한 원뜻을 단정 짓기는 어렵다 해도, '낙안'이 선진 시대 지명이었을 것이란 점은 쉽게 파악할 수 있다. 그리고 낙안이 선진 시대 낙안을 가리킨다면, 그 위치는 지금의 광요가 당연하다.

이 같은 주유연의 발표에 대해 오여숭은 군사과학원의 손자 연구자인 곽인장(霍印章)과 함께 즉시 반격에 나섰다. 두 사람은 '손무의 고향 혜민설'은 절대적인 사실이며, 또한 『춘추좌전』 두예 「주」에 근거해 선진 시대에는 낙안이라는 지명이 아예 존재하지 않았다고 강하게 반박했다. 위진 시대 사람인 두예가 『좌전』에 주를 달 당시는 삼국이 완전한 통일을 이루지 못한 상태로, '선진 시대 낙안 땅'과는 전혀 관련이 없다고 했다. 즉, 두예는 '선진 시대 낙안 땅'이라는 개념조차 없었음을 단정적으로 말할 수 있다는 것이다. 그럼 문제는 매우 간단하다. 손자의 고향을 낙안이라고 한 것은 당나라, 송나라 시대 사람들이 고증한 것이므로 낙안이라는 지역을 정확하게 밝히기 위해서는 당, 송의 사료를 분석, 연구해야 한다고 주장했다. 이는 낙안이라는 곳을 밝히는 유일하고도 정확한 방법이다. 그런데 광요설은 이 방법을 무시한 채 '답사'와 『수경주』에서 '선진 시대 낙안 지역의 주체'를 찾은 것이므로 어불성설이라고 했다. 박홍설 역시 이를 무시하고 '한대는 진대를 계승했고(漢承秦), 진나라는 제나라 제도를 계승했다(秦承齊制)'는 논리로 선진 시대 제나라의 '낙안읍'을 추론하면서 선진 시대에는 '낙안읍'이 아예 존재하지 않았으며, 그런 지명도 없었다고 했다. 아울러 이후에 낙안이라는 지명이 많아졌으니 주관적으로 그중 한 곳을 손자의 고향이라고 지정하는 것은 직접적인 근거를 상실한 것이기 때문에 이론적으로 성립할 수 없다고 주장했다. 이와 달리 혜민설은 당, 송 사람들의 방법을 따라 합리성을 주장하면서, 『신당서』「재상세계표」와 『고금성씨서변증』을 근거로 낙안이라는 지역을 밝히고자 한다고 했다.

　곽인장과 오여숭 두 사람은 주유연에게 『원화성찬』의 군망(郡望) 명칭 체계를 깊이 연구해야 정확한 이해가 가능하다며 훈계를 했다. 이 책에 나오는 군망 명칭은 군이나 현, 주, 나라 이름까지 들어있는가 하면, 당나라 시기 지명(新望)과 고대 지명(舊望)까지 있기 때문에 상당히 혼란스러운 듯하지만 자세히 읽어보면 일정한 규율이 있다는 것이다. 당나라 경대부들이 '그 근원과 계보를 짜임새 있고 조리 있게 만들고 군망을 서로 견주어 고찰하기 위해' 만들었기 때문인데, 여기서 군망의 명칭은 세 가지 특징이 있다.

　첫째, 군과 현을 병용하고, 군을 위주로 한다.

　둘째, 신, 구 명칭을 병용하고, 새로운 것을 위주로 한다.

　셋째, 주, 군을 병용하고, 군을 위주로 한다.

　따라서 『원화성찬』에서의 낙안은 당나라 시대 낙안군, 즉 지금의 산동 혜민현을 가리킨다는 주장이다.

　이와 같은 경고성 교훈을 들은 주유연은 그 즉시 반격했다. 그는 『원화성찬』에 대한 오여숭의 세 가지 결론을 매우 간단하게 반박하고 나섰다.

　첫째, 군망은 군의 이름을 말하는 것이지 현을 가리키지는 않으므로 '군, 현 병용'이라는 말은 있을 수 없다. 또한 군망과 이적(里籍)을 혼용하고 군망의 실제 의미를 분명하게 밝히지 않았다. 이적은 군과 현이 모두 있지만 군망은 오직 군을 가리키는 것이므로, 오여숭이 말한 '손무 이후 여섯 개 군망, 즉 낙안, 동완(東莞), 오군(吳郡), 부춘(富春), 부양(富陽), 청하(淸河), 낙양(洛陽)' 중 부춘, 부양, 낙양은 현이기는 하지만 군망은 아니다. 따라서 군망 문제에 대해 『원화성찬』을 연구해 얻은 첫 번째 결론은 비상식적인 착오다. 둘째, 군망을 중요시하는 이유는 가세를 드러내기 위해서다. 조상 가운데 누가 명관이었고, 어떤 명문세가 출신이며, 지역의 유명인사로 어떤 성씨가 있었는지 등을 알리는 것으로서, 이는 모두 족보를 거슬러 올라 근원을 찾아가야 하는 것인데 신망(新望)은 있을 수 없다. 설사 당나라 시대에 신흥귀족이 있었다고 해도 그 역시 신망을 세울 수는 없었을 것이기에 자랑할 만한 조상을 찾으려 했을 것이다. 신망을 위주로 했다고 하는데 『원화성찬』에서 그 예를 찾는 것이 그리 만만한 일은 아닐 것이다. 셋째, 마지막 결론 역시 군망, 이적, 역관(歷官)의 소재를 혼용하면서 야기된 문제다. 군망이라고 한다면 무엇 때문에 주(州)를 썼겠는가? 당나라 시대 정치 구역을 지칭하는 것이라면 군이 아니라 주를 위주로 해야 한다. 『원화군현도지』의 경우 주로 목록을 열거하고 있는데, 주 아래에 군명을 추가했고 그것도 모든 군을 기록한 것이 아니다. 오여숭이 이와 같은 세 가지 결론을 내린 것은 '낙안에 식읍을 받았다'고 했을 때의 낙안이 당나라 시대 '낙안군'임을 설명하기 위해서다. 이제 『신당서』를 논거로 삼지 못하니, 『원화성찬』에서 새로운 근거를 찾으려고 한다. 그러나 『원화성찬』에서도 '낙안을 식읍으로 받았다'는 표현이 보이지 않자 『신당서』의 기록이 『원화성찬』에서 비롯되었다고 단정하고는 『원화성찬』의 체례(體例)를 과장하고 미혼진(迷魂陣)을 펼쳐 '군을 위주로 한다'라는 세 가지 결론을 내렸다. 그러나 이 역시 얼마나 대책 없는 결론인가!

이렇게 주유연과 오여숭 등 각 학파가 손무 고향의 현재 위치에 대해 조사, 강연을 펼치면서 온힘을 기울이고 있을 때 서용(徐勇)이라는 사람이 나타났다. 그는 불붙은 논쟁에 찬물을 끼얹으며 학자들에게 '모호설'로 일침을 가했다. 서로 다른 학설을 반박할 만큼 문헌이나 기타 여러 가지 자료가 충분하지 않기 때문에 현 상황에서 가장 현명한 방법은 시비를 가릴 수 없는 이 문제에 대해 '모호론'이란 방법을 통해 잠시 결론을 보류해야 한다고 주장했다. 다시 말하면 잠시 결론을 보류한 채 쓸모없는 논쟁은 그만두고, 오히려 그 노력을 다른 관련 영역에 쏟아야 한다는 것이다. 또 한편으로는 돌파구를 찾기 위해 적극적으로 새로운 자료들을 수집해 일단 조건이 갖추어지면 그때 다시 새로운 결론을 내리는 것이 합당하다고 말했다.

　그러나 서용의 '모호설'에도 각 학파의 논쟁은 수그러들기는커녕 점점 더 거세게 상대방을 반격하면서 끝까지 사투를 벌이겠다는 각오를 보여 주었다. 그런데 바로 이때 2천여 년간 종적이 묘연했던 손무의 묘를 한 젊은 학자가 발견했고, 그 묘의 위치가 강소성 오현 육묘진(陸墓鎭) 손돈빈촌(孫墩濱村) 남쪽이라는 언론보도가 있었다. 이 갑작스러운 사실에 손무의 고향에 대해 열띤 논쟁을 벌이고 있던 학자들은 제각기 새로운 방향을 잡아 진위를 알 수 없는 새로운 발견, 새로운 진지를 향해 발길을 옮겼다.

손무 묘의 발견

　이미 말했듯이, 오자서가 부차에게 죽임을 당하고 손무가 자신에게 미칠 화를 두려워해 도주한 뒤부터 그의 행방은 베일 속에 가려졌다. 그 후로 오나라 땅에서 죽을 때까지 살았다는 이야기도 있고, 말년에 제나라로 도망가 제나라에서 여생을 보냈다는 이야기도 있다. 그러나 오나라에서 죽었든, 제나라에서 여생을 마쳤든 간에 그의 묘가 어디에 있는지에 대해서는 2천여 년간 풀리지 않는 수수께끼였다.

　손무의 일생이 기록된 가장 이른 것은 『월절서(越絶書)』 「기오지전(記吳地傳)」으로, "무문(巫門) 밖 대총(大塚 : 큰 무덤)은 오왕(吳王)의 빈객이었던 제나라 손무의 것이다. 현에서 10리 떨어진 곳에 있다. 손무는 병법에 뛰어났다."라는 문장이 있다. 이후 사람들은 이 기록을 손무가 죽은 뒤에 오나라 땅에 묻혔다는 증거로 삼았다. 이 외에 명나라 노웅소(盧熊所)가 지은 『소주부지(蘇州府地)』에는 『오지기(吳地記)』를 인용해 손무의 묘가 "평문 서북쪽 2리 떨어진 곳에 있으며, 오나라 사람들은 이 지역을 영창(永昌)이라고 부른다."라고 했다. 이 같은 기록을 토대로 후대에 호사가들이 손무의 묘를 찾고자 했지만 끝내 정확한 위치를 발견하지 못했고, 후세 대대로 수수께끼로 남았다.

청나라 가경 5년(1800년), 양호(陽湖 : 지금의 강소 상주常州)에 자칭 손무의 후손이라는 손성연(孫星衍)이 살았는데, 그는 무료한 생활을 하다가 우연히 손무의 묘에 관한 이야기를 듣고 낡은 어선 한 척을 사들여 가복들을 이끌고 곳곳을 헤매며 손무의 묘를 찾아다녔다. 그러던 어느 날 소주 평문 외옹창(外雍瓷)에 이르렀는데, 영리한 계집종 하나가 해안가에 있는 커다란 토대(土臺)를 발견해 손성연에게 황급히 알렸다. 토대 앞에 이른 손성연이 사방을 둘러보니 고색창연한 측백나무가 주위를 에워싸고 있었다. 그는 묘가 맞는지 확인하기 위해 그곳 주민들에게 물어보았다. 그랬더니 그냥 '손돈(孫墩)'이라고 부르는데, 이곳이 묘인지는 아무도 모른다고 대답했다. 그는 술을 받아와 토대 앞에서 사람들과 거나하게 한판 술자리를 벌인 다음, 술기운을 빌려 '무문방묘도(巫門訪墓圖)'를 만들고 기사(記事)식으로 시를 덧붙였다. 그러나 당시 그의 행동은 아무에게도 주목을 받지 못했다.

1988년에는 호건신(胡建新)이 「호구(虎丘), 검지(劍池)와 손무자의 수수께끼」라는 글을 썼다. 호건신은 자신의 친필원고를 몇 부 제작해 여기저기 나누어 주었다. 글에서 그는 『월절서』에서 손무의 묘를 거론하면서 "무문 밖 무덤은 합려(闔閭)의 빙실(冰室)이다."라고 한 것은 손무와 합려의 묘가 가까운 곳에 자리하고 있음을 설명한 것이라고 주장했다. 손무의 무덤을 '대총(大塚)'이라고 한 것은 그의 장례가 융숭하게 거행되었다는 증거로 보았다. 또한 손무와 합려야말로 불가분의 관계에 있던 사람으로서, 용호(龍虎)라는 말로 설명할 수 있다고 생각했다. 그렇다면 호구(虎丘)는 장룡(藏龍)과 와호(臥虎)의 장소일 수도 있을 것이라면서 "호구를 발굴하면 검(劍)과 죽간을 발견할 수 있을 것이다. 그렇기 때문에 손무의 비밀을 파헤칠 가능성이 어느 춘추 시대 분묘보다 훨씬 크다."라고 말했다. 호건신의 주장은 기발하고 독특해서 적지 않은 사람들이 관심을 보이기는 했지만 그의 언행이나 인격이 불신을 심어준 까닭에 불발탄처럼 연기가 날 뿐 제대로 폭발하지 못했다. 다시 말해 막연한 추측으로 스스로도 확신을 갖지 못하는 상황에서 다른 사람들의 호응을 얻기란 거의 불가능한 일이었다. 그렇다고 호건신이 주눅이 든 것은 아니다. 왜냐하면 이전에도 적지 않은 사람들이 호구와 검지의 비밀을 밝혀 보겠다며 여러 가지 방법을 제시했지만 끝내 실천에 옮기지 못했기 때문이다.

소주성 서문 밖에 자리한 호구산 검지는 안이 넓고 밖이 좁은 천연 암석으로 되어 있다. 전설에 따르면 오나라 왕 부차의 아버지인 합려가 검지 아래 묻혔다고 한다. 검지라는 이름에 대해서는 두 가지 설이 있다. 하나는 외관이 전체적

소주의 호구

으로 한 자루의 검처럼 생겼기 때문이라는 것이고, 다른 하나는 합려가 물고기 배 안에 숨긴 검, 즉 어장검 때문이라는 것이다. 합려는 어장검으로 오나라 왕 요(僚)를 살해하고 왕위에 올랐기 때문에 평생 검에 대한 경외심을 가지고 있었다. 그래서 그가 죽은 다음 유언에 따라 아들 부차는 합려의 관곽에 어장검과 같은 검 3천 자루를 부장품으로 넣었다. 이런 이유로 검지라는 이름이 붙었다는 것이다. 검지는 춘추 시대 이후 1960년대까지 오랜 수수께끼를 간직한 채 고요히 잠들어 있었다. 그런데 어느 날 갑자기 지역 정부에서 기계를 동원해 검지의 물을 모두 뽑아냈다. 검지에 대한 대대적인 발굴 작업을 한다는 이유였다. 당시 전국적으로 일기 시작한 고고발굴 열풍의 영향이었다. 소주의 고고 관련부서는 지역 정부의 묵인하에 검지를 답사하고 오랫동안 전해 내려오던 비밀을 파헤치고자 했다. 연못의 물을 모두 빼내자 고고대원들이 검지 아래에서 옛 묘와 묘문(墓門)을 발견했다. 석장의 청석판(靑石板)으로 만든 수혈식 묘문은 인

검지. 오나라 왕 합려의 무덤에 검 3천 자루를 부장품으로 넣었다는 설이 있다.

공으로 제작된 것이 분명했다. 고고학적 시각에서 볼 때 묘장의 형식은 춘추 시대의 것이었다. 묘장을 발견한 고고대원들은 심상치 않은 그 모습에 쉽게 발굴하기가 어려웠고, 지역 정부도 일의 심각성을 깨달았다. 그들은 함부로 묘문을 열 수 없어서 즉시 상부에 보고한 뒤 지시가 내려오기를 기다렸다. 보고를 받은 국무원 주은래 총리는 한참을 생각하더니 결국 발굴 불허 지시를 내렸다. 그 이유는 묘문을 열 경우 검지 상단부가 붕괴될 위험이 있었고, 만약 그렇게 된다면 호구 전체 안전에 문제가 생길 수 있었다. 또한 고고대원들은 고묘의 주인이 합려인지에 대해 확신을 못했기 때문에 추정만으로 발굴을 감행하는 것보다는 '천고의 비밀'로 남겨 두는 것이 오히려 지역 관광산업의 발전이나 경제 효과를 높이는 데 유리하다고 생각했다. 이후에도 검지의 물을 수차례 뽑아내기는 했지만 바닥에 있는 고묘는 그대로 안전하게 유지했다. 와룡의 연못, 즉 합려의 묘가 발굴되지 않으면서 이보다 한 단계 아래인 손무의 묘를 발굴하는 일 또한 사람들의 기억에서 사라져갔다.

1990년대에 이르자 경제 부흥과 함께 중국 대륙에는 명사와 명승에 대한 쟁탈전이 새롭게 일어나기 시작했다. 죽은 명사가 살아 있는 명사보다 더 값졌고, 이를 위해 피 튀기는 싸움이 벌어지면서 손무의 묘 역시 크나큰 변화를 맞이했다. 하룻밤 사이에 천고의 비밀이 마치 알리바바의 동굴처럼 한순간에 열렸는데, 새 시대 무산계급 지식인이었던 저량재(褚良才)의 이야기에서 시작되었다. 같은 무산계급 출신인 아마추어 언론인 팽홍송(彭洪松)은 저량재가 만든 전설을 '손자의 수수께끼를 파헤치다'라는 제목으로 1996년 10월 5일 『금만보(今晩報)』에 발표했다.

21년 전, 당시 열아홉 살로 고등학교 졸업생이었던 저량재는 홀연 뇌리를 스치는 기발한 생각으로 손자의 일생과 묘소의 비밀을 파헤쳐 국내외 학자들을 경악하게 만들었다.

1975년, 항주일중을 졸업한 저량재는 '빈농과 중하층 재교육'을 받기 위해 준비중이었다. 교육을 받으러 떠나기 전 소주에 있는 친척 집에 놀러간 그는 선장본(線裝本)『월절서』를 읽다가 "무문 밖 대총은 오나라 왕의 빈객이었던 제나라 손무의 것이다. 현에서 10리 떨어진 곳에 있다. 손무는 병법에 뛰어났다."라는 구절을 보았다. 당시 '비림비공(批林批孔)'* 운동이 한창이었는데, 손자는 법가의 한 사람으로 추앙받고 있었다. 저량재는 책 내용을 바탕으로 손자의 묘를 찾을 수 있겠다는 생각에, 그 즉시 자전거를 타고 소주 무문을 출발해 '사방 10리 떨어진 곳'을 조사하기 시작했다. 그러나 '손무총'에 관한 이야기를 들어본 사람을 찾지 못해 풀이 죽은 채 집으로 돌아갔다. 그리고 20년이란 세월이 흘렀다. 때는 1995년 12월 소주 교외 손돈빈촌, 새로 세운 '오왕총' 묘비 앞에서 일중(日中)우호협회 이사이자 중국손자병법연구회 고문인 하토리 치하루(服部千春)는 항주대학 문학박사인 저량재에게 다음과 같이 말했다.

"선생은 최초로 손자의 묘를 발견한 중국인이고, 저는 최초로 손자의 묘를 배알한 외국인입니다."

금년(1996년) 10월에 소주에서 거행될 예정인 손자 토론회에서 저량재는 논문 「손자의 일족, 묘장에 관한 연구」를 통해 오랫동안 논쟁거리였던 손자의 일생과 묘장의 비밀에 획기적인 답안을 제시할 것이다. 세계적인 병법 대가를 참배할 수 있는 성지가 생기는 것으로, 이는 세계 군사학계는 물론이고 손자를 둘러싼 수수께끼를 푸는 데 놀라운 소식이 아닐 수 없다. 그동안 손무의 묘를 찾아 나선 사람은 많았지만 정확한 위치를 파악한 사람은 아무도 없다. 이제 저량재가 그 수수께끼를 해결했다. 그는 손자 묘총의 정확한 위치를 파악하기 위해 1975년 이후 다섯 번이나 소주를 방문했었다.

1976년 겨울, 북풍에 눈보라가 몰아치는 어느 날 소주 무문 밖 동북쪽 10리 지점인 손돈빈촌 작은 길을 따라 솜으로 누빈 군복을 입고 진흙투성이 신발을 신은 한

---

* 중국에서 1973년 말부터 전 국방장관이자 당 부주석이었던 임표(林彪)와 그가 즐겨 인용한 공자를 아울러 비판한 운동이다. 귀족을 옹호한 공자의 사상을 당 노선에 도입해 자본주의의 부활을 꾀했다는 내용이다.

청년이 자전거를 밀며 걸어오고 있었다. 그가 바로 20년 전의 저량재다. 그는 직감적으로 '무문 밖 10리' 손돈빈촌이 손자 묘총과 관련이 있을 것이라 생각했다. 과연 강가에서 하늘을 찌를 듯 우뚝 서있는 측백나무 숲 사이로 흙더미가 몇 군데 눈에 띄었다. 그중 큰 것은 2, 3무(畝)*는 되는 듯했다. 저량재는 점차 흥분이 되었다.

그는 마을 노인 한 사람에게 물어보았다.

"영감님, 여기 누가 묻혀 있는지 아십니까?"

노인이 말했다.

"글쎄, 듣자하니 제일 큰 흙더미 속에는 싸움을 잘하던 고대 장수가 묻혀 있다던데 이름은 기억이 안 나오."

"그럼 이곳에 성이 손씨인 집이 있습니까?"

"해방 전에는 있었지. 하지만 모두 소주 반문(盤門) 밖으로 이사 갔소."

저량재의 마음속에 거대한 파도가 밀려오는 것 같았다. 그는 이곳이 분명 손자의 묘라고 생각했다. 그러나 그 기쁨은 문헌이나 지명 등 자료를 근거로 한 추측에 불과했다.

그때 하향(下鄕) 지식청년 저량재는 자신이 금방이라도 손자 묘의 비밀을 파헤칠 수 있을 것만 같았다. 그러나 그의 꿈이 실현된 것은 19년이 지난 뒤였다. 처음 손돈빈촌을 방문한 이후로 1978년 대학 중문과에 입학했을 때, 그리고 1982년 대학을 졸업하고 난 뒤 저량재는 또다시 손돈빈촌을 찾아갔다. 그가 발견했던 몇 개의 큰 흙무덤은 연산승포책임제(聯産承包責任制)** 때문에 조금씩 깎여 점점 작아지고 있었다. 안타까운 마음에 그는 당시 강소성 성장 고수련(高秀蓮)에게 편지 한 통을 보냈다. 손자연구회를 설립해 손자의 묘총을 확인, 보호할 수 있는 작업을 할 수 있도록 해달라는 요청이었다. 그러나 여러 가지 이유로 그의 요구는 실현되지 않았다.

1991년, 고대 한어에 관심을 가지고 있던 저량재는 항주대학 장예홍(蔣禮鴻) 선생

---

* 무는 묘(畝)의 원말로서 논밭 넓이의 단위다. 1묘는 한 단(段)의 10분의 1, 곧 30평으로 약 99.174제곱미터에 해당한다.
** 농가에서 가구 단위로 집체를 조직해 토지 등 생산 토대나 임무 등 농업 생산을 책임지는 형태를 말한다.

밑에서 박사과정을 이수하고 있었다. 이제 저량재는 20년 전 멋모르고 덤비며 피만 끓던 햇병아리 청년이 아니었다. 그는 소주를 다섯 차례 방문하면서 문헌학, 훈고학, 고고학, 지명학, 민속학, 건축학 등을 통해 종합적으로 고증을 거쳐 설득력 있는 증거와 확실한 사실을 바탕으로 현재 오현시 육묘진 손돈빈 남쪽에 있는 커다란 묘총이 손자의 묘라고 주장했다.

『월절서』에 따르면, 손무의 대총은 무문 밖 10리 떨어진 곳에 있다. 저량재는 무문을 중심으로 사방 10리 지점을 점검했다. 물론 옛날의 척도를 기준으로 했다. 손돈빈은 무문에서 약 4, 5킬로미터 떨어진 곳에 있다. 이 외에 다른 곳은 손무의 묘로 간주할 만한 그 어떤 것도 발견할 수 없었다. 게다가 고대 음에서 '돈'과 '총'은 동음이며, 모두 '토묘(土墓)'를 의미한다. 그렇다면 손돈(孫墩)은 곧 손총(孫塚)이다.

여든이 조금 넘은 한 마을 노인이 말했다.

"묘 앞에 예전에 석방(石坊)과 돌사자상이 있었어. 분명 신분이 높고 명망이 있는 사람의 묘지였을 거네."

손자는 제나라 사람으로 죽은 뒤 소주 북쪽에 묻혔는데, 이는 망향(望鄕)의 의미를 담고 있다. 당시 사람들은 죽은 뒤에 고향을 볼 수 있는 곳에 매장을 했던 것이다. 저량재는 이 밖에도 반박의 여지가 없는 확실한 근거들을 통해 손돈빈남(孫墩濱南)이 손무의 묘임을 증명했다.

그러나 저량재의 손무 묘 발견 사실이 알려진 것은 1995년의 일이다. 1994년에 소주에서 성립된 손자연구회 사람들은 손돈빈으로 손무의 묘를 찾아갔다. 그들은 그곳에서 마을 노인으로부터 20년 전, 아직 이 사실에 확신이 없는 상태에서 한 청년이 이곳을 찾아왔었다는 이야기를 들었다. 회원들은 소주박물관과 소주대학 등을 찾아다니면서 청년을 수소문했지만 종적을 찾을 수 없었다. 도대체 마을을 찾아왔었다는 청년은 누구일까? 그러다가 1995년에 저량재가 중국손자병법연구회 회원으로 소주에서 열린 손자연구회에 참석해 다섯 차례 소주에 다녀간 일을 이야기했다. 그제야 사람들은 청년의 존재를 확인할 수 있었다.

이로써 저량재는 첫 번째로 손무의 묘를 발견한 인물로 인정받게 되었다.

박사과정을 마친 뒤, 저량재는 손자 연구에 온힘을 기울였다. 그는 숱하게 많은 중국 고대 문헌들을 통해 후대 사람들이 말하는 손무는 구양수가 『신당서』에서 말한 그 손무가 아니라는 결론을 내렸다.

깜짝 놀랄 만한 사건이었다. 저량재는 문헌 자료에 대한 연구와 추론을 통해 손무에 관한 여러 가지 의문점을 봄눈 녹듯 모두 풀어버렸다. 더욱 놀라운 사실은 1995년 말, 오현 형산도(衡山島)에서 발견된 『갑산북만손씨종보(甲山北灣孫氏宗譜)』가 그의 주장을 완벽하게 입증해 주었다는 점이다. 이에 따르면, 손무와 손빈은 조부와 손자의 관계가 아니라 증조부와 증손자 관계다. 이를 통해 손무와 손빈의 나이 차이가 143년이라는 문제가 완벽하게 해결되었다. 저량재는 이 외에도 몇 부의 손씨 족보를 더 발견했는데, 이 역시 그의 주장을 입증하는 데 도움이 되었다.

저량재가 손자의 일생과 묘장에 얽힌 수수께끼를 풀면서 손자와 관련해 오랫동안 지속되었던 학계의 논쟁도 끝을 맺었다. 저량재를 손자 연구사의 혜성과 같은 존재라고 찬사를 보내는 이도 있었다. 그러나 그는 이에 만족하지 않았다. 최근 저량재는 손씨 족보 연구를 통해 손중산(孫中山) 선생이 손자의 후예라는 사실을 입증하는 작업을 하고 있다. 손중산 자신도 생전에 몰랐던 이 일에 대해 대만의 손자 연구 학자들은 약속이나 한 듯 한마음으로 동참하고 있다. 만약 이 논문이 세상에 나온다면 다시 한 번 국내외에 커다란 반향을 불러일으킬 것이다…….

저량재가 발표한 신화 같은 이야기에 한바탕 소란이 일어났다. 많은 사람들이 어림도 없는 엉터리 이야기에 불과하다며 소리를 높였다. 손무의 고향에 대해 '모호설'을 제기한 서용은 매우 분노한 채 저량재에게 비난의 화살을 날렸다. 그는 증거가 불확실한 이야기를 함부로 말하고, 일본 학자마저 이런 이야기에 호응한다는 것은 결코 보고만 있을 수 없는 문제라고 힐난했다. 그의 반론을 살펴보면 다음과 같다.

우선 저량재가 말한 '커다란 흙더미'란 주변에 널려 있는 것으로서 결코 한두 군데가 아니다. 게다가 이미 2천여 년이나 지난 상태에서 예전 모습을 그대로 간직하고 있을 리 없고, 증거가 될 만한 고고학적 발굴이나 문헌 기록 또한 전무한 상태다. 오직 구비전설에만 의존하고 있으니 결코 신빙성이 있다고 할 수 없다. 둘째, 저량재가 계산한 거리와 범위가 오차가 없다고 해도(사실 이 부분을 정확하게 계산하기란 매우 어려운 일이다 — 서용 주), 주변에 반원을 그려 지역을 탐색한다는 것은 결코 과학적인 방법이 아니다. 고대사 연구자들이 모두 알고 있듯 말은 언제나 쉽다. 지금은 비록 의심할 부분이 없다고 하지만 그것이 향후 그럴 가능성이 없다는 뜻은 결코 아니다. 게다가 앞서 소개한 대로 이미 다른 의문점이 존재한다. 셋째, 천하에 손씨 성을 가진 집안이 많은데, 손씨라고 해서 무조건 손무의 후손이라고 말할 수는 없다. 따라서 '손돈'이 '손총'의 의미라고 해도 그것이 반드시 손무의 묘라고 단정할 수는 없다. ……물론 이 문제에 대한 연구도 가능하고, 자신의 관점을 일설로 주장할 수도 있다. 오현 이외에 다른 지역에서 손무에 대한 기념행사를 갖는 것도 비난할 일만은 아니다. 그러나 아직 증거가 충분하지 않고 고고학적 발굴을 통해 확인이 되지 않은 상태에서 섣불리 정론 운운한다거나 맹목적으로 따를 수는 없다. 적어도 언론 보도에서 "저량재가 손자의 일생과 묘장에 얽힌 수수께끼를 풀면서 손자와 관련해 오랫동안 지속되었던 학계의 논쟁도 끝을 맺었다."라거나 "손무에 관한 여러 가지 의문점을 봄눈 녹듯 모두 풀어버렸다."라고 말하고, 저량재를 "손자 연구사의 혜성과 같은 존재"라고 말하는 것은 신중하지 못한 발언이면서 결코 사실이라 할 수 없다.

이와 같은 서용의 지적과 반론에 대해 학계의 대부분이 적극 동조했다.

한편 산동 북부와 중국 동남 연안에서 논쟁의 불길이 그치지 않고 있을 때, 서쪽에서는 손무의 후예인 손빈의 고향에 대한 논쟁이 벌어지고 있었다. 각 파벌과 조직에서는 각기 다양한 목적으로 이 논쟁에 뛰어들었다. 이렇게 이미 백골이 진토되어 사라진 지 오래인 손빈이 또 다른 논쟁의 초점이 되고 있었다.

14장
손빈의 영상

사마천의 기록은 여러 가지 서로 다른 논설을 낳는 데 절대적인 영향을 미쳤다. 손빈의
진짜 고향은 어디인가? 학자들의 주장과 현지 관원들의 지지하에 사업 추진 소조小組가
성립되어 손화원孫花園과 손노가孫老家를 직접 방문했다. 손씨 족보가 다시 세상에 얼굴을
내밀고, 손빈 화상과 묘비도 새롭게 발견되었다. 노승老僧의 기억과 전문가의 감정을 통
해 천 년 세월 동안 묵혀 왔던 비밀이 서서히 모습을 드러냈다.

손노가의 비밀

1989년 혜민현에서 있었던 손무의 고향 소유권 쟁탈을 위한 '국제학술회의'가 국내외 관계자들에게 뜨거운 반응을 일으키자, 산동성 하택(菏澤) 지역의 일부 관리들 또한 권모술수에 능한 이들과 함께 상부에서 개방과 경제 활성화를 적극 추진하는 상황이니 손자라는 인물을 잘 이용하면 경제적으로 큰 이익을 얻을 수 있을 것이라는 데 의견을 같이했다. 그들은 관광개발 사업에 유명인이나 널리 알려진 이야기를 이용해 더 큰 효과를 불러오려는 목적으로, 손빈이 당시 직접 전략을 구상하고 지휘를 맡은 계릉 전투지의 구체적인 장소를 찾기 시작했다. 이 같은 방침이 내려오자 하택 지역 관공서에서는 직접 나서서 '계릉 전투 심포지엄'을 개최했다. 회의에 초청 받은 전문가와 학자들은 관련 전적과 새로 출토한 은작산 한간 『손빈병법』을 바탕으로 적절한 토론을 거쳐 다수의 의견을 수렴한 다음 계릉 전투의 정확한 장소가 현재 하택 목단원(牧丹園) 일대라는 결론을 도출했다. 결론대로 해당 지역을 계릉 전투의 전적지로 확정한다면, 매년 봄 하택 목단화가 만개할 무렵 꽃구경을 마친 관광객들이 계릉 전적지를 더불어 관광할 수 있기 때문에 그야말로 일거양득의 효과를 볼 수 있었다.

이 회의 기간에 일부 학자들은 계릉 전적지를 확정하는 것만으로 성에 차지 않았는지, 손빈 고향의 소재 문제에 대해서도 많은 관심을 보였다. 산동사범대학 교수인 안작장(安作璋)은 하택시 사회과학연합회 책임자에게 은작산 한간 중 『손빈병법』이 손빈의 고향 소재지에 대한 새로운 단서를 제공하고 있다는 언급을 여러 차례 했다. 그러면서 견성과 운성(鄆城) 일대에 손빈과 관련된 전설이 많이 전해지는 것으로 보아 이곳이 손빈의 고향일 가능성이 크다고 했다. 그는 하택 정부에서 적극적인 조사와 연구를 통해 믿을 만한 자료를 수집한 다음 정식으로 손빈의 고향을 확정짓고, 투자자를 유치해 관광개발을 추진한다면 지역경제의 발전에 큰 효과가 있을 것이라고 했다. 또한 1990년 초, 산동대학 역사학과 교수 왕선진(王先進)은 자신이 다년간 조사한 바에 따르면, 손빈의 고향이 현재 견성현 동북부 일대 10여 킬로미터 범위 안이라고 주장했다. 그러므로 사회과학연합회와 지역 정부 관련부서가 연계해 이 일대에 대한 세밀한 조사와 연구를 벌여 진위를 확정해 주길 바란다고 하택 사회과학연합회에 서면으로 전달했다.

이 소식을 들은 하택 지역 사회과학연합회는 관심이 가기는 했지만 만에 하나 조작의 가능성을 배제할 수 없었기 때문에 우선 현장 조사를 실시하기로 했다. 사마천의 『사기』를 보면, 손빈이 아(阿)와 견(鄄) 사이에서 태어났다는 기록이 있기 때문이다. 견성은 물론, 하택 전역에 걸쳐 예로부터 손빈에 대한 많은 전설이 전해지고 있었다. 그중에는 제법 널리 알려진 전설도 있었다. 따라서 그 진위를 불문하고 이는 지역의 정치, 경제, 문화가 상호 결합된 과학적 연구의 성과라고 할 수 있다. 이 사업은 학술연구 대상으로 지목되어 그해 과학연구계획에 편입되었다. 이후 하택 지역위원회, 지역 정부의 허가를 받고 견성현위원회 및 현정부와 긴밀한 협조 체제가 구축되었다. 당시 지역경제 부흥책을 찾지 못해 고민하고 있던 견성현 책임자는 우연히 사회과학원연합회 지도자의 격려에 절호의 기회를 놓칠 수 없다는 생각을 했다. 일단 성공만 하면 산동성에서 가장 척박하고 낙후된 노(魯) 지역 서남쪽에서 관광개발을 통한 발전을 도모할 수 있었다. 이를 통해 견성현의 밝은 미래뿐만 아니라 중국 전체에도 찬란한 서광이 비칠지도 모르는 일이었다. 그는 지역 당정 부서 진흥지(陳興之), 단련상(段連湘), 관원도(管元道), 상귀민(常貴民) 등 여러 관리의 지원하에 사회과학연합회 중심의 과제분과를 구성한 다음 조사, 연구에 착수했다. 이 과제분과는 견성현위원회 선전부, 현 정치협상문사위원회, 문화국, 문건국, 지방지사무실 관련자인 주아비(朱亞非), 손세민(孫世民), 오양훈(吳良訓) 등이 직접 참여한 가운데 1991년에 정식으로 현판식을 거행하고 사업을 시작했다. 실무자들은 관련 문헌과 지방지 등 자료를 수집해 조사하는 한편, 새롭게 출토된 은작산 한간 『손빈병법』에서 얻은 사실을 토대로 마을 주민들을 직접 만나 조사를 실시했다.

그해 6월, 과제분과 왕충미(王忠美), 주방림(周方林), 염전방(閻殿芳) 등은 『복주지(濮州志)』권 6에서 우연히 손빈에 대한 전기를 발견했다. 그에 따르면, 손빈은 복주인이다. 사료를 참고했을 때, 당시 복주 관할지역은 지금의 하남 범현(范縣), 복양(濮陽) 일부와 견성현이다. 이 같은 정보를 바탕으로 『복주지』를 꼼꼼하게 살펴보던 과제분과 연구자들은 손빈 우첨비(牛舔碑)에 대한 기록을 찾아냈다.

읍의 동남쪽 70리 수보진(水堡鎭)에 우첨비가 있다. ……전하는 바에 따르면, 손빈이 이곳에서 휴식하다가 비(碑)에 소를 매어 두었다고 한다…….

왕충미 등은 이 단서의 가치를 높이 평가해 견성과 운성의 경계 지역인 수보(水堡)를 중점적으로 조사했고, 그 과정에서 손빈에 대한 전설을 많이 들을 수 있었다. 과제분과 역시 기록과 전설을 바탕으로 주변을 집중적으로 조사했다. 이 지역은 앞서 산동대학 교수 왕선진이 말한 견성 일대인데, 뜻밖에 적지 않은 성과를 얻었다. 수보 인근에 손화원(孫花園)이라는 마을이 있는데, 전하는 바에 따르면 손빈이 말년에 은거하면서 저술 활동을 하던 곳이라고 했다. 주변에 거주하는 손씨 성을 가진 사람들은 손빈을 자신들의 시조로 믿고 있었는데, 확인 결과 그들은 남쪽으로 10리 떨어진 손노가(孫老家)에서 이주해 온 54대 손준(孫浚)의 후손이었다. 이 사실에 과제분과 사람들은 매우 기뻐하면서 견성현 동북쪽 40리에 위치한 홍선진(紅船鎭) 손노가에 대한 추적 조사에 돌입했다. 그곳은 2,300여 명이 거주하고 있는 제법 큰 마을로 전체 주민의 95%가 손씨였다. 그들에게 손빈에 대해 물어보자 남녀노소 할 것 없이 이구동성으로 손빈이 자신의 시조라고 말했다. 지금도 마을에는 손씨 사당이 남아 있고, 매해 손빈의 위패를 모시며 제사를 지낸다고 했다. 이 외에 마을의 '촌명비(村名碑)'에도 손빈에 관한 기록이 남아 있었다. 손씨 주민들은 과제분과 사람들에게 손빈이 손노가에서 출생했다고 말하면서 손빈은 손무의 증손이자 자신들의 시조라고 주장했다. 그들 말에 따르면, 손무의 조부는 이름이 서(書)이며, 작은 할아버지는 항(恒)으로 제나라 경공에게 손이라는 성을 받았고, 손무의 손자인 손조(孫操), 즉 손빈의 아버지는 철공으로 생활하다가 지금의 손노가로 흘러들어 왔다고 했다. 당시 그곳은 냉가촌(冷家村)이었는데, 손조가 마을 서쪽에 자리를 잡은 이후 자손이 번창하면서 이 마을이 점차 손노가가 되었다는 것이다. 과제분과 사람들은 구양수 등이 편찬한 『신당서』 「재상세계표」와 등명세의 『고금성씨서변증』 모두에 동일한 내용이 기록되어 있는 것을 확인했다. 즉, 손무의 조상 전서가 "거(莒)를 정벌, 공을 세워 경공이 손씨 성을 하사했다."라는 내용이다. 손노가가 성을 하사받았다는 설이 이 내용에 부합함으로써 신빙성이 높다고 판단했다. 사마천은 『사기』에 "손무가 죽은 뒤 100여 년 후에 손빈이 태어나니, 그는 아와 견 사이에서 태어났다. 손빈 역시 손무의 후손이다."라고 했다. 손노가 손씨 가족에 관해 전해지는 이야기 역시 대개 비슷했다. 이로써 과제분과 사람들은 1차적으로 손노가의 손씨 가족이 손빈과 역사적으로 깊은 관계가 있다는 결론을 내렸다.

이를 매우 중요한 단서로 본 과제분과 사람들은 철저하게 사실을 확인하고자 했다. 그들은 마을 간부와 일부 당성이 탁월하고 정치적 견해가 뚜렷하면서, 정치관이 확실하고 생각이 깊으며, 영리한 사람들을 소집해 좌담회를 가졌다. 한 노인은 손빈과 관련해 손씨 족보에 기록이 남아 있다고 말했다. 그러나 족보에 대해 구체적으로 이야기가 나오자 그는 말을 더듬거리며 문화대혁명 기간 사구(四舊 : 낡은 사상, 낡은 문화, 낡은 풍속, 낡은 습관) 타파 운동 때 모두 불타버렸다고 했다. 게다가 태워버린 사람이 누구냐는 질문에 노인들은 모두 쭈뼛거리며 서로 등을 떠밀 뿐이었다. 과제분과 사람들은 그들의 태도에서 뭔가 말 못할 고충이 있다는 것을 느낄 수 있었다. 그들의 입장을 이해하면서, 좀 더 심층적인 정치사상 시간을 마련하자 손씨 가문의 어른이면서 족보 보관인인 손지일(孫志一)은, 사실 족보는 양곡 저장용 독에 숨겨 놓았으며, 쥐들이 몇 군데 갉아먹은 것을 제외하면 잘 보

견성현 손노가촌. 「손씨가보(孫氏家譜)」를 보고 있는 손빈의 후손들

존되어 있다는 사실을 털어놓았다. 이후 한참동안 정치사상 작업을 거친 결과, 손지일은 생각을 바꾸어 오랫동안 고이 간직했던 『손씨족보』와 『손씨가사서(孫氏家祠書)』 등 두 권의 족보를 내놓았다. 손빈의 고향에 관한 문제를 해결하기 위한 매우 진귀한 역사적 자료였다.

손지일의 말에 따르면, 문화대혁명 시기 상부에서 간부로 보이는 몇 사람이 내려와 그 지역 귀고문(鬼敲門)이라는 전투대와 함께 징소리, 북소리 및 온갖 구호로 시끄럽게 하면서 손씨 가족 족보라는 변천장(變天賬)*을 찾아내 몰수하겠다고 소란을 피웠다. 귀고문은 변천장이 손지일에게 있다는 사실을 알아내고는 그 즉시 그를 압송해 공개비판에 들어갔다. 손지일은 문화사상적 인식 수준은 높지 않았지만 자신이 보관하고 있는 그 물건이 손씨 가족의 혈연을 완전하게 기억해 줄 수 있는 소중한 물건이라는 사실은 알 수 있었다. 또한 이 족보야말로 손씨 가문의 생존과 계승, 발전을 도모할 수 있는 희망이라는 사실도 느낄 수 있었다. 그는 모든 물질적 재부는 잃을 수 있지만 절대 희망을 잃어서는 안 된다고 생각했다. 희망이 없는 민족이나 가족을 도저히 상상할 수 없었던 그는 귀고문의 끈질긴 협박에도 절대 입을 열지 않았다. 전투대원들은 방법이 통하지 않자 아예 그 이름에 걸맞게 손지일의 집을 샅샅이 뒤지기 시작했다. 하지만 다행히 끌려가기 전에 불길한 예감이 들어 사람들이 잘 모르는 은밀한 쥐구멍에 족보를 숨겨놓은 상태라 위기를 피할 수 있었다. 처음 그가 과제분과 사람들에게 거짓말을 했던 이유는 상부에서 파견한 사람들의 저의가 무엇인지, 혹시 당시 귀고문의 전철을 밟는 것은 아닌지 파악할 수가 없었기 때문이다. 또한 자신이 몰래 보관해 온 이 족보가 대체 혁명적 가보인지, 아니면 반혁명적 변천장인지 전혀 아는 바가 없었다. 그런데 이 거대한 정치적 압박 속에 족보를 내놓았다가 족보는 물론 사람들까지 모두 비극적인 결말을 맞는 것은 아닐까 하는 생각이 들었던 것이다. 이에 그럴듯한 거짓말로 둘러댔다가 결국 혁명 간부에게 의중을

---

* 중공 정권에 의해 타도된 계층이 1960년부터 1년간 옛 제도로 복귀를 꿈꾸며 준비한 각종 장부나 문서를 말한다.

들키고 만 것이다. 그는 얌전히 과제분과 사람들 앞에 족보를 내놓을 수밖에 없
는 상황이 되었다.

　전리품을 손에 넣은 과제분과 사람들은 그제야 한숨을 돌렸다. 1차 연구감
정 결과, 과제분과 사람들은 새로 입수한 손씨 족보가 광서 연간 수정을 거친 판
본이라고 보았다. 이 족보 앞에는 손씨 가묘의 대련(對聯 : 시문 등에서 대對가 되는 연
聯) 한 폭이 기록되어 있었다.

　(옹수) 오른쪽에 사당을 세워 2천 년 동안 가문의 명성이 떨어지지 않았고,

　오른쪽 견 땅에 자손들이 나뉘어 60세대를 지켜온 사묘가 아직도 건재하도다.

　(灉)右立宗兩千年家聲未墮, 右鄄分支六十世祠廟猶存.

　옹(灉) 책 앞머리에는 두 편의 서언이 있었는데, 하나는 손씨 65대손 손무소
(孫懋昭)가 광서 9년 중춘(仲春 : 음력 2월)에 쓴 글이며, 다른 하나는 손씨 65대손 손
무상(孫懋賞)이 광서 11년 맹동(孟冬 : 음력 시월)에 수정한 것임을 추측할 수 있었
다. 손무상은 「서」에서 다음과 같이 말했다.

　우리 손씨는 대대로 명문의 후예이며, 우리의 터전인 이곳은 옹수 오른쪽에 위치
　한 손씨의 집성촌이기 때문에 이름을 손노가라 했다. 전국 시대 제나라 시절 손빈
　은 호가 백령, 관직은 군사로, 제나라에서 정치를 보좌해 높은 공을 세웠는데, 그가
　바로 손씨의 조상이다.

　과제분과 사람들은 손씨 족보의 두 서언에 대한 기초적인 분석 결과, 이 글
은 손빈이 손노가 손씨의 시조이며, 손노가가 바로 당시 손빈의 고향이라는 것
을 확실하게 뒷받침해 주는 것이라고 보았다. 지리적 위치나 시대를 고증해 볼
때, 이는 역사적 사실에 완벽하게 부합했다. 전국 시대 손빈부터 광서 연간 족보
를 수정하고 사당을 중수할 때까지 이미 2천여 년이 지났다는 것이다. 즉, 족보

에 기록되어 있는 손빈이 손노가 손씨의 시조라는 점을 확인시켜 줄 분명한 역사적 근거라고 말할 수 있다. 이 밖에 손노가에서 보존하고 있는 『손씨가사서』에도 다음과 같은 기록이 남아 있다.

우리 손씨는 거족(巨族)이다. 시조는 손공(孫公) 빈(臏)이며, 호는 백령(伯靈)이다. 일찍이 제나라 위왕(威王)을 보좌했고, 군사(軍師)의 관직에 올랐다. 이곳에서 태어나 후대에 자손들이 번성하니 이곳 지명을 손노가라 칭했다.

이처럼 손빈이 지금의 손노가에서 태어났다고 밝히고 있기 때문에 후손들은 손빈의 후예가 사는 마을이라는 뜻으로 마을 이름을 '손노가'로 지은 것이다. 과제분과는 『손씨족보』와 『손씨가사서』, 그리고 사당의 대련이나 마을에 전해지는 전설과 손빈을 모시는 위패 등 여러 가지가 서로 관련이 있다고 단정 지었다. 이 같은 자료들의 주요 내용은 고증이 가능한 역사 사건들과도 일치했다. 또한 손씨 일가는 명나라 만력 7년에 그렸다는 손빈의 초상화를 과제분과에 보냈다. 이 초상화는 고고학자들의 감정을 통해 진귀한 문화재로 판명되었고, 과제분과는 손빈과 손노가의 관계를 입증할 만한 새로운 증거라고 생각했다.

과제분과의 탐방 결과 손노가에 거주하는 장년들의 기억에 따르면, 손씨 사당은 단층 목조 건물이며, 중앙에 손

손씨 일가가 소장하고 있던 명나라 만력 7년에 그렸다는 손빈의 초상화

빈의 위패를 모셨다고 했다. 위패의 너비는 7촌, 높이는 3자 정도인데, 용과 꽃 문양으로 조각되어 있었고, 위패 안에 '제국군사진봉좌승수시조손공휘빈자백령기배소부인지신위(齊國軍師晋封左丞垂始祖孫公諱臏字伯靈曁配蘇夫人之神位)'라는 글이 적혀 있었다.

한족(漢族)은 아무리 위대한 인물이라고 해도 연고가 없는 사람을 조상으로 모시지는 않는다. 그렇다면 손노가 주민들이 명성만으로 손빈을 조상으로 모셨다고는 볼 수 없다. 또한 손노가의 손씨들은 '손고록(孫軲轆)'이라는 말을 극히 꺼렸다. 손빈이 방연 때문에 두 다리를 잃고 상반신만 남았는데, 견성 지역 사투리로 이를 '육고록(肉軲轆)'이라고 말하기 때문이다. 이 같은 말을 쓴다면 이는 곧 손씨 조상에 대한 불경죄에 해당한다. 또한 그들은 민간에서 즐겨듣는 연의(演義) 고사나 설창(說唱) 가운데 '손빈하산(孫臏下山)'이나 '손방지쟁(孫龐之爭)' 등을 거부했다. 이 역시 조상에 대한 모욕으로 여겼기 때문이다. 그러므로 전통적인 관념에서 볼 때, 손빈이 바로 손노가 손씨의 조상이라고 볼 수 있다. 그렇지 않다면 그처럼 손빈을 모실 이유도, 또한 그 같은 관습이 생겼을 리도 없기 때문이다.

또 다른 전설에 따르면, 손빈은 말년에 고향에 은거했고 그 구체적인 장소가 지금의 손노가 북쪽 10리 허송루향(許宋樓鄉) 손화원촌(孫花園村)이라고 한다. 손빈은 그곳에 은거하면서 병법을 저술하고, 문하생들에게 무예를 가르쳤다고 전해진다. 손화원촌에는 병법을 저술했다는 저서관과 제자들에게 무예를 전수한 수도당(授徒堂)이 있고, 화원과 상화정(賞花亭), 조어대(釣魚臺) 등이 있는데, 이후 후손들이 이주해 살면서 손화원이라고 불렀다고 한다. 그 전설에 따르면, 손빈은 8월 18일에 세상을 떠나 손화원에 묻혔는데, 묘지는 지금의 손화원 동북쪽에 자리한 억성사(億城寺) 옛터 앞이라고 한다. 소주(蘇州) 동문 밖에서 손무의 무덤을 찾아간 적이 있다는 자칭 손무의 후예이자 청나라 학자인 손성연 역시 손화원 일대를 살펴보고, 양각애(羊角哀)와 좌백도(左柏桃) 합장묘에 비문을 썼는데, 그 비가 지금의 손화원 동북쪽 1킬로미터 지점에 위치한 양각애와 좌백도 묘 앞에 남아 있다. 손빈의 묘지에서 얼마 떨어지지 않은 곳이다. 과제분과의 왕충미 등은 이처럼 손성연이 궁벽한 시골 마을을 찾은 것은 아마도 일대에 손빈의 유적지가 있다는 믿음에 따른 행동이라고 보았다.

더욱 확실한 자료를 수집하기 위해 과제분과의 왕충미와 초성아(楚成亞) 등은 조수 몇 사람과 함께 손화원 일대를 여러 차례 답사했는데, 그 결과 새로운 성과를 거두었다. 그중 가장 큰 성과는 손빈의 고향 북쪽 5킬로미터 지점 손화원촌 밖에서 명나라 가정 37년 북위 억성사를 중수할 때 세워진 돌비석을 발견한 일이다. 지역 주민들이 여러 번 비석의 하단을 다듬거나 밀대로 사용한 탓에 훼손이 심했지만 일부 문자는 식별이 가능했다. 비문의 첫 구절은 다음과 같다.

"고□□수보지양구유억성사일구연□우□□빈묘지심수(古□□水堡之陽舊有億城寺一區然□宇□□臏墓地深邃)……."

억성사에 대한 기록은 북위(北魏) 시절에 처음 나오는데, 북제(北齊) 시절에 보수했다는 기록이 있다. 억성사는 손화원에서 북쪽으로 500미터 떨어져 있다. 비문의 내용으로 보아 '손빈의 묘지'가 억성사에서 그리 멀지 않은 곳에 자리하고 있음을 알 수 있다. 이후 현지답사를 통해 과제분과 사람들은 손화원촌에서 1리 떨어진 하구 옆이 바로 전설에서 말한 손빈의 은거지이자 매장지라고 추정했다.

초성아의 고증에 따르면, 제나라 군사를 맡고 있던 손빈은 뭇사람들의 질시와 견제 속에서 결국 관직을 내놓고 은거하게 된다. 또한 역대 사서를 보면, "손빈은 아와 견 사이에서 태어났다.", "손빈 역시 손무의 후손이다."라고 하면서 이 외에 손빈과 방연이 원한 관계에 있었다는 기록을 제외하면 이후 생활에 대한 기록은 전혀 찾아볼 수 없다. 그렇다면 이는 손빈이 은거한 다음 정사에 관여하지 않았다는 것을 뜻한다. 한편 『복주지』권 6에 따르면, 명나라 가정 만력 연간 병부상서 소우(蘇佑)가 "변방에서 병사들을 통솔했는데, 그 책을 새겨 넣고 연습했다."라고 했다. 소우의 고향은 견성이며, 그가 새겼다는 책은 바로 『손빈병법』이다. 소우가 수(隋)나라 시절에 이미 없어졌다는 『손빈병법』을 볼 수 있었다면, 이는 손빈의 병서가 고향인 견성 일대 민간에 유포되어 전해지고 있었다는 말이다.

이후 억성사 스님인 각립(覺立)은 손빈의 저서관이 지금의 손화원촌 뒤에 자리했다는 이야기를 들은 적이 있다고 회고했는데, 손빈이 책을 저술할 때 수많은 문무 관료가 그를 찾아왔고, 그들의 숙식을 제공하기 위해 일부러 역성(驛城)을 세웠다고 했다. 물론 이에 대한 사료는 존재하지 않는다. 다만 『사기』에 "손빈은 사졸들의 마음을 잘 헤아리니, 딴 마음을 품은 자가 없다."라는 기록이 있는 것으로 보아, 손빈이 군사들 사이에서 신망이 높았음을 알 수 있다. 게다가 그가 빈형(臏刑)을 받은 이후에 오히려 큰 업적을 남기고, 많은 사람들의 추앙을 받았기 때문에 은거 이후에 수많은 사람들이 그를 찾아왔다는 말도 당연한 듯하다. 사서에 손빈이 은거를 마치고 다시 출세했다는 기록이 없기 때문에, 아마도 손빈은 은거지에서 생을 마쳤고, 역성과 저서관 사이에 매장되었다고 보는 것이 이치에 맞다. 제나라 왕이 그의 공적을 높이 평가해 늘 신하를 보내 제사를 올렸고, 이후 역성은 '저도성(低度城)'으로 이름을 바꾸었다.

위진 이후로는 불교가 극성하기 시작했다. 북위 중엽, 보리달마(菩提達磨)는 바다를 통해 광주에 도착한 뒤 남조의 양무제(梁武帝)를 찾았지만 뜻을 이루지 못하고 강을 건너 북방에서 불교를 전파했다. 태화(太和) 연간에 견성 일대에 불교가 전해졌는데, 역성 유적지가 있다는 말을 듣고 제자들에게 그곳에 억성사를 짓도록 했다. 이 절은 후에 여러 차례 중수되었는데, 그 가운데 세 번의 중수 기록이 남아 있다. 첫 번째는 북제(北齊) 황건(皇建) 원년(560년)이고, 마지막 세 번째는 민국 7년(1919년)이며, 가장 대대적으로 이루어졌던 두 번째는 명나라 가정 37년(1559년)의 일이다.

청나라 가경 14년, 범현(范縣)의 태령(太令)인 당성(唐晟)이 쓴 「범현고의사좌백도표묘비(范縣古義士左伯桃表墓碑)」와 청나라 유조(劉藻)가 편찬한 『조주부지(曹州府志)』를 보면 모두 의성사(義城寺)라는 절 이름이 나온다. 그런데 이 절의 위치나 건축 시기를 보면 억성사와 일치하는 것을 알 수 있다. 청나라 사람들이 억성사가 아니라 의성사라고 부른 것은 아마도 다음과 같은 이유 때문일 것이다. 첫째, 청나라 사람들은 명나라 억성사가 북위 때의 사찰에 근원하고 있고, 북위 시절의 억성사 또한 더욱 오래된 연원을 지녔다는 사실을 알고 있었기 때문이다. 둘째, 의성사는 형가(荊軻)와 좌의사(左義士)를 억지로 끌어 붙인 듯하다. 다만 '義(의)'와 '驛(역)', 그리고 '億(억)'은 중국어로 모두 같은 음가를 가진 해음(諧音)인 것도 결코 우연만은 아닌 것 같다.

이와 같이 여러 가지 이야기를 분석한 결과에 따라, 초성아는 다음과 같은 추론을 했다. 우선 비석에 나오는 억성사는 전국 시대 손빈이 말년에 책을 쓰던 곳이자 죽어서 매장된 곳에 세운 '역성'이자 '저도성'에 근원을 두고 있으며, 이로 인해 손빈의 후세 사람들은 억성사와 밀접한 연관을 맺게 되었다. 이후 명나라 선덕(宣德) 연간에 황하가 자주 범람하면서 결국 사원이 수해로 붕괴되고 '손빈의 묘지도 깊은 곳에 파묻히고 말았다.' 이후 가정 37년에 사원을 중수하면서 옛터에서 동북쪽으로 300미터 정도 떨어진 곳으로 자리를 옮겼다. 각립 화상과 비기(碑記)의 기록에 따르면, 중수 원인 가운데 하나는 '손빈의 묘지가 깊은 곳에 파묻혀' 손씨 집안사람들이 조종(祖宗)에 대한 제사를 거행하지 못할 것을 걱정했기 때문이며, 또한 손씨 집안사람들이 조종에 대한 제사를 영원토록 거행할 수 있도록 하기 위해서였다. 이렇게 볼 때 손씨 집안사람들과 억성사가 밀접하게 관련이 있는 것은 '손빈의 묘지' 때문이라는 것을 알 수 있다. 전하는 바에 따르면, 음력 8월 18일이 손빈의 제삿날인데, 손씨들이 명나라 정덕 8년 8월 18일에 주초(柱礎)를 세운 것만 보아도 관련이 깊다는 것을 파악할 수 있다. 손씨 집안사람들은 청명절(淸明節)과 10월 1일의 소규모 제사 외에 8월 18일에 대제(大祭)를 거행하고 조사전(祖師殿) 안에서 초도(超度) 의식을 대규모로 치른다. 이러한 제도와 의식은 1946년까지 지속되다가 토지개혁 때 사원이 철폐되면서 중단되었다. 하지만 8월 18일 손빈에게 올리는 제사는 지금도 계속되고 있다. 만약 손씨의 조종(祖宗)인 손빈의 묘가 이곳에 있지 않다면 이 같은 습속(習俗)은 지속되지 않았을 것이다.

견성현 손화원촌 밖 손빈의 묘지로 알려진 곳을 조사 중인 필자

각립 화상이 과제분과 사람들에게 말한 바에 따르면, 억성사를 중수한 뒤 손씨 집안에서 대대로 한 사람씩 보내 불가에 입문토록 했는데, 주로 시조인 손빈의 초도 의식을 전담시키기 위해서였다고 한다. 억성사의 조사전(祖師殿)에는 대대로 모사된 손빈의 초상화가 전해지고 있는데, 그 초상화는 이후 손화원촌의 농민 손학의(孫學義)가 과제분과에 연구용으로 보냈다.

감정 결과 손학의가 보낸 손빈의 초상화는 청나라 광서 33년에 비단에 그린 것으로 판명되었다. 선진 시대 옷차림을 한 손빈의 초상화는 상당히 정교하게 그렸고, 오른쪽 상단에 '손씨 시조'라는 네 자가 적혀 있었으며, 왼쪽 하단에는 제작 연월이 적혀 있었다. 현지 농민의 말에 따르면, 이 초상화는 명나라 만력 연간에 그린 초상화를 모사한 것이라는데, 애석하게도 원본인 만력 연간의 초상화는 찾을 수 없었다.

손빈의 묘를 살펴본 과제분과 사람들은 손화원촌이 일반적인 마을 구조와는 다르다는 사실을 발견했다. 바깥쪽에서 내부를 살펴보았을 때 마을의 크고 작은 호동(胡同 : 골목)이 모두 사호동(死胡同 : 막다른 골목)이었던 것이다. 실제로 동쪽에서 서쪽까지 마을의 모든 골목이 종횡으로 연결되어 일단 마을 안으로 들어간 다음에는 사통팔달(四通八達)의 형태를 갖추고 있었다. 마을 주민의 말에 따르면, 이곳은 원래 손빈이 만든 화원이 자리한 곳이라고 했다. 처음 손화원에 마을을 만들 때 손빈이 구상한 '구궁팔괘진(九宮八卦陣)'의 형태를 따라서 지었다는 것이다. 그래서 지금까지 '구궁팔괘진'의 구조가 남아 있게 된 것이고, 보기 드문 독특한 마을 구조가 되었다고 했다.

『손빈병법』의 탄생지

하택 지역 과제분과 사람들이 견성 손노가 일대를 조사해 얻은 결과물에 만족하고 있을 때, 다른 학자들은 각기 여러 지역에서 광범위한 조사와 고증을 실시하고 있었다. 그들은 나름의 연구 결과를 토대로 손빈의 고향이 지금의 양곡현, 운성현, 광요현 등이라는 각기 다른 결론을 도출했다. 예를 들어 광요 출신 학자인 장수향(張秀香)과 조영수(趙英秀) 등은 손빈의 선조인 손무 등이 '낙안에 식읍을 받았다'는 기록을 기본으로 해서 광요현 일대를 전면적으로 조사하고 발굴 작업을 실시해, 그 결과 『손무·낙안·광요』를 출간했다. 이 책에서는 손빈의 출생지가 사마천이 말한 '아와 견 사이'가 아니라, "낙안이 고향이며, 말년에 낙안에서 생활했다. 손씨 문제(門弟)의 영향으로 크게 명성을 얻었다."라고 공공연하게 주장하고 있다.

두 사람의 주장에 따르면, 손빈은 아와 견 사이에 위치한 곳과 전혀 관계가 없다. 그는 낙안에서 태어났고 그의 자손들 역시 낙안에서 대대로 거주해 왔으며, 위·진 시대에 이르러 낙안 제1의 가문이 되었다고 했다. 이러한 주장을 뒷받침하기 위해 손빈의 가계도를 열거했는데, 두 사람이 밝힌 손빈 이후 진(晉)나라 시대까지 낙안 손씨 일가를 살펴보면 다음과 같다.

손빈은 승(勝)을 낳았다. 자는 국보(國輔)이며 진(秦)나라 장수를 역임했다.

승은 개(蓋)를 낳았다. 자는 광도(光道)이며 한나라 중수(中守)를 역임했다.

개는 지(知)를 낳았다. 자는 만방(萬方)이며 무신군(武信君)에 봉해졌다.

지는 염(念)을 낳았다. 자는 심연(甚然)이다.

심연의 아들은 풍(豐)과 익(益)이며, 익의 자는 현기(玄器)다.

현기는 경(卿)을 낳았다. 자는 백고(伯高)이며 한나라 시대 시중(侍中)을 지냈다.

백고는 빙(憑)을 낳았다. 자는 경순(景純)이며 장군을 역임했다.

경순은 아들 둘을 낳았는데, 묘(廟)와 순(詢)이다. 순의 자는 회정(會定)이며 안정(安定) 태수를 지냈다.

순은 아들 둘을 낳았는데, 난(鸞)과 기(騏)다.

난은 애거(愛居)를 낳았고, 애거는 복(福)을 낳았으며, 태원(太原) 태수를 지냈다. 적미(赤眉)의 난 때 태원(太原) 중도(中都 : 이곳에서 낙안 손씨가 나뉘었다)에 은거했다.

기(騏)의 자는 사룡(士龍)이며, 안읍령(安邑令)을 역임했다. 통(通)과 형(夐) 두 아들을 두었다.

통의 자손들은 대대로 청하(淸河)에 살았다(이들이 낙안 손씨에서 갈려나온 청하 지손支孫들이다).

……

또한 장수향과 조영수는, 손씨 가족은 위나라 무제 조조가 청주 낙안군을 설치했을 때 이미 유력한 명문세족이 되었다고 말했다. 일족 가운데 명인이 배출되었고, 문벌을 이루어 청주 낙안의 명문세가가 되었다는 것이다. 선진 시대 제나라 낙안과 수나라 이전의 청주 낙안군은 사실 동일한 지역으로서, 손씨 성을 가진 일족들이 대대로 거주하면서 이름을 떨쳤다고 했다. "선조가 낙안 사람이다.", "선조가 제(齊 : 전田씨 성)와 성이 동일하다.", "전서가 제(齊)나라 경공(景公)에게 손씨 성을 하사받고, 낙안을 식읍으로 받았다."(춘추 말기), 손빈이 "자손을 보호하기 위해 제나라 낙안에 거주했다."(전국 중기), "손씨가 군망(郡望)한 청주 낙안군에 다시 이르렀다."(수나라 이전) 등등 후손들의 연혁과 전승 과정이 매

거남현 갑자산에 있는 손빈동

우 분명하고, 수나라 이전 청주 낙안군이 지금의 산동성 동영시(東營市) 광요현
으로서, 이는 모든 사람들이 알고 있는 사실이라는 주장을 펼쳤다.

그러나 위대한 사가 사마천의 권위에 도전하는 이들 두 사람의 자료가 도대
체 어떤 사료에 근거한 것이고, 그 신빙성에 대해 당사자들이 분명하게 말하지
않았다는 데 문제가 있었다.

1980년을 전후로 은작산 한간 발굴자 가운데 한 사람인 유심건은 출토 유물
인 『손자병법』을 단서로 삼아 유명한, 혹은 그다지 이름이 없는 지방지를 찾아
다니면서 또 다른 방법으로 손빈의 고향과 최후 은거지를 조사하기 시작했다.
수년의 노력 끝에 널리 알려지지 않은 『거주지(莒州志)』 「고적(古迹)」에서 "거현
동남쪽 백 리 갑자산 앞 기슭에 손빈동(孫臏洞)이 있다."라는 기록을 발견했다.
이후 현지답사를 통해 그는 '손빈동'을 찾았고, 1989년 말에 출간한 『손빈병법
신편주역』에서 처음으로 "손빈 말년에 이곳에서 은거했을 가능성이 있다."라는
연구 성과를 발표했다.

갑자산의 손빈동은 지금의 산동성 거남현 주로진(朱蘆鎭)의 석왕촌(石汪村)

손빈이 소에게 물을 먹인 냇가로 알려진 곳을 석왕촌 주민이 필자에게 설명하고 있다.

관할구역에 속한다. 정확한 위치는 석왕촌 북쪽 3리 납자산(拉子山) 서쪽 누정산(樓頂山) 뒤쪽인데, 갑자산 주봉우리인 옥황정(玉皇頂)에서 동쪽 산허리에 자리하고 있다. 산봉우리들이 겹겹이 굽이쳐 흐르는 지형으로 은거하기에 매우 적절해 보였다. 기록에 따르면 손빈동은 "동굴 옆에 샘이 있고 그 아래 소에게 물을 먹일 수 있으며, 인가에서는 떨어진 외딴 곳이다." 실제 답사 결과 동굴의 입구는 동남쪽에 있었고, 동굴의 깊이는 4미터, 높이는 3미터였으며, 너비가 10미터 정도였다. 동굴 안에 거대한 돌이 여기저기 놓여 있었는데, 그 형태가 아주 자연스러웠다. 동굴 입구에 벽돌로 쌓은 긴 벽이 있고, 벽 안에는 손빈과 제자 두 사람의 조각상 및 좌상이 자리하고 있었다. 손빈의 조각상은 네 척 남짓하며, 제자인 이목(李睦)과 원달(袁達)의 조각상이 손빈을 모시고 있는 듯 놓여 있었다. 또한 그 오른쪽에는 3자 높이의 외뿔소가 있었다. 손빈동에서 동쪽으로 멀지 않은 곳에 몽산(蒙山)이 있는데, 마을에 전해지는 이야기에 따르면 그곳에 있는 귀곡동이 바로 귀곡자가 손빈과 방연을 비롯한 제자들을 가르친 곳이라고 했다. 그렇다면 갑자산에 있는 손빈동은 그가 젊은 시절 귀곡자에게 가르침을 받던 곳에서 멀지 않으며, 아마도 손빈이 은거할 당시 자신이 돌아갈 근본을 생각했을 것이라는 추론이 가능했다.

손빈동 앞에는 평지가 있는데, 동·남·서 세 방향으로 돌을 둘러 울타리를 쳐놓아 마당을 이루고 있다. 중앙에는 물을 마실 수 있는 샘이 있다. 동굴 안 석벽 틈을 통해 모여든 물이다. 이 물은 땅 밑으로 흘러 냇물을 거쳐 계곡으로 흐르고 다시 삼리(三里)로 흘러나가 마을 동북쪽 비탈진 언덕에 이르러 폭포가 되었다. 폭포 아래가 석왕인데, 전설에는 손빈이 당시 밭을 갈다 잠시 쉬면서 소에게 물을 먹이던 곳이라고 했다.
산촌의 이름도 여기에서 유래
한다. 마을 동북 모서리를 흐르
는 개울에 가면 지금도 커다란
청석판에 차를 마실 때 사용하
는 사발 크기만 한 구멍을 볼 수
있는데, 이는 손빈의 소가 물을
마실 때 밟고 있던 자리라고 전
해진다.

손빈동 내부에는 손빈의 좌상과 양쪽에 손빈의 제자상이 있다.

　이 지역은 인명을 따서 지명을 짓고, 사당을 지어 기념하는 풍습이 있었다.
따라서 지명에 등장한 인물은 그곳에서 활동을 했던 인물이다. 거 땅은 손빈의
고향이나 출생지도 아니었고, 그가 식읍을 받은 곳도 아니었다. 그런데도 손빈
의 이름을 본떠 동굴의 이름을 짓고, 그 제자의 조각상까지 만들어 놓은 것은 분
명히 이유가 있을 것이다.

　이에 은작산 한묘 발굴에 참여했던 유심건은 그곳이 제나라를 떠난 손빈이
은거했던 장소라고 생각했다. 그곳은 일단 제나라 수도 임치에서 멀리 떨어져
있기 때문에 주위 시선에서 벗어날 수 있었고, 또한 제나라 땅이기 때문에 국가
에 대한 사모의 마음을 달랠 수 있었을 것이다. 게다가 '산과 물이 돌고 도는 외
진 곳'이기 때문에 은거하기에 매우 적합한 곳이다. 동굴 안에 그의 제자 조각상
이 있는 곳도 사료의 기록과 맞아떨어졌다. 『손빈병법』 「위왕문(威王問)」에 "손
자가 나오자 제자가 물었다(孫子出而弟子問)."라는 구절이 나오는데, 제자의 이름
이 적혀 있지는 않지만 은거를 하고 있을 때 제자들이 있었다는 것은 분명하다.
그렇다면 손빈동의 조각상으로 볼 때, 제자 가운데 이목과 원달이 스승을 따라
함께 은거했다고 추론할 수 있다.

　또한 동굴 안에 있는 손빈의 좌상도 정황상 맞는 모습이다. 손빈은 월형을
받아 걸을 수 없었기 때문에 항상 앉아서 생활했을 것이고, 말보다는 소를 타고

움직였을 것이다. 소는 그의 발을 대신해 주면서, 한편으로 농사일도 거들 수 있기 때문에 은자의 생활에 무엇보다 필요한 동물이라 할 수 있다. 지역 주민들의 말에 따르면, 1955년까지만 해도 전통적인 '우왕향(牛旺香)'이라는 산회가 있었다. 매년 음력 정월 보름에 마을 사람들이 모여 향을 피우고 소가 새끼를 많이 낳고 풍년이 들기를 기원했다고 한다. 물론 이 같은 풍습이 미신에 불과하다고 생각할 수 있지만, 특별히 소를 우상화한 것은 손빈이 그곳에 오랫동안 은거한 것과 관련이 있다고 추론해 볼 수 있었다.

유심건은 사마천이 말한 것처럼 손빈의 고향은 아와 견 사이의 하택 지역이며, 제나라 조정을 떠나 은거한 곳은 갑자산 일대라고 주장하고 있다. 하지만 그의 말대로 『손빈병법』이 갑자산의 동굴에서 탄생했는지는 아직 결론을 내리기에는 이른 듯하다.

갑자산 손빈동설 외에 다른 몇몇 지방지에 손빈의 종적과 관련된 문건이 발표되기도 했다. 그러나 이 역시 진위를 판별하기는 어렵기 때문에 연구자들은 점점 더 미궁에 빠질 뿐이었다. 1990년 제4기 『지명총간(地名叢刊)』에는 양곡현의 학자 왕신충(王蓋忠)의 「손빈과 미혼진(迷魂陣)」이라는 글이 실렸다. 왕신충은 지방지 등 사료를 토대로 현지답사를 실시해 손빈이 지금의 양곡현 아성진 서북 6킬로미터 지점에 위치한 미혼진이라는 촌락에서 태어났고, 그곳에서 어린 시절과 말년을 보냈다고 주장했다. 다시 말해 손빈의 출생지와 은거지는 모두 미혼진으로서, 견성의 손노가나 광요 낙안, 거남현 갑자산 등은 전혀 관련이 없다는 말이었다. 그의 논문이 발표되자 하택의 학자 한복수(韓馥綏)가 거세게 반박하고 나섰다. 한복수는 네 가지 근거를 들면서 왕신충의 학설이 근거가 없음을 밝혔다.

1. 왕신충이 글을 통해 지금의 양곡현성 북쪽 6킬로미터 지점에 손빈이 방연을 크게 무너뜨릴 때 미혼진(迷魂陣)을 펼친 곳과 마릉도가 있다고 했다. 그러나 사서에 정확한 기록이 없기 때문에 손빈이 미혼진을 펼쳤는가

에 대해서도 사실을 확인하기는 어렵다. 다만 민간에 전해지는 곳이 적지 않기 때문에, 한두 곳만으로 예를 들기에는 증거가 부족하다. 또한 왕신충은 미혼진촌(迷魂陣村) 안에 손빈각이 있고, 그 안에 손빈의 조각상이 있다고 했다. 조사한 바에 따르면, 손빈각은 청나라 순치 원년(1644년)에 세워졌으나 문화대혁명 시기에 파괴되고 말았다. 이런 누각이나 사당은 사실 어디에나 세울 수 있다. 예를 들어 관우 사당은 전국 각지 어디에서나 볼 수 있으며, 공자 사당은 해외에서도 찾아볼 수 있다. 따라서 사람들이 손빈의 사당을 세웠다고 해서 그곳이 반드시 사당의 본적지와 관련이 있다고 하는 것은 비약이 아닐 수 없다. 게다가 청나라 때 세워진 사당이니 그곳이 2천 년 전 손빈의 출생지와 관련이 있다는 증거가 될 수 없다.

2. 왕신충은 사당 비문에 다음과 같은 기록이 있다고 했다. "미혼진 ……손빈이 용병술을 행하던 곳으로, 신출귀몰한 전술로 상대의 혼백을 빼앗을 정도였기에 이런 이름을 붙였다." 고증 결과 비문이 세워진 것은 1939년으로, 손빈각보다 약 3백 년이 늦기 때문에 더욱 증거로 삼을 수 없다. 게다가 비문에는 "손빈은 제나라 손무의 후손으로, 귀곡자에게 병법을 배웠다. ……손빈은 오직 한 마음으로 조상의 전술을 익히고 군사들에게 전달하면서 그 묘법을 운용했다."라는 구절이 적혀 있을 뿐 손빈이 그곳 사람이라는 언급은 전혀 없다. 따라서 그의 출생지와 관련지을 수 없다.

3. 왕신충은 『사해(辭海)』, 『중국역대명인사전』 및 문사 분야의 저서를 보면 모두 손빈이 양곡 사람이라고 기록되어 있다고 말했다. 이 서적들은 모두 현대에 출간된 것으로, 다른 자료가 없는 상황에서 증거로 채택하기는 힘들다. 또한 아성이 옛날 동아(東阿)현의 치소(治所)라는 이야기는 『이십사사(二十四史)』에도 기록되어 있지만, 『사기』에서 일부 거론되는 것을 제외하면 동아와 손빈을 연관시켜 언급한 곳은 없다. 물론 이는 사소한 일이기 때문에 정사에 기록하지 않고 간과한 것이라 생각할 수도 있다. 그러나 명나라 만력 『연주부지(兗州府志)』는 명성이 있는 지방지이며, 편집자

인 우신행(于愼行)이 동아현 출신이기 때문에 동아현의 지리나 인문에 관한 이야기를 상세하게 파악하고 있다. 예를 들어 아성의 아정(阿井)이나 아교(阿膠 : 검은 나귀 가죽이나 쇠가죽을 삶아 만들며, 자양 보혈제로 사용된다)에 대한 기록을 보면 매우 상세하다. "아정은 동아현 서쪽 40리에 위치하고 있다. 옛 아성 안에 있으며 양곡계(陽谷界)다. ……『수경주』에 이르길, 아성 북문 서쪽 언덕에 우물이 하나 있는데 마치 바퀴같이 거대하며 깊이는 60장(丈)이다. 매해 이곳에서 아교를 삶아 공물로 바쳤다. 『천부우공전(天府禹貢傳)』에 따르면, 동아는 제수(濟水)가 흘러드는 곳에 있는데, 그곳에 우물을 파서 아교를 삶았기 때문에 아교라고 칭했다. 탁한 것을 걸러내어 맑게 한 다음 음복하면 고황(膏肓)에 든 병도 차도가 있었다." 이처럼 우신행은 지역에 대해 매우 해박한 지식을 가지고 있는데, 당시 현지에 유행하던 손빈 관련 이야기에 대해서도 조사한 적이 있었다. "손빈영(孫臏營)이 (동아)현 서남쪽 50리에 위치하고 있다. 사서에 따르면, 손빈이 아와 견 사이에 태어났다고 하는데 이곳이 아닌가 생각한다."라는 글을 남기기도 했다. 여기서 '이곳이 아닌가 생각한다'고 한 것을 보면 그도 확신하지는 못했다는 뜻이다. 만약 확신했다면 '손빈이 아와 견 사이에 태어났다고 하는데, 이곳이 바로 그곳이다'라고 해야 마땅하지 않겠는가. 사실 '손빈영' 역시 '미혼진'과 마찬가지로 사서에서는 기록을 찾아볼 수 없다. 설사 정말이라고 해도 손빈이 이곳에 진영을 펼치고 전투를 벌였다는 정도로 설명할 수 있을 뿐이다. 따라서 손빈의 존재에 이어 '손빈영'과 '미혼진'이 있었다고 해서 이를 그의 고향과 동일시할 수 없다.

4. '아와 견 사이'에 대한 해석이다. 『사기』에는 "손빈이 아와 견 사이에서 태어났다."라고 했는데, 이는 손빈의 고향을 밝히는 데 도움이 된다. '사이'라고 했으니 이는 '아'도 아니고 '견'도 아닌, 그 중간을 뜻한다. '아'는 물론 동아, 한나라 시대 동아현의 치소가 있었던 곳을 가리킨다. 이곳은 지명도가 높았기 때문에 '한나라가 흥한 이후 백년 동안 천하의 문장과

이야기를 모두 모았다'는 사마천이 이를 모를 리 없다. 만약 손빈이 정말 이곳에서 태어났다면 당연하게 "손빈은 아 사람이다."라고 했지 않았을까. 구태어 '견(鄄)'이라는 글자를 붙일 필요가 있겠는가 말이다. 역으로 그가 '견' 사람이라 한다면, 견의 지명도는 그보다 더 높기 때문에 역시 "손빈은 견 사람이다."라고 했을 것이고, '아'를 붙일 리가 없다. 그런데 지금의 견성 홍선진 일대를 살펴보면 바로 두 지역의 사이로서, 사마천의 본뜻에 부합한다. 이곳에서 동쪽은 한없이 아득한 양산박(梁山泊), 즉 옛 대야택(大野澤)의 서비(西鄙)이고, 남쪽은 10리가 채 안 되는 곳에 뇌택(雷澤)이, 북쪽은 복수(濮水)가 흐르는 곳이자 황범구(黃泛區)이기도 하다. 따라서 이곳은 매우 외진 곳으로 지명조차 분명하지 않거나 설사 지명이 있다고 해도 많이 알려지지 않은 곳일 가능성이 크다. 아마도 사마천은 이 점을 고려해 비교적 사람들이 많이 알고 있는 '아'와 '견'을 선택해 그 사이에서 태어났다고 말했을 것이다. 이렇게 손빈은 무척이나 외지고 험한 곳에서 태어난 인물일 수 있다. 힘겨운 어린 시절을 보내면서도 큰 뜻을 품어 위대한 인물이 되었고, 여러 가지 어려운 역경 속에서도 절대 굴하지 않고 끝내 진정한 군사가로 거듭난 것이 아닌가 한다.

어쨌든 손빈의 고향을 양곡현 미혼진이라고 말하는 것은 문제가 있다. 오히려 지금의 견성현 홍선진 일대라고 말하는 것이 역사적 진실에 가깝다고 생각한다.

그의 주장을 통해 우리는 한복수가 왕신충을 맹렬하게 비난하고 나선 진짜 속내를 알 수 있었다. 그는 몇몇 사람들 사이에 일기 시작한 손빈의 고향 문제, 즉 양곡 또는 다른 지역일 것이라는 생각을 없애고 견성현 홍선진에 초점을 맞추려고 노력했다. 이렇게 함으로써 빈궁하기 그지없는 하택 지역이 이를 기회로 부를 축적하고 안정된 생활을 추구하는 오랜 염원을 이루도록 하기 위해서였다. 한복수가 마치 전쟁을 위한 격문을 쓰듯 반박글을 발표했을 때, 견성 쪽

견성현 손노가의 손빈사(孫臏祠)

지도자 및 주민들은 손빈의 고향이라는 것을 증명하기 위해 바짝 애를 태우며 동분서주했고, 한편으로 전국적 규모의 손빈 고향 토론회를 개최했다. 회의가 끝난 다음 1991년 8월 10일에 신화사는 다음과 같은 소식을 전했다.

신화사 제남 8월 10일 발

손빈은 어디에서 태어났는가? 줄곧 풀리지 않는 수수께끼였다. 유명 역사학자들이 소중히 보관되어 있던 『손씨족보』와 『손씨가사서』를 철저하게 고증한 끝에 2천년 전 유명 군사가인 손빈의 출생지가 지금의 산동성 견성현 홍선진 손노가촌임을 확인했다. 최근 산동성 하택 지역 사회과학연구자들은 꼼꼼하게 답사 활동을 벌여 견성현 홍선진 손노가촌에서 손빈과 연관된 족보, 사당, 비석을 발견했다. 또한 전문가들의 연구와 고증을 거쳐 손빈의 출생지를 확인했다.

유관권(劉關權) 기자

노나라 땅 서남쪽에서 들리는 소리

신화사의 보도가 있자, 각 언론 매체에서 이 보도 내용을 인용, 보도했다. 하택의 이번 성과는 지금까지의 모든 주장을 압도해 독보적인 위치에 올랐다. 이렇게 되자 다른 주장을 펼치던 학자들은 하택의 주장이 달갑지 않으면서도 잠시 목소리를 낮출 수밖에 없었고, 또한 그럴수록 하택의 주장은 점점 더 커졌다. 신화사의 보도에 힘을 얻은 데다가 경제적 가치를 눈치 챈 손노가촌의 손씨 일족은 1991년 9월, 혁명적 열정과 추진력으로 서주(徐州)에 거주하는 손씨들에게 『손씨족보』 한 권을 빌려 하택 지역의 과제분과 사람들에게 연구 자료로 제공했다. 족보를 받은 과제분과 사람들은 이 족보의 진위에 대해 함부로 결론을 내릴 수 없어서 산동성 문물연구실로 보내 감정을 받기로 결정했다. 연구실에서는 지역 내 유명 전문가인 관천상(關天相), 태입업(台立業), 장영거(蔣英炬), 유소평(由少平) 등을 모아 감정을 한 다음 보고서를 작성했다.

이 족보는 여러 차례 필사본을 종합해 구성한 자료다. 종이의 질과 필사체에 따라 연대를 구분해 보면, 족보 서는 민국 초년에 필사되었고, 족보의 시작 부분과 약 20여 쪽은 청나라 초기 필사본이며, 나머지는 청나라 말기에서 민국 초기에 필사한 것이다. 첨부되어 있는 왕철생(王喆生)의 「청가여귀잡영(請假與歸雜詠)」네 수는 강희 시절에 쓰인 작품인 듯하다. 이 외에 일부 훼손된 족보 서문 세 장은 가도(嘉道 : 가정제와 도광제) 연간(1789~1850년)에 필사된 것이다.

1991년 12월 27일

감정전문가 관천상, 태입업, 장영거, 유소평

과제분과는 이 결과에 따라 발견 시기가 다른 두 『손씨족보』를 대조하면서 연구하고 검토해 보았다. 그 결과, 명나라 손노가 손씨 가계에 완전한 『손씨족보』가 있었고, 명나라 말기 이자성의 난 당시 훼손되자 순치 연간에 다시 중수

혜민현 성 남문 밖에 거주 중인 손덕록(孫德祿, 오른쪽). 손무의 81대 손이
라고 한다.

했다는 것을 알 수 있었다. 하지만 이 역시 태평천국의 난 때 훼손되었는데, 다행히 필사본 한 부를 간직하고 있던 후손이 있었다. 이 족보는 완전하지는 않지만 매우 진귀한 자료였고, 광서 연간에 이르러 손무상과 손무소 등이 족보를 증보해 지금에 이르렀다. 그렇다면 『손씨족보』는 의도적으로 가필되거나 위조된 것으로 볼 수 없다. 손노가에서 발견된 두 질의 족보에는 손빈의 출생지가 손노가이며, 손노가 손씨의 시조는 손빈이라고 기록되어 있다. 손노가 손씨 집안이 손빈의 적계(嫡系) 자손이며, 손빈의 고향이 바로 견성현 손노가촌이라는 뜻이다.

　　과제분과는 이처럼 확고부동한 결론에 도달했지만 손빈의 고향이 운성이라고 주장하는 사람들은 이 결정에 절대 동의하지 않았다. 그들 역시 운성현 손림(孫林)과 손루(孫樓)에서 발견된 『손씨족보』를 근거로 손빈의 고향이 손림 일대라고 주장했고, 손림 일대가 전국 시대 고읍인 늠구라고 했다. 견성 측 학자인 주방림, 유유사(劉維社), 상계명(常繼明) 등은 다시 그들의 주장을 반박했다. 주방림 등은 『중국역사지도집』을 근거로 늠구 고읍은 지금의 운성 서북쪽 50리와 견성 동북쪽 40리에 위치한 송루향 손화원 일대라고 지적하면서, 손림은 운성 서남쪽 30리, 견성 동남쪽 15리, 견운(鄄鄆)도로 남쪽 10리에 자리하고 있는데 어떻게 손림을 고대 늠구 지역에 있다고 말할 수 있는지 반문했다. 『사기』에서도 "손빈은 아와 견 사이에서 태어났다."라고 했는데 손림의 지리적 위치는 이에 맞지 않다. 운성현 손림과 손루의 『손씨족보』에도 강희 7년에 증보한 원본을 볼 수 있다. 청나라 강희 7년(1668년)에 『손씨족보』를 중수할 당시 운성현 현령은

『손씨보서(孫氏譜序)』에 다음과 같이 고증한 바 있다. "내가 그 주변 관계를 살펴보고 그 연유를 상세하게 알게 되었다. 손계(孫系)는 주나라 강숙이 위상경(衛上卿)이 되었을 때 그 자(字)로 성씨를 삼은 것이며, 태원에서 명망이 있었다." 여기서 주나라 강숙은 주나라 문왕의 유자(幼子 : 아우)인 희봉(姬封)이다. 『신당서』「재상세계표」의 기록에 따르면 "위강숙(衛康叔)의 8세 후손인 손무공(孫武公)은 공자(公子) 혜손(惠孫)을 낳았고, 혜손은 이(耳)를 낳았는데 위상경이 되어 척(戚)을 식읍으로 받았으며, 무중을(武仲乙)을 낳았고 왕부(王父)의 자로 씨(氏)를 삼았다."라고 했다. 그렇다면 손씨는 희성(姬姓) 세계(世系)에 속한다는 말이다. 결과적으로 손빈과 연결되기는 힘들다. 이처럼 견성설을 주장하는 사람들은 운성 손씨가 원래 '희' 성에서 나왔다고 하기 때문에, 운성설을 주장하는 사람들이 아무리 여러 가지 증거 자료를 대고 심지어 운성 손림과 손루의 손씨를 억지로 손빈과 인연이 되게 묶는다고 해도 역사적 사실과 손빈의 후세 가계는 점차 거리가 멀어지고 마는 꼴이 되었다.

하택시 사회과학연합회와 견성 지역 학자들이 강조하는 이러한 연구 성과에 대해 하택의 고위 정책입안자들은 기회가 무르익었음을 깨닫고는 더 이상 지체해서는 안 된다고 생각했다. 그들은 중공 하택지역위원회 이름으로 조주(曹州) 호텔에서 '손씨 족보 및 손빈 고향 연구토론회'를 대대적으로 개최했다. 이 토론회는 지역위원회 서기 정종산(丁宗山)과 선전부장 반홍새(潘興璽)가 주관했는데, 회의에 참석한 전문가 대다수가 과제분과의 연구 결과에 동의했다. 최초로 하택에서 손빈의 고향을 찾자는 요구를 했던 산동사범대학 역사학과 교수 안작장은, 견성현 홍선진에서 새로 발견한 『손씨가사서』와 『손씨족보』가 제공하는 내용은 사실일 뿐만 아니라 역사적으로 근거가 있는 것이라고 말했다. 또한 『손씨족보』「서」에 손빈이 군사가 되었고, 오대(五代) 시절 이존욱(李存勖)이 산동에서 약탈을 했으며, 정강(靖康) 연간에 김계(金季)의 난리가 발생했고, 태평군 북벌 등 역사 기록이 완벽하게 일치한다는 점에서 『손씨족보』는 매우 정확하다고 주장했다. 『신당서』「재상세계표」에는 손무부터 당나라 말기 38대 후손까지 기록되어 있고, 이후 48대부터 현재까지 기록되어 있는데, 중간에 9대가 비어 있다. 이는 오대에서 금나라 말기에 해당되는 것으로서, 이 역시 손씨의 세계(世系)가 정확하다는 뜻이 된다. 그렇기 때문에 보다 직접적이고 정확한 증거가 발견되지 않는 이상 손빈의 고향은 견성현 손노가라는 설이 가장 믿을 만하다. 즉, 현재 손노가의 손씨가 손빈의 직계손이며 손노가가 바로 손빈의 고향이라는 말이다.

토론회에 참석한 산동대학 역사학과 교수 전창오(田昌五)는 손노가에서 발견된 족보에 쓰인 내용이 다음과 같은 이유로 진실이라고 주장했다.

"어떤 상황은 후손들의 재주가 아무리 뛰어나다고 해도 꾸미기 힘든 부분이 있다. 그 시비곡직(是非曲直)이 수많은 역사 속 사실들과 연결이 되어 있기 때문이다. 예를 들면, 과거 우리는 손빈이라는 이름만 알았을 뿐이다. 그러나 손빈은 방연에게 다리가 잘린 뒤부터 불린 이름이다. 그런데 지금 우리는 손빈의 본래 이름이 손백령(孫伯靈)이고, 그의 부인이 소씨(蘇氏)라는 것도 알았다. 이는 사서에 없는 것이므로 후손들이 마음대로 지어낼 수도 없는 부분이다. 『손씨가사서』에 따르면, 손빈이 제나라 위왕 때 군사를 맡았다고 했다. 실제로 제나라 위왕 시절에 전기는 장군, 손빈은 군사의 직책을 맡았다. 족보에서 언급한 내용과 역사 사건을 관련시켜 고증했을 때, 족보는 모두 진실이었다. 명나라 비문에 기록된 양사기(楊士奇)나 호련(胡璉)도 실존 인물이었다. 족보와 가사서의 배경 자료 역시 사실이 틀림없다. 세계(世系)로 볼 때, 만약 전국 중기부터 계산한다면 당나라 말까지 38대가 된다. 오대에 북송 시대를 더하면 9대, 금나라 말기와 원나라부터 명나라 초기까지는 6대, 명나라 초기부터 청나라 말기 광서 연간까지는 11대, 청나라 말기부터 지금까지가 9대다. 일반적으로 한 세대의 주기를 30년으로 계산하니 시간상으로도 맞다. 이 모든 것은 손빈이 이 지역 사람임을 입증하는 자료다. 하지만 이 문제에 대해 여전히 논쟁이 벌어지고 있고, 양곡과 범현 역시 계속 자신들의 주장을 펼치고 있다. 개인적으로 볼 때 그들은 자료가 부족한 듯하다. 양곡과 범현의 손씨는 대부분 손노가에서 이주한 사람들이다. 논쟁을 벌이기 위해서는 확실한 증거가 있어야 한다. 증거만이 최대의 무기로서, 이 같은 증거도 없이 아무 말이나 주장해서는 안 되는 일이다. 역사를 논하는 사람들은 이를 매우 중요시 여긴다. 그냥 대충 역사를 말하는 것이 아니다. 역사를 확정하기 위해서는 믿을 만한 증거가 있어야 하며, 손빈의 고향이 견성 손노가라고 말할 수 있는 것은 확실한 증거로 이를 입증했기 때문이다."

정주대학 역사연구소 소장이자 교수인 고민(高敏)은 누군가 손노가에서 발견한 족보와 가사서가 믿을 만한 것인가, 또는 고의로 날조한 것이 아닌가 하고 묻는다면 절대 불가능한 일이라는 대답을 할 것이라고 했다. 절대 허투루 지어낼 수 있는 증거가 아니기 때문이다. 이에 대해서는 이미 전창오 교수가 말한 것처럼 세계(世系)가 아주 분명하다. 족보의 순서나 가사서에 언급된 역사적 사실을 보아도 역시 날조는 불가능하다. 게다가 자료 가운데 고옹수(古灉水)라는 지명이 나오는데, 이는 『사기』에서도 언급된 적이 없다. 그런 이름을 어떻게 마음대로 지어낼 수 있단 말인가? 따라서 족보가 믿을 만한 자료라면 족보를 토대로 이야기하는 것이 가능해진다. 다시 말해 손씨 족보가 매우 중요한 근거 자료라는 말이다. 바로 이 점에서 손지일은 아주 가치 있는 사료를 간직하고 있었던 것이다. 이는 손씨 족보뿐만 아니라 고대사 연구에 매우 소중한 사료로 큰 공헌을 했다고 말할 수 있다.

당시 손빈의 고향 연구에 대한 과제분과 설립을 촉구하고, 또한 이에 성과를 거둔 산동대학 왕선진 교수는 과제분과의 연구 성과를 살펴본 다음 손씨 족보와 가사서가 믿을 만한 자료라고 말했다. 이제 손빈의 고향이 견성 손노가라는 것이 확실하게 증명되었다. 전국 시기 위수 유역, 제수 유역, 복수 유역은 인구가 조밀한 지역으로 경제가 발전하고, 계급투쟁이 격한 지역이었기 때문에 손빈 같은 군사가가 배출된 것이 당연한 일로 보인다.

하남대학출판사 사장이자 교수인 주소후(朱紹侯)는 최근 몇 년 동안 손빈에 대한 연구가 괄목할 만한 성과를 거두었다고 말하면서 그중에서도 세 가지를 들었다. 무엇보다 큰 성과는 임기 은작산에서 『손빈병법』을 발견한 일이다. 이로써 천 년 넘게 실전되었던 『손빈병법』이 세상에 등장했다. 두 번째 성과는 1988년에 열린 계릉 전투에 관한 토론회다. 이전까지 계릉 전투지로 거론되는 지역이 너무 많았기 때문에 정확한 지역을 확정할 수가 없었다. 그러다가 『손빈병법』이 발견된 뒤 새로운 자료를 근거로 계릉 전투가 벌어진 정확한 장소가 하택 조루(趙樓) 모단향(牡丹鄕)으로 밝혀졌다. 세 번째 성과는 『손씨족보』의 발견과 연구다. 이를 통해 손빈의 고향에 대한 중요한 문제를 해결할 수 있었다. 이러한 계속된 성과는 중국역사 연구에 대단한 공헌을 했다고 말할 수 있다.

그러나 주소후의 말은 이후 손빈과 관련된 일련의 사건 중 일부에 불과했다. 당시 그는 손빈이라는 인물, 그의 저서, 역사를 둘러싼 연구가 다만 계릉 전투와 손빈의 고향에 대한 문제를 밝히고, 획기적인 성과를 거두었다고 생각할 뿐이었다. 하지만 하택과 견성 두 지역의 사람들은 영광스러운 마음과 꿈을 간직한 채 옛 노나라 땅 서남쪽 황량한 대지를 분주하게 돌아다니며 손빈의 고향을 찾아 헤맸다. 그들은 이미 백골이 진토가 된 손빈이라는 역사적 인물을 통해 엄청난 부를 기대하고 있었던 것이다. 바로 그때 멀리 서쪽에 위치한 서안시 외곽의 한 농부는 일확천금을 꿈꾸며 어두운 불빛 아래 은작산 한간과 관련된 엄청난 일을 꾸미고 있었다. 수년간 계획적이고 은밀한 작업을 거쳐 마침내 가을 바람이 불기 시작한 어느 날, 화려한 아침 햇살 아래 오랜 음모가 서서히 마각을 드러내기 시작했다.

15장
초혼의 깃발은 누구를 위해 나부끼는가

2천 년간 사라졌던 『손무병법』 82편이 발견되어 세상을 놀라게 했다는 신문기사가 있었다. 짧은 침묵 뒤, 곳곳에서 불협화음이 들리기 시작하자 북경의 학자들은 즉시 반격에 들어갔다. 학계는 힘을 합쳐 정의와 음모의 소용돌이 속에서 혈전血戰을 벌였다. 포성이 오가는 가운데 오랜 사기극의 전말이 그 모습을 드러냈다. 조종弔鐘은 누구를 위해 울리는가?

세기의 사기극

1996년 9월 18일, 『인민일보』의 맹서안(孟西安) 기자가 쓴 기사에 전 세계의 이목이 집중되었다. 기사의 내용은 2천 년간 종적을 감추었던 『손무병법』 82편이 서안(西安)에서 모습을 드러냈다는 것으로서, 다음과 같다.

2,500여 년 전 중국 역사상 탁월한 군사이론가였던 손무가 군사이론서 『손무병법』 82편을 썼다는 기록은 『한서』 「예문지」에 분명하게 기록되어 있다. 그러나 2천 년간 사람들이 보아왔던 것은 『손자병법』 13편뿐이었다. 『손무병법』 82편은 실제 존재했던 것일까? 서안에서 출판되는 『수장(收藏)』 10기에 이 천고의 비밀을 밝힐 양재옥(楊才玉) 편집장의 글이 소개될 예정이다.

『인민일보』 1996년 9월 18일 기사

이번에 서안에서 발견된 『손무병법』 82편은 서안의 한 군수산업 기술자인 장경헌(張敬軒)의 집안에 대대로 전해지는 유물이다. 이는 주서한간(周書漢簡)에 근거해 선지(宣紙)에 깔끔하게 정리해 둔 예서체 병서(兵書) 전문으로, 모두 141,709자로 구성되어 있다. 죽간의 제작연대가 오래되었기 때문에 23자는 훼손이 심해 분별이 쉽지 않아 서책으로 정리하지 못한 상태다. 이는 세상에 전하는 『손자병법』 13편 6,080여 자보다 135,600여 자가 더 많다.

놀라운 사실은 『손무병법』 82편의 진위 여부를 고고발굴을 통해 밝힐 수 있었다는 점이다. 1972년 산동 임기 은작산 한묘에서 출토된 4,974편의 죽간 중에 1,700여 년 동안 유실되었던 『손빈병법』을 찾았고, 그것을 정리했다. 그중 손빈이 지은 것이라 생각했던 「오도구탈(五度九奪)」편의 온전치 않았던 116자가 『손무병법』 82편과 대조한 결과 그중 제39편에 속한다는 사실을 알게 되었다. 원래 편명은 「구탈」로, 전문이 완벽해 한묘 죽간에 없던 124자를 보충할 수 있었다. 여기에 한(漢)나라 초왕(楚王) 한신(韓信)의 평어와 주해 36자를 더해 모두 160자를 보충함으로써 고고 발굴에서 부족한 부분을 채웠다.

『수장』 10기. 『손무병법』 82편의 발견을 전하고 있다.

맹서안의 기사가 보도된 다음 날, 서안 주재 신화사 왕조린(王兆麟) 기자 역시 신화사 인터넷 방송에서 유사한 뉴스를 보도했다. 다만 구체적인 세부 사항으로 죽간에 구멍이 뚫려 있으며, 중국사회과학원 역사연구소 소장 및 고문자 학자들이 살펴보고 긍정적인 결론을 내렸다는 내용이 추가되어 있었다.

이와 때를 같이해 서안에서 1996년 10기 『수장(收藏)』이 발행되었다. 맹서안의 보도 덕분에 독점 취재기사가 실린 『수장』 10기는 출간과 동시에 재판을 찍을 정도로 날개가 돋친 듯 팔려 나갔다. 편집을 총괄 지휘한 양재옥은 상당한 지면을 할애해 이 사건을 대대적으로 보도했다.

국보급 전적 보존을 위한 장씨 3대의 부단한 노력으로
2천 년간 유실되었던 『손무병법』 82편이 서안에서 발견되다!

2,500년 전 중국 역사상 탁월한 군사이론가였던 손무는 고대 중국의 핵심적인 군사이론서 『손무병법』 82편을 저술했다. 이 중대한 사건은 『한서』 「예문지」에 명확하게 기재되어 있다. 그러나 2천 년간 사람들이 볼 수 있었던 것은 『손자병법』 13편뿐이었다. 물론 이것만으로도 세상을 깜짝 놀라게 하기에는 충분했다. 8세기에 『손자병법』 13편은 일본에 전해졌고, 지금까지 일본, 프랑스, 러시아, 영국, 독일, 미국, 체코, 베트남 등에 소개되어 전 세계 사람들에게 높은 평가를 받으며 군사 분야뿐만 아니라 재계, 기업관리, 운동경기, 외교협상 등 사회, 정치, 경제 및 문화생활 영역에 광범위하게 응용되고 있다. 이 모든 것이 『손자병법』 13편에 따른 것이다. 그런데 만약 『손무병법』 82편이 존재한다면 전 세계 역사, 학계에 미칠 파급 효과는 엄청날 것이다. 그렇다면 『손무병법』 82편은 정말 존재했던 것일까? 아직도 어딘가에 존재하고 있는 것일까? 『손자병법』 13편과 무슨 관계가 있을까? 수많은 역사학자와 군사학 전문가들에게 이는 천고의 수수께끼로 전해져 내려오고 있었다.

  거의 2천 년의 세월이 지난 1996년 8월, 기자는 서안 서쪽 근교 한 직공(職工)의 집 위층에서 세월의 흔적을 고스란히 간직한 한나라 시대 죽간을 직접 보았다. 이는 한나라 죽간을 바탕으로 선지에 가지런하게 정리한 예서체 병서였다. 아! 그것이 바로 서한 시대 초왕 한신이 평어와 주해를 달고 각 편장을 죽간에 담은 『손무병법』 82편이었다. 하늘이 중국에 보낸 선물이라는 생각이 들었다. "주나라 경왕(敬王) 16년(기원전 504년) 가을, 주오민(周吳民 : 주나라 천자의 제후국인 오나라의 백성이란 뜻이다) 손무(孫武) 경림(손무의 은거지)에서 완성하다(定簡於景林)." 손무가 이렇게 쓴 후로 오늘 다시 세상에 모습을 보일 때까지 꼬박 2,500년이 흘렀다. 탄생 2,500주년 기념일에 『손무병법』 82편이 다시 세상에 나오다니, 이는 마치 기적과 같은 일이다.

  『손무병법』 82편을 간직해 온 집안은 특별한 경력을 지니고 있다. 조부인 장서기(張瑞璣)는 자가 형옥(衡玉)이며 산서 조성(趙城) 사람이다. 청나라 말기 진사 출신으로 군기처에서 일한 그는, 광서 32년(1906년)에 섬서성 한성(韓城) 지현(知縣)으로 자리를 옮겼다. 그는 부임지로 가던 도중 우연히 『손무병법』 82편과 도표 9권으로 이루어진 고대 죽간을 거금을 주고 구입했다. 청말 민초에 이르러 그는 '뛰어난 문사이자 청렴한 관리로서 권세를 두려워하지 않고 대담하고 패기 있게 일을 했다'는 평가를 들을 정도로 청말 최고의 양리(良吏)였다. 또한 신해혁명 이전에 동맹회에 가입해 섬서 지역 신해혁명의 원로이자 선구적인 역할을 한 우우임(于右任), 호립중(胡笠僧) 등과 절친하게 지냈으며, 산서성 재정사(財政司) 사장과 산서성 정부 고문원(顧問院) 원장 등을 역임했다. 1923년에는 군벌 혼전에 불만을 품고 사직해 고향으로 돌아간 뒤 여흥을 즐기며 다시는 정치에 관여하지 않았다.

그는 둘째 아들인 장연갑(張聯甲)과 함께 서안에서 『손무병법』 82편을 정리했다. 서화에 능하고 서책을 가까이 하며 시부(詩賦)를 즐겼던 그는 집안 장서가 15만 권에 달했고, 『수원집(誰園集)』 등 시문 12권을 저술했다. 1928년 병으로 세상을 떠났는데 그의 나이 향년 예순아홉 살이었다. 그 후 아들 장연갑은 부친의 가르침에 따라 고대 병서 연구에 몰두했다. 장연갑은 일찍이 보정(保定) 군관학교를 졸업하고 북벌에 참여했다. 군사 훈련에 소양이 있는 데다 부친이 몸소 가르친 덕분에 병서 연구의 진도는 매우 빨랐다. 그는 어려움을 마다하지 않고 뛰어난 서예 솜씨로 한대 죽간 『손무병법』 82편을 하나하나 모두 선지에 정리했다. 수십 년간의 노력 끝에 기본적인 서책 정리 작업을 마친 그는 뿌듯하고 흔쾌한 마음으로 사(詞)를 지었다.

백세(百世)의 고운 향기 속에서
종어예시(『손무병법』 82편의 마지막 편명)가 경림에 완성되었네.
우리 중화를 진흥시킬 수 있다면 어떤 고난이 닥치더라도
명저를 새롭게 재림토록 해야 하리라.
百世馨, 終語預示定景林.
若能振興我中華, 多艱辛, 也敎名著再現臨.

사패(詞牌)는 「귀자요(歸自謠)」, 제목은 '고세인(告世人)'이라고 정한 뒤 장연갑은 다시 약간의 주(注)를 달았다.

"양대(兩代)에 걸친 염원을 안고 필생 심혈을 기울여 마침내 『손무병법』 82편과 도표 9권의 죽간을 정리해 책으로 만들었다. 이를 남겨 세상 사람들에게 고한다."

중국 문화에 대한 장연갑 부자의 깊은 애정과 애국심을 엿볼 수 있는 대목이다.

해방 이후 구시대의 인물에 속했던 장연갑은 정치 운동의 소용돌이에서 불행을 비켜갈 수 없었다. 소학교 교원 자리를 잃은 그는 어쩔 수 없이 생계를 이어가기 위해 행상을 했다. 그러면서 극좌 사상이 판을 치던 문화대혁명 기간 내내 혹시라도 자신이 소장하고 있던 죽간본 『손무병법』 82편이 화근이 될 수도 있다는 생각이 들었다. 아니나 다를까? 모든 것을 쓸어버린다는 '횡소일체(橫掃一切)'의 참혹한 풍랑으로 그 역시 자신이 애지중지하던 병서 죽간을 태워버릴 위기에 처했다. 그는 고대 병서 죽간을 수레에 가득 실은 다음, 서안 약왕묘(藥王廟) 앞 커다란 구덩이에 넣었다가 다행스럽게도 홍위병의 감독이 소홀한 틈을 타 불길 속에서 연소되기 직전 죽간(82편 중 31편)을 꺼낼 수 있었다. 이로써 가까스로 한대 죽간 원본 일부와 장씨 부자가 정리한 죽간 초본(抄本)을 보존할 수 있었다. 이후 장연갑은 부친이 남긴 『손무병법』 한간에 대한 연구와 주석 작업을 완성하지 못한 채 큰 아쉬움을 안고 1972년 세상을 떠났다. 당시 그의 나이 일흔두 살이었다. 그는 '자식들은 보거라(示兒女)'라는 유서에서, 아들인 장경헌에게 미처 끝내지 못한 작업을 완성해 줄 것을 당부했다.

"이는 국보이자 소중한 세계 문화유산이다. 이 작업을 완성하는 날 묘지에 와서 내 염원이 성취됨을 알려다오."

장경헌은 문화대혁명 이전에 실업고등학교를 졸업하고 서안의 모 국방 관련 방위산업체에 근무하고 있었다. 그는 조부와 부친의 유지를 계승해 어려서부터 병서를 학습하며 중요한 단락은 대부분 암송했다. 또한 『손무병법』 한간 및 초본을 소중하게 보관했다. 그는 3년간 집중적으로 『손무병법』을 처음부터 끝까지 자세하게 읽으며 모르는 부분은 단 한 글자도 놓치지 않고 자전을 찾아가며 이해하려고 했다. 중요한 장이나 단락은 반복해서 연구하고, 쉽게 이해하고 기억할 수 있도록 병서를 대조하면서 큰 글자로 필사했다. 취재 결과, 장경헌뿐만 아니라 그의 누이, 제부, 아들, 외조카까지 모두 병서에 일가견이 있음을 확인할 수 있었다. 그야말로 '병서 전문 가족'이라 할만 했다. 특히 그의 제부 여효조(呂效祖)는 오랫동안 교육 사업에 종사한 간부로서, 민족문화 선양에 힘썼으며 퇴직 이후에도 섬서 위징(魏徵) 연구회 회장을 맡고 있었다. 저서도 여러 권 있었고, 장씨 집안의 고대 병서 소장에 큰 버팀목이 되었다. 이렇듯 거의 백 년 동안 장씨 집안 3대에 걸친 정성과 노력으로 한간『손무병법』82편을 정리한 예서체 묵적(墨跡) 옥타보(153×240밀리미터인 인쇄물 규격) 판형의 10권짜리 수고(手稿) 및 31편의『손무병법』한대 죽간 원본을 완벽하게 보존할 수 있었다. 이는 고대문화 보고(寶庫)에 또 하나의 훌륭한 문화유산을 더함으로써 국가와 민족을 위해 큰 공을 세운 일이 아닐 수 없다.

실전되었던『손무병법』82편의 발견은 학술적으로 그 가치가 매우 높았다. 사학, 군사학 분야의 오랜 문제 하나가 해결됨으로써『손자병법』연구와 응용에도 희소식이 전해졌으며, 민족문화를 널리 알리는 데 매우 중요한 공헌을 했다. 북경국방대학 방립중(房立中) 교수는 장씨 가택에서 소장하고 있던『손무병법』82편 초본 일부를 본 뒤 다음과 같이 말했다.

"이 초본의 근거가 되었던 한간은 학술적, 문화재적 가치가 매우 높다. 82편 초본 원문 역시 매우 중요한 문화재다."

손무는 고대 중국의 위대한 군사학자로 춘추 말기부터 전국 초기에 생존한 인물이다. 반고(盤古)가 세상을 연 후 주나라 시대까지 5천 년간 전란이 끊이지 않고 백성은 도탄에 빠지니, 이렇듯 기층 조직이 모두 무너지고 나라가 패망한 모습에 그는 많은 것을 느꼈다. 그래서 그는 '분쟁을 금하는 것이 가장 시급한 일'이라고 생각했으며, 분쟁을 없애기 위해서는 반드시 '알(戛 : 고대 병기)'로 '알'을 제거하고, 죽임으로 죽임을 없애고, 폭력으로 폭력을 없애며, 전쟁으로 전쟁을 없애야 나라가 태평하고 백성이 평안할 수 있다고 믿었다. 그는 정의의 전쟁으로 정의롭지 못한 전쟁에 반대하며 혁명 전쟁으로 혁명에 위배되는 전쟁에 반대해야 한다고 주장했다. 이에 고군분투 병법을 연구해 "선성(先聖)들이 전하는 책략을 살피고, 유명한 전투의 이로움과 폐해를 모두 비교했으며, 천지의 현묘한 이치를 헤아리고 속이는

도(詭道)의 오묘함을 깨닫고, 변수(變數)에 대한 신묘한 판단을 체득했다. 또한 열국의 산천을 두루 다니며 구주(九州)를 주유하고 사해(四海)를 살펴 천하의 풍토와 민정을 이해했으며, 천하의 병법 전문가들을 두루 찾아다녔다."

그리하여 주나라 경왕(景王) 22년(기원전 523년)부터 경왕(敬王) 4년(기원전 516년)까지 근 8년에 걸친 노력 끝에 마침내 병법 82편과 도표 9권을 완성하고, 『손무병법』이라고 이름 지었다.

신중한 성격의 손무는 『손무병법』 81편을 지었으나 죽간에 적어 세상에 공개하지 않은 채 계속 연구에 매진하면서 문구를 다듬었다. 그는 오나라 왕 합려를 처음 만났을 때나 그의 밑에서 7년간 보좌하면서도 81편을 내놓지 않고 그저 개략적인 내용(『손자병법』 13편)만 알려 주었을 뿐이다. 합려 밑에서 일하면서 손무는 군사적 재능과 풍부한 실전 경험을 얻을 수 있었으니, 이는 자신의 병법 이론을 검증할 수 있는 좋은 기회였다. 그는 오나라 장수가 된 다음 병법 이론을 운용해 적극적으로 초나라 정벌을 위한 전투 준비를 했다. 그는 수도보법(修道保法)*으로 부국강병의 진지를 구축하고, 병사를 선발하고 기물을 비축해 군대를 정돈하고 무력을 강화했다. 이로 인해 국가는 더욱 강성해졌다. 다른 한편으로 군대를 셋으로 나누어 한 부대가 공격하면 나머지 두 부대는 수비를 하는 식으로 초나라와 대치하면서 3년을 보냈다. 그러다가 주나라 경왕 13년(기원전 507년) 봄, 손무는 휘하 3만 명의 군사를 이끌고 초나라를 공격했다. 초나라는 20만 대군으로 맞섰는데, 양 군은 백거(柏擧)에서 결전을 벌였다. 손무는 적을 포위한 채 공격은 하지 않고 사방에서 오나라 민가를 부르도록 하는 심리 전술을 활용하고 먼 길을 우회하거나 매복하는 전술을 사용했다. 즉 사면오가(四面吳歌), 팔방완곡(八方浣曲), 양위불공(佯圍不攻), 천리우직(千里迂直), 팔면복격(八面伏擊) 등의 전술로 다섯 차례를 싸워 마침내 영성(郢城)에서 초나라 군사를 격퇴하니, 초나라 왕은 황급히 강을 건너 도망치고 말았다. 소수

---

* '길을 닦고 법칙을 확보한다'는 뜻으로, 여러 가지 승리를 위한 조건을 갖추어 자신을 지키고 전쟁을 승리로 이끄는 병법 가운데 하나다.

의 병력으로 대군을 무찌르자 다른 제후국들도 감히 오나라를 만만하게 볼 수 없었다. 손무는 전쟁에서 승리한 다음 자리에서 물러나 경림(景林)에서 수년 동안 은거했다. 그는 그 기간에 병서를 계속 수정했고, 마침내 주나라 경왕 16년(기원전 504년)에 『손무병법』을 정식으로 탈고했다. 『손무병법』은 원래 전체 81편이었는데, 나중에 손무 자신이 병법을 연구한 이유와 저술과정 및 주요 군사이론에 관한 관점 등을 핵심적으로 요약한 「종어(終語) – 예시(預示)」(예시는 편명이다)를 첨부해 전체 82편이 되었다. 이후 서한 시대 초왕 한신이 『손무병법』을 읽은 뒤 원래 죽간 뒷면에 42자의 비어(批語 : 평어)를 남겼다. 그 내용은 다음과 같다.

"비록 종어(終語 : 끝내는 말)라고 했으나 실질적인 병법 이론을 언급하고 표준을 제시하니 다다익선(多多益善)이다. 그런 까닭에 전체 내용에 포함시켜 『손무병법』 제82편으로 삼는다. 한 초왕 한신 한(漢) 5년(기원전 202년) 2월."

그렇다면 『손무병법』 82편(도표 9권 포함)과 『손자병법』 13편은 무슨 관계인가? 병법 대작을 완성한 손무는 고금의 병법서는 오직 성명(聖明)한 군주나 어질고 지혜로운 식자들에게 전해져야지 어리석고 우매한 군주나 위험한 자에게 전해져서는 안 된다고 생각했다. 만약 음험하고 못된 자가 이를 이용한다면 나라와 백성들에게 큰 피해를 입히기 때문이었다. 그의 아들 역시 책에 음기(陰氣)와 살기가 가득함을 알고 감히 천기를 누설해서는 안 된다고 생각했다. 손무는 아들의 의견을 받아들여 전체 병서를 세상에 내놓는 대신 일부 축약본을 만들기로 했다. 그래서 나온 것이 바로 『손자병법』이다. 이는 손무 자신이 「종어 – 예시」에서 말한 내용과 일치한다. "내 아들이 천기(天機)의 음살(陰殺)을 없애고자 도표 부분은 모두 제거하고 대략적인 법칙만 남겨 축약한 죽간을 만들었다. 편의 첫 번째는 계(計), 두 번째는 모(謀), 세 번째는 형(形), 네 번째는 세(勢), 다섯 번째는 쟁(爭), 여섯 번째는 전(戰), 일곱 번째는 변(變), 여덟 번째는 허실(虛實), 아홉 번째는 행군, 열 번째는 지형, 열한 번째는 구지(九地), 열두 번째는 화공, 열세 번째는 용간(用間)이다. 이로써 전체 13편을 만들어 『손자병법』으로 이름을 지었다."

이상이 바로 『손자병법』 13편의 유래다. 『손무병법』 82편은 모두 141,709자로,

죽간의 연대가 오래되었기 때문에 그중 23자가 심하게 훼손되어 명확하게 인식을 할 수 없는 상태였다. 『손자병법』 13편은 또한 전해지는 글자 수가 6,080자 정도로 이 둘의 차이가 매우 크다. 손무가 말한 것처럼 『손자병법』은 『손무병법』의 내용 중 정수를 모은 것으로서, 대개의 내용이 일맥상통하기 때문에 일목요연하게 내용을 살필 수 있다. 손무는 또한 『손무병법』을 '가전간(家傳簡 : 집안에서 전해지는 죽간이라는 뜻이다)', 『손자병법』을 '전세간(傳世簡)'으로 정했다. 이는 아마도 『손무병법』이 유실된 지 거의 2천 년 만에 『손자병법』만 전승될 수 있었던 주요 원인일 것이다.

이러한 역사적 사실은 그동안 사학계에 존재했던 몇몇 문제를 해결해 주었다. 그때까지 『손무병법』 82편은 존재했었는가, 『손자병법』의 저자는 누구인가에 대한 논쟁이 그치지 않았다. 어떤 사람은 『손무병법』 82편은 애초에 존재하지 않은 것으로 후대 사람들이 거짓으로 만들어 낸 것이라고 했으며, 또 어떤 사람은 존재하기는 했지만 저자가 손무 한 사람이 아니라고 했다. 전국 시대부터 서한 시대까지 사회 도처에서 병법을 언급하면서 『손자병법』 13편이 널리 알려졌고, 오랜 기간 많은 사람들의 손을 거쳐 필사되면서 여러 종류의 죽간 각본이 출현했을 가능성이 있다. 이에 동한 시기에 이르러서야 반고가 '82편, 도표 9권(八十二篇圖九卷)'이란 기록을 남겼다는 것이다. 병법에 관한 손무의 저서 82편이 존재했음을 인정하는 경우도 있지만, 이는 『손자병법』 13편을 기초로 여기에 손무와 합려의 문답 내용을 추가해 이루어진 것이라고 생각하는 사람도 있다. 청나라 필이순(畢以珣)이 대표적인데, 그는 다음과 같이 말했다.

"손무는 합려를 만나기 전 13편을 저술했다. 합려를 만나 서로 문답을 주고받은 다음 손무는 다시 몇 편을 더 지었는데 이것이 모두 『한지(漢志 : 한서·예문지)』에서 말한 82편 안에 포함되었다."

또한 사서 기록이 각기 다르다는 이유를 들어(『사기』 「손자오기열전」과 『한서』 「예문지」에는 기록이 나오지만 『수서』 「경적지」에는 보이지 않는다), 『손자병법』은 후인들이 위조한 것이며, 손무라는 인물 역시 역사적으로 존재했는지 의문이라고 주장하는 사람들도 있다. 그들이 즐겨 말하는 이유 중 하나는 선진 시대 저작물이 어떤 개인에 의해 창작된 것이 아니라는 점이다. 그들은 지금의 『손자병법』은 손무에서 시작되어 손무의 손자인 손빈에 이르러 완성된 것이라고 하면서 춘추 시대 말기부터 전국 시대 초기까지 장기간에 걸쳐 일어난 전쟁의 경험을 총괄한 것이므로 한 사람의 저술이라고 보기 어렵다고 주장한다(오구룡, 필보계의 「임기은작산한묘간보(臨沂銀雀山漢墓簡報)」 참고, 원문 『문물(文物)』, 1974년 제2기). 그러나 『손무병법』 82편이 발견되면서 역사적으로 손무라는 인물과 『손무병법』이 확실하게 존재했으며, 『손자병법』이 손무 한 사람에 의해 저술되었다는 것이 증명되었다. 여기서 주목할 것은 손무의 아들이 『손자병법』의 완성에 매우 중요한 역할을 했다는 점이다.

이와 관련하여 손무의 증손인 손빈이 과연 병서를 저술했는가 하는 문제가 발생한다. 1972년 4월, 산동성 임기 은작산의 한묘 두 곳에서 고고발굴이 진행된 결과 4,974점의 죽간을 출토했다. 발굴 유물 가운데 여러 개의 선진 시대 군사 저작물을 정리했는데 그중 1,700여 년간 실전되었던 『손빈병법』도 들어 있었다. 이는 손무로부터 손무의 아들, 손빈에 이르기까지 세 사람 모두 병법에 정통했음을 입증한다. 하지만 여기에 설명이 필요한 부분이 있다. 전문가나 학자들이 은작산 한묘에 대한 연구, 정리를 실시한 결과로 문물출판사에서 1975년에 출판한 『손빈병법』에서는 죽간 가운데 훼손이 심각한 「오도구탈」편(편제는 정리 작업 후 붙인 것이다)은 손빈 또는 손빈의 후학 제자들이 기록해 『손빈병법』에 수록한 것이라고 했다는 점이다. 이 편은 원래 『손무병법』 82편의 제39편이다. 원래 편명은 「구탈」이며, 장씨 가문에 전해지는 자료는 은작산 한묘 죽간의 훼손 부분을 완벽하게 보전하고 있다(상세한 내용은 본 간행물 본 기에 발표된 장경헌, 여효조의 「'손빈병법·오도구탈편' 고(考)」 참조한다). 그 결과 역사를 바로잡을 수 있었을 뿐만 아니라 장씨 일가에 전해지는 『손무병법』 82편 초본의 진위를 입증할 수 있게 되었다.

기자는 장씨 후손인 장경헌을 방문해 이 병서 연구에서 느낀 점을 물어보았다. 그에 따르면, 과거 우리가 볼 수 있었던 『손자병법』 13편은 실제 구체적인 내용이 아닌 병법의 원칙에 대해서만 이야기하고 있다. 하지만 『손무병법』은 선진 시대 병법을 집대성한 것이라 할 수 있다. 이는 양적, 질적으로 가장 완벽하면서도 진정한 병서라 할 수 있다. 이론과 원칙, 실질적인 전법을 소개하고 있는 『손무병법』은 전체적인 소개나 구체적인 세부항목 모든 것이 갖추어져 있는 저서다. 손무는 자신의 군사 사상을 "도가 있는가, 없는가."라는 말로 개괄했다. 그는 "고금을 막론하고 천하는 백성의 천하"이기에 "백성이 크고 군주는 작으며", "의(義)는 크고 친(親)은 작고", "토지는 크고 세금은 적어야 한다."라고 했다. 이처럼 "도가 있어야" 사회가 안정되고 천하가 든든해질 수 있다. 이와 반대로 "군주가 크고 백성이 작으며", "친은 크고 의는 작고", "세금은 많고 토지가 작으면" 그런 사회는 결국 패망을 향해 갈 수밖에 없다. 구체적인 전법에서는 천(天), 지(地), 인(人), 도(度), 양(量), 탈(奪), 수(數), 칭(稱), 승(勝) 등 여러 각도와 순서에 따라 분석했다. 예를 들면 『손자병법』13편에 보면 다음과 같은 대목이 있다.

"싸우지 않고도 적을 굴복시키는 자야말로 용병술에 능한 자 가운데 가장 뛰어난 자다(不戰而屈人之兵, 善之善者也)."

그러나 이에 대한 구체적인 방법이 적혀 있지 않아 후인들이 정확하게 이해할 수 없다. 하지만 『손무병법』82편에는 이에 대한 자세한 설명이 적혀 있다. 「행공(行空)」편을 살펴보면 하늘과 땅 외에 '공(空 : 실전實戰이 아닌 것을 말한다)'의 위대함에 대해 이야기하고 있다. 천지를 제외하고 '공'이 가장 크다. '공'으로 상대에게 승리를 거두고, 상대를 복종시키며, 상대를 다스리고, 상대를 취할 수 있다. 무릇 두 나라가 서로 미워하면 처음에는 실전이 아닌 '공'으로 다투기 시작한다. 그 첫째는 정대(正大)함을 다투고, 둘째로 땅을 다투고, 셋째로 백성을 다툰다. 두 군대가 싸우는 것도 처음에는 모두 '공'으로 싸운다. 먼저 여론을 형성하고, 둘째로 이간질을 하며, 셋째로 운전(雲戰)이다. 이상 여섯 가지는 모공(謀攻)의 쓰임을 다투는 것이다. 그리하여 능히 '공'으로 취하는 것이야말로 "싸우지 않고도 적을 굴복시키는 것이며, 이런 자야말로 용병술에 능한 자 가운데 가장 뛰어난 자다."

저자(손무)가 당시에 제기한 다양한 군사 책략과 이론은 지금도 여전히 큰 의미를 지니고 있다. 『손무병법』82편은 내용이 매우 깊고 방대하다. 군사 문제뿐만 아니라 당시의 역사, 천문, 지리, 문자, 역법, 외교 등 여러 가지 부분에 대해 두루 언급하고 있다.

천문 분야를 예로 들면, 요(堯) 임금과 공공(共工 : 사람의 얼굴과 뱀의 몸을 가진 괴물로 홍수를 일으켰다고 한다)이 싸움을 벌였을 때 요 임금은 전쟁터 위를 기어가는 개미떼를 살펴 살천(殺天 : 지진)이 일어날 것을 미리 알고 삼군에게 명령을 내려 치중(輜重 : 군수품)을 버리고 밤낮으로 3백여 리를 달려 주원(周原)으로 퇴각했다. 이에 반해 공공의 10만 병사들은 지진으로 목숨을 잃어 부주산(不周山) 산자락에 묻혔다. 요 임금은 그들을 위해 '천지인분(天地人墳)'이란 비석을 세워주었다.

다음 고문자 분야를 예로 들면, 중국은 상고 시대에 백여 개의 '백음음문(百音陰文)'이 있었는데, 이는 부호문자 형태로 이후 순차적으로 상형문자, 갑골문, 금문 등으로 발전했다고 한다.

고대 역법에 관한 내용도 있다. "옛날에 반고가 나라를 열고 천황이라 칭했는데, 나라는 음기(陰紀)를 따랐고, 가정은 모계 중심이었다." 당시 실행하고 있던 음력 기년에 의하면 일수(一修 : 1년)는 13개월이고 한 달은 28일로 1년이 364일밖에 되지 않았다. 후에 여와(女媧)가 24년마다 한 달(28일)을 더하도록 해 '천(天 : 날)'을 채웠다.

이처럼 진귀하고 풍부한 역사적 사실들은 당시의 정치, 경제, 과학, 문화를 연구하는 데 매우 중요하다.

『손무병법』 82편은 반고 개국에서 전국 시대 초기까지 5천여 년 동안의 고대 전쟁에 대한 경험을 총괄해 전쟁에 관한 보편적인 규칙을 제시하고, 저자 나름의 진보적인 정치 관념과 소박한 변증법적 사유를 보여 주고 있다. 우리는 이를 적극적으로 연구하고 계승, 발전시켜 중국 특색의 사회주의를 건설하고, 민족문화를 널리 알리고 중화를 진흥하는 데 이바지해야 할 것이다.

양재옥의 장문의 글이 발표된 후 『수장』은 이어 『손무병법』 소장자인 장경헌과 여효조가 썼다는 「'손빈병법·오도구탈편' 고(考)」를 발표했다. 이 글에는 1923년에 장연갑이 정리한 죽간 『손무병법』 82편 중 제39편 「구탈」의 일부 필사

복사본과 은작산 한묘에서 출토된 죽간 「오
도구탈」의 일부 복사본 사진이 첨부되어 있
었다. 장연갑과 여효조가 발표한 내용은 다
음과 같다.

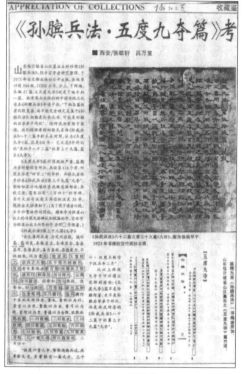

『수장』 10기. 「손빈병법·오도구탈편」 고,를 발표했다.

산동 임기 은작산에서 출토된 『손빈병
법』은 전문가와 학자들의 연구 및 정리를
거쳐 1975년 문물출판사에서 공개, 출판했
다. 전체 죽간 364점, 11,000여 자가 상, 하
두 편으로 나뉘어져 있으며, 각 15편으로
구성되었다. 「오도구탈」은 하편 중 한 편이
다. 북경 연산(燕山)출판사의 중국전통문화
독본 『손빈병법』 안내서에는 다음과 같이
적혀 있다. "하편의 각 편은 조금 복잡하
다. 아직 확실하게 『손빈병법』에 속하는 것

인지 확정할 수 없으나 모두 군사에 대한 글로, 아마도 손빈의 후학, 제자들이 기록
한 것으로 보인다." 이러한 견해는 이후 논의가 필요하다. 우리는 장씨 집안에서 소
장하고 있던 『손무병법』 82편 초본을 근거로 대조한 결과, 「오도구탈」편은 『한서』
「예문지」에 기록된 '오손자(吳孫子) 82편'의 제39편, 편명은 「구탈」일 것으로 확신
한다.

「오도구탈」편 죽간은 훼손이 매우 심각해 제목을 알 수 없었다. 그래서 당시 정
리 작업을 한 사람들이 「오도구탈」이라는 제목을 달았다. 모두 116자가 수록되어
있고, 죽간 말미 주에 '사백이(四百二)'라는 글자가 적혀 있다. 장씨 집안의 초본『손
무병법』 제39편 「구탈」은 교묘하게도 훼손 부분과 정확하게 들어맞는다. 편말 주
부분에 '이백사십(二百四十)'이라는 글자가 적혀 있다. 이 외에 글 뒤에 한 초왕 한
신의 평어와 주해 36자가 적혀 있었다. 금문 초록은 다음과 같다(은작산 죽간에서 제

대로 볼 수 있는 글자는 [ ] 안에 넣었다).

고대에 용병에 능한 자는 군대의 작전 범위를 정한 후에 싸웠다. 전투를 할 때는 교묘한 속임수가 필요한데, 속임수가 뛰어나야 전법을 무궁무진하게 변화시킬 수 있다. 군대는 각기 관할 지역에서 자신의 주장을 펼치고, 오로지 상급자의 명령만을 따르며, 각기 자신의 군량을 준비하고, 자신들의 위치에 주둔해 적의 공격을 방어하고, 도덕으로 자신의 군사들을 감화시키며, 우군의 지원에 의지하지 않고, 적군과 아군의 위치를 정확하게 헤아려 적군의 구원병이 도착한다 해도 또다시 그들을 격퇴시킨다. 따라서 용병의 중요한 원칙은 서로의 거리가 50리 정도 떨어져 있으면 구원할 수 없다는 것이다. 하물며 군대가 서로 수 백리 떨어져 있다면 이는 이미 군사적으로 지원 여부를 결정하는 최대 거리를 넘은 것이다. 그래서 '병서'에서 다음 다섯 가지(伍度 : 다섯 가지 고려사항)를 말한 것이다. 첫째, 전략이나 군량이 적군보다 열세라면 적군과 지구전을 펼쳐서는 안 된다. 둘째, 병력이 적군보다 열세라면 대치해서는 안 된다. 셋째, 보급로가 적군보다 못할 때는 곤궁에 빠진 우군을 구원해서는 안 된다. 넷째, 휴식이나 회복, 병사들의 교대 상황이 적군보다 못하다면 장기전을 해서는 안 된다. 다섯째, 병사들의 훈련이 적군보다 못하다면 적군과 오랫동안 싸워서는 안 된다. 지휘하는 장수가 이상 다섯 가지를 분명하게 파악하고 활용할 수 있으면, 그의 군대는 당할 적이 없을 것이다. 그래서 군대가 천리 사방을 돌아다니며 대적할 자가 없는 것은 다음과 같은 사항을 정확하게 헤아리고 파악하는 데 있다. 첫째, 군량을 파악해 행군의 거리를 헤아린다. 둘째, 장비의 무게를 정확하게 판단해 효율적으로 사용한다. 셋째, 병사들의 숫자를 정확하게 파악해 정확한 공격을 헤아린다. 넷째, 훈련 수준을 파악해 작전을 헤아린다. 다섯째, 지혜를 활용해 변화무쌍한 전법을 헤아린다. 여섯째, 계략으로 병력을 집중해 승리를 얻는다. 또한 다음 아홉 가지 방법을 취하면 적군을 곤경에 빠뜨릴 수 있다. 첫째, 적군의 식량을 빼앗는다. 둘째, 적군의 급수 공급원을 빼앗는다. 셋째, 적군의 나루터(도하 지점)를 빼앗는다. 넷째, 중요한 도로를 빼앗는다. 다섯째, 험난한 요충지를 빼앗는다. 여섯째, 평탄한 지형을 빼앗는다. 일곱째, 적군이 쟁취하려는 유리한 조건을 빼앗는다. 여덟째, 적군의 군수품을 빼앗는다. 아홉째, 적군이 귀중하게 여기는 것을 빼앗는다. 무릇 여섯 가지를 헤아리고(六量) 아홉 가지를 빼앗으면(九奪) 적을 곤궁에 빠뜨려 패배시킬 수 있다.

오도(伍度), 육량(六量), 구탈(九奪)을 정확하게 실시해 지혜로 적군을 곤경에 빠뜨릴 수 있다면, 재앙이 없을 경우 독립적으로 책임을 지고 일을 처리할 수 있는 인재일 것이다.

한 초왕 한신, 5년 2월.

(古之善用兵者, 分定而後戰. 戰而裔, 裔而變, 各張其主, 各唯其令, 各備其用, 各居其方, 各當其面, 存德度力, 不以相救, 以爲量[矣]. [救者至], [又重敗之]. [故兵之大數], [五十里不相救也]. [況近]者百里, 遠者[數百里], [此程兵之極也]. [故兵曰] ; [積弗如], [勿與持久], [衆弗如], [勿與接和], [徑弗如], [勿與救戰. 佚弗如, 勿[與]戰[長]. [習弗如], [毋當其所長]. [五度旣明], [兵乃橫行]. [故兵]橫行千里而無所阻者, 量也. 量積以爲行, 量重以爲用, 量數以爲擊, 量習以爲戰, 量智以爲變, 量謀以爲會取, 九取而[趨敵數]. [一曰取糧]. [二曰取水]. [三曰取津]. [四曰取塗]. [五曰取險]. [六曰取易]. [七曰取爭]. [八曰取重]. [九曰取其所讀貴]. [凡]六量[九奪], [所以趨敵也]. 二百四十.

五度, 六量, 九奪, 智取趨敵而過兵者, 若無災多有獨當一面之才. 三十六.

漢楚王韓信於五年二月).

이상에서 우리는 다음과 같은 결론을 얻을 수 있다. 「오도구탈」편은 손빈은 물론이고 손빈의 후학들이 쓴 것도 아니다. 이는 손무가 저술한 『손무병법』 82편에 있는 제39편 「구탈」이다.

모두 알다시피 현재 우리가 보는 『손자병법』은 13편뿐이다. 최초로 편수를 소개한 것은 사마천의 『사기』였으며, 은작산 한묘 죽간에서 출토된 문헌을 통해 이러한 사실이 입증되었다. 동한 시대 『한서』 「예문지」에 적혀 있는 '오손자병법(吳孫子兵法) 82편(篇)'은 알 길이 없고, 다만 산발적으로 일부 내용이 고대 전적에 인용되어 있을 뿐이다. 은작산 한묘 죽간이 출토된 후, 정리 작업에 참여한 사람들은 그중 실존되었던 『손자』 일부를 발견했지만 그 양이 지극히 미비했다. 또한 그것이 '82편'에 속하는 내용인지는 여전히 학계에서 의론이 분분하다. 현재 『손무병법』 82편이 완벽한 모습으로 세상에 다시 선을 보이게 된다면, 더욱 풍부하고 구체적인 내용으로 군사, 역사, 문헌적 가치가 『손자병법』 13편을 훨씬 능가할 것이다. 만약 이것이 사실이라면 죽서의 의의는 그 가치를 헤아릴 수 없을 정도로, 인류문화사상 일대 기적이라고 할 수 있다.

바로 이러한 이유로 『손무병법』의 새로운 발견' 소식은 엄청난 파장을 불러일으켰다. 중국 내 각 매체들은 너도나도 이 대사건을 보도하기에 여념이 없었다. 그중에는 중국중앙텔레비전, 『해방군보(解放軍報)』를 포함한 언론매체도 여러 곳 포함되었다. 순식간에 '백년 보물 『손무병법』, 장씨 집안 4대의 노력으로 소중한 장을 더하다' 등의 보도가 신문의 주요 지면을 장식하기 시작했다. 또한 이 소식은 현대 과학기술 덕택에 일본, 미국, 캐나다, 영국, 프랑스, 독일, 이탈리아, 싱가포르, 홍콩, 대만 등 40여 개 국가와 지역에 보도되었다. 이러한 '새로운 발견'이 엄청난 파장을 불러일으키자 당사자들 역시 놀라움을 금할 수 없었다. 그들은 언론매체의 소란스러운 보도로 잠시 정신이 없었지만 서서히 기쁨을 만끽하면서 숨겨져 있던 욕망이 꿈틀거리기 시작했다. 이러한 개인적 욕망은 이성을 잃은 매체들과 행보를 함께했다. 일부 매체의 선동으로 과대망상에 빠진 그들은 자신이 소장하고 있던 『손무병법』을 글자당 1천 달러라는 엄청난 금액으로 해외에 판매하여 억만장자가 되는 꿈을 꾸고 있었다.

전문가들의 대반격

각 언론매체에서 '『손무병법』 대발견'을 그럴듯하게 포장하며 한껏 부풀리고 있을 때, 군사전문가와 학자들은 냉철한 시선으로 침묵한 채 사태의 추이를 지켜보았다. 그러다가 여론몰이를 하며 엄청난 기세로 한바탕 사기극이 연출되자 더 이상 참을 수 없었던 전문가와 학자들이 행동에 나섰다.

중국사회과학원 역사연구소 소장 겸 선진 시대 역사전문가 이학근이 가장 먼저 대중들의 정확한 이해를 위해 전면에 나섰다. 1996년 10월 14일, 그는 자청하여 『북경청년보』 기자를 만나 자신이 직접 살펴 본 두 장의 초본이 위작이라고 단정지었다. 다음 날 『북경청년보』에 관련 기사가 실렸다.

1996년 10월 7일 5. 남경 『주말』 9월 28일자에 왕조린 기자의 『손무병법』의 비밀을 파헤치다 — 4대에 걸친 국보 사랑'이 게재되었다. 이후 기사에서 언급된 중국사회과학원 역사연구소 소장 이학근 교수는 본보 기자에게 전화를 걸어 기사에 실린 자신의 이야기가 사실과 다르다는 입장을 표명했다. 이에 기자는 사회과학원 역사연구소를 방문해 이학근 교수를 만났다.

학자다운 기풍에 학문적으로 매우 엄격한 이학근 교수는 신문을 통해 부정적인 영향을 배제하고 싶다는 의견을 밝혔다. 이 교수가 밝힌 당시 정황은 다음과 같다.

"금년 4월 하순, 국방대학 방립중 교수가 전화를 걸어 섬서 지역에서 손무에 관한 자료 82편이 발견되었다고 말했다. 국방대학 쪽에서는 자료를 찾아 이미 복사를 했으니 내용을 검토해 달라고 했고, 중견 학자들을 몇 분 초대해 검증 작업을 거치고 싶다고 했다. 나는 언제든지 시간을 내겠다고 했지만 모임은 이루어지지 않았다. 5월에 섬서 인민출판사의 한 여성 편집자가 소장가라는 사람과 함께 나를 찾아왔다. 내가 잘못 안 것이 아니라면 그는 신문에 난 여씨라는 사람이었다. 그들은 원본 일부를 나에게 보여 주었다. 그들이 건넨 원본 문서를 살펴본 후 나는 그들이 말하는 원본 두 장 모두 위작임을 알았다. 그러나 당시에는 소장가가 함께 있었기 때문에 차마 면전에서 그런 사실을 말할 수 없었다. 그들이 떠날 때 나는 여성 편집자에게 다음 날 아침에 전화를 걸어달라고 했다. 다음 날 편집자가 나에게 전화했을 때 분명하게 내 의견을 말해 주었다."

이학근 교수의 말에 따르면, 일단 자신의 의견을 분명하게 밝혔기 때문에 상황이 일단락되었다고 생각했지만 며칠 후 신문에 난 기사를 보고 놀라움을 금할 수 없었다고 한다.

저명한 고대문헌 연구자인 이 교수는 전문가의 말을 빌려 자신의 위상을 높이는 이들에게 분개하며……

이학근 교수에 이어 '중국손자병법연구회' 역시 상황의 심각성을 깨닫고 1996년 10월 22일에 군사과학원, 국가문물국, 북경대학 등에서 여러 전문가들을 초청해 이른바 '병법(『손무병법』 82편)'의 기본 내용의 진위 문제에 관한 좌담회를 열었다. 전문가들은 이른바 『손무병법』 82편의 진위를 판단하기 위해서는 다음 두 가지 문제를 포함시켜야 한다는 데 의견의 일치를 보았다.

첫째, 중간 과정에 대한 문제로 한간을 필사한 것인지 아니면 근현대의 서리(書理 : 책의 이치)에 따른 것인지를 확인해야 한다.

둘째, 자료의 내용이 손무가 직접 저술한 것인지를 확인하고, 아울러 그것이 『한서』「예문지」에 기록되어 있는 '오손자병법 82편'과 관련이 있는지를 판단해야 한다.

이에 대한 진지한 검증 작업을 마친 전문가들은 '병법'이 손자가 직접 저술한 것이 결코 아니며 한간에서 나온 것도 아니라는 데 모두 동의했다. 결론은 현대인의 위작이라는 것이다. 그렇다면 이는 사기극이나 다를 바 없었다. 이후 회의에 참석한 전문가들은 지속적인 자료 수집과 논증을 통해 '병법'의 진면목을 파헤치는 데 집중했다. 아울러 회의에 참석했던 일곱 명의 전문가들이 다시 모여 1996년 11월 19일, 『북경청년주간』에 다음과 같은 제목의 글을 발표했다.

역사 왜곡이나 다름없는 문화재 위조
전문가들의 호소 ─ 『손무병법』 82편의 진위를 철저하게 밝혀라!

최근 『인민일보』와 『수장』에서 처음으로 서안에서 소위 손무가 직접 저술했다는 '초본(抄本) 『손무병법』 82편'(이하 '초본'이라 약칭한다)이 발견되었다고 보도했다. 이후 일부 언론매체에서 '초본'의 일부 편장을 『손무자전서(孫武子全書)』(국방대학강사 방립중 편찬)에 편입시키고, 장연갑, 여효조, 장경헌 등이 이치에 따라 정리해 소장한 '초본'이라고 대대적으로 선전하는 한편, 이는 "사학계와 군사학 분야의 오랜 수수께끼를 파헤쳤으며", "세계적인 『손자병법』 연구와 응용에 엄청난 영향을 주고", "민족문화를 선양하는 데 또 하나의 중요한 공헌이 될 것이다."라며 보도했다.

이 사건이 국내외적으로 불러일으킨 파장을 생각하면, 『손자병법』의 연구자로서 우리들은 문화재의 진위 여부 판별이 매우 시급한 문제라고 생각하며 이에 대한 막중한 책임을 느끼고 있다. 우리는 '초본'에 보이는 「행공(行空)」, 「습중(拾中)」, 「예시(豫示)」의 세 편 및 관련 보도에서 인용한 '초본'의 부분 내용을 근거로 이미 '초본' 및 소위 한간(漢簡)이라는 것에 대해 의문을 제기했다.

그러나 지금까지도 일부 언론매체는 무책임한 보도를 계속하고 있다. 역사와 현실, 중국 전통문화에 대한 책임 있는 태도로 우리는 다시 한 번 사회 각계에 정중하게 성명을 발표하는 바이다.

첫째, 우리는 '초본'이 절대 손무의 친작도, 한간에서 나온 것도 아니며 최근에 위조된 허위 모조품이라는 데 의견을 같이한다.

둘째, 우리는 국가 관련부서가 나서 소장가 장경헌 등이 가지고 있는 소위 『손무병법』 82편' 및 필사본에 대해 과학적 검증을 거쳐, 그 검증 결과를 일반대중에 공개할 것을 강력하게 요구한다.

셋째, 각 언론매체가 이에 대한 기사를 대대적으로 보도해 학계에 이미 큰 파동을 불러일으키고 있으며, 국가의 명성에도 영향을 주고 있다. 우리는 중앙의 관련부서가 나서 언론매체에 강택민 서기의 '정확한 여론을 통해 대중을 인도한다'는 방침에 따라 신속하게 '『손무병법』 82편' 필사본 및 훼손된 한간 관련 보도가 객관적이고 공정하게 이루어지도록 촉구해 줄 것을 요구한다.

넷째, 일부 언론은 뉴스 보도의 당성(黨性) 원칙을 준수해 침묵으로 일관하거나 문제를 회피해서는 안 되며, 직업적 도덕의식을 준수하고, 과학과 사실을 존중하며 진상을 밝힐 수 있는 용기를 내어 부정적인 영향이 확대되지 않도록 힘써줄 것을 희망한다.

마지막으로 우리는 사회 각계의 노력으로 과학적 정신, 진리의 승리를 이끌어 이번 일이 객관적, 사실적으로 공정하게 해결되기를 희망한다.

군사과학원 전략부 부부장, 연구원 요유지(姚有志)

군사과학원 전략부 3실(三室) 주임, 부연구원 우여파(於汝波)

군사과학원 전략부 3실 부주임, 부연구원 황박민(黃樸民)

중국손자병법연구회 부회장 겸 비서장, 연구원 오여숭(吳如崇)

중국손자병법연구회 이사, 연구원 오구룡(吳九龍)

중국손자병법연구회 이사, 교수 이령(李零)

중국손자병법연구회 회원, 연구원 곽인장(霍印章)

이학근 교수의 성명이 한 개인의 관점으로 그 영향이 제한적이었다고 한다면 손자병법연구회 전문가 일곱 명의 공동성명은 보다 강한 충격과 집단적 효과를 거둘 수 있었다. 처음으로 '발견' 소식을 보도한 매체 가운데 한 곳인 신화사는 일곱 명의 공동성명에 즉각적인 반응을 보였다. 신화사는 '국내동태청양(國內動態淸樣)'을 발간해 이번 '발견'을 더 이상 원칙 없이 보도하지 않겠다고 발표했다. 이후 국내 매체들은 전격적으로 태도를 바꾸어 처음 이 사건의 발단이 된 서안 쪽으로 보도를 겨냥했다. 1996년 12월 8일, 문화재 분야 권위지인 『중국문물보』는 「『손무병법』 82편은 완벽한 위조에 속한다」라는 제목으로 장편의 글을 발표했다. 82편이 완벽하게 위조되었다는 사실을 밝히고 이를 강하게 비판한 것이다.

'서안의 『손무병법』 82편 발견' 관련 소식은 최근 얼마간 사회 각계의 뜨거운 논

『중국문물보』 1996년 12월 8일 기사

쟁을 불러일으켰다. 이어 이에 대한 진위 여부가 한동안 논쟁의 초점이 되었다. 정확한 이해를 위해 기자는 얼마 전까지 이학근, 구석규(裘錫圭), 오구룡, 이령, 오여숭, 우여파 등 고문자 및 고문헌, 『손자병법』 연구 관련 저명한 학자들을 방문했다. 전문가들은 소위 '『손무병법』 82편'은 최근에 위조된 모작으로 그 진상이 철저하게 파헤쳐져야 한다고 주장했다.

비판 강도를 높이고 허위 조작 풍토가 만연되는 것을 막기 위해 『중국문물보』는 본 내용 앞에 편집자의 글을 실었다.

위조된 '『손무병법』 82편' 소식이 이미 사회 각계로 전해지면서 엄청난 파급효과를 거두고 있다. 소식통에 따르면, 이 일을 꾸민 당사자는 가치가 오를 때를 기다려 글자 한 자(字) 당 1천 달러에 매매할 수 있을 것이라고 호언장담하며 억만장자의 꿈을 꾸고 있다고 한다. 그러나 가짜가 진짜가 될 수는 없다. 역사적으로 뛰어난 기술로 모조된 수많은 골동품들이 결국 수많은 감정 전문가들의 예리한 눈을 피하지 못하고 진위가 밝혀졌다. 허점투성이의 '82편'은 전문가들 앞에서 더 이상의 논증이 필요 없는 위작으로 드러났다. 사실이 모두 밝혀지고 증거가 확보된 이상, 그 진상이 천하에 알려져야 한다. 이에 오늘 대중들에게 문화재 위조의 심각성을 일깨우기 위해 전문가를 찾아가 사건의 전말과 함께 이번 문화재의 진위를 밝히고자 한다. 골동품 및 문화재 위조는 상품을 모조하는 것과 마찬가지로 파렴치하고 대중에게 해를 끼치는 범죄 행위다. 게다가 문화재 위조는 그 폐해가 단순히 상품을 모조하는 것 정도가 아니다. 이미 출판이 된 『손무자전서』(은작산 한묘에서 출토된 『손자병법』 및 위작 『손무병법』 등을 내용으로 하고 있다)는 이와 같은 범죄 행위의 결과물로서, 실로 그 폐해가 심각하다. 고대 중국 병학, 군사학 및 중국 역사 연구에 막대한 지장을 초래하고 있지 않은가! 대중에 영합해 관심을 불러 모으거나 개인적인 사리사욕을 채우기 위해 역사 왜곡, 명의 도용을 서슴지 않는 이러한 행위는 천리나 인류의 시각에서도, 또한 법률적으로도 용납할 수 없다. 반드시 진위를 밝혀 그릇된 결과물이 시중에 유포되는 것을 방지함으로써 문화재 위조의 풍토가 사라지기를 바란다. ……

중국손자병법연구회의 전문가 일곱 명의 성명에 호응해 『중국문물보』는 '82편'의 조작을 성토했고, 북경대학 중문과 교수 구석규, 남개대학 역사학과 교수 왕옥철(王玉哲), 왕연승(王連升), 중국자연과학사연구소 연구원 진미동(陳美東), 천진사회과학원 역사연구소 소장이자 연구원 나팽위(羅澎偉), 천진 정법관리간부학원 교수 장경현(張景賢) 등 중국의 고문자, 고문헌, 고대사 연구 방면의 저명한 학자들이 대거 전면에 나서 '82편'의 진위를 밝히고 문화재 위조라는 심각한 범죄 행위를 비난했다. 중국사회과학원 양향규(楊向奎), 남영위(藍永蔚), 장영산(張永山), 나곤(羅琨), 북경대학 교수 오영증(吳榮曾), 하남 사회과학원 양병안(楊丙安), 산동대학 교수 전창오(田昌五), 왕효의(王曉毅) 및 진팽(陳彭) 등 전문 학자들 역시 각기 다양한 방식으로 진위를 밝히면서 문화재 위조에 타격을 가하기 시작했다. 이로써 전국적으로 가짜 '병법 82편'을 성토하기 시작했다.

이처럼 거센 성토의 물결 속에 『서안만보(西安晚報)』의 김욱화(金旭華) 기자와 서안 정치학원의 선전간사인 이여영(李如榮)은 다른 사람들이 미처 생각하지 못한 방법을 찾았다. 그들은 몇몇 경로를 거쳐 서안 동방기업 관리인재 양성학교 교장인 장서기의 4대 손자 장칠(張七)을 찾아가 구체적인 사실을 확인할 수 있었다.

취재에 응한 장칠이 말했다.

"장서기는 제 증조부십니다. 아들 하나, 딸 하나를 두셨습니다. 아들인 장소형(張小衡)이란 분은 제 할아버진데요, 섬서성 제1기 정치협상회의 위원을 지내셨고, 서북대학 교수셨습니다. 딸인 장운란(張韻蘭)……."

말을 시작한 장칠은 누렇게 바랜 두꺼운 서책 『장서기시문집(張瑞璣詩文集)』을 꺼냈다.

장칠의 소개에 따르면, 이 책은 장운란의 둘째 아들 왕작림(王作霖 : 철도부 제1설계원 고급엔지니어)과 셋째 아들 왕작문(王作雯 : 포두의학원 부교수)이 정리해 출판한 것이라고 했다. 『문집』에 따르면, "돌아가신 외조부의 이름은 서기, 자는 형옥이다. 조부의 이름은 등사(登仕), 자는 수청(綏靑)이며, 생원 출신이다. 돌아가신 외조모 유(劉)씨는 혜촌(稽村) 사람이다. 아들 하나, 딸 하나를 두었다. 아들은 이공(爾公), 자는 소형(小衡)이다. 돌아가신 삼촌 이공은 아들 셋과 딸 셋을 두었다. 장자인 장조망(張祖望)은 아들 하나, 딸 하나를 낳았다. 아들은 장기(張琦, 즉 장칠), 딸의 이름은 장배(張蓓)다."

장칠은 계속해서 말했다.

"장연갑이란 사람은 지금까지 한 번도 들어본 적이 없는 사람입니다. 작년 설날전과 금년 8월에 갑자기 여효조가 자신이 친척이라며 우리 집에 찾아왔습니다. 그때 저희 부모님도 놀라시더군요. 갑자기 친척이라니? 그 사람이 부모님에게 증조부 초상화 등 몇 가지를 달라고 하더니, 금년 8월에는 『장서기시문집』을 가져갔습니다."

장칠은 각 언론매체에 실린 보도 내용의 문제점, 의문점 등이 너무 많다고 말했다. 그는 1996년 9월 15일자 『섬서일보』에 실린 '장서기 4대에 걸친 『손무병법』 82

편 소장 및 정리에 관한 일사(逸事 : 세상에 드러나지 않은 이야기)'(이후 '일사'라 약칭한다)를 보고, 후에 다시 277쪽에 달하는 『장서기시문집』을 살펴본 결과 '일사'라는 글에 착오와 의문점이 매우 많음을 발견했다고 말했다. 그중 몇 가지만 열거하면 다음과 같다.

첫째, '일사'에 따르면, 장서기는 "군벌의 혼전과 도탄에 빠진 사람들의 삶을 목도한 후 관직에서 물러나 서안에 기거하며 술을 벗하고 서화를 즐기면서 다시는 정치에 관여하지 않았다. 1923년에 둘째 아들 장연갑과 함께 당시 소장하고 있던 『손무병법』 죽간을 필사하고 정리했다." 그러나 『장서기시문집』 기록에 따르면, 1923년 조곤(曹錕)이 "공개적으로 의원을 매수해 표를 장악하고, 국회를 조종했는데", 당시 국회의원이었던 외조부가 "뇌물을 거부하고 조곤을 찍지 않자 사람들이 모두 이를 칭찬했다." 또한 "1924년 제2차 직봉(直奉) 전쟁이 발발하고, 그해 10월 풍옥상(馮玉祥), 호경익(胡景翼), 손악(孫嶽)이 북경으로 회군해 '북경정변'을 일으켰다. 손중산 선생은 1924년 12월 31일 북경에 도착했으나 불행하게도 1925년 3월 12일 북경에서 병으로 세상을 떠났다. 외조부는 손중산 선생의 죽음을 애통해했고, 날로 엉망이 되어가는 국가에 슬픔을 금하지 못했다. 이에 산서성에 있는 고향 조성(趙城)으로 돌아가 다시는 나오지 않았다."

그렇다면 '일사'에서 "서안에 기거하며 술을 벗하고 서화를 즐기면서 다시는 정치에 관여하지 않았다."라고 말한 것은 이치에 맞지 않는다. 게다가 장서기 선생은 1923년과 1924년에 여전히 북경에 있었다.

둘째, 『장서기시문집』의 기록에 따르면, "1927년까지 병중에 있었는데, 여러 곳에서 전보를 보내 외조부를 청했지만 나갈 수 없었다. 그해 봄, 외조부께서 각혈을 한 후 조금 차도가 있었지만 가을에 다시 병이 도져 1928년 1월 6일 오시에 세상을 떠났다. 향년 쉰여섯 살이었다." 그러나 '일사'의 기록에 따르면, 장서기는 1936년 병으로 사망했으며 향년 예순아홉 살이었다고 전하고 있다. 이 역시 틀린 부분이다.

셋째, '일사'에 보면 다음과 같은 대목이 있다. "7, 8월에 그(여효조)가 직접 성(省)의 지도자 및 문화재, 출판 쪽 부서를 찾아다니며 『손무병법』 82편 출판 작업을 기획했다. 이후 모든 준비가 끝나자 장씨 일가와 상의해 『보간지우(報刊之友)』, 신화사 통신, 『수장』 잡지 등에 '『손무병법』 82편 서안 발견에 관한 놀라운 소식'을 발표했다."

그러나 이 역시 사실과 다르다. 이때, 장칠은 조금 격분한 듯 말했다.

"10월 18일 여효조가 『서안만보』 부속간행물에 '장서기, 그 사람'이라는 글을 발표했을 때만 해도 조금 감동을 했어요. 다른 누군가가 이렇게 나의 증조부를 잊지 않고 있다니, 돌아가신 지 수십 년이 지났는데 이처럼 널리 알려 주다니! 후손으로서 저는 아무것도 할 수 없다는 생각에 창피하다고 생각했죠. 그런데 얼마 후 보도 내용을 볼수록 이건 아니라는 생각이 들더군요……."

넷째, '일사'에 따르면, "장연갑은 매우 전기적인 인물이다. 그는 생전에 자녀들에게 자신의 생애에 대해 이야기한 적이 없다. 그저 1972년 임종 전에 '시아녀(示兒女)'라는 유서를 남겼을 뿐이다. 그 내용을 보면, '학당을 나와 정계로, 정계를 나와 전쟁터로, 다시 전쟁터에서 벗어나 집으로 돌아와 학문에 열중했으나 이루지 못한 상태에서 집안에 일이 생겨 시장으로 나갈 수밖에 없었다'는 애매한 부분이 있다."

이에 대해 여효조는 "임종 때 장인어른께서 말씀해 주신 것이다."라고 해명했다. 필자가 여효조를 방문했을 때도 그는 "장인어른께서 단 한 번도 자식들에게 생전 이야기를 해주신 적이 없습니다."라고 했었다. 다시 장연갑이 장서기의 아들인지 어떻게 알았냐고 질문하자 그는 "장인어른의 유언에서 알았다."라고 대답했다. 논리적으로 볼 때, 장연갑이 자신이 살아온 배경에 대해 자녀들에게 전혀 말하지 않았다는 것도 이상하고, 단지 '시아녀'에 적혀 있는 애매한 몇 마디 유언으로 장연갑이 장서기의 아들이라고 여겼다는 것도 설득력이 없다.

취재가 끝나갈 무렵, 장칠은 격분한 채 말했다.

"만일 증조부께서 『손무병법』 82편을 정리한 적이 있었다면 분명히 친필 필적이 있을 것입니다. 우리 집에 증조부께서 남기신 원고가 있는데 필적을 대조하면 진상을 알 수 있겠지요. 장경헌이나 여효조처럼 유명 인사를 사칭해서 자신들의 몸값을 올리는 자들은 반드시 법적인 책임을 져야 할 것입니다."

김욱화와 이여영은 이상 취재 방문한 내용을 정리해 『북경청년보』를 포함한 전국의 몇몇 간행물에 투고했다. 1996년 11월 하순, 『북경청년보』 기자인 증위(曾偉)는 그 원고를 검토하고는 직업적인 예리함으로 심각한 문제가 있음을 알아차렸다. 이후 그는 직접 자료를 수집하고 취재해 결과를 종합한 다음 1996년 12월 20일, 『북경청년보』 청년주말판에 '『손무병법』 진짜인가, 가짜인가'라는 장편의 글을 실었다. 그 글에서 두 가지 새로운 사실을 밝혀 세인들의 관심이 집중되었다. 그 대략을 살펴보면 다음과 같다.

1. 『손무병법』을 최초로 보도한 두 사람에 대한 취재

"전국에서 처음으로 '서안에서 『손무병법』 82편이 발견되었다'고 보도한 사람은 아마도 양재옥과 왕조린일 것이다. 이후 크고 작은 언론매체들은 거의 모두 이들 두 사람의 글을 옮겨 싣거나 내용을 발췌해 보도했다."

증위는 두 사람을 직접 취재했다. 우선 그는 왕조린에게 전화를 걸었다.

증위의 취재 목적을 들은 왕조린은 다음과 같이 말했다.

"요즘 바빠서 이 일에 대해 물어본 적이 없습니다. 여효조 씨를 찾아가시는 게 좋겠습니다." 기자가 재차 추궁하자 그는 그제야 다음과 같이 해명을 늘어놓았다. "당시 여효조 씨가 나를 찾아와 신문에 게재하고 싶은 내용이 있다고 했습니다. 그래서 나중에 『수장』 잡지사와 섬서 신문출판국 『보간지우』 잡지사에서 그를 찾아갔었습니다. 지금도 여전히 『손자병법』에 관련해서 논쟁이 있다고 들었습니다. 현재 본사에서 더 이상 그에 관해 언급하지 말고 정확한 상황이 밝혀진 다음 보도하라는 지침이 내려왔습니다. 최근 상황은 잘 모르겠군요. 그래서 최근 몇 달간 글을 쓰지 않았습니다."

왕조린은 당시 기사에서 비교적 상세하게 잔존하는 『손무병법』 한간 상황을 묘사했다.

"각 죽간마다 상, 중, 하 세 구멍이 끈으로 연결되어 있다.", "죽간에 쓰인 필적이 마치 붓으로 검은 옻칠을 한 것 같다."

그렇다면 그는 죽간을 직접 본 것일까? 중위가 물어보자 다음과 같이 대답했다.

"솔직히 말해서 죽간을 직접 보지는 못했습니다. 소장가인 장경헌에게 대충 들었지요. 하지만 죽간은 분명히 있습니다. 그건 확실합니다. 듣자하니 얼마 있다가 가져오겠다고 하더군요."

중위가 계속해서 질문을 던지려 하자 왕조린이 말했다.

"여효조 씨와 이야기하시지요. 저는 사실 구체적인 상황을 잘 모릅니다. 정확하게 말할 수 없는 이야기도 있고요. 정말 죄송합니다."

그러고는 전화가 끊겼다.

이어서 중위는 섬서『수장』의 편집장인 양재옥에게 전화를 걸어 인터뷰를 시도했다. 양재옥은 다음과 같이 말했다.

"금년 8월 초, 여효조가 전화를 걸어 중요한 일에 대해 상의를 하자고 하더군요. 그래서 제가 찾아갔습니다. 여효조의 이야기를 듣고 대단히 중대한 사건이라는 생각이 들었지요. 그들은 당시 출판사 측과 접촉하고 싶다고 말했습니다. 저는 우선 이 사실을 보도해 여론을 환기시킨 다음에 출판해도 늦지 않을 것이라고 생각했습니다. 그때 소장가인 장경헌은 일반인들과 만나는 것을 꺼렸습니다. 그러나 제 의견을 듣더니 저랑 만나고 싶다고 하더군요. 이후 십여 차례 만났습니다."

"직접 죽간을 보신 적이 있습니까?"

중위의 질문에 그가 대답했다.

"죽간을 본 적이 있어요. 장경헌이 현재 보관하고 있는 것은 27점뿐입니다. 이미 까맣게 변질되어서 제대로 볼 수 없는 글자도 있더군요. 죽간을 엮은 끈도 몇 번이나 바꾸었다고 했어요."

양재옥은 마지막으로 다음과 같이 말했다.

"반드시 객관적인 시각으로 이 문제를 살펴야 합니다. 죽간도 보지 않고, 82편 필사본의 상황을 제대로 이해하지도 못한 상황에서 섣불리 결론을 내린다는 것은 위험한 일입니다. 특히 전문가들이나 학자들 역시 그저 몇 글자나 몇 가지 의견만 가지고 결론을 내리는 것은 지나치게 경솔한 행동입니다. 설사 『손무병법』이 진짜가 아니고 오랫동안 민간에 전해 내려오던 각종 필사본을 섞어서 만든 것이라고 해도 전혀 가치가 없는 것은 아닙니다."

2. 여효조에 대한 두 차례 취재

장경헌이 '일반인들을 만나는 것을 꺼린다'는 이야기를 들었기 때문에 중위는 장경헌의 매형인 여효조를 두 차례 취재했다. 일흔네 살인 여효조는 현재 섬서 위징연구회 회장으로 오랫동안 교육계에 종사한 인물이다.

장소형과 장연갑의 관계에 대해 여효조는 다음과 같이 말했다.

"장소형은 장서기의 여덟 번째 아들이라고 하더군요. 하지만 제 장인인 장연갑의 유언에는 장소형이라는 사람이 나와 있지 않습니다. 장소형의 외손이 편집한 『장서기시문집』 중에도 저희 장인이신 장연갑은 나오지 않습니다."

죽간과 필사본에 대해 감정을 했는지 물어보자 여효조가 말했다.

"당시 성에 병서 연구를 위해 기금 20만 위안을 신청한 적이 있습니다. 성 문물국에 감정을 하도록 보냈는데 문물국에서 필사본은 부족하다며 죽간을 봐야겠다고 하더군요. 제 처남(장경헌)은 이에 동의하지 않았습니다. 그 후 9월 18일 자 『인민일보』에 발표된 맹서안의 글이 사람들의 주목을 받았습니다. 처남이 말하길, 우리 집에 전해지는 물건의 진위는 자신이 잘 알고 있기 때문에 구태여 문물국의 감정을 받을 필요가 없다고 했습니다."

첫 번째 취재는 이것으로 끝났다. 이후 일곱 명의 전문가가 발표한 공동성명으로 학계가 크게 술렁였다. 12월 8일 기자는 다시 여효조에게 전화를 걸어 취재를 요청했다.

"전문가 발표가 매우 편파적입니다. 문제가 있어요. 학술적인 문제는 수십 년간 논쟁이 이어지기도 합니다. 함부로 누명을 씌워서는 안 되죠. 사기극이라니요, 위조라니요. 그렇게 말하면 그자들은 오히려 스스로 자기 수준을 떨어뜨리는 겁니다. 요즘 저에게 전화를 걸어 제 대신 억울함을 호소하겠다고 말하는 사람들도 있습니다. 머지않아 반박하는 글을 보실 수 있을 겁니다."

그러고는 처남인 장경헌 이야기를 꺼냈다.

"원래 제 처남에게 반박문을 쓰라고 했습니다. 그런데 제멋대로 오명을 씌우는데 왜 자기에게 발표를 하라고 하느냐며 싫다고 하더군요. 중국에서 가짜라고 하면 해외로 가지고 간다더군요. 그곳에서 감정을 받아도 좋다고요. 그 사람들(이학근 및 성명을 발표한 일곱 명)에게 감정을 맡길 수는 없다는 말이지요."

증위가 장씨 후손인 장칠이 말한 내용에 대해 묻자 여효조가 대답했다.

"장인어른이신 장연갑 씨의 유언에 따르면, 장서기는 부인이 세 명이고 자식이 아홉 명이었다고 하더군요. 누가 누구를 낳았는지 유언에 정확하게 쓰여 있습니다. 장인어른이 굳이 속일 필요가 있었을까요? 나는 그렇지 않다고 생각합니다. 유언에 따르면 장연갑과 장소형은 어머니가 같지 않습니다. 유산 상속 문제 같은 것들이 매우 복잡하지요. 그런데 말입니다, 병서 연구에 그저 병서 진위만 밝히면 될 일이지 가족 상황이 무슨 상관이랍니까?"

"그런데 도대체 죽간은 어떻게 생겼습니까?"

증위의 질문에 여효조가 대답했다.

"그저 대충 한번 봤어요. 제 눈이 별로 좋지 않아서. 지금 생각해 보면 왕조린의 글이 반드시 옳은 건 아닐 수도 있다는 생각이 드는군요. 보도한 내용이 전부 맞는 것은 아니고, 전문가들이 말한 것과 거의 엇비슷할 겁니다."

마지막으로 여효조는 증위에게 다음과 같이 말했다.

"장경헌이 최근에 이렇게 말하더군요. '일부 전문가들이 누구나 병서를 위조할 수 있다고 말하는데, 과연 그들이 공개적인 석상에서 은작산 죽간의 빈 부분을 채울 수 있을까? 그들은 못하지만 나는 할 수 있어.'"

여효조는 이 말을 끝으로 전화를 끊었다. 취재도 이것으로 끝났다.

증위의 글을 보면, 당시 장경헌이나 여효조, 양재옥 등은 학자와 전문가들의 분노에 찬 비난에 백기를 들지 않았음을 알 수 있다. 그들이 이렇게 나오자 전문가들은 다양한 방법으로 비판을 가하기 시작했다. 1996년 10월부터 1997년 말까지 진위 여부를 둘러싼 성토대회에 점점 더 많은 전문가와 학자들이 참여했다. 그들은 너도나도 앞 다투어 글을 쓰고 성명을 발표했다. '82편'의 진위에 대한 전면적인 검토와 더불어 다양한 형태의 글이 발표되면서 사회 각계의 관심은 더 집중되었다. 『인민일보』, 『광명일보』, 『해방군보』, 『문적보(文摘報)』, 『양성만보(羊城晚報)』, 『법제문췌보(法制文萃報)』, 『문회독서주보(文匯讀書周報)』, 『신화문적(新華文摘)』, 홍콩의 『명보(明報)』 등에서 기사를 전재하거나 요약하는 등 시끄러운 성토의 장은 연일 계속되었다.

그러나 이 사건의 발단이 된 서안 측 사람들은 반성할 기미가 전혀 보이지 않았다. 성토 대열에 합류한 전문가들은 '82편'의 진위에 대한 단편적인 검증이나 언론매체를 통한 비판 정도로 문제가 완전히 해결될 수 없다는 것을 깨달았다. 그렇다면 더욱 주도면밀하게 검증할 만한 자료를 수집해야 했다. 이러한 생각에서 출발해 은작산 한묘 죽간 발굴에 참여한 고고학자, 고문헌 연구가, 그리고 중국손자병법연구회 이사 오구룡 등은 장서기의 생평 자료와 저서를 수집하는 한편 그의 후손들의 부탁을 받아 장서기와 서안 측 사람들에 관한 조사를 실시했다. 그들은 적절한 시기를 선택해 '『손자병법』 82편 위조에 대한 검증'이란 글을 발표했다.

소위 '『손무병법』 82편'의 내력을 이해하는 데 장서기는 매우 중요한 인물이다. 거의 모든 언론매체에서 장서기가 광서 23년(1906년)에 지현(知縣)으로 부임해 섬서 한성으로 가던 중 뛰어난 안목으로 '『손무병법』 82편 한간'을 발견해 거금을 내고 구입했다고 보도했다. 그러나 장서기의 생평과 가계를 살펴보면 그 배후에 놀라운 사실이 숨겨져 있음을 알 수 있다.

1. 장서기의 생평

장서기에 대한 언론매체의 보도는 대부분 장경헌과 여효조의 입을 통해 나온 내용들이다. 장경헌과 여효조는 사칭 장서기의 손자와 손자사위다. 그렇다면 왜 2천년 역사를 지닌 죽간이 '가보'로 전해지는 반면, 수십 년 전 자기 조상들의 이야기는 전해지지 않았던 것일까?

(1) 장서기의 생몰연대

보도 내용에 따르면, 장서기는 1936년에 병으로 사망했고 향년 예순아홉 살이었다. 하지만 여효조의 이야기는 이와 다르다. 그는 '장서기, 그 사람'이라는 글에서 장서기가 1927년에 사망했다고 했다. 또한 이후 『한간 손무병법 82편 장씨 가족에 전해지는 필사본 순서』(이하 『필사본 순서』라 약칭한다)에서는 1936에 병사했고, 당시 나이는 예순아홉 살이었다고 했다. 고증에 따르면, 실제 장서기는 1872년에 태어나 1927년에 사망했고, 사망 당시 쉰여섯 살이었다.

(2) 조사 결과 장서기는 광서 29년(1903년), 계묘과(癸卯科) 제3갑(甲) 131등으로 진사에 합격했다. 장경헌과 여효조는 그 등수에 대해서는 상세하게 알지 못했으며, 자연히 자신들의 글에서도 이에 대해 자세히 적을 수 없었다.

(3) 보도 내용 중 장서기가 "청나라 정부 군기처에서 일했다."라는 부분이 있는데, 이는 근거가 없다. 고증 결과 장서기는 그런 부서에서 일한 적이 없다.

(4) 보도에 따르면, 장서기는 "신해혁명 전에 동맹회에 가입했다."라고 했다. 이는 양가락(楊家絡)이 쓴 『민국사고(民國史稿)』 부속간행물 『민국명인도감』(1937년 1월, 사전관辭典館 초판 5) 기록을 바탕으로 한 것이다. "장서기, 형옥, 조성(趙城) 사람……동맹회가 성립되자 형옥 역시 강개한 마음에 이에 참석했으나 관리가 될 생각은 아니었다." 이러한 내용을 감안할 때 장서기가 동맹회 회원이었다고 추정할 수는 있지만 실제 동맹회에 가입했는지 여부는 차후 검증이 필요하다. 그러나 장경헌과 여효조는 이와 관련된 상세한 내용을 전혀 모르고 있다.

(5) 여효조의 『수초본서(手抄本書)』에 따르면, 장서기는 "병으로 서안 종남(終南)의 작은 수원(誰園)에서 사망했다." 고증에 따르면, 장서기의 '수원'은 고향인 산서

조성에 있고, 서안에는 '수원'이라는 곳이 없다. 장서기는 원세개의 박해를 피해 고향으로 물러나 '수원'을 지었고, 마흔두 살 때 「수원기(誰園記)」라는 글을 지었으니, 이를 증거로 삼을 수 있다. 수원의 장서가 나중에 모두 산서성으로 보내진 것 역시 그 증거가 된다.

(6) 보도에 따르면, 1923년 장서기는 사직 후 집으로 돌아가 "둘째 아들인 장연갑과 서안에서 『손무병법』 82편을 정리했다고 했다. 고증에 따르면, 장서기는 1919년 섬서 지역 분할이 이루어지지 않자 5월에 섬서를 떠난 뒤 다시는 그곳에 돌아가지 않았다. 따라서 이 설은 전혀 근거가 없다.

(7) 장서기는 어디에서 사망했는가? 여효조는 장인(장연갑)의 유서인 '시아녀'에 "서안 종남 작은 수원에서 병사했다."라고 적혀 있었다고 말했다. 또한 『삼진역사 인물』 「장서기전」에 "북경 거처에서 병사했다."라고 적혀 있다. 그러나 두 가지 설 모두 잘못된 것이다. 곽덕청(郭德淸)과 왕작림은 『장서기선생사략』에서 "중산 선생이 북경에서 사망하자, 선생 역시 조성 고향으로 돌아갔다."라고 했다. 장서기가 1925년 북경에서 고향인 조성으로 돌아갔음을 알 수 있다. 또한 왕작림의 『선구부 장소형전략(先舅父張小衡傳略)』에는 장소형이 "1927년 부친(장서기)이 병이 나자 조성으로 돌아갔다."라고 적혀 있다. 그해 장서기가 조성에서 병사했음을 알 수 있는 대목이다. 필자의 고증에 따르면, 장서기는 조성 동문 밖 선산에 묻혔다.

장서기에 대해 장경헌과 여효조가 알고 있다고 말하는 내용은 대부분 장연갑의 유서인 '시아녀'에서 나왔다. 하지만 유서의 내용과 장서기의 생평은 일치하지 않는 부분이 있다. 이 유서가 정말 장연갑의 것이라면 어찌 아들이 아침저녁으로 함께 죽간 병법을 정리한 부친의 일을 모른단 말인가? 이는 이치에 맞지 않는다. 그렇다면 유서에 문제가 있는 것은 아닐까?

2. 장서기의 장서

장서기는 유명한 장서가로 서책에 매우 조예가 깊었다. 신해혁명 이후 그는 3백 상자의 책을 가지고 조성으로 돌아왔다. 당시 삼진병(三鎭兵) 여영상(廬永祥) 부대가 무지막지하게 약탈을 벌이던 때였다. 장서기는 그의 어머니를 위해 쓴 「선비왕태부인묘지명(先妣王太夫人墓誌銘)」에서 이렇게 말하고 있다.

"(병사들의 약탈로) 우리 집은 아무것도 남은 것이 없다. 그때 선비(先妣 : 돌아가신 어머니)께서 서산으로 피난하니, 형제들도 이어 그곳으로 갔다. 선비께서 가족들에게 안부를 물었다. 아무도 다친 사람이 없다고 했다. 집은 어떤가? 수리하면 살 만하다고 한다. 책들은 어떤가? 여영상 군사들이 좋아하는 것이 아니라 버리고 갔단다. 선비께서는 그래도 살 곳도 있고, 읽을 책도 있으니 그것이면 족하다고 하셨다."

장서기 어머니의 대범하고 지적인 모습이 생생하게 그려져 있다. 또한 집안에 남은 것이라고는 서적밖에 없다는 사실도 알 수 있다. 하지만 죽간에 대해서는 전혀 언급이 없다. 조성의 광승사(廣勝寺)에는 '조성금장(趙城金藏)'이라 불리는 금대에 새겨진 불교대장경이 있다. 장서기는 훼손되기 쉬운 대장경을 위해 친구와 이를 영인하기로 상의한 적이 있다. 장서기가 서책에 일가견이 있다는 사실을 잘 알 수 있는 대목이다. 하지만 그가 죽간을 영인한다는 이야기는 한 적이 없다. 해방 후 그의 아들 장소형은 조성의 집에 있는 장서 10만 권을 모두 산서성 인민정부에 기증했다. 당시 성의 교육청 부청장 최두신(崔斗宸)이 직접 조성에 가서 서책을 태원(太原)으로 운반했다. 후에 장소형은 다시 '수원장서목록' 정리를 도와주었다. 하지만 죽간 병법에 관한 말은 한 마디도 없었다. 따지고 보면 다른 어떤 장서보다 죽간 병법이 중요하다. 그런데 장씨 집안 장서에 대한 이야기가 여러 번 나오지만 죽간에 대한 기록은 전혀 찾아볼 수 없다. 이는 오직 한 가지 사실, 즉 장서기가 죽간 병법 같은 것은 한 번도 소유한 적이 없었다는 것을 증명해 준다.

3. 장서기의 출신

장서기 어머니의 묘지명에 다음과 같은 글이 있다.

"선비가 돌아가셨을 때 이공(爾公), 이희(爾嬉), 이달(爾達), 이록(爾祿)이라는 손자 네 명이 있었다. 돌아가신 후 반 년 동안 이옹(爾雍), 이화(爾和), 이겸(爾謙), 이렇게 손자 셋이 태어났다. 선비께서는 이 아이들을 보지 못했다."

장서기가 이복형제 위옥(渭玉)을 위해 쓴 묘지명에는 "서기에게 이공이라는 아들이 있다."라고 적혀 있었다. 이로써 장서기의 아들로 이공이 있었음을 알 수 있다. 즉, 앞에서 말한 소형은 그의 자(字)다. 이공은 항렬이 가장 높은 첫 번째 아이였다. 보도에 따르면 장연갑은 장서기의 두 번째 아들이며, 한 번도 장소형의 말은 하지 않았다고 한다. 여효조는 기자의 추궁에 다음과 같이 말했다.

"장소형은 장서기의 여덟 번째 아들이라고 들었습니다."(『북경청년보』, "장연갑이 정말 장서기의 아들이라면 묘지에 당연히 기록이 남아 있어야 하며, 자신의 항렬을 모른다는 것은 말이 되지 않는다."라는 보도 내용을 참고했다.)

이상 두 가지 묘지명 외에 왕작림의 「장서기전략」(『장서기시문집』, 1988년 9월 인쇄)에 장서기의 출신이 자세하게 기록되어 있다. 장서기와 그의 아내 유(劉)씨는 1남 1녀를 낳았으며 다른 출생은 없다. 아들 이공의 자는 소형이다. 장손이 조망, 차손이 조무, 삼손은 사망했고, 큰 딸 장힐란(張頡蘭)은 조성의 왕씨와 결혼해 다섯 명의 아이를 낳았다. 위의 문헌에 종가 및 가계도가 정확하게 나와 있다. 그렇다면 장연갑, 장경헌, 여효조 등은 족보에서 어떤 지파에 속하는가? 아들도 아닌데 어찌 부자가 함께 병법 죽간을 정리했다는 말이 나오는가? 어떻게 4대에 걸쳐 국보를 보존했다는 말이 있을 수 있는가? 『손자병법』 82편'의 진위와 내력은 세상에 분명하게 드러나지 않는 것인가?

더욱 심각한 문제는 『손무자전서』에서 중요한 학술저서인 『은작산한간석문(銀雀山漢簡釋文)』의 내용과 위조된 『손무병법』을 아무렇게나 섞어서 편집했다는 점이다. 또한 이 책은 일부 위조된 내용을 여기저기 함부로 끼워 넣어 편집했기 때문에 진위에 따라 내용을 구분하기가 힘들다. 후대에 끼칠 악영향에 학자들의 걱정이 이만저만이 아니다.

조금이라도 문화재 관련 지식이 있는 사람들의 경우 냉철하게 들여다보면 '『손무병법』 82편' 곳곳에서 조작의 흔적을 발견할 수 있다. 굳이 전문가의 힘을 빌리지 않고도 그 진위를 파악할 수 있다. 그런데 이러한 위작, 허위들이 자꾸 반복되다가 행여 진실이 되어 버리지 않을까 걱정일 뿐이다. 이에 옛 전적들을 살펴 진위를 가려내어 사람들이 올바른 시각을 지니도록 하려는 것이다.

오구룡이 거의 격문(檄文)과 같은 글을 발표한 후 장서기의 손자인 장조무(張祖武)가 등장했다.

장조무는 당시 산서성 여량(呂梁) 지역 석루일중(石樓一中)의 부교장이었다. 그는 신문에 난 '82편의 새 발견'이란 소식을 접하고는 놀라움과 분노를 느끼며 사태의 심각성을 깨달았다. 사기꾼들의 음모가 성공할 경우 국가와 국민들에게 커다란 해를 끼치게 될 것이 분명했기 때문이다. 그는 황당한 사기극 주모자들의 음모를 밝혀 세상에 진실을 보여 주기 위해 북경의 『광명일보』사를 직접 방문했다. 그는 『광명일보』『사림(史林)』판 편집장인 마보주(馬寶珠)와 『역사연구』 편집부 편집자인 중위민(仲偉民)에게 장씨 일가의 내막을 알리는 한편, 장연갑과 장경헌 등이 결코 장서기의 후손이 아니라는 점을 분명히 했다. 그가 제출한 「편자휴의(騙子休矣 : 사기극은 끝났다)」라는 글의 내용을 살펴보면 다음과 같다.

1996년 9월 이후 많은 언론매체에서 '『손무병법』 82편 필사본 및 한간 27점의 서안 대발견'이라는 뉴스를 대대적으로 보도했다. 수개월 동안 소장자인 장연갑, 장경헌의 출신 및 병법의 진위와 관련된 논쟁이 지속적으로 진행되었다. 이는 역사와 관련한 매우 중요한 사선으로 사회적으로 큰 혼란을 조성하고 있다. 따라서 반드시 이에 대한 진위 여부가 밝혀져야 한다. 병법의 진위 여부는 당연히 전문가의 고증이 따라야 한다. 소장자가 장서기 선생의 후손인지에 대해 말할 수 있는 사람은 장서기 선생의 후손들밖에 없다. 장서기 선생의 손자로서 나는 장연갑이 절대 장서기 선생의 아들이 아님을 확신한다. 『손무병법』 82편의 필사본과 죽간 역시 장서기 선생이 전하는 가보가 아니다. 우리 장씨 집안에서 대대로 국가보물을 보존해 왔다는 것은 완전한 사기극이다.

장서기 선생은 나의 조부다. 그는 1남을 두었고, 그 사람이 바로 나의 부친 장소형이다. 나는 장소형의 둘째 아들이다. 그런데 지금 장연갑, 장경헌, 여효조가 나와 자신들이 자칭 장서기 선생의 아들, 손자, 손자사위라고 주장하고 있으니 참으로 기이한 일이다. 그 진실 여부에 대해 다음과 같은 몇 가지 일을 소개하고자 한다.

우리 집은 봉건 관료 집안이다. 장서기와 장소형은 진섬(晉陝) 지역의 명인이다. 이 같은 가정에서 아이의 이름을 짓는 데 엄격한 규정이 없을 리가 없다. 나의 부친 장소형의 이름은 이공이다. 이희, 이달, 이록, 이옹, 이화, 이겸은 다른 당숙들의 이름이다. 그렇다면 장연갑은 마땅히 어떤 이름을 가져야 하는가?

나의 형은 조망(祖望), 아우는 조이(祖詒)다. 다른 당형제들의 이름은 조수(祖壽), 조문(祖文)이다. 그렇다면 장경헌의 이름은 무엇이어야 하는가?

우리 가계에 들어 있지 않은 이름이 어찌 장서기 선생의 자손이 될 수 있는가?

해방 전에 우리 집에서 나는 우우임(于右任), 등보산(鄧寶珊), 도치악(陶峙嶽), 경매구(景梅九), 호종남(胡宗南) 등 국민당 요원들을 만나본 적이 있다. 그러나 장연갑은 본 적이 없다. 해방 후 펑더회(彭德懷), 습중훈(習仲勛), 마문서(馬文瑞), 왕봉(汪鋒), 손위여(孫蔚如)도 만났지만 역시 장연갑은 만난 적이 없다.

1957년 2월, 부친은 서안에서 돌아가셨다. 섬서성 정협위원으로 『섬서일보』에 부고를 냈다. 성 정협주석 손위여가 장례를 주관하고, 서안 장례식장에서 추도식을 성대하게 거행했다. 이후 차량이 나가고 조문객들이 줄지어 함께 서안 남쪽 근교에 있는 이가채(李家寨) 공원묘지에 안장했다. 이때도 '수족처럼 친밀했다던' 장연갑은 보지 못했다. 이런데도 장연갑이 장서기 선생의 아들이라 할 수 있는가?

1937년, 일본이 산서 지역을 침입하자 우리 가족은 모두 섬서 지역으로 피난을 떠났다. 조부의 장서는 모두 부친이 산서 조성 호의촌(好義村)의 우리 집 사환이었던 장향릉(張香菱)의 집에 맡겼다. 해방 이후, 부친은 산서성 정부 부주석 왕세영(王世英)에게 편지를 보내 장서기 선생 '수원'의 장서에 대한 기증 의사를 밝혔다. 후에 왕세영은 산서성 교육청 부청장 최두신을 조성으로 보내 장서를 접수하도록 했다. 얼마 후 부친은 서안에서 태원으로 가 장서 정리를 도와주었다. 이 일은 신화사와 산서성 측에도 기록이 남아 있으며, 그때 왕 부주석은 돈을 보냈었다(부친은 이를 전액 돌려보냈다). 장서를 정리하면서 부친은 '수원장서목록'을 작성했다. 정리가 모두 끝난 뒤 서안으로 돌아가 집에 남아 있던 서예작품, 부채, 문방사우 등을 가지고 돌아오셨다. 국보 한간이니 『손무병법』 필사본 같은 것은 나온 적이 없다. 평소 서책을 연구하고 서예에 조예가 있다던 장연갑이 도서 기증 건에 대해 전혀 관심을 갖지 않았다는 것이 말이 되는가? 장서기의 국보 소장 사실을 집안사람들이 모두 모르고 있었다는 것이 말이 되는가? 장연갑, 장서기 부자가 함께 병법을 정리하고 3대째 국보를 보존했다고 어찌 말할 수 있겠는가?

이상으로 볼 때, 장연갑은 장서기 선생의 아들이 아님을 알 수 있다. 장서기 선생 사망 후 20여 년이 흐른 지금, 장경헌과 여효조 등이 국보 소장을 들먹이며 국내외에 파문을 불러일으키고 있다. 이처럼 해괴망측한 일을 조작한 데는 당연히 이유가 있다. 유명인의 아들을 사칭해 사리사욕을 취하려는 것이다. 그들은 사리사욕에 눈이 멀어 국가와 국민을 혼란에 몰아넣고 있다.

'『손무병법』 82편' 필사본이 등장하고, 27점의 한간 소장 소식, 장연갑의 유서에 더해 장경헌과 여효조가 종횡무진으로 활동을 벌이면서 직접 서언 및 몇몇 글을 써서 발표했다. 이 모든 활동은 사기꾼이 내 부친인 장소형이 사망한 지 40년이 되어가는 시점에 날조한 것이다. 형 장조망은 문화대혁명 때의 고통으로 병상에 누워있고, 아우 장조이는 세상을 떠났다. 세 누이 가운데 큰 누나와 둘째 누나는 세상을 떠났고, 셋째 누나 장소방(張蘇訪)은 어려서 군대에 들어가 지금은 북경에 살고 있다. 나는 대학을 졸업하고 계속 산서 지역에서 교편을 잡고 있다. 이 같은 상황에서 장경헌과 여효조는 줄곧 장씨 가문에 후손이 없다고 생각하고는 함부로 거짓을 지껄이고 다녔다.

가짜를 계속해서 진짜처럼 꾸미다 보면 정말 진짜처럼 보인다. 문화재 소장 소식이 전해질 즈음, 한 번도 우리 집에 온 적이 없는 여효조라는 사람이 두 번이나 형 집을 찾아와 친척을 자칭하며 고종사촌형이 펴낸 『장서기시문집』을 가져갔다. 또한 형에게 조부의 초상화를 요구하다 쫓겨났다.

문화재 소장 소식이 한 잡지에 발표되었는데, 그 안에 조부의 초상화가 실려 있었다. 우리에게 가져간 책을 복사한 것이었다. 이상한 것은 '장조망' 이란 세 글자가 장서기(장조망이 보존하고 있었기 때문에 원래 장조망의 이름이 적혀 있었다)라고 바뀌어 있었다. 한 간행물에는 『손무병법』 필사본 사진이 올라와 있었는데, 서안 민국 12년 가을이라 적혀 있었다. 당시라면 조부가 생존해 계실 때였는데 그렇다면 부자가 함께 정리를 했을 것이 아닌가? 하지만 장서기의 인장은 보이지 않고, 장연갑의 인장만 보였다. 장서기조차 안중에 없었다는 말인가.

장경헌과 여효조는 말끝마다 장서기의 집안일은 모두 장연갑의 유서에서 알았다고 했다. 하지만 유서의 내용이 수시로 불어났다 줄어들곤 한다. '수원'과 장서기의 묘지에 대한 말도 옳지 않다. 더더욱 가증스러운 것은 장서기에게 몇 명의 아내가 있었는지조차 정확하게 말하지 못한다는 점이다. '장서기의 자손'을 사칭하면서 사리사욕을 채우느라 모든 것을 날조하다가, 행여 나중에는 장서기의 사생아까지 만들어 낼지 모를 일이다. 그런 일이야 정확하게 밝힐 수도 없는 것 아닌가!

그래도 가짜는 가짜다. 장경헌과 여효조가 장서기의 후손이라고 우긴다면 방법은 하나뿐이다. 그 죽간은 남의 것을 훔쳤거나 사기를 쳐 빼앗은 것이니 원래 주인에게 돌려주어야 한다. 죽간을 국가에 헌납하는 것이 장서기의 자손다운 행동일 것이다.

그 사기꾼은 해외로 문화재를 가져가 감정을 의뢰하겠다고 말했다. 그야말로 개인, 나아가 국가에 먹칠을 하는 행위가 아닌가. 평범한 사람들조차 하지 않는 말을 하는 것을 보면 도무지 애국심이라고는 눈곱만큼도 찾아볼 수가 없다. 중국의 중요한 문화유산을 어떻게 양인이 검증한다는 말인가. 국가 밖으로 반출한다는 것은 매국노나 다름없다.

장서기의 수원 장서는 이미 모두 국가에 헌납했다. 가택 '수원'은 현재 홍동(洪洞) 조성진(趙城鎮)에서 사용하고 있다. 이는 장씨 집안의 최대 유산이다. 다른 재물은 없다. 하지만 사기꾼들은 이를 가산이라고 말하지 않는가? 정말 기이한 일이다. 국가에 헌납해 국가와 국민에 좋은 일이라면 우리 집안사람들은 모두가 기뻐한다. 만약 그래도 죽간을 장서기가 전한 유산이며, '『손무병법』 82편' 필사본이 장서기와 장연갑이 함께 정리한 것이라고 우긴다면, 이를 국가에 헌납해 장서기 및 그 후손들의 애국을 향한 염원을 실현시켜 주기 바란다.

상황을 날조한 자들은 더 이상 혼란을 가중시키지 말기 바란다. 사기극은 이것으로 끝이다. 장서기가 구천에서 편안하게 잠들 수 있도록, 장씨 집안의 가풍에 먹칠을 하지 않도록, 또한 역사를 혼란에 빠뜨리지 않도록 하기를 바랄 뿐이다.

사기극의 열 가지 의문점

정확한 사실을 담은 장조무의 글이 『광명일보』 등에 실리자 장경헌과 여효조 등 허위사실을 유포한 사람들의 거짓이 하나씩 드러나기 시작했다. 이러한 세기적인 사기극의 전모를 하루빨리 파헤치기 위해 손자병법연구회의 오여숭, 오구룡, 우여파, 황박민, 나팽위 등 전문가들은 장조무가 장씨 집안 가계를 발표함과 동시에 다시 연합전선을 형성해 이미 공표된 『손무병법』 82편의 일부 초본을 여러 각도에서 세밀하게 분석했다. 결국 이 책은 허점투성이의 가짜라는 사실이 점점 더 명확해졌다. 이에 대한 연구 결과는 다음 열 가지로 정리할 수 있다.

1. 내력이 불분명하다.

예를 들어 소장자의 가세(家世) 문제, 죽간의 칠서(漆書 : 글자에 옻칠을 한 것)와 편집 방법, 잔존하는 27점의 '죽간' 이 지금에 와서 세상에 소개된 이유 등등이다.

2. 내용상 문제가 많다.

장경헌과 여효조의 주장에 따르면, 초본 『손무병법』 82편은 은작산 간본 『손자』보다 늦고, 금본 『손자병법』보다 이른 시기에 나왔다(금본 『손자병법』은 유흠(劉歆) 이후 조조 혹은 누군가에 의한 정본이다). 그렇다면 어째서 '한간(漢簡)'에서 베낀 『손무병법』 82편에 당송(唐宋) 이후에 나온 전설이 기록되어 있으며, 당송 이후에야 사용하기 시작한 글자체가 대거 등장하는 것일까? 또한 생소한 글자나 용법상 잘못된 글자가 많은 것은 무엇 때문인가? 게다가 이른바 '이음기년(以陰紀

年 : 음력으로 햇수를 기록)'과 '여와보천(女媧補天 : 1개월이 원래 28일이었는데, 여와가 24년 마다 1개월씩 더할 것을 주장)' 등에 관한 이야기는 황당무계하기 이를 데 없다. 또한 초본 내용은 일부러 미묘하게 꾸민 것들이 많고, 말의 순서가 없어 진중하고 간결한 선진 제자들의 특징을 찾아볼 수 없다.

3. 선진 제자들과 저술 체제가 다르다.

초본은 손무가 저술한 병법 제82편의 편명을 「예시(豫示)」라고 했다. 그리고 맨 마지막에 다음과 같이 썼다.

"병법 81편, 도표 9권을 완성해 『손무병법』이라 이름 지었다."

선진 시대 전적 중에 저작자가 직접 서명을 붙인 예가 없다. 『사기』 「손오열전」에서는 『손자병법』을 그냥 '13편' 세 글자로 칭했으며, 은작산 한간, 대통(大通) 상손가채(上孫家寨) 한간 역시 모두 '13편(十三扁, 또는 十三篇)'이라고 불렀다. 사마천의 『사기』 역시 자신이 직접 서명을 지은 것이 아니다. 『한서』 「예문지」는 『사기』를 '태사공백삼십편(太史公百三十篇)'이라 했다. 왕국유(王國維)의 『태사공행년고(太史公行年考)』에 따르면, "태사공이 130편을 저술하니 후세에 이를 『사기』라 하였다. 『사기』는 태사공이 붙인 이름이 아니다.", "태사공의 원서는 원래 소제(小題 : 편장의 명칭)만 있고 대제(大題 : 서명書名)는 없었다." 최근 출토된 간책(簡册) 역시 이러한 사실을 증명하고 있다. 이렇듯 선진 시대나 한나라 시기의 저술은 별도의 서명이 없었다. 『손자병법』이란 서명 역시 후인들이 정한 것이지 저자가 정한 것이 아니다. 따라서 이른바 『손무병법』이란 분명히 위작이다.

4. 역사적 사실이 다르다.

『수장』(1996년 10기)은 소위 『손무병법』의 글을 인용해 다음과 같이 적고 있다.

"손무는 사면오가, 팔방완곡, 양위불공, 천리우직, 팔면복격의 전술을 운용해 다섯 번 싸워 초나라의 군대를 영성에서 굴복시켰다."

그러나 이는 역사적 사실에 부합하지 않는다. '사면오가'는 초한(楚漢) 전쟁에 나오는 '사면초가(四面楚歌)'를 도용한 것이 분명하다. 『사기』 「오태백세가」에 따르면, "오나라 왕 합려의 동생 부개가 전투를 하려 하니……. 이에 5천 명의 군사를 이끌고 초나라를 습격했다. 초나라 병사가 패배하여 도주하자 오나라 왕이 병사를 이끌고 추격했다. 영도(郢都)에 이르러 다섯 번 싸웠는데 초나라가 다섯 번 패했다. 이에 초나라 소왕(昭王)은 영도를 빠져나와 운현(鄆縣)으로 도주했다."

이렇듯 사서에서 볼 수 있듯이 당시 손무는 연속 공격을 통해 적을 추격하는 전술을 펼쳤다. 따라서 양위불공이나 천리우직, 팔면복격과 같은 전술은 어불성설이다.

5. 손자의 군사 사상과 부합하지 않는다.

위작을 만들어 낸 사람들은 맨 마지막 편인 「예시」에서 황당하기 이를 데 없는 이야기를 날조했다.

"그의 아들 역시 책에 음기(陰氣)가 가득하고 살기가 가득함을 알고 감히 천기를 누설해서는 안 된다고 생각했다. 손무는 아들의 의견을 받아들여 전체 병서를 세상에 내놓는 대신 일부 축약본을 만들기로 했다. 그래서 나온 것이 바로 『손자병법』이다. 이는 손무 자신이 「종어―예시」에서 말한 내용과 일치한다. '내 아들이 천기의 음살(陰殺)을 없애고자 그림 부분은 모두 제거하고 대략적인 법칙만 남겨 축약한 죽간을 만들었다.'"

참으로 허무맹랑한 말이 아닐 수 없다. 『사기』에 따르면, 손무는 오나라 왕을 만났을 때 그의 마음을 움직이기 위해 13편의 병법을 바쳤다. 이는 전혀 비밀스러운 이야기가 아니다. 또한 손자는 『손자병법』을 통해 군사들에게 미신을 금지했다. 「구지(九地)」에 보면, '금상거의(禁祥去疑 : 사전에 길흉을 점치는 것을 금한다)'라는 말이 나오는데, 조조는 이에 대해 "요상(妖祥 : 길흉)의 말을 금하고, 의혹(疑惑)의 계략을 없앤다."라고 주를 달았다. 이는 다시 말해 미신과 유언비어를 금지한다는 뜻이다. 따라서 위작에 보이는 미신의 내용은 손자의 사상과 크게 다르다는 것을 알 수 있다.

6. 간책(簡册) 제도와 보존 상황이 다르다.

공개된 자료로 볼 때 소장자가 보존하고 있다는 27점의 죽간은 "각 죽간마다 상, 중, 하 세 구멍이 끈으로 연결되어 있다." 또한 "죽간에 쓰인 필적이 마치 붓으로 검은 옻칠을 한 것 같다."라고 했다. 이는 완전한 조작이다. 죽간에 구멍을 뚫어 연결하는 방식은 기존에 발견된 선진 시대 및 진한 시대 죽간에서 전혀 볼 수 없기 때문이다. 고대 중국의 죽간들은 죽간 옆을 삼각형으로 조금 잘라 연결하는 편련법(編連法)을 사용했지 구멍을 뚫지 않았다. 현재 남아 있는 죽간은 가는 끈으로 엮었을 뿐 구멍을 뚫은 것이 없다. 게다가 서한 시대부터 지금까지 약 2천 년의 세월이 흘렀기 때문에 아무리 보존이 잘 되었다고 해도 끈은 물론이고 죽간 역시 거의 엉켜버리거나 이미 바스러진 상태다. 극소수 남아 있는 것들도 썩고 문드러진 것이 대부분이니, 거연(居延)에서 발견된 한간(漢簡)의 영원(永元) 기물부(器物簿)처럼 달라붙어 펼 수 없을 정도다. 그런데 어떻게 제멋대로 꺼내 차에 싣고 품에 넣어 돌아다닐 수 있단 말인가? 위작을 만든 사람들은 한간의 상황을 전혀 이해하지 못하는 자들이다. 특히 죽간에 검은 칠(漆)로 글을 쓴 것은 중국에서 찾아볼 수 없다.

7. 서체와 문자가 시대와 부합하지 않는다.

'초본'의 문자는 현대의 예서체로 수준도 크게 떨어져 초기 예서체의 느낌을 찾아볼 수 없었다. 이는 위작자(僞作者)가 초기 예서체를 잘 모르는 사람이라 할 수 있다. 또한 '초본' 문자에는 말기 도교에서 쓰던 문자나 현대의 간체자도 섞여 있다.

8. 고대 서적의 전승 상황과 다르다.

'『손무병법』82편'에 보면 '가전간'이란 표현이 나오는데, 이 역시 위작자가 날조한 것이다. 중국의 고대 전적, 특히 『손자병법』처럼 중요한 전적은 체계적으로 전승된다. 사서에 기록이 남아 있고 사가의 목록에도 기재되어 있다. 물론 동시대나 후세 저작물에서도 인용문을 볼 수 있다. 그런데 중요 전적이 거의 2천 년 동안 전승되면서 아무런 소문이나 언급이 없었다는 것은 불가능하다. 또 하나 간과할 수 없는 점은 세월이 흐르면서 중국 문자의 매개체가 변화했다는 점이다. 다시 말해 처음에는 죽간이나 목간(木簡) 또는 비단에 쓰였다가(帛書) 이후 종이로 점차 바뀌었다. 만약 '가전간'이 정말로 전승되었다면, 계속 그대로 놔두었다가 1924년이 되어서야 돌연 종이에 옮겨 적었다는 것은 이상한 일이 아닐 수 없다.

9. '병법'은 고서(古書)를 만드는 법도와 부합하지 않는다.

고서가 만들어지는 일반적인 법칙에서 보면, 소위 '병법'은 절대 믿을 만한 것이 아니다. '병법'을 보면 '손무병법이라고 이름을 정했다'거나 '13편을 모아 손자병법으로 이름을 지었다' 또는 '나는 손자병법을 가지고 오나라 왕 합려를 알현했다' 등의 말이 나온다. 그러나 선진 시대 전적은 한 사람이 단독으로 쓴 경우보다는 같은 학파나 제자들이 세대를 이어 증보한 경우가 훨씬 많다. 또한 나근택(羅根澤)이 말한 것처럼 전국 시대 이전에는 개인의 저술이 없었다. 여가석은 이에 대해 "고서에서 모씨(某氏)가 저술했다고 쓴 것은 전적의 근원이 누구인지 밝힌 것에 불과하다."라고 말한 바 있다. 또한 그는 "고서의 이름은 대부분 후인들이 지은 것으로 저자가 붙인 것이 아니다."라고 했다. 그래서 『사기』「손오열전」에 보면 『손자병법』을 '13편'이라 칭했던 것이다. 이는 학계의 정설이다. 그런데 '병법'은 손무가 스스로 자신의 저서를 『손무병법』이라 명명했다고 주장하고 있다. 이는 고서에 대한 상식이 전무한 상태에서 날조했다는 증거다.

또한 선진 제자들의 저서를 살펴보면 전체적으로 편폭이 많지 않다. 춘추 시대 제자들의 저서는 더더욱 매우 간결하고 압축되어 있어 모두 1천 자를 넘지 않는다. 『노자』, 『논어』, 『역경』 및 『손자』 13편 등도 모두 5, 6천 자에 불과하다. 이는 당시 필기 조건이 좋지 않았던 것과 관련이 있다. 지금 이른바 '소장자'란 사람은 병서의 편폭을 제멋대로 늘려 마치 '한신(韓信)의 군사는 많을수록 좋다'는 식으로 거의 14만여 자까지 부풀려 놓았다. 이 역시 고대사에 대한 그의 무지를 드러내는 부분이다.

『손자병법』의 기록과 전승에 대한 위작자들의 이해 역시 피상적이다. 그들은 입만 열었다 하면 잘못된 상식만 발설하고 있다. 주지하다시피 『한서』「예문지」에 '오손자병법 82편'이라 적고 '손자병법 13편'이라 적지 않는 이유는 '13

편'이 82편에 포함되어 있기 때문이다. 이는 학자들의 공통된 인식이다. 그러나
『손무병법』 82편에서 방립중이 제공한 편명 목차나 「예시」편의 내용, 그리고 여
효조가 쓴 『손무병법』 82편의 서언을 보면, '13편'이 '82편'에 포함된 것이 아니
라 별도로 존재한다고 했다. 그렇게 본다면 『손무병법』은 82편이 아니라 95편
이라는 뜻이다. 또한 그들이 제공한 편명의 목차를 보면 제81편이 '36책(三十六
策)'이다. 그러나 '36책'이란 말이 처음 보이는 것은 『남제서(南齊書)』 「왕경칙전
(王敬則傳)」에 나오는 "단공(檀公)의 36책 가운데 도망치는 것이 상책이다."라는
대목이다. 단공은 남북조 시대 유유(劉裕)의 명장 단도제(檀道濟)를 말한다. 그런
데 어떻게 『손무병법』 82편에 '36책'이 나올 수 있는가?

이 밖에 방립중 자신의 '집본(輯本)' 역시 필사본이 가짜라는 것을 증명해 준
다. 방립중은 서안의 서책이 세계 8대 기적과 필적할 만하며 중국 판본 가운데
가장 역사가 깊고, 규모가 큰 병학전서라고 했다. 또한 필사본과 내용이 다른
'『손무병법』 82편' 집본을 편집해 그 집본 역시 '오손자병법 82편'이라고 말했
다. 그렇다면 이는 모순이 아니겠는가? 도대체 어느 쪽이 진짜란 말인가? 만약
서안 쪽이 진짜라면 '집본'이 가짜일 것이며, 반대로 서안의 '국보'가 가짜거나
둘 다 모두 가짜일 수도 있다.

10. 감정 결과 '병법'은 현대에 와서 만들어진 위조품이라고 밝혀졌다.

중국혁명발굴관 문화재감정전문가인 초귀동(肖貴洞)이 '병법' 제40편에 대
한 감정을 실시한 결과 '초본'은 '소장자'와 방립중 등이 말한 것처럼 1923(민국
12)년에 초록한 것이 아니라 1960~1970년대, 심지어 더 늦은 시기에 필사한 것으
로 단정했다. 1996년 12월 10일, 초귀동은 『북경청년보』 기자 증위의 요구에 따
라 당시 감정 의견에 다시 한 번 서명을 했다. 감정의견서 원본은 다음과 같다.

종이의 섬유조직과 지문(紙紋)의 밀도로 볼 때 1920년대가 아닌 1960년대 이후의
것으로 보인다. 묵색을 보면 광택이 선명하고 흑색의 채도가 높은데, 이는 1920년
대에 필사한 것일 수 없다. 묵적과 종이의 결합 상태를 보면, 묵적(墨跡)이 떠 있어

필사한 시간이 그리 오래되지 않았다는 것을 알 수 있다. 훼손 정도로 보더라도 장기간 보존한 것이 아니라 인공으로 급속하게 조작한 것이다. 인장 격식과 색채의 경우 붉은 색조와 기름이 분리되어 있다. 따라서 1920년대 낙관이라고 볼 수 없다. ……허점이 많이 발견되었다.

이상으로 볼 때 『손자병법』은 1923(민국 12)년에 필사된 것이 아니라 1960~1970년대, 심지어 더 이후에 필사된 것이며, 예순 살 정도되는 사람이 필사한 것으로 추정된다.

이상 과학적인 감정 결과 다른 의도를 가지고 누군가 병서를 위조한 것임을 확인할 수 있었다.

이에 전문가들은 장서기의 가족 계보가 장경헌 등이 '병법'을 발견했다는 신화의 출발점이자 기반이 되었다는 데 의견을 같이했다. 이제 가족 계보에 관한 진상이 철저하게 밝혀졌으니 이 신화의 전제조건도 사라진 셈이다. '병법'이 위작이라는 사실도 이상 열 가지 조항을 통해 확인할 수 있었다.

이처럼 대대적인 위작은 중국문화사에서 극히 드문 일이다. 그렇다면 위작자는 무슨 생각으로 이처럼 대담하게 병학의 성전인 『손자병법』을 위조한 것일까? 또한 일부 매체는 전혀 확인도 하지 않은 상태에서 대대적으로 보도했을까? 아마도 상품경제의 거대한 조류 속에서 명리(名利)만을 추구하는 경박한 사회적 심리가 팽배했기 때문일 것이다. 이익이 있는 곳이라면 불나방처럼 몰려드는 군중의 심리를 그대로 보여 주는 것이기도 하다.

진위 여부를 판별하기 위해 모인 전문가와 학자들은 1차적으로 위작자들이 자신의 명성과 이익을 위해 이 같은 행동을 한 것으로 결론지었다. 다시 말해 유명세를 틈타 개인의 이익을 챙기기 위해 위작을 기획하고 준비했다는 것이다. 『손자병법』은 누구나 알고 있는 병서지만 일반 대중들은 구체적인 사실에 대한 이해가 부족하다. 그래서 그들은 진섬(晉陝 : 산서山西와 섬서陝西)의 유명인사인 장서기의 이름을 빌려 마치 그가 '백 년 동안 『손무병법』을 소장하고 있었던 것'처럼 위장한 다음 그의 후손을 사칭했다. 그들은 '병법'이 진품이라는 것을 강조하기 위해 칠서(漆書) 한간(漢簡)과 1923(민국 12)년에 만들었다는 초본(抄本)을 날조했다. 이렇게 완벽한 구상을 끝내고 언론매체를 통해 위서를 투매할 작정이었다. 순식간에 그들이 날조한 '병법'은 세상의 이목을 집중시켰고, 그들도 하룻밤 사이에 국보를 보존한 영웅, 민족문화의 계승자, 심지어 뛰어난 무산계급 문화전사로 추앙받으며 저명인사가 되었다. 그들을 성원하고 칭찬하는 사람들의 이름이 신문 지면을 장식하면서 졸지에 유명 병법연구가로 이름을 날렸다.

유명해지려는 근본적인 목적은 사리사욕을 채우기 위해서다. 이리하여 『손무병법』의 '새로운 발견'은 엄청난 파급효과를 거두었다. 위작자들은 계속해서 날조를 그치지 않았다. 그들은 『손무병법』 82편은 '가전간'으로 손무 개인의 저작이며, 현행 『손자병법』 13편은 손무의 손을 거쳐 축약된 '전세간본'이라고 주장했다.

위작자들이 새롭게 발견했다는 '『손무병법』 82편'을 굳이 '가전간'이라고 선전한 데는 나름의 이유가 있다. 국가문화재법 규정에 따르면, 지하에서 출토된 모든 문화재는 국가에게 소유권이 있지만 집안에서 전승된 경우는 그렇지 않기 때문이다. 위작자들은 일단 값이 오르기를 기다려 한 글자당 1천 달러에 판매하겠다는 망상을 가지고 있었다. 그러나 사리사욕에 눈먼 그들의 추악한 모습은 온 천하에 낱낱이 공개되고 말았다.

사기 행각이 백일하에 드러나면서 그들이 꿈꾸던 계획도 하루아침에 물거품이 되었다. 아울러 손자병법 연구가를 자칭하던 전문가들도 모두 사라지고, 이렇게 그들의 사기극은 소리 소문 없이 막을 내린 듯했다. 그러나 연극이 끝나고 막이 드리워졌지만 관중들은 여전히 숨겨진 일화나 스캔들이 있을지도 모른다는 생각에 미련을 버리지 못했다. 어떤 일이든 시작과 끝 사이에는 알려지지 않은 일들이 감추어져 있기 마련이다. 이 사기극도 사건은 일단락되었지만 이를 둘러싼 시시비비는 계속되었다.

조종이 울리다

사기극에 불과한 '병법 82편'이 순식간에 세상 사람들의 주목을 받으며 사회적 논쟁이 될 수 있었던 것은 결코 우연이 아니다. 이 사건이 시끄러워진 데에는 서안 토박이 장경헌과 여효조 외에도 또 한 사람의 찬조자가 있었는데, 그가 바로 국방대학 퇴직강사인 방립중이다.

사기극의 전모가 밝혀진 이후 방립중은 모 신문사 기자에게 자신의 속내를 털어놓았다.

"1996년 4월, 어떤 사람이 나에게 서안의 여효조를 소개하면서 그의 지인 가운데 『손무병법』 82편'을 가지고 있는 사람이 있다고 말했습니다. 당시 나는 『손무자전서』라는 제목의 책을 준비하고 있었기 때문에 당연히 관심이 있었지요. 여효조가 북경에서 일주일 정도 머물고 돌아간 뒤 그의 처남인 장경헌이 '손무병법』 82편'의 필사본을 가지고 와서 보여 주었습니다. 당시 필사본 10책 가운데 두 책을 보았는데, 정말 소중한 자료라는 생각이 들어 크게 흥분했던 기억이 납니다. 그 후 나는 몇 분의 전문가를 모시고 감정평가회를 열 생각이었습니다. 당시 이학근 선생에게 연락을 드리고 국방대학 고위 관계자에게도 보고를 했습니다. 고위 관계자는 나에게 먼저 연구를 하라고 하더군요. 나는 개인적으로 '손무병법』 82편'이 후세 누군가가 손무의 이름을 빌려 저술을 했을 가능성도 배제할 수 없다고 생각합니다. 그러나 그렇다고 해도 그 가치는 결코 부인할 수 없습니다."

방립중은 1996년 6월 20일 국방대학 고위층에게 보낸 편지에서 장경헌이 장서기의 후손이며, '손무병법』 82편'은 기존의 『손자병법』 13편을 능가한다는 등의 말을 했다. 그리고 그해 7월 6일, 방립중은 '손무병법』 82편'에 관한 발표회를 개최했다. 이와 동시에 장경헌 등에게 얻은 '손무병법』 82편'의 일부 편장을 은작산 한간의 『손자』 13편, 『손자』 일문, 『손빈병법』 및 『일서총잔(佚書叢殘)』 등의 내용과 섞어 편집했다. '손무병법』 82편' 집본(輯本)이라는 명목으로 『손무자전서』 한 권을 편집해 학원(學苑)출판사에서 출판했다. 이 책에서 방립중은 "『손무병법』 82편은 한간(또는 동류의 진귀한 문화재)에서 필사한 고대 병서"이며, "금본 『손자병법』 13편의 모본(母本)"이자 "소중한 문헌적, 학술적 가치"를 지닌 문화재라고 평가했다. 책에 대한 신뢰도를 높이기 위해 방립중은 책에 1996년 7월에 열린 소위 '『손무병법』 82편 학술감정회' 사진을 첨부했는데, 사진에 나와 있는 회의 현수막 등으로 '병법'이 이미 전문가들의 감정을 거친 것처럼 포장했다.

세기의 사기극이 시작되고 언론매체들의 취재 보도가 본격화되자 방립중은 직접 전면에 나서 '82편'의 가치와 의미를 선전하는 데 여념이 없었다. 순식간에 '국방대학 교수 방립중'의 이름이 신문과 잡지 지면마다 등장하기 시작했다. 당시 방립중의 주장을 요약하면 다음과 같다.

"초본의 내용은 『한서』 「예문지」에서 말하고 있는 '오손자 82편'의 일부분이다. 그 바탕이 된 한간은 중요한 학술적, 문화재적 가치를 가지고 있으며, 82편 초본의 원본 역시 중요한 문화재다. 이에 비해 13편(『손자병법』)은 비체계적이고 불완전하다. 이에 우리는 『손무병법』에 '가전'과 '전세' 두 가지 간본이 존재할 가능성을 배제해서는 안 된다. 다시 말해 『손자병법』 13편은 82편의 전세간본이라는 것이다. 새롭게 발견된 '『손무병법』 82편'의 의미는 세계 8대 기적인 진시황병마용에 버금간다."

황당한 사기극의 전모가 밝혀진 뒤 여효조는 그를 추궁하는 기자에게 말했다.

"문화국 관계자 말이 신문에서 보도하면 굳이 감정할 필요가 없다고 했습니다. 게다가 장경헌도 '집안에 전해지던 물건이니 그 진위 여부를 가장 잘 아는 사람은 바로 가족'이라고 했고요."

결국 모든 책임을 다른 사람에게 떠넘기겠다는 것이었다.

장경헌이나 여효조 등에 비해 방립중은 좀 더 당당했다. 그는 '국방대학 교수'라는 직함을 내걸고 자신이 편찬한 『손무자전서』의 전략전술을 운용해 당장이라도 큰일을 저지를 듯 소리를 높였다.

방립중은 사기극의 전모가 밝혀진 뒤에도 '중앙선전부와 전국 언론계에 보내는 공개서한', '전국의 학계 동인들에게 고함', '손자병법연구회 회원에게 보내는 글' 등의 자료를 유포했고, 한편 중앙군사위원회 지도자와 군사기율위원회에 고발장을 접수했다.

행정 고발, 여론 조성과 동시에 그는 법률소송도 함께 진행했다. 전문가의 위작 판별 글이 자신의 '명예를 훼손'했다는 이유로 소장을 법원에 제출해 관련 기관과 관련 전문가, 언론 종사자들을 모두 피고석에 앉혔다. 법적 조치를 통해 '82편'이 날조라는 사실을 폭로한 사람들의 노력을 무위로 돌리기 위해서였다.

그는 1997년 상반기에 북경시 네 곳(해전海澱, 선무宣武, 동성東城, 서성西城)의 법원에 소장을 제출했다. 그가 고발한 사람들은 '82편'이 위작임을 밝힌 손자연구가 오구룡과 오여숭, 우여파, 황박민 등 개인과 『중국문물보』, 『광명일보』, 『중국군사과학』, 중화서국, 군사과학원, 중국군사과학회, 중국손자병법연구회 등 신문·잡지 간행물과 그 책임자들이었다. 방립중이 세운 '현대병법의 전략사상'에 따르면, 법원이 자신의 고소, 고발을 받아들일 경우 『손무병법』82편'과 관련해 쓸데없는 공론을 펼친 인물들을 피고석에 앉히는 것 자체만으로도 정치적 승리를 거두는 것이었다. 법원이 그의 고발 사건을 받아들이자, 방립중은 피고들의 권리 침해 사실을 열거하고 '82편' 허위 조작 관련 기사나 글이 자신의 사회적 위상을 떨어뜨림으로써 자신의 심신과 명예에 막대한 피해를 가져왔다고 주장했다. 이어 피고 측에서 그에게 공개 사죄하여 실추된 명예를 회복할 수 있도록 하고, 경제적 손해 배상을 요구했다.

이제 법률을 무기로, 사실을 준거로 삼는 소송 대전(大戰)이 벌어졌다. 당시 소송 과정과 최종 결과에 대해 피고인의 입장이었던 군사과학원 손자연구전문가 황박민은 다음과 같이 상세하게 밝힌 바 있다.

1997년 3월 어느 날, 북경시 해전구 법원에서 갑자기 전화가 왔다. 법원 관계자는 나에게 군사과학원 전략연구부 요유지 부부장, 우여파 주임 등과 함께 법원으로 와서 소환장을 수령하라고 통지했다. 국방대학에서 퇴직한 방립중 선생이 우리를 고발했다는 것이다. 고발 사유는 『북경청년주간』, 『문회보』 등 간행물에 발표한 '『손무병법』 82편'이 허위임을 밝히는 글이 방립중의 명예를 훼손했기 때문이라고 했다.

법원에서 통지를 받았다는 것은 검찰이 그의 고발을 공식적으로 접수했다는 뜻이므로 이를 따라야 했다. 공무에 충실하고 법을 준수하는 군사연구소의 간부로서, 법정을 무시하는 행위를 할 수는 없었다. 우리 세 사람은 차를 몰고 법원으로 향했고, 법원에서 서명날인을 한 다음 방립중의 소장 복사본을 가지고 돌아왔다. 이어 상급기관에 이를 보고하고, 법률 전문가에게 자문을 구하는 한편, 변호사를 초빙해 소송 답변 초고를 작성했다. 이렇게 소송 관련 준비를 체계적으로 해나갔다. 세 사람 가운데 요유지 부부장은 차량 준비, 대응책 마련, 군사위원회 사무실 및 군사과학원 법률고문처 상(晌) 변호사를 초빙하는 한편 지도기관과의 연락을 책임졌다. 우여파 주임은 전체적인 '전투'를 책임지면서 세부 '작전'을 짜고, '응전 전략'을 기획했다. 나는 나이가 가장 적었기 때문에 외부 연락 등 잡무를 맡기로 했다. 뜻밖의 소송으로 상·하급 간부들이 대대적인 회합을 벌인 셈이다. 불가항력적인 이유에서 시작된 일이라 마음이 씁쓸하긴 했지만 우리 세 사람은 그 누구도 이렇게 준비가 이루어지리라 기대하지 못했다. 이왕 벌어진 일이니 편안하게 대응하기로 마음먹었다. 언제 피고인이 되어 볼 것인가? 일단 받아들일 것은 받아들이고 오히려 이를 세상을 보다 넓게 보는 기회로 삼자! 우리는 내심 이렇게 생각했다.

'깃털'을 소중히 생각하고, 자신의 '명예'만을 애호하는 방립중은 고발에 재미가 들렸는지 불과 한두 달 사이에 북경시의 다른 구역 법원(동성, 서성, 선무) 등에서도 똑같은 사건으로 우리를 고발했다. 그는 '82편' 허위를 밝히는 글을 쓴 오구룡 선생과 관련 기사나 글을 게재한 『중국문물보』, 『광명일보』, 『중국군사과학』, 중화서국 등도 모두 고발 대상으로 삼았다.

이후 그는 우리처럼 보통사람은 자신과 같은 권위자와 상대할 자격이 없다고 생각했는지 우리 세 사람에 대한 고발을 취소하고 대신 우리 소속기관인 군사과학원과 중국손자병법연구회를 고발했다. 이렇게 해서 피고는 개인에서 기관으로 승격

되었다. 그의 본심이 무엇인지 알 수 없고, 굳이 논평할 생각도 없다. 개인 자격으로 대군구(大軍區 : 인민해방군은 전체 7개의 대군구로 나뉜다)급 기관 및 전국 규모의 학술단체를 고발하면, 그것만으로도 엄청난 파급효과가 있을 것이다. 당연히 신문 1면에 이름이 오르내리면서 이른바 '명사' 대열에 합류하게 될 것이다. 어쩌면 그는 이를 한번 부딪쳐 볼 만한 가치가 있는 것으로 생각했는지도 모른다. 그렇다면 정말 용기가 가상하다. 상황이 이쯤 되니 나 역시 한 마디 하지 않을 수 없다.

"정말 대단하십니다! 하지만 비록 기관이 피고가 되었다 해도 어차피 일은 사람이 하는 겁니다. 우리 세 사람은 무대 전면에서 무대 뒤로 자리를 바꾼 것뿐입니다. 변호사들과 협력해 적극적으로 소송에 맞설 생각입니다."

1997년 7월부터 선무, 동성, 서성, 해전 등 법원에서 방립중에 대한 기관 또는 언론매체의 명예훼손 사건에 대한 재판이 시작되었다. 상황을 파악하기 위해 먼저 방립중의 '고견'을 들었다. 상부의 지시에 따라 나 역시 법정에 출석해 재판을 방청했다. 난생 처음 있는 기회라 구경을 해볼 만하다는 생각이 들었다. 나는 기꺼이 경외하는 '방 선생'을 따라 북경시 주요 법원을 순례했다.

아예 안 보고 살면 모를까, 실제 보면 놀랄 만한 일이 많다고 하지 않았던가. 재판을 방청하면서 이제껏 서류더미에만 파묻혀 살던 나는 엄청난 산 경험을 할 수 있었다. 재판이라는 것이 이토록 엄정하고 기계적인 일이었구나! 원고는 송장을 읽고, 피고는 자신의 의견을 진술했다. 양측의 발언을 듣다보니 어느새 오전 시간이 다 흘러갔다. 모든 과정이 끝난 다음 원고와 피고 양측이 법정 심문 기록에 서명날인을 한 뒤 재판장을 맡은 법관이 휴정을 선포했다. 이후에는 일반적으로 몇 달에 걸친 일련의 과정을 거쳐야 법정에서 심의 결과를 선포하고, 원고와 피고 양측에 판결서가 교부되면서 소송이 마무리된다. 물론 재판 결과에 불복하면 상급 법원에 상소할 수 있다. 기꺼이 소송비를 내겠다면 상급 법원에서 다시 절차에 따라 이전 과정대로 재판을 진행하고 최종 판결을 내린다. 승자는 기뻐하고, 패자는 재수가 없다고 생각한다. 물론 법정은 민사 분쟁 양측의 최종 중재자 역할을 맡는다. 이런 방법으로 문제를 해결하는 것이 최선이자 비교적 공평한 결과를 얻는다.

몇 차례 재판을 방청한 나는 그 내용이 거의 대동소이하다는 사실을 발견했다. 방립중은 언제나 분개한 채 피고의 명예훼손 사실을 열거하면서 피고의 『손무병법』 82편'이 위작이라고 평가한 글들이 자신의 사회적 지위를 대거 손상시킴으로써 심신에 막대한 피해를 초래했다고 주장했다. 그는 피고 측이 자신에게 사죄해 명예를 회복하고, 5천~2만 위안까지 경제적 손해를 배상해야 한다고 말했다. 우리 측 변호사는 증거 자료를 제출하고, 법조문을 인용해 위작을 변별하는 일은 정상적인 학술적 논쟁 사항이므로 방립중이 말하는 명예훼손에 해당하지 않는다고 말했다. 아울러 법원에 방립중의 소송 청구를 기각해 줄 것을 청구했다. 이 외에도 양측은 '82편'의 진위 여부를 둘러싸고 열띤 공방을 벌였다. 손자병법 전문가가 아닌 법관들은 양측이 펼치는 공방에 난색을 표했다. 토론이 길어지자 재판관들은 학술적 진위 논박을 중지하고 명예훼손 의제로 복귀할 것을 명령했다. 안건 심의에 관한 상세한 정황은 매우 복잡했기 때문에 아마 별도로 기록해도 책 한 권은 만들 수 있을 듯하다. 지겨울 수 있으니 그 과정은 생략하기로 한다.

아마도 방립중은 당시 내가 소송 '대전' 내내 계속 한가한 모습으로 방청석에 앉아 있는 모습을 보고 속이 끓고 답답했었나보다. 동성구 법원에서 중화서국 『문사지식(文史知識)』 잡지의 명예훼손 건에 대한 법정이 열렸을 때, 그는 갑자기 나를 공동피고인의 한 사람으로 추가하면서 피고석에 앉도록 요구했다. 그가 싸움을 걸었으니 나 또한 받아들이지 않을 수 없었다. 경외하는 '방 선생'과 법정에서 1라운드를 치르게 된 것이다.

내가 영광스럽게 피고의 자리에 서게 된 이유는, 1997년 제1기 『문사지식』에 『손무병법』 82편의 진위'라는 글을 실었기 때문이다. 당시 그 글에서 『손무병법』 82편'에 대한 내 견해를 밝혔다. 방립중을 포함한 개개인들의 '82편' 허위 조작 및 유포 행위에 대해 신랄한 비판을 가했다. 단단히 꼬투리를 잡은 방립중은 이에 대해 민사재판을 신청했다.

방립중은 '모(某) 모패(冒牌 : 가짜, 돌팔이) 국방대학 교수'라는 내 표현이 자신의 인격을 모독한 것이니 명예훼손에 해당한다고 말했다. 그는 자신이 스스로 '교수'

라고 사칭한 적이 없으며, '교수'라는 직함은 언론매체에서 붙인 것이라고 말했다. 언론매체가 잘못 쓴 내용을 가지고 자신을 공격했으니 당연히 권리 침해라고 하면서 5천 위안을 배상하라고 했다.

나는 물론 이런 협박에 놀아날 수 없었다. 5천 위안 때문이 아니라 이치를 바로 세우기 위해서였다. 나는 다음과 같이 답변했다.

"먼저, 방 선생께서는 '모충(冒充 : 사칭하다)'과 '모패'라는 두 단어의 기본 개념을 혼동하고 계시군요. '모충'은 동사로서, 주관적으로 거짓 행동을 하는 것이고, '모패'는 형용사로서 거짓, 가짜, 엉터리라는 뜻입니다. 이는 객관적인 표현입니다. 방 선생은 강사지요. 여기 국방대학 정치부의 증거 자료가 있습니다. 강사는 교수가 아닙니다. 신문에서 당신을 교수라고 한 것은 거짓입니다. 거짓 교수는 바로 가짜 교수를 말하지요. 방 선생께서 주관적으로 그럴 의사가 있었는지는 제가 답변할 이유가 없습니다. 저는 선생께서 교수를 '모충', 즉 사칭했다고 말한 적이 없습니다. 그저 신문에 선전한 대로 국방대학 '교수'가 '가짜 교수'라는 것을 확인시킨 것뿐입니다. 존경하는 방 선생의 명예를 훼손한 것이 아닙니다.

둘째, '가짜 교수'라는 오명을 쓰게 된 것은 방 선생 자신에게도 책임이 있습니다. 시간적으로 볼 때, 1996년 11월부터 거의 세 달 동안 방 선생은 계속 '교수'였습니다. 제법 긴 기간이었죠. 공간적으로 보면, 『해방군보』, 『광명일보』, 『주말』, 『수장』, 『북경청년보』, 『남방주말』 등 여러 언론매체에서 모두 방 선생을 '교수'라고 불렀습니다. 이는 명백히 사실과 다른데도 방 선생은 직접 나서서 이를 정정할 의사를 보이지 않았습니다. 이는 방 선생이 이런 호칭을 암묵적으로 인정했다는 것인데요, 바로 주관적인 동기와 객관적인 효과가 일치한 것이라 볼 수 있습니다. 지금 방 선생은 자신의 행동을 반성하기는커녕 오히려 다른 사람이 '가짜 교수'라는 표현을 했다고 펄쩍 뛰고 있으니, 이는 지적 대상이 잘못된 것입니다.

셋째, 방 선생이 가짜 국방대학 교수라고 지적한 것은 또한 국방대학의 명예를 보호하기 위해서입니다. 『손무병법』 82편은 위조라는 것이 학계의 공통된 견해입니다. 북경대학 이령 교수의 말을 빌리면 "위작의 흔적이 명백합니다." 이런 상황에서 제때 '국방대학 교수'라는 표현을 정정하고, 이 '교수'가 '가짜 교수'라는 것을 지적하지 않는다면 전 군의 최고 학부인 국방대학에 어떻게 이처럼 수준 이하의 교수가 있단 말인가, 중고등학생도 다 아는 상식을 모른다니 하는 식으로 사람들이 곤혹스러워하지 않겠습니까. 결국 가장 큰 타격을 받는 것은 국방대학이며, 전체 인민해방군의 이미지 역시 크게 훼손되는 일입니다. 따라서 반드시 '가짜 교수'라는 사실을 밝혀야 했습니다."

'가짜 교수' 문제를 들고 나와 아무런 소득도 얻지 못한 방립중은 울상이 되었다. 하지만 노장답게 재빨리 다른 문제를 들고 나를 공격했다.

"황 선생, 당신은 글에서 '비열한 수단은 목적도 비열함을 나타낸다'는 식으로 나를 욕했소. 그렇다면 이에 대한 증거가 있소? 증거를 제시하지 못하면 내 명예를 훼손한 죄를 고분고분 인정하시오."

하지만 이번에도 나는 방립중의 트집에 전혀 당황하지 않았다. 나는 단 몇 마디 말로 그의 우쭐한 마음에 찬물을 끼얹었다.

"선생의 수단이 비열하고, 목적 또한 비열하다고 한 것에 대한 증거는 상당히 많습니다. 첫째, 『손무병법』 82편' 학술감정회는 전혀 사실무근인 유령단체지요. 이 점은 이미 전문가들의 증언을 확보한 상태입니다. 그런데도 방 선생은 감정회 사진을 『손무자전서』에 수록해 마치 학술감정을 통과한 것처럼 사기를 쳤습니다. 이렇듯 터무니없이 단체를 날조해 거짓을 유포했으니, 이것이 바로 비열한 수단이 아닌가요? 둘째, 서안에서 발견된 '『손무병법』 82편'에 대해 방 선생이 살펴본 부분은 겨우 10편도 되지 않습니다. 그런데도 '82편'을 날조해 『손무자전서』에 첨부함으로써 사람들을 기만하고 사욕을 채우는 데 급급했습니다. 당연히 위조죄가 성립되지 않을까요? 이것이야말로 비열이라는 표현에 가장 잘 어울리는 행동입니다. 문제는 간단합니다. 설사 서안에서 '발견'된 '82편'이 진짜라고 해도 방 선생의 '82편'은 가짜 『손자』이며, 당연히 문화 분야에서 퇴출되어야 할 대상입니다."

방립중은 더 이상 참지 못하고 또다시 협박성 발언을 했다.

"황 선생, 『손무병법』 82편'이 진품으로 판명이 되는 날, 당신이 어떤 꼴을 당할지 두고 봅시다!"

나 역시 곧바로 가볍게 이를 받아넘겼다.

"방 선생님, 유감스럽게도 그런 날은 영원히 오지 않을 것 같습니다."

논쟁이 끝나고 판사는 휴정을 선언했다. 원고와 피고 양측은 이제 각자 집으로 돌아가 조용히 법원의 판결을 기다리면 되는 일이었다.

1998년 3월 9일, 북경시 동성구 인민법원에서 '민사판결문'이 내려왔다.

"본 법원은 섬서 서안시에서 발견된 '『손무병법』 82편'의 진위 여부에 대한 원고와 피고의 논쟁이 학술적 범위이며, 인민법원에서 심의해야 할 사항이 아닌 것으로 판단했다. 이에 「중화인민공화국 민사소송법」 제108조 제4항에 의거해 다음과 같이 판결한다.

원고 방립중의 기소는 고소 취하하며 소송비 810위안은 원고 방립중이 부담한다."

이로써 나는 번거로운 법적 다툼에서 마침내 해방되었다. 밥맛 떨어뜨리는 소송도 이젠 끝이구나. 아미타불! 하느님, 감사합니다!

물론 경외하는 방 선생은 다른 사람들을 피고석에 밀어 넣고 있을 때, 자신이 총편집을 맡은 『손무자전서』, 『병가지모전서(兵家智謀全書)』 등의 '자랑스러운 저서'가 전문가들의 저작권 침해 소송으로 덜미가 잡힌 상태였다. 30여 명의 전문가들이 그를 상대로 소송을 제기했다. 해전구 법원에서 지적재산권에 관한 공개 심의가 열렸고, 방립중의 저작권 침해 혐의를 인정해 전문가들에게 10여만 위안의 경제적 손해를 배상하도록 판결했다. 또한 신문에 공개 사과하고 모든 소송비용을 책임지도록 했다. 나 역시 당시 집단 소송에 참여해 승소함으로써 본의 아니게 수혜자가 되었다. 오는 정이 있으면 가는 정이 있어야 하지 않은가! 방립중이 나를 한 번 고소하고, 내가 다시 방립중을 한 번 고소했으니 이로써 둘이 공평해진 셈이다.

오구룡, 『광명일보』, 『중국문물보』, 『중국군사과학』, 군사과학원, 중국군사과학회, 중국손자병법연구회, 중화서국 등에 대한 명예훼손죄도 판결이 났다. 물론 예상대로 방립중의 패소로 끝났다. 아마도 소송을 통해 명성을 얻고자 했던 방립중은 씁쓸한 마음을 달랠 길이 없었을 것이다…….

이로써 세상을 떠들썩하게 한 '『손무병법』 82편'과 이를 둘러싼 사기극이 모두 막을 내렸다. 사기극의 연출자와 각종 배역을 맡은 연기자들도 모두 의기소침한 모습으로 사람들의 시선에서 멀어졌다. 또한 이번 사건을 통해 명성과 일확천금을 얻으려던 망상 또한 완전히 물거품이 되었다. 만화경 같은 세상에서 정신을 차린 사람들은 문득 이 사건의 근간이 된 은작산 한간이 출토된 지 30년이란 세월이 흘렀다는 것을 깨달았다. 한 세대, 30년이라는 시간이 흐르는 동안 은작산 한묘에서 출토된 문화재와 죽간의 운명은 어떻게 되었는가? 또다시 사람들의 얼굴에 근심이 서렸다.

큰 부름

　은작산 한묘의 죽간은 2천여 년 동안 지하에 매장되어 침묵의 세월을 보냈
다. 시끌벅적한 대천세계(大千世界)에서 하루 삶이 버거운 일반 중생들은 그 자그
마한 은작산 아래 거대한 이익(利益)의 도화원이 파묻혀 있으리라고는 꿈에도 생
각하지 못했다. 도연명이 『도화원기(桃花源記)』*에서 "한나라 시대도 모르는데
어찌 위진(魏晉) 시대를 논하겠는가?(不知有漢, 何論魏晉)"라고 말한 것처럼 전혀 눈
치 채지 못하고 있었다. 그러나 하루아침에 천기(天機)가 누설되자, 그 도화원에
천년의 풍진(風塵)으로 뒤덮인 면사(面紗)가 걷히고 천하 창생(蒼生)들도 '한(漢)'
의 비밀을 엿볼 수 있게 되었다. 그와 함께 신선하고 신비로운 그곳을 둘러싸고
죽간을 앞세운 온갖 시시비비, 거짓과 진실, 은혜와 원한이 뒤섞인 연극이 벌어
졌다. 공명과 출세를 위해서라면 그 어떤 방법과 수단도 가리지 않고 오로지 명
리만을 추구하는 욕망의 구렁텅이에 빠진 사람들과 문화적 양지(良志)를 견지하
는 사람들 사이에 애정과 원한의 쌍곡선이 그려지고 예리한 칼날이 서로 부딪
쳤다. 그 과정에서 성스럽고 밝게 빛나던 은작산에 푸른 이끼가 잔뜩 끼면서, 찬
란하던 그 모습도 점차 겹겹의 어둠과 먼지 속에 가려졌다. 그 같은 결과는 한묘

---

* 중국 진(晉)나라의 도연명이 이상향을 그린 작품이다. 어떤 어부가 길을 잃고 헤매다가 도림(桃林)에 들어가
　서, 진(秦)나라 때 난리를 피한 사람의 자손이 세상의 변천을 모르는 채 평화롭고 유복한 삶을 즐기고 있는 선
　경(仙境)을 보았다고 하는 가상의 고사(故事)를 적었다.

의 최초 발견자인 '당나귀'나 이후 죽간을 발굴하고 연구한 전문가들이 전혀 예상하지 못한 일이었다. 세월이 흐르면서 시비곡직이 판명되었지만 사람들의 마음속에 맺힌 응어리는 풀어지지 않았다. 게다가 새로운 응어리가 위에 쌓이면서 아무리 잘라내려고 해도 잘리지 않고 풀려고 해도 풀어지지 않는 원망과 미움의 감정들이 한데 엉겨 아주 오랜 세월 계속되었다. 이처럼 복잡한 감정과 사건들이 얽히고설키면서 은작산 한묘에서 출토된 문물의 마지막 귀착점은 사람들의 응어리진 마음속이 되었고, 그것은 고통을 가중시켰다.

1974년 국가문물국은 '은작산 한묘의 죽간 정리소조(小組)'(약칭 '정리소조')를 정식으로 조직해, 이미 실전된 대다수 인류 문화유산 가운데 학계의 이목이 집중된『손자병법』과『손빈병법』에 대한 정리 작업을 진행하도록 했다. 이후 전체 죽간을 정리해『은작산 한묘의 죽간』이라는 세 권의 책을 출간했다. 그 가운데 1집과 2집은 주덕희(朱德熙), 구석규(裘錫圭), 이가호(李家浩), 오구룡(吳九龍) 등 전문가들이 처음부터 참여해 정리했고, 3집은 오구룡이 정리 및 고증 작업을 맡았다. 연구 성과가 정식으로 발표된 뒤 '정리소조'는 해산되고 작업에 참여한 인원들 또한 각자 제 위치로 돌아갔다. 그중 후속 작업 때문에 묘장의 주요 발굴자 가운데 한 사람인 오구룡은 몇 년 뒤 산동박물관에서 국가문물국 고문헌연구실로 전보되었다. 그리고『손자병법』을 포함해 정리가 끝난 죽간은 왕야추의 승인을 얻은 다음 1974년 6월말 산동성 박물관으로 옮겨 보존하게 되었다.

은작산 한묘의 죽간은 문물의 가치나 과학적 연구 성과 및 역사적 위상 면에서 그 어떤 고고발굴과도 비교할 수 없을 정도로 중요했다. 특히 당시 거국적으로 '비림비공', '비유평법(批儒評法)' 운동이 가속화되고 있었기 때문에 손자와 『손자병법』은 법가 사상의 폭탄이 되어 임표와 '공자와 노자'를 공격하는 데 무엇보다 중요한 무기가 되었다. 그 과정에서 한묘 죽간의 가치가 한층 배가되면서 중앙과 지방정부 모두 이를 크게 중시했다. 그런 까닭으로 죽간을 북경에서 산동으로 옮길 때, 만일의 사태에 대비하기 위한 만반의 준비를 갖추었다. 주은래 총리는 특별지시를 내려 국가문물국과 철도부가 협조해 죽간을 위한 특별열

차를 마련하도록 했고, 오구룡 등 문물전문가와 철도 공안대원들에게 죽간을 제남까지 호송하는 책임을 맡겼다. 죽간이 제남역에 도착하자 산동성 박물관 관장인 장학은 사람들과 함께 직접 열차에 올라 철도 공안대원들의 엄밀한 감시 속에서 죽간을 조심스럽게 자동차에 옮긴 다음 공안 차량의 호위를 받으며 성 박물관 문물고로 옮겼다.

이로써 은작산 한묘의 발견과 발굴, 그리고 문물 출토와 정리, 보호의 일련의 과정이 끝났다. 하지만 이를 둘러싼 모든 사건이 끝난 것은 아니었다.

죽간이 출토되어 산동으로 돌아온 뒤, 국내외 많은 사람들이 죽간의 가치에 대해 주목하자 산동 정부 역시 이를 각별한 시각으로 바라보기 시작했다. 게다가 공교롭게도 '비림비공'의 여파 속에서 공자와 노자, 당시 얼마 전에 사망한 임표로 인해 죽간은 그들을 향한 폭탄이 된 것이다. 성 박물관 책임자인 장학을 비롯한 일부 인사들은 자신들이 손에 넣은 죽간이 절호의 기회를 가져다주었다는 생각이 들었다. 그들은 죽간을 제대로 보관해 문물의 안전을 도모해야 한다는 명분으로 성 정부의 관련부서에 자금을 요청했다. 무엇과도 비교할 수 없을 만큼 귀한 죽간을 보호하기 위해서는 별도의 건물이 필요하다는 것이었다. 관련부서의 책임자는 정치적으로 민감한 사람답게 가슴을 치면서 "아무 문제 없소. 당장 시작하도록 하지!"라며 호언장담했다. 그러나 막상 일을 시작하려고 하니 맺고 끊는 맛이 없이 데면데면할 뿐이었다. 그렇게 자꾸 시간만 흘렀다. 한때 위풍당당하던 '비림비공'이나 '비유평법' 및 '극기복례'를 반대하는 정치 운동은 고조기를 지나 침체기로 빠지면서 초반의 힘이 점차 사라졌다. 이러한 추세가 지속되자 정치에 민감한 관리들은 당장이라도 터질 것만 같던 죽간 『손자병법』이라는 폭탄에 물이 스며들어 결국 불발탄이 될 것이라는 예감이 들었다. 그러자 얼마 전까지만 해도 호언장담을 늘어놓던 정객들은 슬며시 몸을 빼면서 당초의 약속에 대해 더 이상 언급조차 하지 않았고, 박물관 관계자들과는 만나려고도 하지 않았다. 박물관 관장 장학은 조짐이 좋지 않다는 느낌을 받았지만 그렇다고 그냥 물러날 수는 없었다. 그는 전후 상황을 살펴보면서 아직 식지 않

죽간 보호 담당자인 이숙화가 죽간의 보존 정황을 필자에게 설명하고 있다.

죽간루 앞에 선 필보계

은 '비림비공'의 남은 온기를 빌려 전략전술적 공세를 강화하기로 마음먹었다. 여기저기 닥치는 대로 부탁을 하고 거의 구걸하다시피 애원하거나 때로 소리를 치면서, 그들은 마침내 성 정부 재무부에서 자금을 받아 박물관 내에 3층 건물을 지을 수 있었다. '죽간루(竹簡樓)'로 명명된 그 작은 건물은 보온, 보습, 방진(防震) 설비를 갖추었다. 에어컨 등 최신 설비는 없었지만 그래도 비교적 괜찮은 시설이었다. 20년이 지난 지금은 그저 허름한 민공(民工 : 노무자)들의 숙사 같기도 하지만, 당시의 민공들은 그런 호사를 누릴 수 없었다. 사실 그 건물 중 죽간을 보관하는 방은 오로지 한 곳뿐이고 다른 방은 여러 기물을 놓아두는 것 외에 전부 당시 박물관 간부나 직원의 숙사로 사용되었다. 그렇기 때문에 어려운 상황에서 비교적 고급스러운 대우를 받게 된 행운아들은 한참 세월이 흐른 뒤에도 여전히 이전에 '죽간루'를 세우기 위해 애썼던 사람들에게 고마움을 느끼지 않을 수 없었다.

출토된 죽간을 새로 지은 건물에 보관한 다음 박물관 측은 죽간만을 보호하기 위한 특별 직원을 파견했다. 첫 번째 직원은 강혜방(江慧芳)이다. 그녀는 습도를 유지하는 데 각별하게 신경을 쓰면서 때로 화학약품을 이용한 부패나 곰팡이 방지 작업을 맡았다. 강혜방이 퇴직한 뒤 몇 사람이 들고나면서 관리를 했고, 현재 담당자는 이숙화(李淑華)라는 여성이다. 이처럼 여러 사람의 보호 속에서 출토된 죽간은 북경에서 정리된 원래의 형태를 아직까지 유지하고 있다.

그 죽간은 가치나 명성 면에서 당연히 그에 상응하는 보호를 받아야 했다. 그렇지만 같은 한묘에서 출토된 다른 기물들은 이런 행운과는 거리가 멀었다.

당시 임기 문화국은 양전욱 등을 파견해 은작산 1, 2호 한묘에서 출토된 문물을 한 점도 빠짐없이 성 박물관으로 옮기도록 했다. 이후 가치가 높은 죽간은 오구룡과 양정기 등이 북경으로 호송하고, 나머지 기물들은 큰 창고 안에 한데 모아 발굴자 가운데 한 사람인 필보계에게 관리를 맡겼다. 그러던 중 1977년 '농업은 대채를 따라 배워야 한다(農業學大寨 : 대채는 중국 산서성 석양현昔陽縣 경내에 소속된 모범적인 생산 조직의 이름이다)'는 구호가 사방에 울려 퍼지기 시작하자 성 박물관은 필보계 등 직원들을 외진 산촌으로 내보냈다. 그들은 그곳에서 혁명가곡을 부르며 뜨거운 태양 아래에서 대채식으로 계단식 밭을 경작하느라 피땀을 흘렸다.

혁명 가곡이 고조되고 있던 그즈음 원래 필보계가 책임지고 있던 은작산 한묘에서 출토된 기물들은 창고 정리 등을 이유로 성 고고연구소의 문광각(文光閣) 3층의 구석진 방으로 옮겨졌다가 박물관 내 1층으로 또다시 자리를 옮겼다. 이후 문물들은 아무도 관심을 두지 않아 기초적인 보호조차 받지 못했다. 2년 뒤 필보계는 산촌에서 박물관으로 돌아와, 자신이 이전에 보호 책임을 맡고 있던 기물들을 살펴보았다. 죽기나 목기는 이미 풍화해 말라비틀어져 썩은 나무껍질처럼 되고 말았다. 소분(小盆 : 작은 동이)이나 작은 귀걸이 등 기물 자체에 주물을 부어넣은 공예품은 외부 환경의 영향을 덜 받기 때문에 비교적 훼손이 적었지만 그래도 2년 전과는 사뭇 다른 상태였다. 도기의 경우도 칠기나 목기처럼 비틀어지거나 원형이 훼손되지는 않았어도 채색이 바래서 흉하게 변하고 말았다. 그 가운데 자세가 의젓하고 각별한 운치를 지닌 여자 도용(陶俑)은 채색이 벗겨져 마치 옷이 벗겨진 채로 도랑에 처박힌 반노서랑(半老徐娘)*처럼 추악한 몰골이 되어 보는 이들을 안타깝게 했다.

또한 그들의 탄생지, 더없이 귀한 『손자병법』 등의 죽간과 그다지 가치가 없는 것으로 치부된 '서랑(徐娘)'들이 함께 출토된 임기 은작산은 한묘가 발굴되고 문물이 다른 곳으로 옮겨진 이후로 더 이상 자극적이고 번잡스럽고 흥미로운 장면은 사라진 채 예전의 평온을 되찾았다.

한묘 발견과 발굴에 영원히 사라지지 않을 공적을 세운 건축설계사 맹계화는 여전히 자신의 신분과 지위, 그리고 권위의 상징인 긴 자(尺子)를 들고 '당나귀'와 몇 명의 인부들 사이를 왔다 갔다 하면서 다른 사람들은 전혀 알지도 못하는 건축 용어를 내뱉고 있었다. '당나귀'는 고묘 발굴 전처럼 뚱한 얼굴로 입가에 마른 침을 묻히고 때로 불평불만을 털어놓거나 괜히 성질을 내면서 1, 2호 묘갱을 다시 덮는 작업에 열중했다. 얼마 후 기이한 형태의 상자 모양에 38구경 소총을 덧붙인 듯한 다층 건물들이 은작산에 우뚝 솟아오르기 시작하더니 자못 기몽(沂蒙) 특유의 경관을 뽐냈다. 그러나 한때 대내외적으로 크게 주목받았던 은작산 한묘 유적지, 천기가 누설되어 사방으로 빛을 뿜어냈던 바로 그곳은 강권을 틀어쥔 이들의 무지와 우매함 속에서 고층빌딩에 파묻혀 아예 흔적조차 사라진 듯했다.

은작한 한묘를 처음 발견한 사람인 '당나귀'는 어쩌다 도화운(桃花運)이 들었는지 기몽산의 한 떨기 꽃과 같이 아름다운 여인을 부인으로 맞이했다. 이후 중국 대지가 경제적으로 풍족해지고 각종 법률 제도가 마련되자 그는 은작산 한묘를 처음 발견하고 발굴 기간 내내 전문가들을 도와주었다는 사실을 내세워 현지 문화 관련 기관에 보조금 등을 신청했다. 그러나 끝내 허가가 나지 않아 아무것도 받지 못했다. 이에 불복한 '당나귀'는 지속적으로 관련 기관을 방문해

---

* 여전히 아름다움을 간직한 중년부인을 말한다. 남조(南朝) 양(梁)나라 원제(元帝)의 비 서소패(徐昭佩)가 노년에도 젊은 시절의 아름다움을 간직했다고 한다.

자신의 노력에 합당한 대우를 해줄 것을 요청하다 결국 정신병원에 입원하고 말았다. 몇 년이 지난 후 그는 감시가 소홀한 틈을 타 병원을 탈출해 집으로 돌아갔지만, 부인의 외도를 목격하고 그 길로 달려 나와 우물에 몸을 던지고 말았다. 그가 남긴 것이라고는 1972년 맑은 봄날 은작산에서 묘갱을 팔 때 사용했던 녹슨 곡괭이뿐이었다.

역사는 시끄럽게 소리를 내지르며 살기등등한 기세로 앞을 향해 나아갔다. 1979년 '문화대혁명'으로 타도 대상이 되어 현직에서 물러나야만 했던 일부 간부들이 다시 현업에 복귀하기 시작했다. 그해 늦은 가을, 국가건설위원회 주임으로 있던 곡목(穀牧)은 기몽산 지역의 곤석(崑石) 철도와 임기 철도를 잇는 대교(大橋) 건설 현장을 방문했다가 임기에서 열리고 있는 '건국 30주년 경축 문물 대전'을 참관했다. 평소 문물에 관심이 많았던 곡목은 문득 임기 은작산 한묘에서 『손자병법』을 포함한 대량의 죽간이 발굴되었던 일을 떠올리며 현재 상황에 대해 물었다. 그러자 함께 자리하고 있던 현지 관계자가 대답했다.

"지금 그곳은 평탄 작업을 끝내고 이미 빌딩이 들어찼습니다."

그 말을 들은 곡목은 화가 치밀었다. 천하에 얻기 힘든 문화유산이자 민족의 보배를 아무것도 아닌 양 팽개쳐놓았다는 사실에 참을 수가 없었다.

"얼마나 중요한 묘장이고 소중한 문화유산인데, 당신들은 아예 관심조차 없고 무슨 누더기나 혹처럼 생각하니 이게 말이나 되는 소리요? 당신들이 하고 있는 작태는 문화를 모를 뿐더러 아예 문화를 파괴하는 야만 행위이자 국가와 민족에 대한 범죄 행위란 말이오!"

곡목은 비록 당시 신분이나 지위가 그다지 높지 않았지만 모택동 주석과 함께 활동했던 중국공산당의 원로 가운데 한 명인 데다 중앙에서 파견된 감독관의 입장이었기 때문에 그의 발언은 결코 예사로 넘길 수 있는 것이 아니었다. 상대방은 서리 내린 가지처럼 풀이 죽어 자신들의 잘못을 빌고 차후에는 그런 일이 없도록 하겠다며 몇 번이고 다짐했다. 그러자 곡목이 간단명료하게 말했다.

"1974년에 섬서(陝西) 임동(臨潼)에서 대규모 병마용이 발견되었는데, 지금

박물관이 개장되어 문물을 보호하고 많은 사람들이 직접 참관하여 학습의 기회를 부여하고 있소. 은작산에서 발굴된 병서는 참으로 대단한 물건이 아닐 수 없으니, 그 가치는 섬서 병마용에 뒤지지 않아요. 그런데 왜 박물관을 만들어 대중들이 직접 참관하고 학습하며 역사를 배울 기회를 주지 않는 것이오?"

곡목의 말에 사람들은 막힌 가슴이 탁 트이고 정신이 맑아지는 듯한 느낌을 받았다. 그러나 채 1분도 되기 전에 현지 고위관리가 고개를 절레절레 흔들며 난처한 얼굴로 대답했다.

"말씀은 지당하십니다만, 저희 기몽은 아주 가난한 지역입니다. 밥 먹는 문제도 아직 제대로 해결되지 않은 상황인데, 박물관 건립을 생각이나 할 수 있겠습니까? 게다가 박물관을 세우려면 현지 주민들을 이주시키고 집도 지어주어야 하는데 그 비용을 어디에서 감당하겠습니까?"

자못 진지하고 현실적인 그의 발언에 곡목도 잠시 노기를 풀고 웃으며 대답했다.

"그럼, 우리 다 함께 방법을 생각해 봅시다. 중앙에서 일부 지원하고 성(省)과 지역에서도 조금씩 돕는다면 문제가 풀리지 않겠습니까?"

곡목의 말에 관리의 얼굴은 화색이 돌았다.

"네, 좋습니다. 분부대로 하겠습니다."

1981년에 이르러 개혁, 개방의 국면이 전개되면서 임기 지역위원회와 행정부서는 '은작산 한묘의 죽간박물관'을 건설하기 위한 준비 모임을 결성하도록 현지 문화국에 전달했다. 몇 개 관련부서에서 장장 8년 동안 계획과 설계, 쟁론과 비판, 분열과 단합, 합작과 결렬을 반복하면서 길고 긴 여정을 거친 다음, 마침내 1989년 10월 1일 건국 40주년을 맞이하는 해에 박물관 본관 건물을 완성하고 정식으로 대외 개방을 선포했다.

은작산 한묘의 발굴터에 새롭게 죽간박물관이 마련되었기 때문에 현지에서 출토된 죽간 또한 본래 장소로 돌아와 수많은 방문객을 맞이하는 것이 당연

은작산 죽간박물관 앞에 선 필자(왼쪽)와 오구룽

한 일이었다. 그러나 유감스럽게도 임기 측에서 산동박물관으로 사람을 파견해 교섭한 결과 단호한 거절 의사만 확인했을 뿐이었다. 이에 분노한 임기 측은 성의 고위 관료에게 협조를 요청했다.

이처럼 임기 측이 강력하게 요구하자 성 관련부서의 책임자는 양측을 불러 조정했다. 하지만 임기 측은 성 고고연구소 문광각에 방치해 둔 칠기와 목기 및 이미 변색되거나 탈색된 도용과 도관(陶罐 : 도자 항아리), 도분(陶盆) 등 비교적 값어치가 없는 몇 점의 기물만 받아왔을 뿐 소중한 보물인 죽간과 유일무이한 『원광원년역보(元光元年歷譜)』 등은 손도 대보지 못했다. 성 박물관이 밀실에 보관한 채, 전혀 양도할 의사가 없었기 때문이다.

임기 죽간박물관이 개장되었지만 성 박물관에서 죽간의 양도를 거절하는 상황이 지속되자 어쩔 수 없이 죽간박물관은 진품 대신 복제품을 전시했다. 박물관 안내원들은 죽간을 설명할 때 내방객들이 진품 여부를 질문하면 너무나 난감했다. 화가 치밀어 참을 수 없었던 임기 측 인사들은 강력하게 반환 조치를 취하기로 했다. 이후 성 박물관 측과 은작산 한묘의 죽간 소유 문제에 대한 논의를 다시 시작하면서 일진일퇴의 싸움이 전개되었다.

　양측은 어느 한쪽의 승리로 끝나든지 아니면 휴전 강화(講和)를 통해서든지 자신들의 목적을 달성하기 위해 온갖 지혜를 다 짜냈다. 그러나 바라는 만큼 실현되는 일은 없었고, 시간만 계속 흘렀다. 임기 죽간박물관 측은 공성(攻城)을 위한 만반의 준비를 한 채 끊임없이 수성(守城)의 자세를 취하는 성 박물관 측을 공략했지만 워낙 견고한 방어망을 갖추고 있었기 때문에 수백 번의 공격에도 끄떡없었다. 결국 근본적으로 바뀐 것은 하나도 없었고, 1989년부터 10여 년간 지속된 싸움은 임기 측의 노장들이 물러나면서 흐지부지되고 말았다.

　이후 은작산 죽간박물관의 관장 이하 임직원들은 죽간을 회수하기 위한 크고 작은 노력을 게을리 하지 않았다. 2002년 10월 죽간박물관 측은 임기 시정부의 전폭적인 지원을 받아 공동으로 '은작산 한묘 병서 출토 30주년 기념대회 및 국제학술토론회'를 개최했다. 회의를 전후로 박물관과 임기시 문화부 책임자는 박물관의 미래를 위한 새로운 구상을 발표하면서 이를 위해 이전보다 몇 배의 노력을 더 기울이겠다고 말했다. 그러나 역사가 남긴 문제는 여전히 그들 앞을 가로막고 있었다. 무엇보다 간부들의 성향(보수적 또는 진보적)이나 각자의 이권 관계, 상하·좌우·전후를 막론한 복잡한 인간관계 및 여러 가지 모순이 얽히면서 지속적으로 공격할 것인지 아니면 휴전하고 전략적인 후퇴를 할 것인지를 결정하지 못하는 난감한 상황에 봉착했기 때문이다. 은작산 한묘 죽간 병서의 최종 보금자리를 둘러싼 싸움은 이렇듯 장구(長久)한 세월 동안 지속될 뿐 그 누구도 앞날을 예측하지 못했다. 이러한 사회적 메커니즘과 인간관계가 나무뿌리처럼 휘감기고 뒤얽힌 중국사회에서 '장구'가 과연 얼마나 오랜 세월을 의미하는지 아무도 알 수 없었다. 혹 중국인들이 흔히 말하듯 '천장지구(天長地久)'와 같은 것은 아닌지…….

　그런 중에도 임기 측 관련자들은 『손자병법』 죽간에 대한 소유권을 한 번도 포기한 적이 없었고, 이와 관련한 건설 사업과 개선을 위해 최선을 다했다. 죽간박물관이 개관해 대외에 개방된 후로 국내외 50여만 명의 관람객이 내방했고,

국제적으로 저명한 인사나 전문가들도 3천 명 이상이 다녀갔다. 이에 힘입은 박물관 측은 두 차례의 『손자병법』 관련 국제학술대회를 개최했으며, 이를 통해 『손자병법』 죽간 출토 지역과 기타 관련이 있는 한간(漢簡 : 한나라 시대 죽간 및 목간)을 세계문화유산에 등재하기 위한 서명운동에 돌입했다. 은작산 한묘 병서가 출토된 지 30주년이 되는 해에 임기 시위원회와 시정부는 전문가 회의를 개최해 은작산 한묘 죽간박물관의 확충과 선진화를 위한 논의를 펼쳤으며, 가능한 한 빠른 시일 내에 실천에 옮기기로 했다. 아마도 멀지 않은 장래에 사람들이 수십 년 동안 바라던 결과를 볼 수 있을 것이다.

역사는 참을성 있게 기다리고 있다.

참고문헌

1. 저작

가약유(賈若瑜) 저, 『손자탐원(孫子探源)』, 국방대학출판사, 2000년

강자아 저, 『태공병법』, (周) 중국 당안(檔案)출판사, 2002년

견성현(鄄城縣) 손빈연구회 편, 『손빈초탐(孫臏初探)』, 황하출판사, 1993년

곽문탁(郭文鐸), 두학민(杜學民) 편저, 『만화(漫話)은작산』, 해방군출판사, 2002년

곽인장(霍印章) 저, 『손빈병법천설(淺說)』, 해방군출판사, 1986년

국가문물국 편, 『왕야추를 회고하며(回憶王冶秋)』, 문물출판사, 1995년

동석강(仝晰綱) 저, 『청동의 전신(青銅的戰神)』, 학림출판사, 1999년

방시명(方詩銘), 일수령(一修齡) 저, 『고본죽서기년집증(古本竹書紀年輯證)』, 상해 : 고적출판사, 1981년

『백화손자병법』, 황박민 주석, 악록서사(岳麓書社), 1991년

범문란(范文瀾) 저, 『중국통사』, 인민출판사, 1995년

『사기』, 중화서국 표점본

『사기회주고증급교보(史記會注考證及校補)』, 상해 : 고적출판사, 1986년

사토 켄지(佐藤堅司) 저, 『일본의 손자연구(孫子研究在日本)』, 고전방(高殿芳) 등 역, 군사과학출판사, 1993년

소빈(邵斌), 송개하(宋開霞) 편저, 『손무손빈병법시설(試說)』, 제로(齊魯)서사, 1996년

『손빈병법』, 북경 연산(燕山)출판사, 1995년

『손빈병법』, 은작산 한묘 죽간 정리소조 편, 문물출판사, 1975년

『손빈병법과 마릉 전투 연구(孫臏兵法暨馬陵之戰研究)』, 왕여도(王汝濤), 설영동(薛寧東),

진옥하(陳玉霞) 주편

『손자교석』, 오구룡 주편, 군사과학출판사, 1990년

『손자답객문(孫子答客問)』, 양선군(楊善群) 찬(撰), 상해 : 인민출판사, 1997년

『손자병법(孫子兵法)』, 이응(李鷹), 이여찬(李黎撰) 고(稿), 주해출판사, 1997년

『손자병법신역』, 이흥빈(李興斌), 양령(楊玲) 주석, 제로서사, 2001년

『손자병법 해설』, 오여숭(吳如嵩) 주편, 금순(金盾)출판사, 1994년

『손자신론집수(孫子新論集粹)』, 장정(長征)출판사, 1992년

『손자신탐(孫子新探)』, 해방군출판사, 1990년

『손자연구문헌비요(孫子硏究文獻備要)』, 조가주(趙嘉朱) 주편, 신화출판사, 1992년

『손자연구신론』, 이조덕(李祖德) 주편, 신화출판사, 1992년

손자연구중심판공실 편, 『손자학술토론회전집(專輯)』, 1991년 6기

『십삼경주소』, 중화서국 영인본

양서민(楊緖敏) 저, 『중국변위학사(中國辨僞學史)』, 천진 : 인민출판사, 1999년

오구룡 등 저, 『십대 고고학의 기적(十大考古奇迹)』, 상해 : 고적출판사, 1989년

왕영파(王永波) 저, 『제노문물전설(齊魯文物傳說)』, 인민출판사, 1994년

유심건 편저, 『손빈병법신편』, 하남대학출판사, 1989년

장문유(張文儒) 저, 『손문·손빈』, 대상(大象)출판사, 1997년

조아(趙俄) 저, 『춘추전국』, 요녕 : 소아출판사, 1989년

조조(曹操) 등 저, 『십일가주손자(十一家注孫子)』, 곽화약 역, 중화서국, 1962년

『중국대백과전서』, 중국역사 권(卷), 외국역사 권, 고고학 권

중국 손자병법연구회 편, 『진실과 거짓의 대결(眞與假的較量)』, 천진 : 고적출판사, 1998년

중국 손자와 제문화연구회 회간편집부(會刊編輯部) 편, 『손자와 제문화(孫子與齊文化)』,
    1992년 1기

진구금(陳久金), 양이(楊怡) 저, 『중국고대 천문과 역법(中國古代的天文與曆法)』, 대만 상무
    인서관, 1993년

풍몽룡 저, 『동주열국지정채고사(東周列國志精彩故事)』, 채원방(蔡元放) 편집, 하북 : 소아
    (小兒)출판사, 1994년

『한서』, 중화서국 표점본

황박민(黃朴民) 저, 『손자평전』, 광서교육출판사, 1994년

2. 논문

관봉(關鋒), 「손자 군사철학사상 연구」, 『철학연구』, 1957년 2기

김덕건, 「손자 13편 작자로서의 손빈 고찰」, 『고적총서』, 1967년

나복이(羅福頤), 「임기한간개술(臨沂漢簡槪述)」, 『문물(文物)』, 1974년 2기

나복이, 「임기한간분류고석서(臨沂漢簡分類考釋序)」, 『고문자연구』, 1985년 11집

다케우치 요시오(武內義雄), 「손자 13편의 작가」, 『선진경적고(先秦經籍考)』 중책, 상무인서
　　관, 1931년

산동성 박물관 임기 문물조(오구룡, 필보계 집필), 「산동성 임기 서한묘에서 발견된 손자병법
　　과 손빈병법 등 죽간에 대한 간략한 보고(山東臨沂西漢墓發現孫子兵法和孫臏兵法等竹簡
　　的簡報)」

상홍(常弘), 「임기 한간의 『손무전』을 읽고」, 『고고(考古)』, 1975년 4기

양백준(楊伯峻), 「손빈과 손빈병법 잡고(雜考)」, 『문물(文物)』, 1975년 3기

오구룡, 「손자병법 82편의 위작 고찰(孫子兵法八十二篇考僞)」, 『심근(尋根)』, 1997년 4기

오구룡, 「은작산 한간 병서 및 출토 병서 개술」, 『군사역사』, 2002년 1기

오수평(吳樹平), 「임기 한묘 죽간으로 본 손무의 법가사상」, 『문물(文物)』, 1975년 4기

오여숭, 위홍(魏鴻), 「한간 『손자』, 『손자병법』 연구」, 『군사역사』, 2002년 1기

「은작산 한간 병서 출토 30주년 회고와 전망(銀雀山漢簡兵書出土30年回眸與展望)」, 은작산
　　한묘 박물관, 2002년 1기

이령, 「손자병법 연구의 새로운 인식」, 『고적정리와 연구』, 1987년 1기

이령, 「은작산 한간 『손자』 연구에 관한 검토(關于銀雀山刊本孫子硏究的商榷)」, 『문사』, 1979
　　년 7집

이령, 「청해 대통현 손가채 한묘 성질에 관한 소고(靑海大通縣上孫家寨漢簡性質小議)」, 『고
　　고』, 1983년 6기

임계유, 「손빈병법의 철학사상」, 『문물(文物)』, 1974년 3기

종언군(宗彦群), 「임기 1호 한묘에서 출토된 죽간에서 본 진시황 '분서(焚書)'의 혁명적 조
　　치」, 『문물(文物)』, 1975년 4기

준신(遵信), 「손자병법의 작가와 그 시대」, 『문물(文物)』, 1974년 12기

진구금, 진미동(陳美東), 「임기에서 출토된 한나라 초기 고대 역법 초탐(臨沂出土漢初古曆初
　　探)」, 『문물(文物)』, 1974년 3기

첨립파(詹立波), 「손빈병법」, 『문물(文物)』, 1974년 3기

청해성 문물 고고공작대, 「청대 대통현 손가채 115호 한묘(靑海大通縣上孫家寨一一五號漢
墓)」, 『문물(文物)』, 1981년 2기

칸다 키이치로(神田喜一郎), 「급총서 출토의 시말(汲塚書出土始末)」, 『선진경적고』하책, 상
무인서관, 1931년

허획(許獲), 「임기 은작산 한묘에서 출토된 고대 병서 잔간에 대한 간략한 논의(略談臨沂銀
雀山漢墓出土的古代兵書殘簡)」, 『문물(文物)』, 1974년 2기

옮긴이의 글

　북경 한 술집에서 어느 날 웨난에게 『조우병성(遭遇兵聖 : 병가의 성인을 만나다)』을 처음 건네받고 내용을 검토하기도 전에 덜컥 번역하고 싶다고 말했을 때, 역자는 문득 '삼십육계 줄행랑'이 생각났다. 삼십육계가 도대체 무엇인지 정확히 알지 못하던 시절부터 이 말은 우리 입과 귀에 익숙했다. 그것은 마치 병법이나 병서를 말할 때면 제일 먼저 손자(孫子)가 생각나는 것과도 같았다. 물론 삼십육계 줄행랑은 손자와 직접적인 관련이 없다. 삼십육계 줄행랑이 처음 등장한 것은 『남제서(南齊書)』 「왕경칙전(王敬則傳)」인데, 중국 남조(南朝) 송나라 때 장군이었던 단도제(檀道濟)가 말한 "서른여섯 가지 책략 가운데 (상대방이 강해서 대적하기 힘들 때는) 달아나는 것이 상책이다(三十六策, 走爲上策)."라는 구절에서다. 이후 송나라 혜홍(惠洪)의 『냉재야화(冷齋夜話)』를 비롯해 명·청 여러 전적에도 등장하지만, 지금 우리가 볼 수 있는 『삼십육계』라는 책(1941년 중국 성도成都에서 작가 미상의 수필원고를 저본으로 출간한 것이 가장 이른 판본이다)은 오랜 세월 민간에 전해지던 여러 병가의 언설을 누군가 나름의 체계에 따라 집대성한 것이라고 말할 수 있다.

　중국은 누군가 말한 대로 '병법왕국(兵法王國)'이라고 할 정도로 다양한 병서가 전해진다. 그것은 중국이 선진 시대 봉건체제에 따른 방국(邦國)의 시대를 거쳐 천하 통일의 제국 시대로 넘어가면서 필연적으로 전쟁을 동반할 수밖에 없던 데서 연유할 것이다. 병가나 병법의 발상지는 지금의 산동, 즉 예전의 제로(齊

魯 : 제나라와 노나라) 지역인데, 병가의 시조로 알려져 있는 강태공(姜太公)은 지금의 산동 해안가에서 태어났으며, 본국인 제(齊) 역시 산동성에 있다. 또한 제나라의 패업을 이룬 관중, 병법가 사마양저, 병성(兵聖 : 병가의 성인) 손무와 손빈은 물론이고, 이후 제갈량이나 양호(羊祜) 등 뛰어난 병법가나 군사가가 모두 지금의 산동성 출신이다. 그런 까닭에 손자와 손빈의 병서 외에 『육도』, 『위료자』, 『수법수령등십삼편(守法守令等十三篇)』, 『조씨음양(曹氏陰陽)』 등 병법에 관한 전적이나 문장이 산동성 임기현 은작산에서 출토되었다는 것이 전혀 어색하지 않다. 게다가 이 책의 저자인 웨난 역시 산동성 출신에 인민해방군에서 복무한 경험이 있으니 더욱 흥미를 끈다.

중국 선진 시대, 특히 춘추전국은 전쟁이 끊임없이 벌어지던 약육강식의 시대였다. 이 같은 시대에 병법은 전쟁을 승리로 이끄는 방법이자 자신의 생존과 보존을 위한 대책이었다. 보병과 전차 위주의 전쟁 방식에서 기마전으로 형태가 바뀌기 이전부터 전쟁은 오로지 병력의 과다(過多)로 승패가 갈리는 것이 아니었다. 때로 승패는 적절한 군진(軍陣)과 군사의 책략에 의해 좌우되었으며, 그럴수록 병법이 무엇보다 중시되었다. 진시황 병마용에서 볼 수 있다시피 이미 선진 시대부터 활용되기 시작한 병법에 따른 군진은 지금 보아도 전혀 손색이 없을 정도로 정교하고 실용적이다. 병서는 전쟁에서 승리를 거두기 위해 필수 불가결한 서적이었지만, 적극적으로 널리 유포시킬 것은 결코 아니었다. 수성(守成)에 필요한 경전과 달리 병서는 상대뿐만 아니라 자신에게도 불리한 칼날이기 때문이다. 그런 까닭에서인지 병성이라 불리는 손무나 손빈의 병서조차 제대로 자리매김하지 못하고 심지어 위서(僞書)의 오명을 받기도 했다. 그러던 차에 1972년 4월 은작산에서 손무와 손빈의 죽간본 병서가 출토됨으로써 비로소 오랜 의고사조에 휩싸여 논란의 대상이 되었던 손무와 손빈의 병서가 진정한 가치와 명예를 되찾을 수 있게 되었다. 은작산 한묘 발굴의 성과가 신중국 50년에 가장 영향력이 큰 고고발굴이라는 평가를 받는 것도 결코 과장된 것이 아님을 알 수 있다.

은작산 한묘에서 죽간이 발견된 1972년은 중국에서 문화대혁명이 한창이던 시절이다. 문화대혁명은 이념을 앞세웠지만 사실 무지와 불신으로 고대 유물과 유산에 대한 참혹한 테러 행위를 가했다. 명나라 만력제의 정릉(定陵)의 예에서 보다시피 황제의 관곽을 불태우는 것이 어떤 의미가 있는가? 은작산의 유물들 역시 그 재앙에서 자유롭지 못했다. 그나마 죽간은 다행히 크게 훼손되지 않았지만, 고고학자나 연구자들이 하방된 빈 공간에서 다른 유물들은 퍼렇게 녹이 슬고 바짝바짝 메말라갔다. 그렇게 문화대혁명이 끝나고 개혁, 개방의 시대가 왔다. 그러나 이제는 또 다른 문제가 기다리고 있었다. 천대받던 유물이 이제는 재부의 원천으로 각광받는 시대가 된 것이다. 죽간의 소유권을 둘러싼 크고 작은 일들……. 은작산 한묘 발굴과 연구 작업에 처음부터 참여했던 오구룡(吳九龍)이 그간의 일에 대해 언급조차 하기 싫다고 했던 것은 아마도 이 때문이 아닐까 싶다.

　　웨난의 『진시황릉』(원저 : 세계 제8대 기적)이 우리나라에 처음 선보인 것은 1998년 2월이다. 이후 역자들은 그의 발걸음을 따라 넓고 오래된 길을 하염없이 걸었다. 때로 힘들고 지겨울 때도 있었지만, 한 번도 후회한 적은 없다. 높은 산을 올라야 더욱 많은 것을 볼 수 있는 것처럼, 걸을 때마다 더욱 많은 이야기를 전해들을 수 있었기 때문이다. 게다가 그 이야기란 것은 한 번도 본 적 없는 땅속의 비밀과 연관되어 있으니 얼마나 흥미진진했겠는가? 그렇게 한 십여 년의 세월이 흘렀다. 일빛 출판사로 인해 우리는 웨난이란 걸출한 작가를 만났고, 그를 통해 중국의 고고학 관련 기실문학을 처음 접할 수 있었다. 일빛은 웨난의 거의 전 작품을 번역, 소개했다. 함께 할 수 있어서 정말 즐거웠다.

제주에서 심규호, 유소영